Hans Joachim Jungblut
Drogenhilfe

Grundlagentexte Sozialpädagogik/Sozialarbeit

Herausgegeben von Thomas Rauschenbach

Hans Joachim Jungblut

Drogenhilfe

Eine Einführung

Juventa Verlag Weinheim und München 2004

Der Autor

Hans-Joachim Jungblut, Jg. 1946, Dr. rer. soc., ist Professor für Erziehungswissenschaft am Fachbereich für Sozialwesen der Fachhochschule Münster.
Seine Arbeitsschwerpunkte sind Drogenhilfe und Drogenpolitik, Theorie der Sozialpädagogik, Jugendhilfe und Sport sowie interkulturell vergleichende Erziehungswissenschaft

Bibliografische Information Der Deutschen Bibliothek

Die Deutsche Bibliothek verzeichnet diese Publikation in der Deutschen Nationalbibliografie; detaillierte bibliografische Daten sind im Internet über http://dnb.ddb.de abrufbar.

© 2004 Juventa Verlag Weinheim und München
Umschlaggestaltung: Atelier Warminski, 63654 Büdingen
Umschlagabbildung: George Grosz, New Yorker Typen, 1934 © VG Bild-Kunst, Bonn 2003
Printed in Germany

ISBN 3-7799-1444-1

Meinen Söhnen Daniel und Matthis

Inhalt

Einleitung 13

A. Strukturwissen

1. Zur Geschichte der Drogen 23

1.1 Einleitung 23

1.2 Opiumgebrauch im Orient und Okzident.................................. 24

    1.2.1 Opiumgebrauch im Orient 26

    1.2.2 Opiumgebrauch im Okzident.. 28

1.3 Der Opiumkrieg und die Opiumfrage...................................... 30

1.4 Von der Opiumfrage zum Rauschgiftproblem.......................... 39

    1.4.1 Der Umgang mit Opiumkonsumenten in Deutschland
    zur Jahrhundertwende und in der Weimarer Republik 39

    1.4.2 Die Kontrolle des Opiums und seiner Derivate
    in Deutschland nach dem Ersten Weltkrieg..................... 43

1.5 Die Entwicklung der Drogenpolitik
nach dem Zweiten Weltkrieg.. 46

    1.5.1 Drogenpolitik in der BRD von 1945 bis 1971 46

    1.5.2 Drogenpolitische Entwicklungslinien
    der Vereinten Nationen.. 48

1.6 Zusammenfassung 53

2. Strukturen der deutschen Drogenpolitik..................................... 57

2.1 Einleitung 57

2.2 Drogenpolitik und Prohibitionspolitik..................................... 58

    2.2.1 Geschichte der Drogenpolitik 60

    2.2.2 Akteure der Drogenpolitik 61

2.3 Modelle der Drogenpolitik in Deutschland 69

    2.3.1 Das Modell der Schadensminimierung 69

    2.3.2 Das therapeutische Modell.. 71

    2.3.3 Das Modell der Kontrolle 72

2.4 Vorläufige Bewertung der Drogenpolitik.................................. 73

2.5 Strukturen drogenpolitischen Handelns in Deutschland.............. 74

2.6 Skizzen zu einer „garantistischen" Drogenpolitik in Deutschland... 78

    2.6.1 Wege zum Garantismus in der Drogenpolitik..................... 80

2.7 Zusammenfassung 81

3. Zur Pharmakologie illegaler Alltagsdrogen 83

   3.1 Einleitung 83

   3.2 Rausch in modernen Gesellschaften 84

   3.3 Pharmakodynamik und Pharmakokinetik illegaler Alltagsdrogen... 89

        3.3.1 Zur Resorption von psychoaktiven Substanzen 90

        3.3.2 Zur Wirkung psychoaktiver Substanzen
auf das zentrale Nervensystem 92

   3.4 Zur Wirkung illegaler Alltagsdrogen
auf den Organismus des Menschen 96

        3.4.1 Heroin 96

        3.4.2 Kokain 102

        3.4.3 Ecstasy 108

        3.4.4 Cannabis 111

   Exkurs: Kann es einen kontrollierten Konsum
von Heroin und Kokain geben? 120

   3.5 Zusammenfassung 124

*4. Strafrecht und der Konsum
von illegalen Betäubungsmitteln* 127

   4.1 Einleitung 127

   4.2 Strafrecht und Betäubungsmittelrecht 128

   4.3 Zum Verhältnis von internationalrechtlichen und
europäischen Vereinbarungen zum Umgang mit
psychoaktiven Substanzen und dem BtMG 129

   4.4 Zur Systematik des BtMG 133

   4.5 Zur Legitimation des BtMG – ist Legitimation
durch Legalität herstellbar? 139

   4.6 Zum reflexiven Umgang mit BtM-Konsumenten 146

   4.7 Zusammenfassung 151

*5. Drogengebrauch und Psychopathologie – Zur Kritik
der vorherrschenden Sichtweise in der Drogenhilfe* 153

   5.1 Einleitung 153

   5.2 Der pathologische Erklärungsansatz in der Drogenhilfe 156

        5.2.1 Zur Psychodynamik der Sucht –
Das psychoanalytische Konzept 156

        5.2.2 Verhaltenstheoretische Aspekte der Sucht –
Das lernpsychologische Konzept 162

        5.2.3 Zur Psychopathologie der Abhängigkeit von psychotropen
Substanzen – Das Konzept der klinischen Psychologie 165

   5.3 Zur Kritik des pathologischen Erklärungsansatzes
in der Drogenhilfe 169

   5.4 Zusammenfassung 177

6. Drogengebrauch als Lifetime-Phänomen
   des Jugendalters 179

  6.1 Einleitung 179

  6.2 Drogengebrauch im Jugendalter 180
     6.2.1 Drogenhilfe und Epidemiologie 180
     6.2.2 Drogenkonsum in der Bevölkerung 182
     6.2.3 Sozialisation in moderner Gesellschaft 189
     6.2.4 Identität und Lebenslage 195
     6.2.5 Jugendphase und Risikoverhalten 198

  6.3 Drogenkonsum als Lifetime-Phänomen der Jugendphase 200

  6.4 Zusammenfassung 208

B. Orientierungswissen

7. Die Drogenszene 213

  7.1 Einleitung 213

  7.2 Subkultur und Drogenszene 213
     7.2.1 Der Milieuansatz als Möglichkeit, die Drogenszene
          zu analysieren 218

  7.3 Strukturen der Drogenszene 220
     7.3.1 Zur Entwicklung der Drogenszene 222
     7.3.2 Ein- und Ausstiege und milieuspezifische Lebensstile 229
     7.3.3 Dealer und Dealen 233
     7.3.4 Risiken der Szene und Risikoverhalten
          von Szenemitgliedern 238
     7.3.5 Risiken der Lebensführung bei Drogenkonsumenten 238
     7.3.6 Risiken des Drogengebrauchs 241

  7.4 Die Techno-Szene 245

  7.5 Die Drogenszene im Strafvollzug 247

  7.6 Zusammenfassung 253

8. Die Drogenhilfe 255

  8.1 Einleitung 255

  8.2 Zur Geschichte der Sozialen Arbeit in der Drogenhilfe 256
     8.2.1 Die Organisation der Drogenhilfe im Überblick 259

  8.3 Organisation und Interaktion in der Drogenhilfe 266
     8.3.1 Prävention 268
     8.3.2 Beratung und Hilfe bei belastendem Drogenkonsum 277

8.3.3 Beratung und Hilfen zur Wiederherstellung
einer abstinenten Lebensführung..................................299
8.3.4 Stationäre Langzeittherapie zur Wiederherstellung
einer abstinenten Lebensführung..................................315
8.4 Ausblick..330

9. Drogenhilfe als sozialpädagogische Aufgabe 333
9.1 Einleitung 333
9.2 Der „sozialpädagogische Blick" auf Konsumenten illegaler
psychoaktiver Substanzen...336
9.2.1 Strukturen des sozialpädagogischen Blicks
in der Drogenhilfe...336
9.3 Sozialpädagogisches Handeln im Kontext der Drogenszene.......345
9.4 Drogenhilfe und Gesundheitsförderung..........................351

Glossar 355
Literatur..361

Abkürzungen

Abs.	Absatz
AIDS	acquired immune deficiency syndrome
AMG	Arzneimittelgesetz
AUB-Richtlinien	Richtlinien für anerkannte Untersuchungs- und Behandlungsmethoden
BSHG	Bundessozzialhilfegesetz
BtM	Betäubungsmittel
BtM-ÄndV.	Betäubungsmittelrechts-Änderungsverordnung
BtMG	Betäubungsmittelgesetz
BtMG-ÄndG	Gesetz zur Änderung des Betäubungsmittelgesetzes
BzgA	Bundeszentrale für gesundheitliche Aufklärung
DAS	Drogenaffinitätsstudie
DBDD	Deutsche Referenzstelle für die Europäische Beobachtungsstelle für Drogen und Drogensucht
EBDD	Europäische Beobachtungsstelle für Drogen und Drogensucht
FDR	Fachverband Drogen und Rauschmittel e.V.
HIV	Human Immunodeficiency Virus, Typ 1
INDRO	Institut zur Förderung qualitativer Drogenforschung, akzeptierender Drogenarbeit und rationaler Drogenpolititk
KJHG	Kinder- und Jugendhilfegesetz
LSD	Lysergsäure-diäthylamid
NGOs	Non-governmental organizations (Nicht-staatliche Organisationen)
REITOX	Europäisches Informationsnetzwerk zu Drogen und Sucht
SGB	Sozialgesetzbuch
StGB	Strafgesetzbuch
StPO	Strafprozessordnung
THC	Tetrahydrocannabinol
UN	Vereinte Nationen
VDR	Verband Deutscher Rentenversicherungsträger
WHO	Weltgesundheitsorganisation

Einleitung

> „Die soziale Welt der Drogensüchtigen
> entsteht nicht aus direkten Wirkungen
> der Drogengewohnheit, sondern eher
> durch die Einstellung und Handlungen
> der Nicht-Süchtigen."
>
> A. Lindesmith 1968

Klaus[1] wächst in einer Familie mit vier Geschwistern in einer Kleinstadt im Sauerland auf. Mit sechs Jahren verliert er seinen Vater, die Schule verläuft in den üblichen Bahnen. Er macht einen Realschulabschluss, wird aber nicht erwerbstätig. Über das Verhältnis zu seinem Vater und seinen Geschwistern verliert er wenige Worte. Zu seiner Mutter hat er seine sehr enge Beziehung; sie stirbt an Krebs, da ist er 20 Jahre und gerade im Gefängnis. Zu seinen vier Geschwistern hat er keinen Kontakt mehr.

Mit 16 Jahren bekommt Klaus Kontakt zu illegalen Drogen über eine Freundesclique. Er konsumiert jedoch nur Cannabis – aus Überzeugung wie er sagt, da er Alkohol ablehnt. In diese Zeit fällt seine erste intensive Mädchenbekanntschaft. Seine Freundin toleriert den Cannabiskonsum nicht. Er raucht heimlich. Eine Zeit lang geht das gut, irgendwann ist die Beziehung jedoch zu Ende. Klaus dealt mit Cannabis. Es geht ihm gut; er hat sein Auskommen, er ist ein gefragter Mann. Über Cannabis gerät er in Kontakt mit Heroin. Es ist billig zu bekommen, die Gewinnspanne größer. Wie seine Freunde auch, fängt er an zu konsumieren. Erst sporadisch, dann häufiger.

Es dauert eine Zeit, bis er merkt, dass er nicht mehr ohne Heroin kann. Die Dealerei mit Cannabis muss er aufgeben – er ist unzuverlässig.

Gelegentlich dealt er mit Heroin, um seine Sucht zu finanzieren. Seinen Freunden in der Clique geht es ähnlich. Er beginnt den ersten Entzug – allein, mit Tabletten – jedoch ohne Erfolg.

Er gerät tiefer in den Strudel von Konsum – Geld beschaffen – Konsum hinein; die Polizei erwischt ihn bei einer Razzia mit Heroin. Er wird verurteilt, kommt ins Gefängnis.

---

1 Die Kurzbiographie ist das Ergebnis der Zusammenfassung eines Interviews mit einem „Junkie", den ich Klaus nennen möchte. Klaus ist zum Zeitpunkt des Interviews 27 Jahre alt.

Therapie statt Strafe – diese Möglichkeit nutzt er für sich bei einer therapeutischen Gemeinschaft. Ohne Erfolg. Er wird rückfällig mit Heroin. Cannabis hat er nie aufgegeben.

Der Rückfall bindet ihn neu in die Szene ein. Kleine Geschäfte, Dealereien, Diebstahl etc., strukturieren seinen Alltag. Er lebt in einer Wohngemeinschaft mit anderen jungen Menschen, darunter auch Junkies. Gleichwohl findet er sein Leben nicht besonders schön. Er will nach Portugal auswandern. Da erreicht ihn ein Brief des Gesundheitsamtes, er soll sich melden, eine Blutuntersuchung hat ergeben, dass er HIV positiv ist.

Klaus hatte häufiger Blut gegen Geld verkauft. Sozusagen als letzte Möglichkeit Geld zu bekommen, um Heroin zu kaufen. Diese Nachricht bringt ihn dazu, noch tiefer in den Strudel von Abhängigkeit und sozialer Verelendung zu kommen. Er nimmt Barbiturate, Amphetamine und Alkohol wahllos und ohne nachzudenken. Die Immunschwäche führt dazu, dass er eine Lungenentzündung bekommt. Er wird in ein Krankenhaus eingeliefert. Starke Medikamente verhindern seinen Tod.

Er macht einen Entzug, wird jedoch wieder rückfällig. Klaus beschließt, sich substituieren zu lassen. Das L-Polamidon hilft ihm, seinen Lebenszusammenhang neu zu ordnen.

Er zieht zur Untermiete ein und beginnt eine Umschulung zum Gerätemechaniker. Irgendwann erfährt die Leitung der Umschulungsorganisation von der Abhängigkeit und HIV-Infektion von Klaus. Er wird mit fadenscheinigen Gründen entlassen. Klaus arbeitet bei der Aidshilfe und kommt in Kontakt mit Beratungseinrichtungen der Drogenhilfe.

Langsam stabilisiert sich sein Leben trotz HIV und Abhängigkeit. Er wird eingeladen, in Seminaren an der Universität über sich und seine Erfahrungen" zu sprechen. Eine neue Beziehung zu einer Frau beginnt. Sie erfährt von seiner Krankheit, bleibt jedoch bei ihm. Er nimmt immer mal wieder Kokain oder Cannabis. Seinen Heroinkonsum hat er aufgrund der Substitution mit L-Polamidon eingestellt. Seine Aids-Krankheit macht ihm zur Zeit wenig zu schaffen. Die Substitution hilft ihm, seinen Alltag ohne Beschaffungsstress zu regeln. Er hält sich fit, indem er sein Immunsystem zusätzlich mit Hilfe von Medikamenten stabilisiert und sich gesund ernährt. Er plant eine Arbeit anzunehmen. Möbel zu restaurieren interessiert ihn. Ein Freund hat ihm ein Angebot gemacht.

Die hier berichtete Biographie von Klaus ist keine alltägliche wiederzufindende Lebensgeschichte. Gleichwohl steht sie für Viele, die von Heroin oder anderen Opiatderivaten abhängig geworden sind. Diese Einschätzung betrifft sowohl die Entwicklung zur Abhängigkeit als auch zur Verfestigung drogenabhängigen Verhaltens. Das Hineinwachsen in die Gesellschaft vollzieht sich bei Klaus mit Hilfe seiner Familie, später kommt die Schule hinzu. Die durch die Schule gestellten Anforderungen meistert er, der Schulabschluss kann als Indiz dafür gewertet werden.

Wir erfahren, dass er eine weitere schulische Ausbildung oder eine berufliche Ausbildung nicht angetreten hat. Zeitlich parallel integriert er sich in eine Clique, deren stilbildendes Element, Cannabis zu konsumieren, er als seine Grundeinstellung übernimmt.

Ab diesem Zeitpunkt verläuft seine Sozialisation nicht mehr konform mit den Entwicklungsanforderungen der Gesellschaft. Zunehmend gerät er durch seinen Drogenkonsum und die damit einhergehenden sozialen Verhältnisse ins gesellschaftliche Abseits. Phasen der Teilhabe am „normalen" Leben überlappen sich mit extremen Erfahrungen in der Drogenszene. Klaus bewältigt diese Ambivalenz mit Hilfe seines Drogenkonsums. Heroin unterstützt ihn dabei, sich nicht aktiv mit widersprüchlichen und diskriminierenden Erfahrungen in seiner Lebenslage auseinandersetzen zu müssen. Es schafft Distanz zwischen seinem zerbrechlichen Selbst und den bedrohlichen aktuellen Alltagserfahrungen. Offensichtlich ist es eine Kumulation von negativen Erfahrungen in der Drogenszene, lebensbedrohlicher Zustände, die ihn gewissermaßen anstoßen, aus seinem mit Heroin gesponnenen Kokon herauszutreten. Positive Erfahrungen mit seiner Umwelt und sozialintegrative Bemühungen seitens der Drogenhilfe verstärken diesen Prozess.

Die Biographie von Klaus an den Anfang eines Buches zu stellen, das in die Drogenhilfe einführen will, macht insofern Sinn, als mit dieser Biographie zahlreiche Fragestellungen und Problemlagen aufgeworfen werden, die in dieser Einführung behandelt werden sollen. Zunächst weist die Biographie auf Zusammenhänge hin, die den Alltag von Drogenkonsumenten prägen: die Drogen, die Risiken des Drogenkonsums, das Zusammenleben von Konsumenten in drogengeprägten Milieus.

Wir erfahren über Klaus von Mechanismen, die ihn an die Drogen binden, und von Möglichkeiten, aus der Abhängigkeit auszusteigen. Der Hinweis auf einen Gefängnisaufenthalt infolge einer Verurteilung wegen des Besitzes von und des Handelns mit Cannabis und Heroin verdeutlicht, dass sich in diesen Fällen nicht nur soziale, gesellschaftliche und gesundheitliche Probleme einstellen, sondern auch Straftatbestände erfüllt sind.

Allerdings erfahren wir von Klaus nichts über die Motive, die ihn dazu bringen, in seiner Jugend zwar illegale Drogen zu konsumieren, jedoch legale abzulehnen; auch über Verhalten und Verhältnisse die u.U. auf Entwicklungsstörungen schließen lassen, gibt es durch ihn keine Informationen.

Die Biographie von Klaus verweist zwar auf Besonderheiten im Umgang mit illegalen Drogen, Hilfen für Drogenkonsumenten, soziale und juristische Sanktionen etc. Sie wirft aber auch Fragen auf, deren Antworten gewissermaßen das Zustandekommen einer solchen Biographie verstehen helfen.

Da ist zunächst die Frage nach der gesellschaftlichen Legitimation, Alkohol als legale Droge einzustufen und damit als straffrei zu konsumierende psychotrope Substanz gebrauchen zu können und Heroin, Cannabis und andere psychoaktive Substanzen als illegale Drogen zu behandeln und deren Handel und Verbrauch zu bestrafen. Diese Frage ist nur im geschichtlichen Rückblick zu verstehen (Kapitel 1).

Des Weiteren stellt sich die Frage nach der Legitimation, die in der Biographie thematisierte Bereitschaft Cannabis bzw. Heroin zu konsumieren, als Krankheit aufzufassen (Kapitel 5).

Dass Konsumenten illegaler Drogen – insbesondere, wenn sie die in Rede stehenden Szenedrogen konsumieren – krank werden können, darauf weist ja auch die Biographie von Klaus hin, die jedoch auch verdeutlicht, dass es vor allem die besonderen Umstände des Konsums sind, die Kranksein bedingen können (Kapitel 7), wie auch darauf, dass die konsumierten Substanzen ein völlig unterschiedliches Wirkungsspektrum beim Konsumenten entfalten (Kapitel 3).

Die hier aufgeführten Themen und Problemstellungen werden den roten Faden abgeben, der sich durch dieses Buch hindurchzieht. Insofern dient mir die Biographie von Klaus nicht nur zur Verdeutlichung von Problemlagen von Konsumenten illegaler Drogen allgemein, sondern auch zur Themendarstellung und Themensammlung für die Einführung in die Drogenhilfe.

An eine Einführung in die Drogenhilfe wird die Erwartung herangetragen, einen systematischen Überblick über diesen Arbeitsbereich der Sozialen Arbeit zu geben.

Dieser Erwartung ist sicherlich nicht in jeder Hinsicht gerecht zu werden, da die Auffassungen darüber, was an Inhalten, Praxisformen und Wissen in einer solchen Einführung enthalten sein muss, je nach Standpunkt des Nutzers unterschiedlich ausfallen können.

Hier wird die Auffassung vertreten, dass es sinnvoll ist, das im Arbeitsbereich der Drogenhilfe vorhandene Wissen unter den Gesichtspunkten von Orientierungswissen und Strukturwissen zu systematisieren. Mit Strukturwissen ist Wissen gemeint, um die Bedingungen der Möglichkeit, Drogenhilfe praktizieren zu können; Orientierungswissen ist jenes Wissen, das im Drogenhilfealltag von Drogenhelfern zur Strukturierung und Bewältigung ihrer anfallenden Tätigkeit entwickelt wurde.

Strukturwissen und Orientierungswissen sind Professionswissen. Es legitimiert die vielfältigen Handlungszusammenhänge der Drogenhilfe gegenüber der gesellschaftlichen Öffentlichkeit und verdeutlicht ihre Fachlichkeit. Diese Einführung in die Drogenhilfe ist überdies von der Auffassung getragen, die besondere Fachlichkeit der Drogenhilfe als sozialpädagogische Fachlichkeit auszuweisen.

Vor diesem Hintergrund gliedert sich das Buch in folgende Abschnitte und Kapitel:

Im ersten Teil wird Strukturwissen zur Drogenhilfe diskutiert. Es geht hier um die Diskussion von Hintergrundwissen, das im aktuellen Drogenhilfealltag nicht immer präsent ist, gleichwohl aber in entscheidender Weise die Drogenhilfe beeinflusst.

Schon ein Blick auf die Geschichte (Kapitel 1) zeigt uns, dass der Konsum von psychoaktiven Substanzen in fast allen Kulturkreisen der Welt stark verbreitet war und ist, jedoch der prohibitive Umgang mit Opium und seinen Derivaten, Cannabis, Kokain etc. weltweit und in Deutschland besondere historische Wurzeln hat, deren Legitimation nicht im Schutze der Volksgesundheit zu finden ist, sondern ökonomischen, kolonialpolitischen und spezifischen Professionsinteressen geschuldet ist. Diese wirken sich bis heute aus und sind für die unter toxischen Gesichtspunkten nicht haltbare Trennung in legale und nicht-legale Drogen verantwortlich.

Auch die dargestellten Strukturen der deutschen Drogenpolitik (Kapitel 2) sind in diesem historischen Kontext verständlich. Sie aus einer sozialpolitischen Perspektive zu diskutieren, ist Intention dieses Kapitels. Dabei wird ein spezifisches Modell der Politikherstellung unter Rückgriff auf Überlegungen von Peters (1993) entworfen, das nicht nur den Prozesscharakter der Drogenpolitik verdeutlicht, sondern auch Entscheidungsspielräume aufzeigt, die der Drogenpolitik eine neue, sozialpolitisch verantwortbare Richtung geben können.

Wesentlich zum Verständnis der Toxität von illegalen psychoaktiven Substanzen ist die Kenntnis ihrer Pharmakologie und Pharmakinese. Hierfür eine Grundlage zu schaffen, ist Absicht des 3. Kapitels. Allerdings ändert sich der Wissensstand über psychotrope Stoffe durch die neuropharmakologische Grundlagenforschung rasch und zum Teil auch grundlegend, so dass hier nur von einer Momentaufnahme des Sachverhalts auszugehen ist.

Die Drogenhilfe ist entscheidend in ihren Möglichkeiten abhängig von jenen gesetzlichen Rahmenbedingungen, die den Umgang mit psychotropen Stoffen regeln. Diese Rahmenbedingungen sind in erster Linie durch das BtMG (Betäubungsmittelgesetz) vorgegeben, das formal zwar als Nebenstrafrecht gilt, jedoch in den letzten Jahrzehnten zu einem wichtigen Schauplatz der Strafrechtspolitik geworden ist. Die Grundzüge des BtMG zu erläutern, seine formale Abhängigkeit zu den internationalen Konventionen der UN (Vereinte Nationen) anzusprechen sowie die Legitimationsmuster des BtMG zu befragen auf seine Plausibilität, ist Gegenstand des 4. Kapitels.

Drogenpolitisch wirksam ist nicht nur die juristische Einschätzung des Drogenproblems, sondern auch seine gesundheitswissenschaftlich/sozialwissenschaftliche Wertung. Diese ist in ihren Aussagen zum Drogenproblem von zum Teil weit auseinanderfallende Erkenntnisinteressen und theoretischen Auffassungen geprägt. Insofern wird im Kapitel 5 zu den wesentlichen Abhängigkeitstheorien nicht nur Stellung genommen, sondern auch eine ideologiekritische Wertung vorgenommen.

Im Kapitel 6 wird der Versuch unternommen, Drogenkonsum bei jungen Menschen jenseits der Einschätzung als Psychopathologie, als ein riskantes Lifetime-Problem zu beschreiben und mit Hilfe empirischer Daten und sozialisationstheoretischer Erkenntnisse theoretisch zu fundieren.

Der zweite Teil dieser Einführung in die Drogenhilfe ist der Systematisierung des Handlungswissens in diesem Arbeitsbereich gewidmet. Ich bezeichne es als Orientierungswissen. Drogenhilfe und Drogenszene sind als zwei Seiten einer Medaille zu begreifen. Die Drogenhilfe bezieht sich auf Problemlagen der Drogenszene und ihrer Mitglieder. Die Drogenszene entwickelt ihre Besonderheiten und lokalen Strukturen nicht nur vor dem Hintergrund von Einflüssen international tätiger Drogenkartelle, sondern auch in Abhängigkeit strafrechtlich relevanter, ordnungspolitischer und drogenpolitischer Strömungen auf kommunaler Ebene.

Die Analyse der Drogenszene (Kapitel 7) zielt sowohl auf das Sichtbarmachen ihrer nur historisch zu verstehenden Strukturen, als auch auf die Verdeutlichung der hohen Risiken, die dieser Lebenszusammenhang für Drogenkonsumenten bereithält. Die Beschreibung der Techno-Szene und der Drogenszene im Strafvollzug, die anderen strukturellen Bedingungen unterworfen sind, sowie Überlegungen zum Verhältnis von Delinquenz und Sucht sind ebenfalls Bestandteil dieses Kapitels.

Drogenhilfe (Kapitel 8) wird als Gesamtheit gesehen. Dies bedeutet, dass Prävention, Suchtbegleitung und Rehabilitation als Arbeitsbereiche der Drogenhilfe mit unterschiedlicher Intention, die jedoch in ihrer Struktur aufeinander verwiesen sind, diskutiert werden. Eingegangen wird sowohl auf personen- und strukturorientierte Maßnahmen der Primärprävention, auf schadensminimierende Strategien und deren Organisation und Interaktion sowie auf abstinenzorientierte und suchtbegleitende Hilfe- und Therapieformen. Überlegungen zur lebensweltorientierten Beratung und Therapie sollen der Drogenhilfe Anstöße zur Veränderungsbereitschaft in ihrer Praxis geben.

Abschließend (Kapitel 9) wird der Versuch unternommen, Drogenhilfe als genuine Handlungsstrategie der Sozialpädagogik herauszustellen. Durch eine zunehmende Akzeptanz der Auffassung, dass Drogenabhängige krank sind, hat sich eine neue Strategie der Heilung entwickelt. Diese greift in erster Linie zurück auf medikamentöse Substitution, Notfallambulanz und Originalstoffabgabe als zentrale Interventionsstrategien. Dadurch verändert sich insgesamt das Arbeitsfeld der Drogenhilfe zu Lasten psychotherapeutischer Interventionen. Intendiert ist, Drogenhilfe als allgemeine Gesundheitsförderung und Basis für Prävention, Risikominderung und Heilung zu skizzieren. Hier kann die Sozialpädagogik durch ihre Alltags- bzw. Lebensweltorientierung ihre Professionalität zur Geltung bringen.

In erster Linie bezieht sich die Einführung in die Drogenhilfe auf drogenpolitische und drogenhelferische Verhältnisse in Deutschland. Die Einbeziehung von Erfahrungen aus dem Ausland wurde nicht vorgenommen, wenngleich es im deutschsprachigen Raum (Schweiz/Österreich) und in den Niederlanden zahlreiche interessante Entwicklungen in der Drogenhilfepolitik gibt. Erkenntnisse vor allem über die Zusammensetzung von illegalen psychoaktiven Stoffen und ihre Wirkweise auf den menschlichen Organismus wurden jedoch berücksichtigt.

Die Kapitel zur Pharmakologie von Szenedrogen und zur strafrechtlichen Wertung des Drogenkonsums wurden nicht von einem Pharmazeuten bzw. Juristen verfasst, sondern von einem interessierten Erziehungswissenschaftler. Insofern ist nicht auszuschließen, dass sich Missverständnisse oder Unklarheiten in die Diskussion eingeschlichen haben können. Andererseits kann es gerade die Chance eines fachfremden Autors sein, fachinterne Besonderheiten mit einer fachunspezifischen Sprache verständlich darzustellen.

Eine Schwierigkeit ergab sich daraus, „wertfrei" mit dem Thema Drogen umgehen zu wollen. In vielen Ausführungen zu den Wirkungen illegaler psychoaktiver Substanzen auf den Organismus des Menschen und auf seine sozialen Verhältnisse waren eher Sozialerwünschtheit und Ideologie erkenntnisleitend – weniger seriöse Forschung und objektive Berichterstattung. Gerade das Thema Drogen bekommt in unserer Gesellschaft dann einen fast hysterischen Unterton, wenn es um den „Schutz der Jugend" geht.

Eine rationale Betrachtungsweise, gestützt auf empirisch verlässlich erhobene Daten und auf biophysiologische Erkenntnisse sowie getragen von einer toleranteren Haltung gegenüber jungen Menschen ist hier eher angebracht, als martialisches Getöse mit der Losung: „Krieg den Drogen". Vielleicht kann diese „Einführung in die Drogenhilfe" dazu beitragen.

Die Vorlage zu diesem Buch bildete ein Seminarscript zu Lehrveranstaltungen mit dem Titel „Einführung in die deutsche Drogenhilfe", die ich in den Frühjahren 1999 und 2000 anlässlich von DAAD Kurzzeitdozenturen an der Universidad Catolica del Uruguay in Montevideo hielt. Ich danke den Kursteilnehmern herzlich für ihre intensive und konstruktive Kritik, ganz besonders jedoch meinem Freund und Kollegen Agustin Lapetina, der immer dann die richtigen Worte fand, wenn mein spanischer Wortschatz erschöpft war.

Weiterhin bin ich zu Dank verpflichtet den Studentinnen und Studenten des Fachbereiches 12 der Universität Dortmund, die in Vorlesungen und Seminaren sich intensiv mit mir über Themen der Drogenhilfe und Drogenpolitik auseinandergesetzt haben und mir so hilfreiche Anregungen vermittelt haben zur Präzisierung mancher Thesen und Argumente.

Dem Arbeitskreis für Jugendhilfe e.V. in Hamm gilt mein besonderer Dank für die Bereitstellung vielfältiger Möglichkeiten, über Jahre Einblick in die Praxis der Drogenhilfe und Drogenpolitik zu gewinnen. Hier waren es vor allem Ulla Püthe, Rolf Buschkamp und Rainer Bathen, denen ich zahlreiche Anregungen zur Abfassung der Kapitel Drogenhilfe und Drogenszene verdanke.

Bedanken möchte ich mich auch bei meinen Kollegen Thomas Rauschenbach, Michael Galuske und Ivo Züchner von der Universität Dortmund für ihre zahlreichen Anregungen, Hinweise und Unterstützungen.

Meine Frau Gisela hat die Entstehung und Entwicklung dieses Buches begleitet und vor allem in der Endphase seiner Fertigstellung die mühsame redaktionelle Arbeit wesentlich mitgetragen. Nicht nur dafür danke ich ihr ganz besonders.

A. Strukturwissen

1. Zur Geschichte der Drogen

1.1 Einleitung

Fraglos hat es den Konsum von psychotropen Substanzen, der nicht nur Rausch, sondern auch Abhängigkeit bedeuten kann, schon lange vor der christlichen Zeitrechnung gegeben. In Mesopotamien, Ägypten, zu Zeiten der griechischen und römischen Kulturen, später in Persien und in der Türkei sowie in Mitteleuropa waren Rauscherlebnisse Bestandteil religiöser und/oder kultischer Rituale.

Psychotrope Substanzen wurden jedoch auch als Arzneimittel verwendet. Insbesondere der Gebrauch von Opium hat eine lange Tradition sowohl in der Heilkunst, als auch in den Mysterien der alten Hochkulturen im europäisch/asiatisch/afrikanischen Bereich. Den Ärzten wie auch den Priestern und Schamanen war die Rausch erzeugende Wirkung des Opiums ebenso vertraut, wie sie seine medizinische Anwendung stets zu kontrollieren wussten.

Der Rausch als Folge der Einnahme nicht nur opiathaltiger Produkte, der lange Zeit in sakrale Techniken eingebunden war, verlor seinen Mythos und seine sakrale Legitimation durch die Moderne. Prozesse der Sozialdisziplinierung (Österreich) und der Vernunftbegriff der Aufklärung markieren die Bruchstelle, an der sich die kulturelle Bewertung des Rausches ändert.

Das weltweite Verbot bestimmter psychoaktiver Substanzen, so wie es gegenwärtig in Kraft ist, hat jedoch einen anderen Ursprung, ebenso wie der Umgang der Industriestaaten durch innerstaatliche Akteure (Pharmazie, Medizin, Justiz) mit ihnen.

Die Ausführungen in diesem Kapitel sind daher von einer bestimmten Intention geleitet. Sie sollen zeigen, dass der aktuelle gesellschaftliche Umgang mit illegalen psychoaktiven Stoffen und seinem Konsumenten Resultat eines Transformationsprozesses war, dessen strukturelle Besonderheiten durch ökonomisch/kolonialpolitische Interessenkonflikte und berufspolitische Monopolisierungsprozesse gekennzeichnet waren. Diesen Sachverhalt will ich im Folgenden exemplarisch am Beispiel des gesellschaftlichen Umgangs mit Opium und seinen Derivaten zeigen.

Meine im Folgenden zu diskutierenden Thesen sind:

- Ausgangspunkt für die weltweiten Sanktionierung von Opium war ein kolonialpolitischer Konflikt im Hinblick auf Absatz und Verwendung von

Opium zwischen England und China, der zudem überlagert wurde von einem ökonomischen Konflikt zwischen England und den USA in Hinblick auf die Erschließung eines neuen Marktes für industrielle Produkte durch die USA in China.

- Ausgangspunkt staatlicher Reglementierungsprozesse im Umgang mit Opium und seinen Derivaten waren nicht nur völkerrechtlich verbindliche Konventionen des Völkerbundes, sondern auch die Entwicklung eines Regulierungssystems für Handel und Produktion von Opium und seinen Derivaten, in dem Medizin und Pharmazie sich ein Monopol erarbeiten konnten. Diese Monopolisierung trug nicht nur zur Professionalisierung beider Berufsgruppen bei, sondern verschaffte ihnen auch ökonomische Vorteile.

Das weltweite Verbot des Handelns mit Opiaten hat jedes innerstaatliche Regulierungssystem zum Umgang mit Opium und seinen Derivaten und anderen psychoaktiven Substanzen erheblich beeinflusst; und noch immer ist in jedem einzelnen Land eine Balance zwischen medizinisch/pharmakologischen Präferenzen des innerstaatlichen Regulierungssystems und dem weltweit gültigen Sanktionssystem erkennbar. Wo jeweils der Schwerpunkt liegt, ist von Land zu Land unterschiedlich.

Bevor ich die Thesen im Einzelnen diskutiere, wird auf den Gebrauch von Opium im Orient und Okzident eingegangen (2).

Sodann werde ich – unter der Überschrift „Opiumkrieg und die Opiumfrage" – auf den in der These 1 angesprochenen Sachverhalt eingehen (3). Hieran schließt sich die Diskussion der mit These zwei angesprochenen Sachverhalte an (4). Danach gehe ich auf Entwicklungen im Umgang mit illegalen psychoaktiven Substanzen nach dem zweiten Weltkrieg ein. Eine kurze Zusammenfassung der wesentlichen Inhalte beschließt dieses Kapitel.

1.2 Opiumgebrauch im Orient und Okzident

Für Galen – einen der größten Ärzte der Römerzeit und Leibarzt von Marc Aurel – galt Opium als das stärkste Mittel unter denen, die den „Sinn stumpf machen" und einen betäubenden Schlaf hervorrufen. Aus diesem Grund wandte er Opium selten rein an, sondern fügte ihm Substanzen bei, die seine lähmende Kraft ausglichen. Ein Mittel, das aus der Kombination von Opium, Vipernfleisch und anderen Ingredienzen bestand, war das bis in das hohe Mittelalter verwendete Theriak, besser bekannt in der mittelalterlichen Heilkunde unter dem Namen Paniozie[1].

---

1 Vgl. hierzu M. Keutel „Die Opiumsucht", Stgt. 1988, S. 11ff., auf deren Ausführungen ich mich im Folgenden ebenso stütze wie auf M. Seefelders „Kulturgeschichte

Doch schon zur Zeit Homers (800 v. Chr.) – das können wir seiner Odyssee entnehmen – war von einer starken Droge die Rede, die Helena aus Ägypten mitgebracht hatte und ihren Gästen in den Wein mischte. Homer nannte diesen Trank „Nephenthen", er besaß „die Macht, Kummer und Groll und allen Leiden Gedächtnis vergessen zu lassen." Seine Wirkungen werden in den folgenden Versen noch deutlicher beschrieben:

„Kostet einer des Weins, mit dieser Würze (Opium, H.J.J.) gemischt,
Dann benetzt den Tag ihm keine Träne die Wange,
Wäre ihm auch sein Vater und seine Mutter gestorben,
würde vor ihm auch sein Bruder und sein geliebter Sohn
mit dem Schwerte getötet,
dass seine Augen es sähen,
siehe, so heilsam war die künstlich bereitete Würze,
welche Helena, einst die Gemahlin Thans, Polydamina in Ägypten geschenkt.
Dort bringt die fruchtbare Erde mancherlei Säfte hervor,
zu guten und schädlichen Mischung;
dort ist jeder ein Arzt und übertrifft an Erfahrung alle Menschen...."
(zitiert nach M. Keutel a.a.O., S. 18).

Als Medium religiöser Erfahrung war Opium zudem durch seine Verbindung mit dem Mythos der Erdmutter Demeter in den eleusinischen Mysterien der Griechen bekannt geworden.

Auch in den West- und Oströmischen Reichen wurde Opium vielfältig benutzt – entweder als Bestandteil von Arzneien – wie schon angedeutet – oder als Genussmittel in Verbindung mit Wein. Viele Würdenträger des römischen Reiches nahmen Opium – wie auch andere Substanzen (z.B. Arsen oder Eisenhut) – um sich gegen Giftanschläge zu immunisieren. Diese waren als Mittel gegen politisch missliebige Gegner in dieser Zeit durchaus üblich.

Eine solche radikale Art des Selbstschutzes lässt die Vermutung zu, so Seefelder (1990), dass eine große Zahl von Würdenträgern im römischen Kaiserreich durchaus auch an Opium gewöhnt war.

Der Zusammenbruch des West- und Oströmischen Reiches ließ das Wissen um die vielfältigen Verwendungsmöglichkeiten von Opium in Europa nicht vollständig verschwinden. Insbesondere die christlichen Orden archivierten und nutzten auch die Kenntnisse zur medizinischen Anwendung von Opium.

Im Christentum des Abendlandes ging die Pflege und Ausübung der Heilkunde an die Klöster über, vor allem die Benediktinermönche verfassten vielfältige Rezepte zur Anwendung des Opiums für allerlei Gebrechen. Hil-

---

des Opiums", Ffm. 1987, Kreuzers „Geschichte des Rausches", Stgt. 1996 und Ausführungen aus dem Begleitband zur Ausstellung „Rausch und Realität", Köln 1981.

degard v. Bingen (1098- 1179) z.B. beschreibt die medizinische Anwendung des Mohn nach altem Muster, ohne Hinweise auf Gefahren bei chronischer Verwendung.

1.2.1 Opiumgebrauch im Orient

Die Weiterentwicklung der Wissenschaften – so auch die der Heilkunde – vollzog sich jedoch im Orient.

Durch die Verbreitung des Islam entwickelten sich Reiche, deren Eliten der Entwicklung neuer, wissenschaftlicher Erkenntnisse äußerst positiv gegenüberstanden. Offensichtlich begünstigte auch der Islam durch seine Frontstellung gegen den Alkohol die Verwendung von Opium nicht nur als Heilmittel. Der Perser Avicenne (980-1037) empfahl Opium gegen Husten, Durchfall und andere Krankheiten, jedoch in Kombination mit anderen Mitteln. M. Keutel (1986) macht darauf aufmerksam, dass Muslimpilger aus Persien und Irak das Wissen um Opium in die Pilgerstadt Mekka trugen.

In Mekka gewöhnten sich viele Menschen an Opium, um dadurch die Reisestrapazen, aber auch die Auswirkungen der Hitze besser ertragen zu können. Von Mekka aus verbreitete sich die Kenntnis um den nichtmedizinischen Gebrauch von Opium über das ganze islamische Einflussgebiet.

Ab dem 14. Jahrhundert kamen nach Europa erste Meldungen über den nichtmedizinischen Gebrauch von Opium in den Ländern des Orients.

Reisebeschreibungen um 1600 stellen den Opiumgebrauch in Kleinasien und Persien, z.B. als eine übliche Sitte hin, die insbesondere von erwachsenen Männern getragen wurden.

Keutel zitiert den französischen Diplomaten U. Tott, der über den kontrollierten Genuss von Opiumpillen berichtet, sowie verschiedene Reisebeschreibungen, in denen auf die Verwendung von Opium durch die Türken hingewiesen wird, um in kriegerischen Auseinandersetzungen „mutig", „beherzt" und „kühn" zu sein.

Von der Verabreichung des Opiums in Ägypten und Persien als Genussmittel berichten ebenso Reisebeschreibungen aus dem Mittelalter (Keutel 1988, S. 68ff.; Seefelder 1987, S. 65ff.). Offensichtlich hat es in der persischen Gesellschaft, wie auch in der ägyptischen in allen Bevölkerungsschichten starken Opiumkonsum gegeben. Opium wurde entweder gegessen oder getrunken, und wenn man den Reisebeschreibungen Glauben schenken darf, so deutete vieles darauf hin, dass der Konsum von Opium in Rituale eingebunden war, die auch Abhängigkeiten normalisierte.

„Chardin schreibt, man könne keinen besseren Zeitvertreib haben, als diese Leute zu beobachten; wenn sie in die Trinkstube kamen, sahen sie lässig, matt und niedergeschlagen aus; nachdem sie zwei oder drei Tassen von dem Trank genossen hatten, wurden sie wütend, alles missfiele ihnen, sie tadelten alles und zankten sich. Aber sobald der Trank wirkte, vertrugen sie sich und jeder überließ sich seiner herrschenden Leidenschaft" (Keutel 1988, S. 76). Dieses Getränk wurde „Cocquenar" genannt und bestand u.a. aus Mohnblättern und Mohnköpfen.

Aus vielen historischen Quellen geht hervor, dass Opium im Orient (Persien, Ägypten, Türkei) Jahrhunderte lang weit verbreitet war und sowohl als Heilmittel, als auch als Rauschmittel verwendet wurde. Insofern liegt natürlich die Frage nach der Gewöhnung und/oder Abhängigkeit nahe.

„Kulturhistorisch gilt Opium als spezifisches Rauschmittel der Orientalen. Das im Koran festgeschriebene Alkoholverbot hat hier sicherlich seine Auswirkungen gehabt. Darüber hinaus ist Mohn in den Ländern des Orient beheimatet" (vgl. Redlich 1992).

Ob – wie Poklisch (vgl. Poklisch 1994) ausführt – ein biologischer Unterschied in der Ansprechbarkeit auf Opium bei den Orientalen vorhanden sei – muss wohl erst noch geprüft werden.

Der Islam selbst fördert die meditative Besinnung im Diesseits auf ein Jenseits, auch wenn sie mit Hilfe nichtalkoholischer, psychotroper Substanzen angestrebt wird – die tolerierende Einstellung zu Cannabis und Quat durch den Islam ist sicherlich auch aus dieser Perspektive zu verstehen.

Wesentlich ist jedoch zur Beurteilung der Entstehung einer möglichen Abhängigkeit von Opium in diesem historischem Zusammenhang, dass sein Konsum nie etwas exklusives oder nicht toleriertes darstellte. Es war als Rauschmittel im sozialen Leben der damaligen Zeit fest verankert. Die Konsumenten von Opium zeichneten sich durch einen überlegten Umgang mit der Droge aus. Sie hielten Distanz zu ihm, indem sie seinen Gebrauch ritualisierten und die Menge der zu konsumierenden Droge von ihrer körperlichen Konstitution abhängig machten. Insofern litt offensichtlich die persönliche Integrität der Konsumenten nicht darunter.

Jeder, für den das Opium erschwinglich war, nahm zumindest einmal am Tage eine Opiumpille. Selbst nach einem Opiumkonsum über einen Zeitraum von 50 Jahren erhöhte der Konsument selten die Dosis. A. Neligan – lange Jahre als Arzt in Persien tätig – bestätigt diese Auffassung, wie Keutel (1988) schreibt: „Die Dosis bleibe jahrelang dieselbe, wenn sie erhöht werde, geschehe dies nur in geringem Maße und in langen Intervallen. Opium rufe auch keine Schläfrigkeit hervor, es fungiere lediglich als Seditativum, der Konsument fühle sich besser und ihm falle die Arbeit leichter. Diese Art, Opium zu nehmen, sei vor allem im Osten des Landes verbreitet und Jahrhunderte lang praktiziert worden" (Keutel 1988, S. 84).

Das hier konsumierte Rohopium – vermischt mit anderen Stoffen, wie Wasser, Honig etc. – entfaltet seine Wirkung langsam, weil die in ihm enthaltenen Rausch erzeugenden Alkaloide über den Magen absorbiert werden. Auch die Menge der konsumierten Stoffe – pro Dosis 0,12 mg (vgl. Neligan 1927) – trägt nicht dazu bei, eine Sucht – vergleichbar der bei uns vorherrschenden Heroinabhängigkeit – zu erzeugen. Dies hängt auch mit der pharmakologischen Beschaffenheit des Rohopiums zusammen, bei der die Sucht bildende Substanz Morphium ca. 10% Anteile hat und Codein etwa 0,5%.

Gelphe (vgl. Gelphe 1966) weist darauf hin, dass der Konsum vom Opium in Persien auf bestimmte Orte und bestimmte Gelegenheiten beschränkt und in ein System informeller, freiwilliger und wirksamer sozialer Kontrolle eingebettet worden sei.

Offensichtlich ist, dass sich ein Regulierungssystem für den Umgang mit Opium entwickelt hat, das auf internalisierter Selbststeuerung und informellen Kontrollen des Umgangs basierte. Ein solches Regulierungssystem bewirkte zudem, dass ein offener, marktförmiger Zugang zum Produkt Opium möglich wurde und die Herausbildung effizienter Techniken, Applikationen, Formen und Substanzen zu einem reflektierten Konsum geführt haben. Insofern lag es offensichtlich auch nicht im Interesse der persischen Herrscher, eine repressive Gesetzgebung zu entwickeln und durchzusetzen, wie sie bei der Droge Alkohol schon durch die Empfehlung des Koran notwendig wurde.

1.2.2 Opiumgebrauch im Okzident

So wie das naturwissenschaftliche und medizinische Wissen allgemein, gelangte auch das Wissen um die Verwendung von Opium erst im 11. Jahrhundert wieder nach Mitteleuropa. Die heimkehrenden Kreuzritter und die maurische Kultur in Spanien waren die Quellen, aus denen es sich speiste, und in der Übersetzung von arabischen Texten in die lateinische Sprache wurde es von der mittelalterlichen Heilkunde ausnahmslos rezipiert.

Theriak – ein Heilmittel schon der Römer und Griechen – kam erneut zur Blüte. Das zu ihrer Herstellung benötigte Opium wurde hauptsächlich aus Ägypten importiert, wobei Venedig in Italien und Nürnberg in Deutschland die Hauptumschlagplätze waren. Ein weiterer Meilenstein in der Kulturgeschichte des Opiums war die Erfindung des Laudanums durch den Arzt und Naturforscher Paracelsus. Diese aus einer alkoholischen Lösung bestehende Opiumtinktur revolutionierte die Pharmakologie – die damals überwiegend aus botanischen Rezepturen bestand – und blieb während der nächsten 400 Jahre das meistbenutzte Heilmittel im Okzident.

Was diese Arznei oder Droge so in den Vordergrund brachte, war die analgetische Wirkung, die von Zahnschmerzen bis zu schweren Krankheiten zuverlässige Erleichterung verschaffte. Allerdings fehlte es auch schon damals nicht an warnenden Hinweisen auf den bedenklichen Nachteil des Opiums, der in dem Umstand lag, bei dauerndem Gebrauch den Menschen gegen seinen eigenen Willen zur weiteren Einnahme zu zwingen.

Im Übergang vom Mittelalter zur Neuzeit übernahm der Alkohol die zentrale Stellung des Opiums in der Pharmakologie, aber nicht nur dort. Auch als Rauschmittel fanden der Branntwein oder andere Destillate – meist in Klöstern produziert – ihren Weg in alle Gesellschaftskreise. Eine beispiellose „Sauflust" prägte das 16. Jahrhundert, das als das Jahrhundert der Trinkerei und Völlerei in die Geschichte einging (vgl. Legnaro 1981).

Besonders verheerend, so Legnaro, sollen die Zustände in Deutschland gewesen sein, wo die Sitte des „Zusaufens" eine Fülle von Traktaten für und gegen das Trinken entstehen ließ.

„Zu Beginn des 17. Jahrhunderts" – so R. Schmitz (Schmitz 1981, S. 382) – wurde die Zubereitung und Anwendung von Opiumpräparaten im akademischen Unterricht erstmals universitär gelehrt. Einen echten Fortschritt stellte die 1674 in Jena veröffentlichte ‚Opiologia ad mentum. Academiae Naturae Curiosorum' des Georg Wolfgang Wedel (1645-1721) dar. Das in zwei Bücher mit jeweils zahlreichen Kapiteln aufgeteilte Werk fasste das damalige Wissen über Opium zusammen."

1804 erfolgte die Entdeckung der schmerzstillenden und sedierenden Ursachen des Opiums durch den Apotheker Setürner. Er nannte diesen Stoff Morphium. Der wesentliche Fortschritt hierbei war zweierlei: „einmal war mit der Gewinnung des Morphiums, der ersten bekannten Pflanzenbase, zugleich eine neue Sparte der Chemie, die Alkaloidchemie, begründet worden. Zum zweiten war mit der Isolierung des Morphiums im Opium eine exakte Dosierung der einzelnen Anwendungen opiathaltiger pharmazeutischer Produkte in der Heilbehandlung möglich" (Schmitz 1981, S. 384).

Morphium wurde im 19. Jahrhundert im Krimkrieg, im amerikanischen Bürgerkrieg und im Deutsch-Französischen Krieg als Schmerzmittel eingesetzt. Die Einführung der Injektionsspritze in die Heil- und Schmerzbehandlung trug mit dazu bei, dass viele während der Kriege mit Morphium behandelte Patienten starke Suchtpotentiale entwickelten. Dies umso mehr, als man durch die Selbstinjizierung den Soldaten die Verantwortung für die Schmerzbehandlung überließ.

Opium war im damaligen Mitteleuropa und in England in vielfältigen Variationen auf dem Markt. Es gab Opiumtinkturen, opiumhaltigen Wein, Opiumsalben, opiathaltige Lakritzstangen und eine Fülle opiathaltiger Hustensäfte. Am beliebtesten waren jedoch nach wie vor Laudanum und Rohopium, das z.B. in England in den so genannten penny-sticks verkauft wurde. Gerade England bot im 19. Jahrhundert ein Beispiel dafür, dass in der Gesellschaft keine sonderlichen Bedenken über die Anwendung von Opium bestanden, erwogen wurde sogar die Möglichkeit, Opium in England anzubauen, was aber aufgrund der klimatischen Bedingungen scheitern musste.

Das Opium wurde zu den überwiegenden Teilen aus der Türkei und Maze-donien importiert oder aber – durch die Ostindische Kompanie – von Indien über China nach England.

Im ausgehenden 19. Jahrhundert wurden allerdings in England starke Be-denken geäußert über eine mögliche Gefährdung der Volksgesundheit durch einen übertriebenen Opiumkonsum. Diese Bedenken gipfelten in ei-nem Gesetz zur Kontrolle des Drogenverkaufes durch das britische Parla-ment 1868 (Pharmacy Act).

Das 19. Jahrhundert gibt uns jedoch auch einen interessanten Einblick in den Einfluss des Opiums auf die Avantgarde der damaligen Literaten. No-valis, Friedrich Schlegel und E.T.A. Hoffmann in Deutschland, Coldridge und John Keats in England, Baudelaires und Edgar Allen Poe haben mehr oder weniger Drogen – meist Opium – zur Stimulierung ihrer Einbildungs-kraft eingesetzt. Bekannter ist natürlich Th. De Quincey, der Verfasser von „The confessions of an english opium-eater". Die meisten dieser Dichter sind den Romantikern zuzurechnen. „Wer von den bekannten Romantikern Opium selbst erprobt hat, kann zwar nicht mit Sichcrheit gesagt werden, anzunehmen ist jedoch, dass wohl alle zumindest die Wirkung des Rauschmittels erfahren haben, fraglich bleibt, wer ihm verfiel." (Diekhoff 1981, S. 407)

Dass der Gebrauch von Opium durch die Dichter der Romantik einer spezi-fischen gesellschaftlichen Situation geschuldet war, darauf weist R. Diek-hoff in dem seinem zitierten Essay hin: „Die Destruktion des religiösen Bewusstseins durch die vorausschauungslos, also radikal fragende Vernunft der Aufklärung des 18. Jahrhunderts wurde von dem empfindenden Subjekt als die erneute Vertreibung aus dem Paradies erfahren, da es sich mit der kalten und grausamen Wahrheit des Verstandes nicht abfinden konnte. Es sind im Wesentlichen zwei Grundsatzentscheidungen nach dem Wegfall paradiesischer Hoffnungen und Tröstungen der christlichen Religion, die bis heute die Ideengeschichte der Moderne bestimmen: die Errichtung einer irdischen Metaphysik mit Hilfe des Traumes und des Rausches sowie die Entwürfe einer konkreten Sozialutopie, die von der Französischen Revolu-tion bis zu Marx der Gesellschaft irdischen Ersatz ihrer paradiesischen Hoffnungen schaffen wollte." (Diekhoff 1981, S. 406).

1.3   Der Opiumkrieg und die Opiumfrage

Die Ursprünge des Opiumkonsums scheinen in Persien, Indien und im vor-deren Orient zu liegen, sieht man einmal von seiner heilkundlichen Ver-wendung ab, die, wie angeführt, im Orient und Okzident schon sehr früh verbreitet war.

Die Hinweise auf den kontrollierten Konsum von Opium im Orient sollen jedoch nicht darüber hinwegsehen, dass es unter den Rauschmitteln eine zentrale Stellung einnimmt. Seine deformierende Wirkung und Folge wurden u.a. am Problem des Opiumrauchens in China deutlich.

Bis zum 16. Jahrhundert liegen in der chinesischen Literatur keine Berichte über das Opiumrauchen vor. Erst um 1765 wird das Rauchen von Opium in chinesischen Arzneibüchern erwähnt. Offensichtlich ist es über Formosa auf das chinesische Festland geraten. Formosa wurde in dieser Zeit wieder chinesisches Territorium. Anfänglich wurde Opium in Verbindung mit Tabak geraucht, bis sich nach und nach das Rauchen des speziell aufbereiteten Rohopiums – Tschanduu genannt – in China durchsetzte (vgl. Schramm 1970).

Das erhitzte „Rauchopium" (Tschanduu) wurde in Opiumpfeifen eingebracht, die nur eine Öffnung von wenigen Millimetern hatten, insofern handelte es sich bei diesen Pfeifen um eine fast geschlossene Verbrennungskammer. Der morphinhaltige Dampf wurde inhaliert, jedoch dauerte die Aufnahme des freigesetzten Morphins in den Organismus einige Zeit. Die Folge war ein langsam sich entwickelnder Dämmerzustand, der von angenehmen Träumen begleitet war. Da der Morphingehalt des Rauchopiums weniger als 9% ausweist und zudem nur etwa 10% des Dampfes überhaupt in den Organismus gerät, entwickelt sich eine Abhängigkeit erst über einen langen Zeitraum.

Gleichwohl erreichte der Opiumkonsum in China schon bald eine nationale Dimension, die vor allem im Zusammenhang mit der kolonialen Opiumpolitik Englands gesehen werden muss. Die setzt 1834 offiziell ein, nach dem das Monopol der Ostindischen Kompanie für den Handel mit China erlosch.

Die Ursache des großen Angebotes an Opium in China lag in einem Dreiecksgeschäft begründet, das die englische Regierung installierte, um ihre schwindenden Devisenvorräte an Silber – als Folge eines rapiden Zuwachses des Verbrauches an Tee im 18. Jahrhundert, den England nur in China und nur gegen Silber als Zahlungsmittel einkaufen konnte – zu retten. Aus den indischen Ressourcen gab es nur ein Produkt, das für China von großem Interesse war und für das China seinerseits gewillt war Silber zu zahlen: Opium. „Das System begann zu funktionieren: Tee von den Chinesen gegen Silber, und Opium aus dem Besitz der East India Company gegen Silber. So wurde Englands Silberbilanz erheblich verbessert und je mehr der Opiumhandel zunahm, desto näher war die Frage, wann die Silberbilanz für die Chinesen negativ werden sollte. Etwa um 1830 erreichte die Bilanz diesen Zustand" (Seefelder1987, S. 175). Die chinesische Administration verbot daraufhin den Handel mit indischem Opium. Allerdings gab es auch noch andere Gründe.

Nicht nur in den chinesischen Hauptstädten, sondern bis in die fernen Provinzen hinein verbreitete sich das Rauchen des Opiums und führte dazu, dass immer mehr Menschen sozial verelendeten. Ein Grund für die Bereitschaft vieler Chinesen, Opium zu konsumieren, sieht Seefelder in den bürgerkriegsähnlichen Zuständen im ausgehenden 17. Jahrhundert, als die Mandschu-Herrschaft die Ming-Kaiser besiegte. Wirtschaftliche Not und die wachsenden Einflüsse des Westens in wirtschaftlichen, religiösen und politischen Bereichen ließen zudem das konfuzianische Weltbild bei vielen Chinesen brüchig werden.

Die Reaktion der Mandschu-Herrscher, den Opiumhandel zu verbieten und die bestehenden Opiumvorräte der Engländer sowie die der Amerikaner zu vernichten, führte zu einer Eskalation. Während sich die US-Amerikaner aus dem Opiumhandel weitgehend zurückzogen, begannen die Engländer den Opiumkrieg (1840 -1842) mit China, nach dessen „erfolgreichen" Abschluss sie durch Verträge die Möglichkeit zugestanden bekamen, über fünf Seehäfen vor allem indisches Opium nach China zu importieren.

Die Engländer erwarteten, dass China den Import von Opium legalisierte. Als dies nicht erfolgte, nahmen sie einen Vorfall zum Anlass, über einen zweiten Opiumkrieg 1856 die ersehnte Legalisierung zu erzwingen. Im Vertrag von Tientsin 1858 wurde die Legalisierung des Opiumhandels festgelegt und sollte, nach seiner Ratifizierung durch den chinesischen Kaiser in Peking, endgültig erfolgen. Doch zunächst sperrten die Chinesen den Zugang nach Peking und so erzwang der dritte Opiumkrieg 1860 einen gewaltsamen Zugang der Engländer und Europäer nach Peking und damit die endgültige Ratifikation des Vertrages. „Dieser Vertrag bildete die Grundlage des indochinesischen Opiumhandels bis in das 20. Jahrhundert hinein. Mit dem Sinken der Macht Chinas in den Jahrzehnten rücksichtslosester, imperialistischer Politik der europäischen Mächte im Reich der Mitte, wusste England auch das Hineinströmen des indischen Opiums nach China immer mehr zu erleichtern." (Wissler 1931, S. 37).

Ein Vergleich der Einfuhrzahlen zwischen dem ersten und zweiten Opiumkrieg 1843 und 1886 mag den kolossalen Anstieg des Verbrauchs und des Handelns an Opium verdeutlichen:

1843 = 30.000 Kisten Opium   1888 = 82.619 Kisten Opium

Zugleich mit dem Steigern der Einfuhr wurde aber auch der Anbau in China selbst betrieben. Das einheimische Opium war billiger, aber auch schlechter und wurde von den armen Bevölkerungsklassen geraucht. Wissler (1931) nimmt an, dass der Anbau von den chinesischen Behörden nach der erzwungenen Legalisierung stark gefördert wurde. So wurde in der Provinz Yünán 1889 das Opiumexportgeschäft nach dem übrigen China in großem Umfang aufgenommen.

Somit war es gegen Ende des Jahrhunderts für England absehbar, den Opiummarkt in China zu verlieren. „Der langsame aber sichere Verlust des chinesischen Marktes, das sichere Bewusstsein, ihn nicht halten zu können, hätte allein nicht genügt, die Engländer zum Nachgeben zu bewegen" (Wissler 1931, S. 38). Im Jahre 1906 erließ der Kaiser von China ein Edikt, welches den Import von Opium innerhalb eines Zeitraumes von zehn Jahren verbieten sollte. England stimmte diesem Edikt zu. Neben den finanziellen Interessen, war ein verändertes politisches Klima Anlass für den Wandel der englischen Kolonialpolitik:

- einmal, weil deren Auswirkungen auch indirekt in England spürbar waren. Der Opiumgenuss war durch die Seeleute nach England gekommen und breitete sich unter den durch die industrielle Revolution verarmten Massen aus;

- zum Zweiten, weil die kolonialpolitische Philosophie, derzufolge nur die Engländer in der Lage seien, die Zufuhr an Opium nach China einigermaßen kontrollieren zu können, radikal in Frage gestellt wurde.

Damit einher ging, dass der Opiumhandel ein Hauptangriffspunkt der neuen nationalen Bewegung in China wurde, dessen Erfolg in der Durchsetzung eines kaiserlichen Edikts bestand, den Anbau und die fremden Importe über 10 Jahre einzugrenzen.

„Am 30. Mai 1906 verabschiedete das britische Unterhaus eine Resolution, in der Opiumhandel der eigenen Regierung als zutiefst unmoralisch vorgeworfen und seine baldige Beendigung gefordert wurde" (Scheerer 1982, S. 33).

Amerika schloss sich dieser Ansicht an und erklärte ebenfalls den wirtschaftlichen Handel von Opium als unmoralisch und verwerflich. Das Anerkennen des Ediktes seitens der englischen Regierung stellt jedoch ungeachtet der Motive einen wesentlichen Wandel internationaler Kolonialpolitik dar, da zum ersten Mal die Interessen eines Koloniallandes erwähnt werden.

Nachdem die USA infolge des spanisch-amerikanischen Krieges im Jahre 1898 die Philippinen besetzten, kamen sie direkt mit Opium beziehungsweise dessen Konsum im Fernen Osten in Kontakt. Die in den Philippinen stationierten Marines machten Bekanntschaft mit Opium rauchenden Freudenmädchen und begannen im Laufe der Zeit ebenfalls, Opium zu konsumieren. Dieser Konsum ging soweit, dass man von einem Absinken der Kampfstärke sprach, und Roosevelt eine Kommission zur Erforschung der Opiumfrage in die Philippinen entsandte (vgl. Scheerer 1982). Diese Delegation, geleitet von dem Bischof Charles H. Brent, bereiste mehrere Länder (darunter Japan, Schanghai, Saigon und Singapur). Die Kommission kam zu dem Ergebnis, dass dem Problem mit staatlichen Mitteln nicht beizukommen, sondern es lediglich auf internationaler Ebene zu lösen sei. Brent vertrat die Ansicht, dass eine gemeinsame Kommission aller Mächte mit kolonialen Besitzungen im ostasiatischen Raum gebildet werden solle, um das Ausmaß und die Gefahren des Opiumhandels in der gesamten Region zu untersuchen (vgl. Scheerer 1981, S. 34).

Roosevelt nahm diesen Vorschlag aus zwei Gründen an: Zum einen „erblickte er in diesem Vorschlag die Lösung seines außenpolitischen Dilemmas" (Scheerer 1989, S. 283), zum anderen war er tatsächlich an der Lösung der Opiumfrage interessiert. Das Dilemma bezog sich auf die Tatsache, dass Amerika, im Gegensatz zu England, nicht in der Lage war, in China wirtschaftlich Fuß zu fassen, obwohl dies in der Vergangenheit oft versucht wurde. England jedoch hatte durch den Handel mit Opium den chinesischen Markt fest im Griff. Roosevelt war somit auch wirtschaftlich daran interessiert, dass der Opiumhandel zwischen England, Indien und China aufhören sollte. Zusätzlich sollten Strafmaßnahmen gegen das Opiumrauchen vom Parlament beschlossen werden.

Gerade in den USA hatte sich durch den Zuzug von chinesischen Arbeitern der Opiumgenuss vor allem an der Westküste verbreitet. Zwar hatte ein Vertrag von 1880 den Opiumhandel zwischen China und den USA verboten, jedoch hinderte dieser Vertrag offensichtlich wenige Handelsfirmen daran, weiterhin Opium in die USA einzuführen.

So gibt eine Statistik (vgl. Wissler 1931, S. 158) für 1880 bis 1889 die Verbraucherzahlen mit 56.000 Menschen an, und die jährliche Einfuhr von Rauchopium mit 85.988t; 10 Jahre später ist die Zahl auf 68.000 Konsumenten und auf 92.662t die Einfuhr gestiegen.

Im Jahr 1909 wurde in den USA die Einfuhr von Rauchopium verboten, das Harrison-Gesetz von 1914 regelte hauptsächlich den Inlandsverkehr und das Jones-Miller-Gesetz von 1922 den Außenhandel; der Zweck dieser Gesetzgebung war es, jeden nichtmedizinischen oder nichtwissenschaftlichen Verbrauch von Opium oder Narkotika zu unterbinden, die Einfuhr von Rohstoffen zu verbieten und die von Opiaten und Kokain so zu kontrollieren, dass die Rauschgifte nur medizinischen oder wissenschaftlichen Zwecken dienen konnten.

Die Motivation zu einer bis 1914 (Harrison-act) zumindest einmaligen, staatlichen Regelung der Opiumfrage liegt in der neuen Moral des US-amerikanischen Kapitalismus begründet. Er wertete das Problem volkswirtschaftlich und leitete daraus mögliche negative Entwicklungen hinsichtlich seiner volkswirtschaftlichen Entwicklungen und weltwirtschaftlichen Interessen ab. Für die amerikanische Volkswirtschaft wurde in Bezug auf den Konsum von Narkotika ein Verlust von 60 Mill. Dollar ausgerechnet, zudem noch ein Verlust an Löhnen infolge der Arbeitsunfähigkeit von Süchtigen, in Höhe von 150 Mill. Dollar. Für China wurde in Bezug auf Konsum und Arbeitsfähigkeit von Menschen ein ökonomischer Verlust von 550 Mill. Dollar angenommen.

Die amerikanische Haltung zur Lösung der „Opiumfrage" hing insofern von ihrem weltwirtschaftlichem Interesse ab und dessen Durchsetzung sah sie durch die Kolonialpolitik Englands in Indien und Ostasien erheblich beeinträchtigt, das den Opiumhandel nach wie vor befürwortete.

„Die Amerikaner verknüpften das Wohlergehen der Vereinigten Staaten mit dem Wohlergehen der gesamten Erde. Die eigene Prosperität ist nur gewährleistet, wenn überall in der Welt amerikanische Kapitalanlagen sicher und rentabel sind, und wenn das soziale System der anderen Völker sich dem amerikanischen System, wenn auch in langsameren Tempo, anpasst. Nur die Übereinstimmung der ehrlichsten, moralischen Überzeugung mit den wirtschaftlichen Interessen, kann den unwiderstehlichen ‚amerikanischen Missionsimperialismus' auslösen, den Glauben, dass es Aufgabe der Vereinigten Staaten ist, einer mehr oder minder rückständigen Welt ihren sozialen Kapitalismus mit gewaltsamer Güte aufzudrängen" (Wissler 1931, S. 156).

Nachdem Theodor Roosevelt den Bericht der Regierungskommission unter C. H. Brent erhalten hatte, wandte sich die amerikanische Regierung bzgl. eines gemeinsamen Treffens an Frankreich, Deutschland, Japan, die Niederlande, China und Portugal; Italien, England, Persien, Russland und Siam nahmen ebenfalls teil. Lediglich England, China und die Vereinigten Staaten hatten ein Stimmrecht, während alle anderen Mächte nur „informatorische Mitteilungen" machen konnten (vgl. Wissler 1931, S. 179).

Trotz anfänglicher Mühen und Probleme, ausgelöst durch die verschiedenen Interessen der drei Nationen, kam es im Februar 1909 zu einem Treffen aller o.g. Länder. Obwohl diese Kommission nur Empfehlungen aussprechen konnte – es handelte sich nicht um eine Konferenz, die gemäß internationalem Recht in der Lage gewesen wäre, einen Vertrag zu entwerfen, der für die beteiligten Staaten verbindlich gewesen wäre – darf ihr Stellenwert für die Zukunft nicht verkannt werden.

Die konkreten Ergebnisse der Kommission von Schanghai bestanden aus neun Resolutionen, die u.a. besagten, dass ein nicht-medizinischer Gebrauch von Opium verboten beziehungsweise „sorgfältig überwacht" (Wissler 1931, S. 180) werden sollte. Darüber hinaus vereinbarte man, das Opiumrauchen schrittweise zu unterbinden, die Ausfuhr von Opium und Narkotika nach Ländern, die die Einfuhr nicht verbieten, zu unterbinden und eigene Gesetze zu überprüfen. England hatte es im Verlauf der Kommission jedoch verstanden, jede Diskussion über die koloniale Opiumfrage auszuschließen, was für die Verhandlungen der kommenden Konferenzen in Den Haag von großer Bedeutung werden sollte.

Eingeleitet wurden die Haager Konferenzen am 1.9.1909 mit dem Versenden einer vorläufigen Tagesordnung für eine in Den Haag abzuhaltende Konferenz. Ziel dieser Konferenz war es, eine verbindliche Konvention auszuarbeiten, um letztlich die Opiumfrage zu lösen.

Wie angedeutet, waren es nicht nur moralische Gründe, die die USA dazu bewegten, auf das Ende des Opiumhandels zwischen England und China hinzuarbeiten; wirtschaftliche Gründe spielten ebenfalls eine wesentliche Rolle (vgl. Scheerer 1993, S. 84). Der Zweck, den die USA mit der Konferenz verfolgten, wurde indirekt schon in der vorgeschlagenen Tagesordnung deutlich, die „mit keinem Sterbenswörtchen (..) auf Kokain oder andere Nicht-Opiate einging" (Scheerer 1993, S. 85). Wäre es dabei geblieben, so beschäftigen sich „UNO, WHO und FAO wie bisher nur mit den Opiaten und Kokain; Cannabis und Dutzende andere global verbotener Drogen wären heute womöglich in vielen Ländern der Erde in die Palette der normalen Heil- und Genussmittel integriert worden" (Scheerer 1993, S. 86).

Da die Konferenz die Lösung der Opiumfrage finden sollte, was quasi das Ende englischer Vorherrschaft im Osten bedeutet hätte, war klar, dass die geplante Konferenz nur einen Verlierer zur Folge haben würde: Großbritannien. Darüber hinaus wäre es Amerika möglich geworden, den moralischen Finger zu erheben und England wegen seiner Kolonialpolitik zu rügen. England wollte dies nicht hinnehmen und nicht an der Konferenz teilnehmen. Die Konferenz stand jedoch inzwischen im Blick der Weltöffentlichkeit, und England gab am 17.09.1910 zu verstehen, dass es unter bestimmten Bedingungen bereit wäre, hieran teilzunehmen. Diese Zusage erfolgte mit einer zehnmonatigen Verspätung.

Von Amerika in diese Lage gedrängt, wollte England den Fokus von sich auf ein anderes Land, Deutschland, schieben. Deutschland begann sich zum einen auf Grund seiner aggressiven Außenpolitik in eine isolierte Lage innerhalb Europas zu manövrieren, zum anderen war es wegen seiner Stellung „als weltgrößter Hersteller und Exporteur" (Scheerer 1982, S. 89) chemischer bzw. pharmazeutischer Produkte prädestiniert, als moralisch verwerflich hingestellt zu werden. Würde sich die Konferenz nicht nur auf den Opiumhandel zwischen China und England konzentrieren, sondern auch auf die industrielle Herstellung anderer Drogen (z.B. Kokain, Morphium und Heroin), würde Deutschland wirtschaftlich geschädigt, und England zusätzlich dem moralischen Vorwurf entgehen.

Die oben erwähnten Bedingungen für die Teilnahme Englands bestanden darin, dass neben der ursprünglichen Opiumfrage auch industriell hergestellte Pharmaka in das Opiumabkommen einbezogen werden sollten. England begründete dies mit einer angeblichen Kokain-Schwemme in China. Dieser Vorschlag wurde angenommen, so dass die beteiligten Länder am 01.12.1911 für die erste Konferenz in Den Haag zusammenkamen. Morphium, Heroin und Kokain wurden (daher) denselben Kontrollen unterworfen werden wie Roh- und Rauchopium" (Scheerer 1993, S. 92). So wurde aus der internationalen Opiumfrage die internationale Rauschgiftfrage – der Kern des modernen Drogenproblems.

Während England im Vorfeld der Konferenz dominierte, versuchte Deutschland zu erreichen, den englischen Vorschlag zu verwerfen oder die Konferenz an anderer Stelle kollabieren zu lassen. Wesentliche Entscheidungen zugunsten Deutschlands wollten die Delegierten nicht im Vorfeld, sondern in der Konferenz treffen.

Im Verlauf der Konferenz wurde deutlich, dass eine Ablehnung des englischen Vorschlages ausgeschlossen werden konnte. Daher versuchte man, zumindest einige Pharmaka aus der Diskussion herauszunehmen (Wissler 1931, S. 189). So erreichten die deutschen Delegierten durch ständige Rückkommensanträge, dass zumindest Kodein nicht in das Abkommen aufgenommen wurde. Deutschland bewahrte mit diesem Sieg einen Teil seiner chemischen Industrie vor Verlusten, legte aber andererseits hier den Grundstein eines heutigen Paradoxons: Obwohl Kodein von der Substanz her ähnliche Wirkungen aufweist wie andere Rauschgifte, wird diese Droge in der Medizin verwandt und steht nicht auf dem Index illegaler Drogen.

Wie schon im Vorfeld standen sich auch während der Konferenz unterschiedliche Interessen gegenüber. Diese hätten an verschiedenen Stellen oft das Ende der Konferenz bedeutet, was Deutschland und England sehr begrüßt hätten. So „versuchte Deutschland (beispielsweise) das Inkrafttreten der Konvention hinauszuschieben, bis alle wichtigen Staaten ihren Beitritt erklärt haben" (Wissler 1931, S. 186). Man wollte folglich die Konferenz durch eine Verzögerungstaktik kollabieren lassen, um nationale Interessen zu wahren. Eine Einigung kam insofern zustande, als England dem deutschen Antrag bzgl. des Kodeins zustimmte, und auf einer zweiten Konferenz die Möglichkeiten der Ratifizierung besprochen werden sollen.

Die Zweite Haager Konferenz wurde für den 1. Juli 1913 einberufen; 22 zur Unterschrift bereite Länder nahmen hieran teil. Im Mittelpunkt dieser Konferenz standen die Modalitäten einer Ratifizierung.

Ein zentraler Punkt war die Forderung Deutschlands, dass alle 34 Länder die von den zwölf Staaten erarbeitete Konvention zu unterschreiben hatten. England verweigerte seine Unterschrift mit der Begründung, dass zu diesem Zeitpunkt nicht genügend Länder zugestimmt hatten: Bis zum Beginn der Konferenz hatten von 34 Mächten erst 22 die Konvention unterschrieben. Damit war die Gefahr der Schaffung neuer Alkaloidindustrien in den Ländern gegeben, die die Konvention nicht unterzeichnet hatten. (vgl. Wissler 1931, S. 190). Das Problem der Ratifizierung erschien unlösbar, und England verleugnete daher seine frühere Haltung bzgl. der Kodeinfrage. Aufgrund dieser Differenzen schien die Ratifizierung zu diesem Zeitpunkt vollkommen ausgeschlossen zu sein. Um allen Staaten die Möglichkeit zu bieten, die Konvention bis zum Jahresende zu überdenken und letztlich zu unterschreiben, beschloss die Konferenz eine weitere Vertagung.

Die Dritte Haager Konferenz tagte vom 15. bis zum 25. Juni 1914 in Den Haag, und 30 Mächte nahmen daran teil. Nachdem Staaten wie England, Frankreich und die Schweiz die Konvention unterschrieben hatten, einigte man sich am Ende der Verhandlungen darauf, dass „die Zahl der vorliegenden Zeichnungen genügt, um die Konvention in Kraft treten zu lassen. Die Konvention wird in Kraft treten, sobald die Staaten, die bis jetzt unterzeichnet haben, ratifiziert werden" (Wissler 1931, S. 191). Sollten nicht alle Staaten bis zum Jahresende unterzeichnet haben, träte die Konvention dennoch in Kraft. Dank der Bemühungen Deutschlands wurde jedoch kein bestimmtes Datum des Inkrafttretens der Konvention vereinbart.

Was drei Konferenzen nicht vermochten, wurde letzten Endes durch den Ersten Weltkrieg entschieden. Aufgrund der Tatsache, dass Deutschland der Hauptverlierer des Krieges war, wurde seitens der Briten der Vorschlag unterbreitet, die ausstehende Ratifizierung in den Versailler Vertrag zu integrieren. „Als Deutschland den Versailler Vertrag ratifizierte, war das Opiumabkommen damit implizit ratifiziert" (Scheerer 1993, S. 94).

Als der Vertrag am 10.01.1920 in Kraft trat, begann die Jahresfrist für die Inkraftsetzung eines eigenen deutschen Opiumgesetzes gem. Artikel 295 des Versailler Vertrages.

Mit dem nun ratifizierten Opiumabkommen verpflichteten sich die Länder u.a. Importkontrollen beziehungsweise Importverbote von Rohopium einzuführen. Die Herstellung industriell fabrizierter Betäubungsmittel sollte auf den medizinischen Bedarf eingeschränkt und deren Produktion und Vertrieb durch ein Lizenzsystem kontrolliert werden (vgl. Wissler 1931, S. 192).

Aber noch enger wurde die Opiumfrage mit der Neugestaltung Europas und der Welt zu Ende des Weltkrieges grundsätzlich verbunden, durch den Artikel 23c der Völkerbundsakte, nachdem die Bundesmitglieder vereinbarten: „Sie betrauen den Bund mit der allgemeinen Überwachung, der Abmachung betreffend [...] den Handel mit Opium und anderen schädlichen Mitteln".

Durch den Beschluss der Völkerbundsversammlung vom 15.12.1920 wurde auf Anregung der Niederlande und aufgrund des Artikels 23c des Völkerbundspaktes die gemäß der Haager Konvention obliegenden Aufgaben dem Völkerbund übertragen und gleichzeitig wurde die Opiumkommission des Völkerbundes geschaffen, die sich nach dem Beschluss des Völkerbundsrates vom 21.02.1921 zunächst nur aus Vertretern Englands, Indiens, Chinas, Frankreichs, Portugals, Japans und Siams zusammensetzte. Die Opiumkommission trat zum ersten Mal zusammen vom 02.05. bis 05.05.1921. Es waren Vertreter der acht an der Resolution des Völkerbundsrates vom 21.02.1921 genannten Mächte anwesend. Am 03.11.1924 trat die erste Opiumkonferenz in Genf zusammen. Vertreter waren England, Indien, Frankreich, Niederlande, Portugal, Japan, Siam und China. Sie beschloss die völkerrechtlich verbindliche Konvention zur Schaffung von Opiumgesetzen in den Mitgliedsländern.

1.4 Von der Opiumfrage zum Rauschgiftproblem

Die internationale Diskussion zum Umgang mit Opium und seinen Derivaten und die durch den Völkerbund verabschiedete Regulierung des Opiumanbaus, des Handels und seiner Verwendung bildeten auch in Deutschland den Rahmen, um prohibitive Maßnahmen zu entwickeln. Bis zu diesem Zeitpunkt (1920) gab es kaum Sanktionen für Konsumenten und auch die Ansicht, regelmäßiger Morphinkonsum sei pathologisch, spielte allenfalls innerhalb der Ärzteschaft und der Pharmazeuten eine Rolle. Dies vor allem deshalb, weil gerade diese Berufsgruppen von dem Problem der Morphinabhängigkeit überproportional hoch betroffen waren.

So berichtete Poklisch in einem Artikel in der „Psychiatrisch-Neurologischen Wochenzeitschrift", „die Krankheitshäufigkeit (der Morphinismus, H.J.J.) auf den Ärztestand bezogen, beträgt mehr als das Hundertfache der erwachsenen Gesamtbevölkerung. Auf etwa 100 Ärzte entfällt also ein morphinabhängiger Arzt" (Poklisch 1931, S. 483).

Im Folgenden soll zunächst auf die Entwicklung des medizinisch/psychiatrischen Umgangs mit Konsumenten von Opium, insbesondere jedoch mit seinem Derivat Morphium, eingegangen werden, um dann die spezielle politische Wertung dieses Phänomens in Deutschland zu diskutieren. Es wird ausdrücklich nicht auf die sich in diesem Zusammenhang entwickelnden Probleme im Umgang mit Kokain, Amphetamin und Cannabis eingegangen.

1.4.1 Der Umgang mit Opiumkonsumenten in Deutschland zur Jahrhundertwende und in der Weimarer Republik

Allgemein werden in der Literatur die Folgen des Deutsch-Französischen Krieges (1870-1871) bei der Behandlung von Verletzten für die Ausbreitung der „Morphinsucht" verantwortlich gemacht (vgl. Scheerer 1982, S. 30f.).

Durch die Einführung der subkutanen Injektionsmethode gelang es den Ärzten, die infolge starker Verletzungen auftretenden Schmerzen bei den Soldaten durch die Verabreichung von Morphin erfolgreich zu bekämpfen.

Aber Morphin erbrachte nicht nur Schmerzlinderung, sondern auch das Verlangen bei den Behandelten, den „Zustand wohliger Entspanntheit" (Poklisch) beizubehalten. Diese Einstellung wurde zunächst als „Alkaloidhunger" oder „Soldatenkrankheit" bezeichnet. Inwieweit sich hier eine Sucht im klassischen Sinne ausbildete, kann nicht beurteilt werden, zumal „ungezählte Populationen von Operierten, Schwerkranken, Verwundeten monatelang Morphium erhalten können, ohne nach Heilung des Leidens weiteres Verlangen nach Morphium zu haben" (Hosslin 1924, S. 1567). Zum anderen verhinderte bei denjenigen, „die der Soldatenkrankheit verfallen waren, die Respektabilität der Ursache dieser Krankheit und auch die sonstige Konformität dieser Menschen eine Sanktionierung ihrer Lebensführung" (Scheerer ebd., S. 51).

Allerdings wurde Morphium nicht nur zur Schmerzlinderung eingesetzt, sondern auch zu Genusszwecken benutzt. Hier waren zuallererst Frauen und Männer aus „bürgerlichen Kreisen" involviert: Intellektuelle, Ärzte, Apotheker etc.

> „Die Ärzte stellen ein großes Kontingent zu den Morphinisten. In einer alle Länder (!) umfassenden Statistik der letzteren waren es 40,4% Ärzte und 10% Arztfrauen Ich habe vor Jahren darauf hingewiesen, dass der Alkohol die Hände, dass das Morphin die Köpfe des Volkes vernichtet. In Wirklichkeit ist in den letzten Jahren und zumal seit dem Weltkrieg überall der Morphinismus auch nach der anderen Seite hin gewachsen. Aber immer noch weit über Ärzte, Professoren, Apotheker, Literaten, Künstler, Juristen, Offiziere, höhere Staatsbeamte usw." (L. Lewin 1924, S. 52).

Ob nun die kriegsverletzungsbedingte „Soldatenkrankheit" oder „Morphinismus" infolge erhöhten Konsums von Morphium zu Genusszwecken – in jedem Falle entwickelte der Gebrauch von Morphium sich zu einem Problem, das aus gesellschaftlicher Sicht und standespolitischer Sicht nur durch Heilbehandlungen gelöst werden konnte.

Dazu war es notwendig, nicht nur das Phänomen des Konsums mit Blick auf die Folgeerscheinungen als Krankheit darzustellen, sondern auch Ursachen zu benennen, die den Konsum selbst als Folge einer Störung der Psyche beschrieb.

> „Der Rauschgiftsüchtige ist unzweifelhaft ein Kranker. Nicht nur wirkt eine körperfremde Energie, nämlich das Rauschgift in ihm und macht ihn körperlich zu einem Menschen minderer Ordnung, sondern jeder Versuch, sich des Mittels zu enthalten, schafft akut erscheinende Befindensstörungen, die das Individuum zu einem schwer Leidenden machen bzw. sein Gehirn und seine Nerven" (Lewin u.a. 1928, S. 21). Die individuellen Ursachen wurden als „Psychose ganz eigener Art" bezeichnet (Fiedler 1876, S. 113).

Dagegen wandte sich Seifert (1876) mit seiner Diagnose. Er sah „in dieser Krankheit keinen eigentlichen psychopathischen Zustand mit geistiger Unfreiheit und Unzurechnungsfähigkeit, sondern nur eine die Melancholie streifende moralische Misere, ganz ähnlich den Zuständen der Onanisten und anderweits Geschwächten" (Seifert 1876, S. 32).

Friedlander (1913) bescheinigte dem Morphinisten, dass „er von Haus aus ein psychopathischer, ein willensschwacher, seinem Triebleben leichter unterliegender Mensch ist. Der Boden, auf welchem der Morphinismus aufschießt, ist der einer minderwertigen Veranlagung" (Friedlander 1913, S. 1578). Die Entwicklung der Krankheitsbilder ging einher mit der Regulierung der Vergabe von Morphium.

Waren bis ins 18. Jahrhundert hinein Drogisten, Kräuterhändler, Apotheker und andere befugt, Morphin, Opium oder auch Laudanum zu verkaufen, so regelte von 1872 ab die von der Reichsregierung eingeführte Apothekerordnung nun deren Vergabe so, dass Morphium und Heroin nur durch Apotheken abgegeben werden konnten.

Der Erlass des „Reichsministers der Geistlichen-, Unterrichts- und Medizinalangelegenheiten" sah schlussendlich vor, dass Morphium und andere Opiatderivate nur auf schriftliche, mit Datum und Unterschrift versehene Anweisung (Rezept) eines Arztes, Zahnarztes oder Tierarztes als Heilmittel an das Publikum abgegeben werden durften und dies ausschließlich durch gelernte, approbierte Apotheker.

Ähnlich wie in Deutschland konstituierte sich auch in anderen europäischen Ländern (Niederlande 1865, England 1868) sowie in den USA (1906) ein Regulierungssystem für Opium und deren Derivate, das die Schlüsselrolle den Ärzten und Pharmazeuten zuwies. Gegenüber der Öffentlichkeit konnte diese Monopolisierung mit dem „Schutz der Volksgesundheit" legitimiert werden. Für die genannten Berufe hatte dieses Monopol auf die Zubereitung, Verteilung und Verschreibung von Opiaten und das Monopol auf die Verwendung von Injektionsspritzen zu ausschließlich medizinischen Zwecken eine große ökonomische Bedeutung, sicherten sich diese Berufsstände doch damit langfristig konkurrenzlose Einnahmemöglichkeiten. Darüber hinaus bekam das Wirkungsspektrum von Opium und seinen Derivaten eine exklusive medizinische Funktion.

Im Rahmen der medizinischen Behandlung waren Opiate ausschließlich zur Heilbehandlung bei starken Schmerzen unterschiedlichen Anlasses vorgesehen.

Damit ließ jedoch dieses gesellschaftlich tolerierte und juristisch sanktionierte Regulierungssystem keinen Raum mehr für andere, informelle Formen der Regulierung, wie z.B. für die einer internalisierten Selbststeuerung wie beim Alkohol, sondern nur noch in stark problematisierter Form in Randgruppen der Gesellschaft.

Die Rolle der Ärzte und Pharmazeuten beschränkte sich im Folgenden jedoch nicht nur auf die Wahrnehmung prohibitiver Funktionen in diesem Regulierungssystem, gleichzeitig nahmen sie auch verantwortlich die Aufgabe wahr, Ursachen und Folgen der „Morphinkrankheit" zu bekämpfen.

Ende des 19. Jahrhunderts, so wurde oben schon angeführt, wurde die Morphinsucht noch eher als Anomalie, u. U. auch als Psychose, gesehen.

Da diese Sucht vor allem einer speziellen Gruppe zugeordnet werden konnte, deren gesellschaftliche Reputation außer Zweifel stand, wurde „Morphinismus", so nannte die Medizin diesen Zustand, als eine Krankheit angesehen, die in speziellen Kurorten, Kurkliniken oder Sanatorien behandelt wurde, hier jedoch mit medizinischer Strenge und festen Regeln des Zusammenlebens. Das Strafrecht wurde hier im allgemeinen nicht als Druckmittel zur Heilbehandlung benutzt. Die Verbreitungsstatistik von 1921 bis 1930 führt z.B. nie mehr als 200 Personen pro Jahr auf (Ellenger 1974, S. 1-3). Im Großen und Ganzen gab es ähnlich der heutigen medizinischen Behandlung eine Behandlungsform, die Abstinenz zum Ziel hatte.

Das Mittel der Wahl war dabei die Morphinentgiftung und – damit einhergehend – psychotherapeutische Behandlung.

Überwiegend wurde der Morphinentzug „warm" vorgenommen, d.h. über einen Zeitraum von zwei bis drei Wochen wurde dem Körper sukzessive weniger Morphin zugeführt, bis es zum Schluss ganz abgesetzt wurde. Begründet wurde diese medizinische Therapie dadurch, dass ein plötzlicher Entzug – eine sofortige Absetzung der Morphinzufuhr – zu Kreislaufversagen und Herzinsuffizienzen führen könne.

Allerdings gab es auch Anhänger und Praktizierer eines sog. „kalten" Entzuges. Sie begründeten ihre Entscheidung damit, dass der menschliche Organismus Eingriffe dieser Art besser verträgt und auch die Dauer der Maßnahme weniger Zeit – maximal 3-5 Tage – beanspruche.

Auch andere Maßnahmen wurden bei der Entgiftung angewandt, die heute mehr oder minder zum Repertoire der ärztlichen Behandlung gehören: der „Entzug im Schlaf", der „schnelle Entzug". Auch der Selbstausstieg – heute als „maturing out effect" bekannt – spielte in der medizinischen Literatur eine Rolle. „Es gibt Charaktere von solcher Energie, die im Stande sind, sich spontan vom Morphium abzugewöhnen, aber das sind äußerst seltene Fälle" (Nothnagel 1884, S. 369).

In der Regel fanden die Entgiftungsbehandlungen in „einem strengen therapeutischen Feld" (Levinstein) statt. „Exquisiten Morphinsüchtigen das Morphium abzugewöhnen ist nicht möglich, wenn man sie nicht wie Gefangene behandelt. Sie müssen in der Zeit der Entziehung des Morphiums isoliert und beständig von gebildeten, den Bestechungsversuchungen unzugänglichen Personen überwacht werden" (Levinstein 1875, S. 646).

Insgesamt stieg der Anteil der zu behandelnden Morphinisten ständig an. In einer Analyse des klinisch statistischen Materials in Deutschland kam der Mediziner Wolff 1927 zu folgender Beurteilung der Lage:

> „1. Die Gesamtheit der Anstaltsaufnahmen stieg in Preußen von der Vorkriegszeit (1913) bis zur Nachkriegszeit (1922) etwa um das 2 1/2fache (von 282 auf 682 Personen).

2. In den deutschen Großstädten stieg der Morphinismus vor allem in der Nachkriegszeit um etwa das 3- bis 8fache der Zahlen für Friedenszeiten, wobei um 1925 der Höhepunkt erreicht war.

3. Der Anteil der Angehörigen medizinischer Berufe unter den Süchtigen, der vor dem Krieg bei über 50%, zum Teil sogar bei 75% gelegen hatte, ging in der Nachkriegszeit zurück." (Wolff 1927, S. 24-26).

Die Verlagerung des Konsums auf andere gesellschaftliche Gruppierungen brachte Konsequenzen für die gesellschaftliche Öffentlichkeit mit sich. Offensichtlich entwickelte sich in den 20er-Jahren in der Weimarer Republik zusätzlich eine Drogenszene, deren Angehörige weniger den medizinischen Berufen, sondern Künstlern, Intellektuellen aber auch Arbeitslosen zugerechnet werden konnten (vgl. Scheerer ebd., S. 58).

Die Organisierung des Morphium- und Kokainhandels sowie der Konsum verlagerte sich somit auch in die Illegalität. Dazu trug vor allem bei das am 1.1.1920 rechtsgültig gewordene „Gesetz zur Ausführung des internationalen Opiumabkommens vom 23.01.1912". Es schuf u.a. die Legitimationsbasis für juristische Sanktionen gegen Morphium-, Heroin- und Kokainkonsumenten wie auch gegen Handel und Anbau.

1.4.2 Die Kontrolle des Opiums und seiner Derivate in Deutschland nach dem Ersten Weltkrieg

Der Versailler Vertrag brachte für Deutschland wie für viele andere Staaten die Verpflichtung mit sich, ein Opiumgesetz gemäß des internationalen Opiumabkommens von 1912 zu verabschieden. Dies geschah am 22.12.1920. In seiner 1. Ausfertigung trat es zum 1. Januar 1921 in Kraft, Änderungen am Gesetz wurden 1924 vorgenommen. Der deutsche Reichstag verabschiedete am 10.12.1929 ein Opiumgesetz, das vor allem an die Vereinbarungen des internationalen Opiumabkommens vom 19.02.1925 angepasst wurde. Seither fiel auch Cannabis unter den Geltungsbereich des Opiumgesetzes, das am 01.01.1930 in Kraft trat. Dieses Gesetz blieb bis zum 25.12.1971 Rechtsgrundlage für den strafbewährten Umgang mit Konsumenten und Händlern u.a. von Opium und seinen Derivaten. Ziel dieses Gesetzes war es, den Missbrauch von im Gesetz als illegal bezeichneten Drogen zu steuern durch einen besonderen strafrechtlichen Schutz postulierter Verfahrensschritte.

Allerdings hatte es in Deutschland eine Regelung bezüglich des Verbrauches und des Verkehrs von Opium schon vor 1920 gegeben (Apothekenabgabeverordnung von 1872) und auch eine Sanktionierung bei der Übertretung dieser Verordnung war durchaus möglich, wie ein Urteil des Reichsgerichtes Berlin vom 12.07.1902 zeigt. Es verurteilte 2 Apotheker nach dem StGB zu mehreren Jahren Freiheitsstrafe, weil sie einer Frau über Jahre hinweg eine Opiumtinktur verkauften, die ihre Gesundheit ruinierte. Eine vorsätzliche Selbstbeschädigung der Frau schloss das Gericht in diesem Urteil ausdrücklich aus. (vgl. Kommentar zum §8 des Opiumgesetzes vom 21.03.1924, 1928, S. 19).

Zunächst war es Absicht des Gesetzgebers, durch das Opiumgesetz die Übersicht über den Verbleib der Betäubungsmittel zu garantieren und da, wo es notwendig schien, sanktionierend in Handel und Konsum einzugreifen. Dies geschah auf zwei Ebenen, der Ebene des Abgabe und der Ebene des Handels. Einmal wurden Ärzte und Apotheker gewissermaßen als Lizenznehmer des Opiumgesetzes bestimmt, in dem die Vergabe von Morphin, Kokain oder jedes anderen Alkaloid des Opiums nur durch ärztliche Verordnung eines approbierten Arztes (Arzt, Zahnarzt, Tierarzt) über den Apotheker herauszugeben ist. Nach §2 des Opiumgesetzes von 1924 durfte der Apotheker Opium auch als Heilmittel ausschließlich nur durch ein Rezept abgeben. Damit war die Kontrolle des Opiumgebrauches im Lande durch medizinisch-pharmazeutische Berufe festgelegt. Im Kommentar zu §2 des Opiumgesetzes von 1924, herausgegeben von Lewin und Goldbauer, Berlin 1928, stand überdies der Hinweis „Die Abgabe zu Genusszwecken ist im Opiumgesetz nicht unter Strafe gestellt... Wohl aber führt eine falsche Abgabe zum Widerruf der Erlaubnis (Einzug der Apothekerkonzession H.J.J.), weil Bedenken des Gesundheitsschutzes entgegenstehen. Es ist also ausgeschlossen, dass der Apotheker, dessen Konzession die Erteilung einer besonderen Erlaubnis unnötig macht, durch Abgabe aufgrund ärztlicher Verordnung gegen das Opiumgesetz handelt. Ohne diese Verordnung ist auch die Abgabe von Opium usw. als Heilmittel unzulässig (Lewin/Goldbauer 1928, S. 13ff.).

Der Handel mit Opium und seinen Derivaten sowie mit Kokain wurde im Opiumgesetz von 1924 durch die §3, 4 und 5 geregelt.

Diese sahen vor, dass die Kontrolle zur Überwachung der Opiumgeschäfte durch das Reichsgesundheitsministerium ausgeübt wurde und legte fest, dass Händler oder Fabrikanten eines Bezugsscheines bzw. einer Generalerlaubnis bedurften, um Handel zu treiben. Die Kontrolle durch das Reichsministerium wurde über lokale Inspektionen und durch Prüfung der Geschäfts- und Lagerbücher vorgenommen.

In den Ausführungsbestimmungen zum Opiumgesetz von 1924, herausgegeben vom Reichsinnenministerium am 5.06.1924, wurden vor allem die Modalitäten des Gesetzes erläutert, dazu zählte u.a. die Regelung der Export- und Importgeschäfte, die Möglichkeit der Erlangung von Bezugsscheinen zum Handel mit Opium, seinen Derivaten sowie Kokain, selbst die Grenzübergänge und Häfen, über die der Handel laufen musste, wurden festgelegt.

Gleichwohl stießen die eingeführten Maßnahmen zur Verhinderung des Opium- und Kokainmissbrauchs nicht auf ungeteilten Zuspruch, insbesondere bei Juristen und Medizinern erhob sich eine kontrovers geführte Diskussion, die sich vor allem an 2 Punkten entzündete:

1. an der relativ unkontrollierbaren Zusammenarbeit zwischen Ärzten und Apothekern, denn diese waren von der Erlaubniserteilung, Opiate und deren Derivate sowie Kokain zu erwerben, befreit
2. an dem nicht unter Strafe gestellten Konsum zu Genusszwecken, denn dieser Passus bedeutete Straffreiheit für den Besitz von Morphin, Kokain und dergleichen

Der zuerst genannte Punkt war insbesondere für die Standesvertretung der Mediziner und Apotheker von Belang, da der Anteil von Angehörigen medizinischer Berufe unter den Süchtigen zeitweilig über 50% gelegen hatte (vgl. Scheerer ebd., S. 59) und nun befürchtet wurde, dass die moralische Integrität von Medizinern und Apothekern in Misskredit geraten könnte. Die unter Punkt 2 genannte Modalität, Opium zu Genusszwecken straffrei gestellt zu haben, stellte vor allem ein Problem für die Justiz und die Polizei dar, da der Kleinhandel zwischen den Händlern und Konsumenten mit einer solchen Regelung nicht effektiv bekämpft werden konnte und zudem das öffentliche Gesundheitswesen sich kaum in der Lage sah, Süchtige mit Zwangsmaßnahmen zu entziehen.

Den Kritikern des Opiumgesetzes von 1924 kam entgegen, dass in der zweiten Genfer Opiumkonferenz von 1925 den beteiligten Staaten aufgetragen wurde, den medizinisch-pharmazeutischen Bereich einer größeren staatlichen Kontrolle zu unterwerfen. „Das einheitliche Opiumgesetz vom 10.12.1929 übernahm diese Bestimmungen und interpretierte zudem sämtliche noch gültige Regelungen, die sich jedoch nicht nur in einem technischen Zusammenhang, sondern auch durch zusätzliche andere Möglichkeiten, durch Rechtsverordnung ständig neue Stoffe dem Opiumgesetz zu unterstellen, wenn dies aufgrund ihrer Wirkungsweise gerechtfertigt erschien. (§1 Abs. 2 OpiumG. 1929)" (Scheerer ebd., S. 63).

Wie oben schon erwähnt fiel seitdem auch Cannabis unter den Geltungsbereich des Opiumgesetzes.

Durch die Einführung des Opiumgesetzes von 1929 verloren Medizin und Pharmazie innerhalb des Regierungssystems zum Umgang mit Opium, seinen Derivaten etc. ihr Monopol. Zwar war die Medizin weiterhin in der Zusammenarbeit mit den Apothekern für die Behandlung und Heilung von Süchtigen zuständig, doch die Justiz regelte nun die zuständige Höchstgrenze im Verbrauch und die Art und Weise der Verschreibung. Damit einher ging auch eine Entanonymisierung der Süchtigen. Allerdings gab dieses Gesetz keine Handhabung, Süchtige zur Entzugsbehandlung zu zwingen, da u.a. der Besitz von Opium, seinen Derivaten, Kokain u.a. nicht strafbar war.

Erst 1937 wurden Gesetze erlassen, nach denen Süchtige in einer Heil- und Pflegeanstalt untergebracht wurden, wenn die öffentliche Sicherheit es erforderte (vgl. Springer 1980, S. 12ff.).

1.5 Die Entwicklung der Drogenpolitik nach dem Zweiten Weltkrieg

Während nach dem Ersten Weltkrieg durch die Ratifizierung des Vertrages von Versailles der Völkerbund eine grundsätzliche Legitimation erhielt, sich mit Sanktionen gegen den Anbau und Handel von psychoaktiven Substanzen zu beschäftigen, war dies nach Beendigung des Zweiten Weltkrieges nicht notwendig. Die Charta der UN übernahm die Verordnungen und Empfehlungen des Völkerbundes und damit auch die Verpflichtung, allen Staaten der UN einen Rahmen zu geben, innerhalb dessen diese ein staatenspezifisches Regulierungssystem zum Umgang mit Drogen entwickeln sollten. Ich gehe im Folgenden zunächst auf Veränderungen des Umgangs mit Opium und seinen Derivaten in der Geschichte der BRD ein, sodann deute ich Entwicklungslinien an, die durch die UN die weltweite Drogenpolitik beeinflussen.

1.5.1 Drogenpolitik in der BRD von 1945 bis 1971

Nachdem der Zweite Weltkrieg zu Ende und die Bundesrepublik Deutschland 1949 gegründet war, versuchte man, die Schrecken des Krieges zu verarbeiten, um sich auf den Wiederaufbau zu konzentrieren. So wurde im Laufe der Jahre auch die Drogenproblematik wieder wissenschaftlich aufgearbeitet. Obwohl die Anzahl der Opium- und Morphiumabhängigen nach Kriegsende in ähnlicher Weise angestiegen war wie nach Ende des Ersten Weltkriegs, erregte diese Tatsache keine größere Besorgnis und war daher nicht das Ziel polizeilicher Maßnahmen. Der Anstieg dieser Gruppe von Abhängigen ist im Wesentlichen auf die Tatsache zurückzuführen, dass viele Kriegsverletzte über einen längeren Zeitraum mit Opiaten medizinisch versorgt wurden und sich so eine dementsprechende Abhängigkeit entwickelte (vgl. Scheerer 1982, S. 67). Nimisch schätzt, dass diese Gruppe etwa aus einigen hundert Morphiumabhängigen bestand, wobei die Zahl in der Folgezeit so weit zurückging, dass sie in den Jahren 1967/68 auf etwa 150 geschätzt wurde (vgl. Nimisch 1993, S. 60).

Wie bereits erwähnt litt die Nachkriegsgesellschaft unter anderen Problemen, deren Behebung für sie von vorrangiger Natur waren. Aufgrund dieser Tatsache beschäftigte sich die Polizei weniger mit diesem Thema und richtete ihr Augenmerk auf andere Problemfelder. Die deutschen Drogenabhängigen lebten daher infolge dieser Entwicklung stressfreier und sozial unauffälliger beziehungsweise waren in der Lage, ein weitgehend normales Familien- und Berufsleben zu führen. Auch sprach man in dieser Zeit nicht von einem Drogenproblem, sondern es schien, als ob die Drogensituation wieder in die Verantwortung der Ärzteschaft fallen würde (vgl. Scheerer 1982, S. 67).

Diese Entwicklung ging jedoch Mitte der 1950er-Jahre wieder in eine Richtung, wie man sie aus der Zeit vor Ausbruch des Krieges kannte: Die dramatische Sichtweise des Rauschgiftproblems, die sich während der zwanziger Jahre in Deutschland etabliert hatte, fand Eingang in die wissenschaftlichen, politischen und juristischen Diskussionen und wurde in gleicher Weise fortgesetzt. Die wieder gewonnene Einstellung wurde auf dem Ärztetag 1955 geäußert, indem „das transplantierte Gesetz ausdrücklich als geeignetes Instrument der sozialen Kontrolle gewürdigt wurde" (Nimisch 1993, S. 60). Damit entfernte man sich abermals von einem medizinischen Ansatz, dem sog. medical approach und ersetzte diesen durch eine strafrechtliche Vorgehensweise. Somit war das erklärte Ziel wieder die vollkommene Abstinenz, die mit Hinzunahme von strafrechtlichen Sanktionen erreicht werden sollte. Strafen sollten dabei abschreckend auf Konsumenten illegaler Drogen wirken; solch ein Ansatz wird als „legal approach" (Scheerer 1982, S. 70) bezeichnet. Das Bundeskriminalamt (BKA), das ein Befürworter des legal approach war, setzte den Schwerpunkt seiner Aktivitäten auf eine verbesserte Kontrolle der Ärzte und Apotheker. Es forderte beispielsweise, dass süchtigen Ärzten die Berufsausübung verboten werden sollte. Was in den 1950er-Jahren begonnen hatte, wurde ein Jahrzehnt später in größerem Ausmaße fortgesetzt und ausgebaut.

Obwohl zu Beginn der 60er-Jahre die registrierten Verstöße gegen das Opiumgesetz sanken und das Problem der abhängigen Kriegsverletzten nahezu gelöst war (diese Gruppe war entweder verstorben oder aber institutionalisiert), erschien das Drogenproblem Mitte der 60er-Jahre größer und aussichtsloser denn je. Wie in anderen westlichen Ländern formierte sich in Deutschland ein neuer Konsumententyp. Zum ersten Mal wurden aus Gründen des Protests gegen das etablierte Bürgertum, der Rebellion gegen Konsumismus und Gründen der Bewusstseinserweiterung Drogen konsumiert. Dies waren die wesentlichen Motive der Hippie- und Studentenbewegung, deren Motto es war: „High sein, frei sein!" (Nimisch 1993, S. 61). Der größte Unterschied zwischen dem altem und dem neuen Konsumenten bestand darin, dass der frühere Konsument bemüht war, sein unerlaubtes Handeln zu verbergen und individuell nachzugehen, während die Anhänger der neuen Bewegung die „ständige Auseinandersetzung mit der herrschenden Kultur" (Kreutzer 1975, S. 133) suchten. Es wurde versucht, durch den offenen Konsum von Drogen zu schockieren und dem neuen Lebensgefühl Ausdruck zu verleihen. Marihuana und LSD entwickelten sich dabei zu den beliebtesten Drogen auf dem Markt. Folglich war es nicht die Quantität der konsumierten Drogen, sondern die Qualität der neuen Drogenkultur, die den Rest der Gesellschaft verunsicherte und schockierte.

Während Studenten und Hippies den Haschischkonsum als Symbol der Freiheit betrachteten, brachte das restliche Bürgertum diesen mit dem Ansteigen der Jugendkriminalität, Pornographie, etc. in Verbindung. Weitere Identifikationen waren Kommunismus und antiautoritäre Erziehung. Der allgemeine Gesellschaftskonflikt wurde am Drogenproblem festgemacht, so dass die Forderungen nach staatlichen Sanktionen, die die Ausweitung des Drogenkonsums unterbinden sollten, immer lauter wurden. Dies wurde besonders seitens der älteren Generation geäußert (vgl. Scheerer 1982, S. 100f.).

Infolge des öffentlichen Drucks, einer politischen Debatte, an der sich alle Parteien beteiligten, und der Resolutionen der Single Convention 1961 beschloss die Bundesregierung am 12.11.1970 das Aktionsprogramm zur Bekämpfung des Drogen- und Rauschmittelmissbrauchs. Es trat wegen mehrerer Lesungen in Bundesrat und Bundestag jedoch erst am 22.12.1971 als Änderungsgesetz des bestehenden Opiumgesetzes in Kraft und trug den Namen Betäubungsmittelgesetz. Der Gesetzesentwurf wurde als eine Sofortmaßnahme verstanden, das sich wie eine Seuche ausbreitende Phänomen des Drogenkonsums und der Rauschgiftkriminalität in den Griff zu bekommen (vgl. Scheerer 1982, S. 78). Die Gesetzesnovellierung zielte auf die Kontrolle des legalen und die vollständige Unterdrückung des illegalen Handels mit Betäubungsmitteln ab (vgl. Nimisch 1993, S. 61). Darüber hinaus wollte man jegliche Gesetzeslücken schließen, so dass nahezu jeder Umgang mit Betäubungsmitteln einen selbständigen Straftatbestand darstellte. Während man bis zu diesem Zeitpunkt alle Verstöße gegen das Gesetz als ein Vergehen betrachtete, wurden jetzt einige zu Ordnungswidrigkeiten herabgestuft, wohingegen andere Verstöße aber als Verbrechen geahndet wurden.

Das neue BtmG wollte dementsprechend Drogenprobleme differenzierter behandeln, um gegebenenfalls ein härteres, höheres Strafmaß anlegen zu können. So wurden beispielsweise nur Geldstrafen für Eigenkonsumierer, jedoch Haftstrafen für Händler angesetzt. Wichtig erscheint, dass das neue BtmG neben den oben erwähnten Differenzierungsmöglichkeiten zum ersten Mal dem Konsumenten die Möglichkeit therapeutischer Maßnahmen einräumte, wovon aber wenig Gebrauch gemacht wurde.

1.5.2 Drogenpolitische Entwicklungslinien der Vereinten Nationen

Durch den Zweiten Weltkrieg kam auch die Arbeit des Völkerbundes zum Erliegen. Daher wurde mit dem so genannten Ergänzungsprotokoll vom 11. Dezember 1946 das erste drogenpolitische Protokoll der UN angefertigt. Es enthält keine eigenen inhaltlichen Aussagen, sondern verfolgt das Ziel eines kontinuierlichen Übergangs der Arbeit des Völkerbundes zur UN. Alle Aufgaben im Bereich Drogen, die bisher der Völkerbund erfüllt hatte, sollen nun durch die verschiedenen Organe der neuen Vereinten Nationen weitergeführt werden. Das Protokoll vom 19. November 1948 erweiterte die Kontrollfunktion der UN auch um die synthetisch erzeugten Rauschmittel.

Da sich die Überwachung der Abkommen bzgl. der Verringerung des Anbaus von Mohn-, Coca- und Cannabispflanzen über internationale Vereinbarungen als ineffektiv erwies, wurden die ersten Schritte einer stärkeren Kontrolle im Jahre 1953 eingeleitet und im gleichen Jahr das Opiumprotokoll verabschiedet.

Dieses beschäftigt sich mit Opiumproduktion und -handel; andere Drogen waren zu dieser Zeit nicht im Fokus der UN-Drogenpolitik.

Auch in den folgenden Jahren schaltete sich die UN immer wieder ein. So wurden 1957 alle Regierungen von der Kommission für narkotische Substanzen der Vereinten Nationen per Beschluss aufgefordert, den legalen Konsum zu verbieten.

Das hier erstmalig wirksame internationale Drogenkontrollsystem basiert auf den Prinzipien nationaler und internationaler Kooperationen der Staaten innerhalb der UN.

Der Grundstein (insbesondere für die nationalen Gesetzgebungen) für dieses Vorgehen wurde durch die so genannte Single Convention von 1961 gelegt. Bei allen Verhandlungen spielte die WHO eine wichtige Rolle, da sie Vorschläge unterbreiten konnte, welche Substanzen mit in die Kontrolle zu ziehen sind. Im wesentlichen verpflichten sich die unterzeichnenden Regierungen mit dieser Konvention, die Erzeugung, die Verarbeitung, den Export, den Import, den Handel, den Gebrauch und den Besitz von Rauschmitteln ausschließlich für wissenschaftliche und medizinische Zwecke zu kontrollieren. Diese Konvention fordert von den Regierungen, eine bestimmte Gruppe von Drogen speziellen Kontrollmaßnahmen zu unterwerfen. Heroin oder Diamorphin gehört zu diesen Substanzen. Die Single Convention ersetzte alle vorherigen Abkommen, indem sie diese zusammenfasste, um eine bessere Übersichtlichkeit zu gewährleisten. Danach wurde eine Vernetzung der Kontrollmaschinerie angestrebt[2] das existierende Kontrollsystem sollte sich ab diesem Zeitpunkt auch auf den Anbau von Pflanzen, die als Rohmaterial für narkotisierenden Drogen gelten, ausdehnen.

Die Unterzeichnerstaaten der Single Convention sind dazu verpflichtet, dem Generalsekretär der UN die Menge des beschlagnahmten Opiums im eigenen Land zu übermitteln (für Cannabis gab es eine solche Verpflichtung allerdings nicht). In internationalen Vereinbarungen der Jahre 1971 und 1972 wurde die UN-Drogenkontrolle auch auf Halluzinogene ausgeweitet. Außerdem wurde die Single Convention neu gefasst und die Aufgaben des internationalen Betäubungsmittel-Kontrollorgans (INCB) festgeschrieben. Die Single Convention regelt weiter auch die Mengen von narkotisierenden Drogen

---

2 Insbesondere wurden die Funktionen zwei schon existierender Organe, des Drug Supervisory Board und des Permanent Central Board festgelegt, die dann zu einer Organisation, der International Narcotics Control Board – INCB – zusammengefasst wurden).

für medizinische und wissenschaftliche Zwecke, und soll aufgrund der Kontrollmechanismen eine Umleitung in den illegalen Markt verhindern. Die Konvention von 1961 führt mehr als 116 narkotisierende Drogen auf. Dabei werden sowohl pflanzliche Produkte wie Opium und seine Derivate, Morphine, Codeine und Heroin geführt, als auch synthetische Stoffe wie Methadon und Pethidin, aber auch wie gerade erwähnt Cannabis, sowie Coca und Kokain. Die Konvention teilt Drogen in vier wesentliche Gruppen ein, die besagen, in welcher Form sich Drogen mehr oder weniger stark etabliert haben. Es wird das Rauchen und Essen von illegalen psychoaktiven Substanzen, der Cocablattkau, Cannabisharzrauchen und nicht medizinischer Gebrauch von Cannabis untersagt.

Das Protokoll von 1972 berichtet von wachsenden Bemühungen, um sowohl die Produktion als auch die Einnahme von illegalen Narkotika zu vermeiden. Es wird dabei hervorgehoben, dass es von Wichtigkeit ist, verschiedene Behandlungs- und Rehabilitationsmaßnahmen für Drogennutzer anzubieten.

Aufbauend auf der Single Convention von 1961 wurden im Laufe der Jahre weitere internationale Abkommen beschlossen, so z.B. im Wiener Übereinkommen von 1988. In diesem werden Tatbestände erfasst, die in den Unterzeichnerstaaten verboten sein sollen. Die Staaten verpflichten sich zur Einführung von Bestimmungen über Beschlagnahme, von Drogengeld, zur Zusammenarbeit bei der Strafverfolgung und zur Unterstützung von Entwicklungsländern. Außerdem geht das Abkommen auf die Herstellung von Chemikalien zur Drogenherstellung ein. Die einzelnen Staaten sind nicht verpflichtet den Drogenkonsum unter Strafe zu stellen. Jeder Kauf und Besitz von Drogen muss jedoch bestraft werden (siehe Kapitel 4).

Im Folgenden sollen die wichtigsten Organe der UN für den Drogenbereich kurz angedeutet werden. Dabei wird es um Entstehung, Zusammensetzung, Aufgabenstellung und Bedeutung der jeweiligen Institution gehen. Im Zusammenhang mit Drogenpolitik agieren für bzw. in der UN folgende Organe:

- ECOSOC - Economic and Social Council of the UN
- CND - Commission on Narcotic Drugs
- INCB - International Narcotics Control Board
- WHO - World Health Organization Expertenkommission

ECOSOC
Das Economic and Council of the UN (ECOSOC) übernimmt die Funktionen der Generalversammlung im Bereich der Drogenkontrolle. Das ECOSOC kann eigenständig UN Entwicklungsprogramme ins Leben rufen und auch Vereinbarungen zur Zusammenarbeit mit Nicht-Regierungs-Organisationen treffen. Seine Aufgabe im Drogenbereich besteht u.a. darin,

Studien in Auftrag zu geben und internationale Konferenzen auszurichten. Es hat keinerlei legislative Kompetenzen, sondern ist eher ein Diskussionsforum unter dessen Dach und Kontrolle andere, spezialisiertere Institutionen arbeiten. Das ECOSOC hat seit 1946 diverse Kommissionen ins Leben gerufen.

CND

Eine dieser untergeordneten Institutionen ist die Commission on Narcotic Drugs (CND). Schon 1946 vom ECOSOC ins Leben gerufen, übernahm diese die Aufgaben des Opium Advisory Committee des früheren Völkerbundes. Die CND arbeitet als zentrales politikmachendes Organ dem ECOSOC zu. Sie erstellt Vorschläge für internationale Konventionen und macht Vorschläge in welchen Bereichen die vorhandene Drogenkontrolle wie verbessert werden könnte. Außerdem untersucht die CND die Berichte der nationalen Regierungen über nationale Gesetze und Probleme. Überwachung und Kontrolle bilden den einen Teil der Arbeit der CND. Auf der anderen Seite soll versucht werden, die Nichtunterzeichnerstaaten der internationalen Abkommen zum Beitritt zu bewegen. Das CND erstellt (unter Berücksichtigung der WHO-Vorschläge) die Liste der Substanzen, welche als Drogen unter Beschränkungen der UNO gestellt sind. In Kooperation mit anderen Organisationen (z.B. WHO, INTERPOL) versucht die CND Trainingsprogramme für Experten aus den Mitgliedsländern durchzuführen. Die Qualifizierung regionaler Institutionen geht einher mit dem Anbieten von technischer Unterstützung bei der Erfassung und Verfolgung von Drogendelikten. Die Bedeutung und Wirkung der Arbeit der CND ist beschränkt durch den Willen zur Zusammenarbeit der einzelnen Staaten. Die Arbeitsfelder des CND lassen sich folgerichtig unter den folgenden Stichworten zusammenfassen:

• Überwachung und Analyse der globalen Drogenkontrolle
• Vorbereitung internationaler Konventionen
• Ausarbeitung von Vorschlägen zur Verbesserung der Drogenkontrolle
• Beobachtung der Umsetzung beschlossener Programme
• Begleitung der politischen Entscheidungsprozesse

Die Mitglieder in der CND kommen entweder aus wichtigen produzierenden oder verarbeitenden Ländern, in denen der illegale Drogenhandel ein „serious social problem" ist. Wurden zu Beginn lediglich 13 UN-Staaten vom ECOSOC aufgefordert Delegierte in die CND zu schicken, werden die heute 53 Mitglieder seit 1961 aus der Gesamtheit aller Staaten ausgewählt. Dies bedeutet, dass auch Länder ohne UN-Mitgliedschaft in der CND vertreten sein können.

Die CND hat fünf untergeordnete Körperschaften:

- Subcommission of Illicit Drug Traffic and Related Matters in the Near and Middle East
- Heads of National Drug Law Enforcement Agencies (HONLEA) Asia and the Pacific
- HONLEA Africa
- HONLEA Latin America and the Caribbean
- HONLEA Europe

Diese Unterkommissionen haben das Ziel, die regionalen Eigenarten der Entwicklung im Drogenkontrollbereich mit Hilfe von Arbeitsgruppen zu beobachten und diese Ergebnisse der CND zu übermitteln.

INCB

Das International Narcotics Control Board (INCB) existiert seit 1968 und ersetzte das Permanent Control Board and Supervisory Board. In der Single Convention ist festgehalten, wie sich das INCB zusammensetzt und welche Aufgaben es hat. Nach Aufforderung durch das ECOSOC liefern ca. 170 Staaten dem INCB jährliche Daten über ihren medizinischen und wissenschaftlichen Bedarf an international kontrollierten Substanzen. Diese und andere Daten veröffentlicht das INCB jährlich in einem Report. Mit Hilfe der erhobenen Daten versucht das INCB festzustellen, ob die internationalen Abkommen die angestrebten Wirkungen haben. Gleichzeitig bewertet es die internationalen und nationalen Anstrengungen in der Umsetzung der Abkommen. Es kann Hinweise geben, in welchen Ländern finanzielle oder technische Hilfe (durch z.B. die CND) nötig ist. Es macht außerdem Vorschläge für Änderungen in den nationalen Gesetzen. Die zwei Hauptaufgaben des INCB gehen in sehr unterschiedliche Richtungen.

Einerseits soll das INCB dafür sorgen, dass eine für medizinische und wissenschaftliche Zwecke ausreichende Menge der kontrollierten Substanzen zur Verfügung steht. Andererseits soll es dafür sorgen, dass möglichst wenig anderer Handel und Herstellung der kontrollierten Substanzen stattfindet.

Existierende Schwächen des Kontrollsystems auf internationaler und nationaler Ebene sollen offen gelegt und korrigiert werden. Wenn einzelne Länder die Ziele der Single Convention durch ihr Verhalten ernsthaft gefährden (und andere Maßnahmen keine Wirkungen zeigen), kann das INCB die Generalversammlung auf diese Verstöße hinweisen. Gegebenenfalls kann das INCB die Mitglieder der UN dazu auffordern, bestimmte Substanzen weder in das betroffene Land zu exportieren noch aus dem Land zu importieren. Ein solches Teilembargo kann bis zu einer für das INCB zufrieden stellenden Regelung aufrechterhalten werden. Es kann nicht von anderen UN-Organen außer Kraft gesetzt werden. Das INCB ist technisch vollständig unabhängig vom ECOSOC und untersteht finanziell der UN-Generalversammlung. Zur Zeit besteht das INCB aus 13 Mitgliedern. Zehn davon werden durch das ECOSOC aus einer Vorschlagsliste der Regierungen ausgewählt. Weitere drei werden aus einer Liste, die das WHO aufstellt, ausgewählt. Eine geographisch möglichst repräsentative Verteilung der Herkunft seiner Mitglieder ist angestrebt. Das INCB versteht sich als ein Expertengremium mit den oben aufgeführten, lediglich technischen Aufgaben.

Die WHO-Expertenkommission zu Drogenabhängigkeit
Im Bereich der medizinischen Aspekte von Abhängigkeit und abhängig machenden Substanzen berücksichtigt die CND die Meinungen der World Health Organization (WHO) und ihres Expertenkomitees zu Drogenabhängigkeit. Dieses Komitee empfiehlt der CND bestimmte Substanzen unter die UN-Kontrolle zu stellen (oder wieder freizugeben) und untersucht gleichzeitig eventuell abhängig machende Substanzen auf ihre Wirkungen. Es berät sowohl die WHO als auch die UN. Der Generaldirektor der WHO wählt die Mitglieder auf der Basis ihres Fachwissens aus (unter Berücksichtigung einer gleichmäßigen geographischen Verteilung der Herkunftsländer). Diese sollen als internationale Experten und nicht als Vertreter ihrer Herkunftsländer agieren. Deshalb dürfen sie keiner anderen Autorität als der WHO unterstehen. Die Entscheidungen in diesem Gremium sollen im Konsens auf rein wissenschaftlicher Basis gefällt werden. Ziel ist die Einstufung von Substanzen aufgrund ihrer Gefährlichkeit. Es soll Empfehlungen betreffend der Behandlung von Abhängigen ausgeben und Trainings- und Ausbildungsprogramme unterstützen. Die Meinungen des Expertenkomitees zu bestimmten Substanzen werden von der WHO an den Generalsekretär der UN weitergegeben. Das CND entscheidet letztlich welche Substanzen der UN-Kontrolle unterstellt werden. Es berücksichtigt die Empfehlungen des WHO-Expertengremiums, kann sich aber über diese hinwegsetzen, wenn ökonomische, soziale legale, verwaltungstechnische oder andere Faktoren den medizinischen Empfehlungen widersprechen. Schwer erreichbar ist die Zielsetzung der totalen Unabhängigkeit des Expertenkomitees von den Herkunftsländern. Ein Großteil der Mitglieder besteht aus ehemaligen Regierungsangestellten ihrer Heimatstaaten. Diese werden jedoch nicht nur nach Fachwissen o.ä. ausgewählt. Ein reines Expertengremium ist in der Realität nur schwer zu besetzen. Dies hat allerdings den Vorteil, dass die Koordination zwischen unterschiedlichen Staaten eher erleichtert als erschwert wird. Das Gremium tritt auch als Kontrollinstanz auf – jedoch nicht als Gegner, sondern eher als Koordinator zwischen den Staaten.

1.6 Zusammenfassung

Die vorstehenden Ausführungen beanspruchen nicht, die Geschichte des Drogengebrauchs und hier insbesondere die des Opiumsgebrauchs widerzuspiegeln. Sie dienen jedoch dazu, Tendenzen aufzuzeigen, die für die Entwicklung eines Regulierungssystem verantwortlich sein können, das den Umgang mit psychoaktiven Substanzen ausschließlich aus einer medizinisch/pharmakologischen und juristischen Perspektive sinnvoll zu verantworten erscheinen lässt. Dies bedeutet zunächst, Gebrauch, Handel, Herstellung und Anbau werden strafrechtlich sanktioniert, zusätzlich besteht die Möglichkeit, den Konsumenten zum Zwecke der Abstinenz einer Heilbehandlung zuzuführen. Die damit einhergehenden Zugriffe auf die persönliche Integrität des Konsumenten wird mit dem Schutz der Volksgesundheit und dem Schutz der Jugend legitimiert.

Das hier ein Ideologieverdacht angemeldet werden muss, zeigt uns die Geschichte des gesellschaftlichen Umgangs mit Opium. Sie war und ist zum Teil heute noch im Wesentlichen durch kolonialpolitische, ökonomische und standespolitische Interessen bestimmt. Natürlich gab es auch zu allen Zeiten den Versuch, den gesundheitsschädlichen Auswirkungen des Konsums von Opium und seinen Derivaten vorzubeugen oder Abhängige zu heilen. Jedoch waren die Einflüsse der Organisationen, die diesen Anspruch zur Begründung einer Intervention anmeldeten, gering im Vergleich zu staatlichen und wirtschaftlichen Institutionen, die ökonomische und machtpolitische Interessen vertraten.

Versucht man, den aufgezeigten Entwicklungen eine plausible Logik der Abläufe zu unterlegen, so bietet sich folgende Möglichkeit an:

- bis in das 18. Jahrhundert gab es keinerlei Sanktionen für Anbau, Handel und Gebrauch von Opium. Es wurde sowohl als Genussmittel als auch zu medizinischen Zwecken verwendet. Jedoch wurde mit der Entdeckung des Morphiums und des Heroins sowie der Einführung der Injektionsspritze in Industriestaaten – so auch im Deutschen Reich – mittels Verordnungen der Handel mit Opium und seinen Derivaten marktwirtschaftlich geregelt.

- Ausgangspunkt für die weltweite Sanktionierung von Opium war ein ökonomischer Konflikt zwischen der Kolonialpolitik Englands und der Außenpolitik der USA. Die Interessen Englands, in China zollfrei indisches Opium einzuführen, stießen auf starke Widerstände in China – die auch durch die Opiumkriege nicht beseitigt wurden – und auf die wirtschaftspolitischen Absichten der USA, einen Absatzmarktes für industrielle Erzeugnisse zu gewinnen. Diese Interessenkollision führt zu den Opiumkonferenzen 1906 in Shanghai und 1912 in Den Haag mit den Konsequenzen, die durch die Ratifizierung des Versailler Vertrages 1919 vorgenommene und durch den Völkerbund 1920 eingerichtetes, weltweit gültiges Regulierungssystem im Umgang mit Opium und seinen Derivaten, Kokain und – 1928 – auch Cannabis zu installieren. Damit wurde die Opiumfrage zum internationalen Drogenproblem (vgl. Scheerer 1982).

Parallel zur Etablierung eines internationalen Regulierungssystems entwickelte sich auch auf nationaler Ebene ein Kontrollmechanismus für Opium. Nachdem die Opiatderivate Morphium, Heroin und Codein als pharmazeutische Produkte vertrieben wurden und die Injektionsspritze als effektive

Applikationsform eingeführt war, nahmen Ärzte und Apotheker in den Industriestaaten eine Monopolstellung im nationalen Regulierungssystem für Narkotika ein. Dieses Monopol war für die genannten Berufsgruppen von hoher ökonomischer Bedeutung und trug auch zu ihrer Professionalisierung bei.

Legitimiert wurde diese Monopolstellung durch die nationalen Opiumgesetze – in Deutschland 1920, 1924 und 1929.

Mit der Neufassung des Opiumgesetzes von 1924, das im Jahre 1929 in Kraft trat, setzte sich eine im Wesentlichen juristische Bewertung des Opiumproblems durch. Nicht nur den Konsumenten wurde im Falle des Genusses von Opium die strafrechtlichen Sanktionen angedroht, sondern auch der medizinische Gebrauch wurde an Auflagen gebunden, die Medizin und Pharmazie in ihrer Autonomie einschränkten.

Die Single Convention der UN von 1961 schließlich zielte auf internationale Zusammenarbeit, um den Drogenhandel weltweit zu unterbinden und darauf, dass die Unterzeichnerstaaten bei gravierenden Verletzungen Konsequenzen bis hin zu Freiheitsstrafen zu ziehen hatten. In der Novellierung von 1972 wurde zudem auf Behandlung, Ausbildung von Therapeuten, Nachsorge, Rehabilitation und Wiedereingliederung abgestellt.

Tipps zum Weiterlesen

G. Völger (Hrsg.), Rausch und Realität, Köln 1981 Bd. I + II
A. Wissler, Die Opiumfrage, Jena 1931
M. de Ridder, Heroin. Vom Arzneimittel zur Droge, Frankfurt/M. 2000
R.Gelpe, Vom Rausch im Okzident und Orient, Stuttgart 1966

2. Strukturen der deutschen Drogenpolitik

2.1 Einleitung

Der Begriff der Drogenpolitik ist – so weit man das überblicken kann – ein alltagsweltlicher Begriff. Mit ihm verbinden sich Intentionen und Hoffnungen ganz unterschiedlicher Couleur. Auf einer Bandbreite möglicher Zielbestimmungen lassen sich an den beiden Polen „Drogenfreiheit der Gesellschaft" und „Drogengebrauch in der Gesellschaft" als Ziele formulieren. Insofern kann man mit Drogenpolitik jenen Teil der Politik benennen, der sich mit Drogen, Drogengebrauch, Drogenmissbrauch sowie mit Strategien gegen sozial schädlichen Drogenkonsum und -handel beschäftigen (Schwilk 1996, S. 12).

Die Drogenpolitik eines Staates legitimiert sich in der Regel durch die Absicht, Rausch erzeugende Substanzen so zu kontrollieren, dass weder ihr Konsum, noch der Handel mit ihnen für die Gesellschaft wie für das Individuum irreparable Schäden hervorrufen kann. Hierfür hat sich auch der Begriff der Prohibitionspolitik eingebürgert. In Deutschland ist Drogenpolitik Prohibitionspolitik. Die Prohibitionspolitik schränkt das Individuum in vielfältiger Weise bei der Entfaltung jener Möglichkeiten ein, Zugänge zu substanzgebundenen, alltagstranszendierenden Aktivitäten zu erlangen. Insofern bedarf eine Prohibitionspolitik in demokratischen Gesellschaften immer der Legitimation. Die Legitimationsmuster können dabei unterschiedlich sein: Z.B. „Schutz der Volksgesundheit" oder „Sicherung der Erwerbsfähigkeit" oder „Sanktionierung kriminellen Verhaltens" oder „Schutz der Jugend", in jedem Falle müssen sie jedoch plausibel erscheinen.

Zunächst sollen die Bedingungen der Entstehung drogenpolitischen Handelns in Deutschland dargestellt, die Akteure der Drogenpolitik sowie drogenpolitische Modelle diskutiert werden. Die Frage nach der Logik und der Professionalität der Drogenpolitik lässt sich umfassend nur mit Blick auf die Drogenhilfe und auf den Gegenstand der Drogenhilfe beantworten. Dies soll in gebotener Kürze geschehen. Aufgenommen werden die bisherigen Analysen in ein Strukturmodell, das die Drogenpolitik nicht in einen Konzept des „demokratischen Machtkreislauf" (vgl. Luhmann 1981) diskutiert, sondern die Entwicklung von Themen zu drogenpolitikfähigen Themen auf einer Achse von Peripherie und Zentrum (vgl. Peters 1999) plausibilisieren will. Schlussendlich wird in Anlehnung an Ausführungen von Offe (1990) ein Konzept der „garantistischen Drogenpolitik" diskutiert, das der aktuellen Drogenhilfestrategie von Suchtbegleitung und Suchttherapie seine sozial- und gesundheitspolitische Legitimation geben könnte (vgl. Offe 1990).

2.2 Drogenpolitik und Prohibitionspolitik

Die Prohibitionspolitik eines Staates kann aktive und reaktive Drogenkontrolle bzw. Kontrolle ihrer Konsumenten und Händler intendieren. Zur aktiven Drogenkontrolle können gehören:

- Die Einschränkung der Verfügbarkeit von Substanzen mit Hilfe von Steuern, wie z.B. Teesteuer, Kaffeesteuer, Branntweinsteuer, Sektsteuer etc.;
- die Kontrolle verfügbarer Substanzen durch Auflagen und Gesetze: so zum Beispiel das Lebensmittelgesetz;
- die Regulierung der Vergabe und Zulassung von Substanzen zum öffentlichen Gebrauch z.B. durch das Bundesgesundheitsamt;
- die Beeinflussung der Motivation der Konsumenten von Substanzen durch Werbekampagnen;
- die öffentliche Aufklärung über die Beschaffenheit und Gefährlichkeit von Substanzen, z.B. durch die Bundeszentrale für gesundheitliche Aufklärung, in Schulen, durch Betriebe etc.;
- die Sozialisation in Bezugsgruppen mit geringen Neigungen zum Drogenkonsum, z.B. in Jugendgruppen, in Vereine aber auch in der Familie

Während die ersten drei Elemente einer aktiven Drogenkontrolle zumeist durch administrative Entscheidungen der Ministerialbürokratie initiiert und umgesetzt werden, lassen sich die drei letztgenannten eher dem primär präventiven Handeln des Staates und seiner Institutionen zuordnen.

Reaktive Drogenkontrolle lässt sich durch drei Muster des Umgangs mit Konsumenten, Händlern und Erzeugern kennzeichnen (vgl. Vogt/Scheerer 1989, S. 30ff.): Kriminalisierung, Pathologisierung und Neutralisierung.

Kriminalisierung bedeutet, dass der Konsument, der Erzeuger und der Händler als Gesetzesbrecher einzustufen sind. Pathologisierung heißt, den Konsumenten als krank zu bezeichnen und zu behandeln. Neutralisierung bedeutet der Versuch, drogenkonsumierendes Verhalten auf bestimmte Personengruppen (überwiegend Jugendliche) oder einen sozialen Kontext (die Discoszene) zu beschränken, in dem es dann auch toleriert wird.

Im Folgenden wird auf die Drogenpolitik der illegalen psychotropen Substanzen eingegangen. Sie als besonderen Fall der staatlichen Politik zu betrachten, ergibt sich aus der Tatsache, dass hier das prohibitive Handeln der staatlichen Administration im Kontext von Sozialpolitik und Rechtspolitik verortet ist.

Als Teil der Sozialpolitik ist die Drogenpolitik durch das Sozialgesetzbuch gestützt und nimmt in ihrem System der Sicherung gegen soziale Grundrisiken überwiegend gesundheitliche und jugendhelferische Aufgaben wahr.

Für die Jugendhilfe fordert und ermöglicht insbesondere der §35a KJHG einen gesundheitlichen und mit weiteren Hilfeträgern vernetzten Ansatz der pädagogischen und therapeutischen Hilfe für junge Menschen im Sinne der Entwicklung von Lebensperspektiven. Hier ist Drogenhilfe als Jugendhilfe ausdrücklich legitimiert.

Zu den einzelfallbezogenen Hilfen hinzu ergibt das KJHG auch die Legitimation für primärpräventives Handeln der Jugendhilfe (vgl. vor allem §§14 und 16 KJHG).

Für die Sozialhilfe ist durch das BSHG die Möglichkeit gegeben, über die §§39 und 40 (Eingliederungshilfe für Behinderte) stationäre Drogenhilfe zu vermitteln.

Als Teil der Rechtspolitik ist die Drogenpolitik in das Strafrecht in generalpräventiver Absicht eingeordnet und ist über das BtMG abgesichert.

Tab. 1: Gesetze und Verordnungen, die drogenpolitisches Handeln in Deutschland steuern

Drogenpolitik	
Sozialpolitik	Rechtspolitik
• KJHG §§35a, 14 u. 16 (SGB VIII)	• Strafgesetzbuch (StGB) z.B. §§20, 21, 267, 257, 129, 323a
• BSHG §§39, 4 (SGB VI)	• Betäubungsmittelgesetz (BtMG)
• RVO §1236 (Reichsversicherungsordnung)	• Betäubungsmittelverschreibungsordnung (BtMVV)
• AVG §13 (Angestelltenversicherungsordnung)	
	• Strafprozessordnung (StPO) z.B: 102-110
• Krankenversicherung gesetzlich – privat	• Jugendgerichtsgesetz (JGG) z.B. §73
• Arbeitsförderungsgesetz (AVG)	• Maßregelvollzugsgesetz (Maßr.VollzG)
• gesetzliche Pflegeversicherung (SGB IX)	• Gesetz über psychisch Kranke (PsychKG) länderspezifisch
• gesetzliche Rentenversicherung (SGB VI)	• Straßenverkehrsrecht (StVG) §24a u. §4

2.2.1 Geschichte der Drogenpolitik

Blickt man auf die Geschichte des gesellschaftlichen Umgangs mit illegalen Drogen zurück, so wie dies im Kapitel 1 geschehen ist, wird deutlich, dass die heutigen Legitimationsmuster der weltweiten Drogenpolitik „Schutz der Volksgesundheit", „Sicherung der Erwerbsfähigkeit" und „Schutz der Jugend" zu keinem Zeitpunkt den gesellschaftlichen Umgang mit psychoaktiven Substanzen geleitet haben. Dies gilt auch für die Verabschiedung des Opiumgesetzes von 1929 in Deutschland. Nach einigen Modifikationen in den 30er-Jahren blieb es bis zum 25.12.1971 in Kraft. Das Opiumgesetz von 1924 war noch ein reines „Übersichtsgesetz", es sollte garantieren, Herkunft und Verbleib von Opium und seine Derivate zu überdauern, und da, wo es notwendig erschien, sanktionell in Handel und Konsum einzugreifen. In jedem Falle waren jedoch die Ärzte und die Apotheker in ihrer Entscheidung frei, Opium sowohl zu medizinischen als auch zu Genusszwecken zu vergeben. Das Opiumgesetz von 1929 entzog ihnen diese Berechtigung und Legitimation. Es regelte die jeweils zulässige Höchstgrenze in der Verschreibung und Abgabe von Opiaten und schuf zusätzlich Möglichkeiten, durch die Rechtsverordnungen ständig neue Stoffe dem Opiumgesetz zu unterstellen, wenn dies aufgrund ihrer Wirkungsweise gerechtfertigt erschien. Auf diese Weise wurde nicht nur der Gebrauch von Kokain sanktioniert, sondern auch der von Cannabis. Gleichwohl war auch durch das Opiumgesetz von 1929 der Besitz von Opiaten, Kokain und Cannabis zum Eigenverbrauch noch nicht strafbar. Danach regelte ein neues Betäubungsmittelgesetz unter dem Einfluss der Single Convention (1961) der UN eine Vereinbarung zur Regelung des Handelns und des Verbrauchs illegaler psychoaktiver Substanzen, in die viele Staaten der Erde eingebunden wurde, den Umgang mit Betäubungsmitteln.

Auch die Drogenpolitik in der BRD konstituierte sich in diesen Kontext, zusätzlich jedoch im Jahr 1972 im Zuge der Verabschiedung des „Gesetzes zur Änderung der Gesetze über den Verkehr mit Betäubungsmitteln".

Die Zuspitzung des staatlichen Handelns im Umgang mit den Konsumenten und Händlern psychotroper Substanzen auf strafrechtliches Handeln versuchte die Last zur Lösung politischer Probleme dem Strafrecht aufzubürden. Dies hat sich auch mit der Verabschiedung des BtMG durch den Bundestag am 26.05.1981 nicht wesentlich verändert. Der programmatische Titel „Therapie statt Strafe" brachte zum Erstaunen der Fachöffentlichkeit keine grundsätzliche neue Bewertung und Behandlung des Drogenproblems mit sich.

Indem die internationale Forschung zum Gegenstandsbereich bewusst ignoriert wurde und die Vertreter der Fachöffentlichkeit bei der Beratung des Gesetzes überwiegend auf jene Apologeten der drogenpolitischen Lösung zurückgegriffen haben, die das Strafrecht und die Psychiatrie als Interventionsmuster der Drogenpolitik präferierten, ist eine solche Entwicklung auch nicht weiter erstaunlich.

Das BtMG als ein Mittel der Drogenpolitik erhielt vier Instrumente der Verhaltenssteuerung durch das Strafrecht:

„1. Flächendeckende totale Prohibition; jede Umgangsform steht unter Strafe, mit Ausnahme des Konsums; die Phase konnte deshalb ausgenommen werden, weil die Zwangsläufigkeit vorher gegebener Umgangsformen, Erwerb und Besitz unter Strafe stehen, faktisch wird damit die Sucht und die durch sie bedingte Existenzweise pönalisiert.

2. Angebot der Therapie bei gleichzeitigem möglichem Strafverzicht, der indes mit schärferen Reaktionen bei Nichtannahme des Angebotes durch das Strafrecht verbunden ist.

3. Zwangsweise vollzogene Maßregelungen der Sicherung und der Besserung gegenüber resozialisierbaren Straftätern.

4. Abschreckung durch hohe Strafandrohung gegen Händler" (Kniesel 1993 S. 134).

Damit wurde ein Rahmen geschaffen, innerhalb dessen sich politische wie fachliche Entscheidungen zum Umgang mit Konsumenten psychotroper Drogen ebenso bewegen müssen, wie er das Verhalten von Konsumenten illegaler psychotroper Substanzen im Kontext der gesellschaftlichen Öffentlichkeit determiniert.

Drogenpolitik in Deutschland strukturierte sich insofern durch zwei idealtypisch gefasste Ansätze: Pathologisierung und Kriminalisierung. Drogenpolitik in Deutschland kriminalisiert vom Ansatz her, den Produzenten und Händler illegaler Drogen und den Konsumenten. Art und Umfang der Kontrollreaktionen waren und sind zurzeit geleitet von der Auffassung, dass unerwünschter Drogenkonsum Krankheit und Regelverletzung zugleich sind. Dies bedeutet, dass Drogenkonsum nicht in erster Linie ein kriminelles, sondern ein gesellschaftliches Problem und ein pathologisches Problem ist, zweitens gleichwohl unter Strafe gestellt werden muss, und drittens Strafe jedoch nicht Therapie verhindern darf, vielmehr als zusätzliches Mittel zu Therapiemotivation dienen soll.

2.2.2 Akteure der Drogenpolitik

Im Umgang mit Konsumenten illegaler psychotroper Substanzen sind auf der Ebene gesellschaftlicher Aktivitäten zahlreiche politische Institutionen mit je spezifischen Interessen eingebunden. Dabei werden ordnungs- und gesellschaftspolitische Interessen überwiegend von Administrationen der Kommunen, der Bundesländer und der Bundesregierung artikuliert; gesellschaftspolitische Interessen von den Kranken- und Rentenversicherungsträgern sowie von den Wohlfahrtsverbänden, die jedoch auch sozialpolitische und jugendpolitische Interessen vertreten. Professionelle wie wissenschaftliche Ansprüche an die Drogenpolitik formulieren Fachverbände und wissenschaftliche Gremien, und die Interessen der Konsumenten und Abhängigen werden durch Selbsthilfeorganisationen artikuliert.

Für diese Institutionen will ich im Folgenden den Begriff „Problemdefinierer" benutzen, da sie in noch darzustellender Weise eine Wertung des Sachverhalts „Konsum illegaler Drogen" vornehmen, indem sie im Lichte ihrer jeweiligen Interessenlagen und gesellschaftspolitischen Verantwortung politikfähige Aussagen zum Drogenproblem formulieren. Nicht immer geben sie ein homogenes Bild ab und noch viel weniger sind sie systematisch miteinander verknüpft. Gleichwohl füllen diese Institutionen einen gesellschaftspolitischen Raum aus, in dem sie Positionen besetzen, Grenzlinien ziehen, Koalitionen stiften, Einflüsse geltend machen und Konkurrenzen entwickeln. Die Erfassung und Abbildung der Formen und Inhalte dieser drogenpolitischen Interessen lässt sich am ehesten mithilfe einer topographischen Verfahrensweise vornehmen. „Als Verfahrensweise verweist die Topographie auf eine Weise der Beschreibung, die Wege, Grenzlinien, Verbindungen und Kreuzungsstellen aufzeichnet, also gegenüber jeder systematischen Verknüpfung der Erkundung offener und begrenzter Zusammenhänge den Vorrang gibt. Darin entspricht sie der Forschungsweise der Phänomenologie" (Waldenfels 1997, S. 12).

Ich will im Folgenden nicht auf das gesamte Spektrum der Institutionen von „Problemdefinierern" eingehen, sondern nur exemplarisch einige darstellen, die in besonderer Weise die drogenpolitische Diskussion in unserem Lande mitprägen:

- die Kranken- und Rentenversicherungsträger aufgrund ihrer maßgeblichen Gestaltung der Therapiepolitik;
- die „Deutsche Hauptstelle gegen die Suchtgefahren" (DHS) als Interessensvertreter der Wohlfahrtsverbände in Sachen Suchtmittel gegenüber Politik und Öffentlichkeit;
- das „Landesprogramm gegen Sucht" des Landes NRW exemplarisch für die Programme der Bundesländer, Drogenhilfe zu gestalten;
- der Bundesverband „Akzept e.V." exemplarisch als Interessensvertreter der Fachverbände der Drogenhilfe;
- die Position der Bundesregierung entnommen dem Drogen- und Suchtbericht 1998 vom 01.03.1999;
- das Betäubungsmittelrecht (BtMG) als Rahmenvorgabe für die Gestaltung von Drogenpolitik.

Neben diesen Institutionen beeinflussen jedoch auch noch die Ärzte- und Apothekerkammern, die Interessenverbände der pharmazeutischen Industrie und die Arbeitsgemeinschaft der Bundes- und Landeseinrichtungen für die Wahrnehmung rehabilitativer Aufgaben die Drogenpolitik.

In der Entwicklung und Formulierung der Drogenpolitik nehmen sie alle eine doppelte Funktion wahr: Einerseits nehmen sie bei der Formulierung des Drogenproblems – als einem politikfähigen Sachverhalt – durch ihren spezifischen, aber auch interessensgeleiteten Sachverstand Einfluss auf die Inhalte und Konturen der Drogenpolitik, andererseits strukturieren sie aufgrund ihrer zum Teil auch hoheitlichen Funktionen bei der Zuteilung öffentlicher Mittel durch fachliche Auflagen die Aktivitäten zur Lösung des Drogenproblems. Hiervon sind insbesondere die Einrichtungen der Drogenhilfe betroffen, aber auch die Drogenforschung.

2.2.2.1 Zur Drogenpolitik der Kranken- und Rentenversicherungsträger

Die Legitimation der Kranken- und Rentenversicherungsträger, aktiv die Gestaltung der Hilfe für Drogenabhängige zu betreiben, ergibt sich ihrer eigenen Verlautbarungen zufolge durch folgenden Sachverhalt: „Grundlage für die Leistungszuständigkeit der Sozialleistungsträger für die Rehabilitation Suchtkranker sind die leistungsrechtlichen Vorschriften und die Rechtsprechung des Bundessozialgerichts, wonach Sucht als Krankheit im versicherungsrechtlichen Sinne anzusehen ist, wenn er sich im Verlust der Selbstkontrolle und in der zwanghaften Abhängigkeit von Alkohol, Medikamenten oder Drogen äußert und eine medizinische Behandlung bedarf, die alle Hilfen umfassen soll, eine Behinderung zu beseitigen, zu bessern oder eine Verschlimmerung zu verhüten." (BAG für Reha 1996, S. 82). Gleichwohl ist die Zuständigkeit der gesetzlichen Krankenversicherung und der gesetzlich Rentenversicherung unterschiedlich geregelt. Während die Krankenversicherung für ambulante und stationäre Behandlungen Leistungen erbringt, ist die Rentenversicherung überwiegend für medizinische und berufliche Rehabilitation zuständig.

Die Krankenkasse oder – nachrangig – der Sozialhilfeträger halten für Drogenabhängige (DA) die Möglichkeit der Entgiftung in Krankenhäusern bereit, hier gilt die professionelle Kompetenz der Ärzte bei der Bereitstellung und Entwicklung von Therapien.

Die Rentenversicherungsträger organisieren im Rahmen der medizinischen Rehabilitation die Entwöhnungsbehandlungen. Dabei gilt für die Entwöhnungsbehandlung für Drogenabhängige die Empfehlungsvereinbarung vom 20.11.1978 und für ambulante Reha die Vereinbarung vom 05.11.1996 zwischen den Rentenversicherungs- und Krankenversicherungsvertretern. Ohne auf die Einzelheiten dieser Vereinbarung einzugehen, lässt sich festhalten, dass hier in dezidierter Weise Form und Inhalte der Therapie vorgegeben werden, das Fachpersonal bestimmt, dass die Organisationsstruktur der Reha festgelegt und die Dauer der Therapie empfohlen wird. Insbesondere die „Arbeitshilfen zur Beurteilung von Einrichtungen für die Durchführung von Entwöhnungsbehandlungen" der WAG müssen in diesem Zusammenhang nicht nur als solche verstanden werden, sondern auch als Messlatte bei der

Zulassung von Institutionen zur Organisation von Entwöhnungsbehandlungen. Die Rentenversicherungsträger haben hier ein Monopol. Die Finanzierung richtet sich an sog. Qualitätsstandards aus, die umstandslos dem Abstinenzparadigma in der Drogenhilfe zugeordnet werden können. Die Ansicht ist: DA ist psychopathologisches Verhalten, dessen Heilung nur durch strikte Abstinenz herbeigeführt werden kann und dies mithilfe der Methoden der Psychotherapie. Die Kranken- und Rentenversicherungsträger nehmen in vielfältiger Weise politischen Einfluss auf drogenpolitische Entwicklungen. Sie sind als Sachverständige eingebunden in die Landesdrogenkonferenzen sowie in den nationalen Drogenrat der BRD. Hier vertreten sie – wie viele andere Institutionen der Drogenhilfe – ihre Verbandspolitik. Problematisch ist jedoch ihr dogmatisch vertretener Anspruch, eine Behandlung durch medizinische Rehabilitation ist nur in Form von Abstinenztherapie möglich. Aufgrund ihrer Monopolstellung verhindern sie dadurch die Fortentwicklung von Behandlungsmöglichkeiten für Drogenabhängige: z.B. durch Methadontherapie oder therapeutisch strukturierte Originalstoffvergabe. Ihre politische Präsenz in der Öffentlichkeit und in Gremien der Regierungsadministration formt darüber hinaus mit ihrer spezifischen Einstellung vom Süchtigen das Bild von Drogenabhängigen als einen durch die Droge handlungsunfähigen Menschen, dessen Handlungsfähigkeit und Arbeitsfähigkeit es ausschließlich mithilfe der Abstinenztherapie wiederherzustellen gilt.

„Bei der Rehabilitation handelt es sich ... um einen unteilbaren in sich geschlossenen einheitlichen Prozess, der sich allein an der Erreichung des optimalen Zieles im individuellen Einzelfall orientiert. ... Durch die Entwöhnungsbehandlung soll der Abhängigkeitskranke von seiner Abhängigkeit gegenüber Suchtmitteln befreit werden: das Ziel ist die Unabhängigkeit durch Abstinenz. Dieses Ziel lässt sich entweder erreichen oder nicht. Dazwischen gibt es keine Abstufung" (Suchtvereinbarung vom 20.1.78).

2.2.2.2 Zur Drogenpolitik der Deutschen Hauptstelle gegen Suchtgefahren (DHS)

Die DHS ist ihren eigenen Angaben zufolge „das Synonym für Suchtkrankenhilfe in Deutschland" (siehe Kurzportrait DHS). Sie wurde 1947 gegründet und vertritt ein Versorgungssystem der Suchthilfe mit ca. 1200 Beratungsstellen, 160 Fachkliniken, 4500 Selbsthilfegruppen, die jedoch den sie tragenden Wohlfahrtsverbänden und Einrichtungen der Suchtkrankenhilfe zugeordnet sind. Die verbandspolitische Zielrichtung ist „auf dem Gebiete der Bekämpfung des Missbrauchs von Suchtmitteln aller Art, alle jene Maßnahmen durchzuführen, die von den angeschlossenen Organisationen selbst nicht erfüllt werden können" (vgl. Kriebel 1997, S. 42ff.). Zu diesen Aufgaben gehören insbesondere die Koordinierung der wissenschaftlichen, präventiven, praktischen und helfenden Arbeit, aber auch der Erfahrungsaustausch mit Bundes- und Landesministerien sowie die Förderung der wissenschaftlichen Forschung. Die Inhalte der drogenpolitischen Empfehlungen haben sich in den letzten Jahren verändert. 1972 übernahm die DHS die in einem Studienbericht niedergelegten Ergebnisse und Empfehlungen einer vom Innenministerium zusammengestellten Expertengruppe. Sie mündeten in der Forderung der Einrichtung von therapeutischen Ketten mit einer strikt auf Abstinenz ausgerichteten Psychotherapie. In den folgenden 15 Jahren war dies die offizielle drogenpolitische Aussage der DHS. Durch den Druck der in Mitgliedsverbänden organisierten Drogenhelfer sah sich die DHS gezwungen, ihre drogenpolitischen Empfehlungen zu verändern. Sie schlugen sich nieder in der 1990 herausgegeben Stellungnahme „Drogenhilfe und Drogenpolitik" (Hamm, den 02.05.1990). Diese Stellungnahme nahm einerseits die Forderungen der Mitgliederverbände und eine Ausdifferenzierung der Ziele und Mittel der Drogenhilfe auf, behielt jedoch andererseits die drogenpolitischen Ziele der damaligen Bundesregierung als Leitlinie, indem sie den „Krieg gegen die Drogen" durch Abstinenzorientierung und Strafandrohung mittrug.

Drogenpolitik und Drogenhilfe sind nicht identisch. Sie entwickeln oft unterschiedliche Strategien zur Verringerung von Drogenproblemen. Die Drogenhilfe stellt daher andere Forderungen als die Drogenpolitik" (Hamm 1999). Die DHS stellte in ihrer Stellungnahme insbesondere die Notlage der Betroffenen heraus, die es mit einer Vielfalt von Hilfemöglichkeiten zu bekämpfen gelte und nicht durch Zwang und Repression. In ihrer drogenpolitischen Stellungnahme vom Mai 1998 „Drogenpolitik und Drogenhilfe" und in ihrem 10-Punkte-Katalog „Suchtstoffpolitik ist mehr als Drogenpolitik und ein Gesamtkonzept der Suchtkrankenhilfe ist mehr als die Summe von Einzelaktivitäten" vom 08.02.1999 legt sich die DHS eindeutig auf eine moderne Drogenpolitik fest. Das Positionspapier unterscheidet zwischen der Reduzierung des Angebotes und der Nachfrage von Suchtmitteln auf der einen Seite und auf der anderen Seite der Schaffung von Rahmenbedingungen für die Hilfen suchtkranker Menschen als drogenpolitische Aufgabe der Zukunft. Insofern bleibt die deutsche Hauptstelle gegen die Suchtgefahren zunächst bei ihrem tradierten pathologischen Ansatz, allerdings ist sie in der Ausformulierung von Hilfeangeboten und der Forderung nach Bereitstellung von Institutionen zur Steuerung des Umgangs mit Drogenkonsumenten einen neuen Weg gegangen:

- Im Zentrum der Bemühungen steht das Ziel, mit Hilfe verschiedener zieladäquater Maßnahmen die Lebensqualität des einzelnen Drogengebrauchers zu verbessern. Dazu zählt die Sicherung des Überlebens, die materielle Grundsicherung, die Ermöglichung langer Abstinenzphasen, Substitution, drogenfreie Intervalle und dauerhafte Abstinenz zu schaffen.

- Schadensminimierung und Soforthilfen sind weitere Kernpunkte der geforderten Drogenpolitik. Hierbei geht es unter anderem um Aufenthaltsmöglichkeiten in Kontaktläden, der medizinischen Grundversorgung, um betreutes Wohnen, Notschlafstellen, Streetwork, nachgehende Angebote sozialer Arbeit, Mahlzeiten und körperhygienische Angebote.

- Ausstiegshilfen wie Therapie und Integration ehemals drogenabhängiger Menschen durch Institutionen der Drogenhilfe. Dabei hat die ambulante Hilfe Vorrang vor der stationären Behandlung. Im Einzelnen bedeutet dies qualifizierte Entgiftung, personenzugeschnittene Therapieformen, befriedigende Wohnverhältnisse, Entwicklung von Arbeitsprojekten, finanzielle Selbständigkeit durch qualifizierte Arbeitsmöglichkeiten.

- Selbsthilfepotenziale fördern und nutzen durch die Bereitstellung von Räumen, Infrastruktur und materielle Unterstützung.

Durch die Realisierung dieser Forderungen würde eine neue Normalität im Umgang mit drogenkonsumierenden Menschen geschaffen. Sie ist realitätsgerecht und akzeptiert Normalitätsentwürfe von Individuen, die infolge unterschiedlicher Sozialisationsverläufe Lebensführungskonzepte entwickelt haben, mit denen sie ihren Alltag auch durch Drogen bewältigen wollen.

2.2.2.3 Zur Drogenpolitik des „Bundesverbandes für akzeptierende Drogenarbeit und humane Drogenpolitik" Akzept e.V.

Akzept e.V. wurde 1990 gegründet mit dem Ziel, zur traditionellen, repressiven Drogenpolitik eine drogenpolitische Alternative zu formulieren und den Institutionen mit suchtbegleitenden Hilfeformen in der Drogenhilfe eine Profilierungs- und Artikulierungsbasis zu geben. Akzept e.V. ist eine Nicht-Regierungsorganisation, die versucht, durch drogenpolitische Hearings, Fachkongresse und die Arbeit in drogenpolitische Gremien auf Landes und Bundesebene Drogenpolitik zu betreiben. Die wesentlichen Ziele von Akzept e.V. sind die Entkriminalisierung des Drogenkonsums, das Eintreten für die Wahrung der Menschenrechte gegenüber Drogenabhängigen, die Entwicklung von Modellen zum legalen Konsum von Drogen und die Förderung suchtbegleitender Hilfemaßnahmen für Drogenabhängige. Die Stärke dieser NGO liegt nicht so sehr darin, gezielt politisch auf unterschiedliche Ebenen der Regierungsadministration Einfluss zu nehmen, sondern darin, durch Kongresse und Hearings die Fachöffentlichkeit zu informieren zu Zwecken politischer Willensbildung.

2.2.2.4 Das „Landesprogramm gegen Sucht" des Landes Nordrhein-Westfalen

Die Drogenhilfe vor Ort ist eine gesellschaftspolitische Aufgabe, die überwiegend von Kommunen, Wohlfahrtsverbänden und freien Trägern der Drogenhilfe wahrgenommen wird, deren gesetzliche und politische Legitimation jedoch durch die Rahmenpläne der Bundesländer und der Bundesregierung vorgegeben sind.

Nordrhein-Westfalen hat 1980 und 1989 ein Landesprogramm vorgelegt und beabsichtigt z.Z., ein „Landesprogramm gegen Sucht" zu institutionalisieren.

Damit kommt die Landesregierung NW der fachpolitischen Forderung nach einem umfassenden Suchtprogramm entgegen, das sich nicht nur auf Hilfen für Konsumenten illegaler Drogen bezieht, sondern auch Hilfe für Konsumenten legaler Drogen und Menschen mit nichtstoffgebundenen Süchten bietet. In seiner Intention ist es an das Prinzip Hilfe vor Strafen gebunden und durch die Aktionsfelder Prävention, Hilfen und Repression strukturiert. Das Hilfesystem orientiert sich am Normalitätsprinzip. In seinen fachlichen Legitimationen fußt das Programm auf einem Suchtbegriff, der neben der Droge auch das Individuum und seine gesellschaftlichen Verhältnisse in seinen jeweiligen Wechselwirkungen berücksichtigt. Gleichzeitig soll das „Landesprogramm gegen Sucht" nicht isoliert wirken, sondern eingebunden werden in ein breites System zur Gesundheitsförderung. Das „Landesprogramm gegen Sucht" formuliert Standards u.a. zur Drogenhilfe, die im Landesfachbeirat „Sucht und Drogen" diskutiert und verabschiedet wurden. Im Wesentlichen sind diese Konzepte zur Suchtvorbeugung, ambulante und stationäre Angebote für unterschiedliche Zielgruppen, Substitutionsbehandlung, drogentherapeutische Ambulanzen und Spritzenverteilungsprogramme. Drogenpolitisch nimmt das „Landesprogramm gegen Sucht" z.Z. eine Sonderstellung ein, da es neben den klinischen Behandlungsangeboten auch vielfältige Suchtbegleitungsangebote präferiert.

2.2.2.5   Das BtMG als Problemdefinierer
Der Prüfstein jedweder Problemdefinition und Empfehlung zum Umgang mit psychoaktiven Substanzen und ihre Konsumenten in Deutschland ist das BtMG. Es ist der Kernbereich der Deutschen Drogenpolitik und alle Neuerungen des drogenpolitischen Umgangs mit Konsumenten illegaler Drogen müssen diese Schleuse passieren. Aus dem Reichsopiumgesetz von 1929 hervorgegangen und durch die Single Convention der UN von 1961 international in einen weltweiten Kodex zum prohibitiven Umgang mit Rauschdrogen eingebunden, strukturiert es die drogenpolitische Landschaft in Deutschland. Ein Blick auf die Systematik des BtMG zeigt, dass „mit einem nahezu lückenlosen Netz von Verhaltensvorschriften und Spezialverordnungen von Straftatbeständen und Bußgeldbestimmungen [...] fast jede Verhaltensweise im Zusammenhang mit illegalen Betäubungsmitteln mit Strafe oder Bußgeld bedroht ist. [...] Daneben bedrohte der Gesetzgeber jegliche Förderung des Betäubungsmittelkonsums durch Spezialtatbestände wie z.B. das Werben, das Verschaffen, Gewähren oder öffentliches Mitteilen von Gelegenheiten, zum unbefugten Gebrauch oder das Verleiten zu unbefugtem Verbrauch von Betäubungsmitteln mit Strafe" (Körner 1996, S. 16). Das Betäubungsmittel selbst wird dabei nicht durch das Gesetz definiert, sondern durch Rechtsverordnungen und ergänzbare Listen, die als Anlagen 1-3 dem BtMG beigefügt sind.

1. Nichtverkehrsfähige Betäubungsmittel (z.B. Cannabis, Heroin, LSD etc.).
2. Verkehrsfähige, aber nicht verschreibungsfähige Betäubungsmittel (Kodein, L-Polamidon etc.).

3. Verkehrsfähige und verschreibungspflichtige Betäubungsmittel (Morphium, Kokain, Opium etc.).

Das Verbot der Beschreibung, Verabreichung oder Überlassung der in der Anlage 1 und 2 bezeichneten Betäubungsmittel führt zum Beispiel zurzeit dazu, dass die Einrichtung von Gesundheitsräumen und die Originalstoffabgabe für Schwerstabhängige nach geltendem Gesetz in Deutschland nicht möglich ist. Insofern läuft eine drogenpolitische Forderung der DHS, Akzept e.V. und des Landesprogamms NRW gegen die Sucht, Maßnahmen zur Gesundheitserhaltung zu entwickeln, ins Leere.

2.2.2.6 Zusammenfassung

Die hier angeführten Institutionen greifen das Problem des Konsums illegaler Drogen insbesondere bei jungen Menschen in unterschiedlicher Weise auf. Die Renten- und Krankenversicherungsträger sehen in erster Linie eine Pathologie, die mit therapeutischen Mitteln zu heilen ist: Das Mittel der Wahl ist dabei die abstinenzorientierte Langzeittherapie, sei sie nun stationär oder ambulant. Die Deutsche Hauptstelle gegen die Suchtgefahren definiert das in Rede stehende Problem nicht nur als Pathologie, sondern auch als riskante Bewältigungsstrategie junger Menschen, um mit den Sozialisationsanforderungen der Gesellschaft umgehen zu können. Insofern ist ihre Sicht der Dinge getragen von der Vorstellung, ein breites Spektrum an Hilfsmöglichkeiten für Konsumenten illegaler Drogen zu fordern. Neben der Therapie ist hier auch eine Ausrichtung auf Suchtbegleitung drogenpolitisch intendiert. Das „Landesprogramm gegen Sucht" des Landes NRW stellt einen drogenpolitischen Rahmen bereit, in dem die Forderungen der Kranken- und Rentenversicherungsträger ebenso ihren Widerhall finden, wie die formulierten Ansprüche des DHS. Zusätzlich gehen ordnungspolitische wie strafrechtliche Positionen mit in das Konzept ein. Diese werden von Akzept e.V. grundsätzlich abgelehnt. Propagiert wird hier „ein Recht auf Rausch", das sozial vermittelt werden muss durch präventive und assistenzielle Maßnahmen der Drogenpolitik.

Hinzuweisen ist noch auf den Rauschgiftjahresbericht des Bundeskriminalamtes, der das Problem „Konsum illegaler Drogen bei jungen Menschen" ausschließlich aus einer ordnungspolitischen und strafrechtlichen Perspektive interpretiert. Die Basis hierfür bilden die geführten Polizeistatistiken, die über Konsumenten, Umfang des Konsums, sichergestellte Mengen illegaler Drogen sowie u.a. auch über Erstkonsumentenzahlen informieren. Zurzeit (2003) befindet sich die Drogenpolitik der Bundesregierung in einer Umorientierung. Drogenpolitik soll in Zukunft Gesundheits- und Sozialpolitik sein und nicht Ordnungspolitik. Dabei wird nach wie vor von einem Krankheitsbegriff ausgegangen, jedoch werden zusätzlich die Hilfen für Abhängige über das therapeutische Spektrum hinaus erweitert und der Gesundheitsstabilisierung Drogenabhängiger Maßnahmen gewidmet (vgl. Suchtbericht 1998).

Auch das BtMG soll novelliert werden. Die hier vorgestellten drogenpolitischen Empfehlungen benennen das Spektrum der drogenpolitischen Landschaft in Deutschland. Es gibt in den Forderungen und politischen Leitlinien zahlreiche Überschneidungen, jedoch auch gegensätzliche Überlegungen und Ziele. Jenseits der Programme der Problemdefinierer eine Typologie drogenpolitischer Strategien zu entwickeln, ist die Absicht der nächsten Abschnitte. Dass dabei die Feinheiten der verschiedenen Diskurse nicht berücksichtigt werden können, ist verständlich.

2.3 Modelle der Drogenpolitik in Deutschland

Hintergrund der nun folgenden Modelldiskussion ist eine Studie von S. Cattacin u.a. mit dem Titel „Drogenpolitische Modelle" (vgl. Cattacin u.a. 1996). Sie ist exemplarisch und empirisch am Beispiel europäischer Städte erstellt worden und in der Analyse der erhobenen Daten zu drei Modelltypen gelangt, die einen repräsentativen Ausschnitt von Drogenhilfemodellen in Europa darstellen. Die Diskussion der „Topographie der Problemdefinierer der Drogenpolitik" lässt die – empirisch nicht gestützte – Einschätzung zu, dass auch in Deutschland Modelle in der zu beschreibenden Art vertreten sind. Die zitierte Studie spricht von Modellen der Schadensminimierung, therapeutischen Modellen und Modellen der Kontrolle. Jedes der Modelle ist in seiner Struktur abhängig von kommunalpolitischen Entscheidungen zur Regulierung des Drogenproblems, politischen Rahmensetzungen des Landes und/oder der Bundesregierungen und der jeweilig gültigen Drogengesetze. Insbesondere die Drogengesetzgebung der an der Studie beteiligten Länder (Deutschland, Schweden, Frankreich, Italien, Niederlanden, und Schweiz) weist in ihrer Akzeptanz der „Single Convention der Vereinten Nationen" (1961) und dem Beitritt zum „internationalen Suchtstoffabkommen" eine starke Gemeinsamkeit hinsichtlich ihrer rechtspolitischen Wertung des Drogenproblems auf. Es erscheint insofern sinnvoll, die in der Studie entwickelte Typologie zur Kennzeichnung von Möglichkeiten zu verwenden, die auch in Deutschland als Wege aus der Sucht legitim sind. Verwiesen sei in diesem Zusammenhang auf die unterschiedlichen Drogenhilfepraxen mit CDU/CSU-Regierungen und solchen mit dem Parteispektrum Grüne, SPD, FDP, die trotz ihrer unterschiedlichen politischen Ausrichtung ihre Gemeinsamkeit in der Legalität ihrer Drogenhilfen haben, da sie allesamt im Kontext des BtMG formuliert sind.

2.3.1 Das Modell der Schadensminimierung

Ziel der Drogenpolitik nach diesem Modell ist es, Schäden für Personen und Gemeinwesen, die in einem direkten Zusammenhang mit Drogen stehen, zu vermeiden oder sie auf kalkulierbare Risikopotenziale zu reduzieren. Schadensminimierung stiftet einen Zusammenhang zwischen Primär-, Sekundär- und Tertiärprävention. Insbesondere der Übergang von der Primär- zur Sekundärprävention wird durch gut funktionierende Koordination von Netzwerken wichtig. Die Anpassung des Modells an die sich verändernden Bedingungen von Drogenkonsum, Drogenszene und die gesellschaftlichen Rahmenbedingungen erfolgt hier durch fortlaufendes Experimentieren und Modifizieren. Das Modell der Schadensminimierung ist unter dem Eindruck der Folgeerscheinungen einer wachsenden Kriminalisierung und Stigmatisierung der Konsumenten von illegalen Drogen entstanden. Hinter diesem Modell steht die Vorstellung, dass wir in einer pluralistischen Gesellschaft leben, in der Drogenkonsum auf verschiedene, nicht vorhersehbare Art auftritt. Deshalb ist aufgrund der komplexen Problematik, die mit den illegalen Drogen verbunden ist, eine Reihe verschiedener, auf die Bedürfnisse der Drogenabhängigen zugeschnittener Maßnahmen nötig.

Tab. 2: Wichtigste Merkmale der drei Modelle der Drogenpolitik

Dimension	Modell der Schadens-minimierung	Therapeutisches Modell	Modell der Kontrolle
Hauptziel	Minimalisierung der durch Sucht erzeugten Probleme	Heilung der Drogensüchtigen	Drogenfreie Gesellschaft
Fundamentaler Wert	Individuelle Integrität	Gesellschaftliche Integrität	Integrität der Gemeinschaft
Prävention	*Ziel*: Verantwortung • Pluralistische Aussagen • Differenzierte Prävention • Schadensminimierg.	*Ziel*: Abschreckung • „Technische" Aussagen • Wenig Prävention	*Ziel*: Abschreckung • Moralisierende Prävention • Große Verbreitung der präventiven Aussagen
Betreuung	• Begleitung (Stabilisierung) • diversifiziertes Therapieangebot • Wiedereingliederung • substitutive Medikamente • Streetwork	• Notfalldienste • Betreuungs-/Pflegeangebote • Individualisierte Behandlung • Minimale Wiedereingliederungsangebote • Subst. marginal	• Abstinenzorientierte Therapie • Wiedereingliederung • Substitution marginal • Streetwork
Kontrolle	• Repression des organisierten Drogenhandels • Toleranz gegenüber Kleinhandel und Konsum • Alternative Therapie statt Gefängnis	• Repression des organisierten Drogenhandels • Toleranz gegenüber Konsum • Alternative Therapie statt Gefängnis	• Repression des Drogenhandels und -konsums • Spezielle Gefängnisse • Alternative Therapie statt Gefängnis
Koordination	• Intensive Koordination zwischen versch. Bereichen • Institutionalisierte Konfliktlösungsinstanzen	• Koordination innerhalb Integration des therapeutischen Bereiches	• Starke Integration und Interpenetration der verschiedenen Bereiche

Politikstil	• Verantwortung des Einzelnen • trial and error-Politik • Experimentierender Staat „Anreizstaat" • Beteiligung der privaten Organisationen	• Staatliche Verantwortung gegenüber den „Kranken" • Technokratischer Staat • Lokale Tradition vs. Zentralstaat • Subsidiäre Rolle der privaten Organisationen	• Staatliche und zivile Verantwortung gegenüber den Süchtigen • Vorsorgestaat • Moralisierende Politik • Beteiligung der privaten Organisationen
Hauptstärken	• Pluralistische und flexible Antworten • Integration Staat/Gesellschaft	• Kohärente Therapieketten • Respekt der individuellen Autonomie	• Soziale Problematik • Keine größeren Konflikte

Die zwei wichtigsten Elemente dieses Modells sind die harm reduction sowie die Politik *der* Normalisierung. Das Hauptanliegen in diesem Modell liegt im Versuch, den verschiedenen Lebensstilen und den unterschiedlichen persönlichen Entwicklungsmöglichkeiten der Drogenabhängigen Rechnung zu tragen. Ein wichtiger Bestandteil des Modells der Schadensminimierung ist das in England entwickelte Konzept der harm reduction. Im Unterschied zum Abstinenzgedanken steht hier nicht mehr nur ein einziges Ziel im Vordergrund, sondern eine Bandbreite verschiedener Zielsetzungen, die alle die Risiken im Zusammenhang mit illegalen und legalen Drogen vermindern sollen. Langfristige Entzugstherapien können gleichzeitig neben einer kontrollierten Abgabe von Heroin stehen, ohne dass die Kohärenz des Modells dadurch in Frage gestellt würde.

Das zweite Konzept dieses Modells – die Politik der Normalisierung – zeichnet sich (wie im Übrigen das gesamte Modell) durch seinen pragmatischen Ansatz aus. Ausgangspunkt ist hier die Auffassung, dass eine Gesellschaft ohne Drogen immer eine Illusion bleiben wird, ein Umstand, der sich nach Meinung von Vertretern dieses Modells auch im Ausmaß der Alkohol- und Tabakprobleme zeigt. Das Konzept beinhaltet zwei wichtige Aspekte: Zum einen werden Drogensucht und Drogenabhängige als unumgängliche, gesellschaftliche Wirklichkeiten akzeptiert, zum anderen wird von den Drogenabhängigen selbst, aber auch von der Gesellschaft ihnen gegenüber ein normales Verhalten erwartet.

2.3.2 Das therapeutische Modell

Hier erscheint Drogenkonsum als Krankheit. Durch die Medizinalisierung des Drogenproblems ist der Staat zur Wahrung der Volksgesundheit legitimiert, die Abhängigen oder Konsumenten zu heilen. Drogensucht wird symptomatisch behandelt und soziale Bedingungen des Drogenproblems werden nicht berücksichtigt. Das therapeutische Modell ist durch drei Aspekte gekennzeichnet: Absolute Ausrichtung auf Abstinenz, Behandlung der Symptome der Drogensucht und Dominanz staatlicher Einrichtungen.

Allerdings wird hier der Drogenkonsum weder moralisch verurteilt, noch wird an die Verantwortung des Einzelnen appelliert. Vielmehr wird im therapeutischen Modell über die Gefahren bestimmter Produkte informiert, sowie über die Risiken der Krankheit Drogensucht. Das therapeutische Modell setzt in verschiedenen Bereichen Prioritäten und gibt so der Drogenpolitik eine verhältnismäßig starre, hierarchische Form. Als Leitbild dominiert der Abstinenzgedanke, bei den Maßnahmen des Pflege- und organisatorischen Bereichs steht der öffentliche Sektor im Mittelpunkt des drogenpolitischen Netzwerkes.

2.3.3 Das Modell der Kontrolle

Wie schon der Name andeutet, geht es im Modell der Kontrolle um eine umfassende Kontrolle der Drogenproblematik, um Transparenz (d.h. Klarstellen der Situation), soziale Kontrolle, Repression und Meistern des Drogenproblems ganz allgemein. Die drogenpolitischen Akteure handeln dabei gemäß der utopischen Vorstellung einer Gesellschaft ohne Drogen und stellen damit den Abstinenzgedanken in den Vordergrund der Drogenpolitik. Das Modell zeichnet sich durch einen hohen Grad an Integration aus. Sowohl der Einzelne soll in die Gesellschaft integriert werden, als auch die Drogenpolitik in eine umfassendere Sozialpolitik. Die wichtigsten Tätigkeitsbereiche sind im gleichen Maße der Pflegebereich, die Prävention und die Kontrolle/Repression: Sie arbeiten eng zusammen und übernehmen zum Teil auch Aufgaben aus anderen Bereichen. Das Netzwerk ist in hohem Maße integriert und deckt den gesamten Sozialbereich ab, sogar über den unmittelbaren Drogenbereich hinaus. In diesem Zusammenhang kann man sogar von einer starken „innergesellschaftlichen Regulierung des Drogenproblems" sprechen. Das dritte drogenpolitische Modell ist durch drei Aspekte gekennzeichnet:

- Erstens geht es um eine umfassende politische und soziale Kontrolle des Drogenproblems,
- zweitens um die utopische Einstellung der drogenpolitischen Akteure und
- drittens um eine starke Integration, die alle Bereiche miteinander verbindet.

Die hier zitierten Modelle stellen jeweils Idealtypen dar. Sicherlich ist es denkbar, dass Elemente der Modelle auch austauschbar sind. So lassen sich z.B. Strategien der Schadensminimierung mit denen der therapeutischen Intervention durchaus vereinbaren, auch Kontrollaspekte über sozialintegrative Maßnahmen sind in den anderen Modellen der Drogenpolitik durchaus integrierbar. Schwierig wird es jedoch da, wo Strategien der harm reduction in Kontrollmaßnahmen integriert werden sollen. Der Anspruch einer drogenfreien Gesellschaft, den dieses Modell präferiert, schließt suchtbegleitende Maßnahmen aus.

2.4 Vorläufige Bewertung der Drogenpolitik

Die Diskussion vorstehender Dimensionen drogenpolitischen Handelns zeigt ein heterogenes Bild. Einerseits wird durch die rechtliche Wertung des Drogenproblems mit Hilfe des BtMG trotz der aktuellen Reformen, die in den §§13, 31a, 35 und 36 ausgeführt werden, ein repressiver Umgang des Staates mit Drogenkonsum und Handel sowie auf den Konsumenten zwingend vorgegeben. Andererseits zeigt die Praxis der Drogenhilfe, dass im nichtstationären Bereich der Drogenhilfe zunehmend suchtbegleitende Maßnahmen nicht nur initiiert werden, sondern auch von der kommunalen Drogenpolitik und seitens der Polizeiverwaltungen sogar toleriert werden. Auch die deutsche Hauptstelle gegen Suchtgefahren, lange Zeit ein Sachwalter des Abstinenzgebotes in der Drogenhilfe, präferiert – wie gezeigt – ein Zusammengehen von abstinenzorientierter und akzeptierender Drogenarbeit (vgl. Bader 1997, S. 270ff.). Die Justiz selbst konstatiert (vgl. Körner 1997), dass es nicht gelungen sei, Drogenhandel und Drogensucht wirksam einzudämmen, dass sogar im Zuge der Durchsetzung der repressiven Drogenpolitik kontraproduktive Entwicklungen zu beobachten sind, die sich im Handel auswirken. Dieser sei durch die strengen Kontrollen wirtschaftlich lukrativ für den internationalen Drogenhandel geworden, weil durch die Verknappung des Angebotes höhere Preise erzielt würden. Auch in der Fachöffentlichkeit wächst die Auffassung, dass eine abstinenzorientierte Drogenpolitik gescheitert ist. Sie musste scheitern, da sie sich in einem Kontext konstituierte und verfestigte, der einen rationalen Umgang mit dieser Problemlage nicht zustande kommen ließ: durch die Einrichtung von „Moralunternehmen" die die Mobilisierung von sozialen Abwehrkräften erreichten, um das durch illegale Drogen bedrohte, hohe gesellschaftliche Gut „Leistungsprinzip" zu schützen, statt sich konstruktiv mit sich verändernden Werten und Normen in der Gesellschaft auseinanderzusetzen; durch die Verengung der Informationsbeschaffung auf medizinische, pharmakologische, psychiatrische Daten und die weitgehende Ausblendung kriminologischer und sozialwissenschaftlicher Erkenntnisse; durch eine völlig unzureichende Erforschung der Risiken psychotroper Substanzen, verbunden mit der ebenfalls völlig unzureichenden Erforschung der individuellen und gesellschaftlichen Bedingungen ihres Konsums; durch ein inflationäres und symbolisches Betäubungsmittelstrafrecht, das lediglich den Nachweis energischen, politischen Reagierens demonstriert, ohne die für solche Lösungen notwendigen Finanzmittel, Personal und Ausrüstung zur Verfügung zu stellen (vgl. Körner 1997, S. 17). Offensichtlich ist also, dass das tradierte Ziel der deutschen Drogenpolitik – eine weitgehende Abstinenz von illegalen Drogen mit Hilfe einer strikten Prohibitionspolitik zu erreichen – nicht realisierbar ist. Ob Abstinenz überhaupt das Ziel einer die Drogenpolitik übergreifenden Sozial- und Gesundheitspolitik sein kann, darf bezweifelt werden. Rauschhaftes – wenn auch in Enklaven eingeschlossenes – Verhalten gehört offensichtlich ebenso zu unserer Kultur wie rationales. Wesentliches Kriterium für drogenpolitisches Handeln könnte sein, die individuellen wie die sozialen Kosten, die Sucht verursachen, für das Individuum und für die Gesellschaft kalkulierbar zu gestalten. Dazu gehören Formen informeller Kontrolle, z.B. das Erlernen kontrollierter Konsummuster, aber auch die Verfolgung von Strategien der Selbstbindung. Selbstbindung bedeutet, sich selbst bei der Wahl und der Menge des Konsums einer Droge Beschränkungen auferlegen zu können. Über das Ausmaß an formeller Kontrolle, d.h. der Einrichtung strafbewährter Regeln, lässt sich nur hypothetisch resümieren. Sie darf die Herausbildung informeller Kontrollmuster nicht verhindern und sollte durch einen, alle gesellschaftlichen Gruppen einbeziehenden, öffentlichen Diskurs getragen werden. In diesem Diskurs müssen die Risiken sowohl der legalen, als auch der illegalen Drogen thematisiert und Verhaltensempfehlungen und Handlungsanweisungen zum Umgang mit ihnen gefunden werden.

2.5 Strukturen drogenpolitischen Handelns in Deutschland

Politikfähige Themen müssen, wenn sie als solche Bestand haben wollen, in einer Demokratie öffentlich hergestellt werden. Nach der Idealvorstellung demokratischer Herrschaft vollzieht sich die Politikherstellung über politische Meinungsbildung in einem Raum öffentlicher Diskussion und in einem „demokratischen Machtkreislauf" (vgl. Luhmann 1981). Dieser Machtkreislauf wird durch die politischen Parteien initiiert, entwickelt sich über diskursive Auseinandersetzungen in den Parlamenten, und spitzt sich zu in Entscheidungen, die Gesetzesform erlangen. Der Exekutive obliegt dann der Vollzug der Gesetze, die im Konfliktfalle durch Gerichte eine rechtlich verbindliche Entscheidung erhalten. Die Diskussion der Entstehung des Drogenproblems zeigte uns jedoch, dass das Schema des Machtkreislaufes hier nicht greift, um die Komplexität der Konstitution und Etablierung des Drogendiskurses in unserer Gesellschaft zu kennzeichnen.

Die Entwicklung der Drogenfrage zum Drogenproblem, das wurde oben deutlich, nahm ihren Ausgang durch Initiativen außerhalb des politischen Systems. Deren Akteure benutzten bei der Einbringung des Themas effektiv initiierte Presseauftritte und den Einsatz von Politikern, um eine Dramatisierung des Sachverhaltes zu betreiben.

So ließ z.B. ein Jugendpsychiater aus Berlin über den damaligen Gesundheitsexperten der SPD im Bundestag anfragen, ob der Bundesregierung bekannt sei, „dass eine große Zahl rauschgiftsüchtiger, junger Menschen auf dem Weg nach Indien sei und wie die Bundesregierung gedenke mit diesem Problem umzugehen" (Scheerer 1982, S. 97). Es war die NPD, die im bayerischen Landtagskampf 1970 das Thema Jugend und Drogen förmlich missbrauchte und mittels Plakaten, auf denen messerschwingende, langhaarige Jugendliche abgebildet waren, der Bevölkerung den unmittelbaren Zusammenhang von Drogen und Verbrechen suggerieren wollte. Darüber hinaus trug die Boulevardpresse das ihrige bei; sie berichtete „Aus jungen Menschen werden hohlwangige, ausgebrannte Irrlichter, die nie eine Revolution machen werden. 60.000 Jungrentner gibt es schon, die nach Meinung der Fachleute den Absprung kaum noch schaffen werden. Im nächsten Jahr werden es vielleicht schon 120.000 sein" (Scheerer 1982, S. 138).

Diese und andere bundesweit initiierten Kampagnen liefen auf die Änderung des damaligen Opiumgesetzes von 1929 hinaus. Obwohl bis 1968 nie mehr als 350 Menschen pro Jahr nach dem Opiumgesetz verurteilt wurden, sah sich die damalige Bundesregierung genötigt, 1972 ein repressives Gesetz (BtMG) zu verabschieden. Die Mobilisierung von Empörung und Entrüstung und die Dramatisierung des Sachverhaltes „Konsum illegaler Drogen" nutzten gleichermaßen auch die Definition des Problems „Drogensucht", in dem dieses mit psychiatrischen Kategorien und normativen Kriterien unterlegt wurde. Es hing letztlich vom „framing" des Problems ab, Drogensucht als antagonistischen Konflikt zu begreifen, der die Gesellschaft in „gute" und „böse" Menschen spaltete. Mit dieser Entwicklung vollzog sich auch die Transformation der Drogenfrage zum politikfähigen Drogenproblem.

Der Abbildung angemessen scheint ein Strukturmodell zu sein, das die Entwicklung von Themen zu politikfähigen Themen auf einer Achse von Zentrum und Peripherie begreift und die Problembearbeitung durch zwei Modi und ein System von zu passierenden Schleusen charakterisiert (vgl. Peters 1993, Kapitel 9). In rechtsstaatlich verfassten, politischen Systemen verlaufen Kommunikations- und Entscheidungsprozesse, „auf einer Achse von Peripherie und Zentrum. Dabei bilden die institutionellen Komplexe der Verwaltung, das Rechtswesen und das Parlament den Kernbereich des Zentrums. Die Peripherie hat sich zum Zentrum hin durch Institutionen mit staatlich delegierten Kontroll- und Hoheitsfunktionen oder Selbstverwaltungsrechten formiert (Universitäten, Wohlfahrtsverbände, Stiftungen). Die Außenseite der Peripherie ist durch outputorientierte Abnehmer und inputorientierte Zulieferer gekennzeichnet" (Peters 1993, S. 345).

Inputorientierte Zulieferer sind z.B. Interessenverbände, mit öffentlichen Anliegen (Tierschutz), kulturelle Einrichtungen, Verbände mit klar definierten Gruppeninteressen (Ärzteverband, Gewerkschaft, etc.). Sie bringen gegenüber dem Zentrum gesellschaftliche Probleme zur Sprache und stellen z.B. politische Forderungen.

Outputorientierte Abnehmer sind z.B. komplexe Netzwerkstrukturen zwischen öffentlichen Verwaltungen, privaten Organisationen und Spitzenverbänden, die für je spezifische Politikfelder bei unübersichtlicher Problemlage Koordinationsfunktionen erfüllen (vgl. Habermas 1997, S. 429ff.).

Entscheidungen in diesem System, so Habermas, können durch drei unterschiedliche Varianten initiiert werden: „Im ersten Fall geht die Initiative vom Amtsinhaber oder politischen Führer aus, und das Thema kreist bis zur formellen Behandlung innerhalb des politischen Systems, sei es unter Ausschluss oder ohne erkennbare Einwirkung der politischen Öffentlichkeit. Im zweiten Fall geht die Initiative vom politischen System aus, aber dessen Agenten müssen die Öffentlichkeit mobilisieren, weil sie die Unterstützung relevanter Teile des Publikums brauchen, sei es um eine formelle Behandlung zu erreichen oder um die Implementierung beschlossener Programme durchzusetzen. Nur im dritten Falle liegt die Initiative bei Kräften außerhalb des politischen Systems, die mit Hilfe mobilisierter Öffentlichkeit, d.h. des Druckes einer öffentlichen Meinung die formelle Behandlung des Themas erzwingen" (Habermas 1997, S. 459).

In jedem Falle müssen bindende Entscheidungen durch den Kernbereich geschleust werden, wobei das Zentrum die Richtung und die Dynamik der Prozesse kontrolliert, jedoch meist in Abhängigkeit von den Meinungs- und Willensbildungsprozessen in der Peripherie. Die Legitimation zur Durchführung einer verbindlichen Entscheidung zieht ein rechtstaatliches System insofern aus der Kombination von geregelten „Verfahrensschritten" und der festgestellten Einsicht seitens der Öffentlichkeit in die Notwendigkeit dieser Entscheidung. Peters unterscheidet in diesem Zusammenhang noch zwei Modi der Operationsweise: einen Routinemodus und einen Problemmodus:

- Der Routinemodus betrifft den größten Teil der Aktivitäten des Systems. „Ein System von Definitionsregeln, Verarbeitungsmechanismen und institutionellen Schleusen reguliert den Lebenszyklus solcher Routineprobleme" (Peters 1993, S. 346). Ein Nachteil des Routinehandelns ist in der Verdrängung von Problemen zu sehen entweder durch Tabuisierung oder durch Privatisierung.
- Der Problemmodus „überformt den Routinemodus. Er realisiert sich in der öffentlichen Diskussion unter anderem bei der Veränderung von Wertmaßstäben, Problemdefinitionen, bei Krisenwahrnehmungen und der Suche nach Lösungen" (Peters 1993, S. 346). Dem Problemmodus sind drei Merkmale inhärent: erstens die Spezialisierung öffentlicher Diskussionen durch unterschiedliche Öffentlichkeiten, zweitens der episodenhafte Charakter der Thematisierung bestimmter Probleme, und drittens die Definition des Problems als Problem und die dabei verwendeten Kategorien und normativen Kriterien.

Die „Legitimität der Entscheidungen ist abhängig von Meinungs- und Verhaltensprozessen in der Peripherie. Das Zentrum ist ein System von Schleusen, das viele Prozesse im Bereich des politisch-rechtlichen Systems passieren muss, aber das Zentrum kontrolliert Richtung und Dynamik dieser Prozesse nur in begrenztem Maße. Veränderungen können von der Peripherie ebenso ausgehen, wie vom Zentrum, und man kann auch für ihren Verlauf nicht in jedem Fall von einem kausalen Primat des institutionellen Zentrums ausgehen" (Peters 1993, S. 340). Für die Drogenfrage bedeutete seine Problematisierung über ein System von Definitionsregeln, Verarbeitungsmechanismen und institutionellen Schleusen verarbeitet zu werden. Dabei entwickelten sich latente Probleme oder diffuse Störungen zu gut konturierten Fällen, die dann eine Karriere durch entsprechende Foren und Institutionen machten. Wesentlich für die politische Bearbeitung des Drogenproblems in diesem Netzwerk waren neben den oben genannten Medienkampagnen Eltern- und Experteninitiativen, Bürgerrechtsbewegungen und parteipolitische Initiativen die Aktionen der „Problemdefinierer". Sie entwickelten aktive, soziale Definitionsprozesse, die in die aktuelle politische Bewertung des drogenkonsumierenden Verhaltens ebenso einflossen, wie sie die Institutionalisierung von „Hilfe und Strafprogrammen" beeinflussten. Eine – in zeitlicher Reihenfolge – zweite Ebene der politischen Bearbeitung des Drogenproblems wurde durch die Einbringung und Verabschiedung des BtMG (1981 bzw. 1982) beschritten. Als die erhofften Erfolge des novellierten Opiumgesetzes von 1972 ausblieben, sich das Problem sogar noch potenzierte, trat neben die Repression (die in einigen Sachverhalten noch verschärft wurde) der Grundsatz „Therapie statt Strafe". Das Netzwerk der „Problemdefinierer" und nicht unabhängige, wissenschaftliche Kommissionen formulierte im Vorgriff auf die Gesetzesfassung, die entscheidenden Neuregelungen des Umgangs mit dem Drogenproblem. Es waren vor allem Sondervorschriften für betäubungsmittelabhängige Straftäter und die Möglichkeit, von der Anklageerhebung oder Strafverfolgung abzusehen, falls der Abhängige in eine Langzeittherapie übersiedelt. Aber nicht nur Initiativen zur Gesetzesänderung, sondern auch die Formulierung politischer Leitlinien entwickelten die Akteure der Drogenpolitik im Vorfeld der Entscheidungsfindung durch die Regierungsadministration, z.B. im so genannten „Nationalen Rauschgiftbekämpfungsplan" (1990).

Die Kehrseite dieser Politik war jedoch, dass das durch dieses System von Wertungen und Gesetzesinitiativen geschaffene Drogenproblemproblem nicht reflektiert wurde. Statt Integration und Rehabilitation konstituierte sich ein System sozialer Ausgrenzung von Drogenabhängigen durch subkulturelle Lebensführung. Eine angemessene Thematisierung und Analyse z.B. des Abstinenzgebotes der Drogenhilfe oder strafbewährten Regeln den Umgang mit Konsumenten war politisch nicht opportun. Anfang der 90er-Jahre entwickelten sich – zunächst unabhängig von den Prozessen der Problemverarbeitung des politischen Systems – Strategien der Suchtbegleitung für drogenkonsumierende Menschen. An der Formulierung und Umsetzung solcher Programme waren vor allem die Praxis der ambulanten Drogenhilfe und die Selbsthilfegruppen der Drogenabhängigen beteiligt. Die drogenpolitische Botschaft der „Suchtbegleitung" generierte eine zweite Transformation des „modus operandi" der Drogenpolitik, indem der problemorientierte Modus den bisherigen Routinemodus überlagerte. Zur Debatte steht dabei nicht nur das Abstinenzgebot der Drogenhilfe, sondern auch die Bewertung Drogenkonsumierenden Verhaltens als Straftatbestand. Hier ist die Entwicklung nicht abgeschlossen. Auch das Netzwerk der Problemdefinierer – eingespannt zwischen der Peripherie und dem Zentrum der politischen Akteure – entwickelt neue „Problemsichten". Problemsichten, die die Initiativen der ambulanten Drogenhilfepraxen und Interessenvertreter aufnehmen, so z.B. die deutsche Hauptstelle gegen die Suchtgefahren, wenn sie schreibt: „Hilfen müssen sich an den realen Lebenssituationen für Drogenabhängige orientieren. Schadensminimierung, gesellschaftliche und soziale Stabilisierung und letztlich ein suchtmittelfreies Leben sind zentrale Aspekte". (DHS 1998, S. 8). Abbildung 1 möge den komplizierten Sachverhalt noch einmal bildlich erläutern.

Abb. 1: Drogenpolitische Entscheidungsverläufe

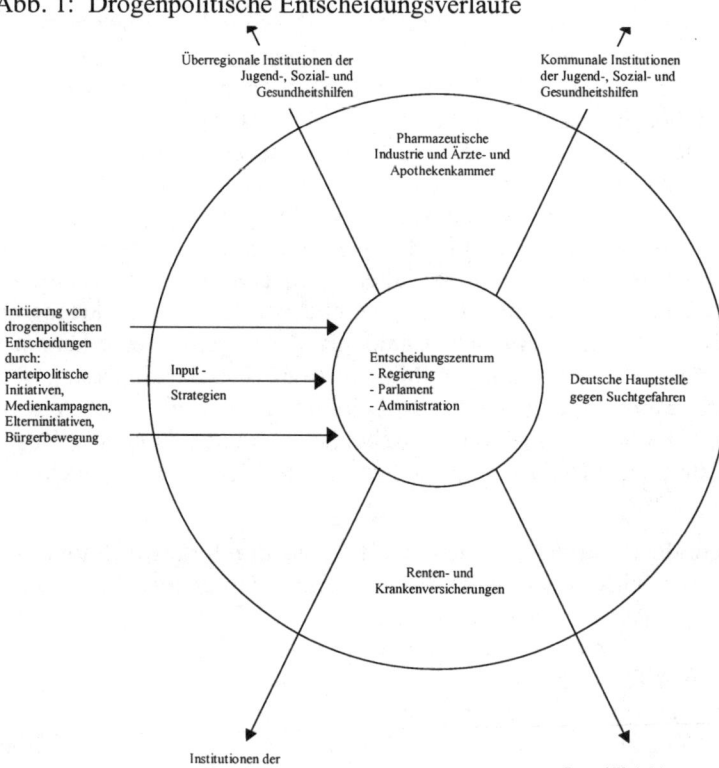

2.6 Skizzen zu einer „garantistischen" Drogenpolitik in Deutschland

Die Drogenpolitik ist in Bewegung gekommen. Die bisherigen Ausführungen zeigen an, dass abstinenzorientierte und suchtbegleitende Drogenarbeit mittlerweile auf der Ebene praktischer Drogenhilfe die Eckpunkte möglicher Interventionsstrategien bilden. Auch wenn die Drogenhilfe immer noch ein „von Ideologie und Emotionen geprägtes Feld ist" (Bader 1997, S. 270), lassen sich Tendenzen ausmachen, die eine rationale Betrachtung des Drogenproblems präferieren. Definierte sich die Drogenarbeit bislang im Kontext kurativer Versorgung und Normverdeutlichung, so wird sie sich in Zukunft anderer Legitimationsmuster versichern müssen. Auch wenn Drogenkonsum von der Gesellschaft traditionell als fremd, bedrohlich und exotisch wahrgenommen wird, muss die Drogenabhängigkeit mit den gängigen, modernen Kriterien der Sozial- und Gesundheitspolitik erfasst werden. Die Basis für eine Neuorientierung der Legitimationsmuster in der Drogenpolitik wird in Zukunft davon ausgehen müssen, dass nicht nur das Verhalten, sondern auch die Verhältnisse bei der Reduzierung des riskanten Drogengebrauchs berücksichtigt werden müssen. Interventionsbezogen formuliert: Nicht nur vielfältige Möglichkeiten des Ausstiegs durch Motivationsentwicklung in Form unterschiedlicher Therapie- und Beratungsansätze können vorgegeben werden, sondern auch die Schaffung von Lebensbedingungen für Konsumenten und Abhängige, die die Risiken einer solchen Lebensführung kalkulierbar gestalten und die Voraussetzungen beinhalten, gesellschaftlich geachtet und politisch integriert zu leben.

Sozialpolitisch kann man eine solche Position mit „Garantismus" (vgl. Offe 1990) bezeichnen. Sie „würde bedeuten, dass alle gesellschaftstypischen Risiken in der Weise verarbeitet werden, dass nicht mehr (...) eine deutlich unterhalb des Durchschnittsniveaus der übrigen Gesellschaft gelegene Hilfe subsidiär, diskretionär und unter stigmatisierender Aufopferung zum Teil wesentlicher Elemente der bürgerlichen Rechte auf Freiheit und Privatheit gewährt würde, sondern dass weitgehend unabhängig von der gewählten individuellen Lebensweise, von der Erwerbs- und Familienbiographie usw. ein einfacher Rechtsanspruch auf Dienste, Transferzahlungen und materiell garantierte Handlungsautonomie eingeräumt würde" (Offe 1990, S. 197). In Anlehnung an Offe lassen sich drei Argumente anführen, die die Legitimationsbasis für eine garantistische Drogenpolitik abgeben können. Eine garantistische Drogenpolitik will die drogentypischen und drogenpolitiktypischen Risiken in der Weise verarbeiten, dass die Hilfe unabhängig von der gewählten individuellen Lebensweise, der Familienbiographie und dem Erwerbsstatus einen Rechtsanspruch auf Drogenkonsum und Gesundheitsförderung einräumt und eine materielle Grundversorgung sicherstellt. Unter Legitimationsaspekten gesehen bedeutet eine solche Forderung: die Einebnung der Unterschiede zwischen einer „normalen" und einer „besonderen" Lebensweise und Verhaltensweise, da niemand in modernen Gesellschaften und unter Gerechtigkeitsgesichtspunkten über die Autorität und Evidenz verfügt, bestimmte Lebensformen als „normal" zu privilegieren und gegen andere diskriminierend abzusetzen (vgl. Offe 1990, S. 198); die Verhinderung der Marginalisierung und Verelendung von Drogenabhängigen, und die aufgrund der Illegalität des Drogenkonsums zu praktizierenden Applikationstechniken des Erwerbs und der Einnahme verunreinigter Drogen, sowie die Verhinderung der Beschaffungskriminalität; das politische Eingestehen der Tatsache, dass „unsere Gesellschaft [...] offenbar nicht über die Einrichtungen und Mechanismen verfügt, die erforderlich wären, das Leistungsvermögen dieser Personen so zu entwickeln, bzw. zur Bewältigung zu bringen oder auch vielleicht nur zur Kenntnis zu nehmen, dass sie nicht Drogen nehmen müssen, bzw. abweichend sich verhalten müssen" (vgl. Offe 1990, S. 201ff.).

Diese Politik könnte natürlich die Befürchtung aufkommen lassen, dass viele Menschen in der Abwägung zwischen „ordentlichem" Arbeitsleben und drogenkonsumierendem „Lotterleben" sich dem Drogenkonsum zuwenden wollen. Dagegen kann man einwenden, dass die verhaltenssteuernden Anreize für den Drogenkonsum nicht automatisch gegen die Aufnahme beruflicher Arbeit sprechen. So ist denn auch der Konsum von Alkohol und Tabak nicht gleichbedeutend mit der Aufgabe von beruflicher Arbeit zu sehen, wenngleich die letztgenannten Drogen in weitaus höherem Maße toxisch sind, als beispielsweise Cannabis, Heroin oder Kokain.

2.6.1 Wege zum Garantismus in der Drogenpolitik

Unter welchen legalen Voraussetzungen könnte eine so legitimierte „garantistische" Drogenpolitik praktiziert werden?

Aus einer gesundheitspolitischen Perspektive bietet der „Public-Health-Approach" einen Rahmen, aus dem sich Ziele und Inhalte einer „garantistischen Drogenpolitik" mit Blick auf die Drogenhilfe ableiten lassen.

Public-Health wird „gemeinhin definiert als Gesamtheit aller analytischen und organisatorischen Anstrengungen, die sich mit Erkennung, Verbesserung oder Verhinderung von Gesundheitsproblemen in der Bevölkerung befassen" (Franzkowiak 1998, S. 175). Individuelle und gesellschaftliche Schadensbegrenzungen im gesundheitlichen Bereich bilden insofern die zentralen Strategien dieses „Approaches".

Als theoretisches Grundlagenmodell fungiert hier die Salutogenese (Antonowsky 1981) die von einem ganzheitlichen Gesundheitsbegriff ausgeht. Nicht nur einzelne Erkrankungen oder psychosoziale Krisen der Individuen stehen im Zentrum dieses Modells zur Rehabilitation und Heilung, sondern das Herausfinden, Unterstützen und Verstärken von unterschiedlichen Fähigkeiten der Individuen mit Risiken und Fähigkeiten, Krankheiten und Defiziten umzugehen. Die Salutogenese fragt insofern nach den „heilsamen Ressourcen" einzelner Personen, die helfen, mit Stressoren umzugehen und Konflikte zu lösen.

In Anlehnung an de Ridder (vgl. de Ridder 2000, S. 193ff.) lassen sich aus dem Verständnis des Public-Health-Approach einige Rahmenbedingungen nennen, die der sozialpolitischen Strategie des „Garantismus" über die oben formulierten formalen juristischen Änderungsvorschläge hinaus in Bezug auf die Gestaltung der Drogenhilfe einige Anregungen zur ihrer Organisation zu geben vermögen:

- Ausgangspunkt des Public-Health-Approach ist die Lebenswelt der Individuen, die psychoaktive Substanzen gebrauchen und missbrauchen. Insofern ist das sozialmedizinische und gesundheitsfördernde Anliegen dieses Ansatzes sowohl auf Konsumenten legaler wie illegaler psychoaktiver Substanzen gerichtet. Dabei sind Emphatie, Akzeptanz der Klientel sowie motivierende Gesprächsführungskonzepte notwendige methodische Hilfsmittel.

- Die Verträglichkeit oder Nichtverträglichkeit von Substanzen bewertet der Public-Health-Approach vor allem vor dem Hintergrund gesundheitlicher Kriterien wie lang- und kurzfristige Erkrankungen, und nicht vor dem Hintergrund einer vermeintlichen „Kulturverträglichkeit", unabhängig von dem jeweiligen Rechtsstatus.

- Public-Health geht davon aus, dass Politik und Gesellschaft die autonomen Entscheidungen der Einzelnen für den Gebrauch psychoaktiver Substanzen zu respektieren hat. Gesundheitspolitisch notwendig ist es jedoch auch, umfassende und ausgewogene Informationen über psychoaktive Substanzen zu vermitteln, risikomindernde Angebote und schadensbegrenzende Strategien zu entwickeln.

- Public-Health spricht sich gegen strafrechtliche Mittel aus, um den Konsumenten psychoaktiver Substanzen zu reglementieren, befürwortet jedoch die mit der Bekämpfung des Drogenangebots einhergehende Großkriminalität mit den Mitteln des Strafrechts. Es kann – so das strafrechtliche Resümee dieses Ansatzes – kaum im Interesse der Strafverfolgungsbehörde sein, sich mit der Mehrheit jener Konsumenten illegaler Drogen zu befassen, die außer ihrem Drogenkonsum sich nichts haben zuschulden kommen lassen.

- Public-Health spricht sich für die Implementierung gesundheitsfördernder Strategien für Drogenkonsumenten in den kommunalpolitischen Raum aus. Dazu zählen sowohl suchtbegleitende und niedrigschwellige Verfahren des safer use und der harm reduction, als auch langfristig auf Abstinenz zielende therapeutische ambulante oder stationäre Verfahren für alle Gebraucher psychotroper Substanzen.

2.7 Zusammenfassung

Die Drogenpolitik hat ihren Ursprung in der Regulierung des Opiumhandels durch die Länder China, Großbritannien, den USA und in der Sanktionierung des Opiumkonsums und des Opiumhandels durch den Völkerbund. Dabei standen in erster Linie die Verwirklichung unterschiedlicher ökonomischer und kolonialpolitischer Interessen der genannten Staaten im Vordergrund der politischen Auseinandersetzungen und nicht die Einsicht in die mögliche Toxizität von Opiaten (und anderen psychotropen Substanzen) und dessen negative Auswirkung auf die Volksgesundheit. Die prohibitive Ausrichtung der deutschen Drogenpolitik konstituierte sich zwar mit dem Inkrafttreten des damaligen Opiumgesetzes von 1929, nahm jedoch erst mit der Verabschiedung des „Gesetzes zur Änderung der Gesetze über den Verkehr mit Betäubungsmitteln" aus dem Jahre 1931 ihre uns heute geläufige Form an, die inhaltlich durch Prävention, Therapie und Strafe gekennzeichnet ist. Die Verabschiedung des BtMG 1980 hat dieses „Drei-Säulen-Modell" im Wesentlichen bestätigt. Drogenpolitik und Drogenhilfe wird in Deutschland durch staatliche, sowie nicht-staatliche Institutionen betrieben. Dabei verfolgen sie unterschiedliche Ziele, die jedoch insgesamt in einem Kontext von Schadensminimierung, Therapie und Kontrolle verortet werden können.

Angemessen lassen sich drogenpolitische Entscheidungsverläufe durch ein Strukturmodell abbilden, das die Entwicklung von Themen zu drogenpolitikfähigen Themen auf einer Achse Zentren und Peripherie begreift und die Problembearbeitung durch ein System passierender Schleusen der Regierungsadministrationen kennzeichnet.

Anfang der 90er-Jahre entwickelten sich – zunächst auf der Ebene der Drogenhilfe, später auch bei der vor allem nichtstaatlich organisierten Akteuren der Drogenpolitik – Drogenhilfestrategien, die dem Abstinenzgebot und der Bewertung drogenkonsumierenden Verhaltens als Straftatbestand Formen praktischer Hilfen durch zahlreiche Programme der Suchtbegleitung entgegensetzten. Diese Hilfen und die sie tragende drogenpolitische Auffassung dominieren zunehmend die deutsche Drogenhilfe. Dies führt zwangsläufig dazu, dass sich die Legitimationsmuster der Drogenpolitik neu orientieren müssten. Eine Möglichkeit dazu bietet eine „garantistische Drogenpolitik" in Anlehnung an Offes sozialpolitischer Position des „Garantismus" (vgl. Offe 1990). Dies ist durch die modernitätstheoretische Einsicht in die Pluralität von Normalitätsvorstellung gekennzeichnet, die in Bezug auf den Drogenkonsumenten in der Änderung der Wertung des Konsums als Straftatbestand ausgerichtet sein soll, und in der Hilfe des Konsumenten durch Public-Health-Programme.

Tipps zum Weiterlesen

S. Cattacin u.a., Drogenpolitische Modelle, Zürich 1996
C. Gebhardt, Drogenpolitik in: A. Kreuzer, Handbuch des Betäubungsmittelstrafrechtes, München 1998, S. 587ff.
R. Liggensdorfer, Neue Wege in der Drogenpolitik, Basel 1991
K. Przybilla, Drogen in der Stadt, Münster 1982

3. Zur Pharmakologie illegaler Alltagsdrogen

3.1 Einleitung

Illegale Alltagsdrogen, wie zum Beispiel Cannabis, Heroin oder Kokain, werden in der gesellschaftlichen Öffentlichkeit gemeinhin als Rauschgifte bezeichnet. Diese Bezeichnung ist jedoch irreführend, da sie unterstellt, dass die oben genannten Substanzen Gifte sind. Giftig wirken hingegen bestimme Stoffe – so zum Beispiel Heroin – in einer bestimmten Dosis auf den Organismus. Die selbe Substanz kann jedoch auch in einer anderen Dosierung berauschend, erregend, sedierend oder schmerzlindernd auf den Organismus wirken.

Mit der Verwendung des Begriffes „illegale Alltagsdrogen" (vgl. Hurrelmann 1999) ist beabsichtigt, ein vorschnelles „moralisches" Urteil über die Beschaffenheit dieser und anderer psychoaktiver Substanzen zu vermeiden, und darüber hinaus einem Phänomen Geltung zu verschaffen, das in der zunehmenden Verbreitung des Konsums von Cannabis und anderen illegalen psychotropen Substanzen liegt. So konsumieren zum Beispiel nach den Erhebungen des Instituts für Therapieforschung ca. 2,5 Millionen Menschen quer durch alle Generationen und Schichten Cannabis. Auch die Opiatderivate Heroin, Morphin und Kodein sind lange nicht mehr nur Drogen, die ausschließlich der Drogenszene zugehörig sind; ähnliches gilt auch für Kokain.

Wesentlich zum Verständnis der Wirkungen der in Rede stehenden Substanzen sind Erkenntnisse der Neurobiologie. Sie untersucht unter anderem Einfluss körperfremder psychoaktiver Substanzen auf das körpereigene Erregungs- und Lähmungspotenzial. „Die mächtigste Triebfeder", so der Nestor der deutschen Fantastikaforschung Levin, „für die häufige oder die Alltagsverwendung der hier in Frage kommenden Stoffe, liegt in ihrer Eigenschaft selbst, in ihrer Fähigkeit, in bestimmter Art mehr oder weniger lange die Funktionen des Nervensystems angenehm zu verändern" (Lewin 1924, S. 10).

Eine solche funktionale Betrachtung der illegalen Alltagsdrogen, findet ihren Widerpart in einer motivationalen Auffassung, wie zum Beispiel in den internationalen Klassifikationsschemata DSM/III/R oder DSM/IV (Diagnostic and Statistical Manual of Mental Disorders – Fourth Edition; American Pschychiatric Association, Washington 1994), die den Gebrauch von psychoaktiven illegalen Substanzen unter Pathologieverdacht stellen.

3.2 Rausch in modernen Gesellschaften

Das Medium der Erkenntnis in modernen Gesellschaften ist die Ratio. Ihre Dominanz bei der Gestaltung der Wirklichkeit ist Resultat eines historischen Prozesses, der einzig dem Wachbewusstsein Wirklichkeitscharakter zuschreibt und den Erkenntniswert von Rausch und Ekstase bezweifelt (Legnaro 1981). Allenfalls als Platzhalter für Erfahrungen, die von außen dem Individuum zugeführt werden, erhält der Rausch noch seine soziale Funktion. Er scheint funktionalisiert für die Stressbewältigung oder für das Ausleben von unterschiedlichen Bedürfnissen zu sein: So zum Beispiel im Kaufrausch oder im Geschwindigkeitsrausch.

Rauschhafte Erfahrungen machen zu können, sind daran gebunden, die strukturierende Kraft des „Ich" relativieren zu können. Hierzu dienen sowohl psychoaktive Substanzen, als auch die durch das Subjekt selbst erzeugten Bewusstseinszustände wie Meditation oder Trance. Dabei spielt auch die soziale Akzeptanz des jeweiligen Mediums eine Rolle.

Toleriert wird zum Beispiel der Gebrauch von Alkohol. Er spielt für eine Vielfalt unterschiedlicher sozialer Situationen eine konstitutive Rolle, die durch den Genuss spezieller alkoholischer Getränke ihren besonderen Stil bekommt. Man denke hier nur einmal an die Verschiedenheit der Situationsmuster, die ein Sektfrühstück von einem Biergelage unterscheidet.

Gleichwohl ist das Sich-Einlassen auf den Alkoholrausch nur dann gesellschaftlich toleriert, wenn die Berechenbarkeit der Person und damit auch die der sozialen Situation selbst gewährleistet bleibt. Ähnliches gilt auch für den Konsum stimulierender Substanzen wie Tee, Kaffe oder Tabak; eingebettet in einen historisch gewachsenen kulturellen Kontext ist ihr Gebrauch unter festgelegten sozialen Bedingungen positiv sanktioniert.

Anders verhält es sich mit dem Gebrauch von illegalen Alltagsdrogen. Der Begriff drückt die Ambivalenz ihrer kulturellen und gesellschaftlichen Bewertung aus. Sie sind zwar vor allem im Alltag von Jugendlichen verortet und erfahren dort in den je unterschiedlichen Szenen und Cliquen ihre jeweilige soziale Akzeptanz, gleichwohl ist ihr Gebrauch nicht nur illegal, sondern von der gesellschaftlichen Öffentlichkeit nicht toleriert.

Ein Blick auf die Geschichte der Drogen am Beispiel des Opiums hat gezeigt, dass es vor allem kolonialpolitische und professionspolitische Gründe waren, die sich – mit Ideologien vermischt – zu einer kollektiven Einstellung verdichtet haben, die die in Rede stehenden Substanzen tabuisieren. Die Diskussion der Drogenpolitik hat die Legalität der Drogenverbote herausgestellt, jedoch auch gezeigt, wie wenig überzeugend deren Legitimationsmuster sind. Einen weiteren Hinweis auf Gründe zu mangelnder Toleranz im Umgang mit Cannabis, Kokain, Opioiden etc. gibt Legnaro in seinem Essay „Ansätze zu einer Soziologie des Rausches" (Legnaro 1981). Seiner Ansicht nach ist die Auffassung, nach der der Gebrauch illegaler Drogen eine Gefahr darstelle, für den Gebraucher wie auch für den indikativen Zusammenhang nur vor dem Hintergrund des gültigen Wertekosmos unserer Gesellschaft zu verstehen.

Erfahrungen mit Cannabis und anderen Halluzinogenen, mit psychedelischen Substanzen wie mit Opioidanalgetika sind „potentiell ich-transzendierender Natur" und gefährden den gesellschaftlichen Konsens über Wirklichkeit damit auf nachhaltige Weise: „Es ist die Drogenerfahrung selbst, die die Angst erweckt ... daneben spielt auch eine ‚soziale Angst' eine nicht gering zu schätzende Rolle, die Befürchtung nämlich, zunehmend mehr Menschen könnten gewissermaßen auswandern in andere kulturelle Sinnwelten. Solange solche alternative Sinnwelten nicht kommerzialisiert und damit eingefangen als Mode vermarktete sind, mögen sie durchaus als politische Bedrohung wahrgenommen werden" (Legnaro 1981, S. 61).

Unsere Kultur ist eine Kultur mit einer ausgeprägten Ich-Dominanz. Dies bedeutet, dass Wirklichkeit *nur* über die Ich-Erfahrung realisiert werden kann. Insofern werden Ich-transzendierende Erfahrungen einer „nicht alltäglichen Wirklichkeit" (Castaneda) als bedrohlich empfunden und dadurch normalisiert, dass sie pathologisiert werden.

Eine Möglichkeit jenseits der Bewertung von Rauschzuständen als pathologisch versus nichtpathologisch, normal versus anormal, stellt Legnaro (1981, S. 52ff.), unter Rückgriff auf Überlegungen von Fischer (1970) vor. Er postuliert einen „neurophysiologischen Relativismus", indem alle Erregungszustände schlechthin als gleichberechtigt gelten können. Allerdings soll damit nicht ausgesagt werden, dass alle Bewusstseinszustände auch gleich sind. So scheint es evident, dass schöpferische Zustände, die einen hohen Abstraktionsgrad und einen hohe Abstraktionsfähigkeit beanspruchen, nur vom Normalbewusstsein bewältigt werden können, jedoch die Herausbildung von Fantasien eher in einem Zustand des Traumes oder der Trance möglich sind.

Legnaro schlägt vor, die verschiedenen Bewusstseinszustände halbkreisförmig anzuordnen. Im Zenit des Halbkreises soll das tägliche Wachbewusstsein stehen, während die linke Peripherie als „Wahrnehmungs-Halluzinationskontinuum schizophrener Zustände" bezeichnet wird und nach steigender Erregung über sie hinaus der mystischen Ekstase zugeordnet werden kann. Auf der rechten Seite der Peripherie, einem „Wahrnehmungsmeditations-Kontinuum", folgen nach dem gleichen Prinzip Entspannungen und meditative Einstellungen des Yoga oder des Zen-Buddhismus aufeinander (Legnaro 1981, S. 52).

Obgleich die inhaltliche Ausgestaltung veränderter Bewusstseinszustände außerordentlich vielfältig ist, so sind die auslösenden Faktoren solcher Zustände doch immer auf gleiche Prinzipien zurück zu führen: Sie treten dann auf, wenn die Flut sensorischer Reize, die wir dauernd sinnlich erfassen, unter oder über dem Normalpegel liegt. Fallen unter den Normalpegel alle Formen sinnlicher Deprivation, so sind in der zweiten alle Formen von Trance, Berserkertum und Zustände von Besessenheit und Euphorie einzuordnen.

Schließlich sind auch als Möglichkeiten noch jene Bewusstseinszustände zu nennen, die durch neurophysiologische und biochemische körperliche Veränderungen hervorgerufen werden: durch Schlafentzug, einen überhöhten Sauerstoffgehalt im Blut oder durch Drogen.

Welche der angesprochenen illegalen Alltagsdrogen kann man nun welchem Kontinuum zuordnen? Dem Wahrnehmungs-, Halluzinationskontinuum offensichtlich folgende illegale Alltagsdrogen: Marihuana und Haschisch, aber auch MDMA (Ecstasy). Es zählen auch Kokain oder in Bezug auf die legalen Drogen Koffein oder Nikotin dazu. Stoffe dieser Art rufen eine deutliche, auch in der Gestalt von Sinnestäuschungen, Halluzinationen, Illusionen und Visionen erkennbare Gehirnerregung hervor, die von Bewusstseinsstörungen und anderen Ausfallssymptomen vom Gehirn begleitet oder gefolgt sein kann.

Im Wahrnehmungs-Meditationskontinuum sind es vor allem Stoffe, die des Verwenders Gefühls- und Empfindungsleben im weitesten Sinne in irgendeinem Umfang mit erhaltendem oder teilweise (oder ganz) geschwundenem Bewusstsein mindern, bzw. aufheben und in ihm seelisches und körperliches Behagen, auch mit frei sein von Affekten bewirken. In diese Reihe gehören vor allen Dingen Opium und seine Derivate, Morphium, natürlich auch Kodein. Weiterhin kann man zu diesem Kontinuum die Narkosemittel, aber auch Schnüffelstoffe sowie Schlafmittel und Barbiturate zählen.

Ob sich eine solche Klassifikation durchsetzt, kann im Moment nicht beurteilt werden. In jedem Fall könnte diese Klassifikation die Diskussion auf der Alltagsebene insofern entlasten, als dass sie nicht mehr die Polarisierung von normalen und anormalen Drogen vornehmen muss und damit zwangsläufig die jeweiligen Konsumenten stigmatisiert oder normalisiert.

Im wissenschaftlichen Diskurs hat sich eine spezifische Klassifikation psychotroper Substanzen herausgebildet. Julien (1997) schlägt eine Einteilung vor, die die Wirkung der verschiedenen Substanzen auf das Verhalten als generelles Systematisierungskriterium zugrunde legt. Zwar räumt er ein, dass die Wirkung psychotroper Substanzen sich nicht ausschließlich auf einen fest umrissenen Teil des Gehirns bezieht, sondern dass sie immer auch mehrere Teile des Gehirns oder des Rückenmarks stimuliert. Zudem erfolgt mit seiner Klassifikation eine Systematisierung, die nicht abschließend ist, sondern sich immer wieder neuen Erkenntnissen öffnen kann.

Psychotrope Wirkstoffe:

1. Herkömmliche, nicht selektiv zentral nervös dämpfende Substanzen
   a. Barbiturate
   b. Hypnotika
   c. Aethanol (Narkosemittel)
2. Anxiolytika (angstlösende Mittel)
   a. Benzodiazepine (zum Beispiel Diazepam (Valium) Lorazeparn (Tavor) etc.)
3. Antiepileptika
   a. Herkömmliche Wirkstoffe wie zum Beispiel Tenituin oder Primidon
   b. Benzodiazepine
   c. Wirkstoffe, die auch zur Behandlung psychischer Störungen angewendet werden wie zum Beispiel Carbamazepin
4. Psychomotorische Stimulanzien (Psychostimulanzien)
   a. Hemmer der Dopaminrückaufnahme: Kokain
   b. Dopamin freisetzende Wirkstoffe (Amphetamine oder Amphetamindevirate)
   c. Coffein
5. Opioidanalgetika
   a. Reine Opioidagonisten wie Morphin, Codein und Heroin
   b. Partielle Opioidagonisten wie Nalbuphin, Pentacozin
   c. Opioidantagonisten wie Naloxon und Naltrexon
6. Psychedelische Substanzen und Halluzinogene
   a. Psychedelika wie Scopolamin
   b. Noradrenerge Psychedelika wie Meskalin
   c. Serotoninerge Psychodelika wie LSD, DMT oder Buffotenin
   d. Depsychodelische Narkosemittel wie zum Beispiel Angel Dust (Fenzykledin)
   d. Cannabis (Marihuana/Haschisch)

Psychotrope Substanzen werden auch als Drogen bezeichnet. Wir unterscheiden dabei legale Drogen wie Alkohol, Tabak oder Kaffee und illegale Drogen. Unter Drogen allgemein versteht man „alle Stoffe, Mittel, Substanzen, die aufgrund ihrer chemischen Natur Strukturen oder Funktionen im lebenden Organismus verändern, wobei sich diese Veränderungen insbesondere in den Sinnesempfindungen, in der Stimmungslage, im Bewusstsein oder in anderen psychischen Bereichen oder im Verhalten bemerkbar macht" (Vogt/Scheerer 1989, S. 5).

„Der Missbrauch von Drogen kann sich nur dann vollziehen," so Julien (1997, S. 411f.) „wenn er hirneigene Mechanismen aktiviert, die ein Verhalten mit Belohnungsgefühlen verknüpfen und es dann zu Wiederholungen bringt – Mechanismen also, die Verhalten positiv verstärken". Welche Mechanismen und Systeme daran beteiligt sind und wie die Verhaltensverstärkungen im Hirn ein Drogenverlangen auslösen können, soll weiter unten erläutert werden. In diesem Zusammenhang müssen zwei weitere Begriffe eingeführt werden: Toleranz und Abhängigkeit. Beide Zustände des Organismus sind von einander zu unterscheiden, jedoch kann Toleranz auch Abhängigkeit bedingen oder in Abhängigkeit übergehen.

Toleranz bezeichnet einen Sachverhalt, der mit der gewünschten Wirkung einer psychotropen Substanz zusammenhängt. Toleranz entsteht dann, wenn die Wirkung einer Ausgangsdosis nur so fortlaufend zu erreichen ist, dass die Dosis erhöht werden muss.

An der Toleranzbildung sind, so Julien, mindestens drei Mechanismen beteiligt:

- die metabolische Toleranz, sie ist pharmakologischer Natur und vollzieht sich in der Leber so, dass die Wirkstoffe einer Substanz durch Enzyme in ihr immer schneller abgebaut werden, so dass eine größere Menge zugeführt werden muss, um die Konzentration auf einem gleichen Niveau zu halten;
- die pharmakodynamische Toleranz, hier passen sich im Gehirn je spezifische Rezeptoren an die zugeführten Substanzen an. In der Regel wird die Anpassung durch die Erhöhung der Rezeptorenanzahl vorgenommen, so dass um die Anzahl der Rezeptoren zu besetzen, im weiteren Verlauf des Konsums höhere Mengen an Substanzen erforderlich werden. Anders formuliert: Die Intensität der Drogenwirkung kann nur durch Mehrkonsum erreicht werden. Die Abhängigkeit von Betäubungsmitteln wie zum Beispiel Heroin, vollzieht sich auf diesem Weg.
- Die verhaltensbedingte Toleranz lässt sich dann feststellen, wenn die fortlaufende Einnahme einer Substanz an einen besonderen Kontext gebunden ist. Fehlt dieser Kontext, so ist eine Toleranz nicht zu beobachten.

Ein völlig anderes Problem ist die physische Abhängigkeit. Zwar geht sie in vielen Fällen mit einer Toleranzentwicklung einher, jedoch bedarf der Organismus im Falle der physischen Abhängigkeit immer wieder der Zufuhr der Droge, um eine normale Funktion aufrecht zu erhalten. Ist die Einnahme dieser Substanz nach einer bestimmten Zeit – je nachdem wie die Halbwertzeit der Substanz ist – vorbei, so entwickeln sich Entzugssymptome. Dies bedeutet, dass der Organismus seine Konstitution verändert; eine erneute Zufuhr des Präparates bringt ihn wieder in seinen Normalzustand. Dieser Normalzustand kann dann durchaus ein süchtiger Zustand sein.

Von der physischen Abhängigkeit ist die „psychische Abhängigkeit" zu unterscheiden. Bühringe/Küfner definieren diesen Zustand als starkes Verlangen „bis hin zur Gier eine psychoaktive Substanz regelmäßig einzunehmen, um einen lustvollen Zustand zu erreichen, beziehungsweise um Unlustgefühle zu vermeiden" (Bühringer/Küfner 1997, S. 514f.).

Ein weiterer Begriff, der in diesem Zusammenhang – nämlich physischer und psychischer Abhängigkeit – eine Rolle spielt, ist der der Sucht. Dieser Begriff wird zumeist in den Zusammenhang mit Abhängigkeit gestellt und in Bezug auf die jeweilige Person gesehen, die diese Abhängigkeit vorweist. Zur Erklärung eines solchen Verhaltens wird dann auf psychische Dispositionen verwiesen, die im Zusammenhang mit Entwicklungsstörungen angenommen werden (Haigel/Evers u.a. 1991, S. 37f.).

Zusätzlich lässt die Ausweitung des Suchtbegriffes auf „nicht substanzgebundene Süchte" wie Magersucht oder Spielsucht etc. ein etwas diffuses Bild des Phänomens entstehen. „Die Ausweitung des Suchtbegriffes", so Gölz (1998, S. 8) „also die Summierung aller Verhaltensweisen mit exzessivem Charakter, macht den Begriff Sucht schließlich zu einer Worthülse, mit der sich Differenziertes oder Spezifisches nicht mehr beschreiben lässt".

Ähnliches lässt sich auch zur Klassifikation von illegalen, psychoaktiven Substanzen, „harten" und „weichen" Drogen sagen, wobei Cannabis zu den weichen Drogen zählt und zum Beispiel Kokain, Ecstasy und Heroin als harte Drogen eingestuft werden. Hier ist vielleicht der Vorschlag von H. Kühnert interessant, der von harten und weichen Konsummustern spricht. „Unter einem weichen Konsummuster versteht man in der Regel den Probier- oder Gelegenheitskonsum, also alle Folgen, die einen kontrollierten, beziehungsweise regelorientierten Gebrauch beinhalten. Die Dosis erlangt somit keinen zentralen Stellenwert im Alltag der Person und dient auch nicht zur Lösung von bestimmten Konflikten oder Problemen, sondern wird zu bestimmten Anlässen genommen ... Unter einem harten Konsummuster wird ein regel- beziehungsweise gewohnheitsmäßiger und zum Teil exzessiver Gebrauch oder Konsum verstanden, der nicht auf bestimmte Gelegenheiten beschränkt bleibt, sondern unabhängig von solchen Kontexten erfolgt. Der Konsum wird über einen langen Zeitraum betrieben und ist schon fester Bestandteil des Alltags. Bei diesen Dauerkonsumenten kommt es häufiger zu schädlichen Nebenwirkungen; zudem besteht ein höheres Risiko für die Entwicklung von Abhängigkeiten" (Kühnert 1999, S. 24).

3.3 Pharmakodynamik und Pharmakokinetik illegaler Alltagsdrogen

Sind es biografische Dispositionen, milieubedingte Zwänge, gruppenspezifische Forderungen oder substanzbedingte Erfahrungen, die einen Menschen dazu bringen, illegale Drogen zu konsumieren? Eine perspektiveröffnende Antwort auf diese Frage lässt sich finden, wenn man die Wirkungsweise der Droge (Drug), die sozialisationsbedingten Einflüsse (Set) und die cliquenbezogenen, sozialräumlichen Gelegenheiten (Setting) in einen Zusammenhang stellt (Zinberg 1984). Bislang – so Zinberg – sei ein kulturbezogenes Beharren auf das Abstinenzgebot vor allem dazu geeignet, zwei der drei Determinanten (Drug und Set) so zu präferieren, dass hier implizit unterstellt wird, die pharmakologische Wirkung der Droge und die Persönlichkeitsstörungen seien ursächlich dafür verantwortlich zu machen, illegale Drogen nehmen zu müssen. Notwendig sei, die Effekte des sozialen Settings bei der Gewöhnung an die Droge zu bedenken, denn diese würden einerseits die Präferierung der moderierenden Einflüsse von Drug und Set auf das Individuum relativieren und andererseits den Blick für jene sozialen und gesellschaftlichen Bedingungen öffnen, die den Gebrauch von illegalen Drogen beeinflussen und zwar sowohl mit Blick auf die Konsumbereitschaft von Individuen, als auch mit Blick auf das Interesse, sich auf Abstinenz zu orientieren.

Wenn im Folgenden die Pharmakologie von Szenedrogen behandelt wird, so bedeutet dies lediglich, sie zu analytischen Zwecken aus den Erklärungsgefüge von Drug-Set-Setting den Drogenwirkungsbereich heraus zu nehmen und zu diskutieren. Die beiden Bereiche Set und Setting erfahren in den nächsten Kapiteln ihre ausführliche Berücksichtigung.

3.3.1 Zur Resorption von psychoaktiven Substanzen

Substanzen können auf vielfältige Weise und über unterschiedliche Wege dem Organismus zugeführt werden. Im Wesentlichen unterscheidet man hier folgende Verabreichungswege: durch den Mund, über den Mastdarm, über die Lungen, durch das Aufbringen auf Schleimhäute und Haut, und durch die Injektion. Illegale psychotrope Drogen werden überwiegend oral (zum Beispiel LSD, Ecstasy, Cannabis etc.), durch Inhalationen (zum Beispiel Cannabis, Heroin, Kokain), und durch Injektionen (Heroin, Morphin, Kokain und Amphetamine) dem Organismus zugeführt. Über die Schleimhäute kann auch Kokain resorbiert werden.

Bei der Injektion unterscheidet man die intravenöse Injektion – hier entfaltet sich die Wirkung der Substanz augenblicklich, da sie sofort in die Blutbahn eintritt, zusätzlich die intramuskuläre Injektion, das heißt, die Verabreichung einer Substanz in Skelettmuskulatur (in Arm, Oberschenkel oder Gesäß), und die subkutane Injektion, das heißt die Injektion unter die Haut.

Nach der Resorption wird die zugeführte Substanz mit dem zirkulierenden Blut im ganzen Körper verteilt. Die Wirkung einer zugeführten Substanz kann sich in der Regel nur dann entfalten, wenn der Körper einen für den Stoff passenden Rezeptor besitzt. Jedoch ist es in der Regel so, dass nicht der gesamte Wirkstoff einer zugeführten Substanz von den körpereigenen Rezeptoren angenommen werden kann. Im Falle von psychotropen Wirkstoffen zirkuliert zum Beispiel ein Großteil der Wirkstoffe einer Substanz außerhalb des Gehirns. Diese Tatsache ist häufig dann auch für Nebenwirkungen einer Substanz verantwortlich.

Insbesondere bei psychotropen Substanzen entfaltet sich ihre Wirkung erst, wenn diese eine besondere Schutzfunktion des Gehirns passiert hat – die Blut-Hirn-Schranke. Sie ist eine besondere strukturelle Barriere, die nur Wirkstoffe von Substanzen passieren lässt, die auch lipidlöslich (fettlöslich) sind. Substanzen, deren Wirkstoffe lipidlöslich sind, sind zum Beispiel Heroin, Kokain und MDMA (Ecstasy).

Abb. 2: Schematische Übersicht über das Schicksal einer verabreichten Substanz im Körper (Schaubild: Julien 1997, S. 8)
i.m.= intramuskulär, i.v.= intravenös; s.c.= subkutan

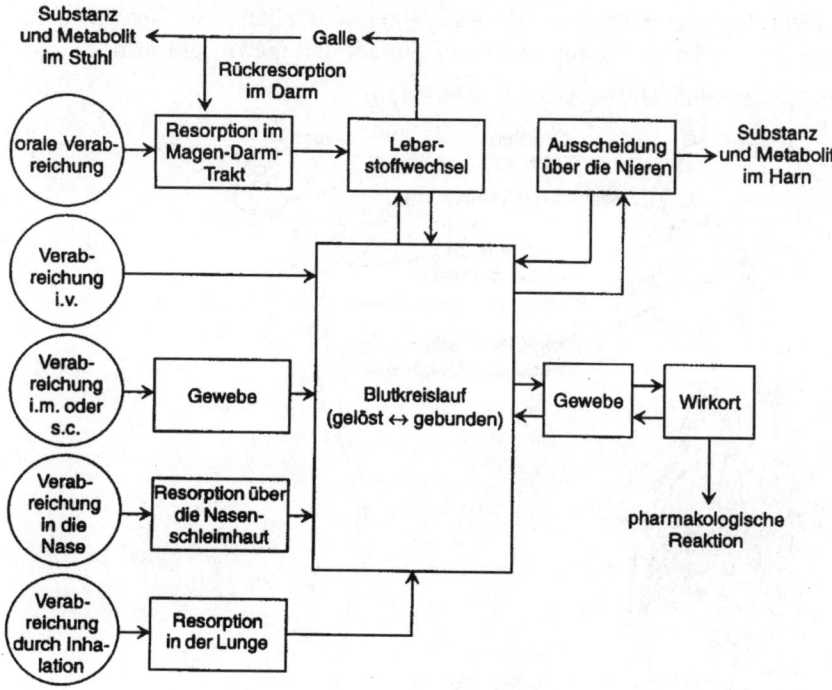

Die Wirkung einer Substanz ist von unterschiedlicher zeitlicher Dauer. Hierbei spielt die Halbwertzeit eine Rolle, das ist jene Zeit, in der die Wirkungskonzentration auf die Hälfte ihres nach der Verabreichung erfolgten Höchstwertes gesunken ist. So ist die Halbwertzeit von Morphin etwa zwei Stunden. Dies bedeutet auch, dass seine Wirkung nach vier bis fünf Stunden ganz aufgehört hat zu existieren, ein Grund dafür, warum sich Morphin- oder Heroinabhängige mehrmals am Tage diese Substanz zuführen müssen, um nicht Entzugsschmerzen zu bekommen.

Psychotrope Substanzen werden im Stoffwechsel durch die Leberenzyme so umgewandelt, dass sie über die Flüssigkeiten, die die Nieren passieren, ausgeschieden werden können. Gerade die Leber spielt bei der „Entsorgung" psychotroper Substanzen eine große Rolle und die Einschränkung

ihrer Funktion bedeutet eine erhebliche Einschränkung des Gesundheitszu-
standes des Konsumenten.

Abbildung 2 (nach R. Julien) gibt die wesentlichen Bereiche der Resorption
wieder.

3.3.2 Zur Wirkung psychoaktiver Substanzen auf das zentrale Nervensystem

Im Wesentlichen entfalten sich die Wirkstoffe von illegalen Alltagsdrogen
im zentralen Nervensystem. Hierzu zählen vor allem das Großhirn, das
Kleinhirn, der Gehirnstamm, das Rückenmark und die Großhirnrinde.

Abb. 3: Schaubild (Julien 1997, S. 479 + 480)

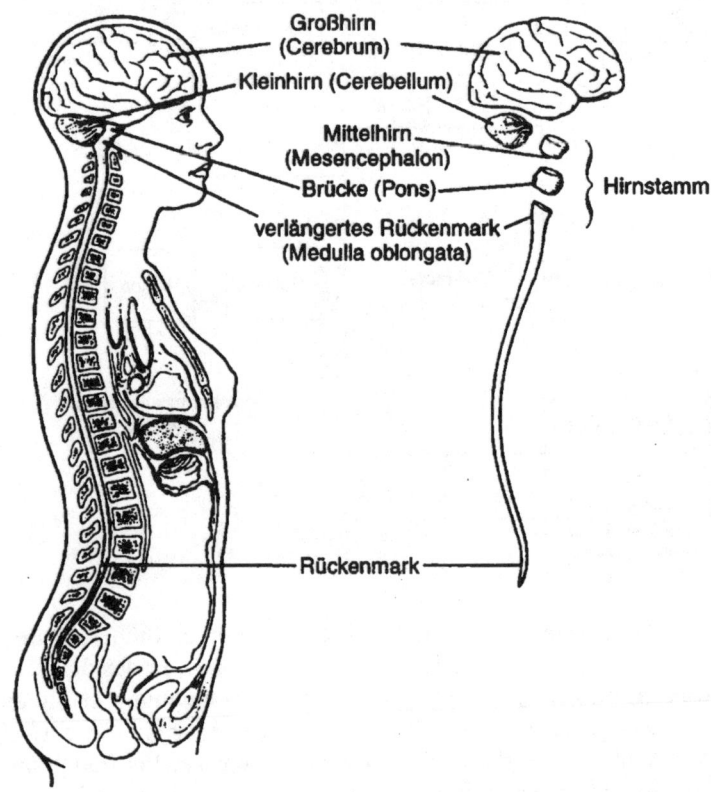

Jeder dieser Bereiche enthält Zentren, die für die Regulierung von Körper-
aktivitäten zuständig sind. So befinden sich im Hirnstamm zum Beispiel
Zentren, die die Atemfunktion regulieren, die Herzfrequenz, den Blutdruck
und den Schlaf- und Wachzustand. Das Kleinhirn beherbergt Areale, die
zuständig sind für die Koordinierung von Bewegung und Körperhaltung,
während das Zwischenhirn über den Hypothalamus das vegetative Nerven-

system steuert. Hier befindet sich auch das limbische System, dessen Strukturen das Affekt- und Triebverhalten steuern. Überdies schreibt man dem limbischen System nicht nur die Regulierung von Emotionen und Gefühlsäußerungen zu, sondern auch eine wichtige Bedeutung für das Lernen und für die Erinnerung. Auch der Großhirnrinde fallen wichtige Funktionen der Verarbeitung zu, wie zum Beispiel von akustischen Reizen bzw. der gesteuerten Integration von Hören und Sehen. Diese Bereiche stehen nicht nebeneinander, sondern sind in spezifischer Weise miteinander verbunden. So wird zum Beispiel über das komplexe Netzwerk des rätikularen Systems ein Zusammenhang hergestellt zwischen Mittelhirn, Stammhirn und Großhirnrinde.

Abb. 4: Das zentrale Nervensystem
Links ist die Lage des Gehirns und des Rückenmarks im Körper dargestellt, rechts sind die Hauptbestandteile des zentralen Nervensystems erkennbar (Julien 1997, S. 479).

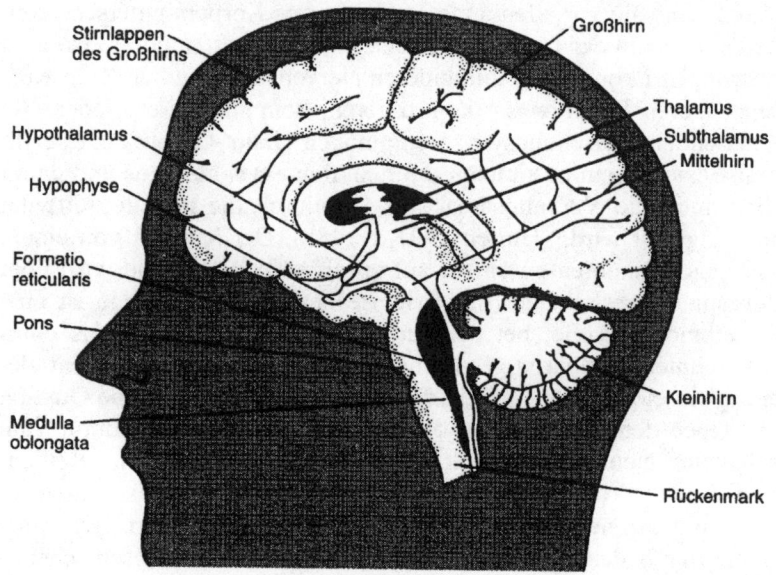

Die beschriebenen Systeme sind mit Rezeptoren ausgestattet, die zunächst als Aufnahmeorgane für Sinnesreize fungieren. Über Rezeptoren werden in je besonderer Weise Prozesse eingeleitet, die uns zum Beispiel ein Gefühl von Freude, Schmerz, Erregung usw. vermitteln können. Dies geschieht überwiegend durch die Freisetzung körpereigener Stoffe, der Prozess kann jedoch auch über die Zufuhr körperfremder Stoffe initiiert werden. So hat sich zum Beispiel in der Evolution ein körpereigenes System entwickelt, das in Verletzungs- und Stresssituationen hilft, das Überleben durch die Freisetzung von körpereigenen „Opiaten" (Endorphine) zu sichern. Diese lagern sich an Opiatrezeptoren an und tragen so zur Schmerz- und Stressminderung bei. Die von außen zugeführten Opioide wie Heroin oder Morphin entfalten die gleiche Wirkung über den gleichen Rezeptor.

Generell lässt sich sagen, dass immer dann von außen an den Organismus herangetragene, psychoaktive Substanzen ihre Wirkung entfalten können, wenn sie sich an körpereigene Rezeptoren anlagern, die durch körpereigene Stoffe aktiviert werden können.

Dieser und jener Prozess vollzieht sich nach dem Schlüssel-Schloss-Prinzip. Dabei können sich bei der von außen gesteuerten Zufuhr von Substanzen eingespielte Vorgänge jedoch in der Übertragung verändern. Diesen grob geschilderten Vorgang bezeichnet die Pharmakodynamik als synaptische Erregungsübertragung.

Wie vollzieht sich dieser Prozess nun im Einzelnen? Wenn man ihn verstehen will, muss man sich zunächst mit der Struktur und Funktion der Nervenzelle oder des Neurons vertraut machen. „Neuronen haben besondere Eigenschaften, die sie vor allen anderen Zellen des Körpers unterscheiden. Zum einen sind sie in der Lage, elektrische Impulse über lange Strecken zu leiten. Zum andern können sie mit anderen Nervenzellen und anderen Körpergeweben, deren Funktion sie kontrollieren, kommunizieren, indem sie Signale aussenden, beziehungsweise empfangen (Input-Output). Diese Input-Output-Beziehungen bestimmen die Funktion eines Neurons und damit letztendlich auch die Verhaltensreaktion, die durch die neurale Aktivität insgesamt ausgelöst wird." (Julien 1997, S. 488). Der Kontakt von einem Neuron zu einem anderen geschieht auf spezifische Weise und wird über einen Vorgang hergestellt, der mit Synapse bezeichnet wird. Sie ist eine winzige Verbindungsstelle, bei der der ankommende Signalimpuls eines Neurons sich eines im Neuron gespeicherten Neurotransmitters bedient, der die ursprünglich elektrische Qualität des Signals in eine chemische Qualität verändert. Über den synaptischen Spalt wird nun die Verbindung zum nachgeschalteten Neuron hergestellt und in einem in umgekehrter Reihenfolge verlaufenden Prozess wieder in einen elektrischen Impuls umgewandelt. Da beide Neuronen sich nicht direkt berühren, diffundiert der Transmitterimpuls durch den synaptischen Spalt hindurch. Dies ist ein chemischer Prozess.

Insofern kann man sagen, dass die Synapse ein entscheidendes Element für die Funktion des Nervensystems darstellt. „Eine Synapse besteht aus den anatomischen Strukturen der Präsynapse (Teil der elektrisch erregten Nervenzelle, Sendezelle also), dem synaptischen Spalt und der Postsynapse (Teil der Nervenzellen, auf die die Erregung übertragen wird, Empfängerzelle). Die elektrische Erregung wird in Form von chemischen Botenstoffen übertragen, indem diese aus der Präsynapse freigesetzt werden und über den synaptischen Spalt zur Postsynapse gelangen und sich dort an spezifische Rezeptoren anlagern" (Kühnert 1999, S. 26).

Im Wesentlichen wird die synaptische Erregungsübertragung durch Transmitter geregelt. Für das zentrale Nervensystem sind dies die Neurotransmitter. Die wichtigsten Neurotransmitter im Gehirn sind Acetylolin, Noradrenalin, Dopamin, Serotonin sowie die Opioidpeptide Enkepfaline und Endorphin. Noradrenalin und Dopamin bezeichnet man zusammen mit Adrenalin als Catecholamine, wobei Adrenalin wesentlich die Blutdruck- und Herzfrequenz beeinflusst und weniger im Gehirn vorkommt.

Abb. 5: Schematische Darstellung einer idealisierten Synapse im Zentralnervensystem (Julien 1997, S. 501)

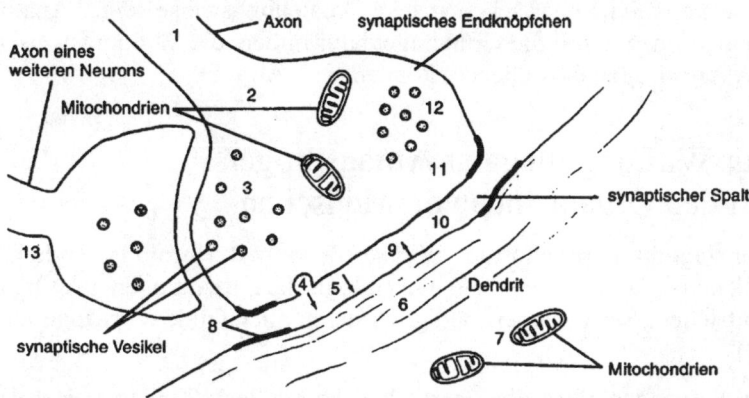

Die Schritte der synaptischen Informationsübertragung sind nummeriert:

1. Das Aktionspotential wird über das präsynaptische Axon geleitet.
2. Das Aktionspotential erreicht die Nervenendigung.
3. Der Transmitter wird synthetisiert und in synaptischen Vesikeln gespeichert (dies kann auch vor den Schritten 1 und 2 geschehen).
4. Bei Ankunft des Aktionspotentials werden Transmittermoleküle durch Exocytose in den synaptischen Spalt ausgeschüttet.
5. Transmittermoleküle diffundieren durch den synaptischen Spalt.
6. Transmittermoleküle stimulieren postsynaptische Rezeptoren.
7. Die postsynaptische Zelle reagiert auf die Rezeptoraktivierung.
8. Durch Transmitterüberschuss oder -mangel werden „adaptive" oder „plastische" Vorgange auf der prä- und der postsynaptischen Membran ausgelöst.
9. Transmittermoleküle lösen sich von den postsynaptischen Rezeptoren und gelangen zurück in den synaptischen Spalt.
10. Einige Transmittermoleküle werden im synaptischen Spalt durch extrazelluläre Enzyme metabolisiert
11. Einige Transmittermoleküle werden zurück in die präsynaptische Nervenendigung transportiert.
12. Transmittermoleküle, die frei in der intrazellulären Flüssigkeit der präsynaptischen Nervenendigung vorliegen, werden wieder in die synaptischen Vesikel aufgenommen, wo sie vor der Zerstörung durch cytoplasmatische Enzyme geschützt sind.
13. Das Axon einer dritten Nervenzelle kann die Synapse inhibieren (präsynaptische Inhibition).

Noradrenerge Bahnsysteme befinden sich vor allem im Hirnstamm und im limbischen System, dopaminerge Bahnsysteme sowohl im limbischen System als auch in der Großhirnrinde. Serotonin kommt in größeren Mengen im Hirnstamm vor, aber auch im limbischen System und im Hypothalamus. Endorphine und Enkepfaline (Opioidpeptide) sind sowohl im Rückenmark, im Hirnstamm und überwiegend im limbischen System vorhanden.

Die Funktionsweisen von Neuronen und Neurotransmittern im zentralen Nervensystem sind erheblich komplexer, da das „Gehirn die komplexeste biologische Struktur schlechthin darstellt" (Julien S. 479). Wesentlich für unsere Zwecke ist eine eher schematische Darstellungsweise seiner Anatomie und Funktion. Sie soll die Grundlage dafür bilden, die Wirkungsweisen illegaler Alltagsdrogen darstellen zu können (vgl. Abb. 5).

3.4 Zur Wirkung illegaler Alltagsdrogen auf den Organismus von Menschen

Von außen zugeführte psychotrope Wirkstoffe wie z.B. Heroin lassen keine prinzipiell neuen psychischen und physiologischen Reaktionen im Organismus entstehen. Sie verändern lediglich deren ablaufende Vorgänge (Julien 1997).

Wenn im Folgenden über die Pharmakodynamik von Cannabis, Heroin, Kokain und Ecstasy gesprochen wird, so werden lediglich die abweichenden Reaktionen des Organismus auf die Zufuhr von psychotropen Substanzen und ihre Auswirkungen auf das Verhalten von Individuen beschrieben. Im Einzelnen sollen jeweils angesprochen werden die Herstellung und Herkunft illegaler Alltagsdrogen, ihre Applikationsformen, ihr Abhängigkeitspotenzial und ihre Wirkung auf den Organismus, die mögliche Toxizität und ihre evtl. medizinische Verwendung.

3.4.1 Heroin

Heroin ist neben Morphin und anderen Substanzen ein Opioid-Antagonist. Es handelt sich hierbei um eine Substanz, die sich im zentralen Nervensystem an bestimmte Rezeptoren bindet und die Funktion der mit diesen Rezeptoren verbundenen Wirkstoffe übernimmt oder verstärkt. Heroin ersetzt oder verstärkt die Wirkung von Endorphinen und Enkephalinen, Neurotransmitter also, die für Euphorie, Stressregelung und Schmerzbehandlung zuständig sind und vor allem im limbischen System angesiedelt sind.

Heroin wurde von C.R. Wright 1874 aus dem Morphin entwickelt und mit 3,6 Diacetylmorphin bezeichnet. Ab 1897 wurde es in Deutschland von der Firma Bayer in größeren Mengen hergestellt und auf den Markt gebracht. Maßgeblich beteiligt an der Entwicklung zur industriellen Produktion waren die Chemiker Hoffmann und Dreser.

Heroin war als Medikament für entzugswillige Morphinabhängige und zur Behandlung des chronischen Hustens gedacht. Codein – ein weiteres Opiatderivat – zählt noch heute zu den wirksamsten Hustenmitteln (Vogt/Scherer 1981).

Die Grundlage zur Herstellung von Morphin und Heroin ist der Mohnanbau und die Opiumproduktion. Opium wird aus den Kapseln des Schlafmohns (Papaver somniferum) gewonnen. Die Single Convention (1961) bezeichnet mit Opium den geronnenen Saft, der aus den Mohnkapseln gewonnen wird.

3.4.1.1 Herstellung, Herkunft und Handel

Die bedeutendsten Anbaugebiete des Opiums liegen heute in einer über 7000 km langen Gebirgszone am Südrand der asiatischen Landmasse. Sie erstreckt sich von der anatolischen Hochebene in der Türkei über den Norden des indischen Subkontinentes bis zu den Gebirgszügen in Nordthailand. Dazu kommen Anbaugebiete in Mexiko und in Kolumbien (Geschwinde 1998, S. 4). Qualitativ hochwertiges Opium wird vor allem in den Anbaugebieten des „Goldenen Dreiecks" (Nordthailand/Laos) und im Umkreis der türkischen Stadt Afyon gewonnen. Türkisches Rohopium hat meist einen Morphingehalt von 10-12%, südwestasiatisches von ca. 8,5%. Insbesondere die türkische Opiumgewinnung ist weitgehend unter staatliche Kontrolle gestellt.

Aus etwa 10 kg Rohopium kann ca. 1,5 kg Morphin-Base gewonnen werden. Heroin kann mit relativ einfachen Mitteln durch das Verkochen der Morphinbase mit Essigsäureanhydrid hergestellt werden. Dem erkalteten Sud wird danach Wasser hinzugegeben, die entstandene Flüssigkeit gefiltert und zu den bei uns gebräuchlichen Heroin Nr. 4 verarbeitet, ein braunbeigefarbenes oder weißes kristallines Pulver. Zu den Hauptproduktionsstätten des illegal gehandelten Heroins zählen China, Burma, Laos und Kolumbien. Nach Auskunft des Bundeskriminalamtes (BKA Info 31.1.1999) dominieren seit Jahren die Türkei, Kolumbien, Afghanistan und Pakistan für Heroin als Herkunfts-, Ausgangs- und Transitstaaten.

Das dort mit fast 92% Reinheit vertriebene Heroin Nr. 4 wird in Deutschland für den Straßenhandel gestreckt. Häufig vorkommende Streckmittel sind Ascorbinsäure, Traubenzucker, Milchzucker aber auch Strychnin. Der im Straßenhandel angebotene Heroinverschnitt hat einen durchschnittlichen Wirkstoffanteil von 35%. Aus 1 Gramm Straßenheroin entstehen im Schnitt 10-20 „Päckchen", die in Plastiktüten gehandelt werden. Langjährig abhängige Heroinkonsumenten benötigen am Tag etwa 0,5 g Straßenheroin Nr. 4. Zur Zeit benötigt ein Konsument hierfür zwischen 30 und 40 EUR (Geschwinde 1998, S. 205ff.).

3.4.1.2 Applikationsformen

Heroin kann gespritzt werden (intravenös), es kann zu Dampf verarbeitet und eingeatmet werden (Chinesen), durch die Nase eingeführt (Sniffen) oder auch mit Hilfe einer Zigarette geraucht werden.

Das Chinesen, Sniffen und Rauchen bedingt eine größere Menge Straßenheroin als das Injizieren, wenn man jeweils den gleichen Effekt erzielen will. Gegenüber der intravenösen Zufuhr sind die anderen Applikationsformen weitaus ungefährlicher. Insbesondere in jüngster Zeit wird bei Neukonsumenten das Heroinzigarettenrauchen bevorzugt.

Insbesondere das Injizieren von Heroin mittels einer Injektionsspritze befördert es in Sekunden durch die Blut-Hirn-Schranke des Zentralnervensystems, geradewegs an die Rezeptoren. Hierdurch entsteht der mit Wärme-, Glücks- und orgastischen Gefühlen verbundenen Flash.

3.4.1.3 Wirkungs- und Abhängigkeitspotenziale

Heroin entfaltet seine wesentlichen Wirkungen überwiegend durch die Stimulierung der Opioidrezeptoren. Dadurch treten eine Reihe von Phänomenen auf:

- Es bewirkt eine intensive Analgesie (Schmerzunempfindlichkeit). Es setzt Schmerzbelastung- und -intensität dadurch herab, dass es die Verarbeitung der Schmerzsignale vor allem im limbischen System und der Großhirnrinde beeinflusst.
- Wie schon angedeutet, ruft es einen angenehmen Euphoriezustand hervor. Heroin aktiviert Opiatrezeptoren im limbischen Belohnungssystem.
- Sedierung, Schlaflosigkeit und Konzentrationsschwierigkeit bewirken eine Art „geistiger Umnebelung", die in der Regel dem Euphoriezustand folgt und für den Zustand der Heroinkonsumenten typisch ist.
- Heroin verursacht starke Atemdepressionen. Eine Ursache des plötzlichen Todes von Heroinkonsumenten ist der infolge einer erhöhten Zufuhr von Heroin entstehende Atemstillstand.
- Das charakteristische Merkmal von Heroinkonsumenten ist die starke Pupillenverengung.
- Vielfach gehen mit dem Konsum von Heroin Erbrechen und Übelkeit einher. Vor allem zu Anfang der Einnahme ist dies eine der unangenehmen Nebenwirkungen.
- Heroinkonsumenten leiden häufig an chronischer Verstopfung.

Über das Verhältnis von Toleranz und Abhängigkeit wurden generell schon oben Ausführungen gemacht. Toleranz im oben angeführten Sinne gegenüber Heroin lässt sich nicht generell und einheitlich in Bezug auf den Organismus des Menschen bestimmen. Die individuelle physiologische Reaktion des Konsumenten, die Dosis und die Konsumhäufigkeit spielen dabei eine entscheidende Rolle.

So ist bei gelegentlichem Gebrauch von Heroin, bei dem die drogenfreien Intervalle relativ groß sind, eine Toleranzbildung nicht zu erwarten. Um den gleichen Effekt zu erreichen, benötigt man insofern nicht eine Höherdosierung des Wirkstoffes.

In dem Maße jedoch, wie die drogenkonsumierenden Intervalle häufiger werden, wächst auch die Gefahr der Toleranzbildung. „Die wiederholte Verabreichung erzeugt eine derart ausgeprägte Toleranz, dass massive Dosen zur Erzielung der Euphorie oder – was das häufigere Motiv ist – zur Verhinderung der Entzugsbeschwerden nötig sind. Das Ausmaß an Toleranz wird an der Tatsache deutlich, dass die Morphindosis innerhalb von nur 10 Tagen von klinisch üblichen Mengen (50-60 Milligramm täglich) auf 500 Milligramm pro Tag gesteigert werden kann" (Julien 1997, S. 264). Hier tritt Toleranz dann in Abhängigkeit über. Abhängigkeit von Heroin lässt sich – so die oben gegebenen Definitionen – dann feststellen, wenn die Einstellung des Konsums zu einer biologischen Reaktion bei dem Konsumenten führt, die für ihn mit einem unstillbaren Verlangen nach der Droge verbunden ist.

Die Entzugssymptome bei der Absetzung von Heroin sind insbesondere Erbrechen, Kälteschmerz, Schwitzen, heftiger Durchfall, Krämpfe und intensive Schmerzen.

Die Ursache hierfür ist, biologisch gesehen, eine erhebliche Verminderung der Dopaminausschüttung, die Herabsetzung des Endorphinspiegels und ein massiver Anstieg der Noradrenalinfreisetzung (Julien 1997, S. 265). Nach ca. 10 Tagen ist die Detoxikation in der Regel beendet. Heroin ist nicht toxisch. „Entgegen der verbreiteten Meinung treten nach einem chronischen Gebrauch von Opioiden keine gravierenden Organschäden auf" (Kühnert 1999, S. 41). Die soziale und psychische Verelendung vieler Heroiniker und ihr schlechter körperlicher Zustand ist vor allem der Illegalität des Konsums und des Handelns geschuldet, weniger der Substanz oder den Applikationsformen.

3.4.1.4 Medizinische Verwendung
Heroin wird aufgrund seiner starken Toleranzbildung z.Z. nicht als Mittel zur Schmerzbekämpfung eingesetzt. Dagegen wird Morphin – ein Abkömmling des Roh-Opium – bei der Entbindung, bei postoperativen Schmerzen und der Langzeitlinderung von Schmerzen bei Krebs im Endstadium verabreicht.

Nach wie vor wird Codein in Medikamenten zur Bekämpfung von starkem Husten verschrieben, jedoch auch als Medikament zur Substitutionstherapie. Codein lässt sich im Gegensatz zu Methadon (Uchtenhagen/Zieglgänsberger 1999, S. 361) durch den Therapeuten besser steuern, da es eine kürzere

Halbwertzeit und zudem ein relativ geringes Suchtpotenzial besitzt. Allerdings ist sowohl in der ambulanten wie in der stationären Substitutionstherapie Methadon bzw. Levo-Polamidon das Mittel der Wahl. Als Ersatz für das meistens injizierte Heroin kann es oral verabreicht werden und hat im Gegensatz zum Heroin eine Halbwertzeit von 12 bzw. 24 Stunden. Methadon ist jedoch ein synthetisches Opiat. Es entwickelt eine Kreuztoleranz zu Opioiden, dies bedeutet auch, dass im Falle einer zugeführten gleichen Menge von Heroin zu der Methadonverabreichung dessen Wirksamkeit neutralisiert wird.

Tab. 3: Einteilung der Opioide (nach Köhler 2000, S. 77)

Klasse	Vorkommen bzw. Gewinnung	Beispiele
Natürliche Opioide	Kommen im Schlafmohn vor	Morphin, Codein
Halbsynthetische Opioide	Durch chemische Behandlung natürlicher O.	Diacetylmorphin (Heroin), Hydromorphon
Vollsynthetische Opioide	Herstellung im Labor ohne Rückgriff auf natürliche O.	Methadon, Fentanyl, Pethidin, Buprenorphin
Endogene Opioide	Im Körper produziert	Enkephaline, Dynorphine, Endorphine

Tab. 4: Wirkungen von Opioiden und ihre Mechanismen
(nach Köhler 2000, S. 82)

Effekt	Wirkmechanismen
Analgesie	Dämpfung der Überleitung vom 1. zum 2. Neutron der Schmerzbahn durch Besetzung von Opiatrezeptoren im Hinterhorn und/oder im Mittelhirn; möglicherweise auch Wirkung in Thalamuskernen
Euphorisierung	Aktivierung dopaminerger Bahnen zum Nucleus accumbens (über Besetzung von O. Rezeptoren im Mittelhirn?); evtl. weitere direkte Effekte im limbischen System
Sedierung (Anxiolyse)	Unklar; evtl. Besetzung von O.rezeptoren in der Formatio reticularis
Hustenstillender Effekt	Dämpfung des Hustenzentrums (Besetzung von O. Rezeptoren)
Atemdepressorische Wirkung	Dämpfung über Besetzung von O.rezeptoren im Atemzentrum
Übelkeit	Besetzung von O. Rezeptoren in der Area postrema
Miosis	Besetzung von O. Rezeptoren an Hirnnervenkernen
Wirkungen am Darm (verminderte Peristaltik)	Besetzung von O. Rezeptoren an Vaguskernen und/oder an der Darmmuskulatur

Abb. 6: Preise pro Gramm für Klein- und Großmengen
(Quelle: BKA (2002) OA 21 (Dienststelle))

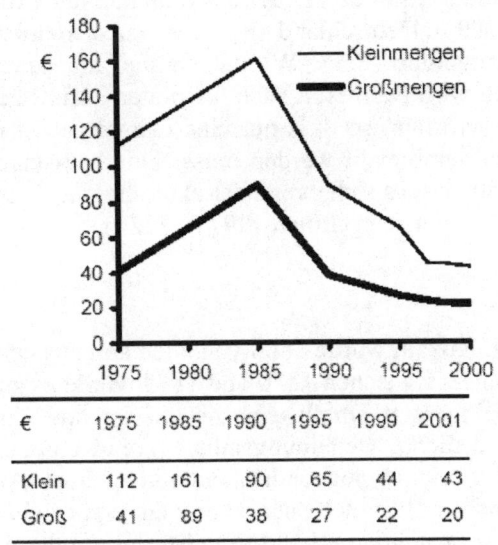

€	1975	1985	1990	1995	1999	2001
Klein	112	161	90	65	44	43
Groß	41	89	38	27	22	20

Abb. 7: Diacetylmorphingehalt in Heroinproben
(Quelle: Zerell 2002)

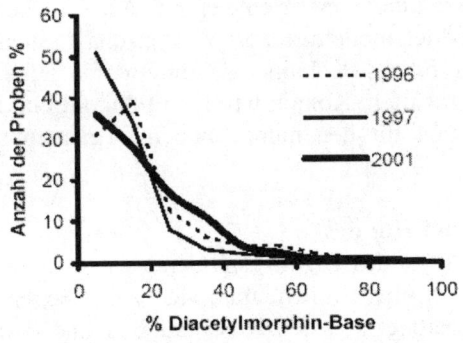

% der Proben	>10 %	10-20%	20-30%	30-40%	>40%
1997	51%	34%	8%	3%	4%
1998	53%	29%	9%	4%	5%
1999	49%	27%	11%	7%	6%
2000	37%	26%	16%	12%	9%
2001	36%	28%	17%	11%	8%

Anzuführen sind noch die Opioidantagonisten Naloxon und Naltrexon als therapeutische Möglichkeit, die Wirkung von Opioid-Agonisten wie Heroin oder Morphin aufzuheben". Als reiner Opioid-Antagonist ist Naloxon weder analgetisch wirksam, noch zum Missbrauch geeignet. Es hebt die Wirkung des Morphins an sämtlichen Opioidrezeptoren auf. Wird es jemandem verabreicht, der Opioide zur Schmerzlinderung erhalten hat, verdrängt es das Opioid und lässt die Schmerzempfindung zurückkehren. Naltrexon wurde 1985 in den USA und 1990 in Deutschland als erster oral anwendbarer reiner Opioid-Antagonist eingeführt. Seine Wirkungen sind mit denen von Naloxon vergleichbar, doch wird Naltrexon auch bei oraler Zufuhr gut resorbiert und ist relativ lange wirksam, so dass nur eine einmalige Dosis von etwa 40 bis 80 mg täglich verabreicht werden muss. Innerhalb einer Therapie der Opioidabhängigkeit lässt es sich, wenn der akute Entzug überstanden ist, als Entwöhnungshilfe einsetzen (Julien 1997 S. 272f.).

3.4.2 Kokain

Kokain ist ein Psychostimulanz. Kokain wurde 1860 von Niemann aus dem Extrakt der Cocapflanze gewonnen. Zwischen 1870 und 1885 wurde es zur Behandlung der Morphinsucht eingesetzt. Durch seine anästhesierende Wirkung fand es Anwendung als örtliches Betäubungsmittel. Freud empfahl Kokain zur Behandlung von Hysterie, Hypochondrie und von Asthma. Als Genussmittel fand es Verwendung z.B. in der Zubereitung eines speziellen Weines, den der Italiener Moriani patentieren ließ (Vino Moriani), oder eines Erfrischungsgetränkes, das J.S. Pemberton aus Georgia mit dem Namen Coca-Cola auf den amerikanischen Markt brachte.1886 erschien in der Deutschen medizinischen Wochenzeitung von Erlemeier ein Artikel über die „Kokainsucht". Er entfachte in der medizinischen Wissenschaft einen heftigen Streit, der letztlich dazu führte, Kokaine als eine gefährliche, suchtbildende Psychostimulanz einzustufen. Kokain wurde mit Alkohol und Morphin als gleichermaßen schädlich für den menschlichen Organismus angesehen.

3.4.2.1 Herstellung, Herkunft und Handel

Als die spanischen Conquistadore Mitte des 16. Jh. den Genuss von Cocablättern den Inkavölkern verbieten wollten, indem man sie „zum Gegenstand ohne Nutzen erklärte, der geeignet sei, den Missbräuchen und den Aberglauben der Indianer Vorschub zu leisten" (Lewin 1924, S. 67), wurden diese Pflanzen schon viele Jahrhunderte vorher in den Ländern der Anden durch die indianische Bevölkerung angebaut und verehrt. Sie dienten kultischen Zwecken, der Behandlung von Krankheiten und vor allem dazu, Strapazen in großer Höhe besser ertragen zu können. Die Coca-Blätter wurden und werden von den Indios mit Kalk oder Pflanzenasche gemischt und über eine längere Zeit gekaut. Durch diesen Prozess wird nicht nur das Alkaloid der Pflanze, Kokain freigesetzt, sondern noch viele andere für den Körper wichtige Mineralien, Vitamine und Spurenelemente. So enthalten z.B. 100g bolivianische Cocablätter Kalzium, Eisen, Phosphor, Vitamine A, B2 und E in ausreichenden Mengen, um den täglichen Bedarf an diesen Stoffen zu decken. Das dabei auch freigesetzte Kokain wird im Körper durch Speichel und Magensäfte in Ecgomin umgewandelt. Dies erklärt, dass die toleranzbildenden Prozesse, die ansonsten bei der Einnahme von reinem Kokain auftreten können, hier nicht möglich sind.

Ende des 16. Jh. (Scheffler 1981, S. 428ff.) entwickelte sich in Peru und Bolivien eine regelrechte Coca-Blätter-Industrie, die mehr als 2000 Spanier beschäftigte. Die hier gemachten Gewinne waren durchaus vergleichbar mit denjenigen aus der Gold- und Silberproduktion. Auch wenn die Kirche den Cocablätterkonsum öffentlich als „Teufelswerk" brandmarkte, bezog sie aus den staatlich erwirtschafteten Gewinnen 10%. Ende des 18. Jh. wurde das Staatsmonopol für Coca aufgehoben.

Neben der ritualisierten Anwendung von Coca-Blättern in Verbindung mit religiösen Handlungen und Heilpraktikern unterscheidet Scheffler drei Einnahmeformen für den Genuss, die auch heute noch in Stammesgesellschaften des Andenlandes und im Umkreis des Orinocos und Amazonas praktiziert werden:

- das Kauen der Blätter, bei der man Blattstil und Hauptnerv entfernt;
- das Schnupfen des Coca; hier werden die Blätter in einen Mörser gegeben, zerstampft und mit anderen trockenen Blättern vermengt. Sodann wird die Masse in ein Säckchen gefüllt, das an den Rand einer Callebasse geschlagen wird, bis sich feines Pulver auf dem Boden des Behältnisses absetzt. Dieses Pulver wird dann als Genussmittel geschnupft;
- das Essen von Cocapulver, das zusammen mit Speichel einen Klumpen bildet, der sich im Mund dann langsam auflöst und beim Schlucken in den Magen gelangt.

1870 wurde der kleinblätterige Cocastrauch nach Sri-Lanka gebracht, später auch nach Java/Sumatra und Madeira sowie nach Indien. Es war insbesondere das javanische Kokain, das vor dem Ersten Weltkrieg in Europa und zum Teil in den Vereinigten Staaten konsumiert wurde, während die peruanische und bolivianische Coca überwiegend zum Eigengebrauch verwendet wurde. Noch 1922 teilten die peruanische und die bolivianische Regierung der Opiumkommission des Völkerbundes mit, dass eine staatliche Regulierung des Marktes innerhalb ihrer Staaten nicht nötig sei, da insbesondere die Bergvölker einen hohen Bedarf an Coca-Blättern hätten. Nur ein kleiner Rest (ca. 1%) fand seinen Weg in die Alkaloidindustrie Englands, Deutschlands und den USA.

Mit dem Niedergang des asiatischen Cocaanbaues infolge des Zweiten Weltkrieges gab es auf der Welt nur noch die Produktionsgebiete in den Andenstaaten Peru, Bolivien, Kolumbien, Ecuador und Landstriche in Brasilien. Als in den 70er-Jahren die Nachfrage in den USA und bald auch in Europa nach Kokain anstieg, war die Andenregion relativ schnell in der Lage, den Bedarf zu stillen.

Hess (1989, S. 458ff.) schreibt, dass auch heute noch ein großer Teil der Ernte in den Andenländern selbst verbraucht wird. Etwa 3-4 Millionen Coqueros (Kokablätterkonsumenten) haben einen Jahresverbrauch von ca. 80.000t Blättern. Für die illegale Weiterverarbeitung zu Kokainbase und Kokain werden zwischen 100.000-200.000t Coca-Blätter benötigt, daraus lassen sich ca. 300-400t Kokain gewinnen. Stellt man in Rechnung, dass ca. 10% des illegal gehandelten Kokain durch Polizei u.a. Instanzen konfisziert wird, so bleibt genügend Kokain übrig, um alle illegalen Märkte der Welt, deren Bedarf z.Z. auf ca. 300t geschätzt wird, umfassend zu versorgen. Legal werden darüber hinaus etwa 1000 kg Kokain für die Zwecke der pharmazeutischen Industrie hergestellt.

Geschwinde (1998, S. 315ff.) nimmt an, dass in Deutschland ca. 100.000 Menschen Kokain konsumieren, während in den USA 1990 ca. 12,9 Mill. regelmäßig oder gelegentlich Kokain konsumierten (Geschwinde 1998, S. 327). 1986 wurde in der BRD erstmalig mehr Kokain als Heroin sichergestellt, dies hat sich auch 10 Jahre später nicht wesentlich geändert. Die Lebenszeitprävalenz der Altersgruppe 14-24 Jahre für Kokain betrug 1995 4%, allgemein wird Kokain in der Bevölkerung deutlich weniger konsumiert als Cannabis oder Alkohol.

3.4.2.2 Applikationsformen

Traditionell wurde Kokain in den westlichen Industriestaaten intranasal, d.h. geschnupft appliziert. Dabei wird das Kokain jedoch nur mäßig aufgenommen, da es die Nasenschleimhäute nur schlecht durchdringt. Da Kokain zusätzlich auch noch die Blutgefäße verengt, limitiert sich dadurch die Aufnahme dieser psychoaktiven Substanz. 20-30% der Droge werden resorbiert. Die pharmakologische Wirkung dauert ca. 30-60 Minuten. Eine andere Möglichkeit besteht darin, Kokain intravenös zu spritzen. Hier wird die Droge direkt in die Blutkreislaufbahn gebracht, da alle Resorptionsbarrieren ausgeschaltet werden. Nach 30-60 Sekunden hat der Wirkstoff das Gehirn erreicht. Allerdings ist die Wirkdauer erheblich kürzer als bei der intranasalen Applikation (ca. 10-15 Min). Eine dritte Möglichkeit der Zufuhr von Kokain besteht darin, Kokain als Base zu verdampfen und zu rauchen. Auch hier setzt die Wirkung innerhalb von Sekunden ein, da der Wirkstoff über die Lunge fast vollständig resorbiert wird. Ein Rausch hält ca. 10 Min. an, jedoch verflüchtigt sich ein großer Teil der Substanz bereits vor der Inhalation.

3.4.2.3 Wirkung auf den Organismus

Je nach Applikationsformen entfaltet Kokain seine psychostimulierende Wirkung innerhalb von Sekunden oder nach 30-60 Min. Darüber hinaus ist Kokain ein sehr wirksames Lokalanästhetikum und verengt – wie angeführt – die Blutgefäße. Kokain durchdringt die Blut-Hirn-Schranke ebenso wie die Plazentaschranke, es hat eine biologische Halbwertzeit von 30-90 Minuten und wird fast vollständig von Enzymen im Blutplasma und in der Leber abgebaut (Julien 1997, Geschwinde 1998). „Die wichtigsten psychischen Funktionen, die von Kokain beeinflusst werden, sind Stimmungslage, Kognition, Trübzustände – wie Hunger, Libido und Durst, und das Bewusstsein. Es entsteht eine sofortige und intensive Euphorie, vergleichbar mit einem Orgasmus, die gewöhnlich Sekunden oder Minuten anhält andere Veränderungen infolge der gehobenen Stimmung sind Leichtfertigkeit, gesteigerte Selbstsicherheit und starke Probleme. Anschließend geht die Stimmungslage in eine milde, mit Angstgefühlen gemischte Euphorie über, die 60-90 Minuten anhalten kann und der sich ein ausgeprägter Angstzustand von mehreren Stunden anschließt" (Julien 1997, S. 145). Die neuronalen Mechanismen von Kokain sind, so Julien, teilweise aufgeklärt. Die Droge intensiviert vor allem die Wirkung des Neurotransmitters Dopamin, aber auch Serotonin und Noradrenalin, indem sie die Aufnahme der Transmitterstoffe über die postsynaptischen Rezeptoren verzögert bzw. nicht zulässt, andererseits die Wiederaufnahme in die präsynaptische Endigung hemmt. Somit verbleiben die Übertragungsstoffe über einen längeren Zeitraum im synaptischen Spalt und können über eine längere Zeit ihre wesentliche Wirkung entfalten: Euphorie, Selbstsicherheit, Aktivitätssteigerung. In Anspruch genommen werden dabei sowohl dopaminerige Bahnen im Mittelhirn, aber auch dopaminerige Nervenendigungen im limbischen System.

3.4.2.4 Abhängigkeitspotenzial, Toxizität und Gefahren
Ein generelles Problem bei der Beurteilung der Wirkung von Kokain – dies gilt auch für andere Psychoaktiva – ist die subjektiv erlebbare, nicht gänzlich ausdrückbare und schon gar nicht messbare Gefühlslage des Konsumenten. Diese ist von Mensch zu Mensch unterschiedlich und verändert sich in der Zeit permanent.

Vielfach spiegeln sich in den Beurteilungsparametern von Politikern, Wissenschaftlern und „dem Mann auf der Straße" Befürchtungen, moralische Bedenken oder Abneigungen gegenüber expressiver Lebensstilen wider. Gerade beim Kokain wird u.a. eine sexuelle Enthemmung angenommen, und diese Etikettierung dient sowohl den Argumenten von „Moralunternehmen" bei ihrem Bemühen, gesetzliche Restriktionen durchzusetzen, als auch Protagonisten von Subkulturen zur Mystifizierung kokaingestützter Rituale. Jenseits gängiger dramatisierender Sichtweisen lässt sich zunächst folgendes festhalten:

- Injektionen mit Kokain können Erkrankungen wie Hepatitis, Venenentzündung, aber auch AIDS und andere Infektionen hervorrufen.

- Das Rauchen des Kokains kann durch die gefäßverengende Eigenschaft von Kokain zu Lungenschädigungen, Heiserkeit und Bronchitis führen.

- Das Schnupfen von Kokain kann eine chronische Entzündung der Nasenschleimhaut, chronische Erkältungssymptome und im Extremfall die Perforation der Nasenschleimhaut bedingen.

Die körperlichen Auswirkungen auf lang andauernden regelmäßigen Gebrauch von Kokain können Appetitlosigkeit, Abmagerung, Schlaflosigkeit und sexuelle Impotenz sein.

„Als relevante Faktoren für die Wahrscheinlichkeit gesundheitlicher Konsequenzen gelten vor allem: Aufnahmeart, Häufigkeit des Gebrauchs und Dosierung, Free Basing und Injektionen als Konsummuster, hohe Verbrauchsmengen und regelmäßiger Gebrauch erhöhen das Risiko negativer Nebeneffekte" (Scheffler 1981 S. 357). Eine körperliche Abhängigkeit vergleichbar der des Heroins oder eine Toleranzbildung tritt offensichtlich nicht mit ein. „Schließlich stellt sich die Frage", so Julien (1997, S. 144), „welche neuronalen Mechanismen der Toleranz zugrunde liegen, die bei langzeitigem Kokaingebrauch entstehen. Trotz vieler ungeklärter Details steht fest, dass der chronische Kontakt der postsynaptischen Dopaminrezeptoren mit erhöhten Dopaminmengen, die sich durch die kokainbedingte Hemmung der Rückaufnahme ansammeln, dazu führt, dass zum einen die postsynaptische Zelle die Zahl ihrer Dopaminrezeptoren verringert und zum anderen die präsynaptische Zelle die Zahl ihrer Dopamintransportmoleküle erhöht. Folglich nimmt die Empfindlichkeit der postsynaptischen Zelle gegenüber Dopamin ab (da sie weniger Rezeptoren trägt) und die Fähigkeit der prosynapatischen Zelle, Dopamin aus dem synaptischen Spalt zurückzuholen, nimmt bei Abwesenheit von Kokain zu. Johanson und Fishmann bemerken in einem Übersichtsartikel über die physiologischen und adaptiven Mechanismen der Kokaintoleranz, dass das Ausmaß der Toleranzbildung offenbar begrenzt ist: Es ließ sich höchstens eine Verdoppelung beobachten. Überdies bildet sich eine entstandene Toleranz relativ schnell zurück".

Kokain ist keine harmlose Droge, wenngleich sich Abhängigkeit im physiologischen Sinne und Toleranzbildung nach aktuellem Kenntnisstand ausschließen lassen. Allerdings können chronische Kokainkonsumenten – wie Julien und auch Scheffler anführen – zwanghafte Gebrauchsmuster entwickeln. Diese können dazu führen, dass Konsumenten die Kontrolle über den Konsum verlieren und ihn auch trotz schwerwiegenden Nebenwirkungen und dem Wunsch, aufhören zu wollen, nicht einstellen. Zu den schwerwiegenden Nebenwirkungen zählen vor allem Wahnvorstellungen und Verfolgungsangst, aber auch Herzrhythmusstörungen, visuelle und taktile Halluzinationen. Die Psychopathologie bezeichnet diesen Symptomkomplex als „toxische paranoide Psychose". Wenn die oben angeführte Klassifizierung von weichen und harten Konsumenten zur Klassifizierung dieser Symptomkomplexe angewendet wird, so sprechen wir von einem hartem Konsummuster.

Abb. 8: Preise pro Gramm Kokain für Klein- und Großmengen
(Quelle: BKA (2002), OA 21 (Dienststelle))

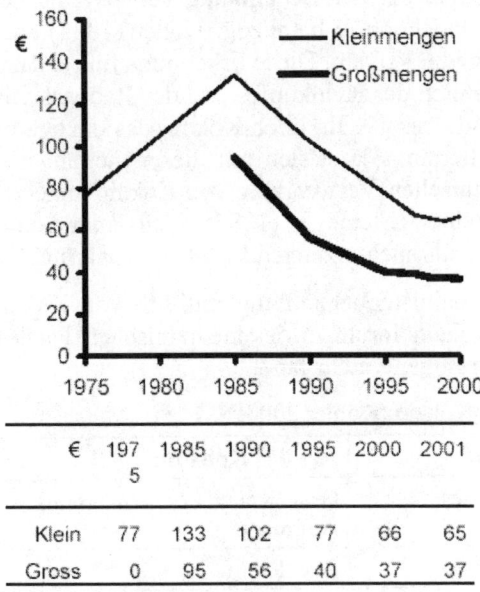

€	1975	1985	1990	1995	2000	2001
Klein	77	133	102	77	66	65
Gross	0	95	56	40	37	37

Abb. 9: Kokain-Base von Kokain
(Quelle: Zerell 2002)

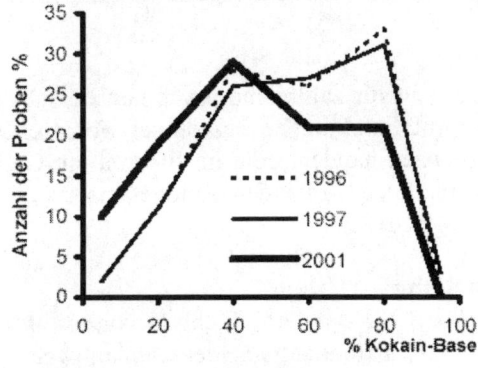

% der Proben	<20%	20-40%	40-60%	60-80%	>80%
1997	5%	20%	28%	31%	16%
1998	12%	25%	29%	29%	5%
1999	5,8%	18%	24%	46%	6,2%
2000	19%	32%	20%	24%	5%
2001	19%	25%	25%	27%	4%

3.4.2.5 Medizinische Anwendung

Im 19. Jh. war es u.a. Freud, der Kokain nicht nur zur Heilung Morphin-
süchtiger empfahl, sondern es auch bei der Behandlung von psychischen
Problemen wie Hysterie und Hypochondrie heranzog. Koller (1885) stieß
auf die anästhesierende Wirkung von Kokain. Diese Erkenntnis führte dazu,
Behandlungen an Augen, im Bereich des Kehlkopfes und des Rachens vornehmen zu können. Bis zum Ende des 19. Jh. blieb Kokain das einzige er-
hältliche Lokalanästhetikum. Allerdings lässt sich mit diesen Zeitangaben
auch der Niedergang der medizinischen Verwendung von Kokain angeben.
Es war insbesondere der Mediziner Erlemeyer (1886) – ein anerkannter
Suchtspezialist –, der von Kokain als suchterzeugende Substanz warnte.

Seine Untersuchungen zur Morphinistenbehandlung mithilfe von Kokain
waren so eindrucksvoll, dass Kokain fortan in der medizinischen Fachöffentlichkeit als Heilmittel keinen Zugang mehr fand.

Tab. 6: Darreichungsformen von Kokain (Köhler 2000, S. 115)

Produkt	Inhaltstoff	Art des Konsum
Cocablätter	Kokain(base)	Oral (Kauen oder trinken als Aufguss)
Cocapaste	Kokain(base)	Rauchen
Kokainpulver („Schnee")	Kokainhydrochlorid	Oral, nasal (Schnupfen), intravenös
Freebase und Crack	Kokain(base)	rauchen

3.4.3 Ecstasy

Ecstasy ist ein Szenebegriff. Er steht für zahlreiche psychoaktive Substanzen, die in der Pharmakologie mit Entaktogene bezeichnet werden. Dies
bedeutet, dass es sich um Substanzen handelt, „die im Inneren ein Gefühl
erzeugen". Zu den gängigen entaktogen wirkenden Amphetaminen zählen
z.Z. u.a. MDMA, MDA, MDE, MBDB.

3.4.3.1 Herkunft und Herstellung

Ecstasy wurde erstmalig im Jahre 1913 der Öffentlichkeit vorgestellt und
von der Firma Merck/Darmstadt zum Patent angemeldet. Geplant war diese
Substanz als Appetitzügler einzusetzen, doch kam die Vermarktung von
MDMA aufgrund seiner starken psychoaktiven Wirkung nicht zustande.
Ecstasy kommt als Monosubstanz nicht in der Natur vor, ist jedoch Bestandteil der Muskatnuss, deren besondere Wirkung seit Jahrhunderten bekannt ist.

Die Substanz MDMA geriet lange in Vergessenheit, bis Chemiker der US-
Army Anfang der 60er-Jahre seine Verwendung als Wahrheitsserum prüf-
ten.

Mitte der 60er-Jahre entdeckte der US-Chemiker Skulgin die Substanz für sich und testete sie in Selbstversuchen auf seine Brauchbarkeit für therapeutische Settings. MDMA empfahl sich für therapeutische Settings aus seiner Sicht dann, wenn Patienten nicht oder wenig in der Lage zu Introspektion waren. Vor allem in der psychotherapeutischen Szene der US-Amerikanischen Westküste war es bis in die 70er-Jahre ein häufig benutztes Mittel. Zu diesem Zeitpunkt tauchte MDMA – hier erstmalig als Ecstasy tituliert – in der Straßenszene kalifornischer Großstädte auf. In Europa war es vor allem die Baleareninsel Ibiza, auf der ca. 10 Jahre später vermehrt Ecstasy auf Tanzveranstaltungen in Diskotheken angeboten wurden. Spätestens ab diesem Zeitpunkt (1985) verbreitete sich der Konsum dieser Psychostimulanz in Europa recht schnell. Besitz und Herstellung von MDMA und anderen Entaktogenen ist in den USA seit 1985 und in Deutschland seit 1986 verboten.

Ecstasy zählt zu den Designer-Drogen. Ursprünglich war dieser Begriff vorgesehen für jene immer neu in ihrer Struktur veränderten Psychostimulanzen, die sich dadurch dem Zugriff des BtMG entzogen. Heute wird der Begriff weiter gefasst und bezieht sich auf jegliche synthetisch hergestellte psychoaktive Substanz. MDMA und andere Entaktogene werden überwiegend in illegalen Laboren hergestellt. Es kommt in den illegalen Handel überwiegend in Form von Tabletten. Sie erhalten manchmal einen farblichen Überzug oder eingeprägte Symbole. Beides soll dem User Hinweise auf die Besonderheit der entaktogen wirkenden Substanz vermitteln. MDMA wird fast ausschließlich oral konsumiert.

3.4.3.2 Wirkung auf den Organismus
Die Wirkungsdauer von MDMA ist auf 4-6 Std. begrenzt. Etwa 20-60 Minuten nach der Einnahme von Ecstasy treten erste Wirkungen auf. Zumeist beginnt von den Händen und den Armen her Wärme den gesamten Körper zu durchströmen.

Die kennzeichnende Wirkung des MDMA ist die intensive Wahrnehmung sowohl der eigenen Gefühle als auch der Umwelt. Gefühle können besser zum Ausdruck gebracht werden, Hemmschwellen nehmen ab. Es entsteht ein hohes Bedürfnis nach sozialen Kontakten und eine verstärkte Empfindung von Nähe. Berührungsempfindungen nehmen zu, gleichzeitig werden körperliche und seelische Schmerzen schwächer wahrgenommen, die Selbstakzeptanz sowie das Selbstwertgefühl werden gefördert. Alle Psychoaktiva verdanken ihre Wirkung der Fähigkeit, aktiv in die verschiedenen Schritte der synaptischen Signalübertragung einzugreifen.

Auch der biochemische Wirkungsmechanismus von MDMA erfolgt hauptsächlich im Gehirn und beeinflusst hier insbesondere das serotonerge Transmittersystem des Zentralnervensystems. Zusätzlich – jedoch mit geringerer Intensität – ist davon auch Dopamin und Noradrenalin als Transmittersystem beeinflusst.

Ähnlich wie beim Kokain, erzeugt MDMA auch eine Hemmung des „serotonergen Re-Uptake Mechanismus", was zur Folge hat, dass eine Wiederaufnahme von Serotonin in die Präsynapse nicht erfolgen kann. Anstelle des Serotonin wird MDMA durch den Re-Uptake Mechanismus in die Präsynapse aufgenommen, das freigesetzte Serotonin entfaltet seine Wirkung weiterhin an der Postsynapse. Zusätzlich verhindert MDMA die Aufnahme freier Serotoninmoleküle in die durch Membranen begrenzten synapatischen Bläschen, ihre Funktion besteht, außer im Transport der Neurotransmitter-Moleküle in der Nervenfaser, in ihrem Schutz vor abbauenden Enzymen. Hierdurch steigt die Konzentration von Serotonin in den Nervenendigungen stark an. Auch ohne dass ein elektrischer Impuls zur Präsynapse gelangt, wird das freie Serotonin in den synaptischen Spalt abgegeben. Damit unterliegt dieser Mechanismus keiner rezeptorvermittelten Kontrolle. Die zunehmende Freigabe von Serotonin und die Verhinderung der Serotoninaufgabe führen zu einer Entleerung der Serotoninspeichers. Vermutlich hemmt auch das MDMA das zelluläre Enzym, das für die Synthese von Serotonin benötigt wird. Der Organismus benötigt – von Mensch zu Mensch verschieden – 2-6 Wochen um seinen Serotoninhaushalt wieder aufzubauen (Kühnert 1999, S. 35ff.). Die biochemische Wirkung von MDMA vollzieht sich überwiegend im Gehirn. Die Resorption durch den Körper geschieht jedoch oral. Durch die Aufnahme in den Magen werden – bedingt durch das saure Milieu – schon viele Substanzen zerstört. Die Leber, die Galle, der Darm und die Nieren sind weitere Organe, die auf MDMA einwirken. Bedingt durch die Fettlöslichkeit der Substanz gelangt dann der restliche Teil über Blutstrom und Blutplasma in das Gehirn.

3.4.3.3 Toxizität, Abhängigkeitspotenziale und Gefahren vom MDMA

Neben den oben beschriebenen positiven Wirkungen des MDMA gehen die Konsumenten auch das Risiko auf Neben- und Nachwirkungen ein. Hauptsächlich negative Wirkungen der Droge sind Beschleunigung des Herzschlages, Anstieg des Blutzuckers, Überhitzung des Körpers (Hyperthermie), Muskelzittern und Angstzustände. Darüber hinaus kann sich das Sprachvermögen reduzieren, motorische Unruhe, Kopfschmerzen und Mundtrockenheit sind weitere Effekte. Da MDMA Gefühle wie Schmerz, Hunger, Durst und Erschöpfung kaum wahrnehmen lässt, besteht die Gefahr der Austrocknung und des Kollabierens.

„Wie Experimente zeigten, löst MDMA die Ausschüttung von Serotonin aus und verursacht in den meisten Nervenendigungen im Vorderhirn einen akuten Mangel an diesen Transmittersubstanz. Darüber hinaus führt es in Versuchstieren zu irreversiblen Zerstörung von Neuronen. Rivourte und Mitarbeiter gehen von einer ähnlich toxischen Wirkung bei Menschen aus. Möglicherweise ist MDMA also für Menschen äußerst gefährlich und sollte daher vermieden werden" (Julien 1997, S. 330). Dass MDMA eine toxische Wirkung bei Menschen ausüben kann, bestätigt eine Untersuchung von Thomasius. Er hat am Universitätskrankenhaus Eppendorf (UKE) im Auftrag des Bundesgesundheitsministeriums die weltweit größte Studie zu den Folgen des Ecstasy-Konsums verfasst.

Die Untersuchungen ergaben, dass bei Ecstasy-UserInnen Nervenenden im Gehirn verkümmern, dass das serotogene Neurotransmittersystem dermaßen geschädigt wird, dass eine deutlich verminderte neuronale Aktivität festzustellen ist.

Diese „verminderte neuronale Aktivität" wirkt sich besonders auf die Gedächtnisleistung aus und ist noch Monate nach dem letzten Ecstasy-Konsum feststellbar. Zu diesem Ergebnis kommen auch Zakzanis und Young, die bei einer Versuchsreihe nachweisen konnten, dass wiederholter MDMA-Konsum mit verschiedenen Aspekten von Gedächtnisschwund assoziiert ist. Die Untersuchungen des UKE ergaben bei den Testpersonen stark eingeschränkte Gehirnaktivitäten. Hauptsächlich Dauerkonsumentinnen haben demzufolge Leistungsminderungen des Gehirns zu befürchten, u.a. der Gedächtnisleistung, aber auch psychische Störungen wie Halluzinationen und Panikattacken. Laut der Studie ließen sich bei 8% der KonsumentInnen diese Phänomene auf den Konsum von Ecstasy zurückführen, bei weiteren 8% auf den Gebrauch von anderen Drogen und 14% auf den Mischkonsum mehrerer Substanzen. Im Vergleich sind DauerkonsumentInnen mit 49% auffällig häufiger durch psychotische Störungen beeinträchtigt als GelegenheitskonsumentInnen mit 22% und ProbierkonsumentInnen mit 0%. Nach sofort auftretenden psychischen Störungen können so genannte Restzustände oder verzögert auftretende Störungen sich zeigen, darunter u.a. Störungen der Denkleistung, manische und depressive Verstimmungen und Nachhalleffekte (sog. „Flashbacks" – die Wirkung von Ecstasy tritt ein, obwohl kein Konsum stattgefunden hat). Drei Viertel der DauerkonsumentInnen haben demnach mindestens eine Störung aus der Kategorie „Restzustände", bei 76% war Ecstasy die Ursache. Die GelegenheitskonsumentInnen waren zu 68% in dieser Kategorie vertreten, hier war bei 40% die Ursache im Ecstasy-Konsum zu suchen, gefolgt vom polytoxikomanen Drogenkonsum mit 18% (Thomasius 2000).

3.4.4 Cannabis

Aus Cannabis Sativa, dem indischen Hanf, werden Haschisch und Marihuana gewonnen. Marihuana ist ein Gemisch aus getrockneten Blättern, Blüten und Stängeln der Pflanzen, während Haschisch aus dem Sekret der weiblichen Pflanze gewonnen wird. In Indien wurde Cannabis als Geschenk der Götter verehrt. Angenommen wurde, es sei aus einer Metamorphose von Vismus Haaren entstanden und man versah es deshalb mit dem schmückenden Beiwort „Ananda", das heißt „Quell des Glücks". Der Wirkstoff des Cannabis THC bindet sich an spezifische Cannabisrezeptoren in Gehirn und anderen Geweben sowie körpereigenen cannabisartigen Substanzen mit dem Namen Anandamid.

3.4.4.1 Herkunft und Geschichte

Offensichtlich ist die Heimat des Hanfes (Cannabis Sativa) der große zentralasiatische Raum zwischen der Mongolei und dem Kaukasus. Erste Hinweise, so Kessler (1991, S. 22-81) auf die Existenz von Cannabis und seine Verwendung als Rausch und Arzneimittel sind in einem Lehrbuch über Botanik und Heilkunde des chinesischen Kaisers Shen-Nung, Veröffentlichungsdatum etwa 2700 v. Chr., nachzulesen. Über die Skyten – ein Reitervolk aus dem damaligen Persien – ist der Gebrauch von Cannabis Sativa (Haschisch und/oder Marihuana) bis nach Osteuropa und Skandinavien gelangt.

Der Gebrauch und der Anbau von Hanf als Nutzpflanze sind in Europa schon vor der christlichen Zeitrechnung nachweisbar. Hanf wurde zur Herstellung von Tauen, Segel und Dichtungsmaterial ebenso benötigt, wie es zur Herstellung von Gebrauchsgütern im Haushalt verwendet wurde. Hauptanbaugebiet waren im 3. Jh. v. Chr. (Kessler 1991) Gallien und Sizilien. Als Rauschmittel wurde Hanf zu diesem Zeitpunkt in Europa eher selten verwendet. Das änderte sich zum frühen Mittelalter hin. Ab dem 8. Jh. war Hanf eine der wichtigsten Nutzpflanzen in Europa. Und somit lag auch die Möglichkeit nahe, Cannabis nicht nur zu Zwecken der Herstellung von Gebrauchsgütern zu verwenden, sondern auch als Rausch- und Genussmittel.

Die Einführung von Tabak und Kaffee ab dem 16. Jh. in Europa hatte zur Folge, dass sich Cannabis zunehmend als Genussmittel nur noch in ländlichen Gebieten halten konnte. In Westfalen nannte man dabei ein Gemisch von Tabak und Cannabisstängeln „Canasta". Canasta wurde bis weit in das 19. Jh. in extra dafür angefertigten Pfeifen geraucht. Zusätzlich kam mit der Herstellung des Branntweins in Deutschland eine neue „Rauschkultur" auf, bei der der Konsum von Cannabis weniger gefragt war. Die Einführung der Genussmittel Kakao und Tee trug letztendlich dazu bei, dass Cannabis als Rauschmittel weitgehend in Vergessenheit geriet.

Es blieb Napoleon vorbehalten, Cannabis in Europa im 19. Jh. wieder bekannter zu machen. Nach seinem Krieg gegen Ägypten verbreiteten sich in Frankreich euphorische Geschichten über Haschisch, die insbesondere die Bohemienszene um Gaultier und Baudelaire in Paris veranlassten, Haschisch selbst zu konsumieren. Ein „Club des Hachichin" (1846) kultivierte diesen Konsum in der Folgezeit mit dem Effekt, dass Cannabis bis weit in das 20. Jh. von der Boheme, Intellektuellen, Künstlern etc. konsumiert wurde. In Deutschland wurden insbesondere Berichte von E. Bloch und W. Benjamin über Haschisch-Konsum bekannt. Eine neue Qualität des Cannabiskonsums entwickelte sich Ende der 60er-Jahre des letzten Jahrhunderts.

Cannabis wurde zum Symbol der APO und der Gegenkultur, und das politische System entwickelte Druckmittel um die nachwachsende Generation zu reglementieren. Eingebunden waren in diesen Reglementierungsdiskurs nicht nur Politiker, sondern auch Wissenschaftler, die Presse, besorgte Elternvertreter etc. Vertreter der Psychiatrie nahmen die allgemeine Hysterie um den Gebrauch von Cannabis durch junge Menschen zum Anlass, von Cannabis-Entzugspsychosen (Keup) zu sprechen, eine „Domino Theorie" aufzustellen, der zufolge der Konsum von Cannabis unweigerlich und zwangsläufig mit dem Konsum von Opium und Heroin verbunden sei. Letztendlich wurde ein „amotivationelles Syndrom" (Keup) kreiert, das Cannabiskonsumenten wegen Lustlosigkeit Persönlichkeitsstörungen unterstellte.

Die Frontstellung gegenüber Cannabiskonsumenten bezog ihre Legitimation jedoch nicht aus einer wissenschaftlichen Analyse zum Thema, sondern aus einer Kampagne, die schon in den 20er-Jahren des vorherigen Jahrhunderts von dem damaligen leitenden Beamten des FBN (Federal Bureau of Narcotics), Harry Anslinger, initiiert wurde. Er erfand ebenso die „Domino-Theorie" wie er auch in zahlreichen Stellungnahmen, Pamphleten und groß angelegten Kampagnen gegen Cannabisanbau und Konsum solange zu Felde zog, bis alle US-amerikanischen Bundesländer um 1935 den Gebrauch von Cannabis verboten.

Nach der Gründung der UNO wurde Anslinger mit Hilfe der USA zum Vorsitzenden der UN-Drogenkommission bestellt. Mit der Verabschiedung der Single Convention gelang es ihm, jene Sanktionen gegen den Anbau und Gebrauch von Cannabis aufrechtzuerhalten, die schon in der zweiten Opiumkonferenz von 1925 für die Mitglieder des damaligen Völkerbundes verbindlich verabschiedet wurden.

Die Motive zu ergründen, die Anslinger wider besseren Wissens (vgl. La Guardia Report, 1944) und gegen alle politischen Widerstände und Bedenken dieser „moralischen Kreuzzüge" gegen Cannabis und seine Konsumenten bewogen haben, ist nicht einfach. Einleuchtend erscheinen die Auffassungen von Kesseler (1991, S. 22ff.). Er führt eine fundamentalistische/rassistische Argumentation, der zufolge Anslinger motiviert war, Cannabis deshalb zu verfolgen, weil er sich die Auffassung einer von ihm in Auftrag gegebenen Studie über Marihuanabeschreibung zu eigen machte, die in der Aussage gipfelte: „Die herrschende Rasse und die aufgeklärtesten Länder sind alkoholisch, derweil Rassen und Nationen, die Hanf und Opium verfallen sind, sowohl geistig als auch physisch zu Grunde gegangen sind" (Kessler 1991, S. 38).

Anslinger sah sich offenbar als Retter der weißen USA, dem jedes Mittel recht war, seine Sicht der Dinge durchzusetzen – und dies nicht nur innerhalb der USA, sondern weltweit.

Die Einstellungen gegenüber Cannabis und anderen psychoaktiven Substanzen, die heute in unserer Gesellschaft noch vorhanden sind, um den Gebrauch von Cannabis zu sanktionieren und ihre Konsumenten zu stigmatisieren, entstammen diesem Kontext. Auch wenn sich die Auffassungen über Toxizität und Gefährlichkeit von Cannabis von ihrem ursprünglichen Kontext gelöst haben, bekunden sie als „Volksmeinung" nach wie vor eine rationale Cannabispolitik.

3.4.4.2 Herstellung und Applikationsformen

Während in den letzten Jahren eine Industrialisierung der Produktionsweisen von Heroin und Kokain stattgefunden hat, und die Sortenvielfalt dieser Drogen durch chemische Aufbereitung standardisiert wurde, blieben Cannabisprodukte weitgehend naturbelassen und wurden nicht unter Zusatz von Chemikalien verändert.

Die Verarbeitung von Cannabis-Pflanzen erfolgt zu verschiedenen Cannabis-Produkten. Man kann unterscheiden zwischen Cannabis-Kraut, Cannabis-Harz und Cannabis-Konzentrat:

• Cannabis-Kraut wird allgemein als Marihuana bezeichnet. Hierbei werden die getrockneten zerkleinerten Blätter der Pflanze mit den oberen Abschnitten der Blüten und Stängelanteilen in ein Mischungsverhältnis gebracht und unter Verwendung eines Deckblattes als „Joint" in eine zigarrenähnliche Form gebracht.

• Cannabis-Harz wird allgemein als Haschisch bezeichnet. Hierbei wird durch Kochen der Cannabisblüten bzw. der Blütenstauden auf der Oberfläche des Wassers Harz freigesetzt und abgeschöpft. Das abgeschöpfte Harz wird getrocknet und zu Platten von 200 bis 500g gepresst, manchmal unter Zusatz von Pflanzenresten. Die Haschisch-Platten werden in lichtundurchlässigen Plastikfolien verschweißt, um Aroma und Wirkstoff nicht zu reduzieren.

• Cannabiskonzentrat wird zumeist als Haschischöl, einem sirupähnlichen Extrakt, produziert. Relativ häufig wird dabei das zerkleinerte Cannabiskraut in einen Destillationsapparat erhitzt, wobei das die Cannabinoide enthaltende Harz verdampft. Man erhält einen rot-bräunlichen Extrakt mit einem hohen Wirkstoffgehalt.

Cannabis wird in verschiedenen Regionen der Welt angebaut: Afghanistan, Libanon, Marokko, Mexiko, USA und Indien sind nur einige der Länder, in denen dies geschieht. Darüber hinaus werden – vor allem in den Niederlanden – in Treibhauskulturen Cannabispflanzen angebaut, auch in Deutschland – insbesondere innerhalb von Maisfeldern – lassen sich immer wieder Cannabiskulturen feststellen.

Die Qualität des Cannabis ist abhängig von der jeweiligen Anbauregion. Jede Region verleiht dem Cannabis aufgrund der speziellen Bodenbeschaffenheit, der Sonneneinstrahlung und der Feuchtigkeitszufuhr einen besonderen Akzent. Jede Grundsorte – wie z.B. Libanon, Afghan etc. besitzt eine Spitzenqualität und viele von der Qualität schwächer einzustufende Sorten. Der Name, wie z.B. Maroc-Standard, sagt etwas über das Anbaugebiet und die Qualität aus. Überwiegend wird Cannabis geraucht oder inhaliert. Die verbreitete Form ist das Rauchen eines „Joints". Dazu mischt man Marihuana oder Haschisch-Krümel und Tabak und stellt sich mittels Zigarettenpapier einen Joint her. In einigen Regionen der Welt – so z.B. in Südamerika – wird Cannabis auch ohne Tabakzusatz geraucht. Das Haschisch-Öl wird auf eine fertige Zigarette getropft. Darüber hinaus gibt es für den inhalativen Konsum spezielle Rauchgeräte wie Wasserpfeife oder andere Pfeifenarten. Cannabis kann auch Speisen und/oder Getränken zum Verzehr zugefügt werden, so z.B. mit Gebäck oder Brot, aber auch mit Tee konsumiert werden (vgl. Behr 1970). Als Droge wird Cannabis jedoch nicht nur mit den Namen Marihuana und Haschisch bezeichnet, je nach der Region sind auch Charas, Bhang, Ganja und Sinsemilla Bezeichnungen für Cannabisprodukte. Charas ähnelt dabei dem Haschisch, wobei Bang, Ganja und Sinsemilla dem Marihuana gleichen. Die Unterschiede ergeben sich jedoch jeweils durch die Anbauregion.

3.4.4.3 Wirkung auf den Organismus

Cannabis erhält eine große Anzahl von Wirkstoffen, die hier nicht alle aufgezählt werden sollen. Sein wichtigster psychoaktiver Wirkstoff ist Tetrahydrocannabinol (THC). Wenn auch die Wirkung auf die Psyche bei der Einnahme von Cannabis im Vordergrund steht, so wirkt das THC auch auf andere Organsysteme ein. Neben Psyche, Wahrnehmung und Denkfähigkeit sind psychomotorische Leistungsfähigkeit, das Nervensystem, aber auch das Immunsystem in unspezifischer Weise betroffen. Die Frage nach dem körpereigenen Ligand von THC ist mittlerweile beantwortet. Es ist das Arachidonsäurederivat Anandamid, das sich spezifisch an die Cannabinoidrezeptoren bindet. Insofern entspricht Anandamid offensichtlich den wesentlichen Kriterien, die es als Agonist des Cannabionidrezeptors erfüllen muss.

Anandamidrezeptoren sind in der Hirnrinde, im Stirnbereich, in den Basalganglien und im Kleinhirn zu finden. Über diesen Hirnbereich werden u.a. auch die Bewegungsabläufe gesteuert (Julien 1997, S. 353ff.). Neuere Forschungen belegen, dass das menschliche Immunsystem nicht durch die Einnahme von Cannabis geschädigt wird. Allerdings hat es einen geringfügigen Einfluss auf den Hormonhaushalt des Menschen, der jedoch ohne Einfluss auf die menschliche Fruchtbarkeit bleibt (Schnelle 2000, S. 43-55). Allerdings kann es u.a. zu psychotropen Effekten kommen, die von Konsumenten als unangenehm empfunden werden. Sie entsprechen jedoch keineswegs den gefürchteten Horror-Trips, die sich u.a. beim Konsum von LSD einstellen können.

Der THC-Gehalt von Marihuana liegt allgemein bei 3-4%, während der des Haschisch bei 8-10% liegt. In der Regel – so Julien (1997, S. 360ff.) – sind etwa 25-50% der in einem Joint enthaltenden THC-Menge im Rauch auch verfügbar und durch die Inhalation wird zusätzlich THC nicht aufgenommen. Einige Minuten nach der ersten Inhalation treten verhaltenswirksame Effekte auf, die etwa nach 3 Stunden abklingen. Wird Cannabis mit Hilfe von Gebäck oder Tee zu sich genommen, setzen die Effekte zeitlich versetzt nach einer halben bis einer Stunde ein und dauern auch etwa 3-4 Stunden. Angenehme Effekte des Cannabiskonsums sind Heiterkeit, Euphorie, Entspannung, erhöhte Sensibilität und Einwirkungen auf Musik- und Farbenerkennung. THC wird vor allem durch den Stoffwechsel in der Leber abgebaut. Dass Erstkonsumenten nach dem Konsum nur wenige Sensationen erleben, hängt u.a. auch damit zusammen, dass die Leberzellen erst bei mehrmaligem Konsum imstande sind, Stoffwechselprozesse durchzuführen. (Enzymindikation)

3.4.4.4 Abhängigkeitspotenzial, Toxizität und Gefahren

Keups unselige Dominotheorie, der zufolge der Gebrauch von Cannabis unweigerlich in den Heroinkonsum mündet, muss zurückgewiesen werden.

„Seit langem wird immer wieder der Verdacht geäußert, Cannabisdrogen riefen ein ‚Amotivationssyndrom' hervor, führten also zu Antriebsverlust, und schädigten überdies das Gehirn. Doch gibt es bislang keine überzeugende Hinweise, die diesen Verdacht stützen können, weder in der einen noch in der anderen Hinsicht. Westlake und Mitarbeiter untersuchten die Cannabinoidrezeptoren in den Basalganglien, in der Großhirnrinde, im Hypocampus und im Kleinhirn von Ratten und Affen, denen sie chronisch THC und Marihuana verabreicht hatten, und konnten nach der Verabreichung keine irreversiblen Veränderungen hinsichtlich der Rezeptoren feststellen" (Julien 1997, S. 367).

Nach allgemeiner Ansicht führt der Konsum von THC zu einer leichten Toleranzbildung, jedoch nicht zu einer Abhängigkeit. Worauf die Toleranzbildung der THC letztendlich beruhen konnte, ist jedoch noch nicht geklärt, wahrscheinlich, so Geschwinde (1998, S. 40) – hängt dies von einer verminderten Empfindlichkeit des zentralen Nervensystems ab. Hinsichtlich der körperlichen Abhängigkeit führt Julien (Julien 1998, S. 371) an: „Es ist hinreichend belegt, dass auch nach chronischem und massivem Gebrauch von Cannabisprodukten kein Entzugssyndrom mit schweren Symptomatologie auftritt. Eher als eine körperliche Abhängigkeit kann allerdings eine gewisse psychische Abhängigkeit, also ein starkes Verlangen nach den Drogen entstehen."

Welche Gefahren können auf den Drogenkonsumenten zukommen? Kleiber führt in einer Studie aus: „Der Konsum von Cannabis ist beim Stand des Wissens im allgemeinen nicht mit einer Verschlechterung der psychischen

Gesundheit bzw. des psychischen Wohlbefindens verbunden" (Kleiber 2000, S. 17). Allerdings kann Cannabis dann eine negative Funktion für das psychosoziale Befinden von Konsumenten annehmen, wenn diese Substanz zur Kompensierung negativer psychoaktiver Befindlichkeiten benutzt wird. Der in der Literatur verbreiteten Einstellung, Cannabis könne Gedächtnisleistungen beeinflussen oder gar reduzieren, tritt Kleiber entgegen (2000, S. 19). Vorsichtiger ist seine Einschätzung in Hinblick auf die Beantwortung der Frage, ob Cannabis verantwortlich bei der Entwicklung von Schizophrenie sei oder das Risiko psychotisch vorbelasteter Personen, an Schizophrenie zu erkranken, erhöhe. „Eine diesbezügliche Einschätzung ist leider nach wie vor uneindeutig. Eine abschließende Beurteilung ist deshalb noch nicht möglich" (Kleiber 2000, S. 23).

Unter persönlichkeitspsychologischen Gesichtspunkten haben Kleiber u.a. unter Zuhilfenahme von DSM-IV Kriterien für Substanzabhängigkeit im Hinblick auf psychische Abhängigkeitspotenziale von Cannabiskonsumenten folgende Einschätzung abgegeben. „Eine psychische Abhängigkeit vom Cannabistyp entsprechend der Kriterien der neuesten Version des diagnostischen und statistischen Manuals psychischer Störungen (DSM-IV, vgl. American Psychiatric Association 1994) ließ sich in der von BMG geförderten Studie (Kleiber u. Söllner 1998) nur bei 2% der aktuellen Konsumenten feststellen" (Kleiber 1998, S. 23). Interessant ist in diesem Zusammenhang noch die von Kleiber diskutierte Frage nach der Fahrtüchtigkeit von Cannabiskonsumenten. Dass Leistungseinbußen vor allem im Bereich der Aufmerksamkeit, Gedächtnis und Reaktionsvermögen als Folge von Cannabiskonsum anzusehen sind, bestätigt auch Kleiber (1998, S. 28). Er hält resümierend hierzu fest, „dass im akuten Rauschzustand die Fahrtüchtigkeit beeinträchtigt ist. Diese Beeinträchtigung hängt – analog zur Alkoholwirkung – von der Dosis, von der Art der erforderlichen Leistung und von Gebrauchsmuster (geringer bis stärker usw.) ab. Die Cannabiswirkung der ersten Stunde betrifft vor allem die komplexen, kontrollierten Leistungen. Ab der zweiten und dritten Stunde können eventuelle Ausfälle durch kompensatorische Austragungen vollständig ausgeglichen werden. Automatisierte Leistungen hingegen sind länger (bis zu drei Stunden) herabgesetzt und können nicht kompensiert werden" (Kleiber 1998, S. 29).

3.4.4.5 Medizinisch/therapeutische Verwendung

Als Heilmittel genoss Cannabis im mittelalterlichen Europa bis weit in die Neuzeit hinein ein hohes Ansehen. Die Kampagne um die „Todesdroge Cannabis" (Anslinger) und zahlreiche ideologisch eingefärbte Diskussionen zur Gefährdung der Jugend durch Cannabis haben diese auch psychoaktiv wirkende Pflanze in Misskredit gebracht. Erst in den letzten Jahren hat man sich nicht nur mit dem angeblichen Gefährdungspotenzial von Cannabis beschäftigt, sondern auch versucht, seinen möglichen Nutzen für den Menschen herauszustellen. Bezogen auf die therapeutische Verwendung lässt sich zunächst festhalten, dass Cannabis eine geringere akute und chronische Toxizität hat, daher als ausgesprochen sicheres Medikament gelten kann (Schnelle 2000, S. 47).

Hinsichtlich der Anwendung von Cannabis für den medizinisch/therapeutischen Bereich kommt Schnelle zu folgender Einschätzung:

• Eine Fülle von Einzelfallberichten belegt, dass Cannabis eine gute Wirksamkeit in der Behandlung von Migräne zu bescheinigen ist.

• Andere Schmerzzustände: Zur Behandlung von leichten bis mittelgradigen Schmerzen ist Cannabis gut geeignet. Bei starken Schmerzen ist eine Kombination mit Opiaten sinnvoll, wobei die Dosisreduktion bei den nebenwirkungsreichen Opiaten möglich wird.

• Krämpfe und Bewegungsstörungen: Die entspannende und schmerzhemmende Wirkung ist besonders ausgeprägt bei Spastik infolge multipler Sklerose oder Rückenmarkschädigung sowie auch Menstruationsbeschwerden.

• Glaukom: Cannabis senkt den Augeninnendruck, indem es den Abfluss des Kammerwassers verbessert. In Form öliger Augentropen ist der Effekt der konventionellen Augentropfen wie Pilo vergleichbar.

• Asthma: Cannabis erweitert die Bronchien. Um das schleimhautschädigende Rauchen zu umgehen, sollten Aerosole entwickelt werden.

• Neurodermitis: Hier addieren sich 3 Effekte: THC wirk zentral juckreizhemmend, andere Cannabinoide haben einen antientzündlichen Effekt; Hautöl hat mit 2% einen ungewöhnlich hohen Anteil an Gummi-Linolen-Säure, der eine ausgeprägte Wirksamkeit bei dieser Hauterkrankung zugeschrieben wird (Schnelle 2000, S. 48).

Abb. 10: Preise pro Gramm für Klein- und Großmengen
(Quelle: BKA (2002. OA 21 (Dienststelle))

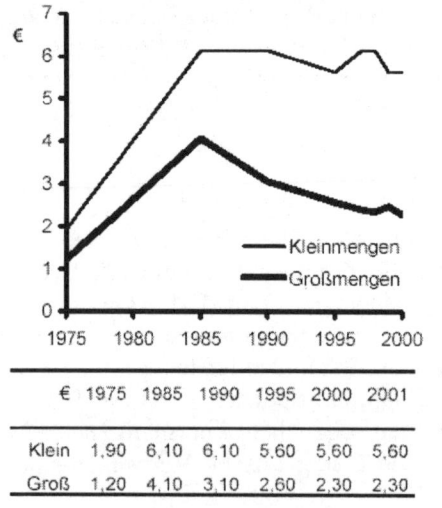

€	1975	1985	1990	1995	2000	2001
Klein	1,90	6,10	6,10	5,60	5,60	5,60
Groß	1,20	4,10	3,10	2,60	2,30	2,30

Abb. 11:   THC-Gehalt von Haschisch (Quelle Zerell 2002)

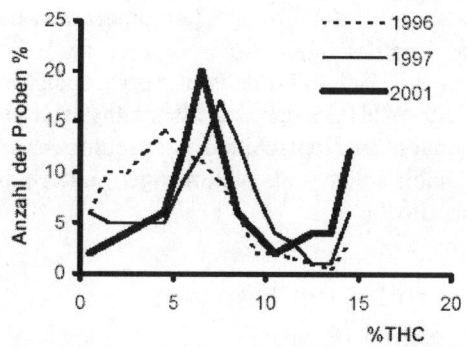

% der Proben	>3%	3-6%	6-9%	9-12%	>12%
1997	16%	19%	42%	15%	8%
1998	9%	17%	47%	13%	14%
1999	7,5%	13%	43%	20%	16%
2000	10%	16%	46%	11%	17%
2001	9%	23%	39%	9%	20%

Tab. 7:   Folgen chronischen Cannabiskonsums (Köhler 2000, S. 150)

Störungsbild	Beschreibung	Kommentar
Obstruktive Bronchialerkrankungen	Verlegungen der Atemwege	Gut gesichert
Tumoren im Mund-Rachenbereich und der Atemwege	Mundhöhlen-, Rachen-, Kehlkopf- u. Bronchialkarzinome	Gut gesichert
Störungen des Immunsystems	u.a. höhere Anfälligkeit gegenüber Infektionen	Nicht unwahrscheinlich
Fertilitätsstörungen	Verminderte Spermiogenese; gestörte Fertilität bei Frauen	Nicht auszuschließen
Schädigungen des Fötus	Gehäufte Abgänge; verringertes Geburtsgewicht	Gut dokumentiert
	Verhaltensstörungen in späteren Jahren	Nicht sicher zu belegen
	Gehäuftes Auftreten von Leukämie in späteren Jahren	Bleibt zu bestätigen
Induktionen von schizophrenen Psychosen	Entwicklung v.a. paranoid-halluzinatorischer Symptomatik	Kausalrelationen unklar
Kognitive Einschränkungen	Störungen v.a. von Gedächtnisleistungen	Diskrete Einschränkungen wahrsch.
Amotivationales Syndrom	Zunehmender Motivations- und Interessenverlust	Kausalreaktionen unklar

119

Allgemein bekannt dürften mittlerweile die brechreizunterdrückenden Effekte von Cannabionoiden sein, da sie im Rahmen von Chemotherapien bei Krebspatienten eingesetzt werden. Ebenfalls bei Krebs – aber auch bei AIDS-Patienten – wurde Cannabis zur Behandlung von Appetitlosigkeit eingesetzt. Ab dem 1.2.1998 ist Delta-9-THC (Marinol) als synthetisch gewonnener Hauptwirkstoff von Cannabis in Deutschland nach einer Änderung des BtMG verschreibbar. Cannabis selbst – als Naturdroge – unterliegt immer noch den Bestimmungen des BtMG.

Exkurs: Kann es einen kontrollierten Konsum von Heroin und Kokain geben?

Die Drogenpolitik und der Mainstream in der theoretischen Diskussion um Ursachen und Verlaufsformen des Konsum illegaler psychoaktiver Substanzen sind sich in Bezug auf die oben formulierte Fragestellung einig: in der Regel führt der Konsum von Kokain und Heroin zwangsläufig und auf Dauer gesehen in die Abhängigkeit.

Eine Diskussion der in Rede stehenden Fragestellung soll hier auf zwei Ebenen geführt werden:

• zum ersten auf der formalen Ebene der Begriffsbildung in der Beantwortung der Frage nach Geschichte und Funktion des Begriffes der Abhängigkeit;

• zum zweiten auf der empirischen Ebene in der Beantwortung der Fragen: wie häufig ist kontrollierter Konsum von Heroin und Kokain in der Allgemeinbevölkerung, und wie funktioniert kontrollierter Konsum?

Zur Begriffsbildung „Abhängigkeit"

Abhängigkeit wurde hier bislang im Kontext pharmakologischer Sichtweise diskutiert. Der Organismus reagiert auf eine ihm zugeführte psychotrope Substanz mit Toleranzbildung, die dann in Abhängigkeit umschlagen kann, wenn starkes körperliches Unwohlsein dem Absetzen der Substanz folgt, das durch Wiedereinnahme kompensiert werden kann. Andererseits – so sieht es die Lernpsychologie – kann Abhängigkeit dann entstehen, wenn durch Wohlempfinden beim Konsum bedingt, ein mehr oder minder starkes Verlangen nach der Substanz im Individuum auftritt, das immer wieder befriedigt werden will. Dagegen bestimmt die Internationale Klassifikation psychischer Störungen (ICD-10) bzw. das diagnostische und statistische Manuel psychischer Störungen (DSM IV) Abhängigkeit mit Hilfe eines Kriterienkataloges (8 bzw. 9 Kriterien), von denen mindestens drei irgendwann während des letzten Jahres erfüllt sein müssen, um die Diagnose Abhängigkeit zu rechtfertigen (vgl. zu DSM-IV + ICD 10 auch Kapitel 5). Uchtenhagen spricht insofern von einem „Spektrum von Abhängigkeitssyndromen" und betont, dass Abhängigkeit kein einheitliches Erscheinungsbild biete (Uchtenhagen/Zieglgänsberger 1999, S. 5).

Es lassen sich noch eine Reihe von Beschreibungen und Definitionen finden, die mit dem Vorstehenden eines gemeinsam haben: Es sind theoretische Konstrukte, die unserer Wahrnehmung so nicht zugänglich sind und insofern lediglich Erklärungsmodelle für gewünschte und/oder unerwünschte Verhaltensweisen sein können.

Ihren Ursprung haben die Definitionsmuster zur Bestimmung von Abhängigkeit in den Bemühungen der Weltgesundheitsorganisation (WHO), der Kritik der Mitglieder der WHO an den 1952 eingeführten Suchtbegriff zu entsprechen: eine neue präzisere Beschreibung bzw. Definition des Phänomens der Bindung an Drogen zu entwickeln.

Nach Auffassung der WHO-Experten erfüllt der Begriff der Abhängigkeit mehr als der vage Suchtbegriff die Ansprüche nach einer präziseren Begrifflichkeit, da die Heterogenität der Drogen keinen einheitlichen Begriff von Sucht mehr zuließ. Drogenabhängigkeit wurde definiert als „ein Zustand, der sich aus der wiederholten Einnahme einer Droge ergibt, wobei die Einnahme periodisch oder kontinuierlich erfolgen kann. Ihre Charakteristika variieren in Abhängigkeit von der benutzten Droge" (Scheerer/Vogt 1989, S. 15). Die Zuordnung von Abhängigkeit und spezifischer Droge ermöglichte die Klassifizierung von Abhängigkeitstypen wie Herointypus, Marihuanatypus etc., gab aber auch einen Rahmen vor, der eine breite Palette von Prozessbeschreibungen zuließ, die sich beliebig erweitern ließen. Die heute problematisierte Unterscheidung von stoff- und nichtstoffgebundener Abhängigkeit hat hier ihren Ursprung ebenso wie die Problematik der seinerzeit nicht vorgenommenen Einstufung der Droge Nikotin in den Katalog der Abhängigkeitstypen. Scheerer/Vogt bemerken hierzu im Anschluss an Schenk (1975), dass dieser Begriff dem Ziel einer wissenschaftlichen Begriffsbildung insofern nicht gerecht würde, als es bei der Bestimmung von Abhängigkeit nicht nur darum gehe, den Grund und Typus der Drogenabhängigkeit zu bestimmen, sondern zunächst festzulegen, wann und ob von einer Drogenabhängigkeit bei jeder einzelnen Substanz gesprochen werden könne (vgl. Scheerer/Vogt 1989, S. 15f.). „Eine Droge hat nicht die Eigenschaft, psychisch abhängig zu machen, sondern sie ist eine mögliche Reaktion des Individuums auf die unmittelbare Wirkung der Droge hin, die spezifisch für dieses Individuum ist. Wesentliche Teile des Fragenkataloges der WHO-Expertengruppe meinen somit eigentlich nicht die Droge selbst, sondern die Antwort des Individuums auf die Wirkung der Droge. Das Verlangen oder die Gier nach der Droge mag sich bei einem Individuum herausbilden, beim anderen nicht. Der Begriff der Drogenabhängigkeit aber leistet der falschen Vorstellung Vorschub, als ob die Drogen selbst die Abhängigkeit erzwingen" (Scheerer/Vogt 1989, S. 16).

In der Beurteilung nach der Funktion eines solchen Begriffes von Abhängigkeit gelangt man daher schnell zum Schluss, dass diese eher politischer Intention als wissenschaftlicher Zuordnung ist. Die beliebige Ausdehnung der Anzahl von Stoffen, denen Abhängigkeitspotenziale unterstellt wurden oder werden, dient weitgehend dazu dem Suchtstoff-Kontroll-Abkommen der UN (1961/1971+1988) eine quasi-wissenschaftliche Legitimation zu geben, der sich interessierte Mitgliedsstaaten dann bedienen können, wenn ökonomisch fundierte Interessenpolitik im Mantel der Besorgnis um das Wohl der Weltbevölkerung konfliktfrei durchgesetzt werden soll. Terminologisch gesehen hat der Begriff der Abhängigkeit insofern – sieht man von seinem Missbrauch durch Interessenpolitik einmal ab – lediglich die Funktion zu katalogisieren, nicht aber die wissenschaftlich notwendige Tiefe einer exakten Definition. Diese hatte neben der Katalogisierung auch die Bedingungen der Möglichkeit von Abhängigkeit zu prüfen und festzulegen.

Zur Empirie des kontrollierten Umgangs mit Kokain und Heroin

Abweichendes Verhalten entwickelt sich dann bei Individuen, wenn deviante Einstellungen gegenüber konventionellen Einstellungen bei Menschen überwiegen und die gesellschaftliche Reaktion die Verlagerung solcher Einstellungen in Richtung Abweichung das Individuum dazu bringt, sich in den sozialen Kontexten der Devianz einzurichten. Damit einher geht die Übernahme der in diesen Kontexten angebotenen Rollen und Positionen durch das Individuum und die Herausbildung einer Teilidentität (Keupp), die über besondere Bedeutungszuschreibungen in das Konzept von Identität des Individuums integriert werden können. Diese der Devianztheorie von Sutherland (Sutherland 1968, S. 395ff.) und Auffassungen des symbolischen Interaktionismus (Becker 1981) entliehene Beschreibung, die auch zur Verdeutlichung der sozialen Entwicklung zu Drogenkonsumenten verwendet werden kann, lenkt den Blick auf den dieser Entwicklung zugrunde liegenden Prozesscharakter und der damit verbundenen Aneignung von Regeln und Werten zur Bewältigung des Drogenkonsums. In der Drogenforschung sind solche Regeln und Werte lange nur im Zusammenhang mit der Entstehung und Bewältigung der Abhängigkeit beschrieben worden, wobei als ausschlaggebend für die Entstehung der Abhängigkeit die pharmakologische Wirkung der Droge und der Persönlichkeitsdispositionen des Users angeführt wurden. Es war u.a. Zirnberg, der die Bedeutung des sozialen Kontextes, in dem konsumiert wird, für die Entwicklung von Abhängigkeit angeführt hat. Zirnbergs empirisch gestützte Auffassung ist, dass Drogenkonsum nicht nur durch die pharmakologischen Charakateristiken der Droge und durch psychosoziale Merkmale der Konsumenten, sondern in hohem Maße durch Werte, Verhaltensregeln (Sanktionen) und Verhaltensmuster (Rituale) des sozialen Umfeldes mit bestimmt wird (Zirnberg 1984).

Zirnberg führt zur Illustration seiner These u.a. die Geschichte von Carl an, der – 26 Jahre alt – seit seinem 20. Lebensjahr Heroin konsumiert. Er konsumierte durchschnittlich einmal im Monat in einem speziell für den Drogengebrauch kontaktierten Freundeskreis. Dieses Konsummuster hielt er seit 6 Jahren aufrecht, trotz zweier zweiwöchiger Amsterdam-Aufenthalte, in denen er täglich konsumierte. Außer seinen Freunden, die mit ihm Heroin konsumieren, ist niemand über seinen Gebrauch informiert. Er gebraucht Heroin nur in der Gruppe, appliziert inhalierend oder intramuskulär, in geringen Mengen und benutzt nur sterile Spritzen.

Carl hat ein sehr aktives Sozialleben, keine Finanzprobleme, er unterhält die üblichen Beziehungen zu seinen Eltern, hat Freunde, die nicht konsumieren und ist kurz vor der Beendigung seines Studiums mit Aussicht auf einen Arbeitsplatz.

Zirnberg betont vor allem die hohe Bedeutung von Ritualen und Regeln, die die Umstände, die Menge und die Art und Weise des Konsums beeinflussen können.

Zu ähnlichen Schlüssen kommt Harding (1981), der Unterschiede im Verhalten und den Verhältnissen von kontrolliert Konsumierenden und Abhängigen untersucht hat. Ein Vergleich zwischen kontrollierten und abhängigen Personen erweist, dass kontrollierter Konsum nicht von der Erreichbarkeit der Drogen abhängig ist. Kontrollierte und abhängige Personen beschaffen sich Drogen unter gleichen Voraussetzungen. Es gibt kaum Unterschiede in ihrer Erfahrung mit Drogenhandel oder mit Konsumgelegenheiten. Darüber hinaus finden sich keine bedeutenden Unterschiede in der Drogenerfahrung allgemein (Anzahl der Einnahmejahre von Opiaten, Zahl der jemals benutzten Drogen usw.), der Art der Opiate, der Anwendungsweise, den Anfängen des Drogen- und Opiatkonsums.

Der Hauptunterschied zwischen den kontrollierten und den abhängigen Konsumenten liegt im soziokulturellen Bereich. Durch ihre Verbindung zu gemäßigten Gruppierungen der Drogensubkultur erlernten die kontrollierten Verbraucher bestimmte Riten und Normen, die den gemäßigten Opiatgenuss festlegen und unterstützen, und auf diese Weise potenziell nachteilige Wirkungen verringern (Harding 1981, S. 698). Die von Harding untersuchten Drogenkonsumenten folgten eingebauten Richtlinien, die ihr Verhalten in Bezug auf den Konsum stabil halten sollten. Sie entwickelten Regeln:

- die die Häufigkeit des Konsums auf ein Maß reduzierten, welche Gewöhnung und Abhängigkeit ausschlossen;
- die den Gebrauch auf bestimmte Örtlichkeiten und Personenkreise beschränkten;
- die die Bezugsquellen, die Kontrolle der Qualität des Stoffes und die Applikationsformen festlegten, die das Einhalten von besonderen Konsumzeiten und die Ausgabe von bestimmten Geldsummen garantierten.

Deutlich wird an der Aufzählung von Regeln, dass kontrollierter Konsum vor allem das absolute Einhalten von Selbstkontrollregeln bedeutet und dies mit dem Ziel, dass der Heroin/Kokainkonsum nicht in nennenswertem Maße mit der Absicht einer selbstverantwortlichen Lebensführung kollidieren darf und auch die persönlichen Ziele der Lebensführung des Gebrauchers nicht beeinflussen sollen.

Zu ähnlichen Ergebnissen zur Möglichkeit und zu Bedingungen kontrollierten Gebrauchs von Heroin und Kokain kommen Schippers/Cramer in einem Artikel, der u.a. die Auswertung von empirischen Studien zu dem in Rede stehenden Thema beinhaltet (Schippers/Cramer 2002, S. 71ff.). Die Autoren werteten zwei amerikanische Studien (Zimberg 1984; Mainaline 1996/2002), zwei niederländische Studien (Cohen/Sas 1995; Decorte 2000) und drei Studien aus dem deutschsprachigen Raum aus (Haves/Schneider 1992; Hermann u.a. 1996, Weber/Schneider 1992) (vgl. Schippers/Cramer 2002, S. 77f.). In einem abschließenden Resümee gelangen sie bezüglich des kontrollierten Konsums von Heroin und Kokain zu folgender Einschätzung: „Nach der vorgestellten Datenlage ist gut belegt, dass es im Sinne einer medizinisch, sozialen und strafrechtlichen Unauffälligkeit kontrolliert Heroin und Kokain konsumierende Personen gibt. Es handelt sich dabei um eine Gruppe von Menschen mit risikobewusstem und regelorientiertem Konsum illegaler Drogen. Ihr Konsum ist weder als Vorstufe zur Abstinenz noch als kurze Zwischenetappe des ansonsten zwanghaften Konsums zu verstehen, sondern als relativ stabiler, in der Regel eigenständig eingeleiteter Gebrauchsmusteranwendung Die Anzahl dieser Konsumenten kann auf mindestens ein Promille der Allgemeinbevölkerung geschätzt werden. Dies widerspricht dem verbreiteten Glauben, der Konsum von Heroin und Kokain führte zwangsläufig zu Abhängigkeit und schweren psychologischen und physiologischen Schäden" (Schippers/Cramer 2002, S. 79).

Die Autoren weisen überdies darauf hin, dass nicht wenige Süchtige nach zwanghaftem Konsum mit dem Verlust der Konsumkontrolle zu Selbstkontrolle finden können oder zurückfinden.

3.5 Zusammenfassung

Die oben diskutierten psychoaktiven Substanzen sind unter Rückgriff auf eine Formulierung von Hurrelmann mit „illegalen Alltagsdrogen" (Hurrelmann 1999) bezeichnet worden. Der Begriff weist darauf hin, dass Cannabis, Heroin, Amphetamine, Ecstasy, Kokain etc. trotz ihrer Illegalität im Alltag junger Menschen verfügbar sind.

Den diskutierten Drogen ist zudem gemeinsam, das sie als Psychostimulanzen aktiv von jungen Menschen benutzt werden, um spezifische Effekte und Sensationen anlassgebunden zu erreichen. Bei Cannabis, Ecstasy und Kokain sind es in erster Linie euphorisierende, aktivitätserhöhende und das

Wohlbefinden steigernde Merkmale, die eine Motivation zur Einnahme dieser Substanzen bedingen. Dabei werden auch jene negativen Effekte in Kauf genommen, die sich infolge möglicher Intoxikationen und nach dem Rausch einstellen. Bei Heroin und seinen Derivaten sind es vor allem die sedierenden und betäubend wirkenden Effekte der Droge, die nach dem extremen Hochgefühl der von den Konsumenten präferierten intravenösen Zuführung eintreten. Allerdings hat es hier den Anschein, dass die hohe Suchtpotenz dieser Drogen bei den Erstkonsumenten nicht wahrgenommen werden möchten.

Alle hier beschriebenen Szenedrogen entfalten ihre Wirkung im Zusammenwirken mit körpereigenen Stoffen, den Liganden. Bei Cannabis ist es vor allem Anandamid, an die die von außen zugeführten Wirkstoffe des THC anbinden. Kokain aktiviert dopaminerge Bahnen und trägt zu einer Dopaminausschüttung dadurch bei, dass es den Abbau der zugeführten Substanz durch das Reaptake Verfahren hemmt.

Ecstasy (MDMA) löst durch seine Aufnahme in den Organismus die vermehrte Ausschüttung des Neurotransmitters Serotonin aus und verursacht in den meisten Nervenendigungen im Vorderhirn einen akuten Mangel an Transmittersubstanz. Auch hier wird der Abbau der zugeführten MDMA durch das Reaptake-Verfahren gehemmt.

Heroin und Morphin wirken im Zusammenhang mit den endogenen Liganden (Neurotransmitter) Enkephaline und Endorphine. Sie binden sich u.a. an sogenannten U-Rezeptoren des limbischen Systems. Im Gegensatz zu Kokain und Ecstasy tritt hier jedoch nicht der sogenannte Reaptake-Effekt auf, der den Abbau der zugeführten Substanzen verhindert. Heroin und Morphin aktivieren das endogene Opioidsystem, indem die zugeführten Substanzen eine vermehrte Ausschüttung von Neurotransmittern wie Endorphinen und Enkephaline fordern. Der suchtbildende Charakter dieses Prozesses ist jedoch noch nicht ganz erklärt. Möglicherweise wird die Produktion der endogenen Opioidsysteme durch die Zufuhr von exogenen Opioiden (Heroin/Morphin) gedrosselt oder auf null gestellt. Beim Absetzen der Zufuhr von Morphin/Heroin tritt ein Vakuum auf, das die typischen Entzugsprobleme eines Abhängigen produziert. Die Zufuhr neuer exogener Opioide oder die über einen Zeitraum von 8-10 Tagen wieder zu aktivierenden endogenen Opioidsysteme kann nur der Entzug unterbinden. Ob diese Hypothesen mit den tatsächlich pharmakokinetischen Prozessen in ZNS übereinstimmen, ist eine immer noch offene Frage.

Tipps zum Weiterlesen

R. Julien, Drogen und Psychopharmaka, Heidelberg 1997
Th. Geschwinde, Rauschdrogen, Berlin 1998
Th. Köhler, Rauschdrogen und andere psychotrope Substanzen, Stuttgart 2000

4. Strafrecht und der Konsum von illegalen Betäubungsmitteln

4.1 Einleitung

Der Konsum von Betäubungsmitteln ist in Deutschland durch das BtM-Strafrecht sanktioniert. Daher bildet das BtMG den Rahmen möglicher drogenpolitischer Aktivitäten und Hilfen für Konsumenten von Betäubungsmitteln.

Jedwede Initiative der Drogenhilfe hat sich daher der Legalität ihrer Vorhaben zu vergewissern, will sie in den Praxisfeldern der sozialen Arbeit tätig werden. Insofern ist es unverzichtbar für Drogenhelfer, die justitiellen Bedingungen ihres Handelns zu kennen. Diese sind nicht nur im BtMG festgelegt, sondern es kommen noch Regulierungen des Erwachsenenstrafrechtes sowie bei Jugendlichen und jungen Erwachsenen einschlägige Paragraphen des KJHG und des JGG hinzu.

In diesem Kapitel soll das BtMG in grober Übersicht mit seinen für die soziale Arbeit wichtigen Regelungen dargestellt werden. Es werden zunächst einige hinführende Gedanken zum Strafrecht allgemein und zur Legitimation strafrechtlichen Handelns in unserer Gesellschaft vorgestellt, denn das BtMG zählt zum Strafrecht, wenn auch zum sog. Nebenstrafrecht.

Das BtMG ist geprägt und in seinem materiellen Gehalt abhängig von internationalen Konventionen der Vereinten Nationen, die ein System von Regeln zur internationalen Betäubungsmittelkontrolle herausgebildet hadben. Insofern ist es notwendig, auch auf das Verhältnis von international verbindlichen Konventionen und innerstaatlichen gültigen Regeln zur Kontrolle von BtM einzugehen, da aus der Bestimmung dieses Verhältnisses der Handlungsspielraum der deutschen Drogenpolitik in Hinblick auf die Gestaltung strafbewährter Mittel für den Umgang mit Betäubungsmittel angegeben werden kann.

In einem weiteren Abschnitt wird auf das BtMG eingegangen, diskutiert wird seine Systematik und seine Intention ebenso wie die Inhalte relevanter Paragraphen, die das Handeln der Drogenhelfer im ambulanten wie stationären Bereich der Drogenhilfe strukturieren. Wesentlich für Diskussionen des BtMG ist auch die Erörterung der Frage nach der Legitimität dieses Gesetzes für den strafbewährten Umgang mit BtM. Den Abschluss dieses Kapitels bilden Überlegungen zu einem reflexiven Umgang des Gesetzgebers mit Rauschmittelkonsumenten. Damit ist gemeint die fallweise und legitime Verarbeitung anstehender Probleme, die der Konsum von BtM mit sich bringen kann.

4.2 Strafrecht und Betäubungsmittelrecht

Der Staat bildet Institutionen heraus, deren vordringliche Aufgabe es ist, das Zusammenleben seiner Bürger zu regeln und ihre persönliche Freiheit zu schützen und zu garantieren. Eine dieser Institutionen stellt das Strafrecht dar. Das Strafrecht hat unterschiedliche Funktionen für den demokratischen Rechtsstaat zu erfüllen. So führt etwa Naude (1991, S. 97ff.) an: Das Strafrecht muss gerecht und human sein, es muss die Menschenwürde wahren, es muss verhältnismäßig sein, es darf nicht moralisieren, nur den Schuldigen treffen, wichtige Rechtsgüter nicht aus seinen Schutzbemühungen herausnehmen sowie funktionstüchtig sein.

Ein Schlüssel zum Verständnis der gegenwärtigen Praxis des Strafrechtes, so Naude (1991, S. 201), ist darüber hinaus die Auffassung, dass Straftaten Rechtsgutverletzungen oder Rechtsgefährdungen seien. Der Ausdruck „Strafrecht ist Rechtsgüterschutz" drückt am klarsten aus, was heute vom Strafrecht erwartet wird (S. 201). Dabei werden Straftaten gegen Person, Eigentum und Vermögen als Straftaten gegen den Staat und als Straftaten gegen Universalrechtsgüter bezeichnet.

Das Strafrecht soll im Besonderen Rechtsgüter vor Angriffen schützen, die strafrechtliches Unrecht begründen. Der Schutz eines Rechtsgutes kann im Prinzip durch Vergeltung, spezialpräventiv und/oder generalpräventiv gewährleistet werden. Generalprävention will abschreckend wirken, die potenziellen Täter sollen mit Blick auf die zu erwartende Strafe vom Regelverstoß abgehalten werden. Die Generalprävention wirkt insofern unspezifisch. Davon zu unterscheiden ist die Spezialprävention, hier ist die Wirkung der Strafe auf den einzelnen Regelverletzer entscheidend. Dabei sind Anpassung oder Ausgrenzung die möglichen Interventionsmaximen. Auf den Täter kann – so will es beispielsweise das Jugendstrafrecht – bessernd und/oder erziehend eingewirkt werden; oder aber man kann ihn als unverbesserlichen Rechtsbrecher zeitweilig oder lebenslang von der Gesellschaft fernhalten.

Unser Strafrecht ist zunächst ein Tatstrafrecht; das heißt, „dass der Weg der Strafbarkeit des Täters über die Tat führt" (Daunn 1963, S. 512). Jedoch unterscheidet man in besonderen Fällen Tatstrafrecht vom Täterstrafrecht und zwar immer dann, wenn die Persönlichkeit des Menschen zur Motiverhellung der Tat herangezogen werden soll. Dies ist z.B. der Fall beim Jugendstrafrecht, da hier die Einzeltat vor allem als Hinweis auf die Erziehungsbedürftigkeit des Jugendlichen gewertet wird.

Das Strafrecht soll Rechtsgüter eines Staates schützen und hat dabei Zugangswege entwickelt, die sowohl gesamtgesellschaftlich als auch individuell wirksam werden können. Ein Rechtsgut, das das BtMG schützen will, ist z.B. die „Volksgesundheit". Zu diesem Zwecke hat es eine Anzahl strafbewährter Regeln herausgebildet, auf die noch einzugehen sein wird. „Die Aufgabe des Strafrechtes", so Schulz (1972, S. 760) „ist es lediglich, Maßnahmen zu treffen, die zur Wahrung des sozialen Zusammenhanges dienen. Strafe ist wesentlich Schuld- oder Zweckstrafe. Durch sie sichert sich die Gesellschaft gegen wirkliche und gegen mögliche Verbrechen ab. Die Verfahrensformen können und müssen natürlich im Einzelnen differenziert werden. Vor allem erweist es sich als sinnvoll, sie miteinander zu kombinieren. So kann Sicherung als Generalprävention oder genauer als: Androhungsgeneralprävention verstanden werden, die Allgemeinheit soll abgeschreckt werden. Sie kann aber auch als Spezialprävention vollzogen werden, sie richtet sich darum auf die Straftäter selbst und sucht diesem zu helfen, hier kommt der Gedanke der Resozialisierung ins Spiel."

Das Strafrecht in der modernen Gesellschaft geht also nicht mehr – wie z.B. in archaischen Gesellschaften – vom Sühneprinzip aus, strafrechtliche Schuld wird nicht als sittliche Schuld gefasst. Es sind Sozialschädigungen, die im Interesse der Gesellschaft korrigiert werden sollen, mit der wesentlichen Maßgabe, den „Schädiger" wieder der Gesellschaft zuzuführen.

Prinzipiell ist auch das Betäubungsmittelgesetz von dieser Intention erfasst. Drogenkonsum, Drogenmissbrauch und Drogenabhängigkeit werden als medizinisches und/oder therapeutisches Problem verstanden, allerdings hat sich die strafrechtliche Kontrolle von Betäubungsmitteln damit nicht erübrigt, der Schwerpunkt der Kontrolle liegt nach wie vor in der justitiellen Sanktion.

4.3 Zum Verhältnis von internationalrechtlichen und europäischen Vereinbarungen zum Umgang mit psychoaktiven Substanzen und dem BtMG

Dass die politische und rechtliche Sanktionierung psychoaktiver Substanzen wie Cannabis, Kokain und Opium aus kolonialpolitischen und ökonomischen Auseinandersetzungen zwischen Europa und den USA resultieren, wurde schon im Kapitel 1 ausführlich erläutert. Die gültigen internationalen Vereinbarungen zum weltweiten Umgang mit psychoaktiven Substanzen sind in diesem Licht zu sehen.

Albrecht (1998) zufolge basiert das System der internationalen Betäubungsmittelkontrolle im Wesentlichen auf drei internationalen Konventionen:

- der Einheitskonvention aus dem Jahr 1961 und dem Ergänzungsprotokoll von 1972, in Deutschland in Kraft getreten am 2.1.1974 bzw. am 8.8.1975. Im Zentrum dieser Konvention stehen vor allem die klassischen Drogen wie Opiate, Kokain-Produkte und Cannabis. Ziel der Einheitskonvention war es, eine international gültige Verpflichtung über Produktion, Herstellung, Einfuhr, Ausfuhr, Handel, Besitz und Gebrauch von Betäubungsmittel und psychotropen Substanzen den Mitgliedsländern der UN zur Ratifizierung vorzulegen. Die Einheitskonvention entwickelte Überlegungen zum Sucht- und Abhängigkeitspotenzial und zur Missbrauchgefahr, die je nach der pharmakologischen Beschaffenheit der Substanzen festgelegt wurden. Zu diesem Zwecke wurden die Betäubungsmittel und psychoaktiven Substanzen in insgesamt 4 Listen eingeordnet und diese je nach Stärke des Suchtpotentials der Substanz. So wurden z.B. in der Liste 4 Substanzen eingeordnet, die wie etwa Heroin und andere Opiatderivate ein starkes Suchtpotenzial und erhebliche Missbrauchrisiken aufweisen. Darüber hinaus regelt die Einheitskonvention von 1961 auch, dass zu Zwecken der wissenschaftlichen und medizinischen Forschung strenge innerstaatlich gültige Regelungen von den Partnerstaaten verfasst werden müssen. In Artikel 36 der Einheitskonvention heißt es: „Vorbehaltlich ihrer Verfassung trifft jede Vertragspartei die erforderlichen Maßnahmen, um jedes gegen dieses Übereinkommen verstoßende Anbauen, Gewinnen, Herstellen, Ausziehen, Zubereiten, Besitzen .... wenn vorsätzlich begangen, mit Strafe zu bedrohen sowie schwere Verstöße angemessen zu ahnden, insbesondere mit Gefängnis oder sonstigen Arten der Freiheitsentziehung" (Albrecht 1998, S. 658).

- Der Konvention über psychotrope Substanzen aus dem Jahre 1971, in Deutschland in Kraft getreten am 2.3.1978. Diese Konvention erweiterte die Kontrolle auf jene psychotrope Stoffe, die in der Einheitskonvention von 1961 noch keine Berücksichtigung gefunden hatten. Es wurden hier vor allem auch Substanzen sanktioniert, die in der 68er-Bewegung in Europa und den USA starken Anklang gefunden hatten, wie z.B. Meskalin, LSD oder Amphetaminderivate. Die Konvention geht jedoch über Sanktionierungsabsichten hinaus auch auf Möglichkeiten zur Prävention und Behandlung ein, sowie auf geeignete Maßnahmen zur Minderung des Missbrauchs psychotroper Substanzen. „In der Konvention über psychotrope Substanzen ist eine dem Art. 36 der Einheitskonvention im einzelnen entsprechende Vorschrift enthalten (Art. 22, 1c), die freilich ergänzt wird um die Feststellung, dass es den Vertragsstaaten bei der Reaktion auf Drogenkonsumenten freistehe, auf strafrechtliche Sanktionen zu verzichten und stattdessen Alternativen insbesondere Behandlungsmaßnahmen, vorzusehen. (Art. 22,1b). Im Ergänzungsprotokoll zur Einheitskonvention von 1972 wurde eine solche Klausel dann auch im Zusammenhang mit den in der Einheitskonvention erfassten Betäubungsmittel eingeführt" (Albrecht 1998, S. 662).

- Der Konvention gegen den unerlaubten Verkehr mit Suchtstoffen und psychotropen Stoffen aus dem Jahre 1988, in Kraft getreten in Deutschland am 22.7.1993.
  Diese Konvention hat vor allem strafrechtlich wirksame Strategien im Rahmen der internationalen Drogenpolitik zum Inhalt. Es geht hier insbesondere um Geldwäsche und die Sanktionierung Gewinn abschöpfender Maßnahmen sowie um die Gestaltung der internationalen strafrechtlichen Zusammenarbeit. Albrecht (vgl. S. 664ff.) macht darauf aufmerksam, dass diese Konvention auch die strafrechtliche Repression gegen Drogenkonsumenten thematisiert. Es setze sich hier eine Tendenz durch, die vor allem in Nordamerika wirksam sei, wo abschreckende und sichernde Funktionen der Strafe zulasten der Rehabilitation und des Schuldausgleichs gelten. „Diesen Veränderungen steht die simple Überlegung Pate, dass jede Droge natürlich nur dann gefährlich sein und Probleme zur Folge haben kann, wenn es Menschen gibt, die bereit sind, derartige Drogen zu konsumieren. Wer Nachfrage nach Drogen äußert, ist somit nicht bloß behandlungsbedürftiges Opfer, vielmehr wird der Nachfrager dem Anbieter gleichgestellt, da ja beide gleichermaßen den Markt in Gang halten, für die Verfügbarkeit von Drogen sorgen und deshalb an der Gefährdung der Volksgesundheit beteiligt sind" (Albrecht 1998, S. 664f.).

Zu den weltweit gültigen Konventionen kommen noch Regelungen auf der europäischen Ebene hinzu, die nicht den Charakter von internationalen Konventionen haben, sondern als Institutionalisierungen europäischer Drogenpolitik anzusehen sind. Es ist dies die Pompidou-Gruppe und die Gruppe Trevi, deren Aufgaben sich vor allem auf die Koordinierung europäischer Initiativen zur Prävention und Repression des Drogenkonsums richtet, die „Europäische Drogenbeobachtungsbehörde", die den Informationsaustausch über Forschung in Zusammenhang mit Drogen, Drogenhilfe und Drogenkontrolle fördert, sowie das Europäische Kriminalamt, das für die Bekämpfung der organisierten internationalen Drogenkriminalität vorgesehen ist.

Wenn auch diese internationalen Konventionen die jeweilige innerstaatliche Drogenpolitik und Gesetzgebung der Mitgliedsstaaten determiniert, so ist doch zu fragen, ob denn die Mitgliederstaaten keinerlei Bewegungs- und Interpretationsspielraum für eine nationale Drogengesetzgebung und Drogenpolitik haben. Albrecht (vgl. S. 651-695), dessen Auffassung ich im Folgenden zusammenfasse, kommt zunächst zu der Auffassung, dass internationale Vereinbarungen selbstverständlich keine national unmittelbar anzuwendenden Strafbestimmungen und damit Völkerstrafrecht im eigentlichen Sinne beinhalten. In jeder der angeführten Konventionen steht überdies der Hinweis, dass die aus den Konventionen sich ableitenden Verpflichtungen sich im Einklang befinden müssen mit der jeweiligen Verfassung eines Mitgliederstaates. Dies bedeute, so Albrecht, dass die Konventionen immer verfassungskonform, im Lichte unseres Grundgesetzes auszulegen seien: Internationale Konventionen können daher wohl das Gerüst vorgeben, Gesetze zu entwickeln, jedoch nicht oder kaum im Detail vorschreiben, was im Einzelnen zu regeln ist.

Ein Beispiel für diese Vorgehensweise findet man in der internationalen Behandlung der niederländischen Drogenpolitik. Die niederländische Rechtspolitik und der in ihr geltende Opportunitätsgrundsatz lässt es zu, dass die bestehenden Strafvorschriften – in diesem Falle das Opiumgesetz – beim Vorliegen bestimmter Voraussetzungen nicht vollzogen werden. Aus der Sicht des Suchtkontrollamtes ist insofern die holländische Praxis Hausdealer für die Coffee-shops zuzulassen und den Handel mit Cannabis in diesem Laden zu dulden, durchaus mit dem Inhalt der Konventionen vereinbar.

„Legal ist nach den Regeln der Konvention die medizinische und die wissenschaftliche begründete Verwendung von Betäubungsmitteln. Gerade auf den so motivierten Umgang mit Betäubungsmitteln zielen die Beschränkungen der Einheitskonvention. Selbst besonders kontrollierte Betäubungsmittel wie Heroin sind nach den Regeln der internationalen Vereinbarungen für klinische Versuche am Menschen zulässig. Vereinbar mit der internationalen Konvention sind damit aber auch experimentelle Ansätze im Umgang mit Drogenproblemen, die partiell auch den Verzicht auf den Einsatz von Strafrecht mit sich bringen, indem sie nämlich den Konsumenten einen staatlich organisierten und überwachten Zugang zu Drogen verschaffen. Hierzu gehören Konzepte der legalen Verabreichung von Heroin, wie sie seit einiger Zeit in der Schweiz erprobt werden, in den Niederlanden nunmehr erprobt werden sollen, freilich in Großbritannien schon immer zulässig sind." (Albrecht 1998, S. 685)

Seit dem 1.1.2002 ist die Abgabe von Heroin in einem wissenschaftlich kontrollierten Versuch auch in Deutschland Praxis (vgl. Krausz u.a. 2002). Die durch das BtMG nach §10a ermöglichte Einrichtung von Druckräumen ist auch in diesem Kontext zu sehen.

Abschließend zu der Fragestellung nach der absoluten Determiniertheit nationaler Drogenpolitik und -gesetze durch die Konventionen will ich noch einmal Albrecht zitieren, der in erhellender Klarheit festhält: „Jedoch verbleiben auch auf der akzeptierten Grundlage der Verpflichtung zur Prohibition eine erhebliche Freiheit der nationalen Gesetze in der Auswahl verschiedener die Prohibition umsetzender Maßnahmen einschließlich Sanktionen, die sich insbesondere auch daraus speist, dass im internationalem Vergleich nicht eindeutig definiert ist, was Strafrecht, Straftat und Kriminalstrafe ist. Hier ist deshalb eine Abschichtung anzusprechen, die vor allem im deutschen Recht, nicht aber beispielsweise in der Common-Law bekannt ist, nämlich das Ordnungswidrigkeitsrecht und die hieran anschließenden Konzepte des Verwaltungsrechtes und der Geldbuße als Sanktion, die freilich nach der deutschen Doktrin nicht Kriminalstrafe sind. Die der nationalen Gesetzgeber auch bei vorbehaltloser Ratifizierung der Konventionen von 1961, 1971 und 1988 verbleibenden Gestaltungsspielraum enthalten auch die Auswahlfreiheit zwischen strafrechtlichen und ordnungswidrigen Sanktionen" (Albrecht 1998, S. 677).

4.4 Zur Systematik des BtMG

Die Drogenpolitik in Deutschland scheint sich nach einer langen Zeit absoluter Prohibitionspolitik die Gestaltungsspielräume der internationalen Vereinbarungen zu Nutze zu machen. Das betrifft zwar noch nicht die Möglichkeit, das Ordnungswidrigkeitsrecht zur Regulierung des BtM-Konsum anzuwenden, jedoch – wenn auch zögerlich – medizinisch begründete Anwendungen wie Spritzentausch, Konsumräume, kontrollierte Heroinabgabe etc.

Zurzeit besteht das BtMG aus acht Abschnitten:

- Der erste Abschnitt enthält Begriffsbestimmungen, die im Gesetz verwendet werden. Zusätzlich verweist es auf 3 Listen, die dem Gesetz hinzugefügt wurden. In den Listen werden jene Stoffe und Zubereitungen genannt, die durch BtMG und internationale Konvention sanktioniert werden. Liste 1 enthält die nicht verkehrsfähigen Stoffe, sie können allenfalls illegal in den Handelsverkehr gebracht werden. Aus der Sicht des Gesetzes werden diese Stoffe nicht zu therapeutischen Zwecken benötigt und sind infolgedessen gesundheitsgefährdend. Ob dies auch bei Cannabis – das auch in Liste 1 aufgeführt wird – zutrifft, darf mit gutem Grund bezweifelt werden. In der Liste 2 werden Stoffe aufgeführt, die zwar verkehrsfähig sind, jedoch nicht verschreibungsfähig (z.B. Mohnblätter). In der Liste 3 finden sich schließlich die verkehrs- und verschreibungspflichtigen Stoffe, die jedoch untereinander noch einmal in Gruppen aufgeteilt sind. Sie können über ein vom Arzt ausgestelltes Rezept in Apotheken erworben werden (z.B. Morphin, aber auch Kokain) (Körner 2001).

- Der zweite Abschnitt (§§3-10) behandelt die Erlaubnis für die Teilnahme am Betäubungsmittelverkehr und das Erlaubnisverfahren. Erhöhte Aktualität erhalten hier zurzeit u.a. die §3 und §10a. Der §3 bildet die Messlatte, die übersprungen werden muss, wenn wissenschaftliche und/oder medizinische Forschung im Zusammenhang mit Substanzen, die in der Liste 1 und 2 aufgeführt werden, beabsichtigt ist. Der §10a – auf den noch gesondert eingegangen wird – betrifft die Erlaubnis für den Betrieb von Drogenkonsumräumen. Hier werden die Länderregierungen ermächtigt, durch Rechtsverordnungen die Voraussetzungen für die Erteilung der Erlaubnis von Drogenkonsumräumen zu schaffen. Im Übrigen erhält dieser Abschnitt Paragraphen, die insbesondere für den Apothekenbereich und die pharmazeutische Industrie relevant sind.

- Der dritte Abschnitt (§§11-18) erläutert die Pflichten im Betäubungsmittelverkehr. Er regelt Einfuhr, Ausfuhr und Durchfuhr von BtM, die Abgabe und den Erwerb. Die Verschreibung und die Abgabe auf Verschreibung von BtM sind in §13 geregelt. In den Geltungsbereich dieses Paragraphen fallen auch die Erlaubnis von Substitutionsbehandlungen mit Methadon, Polamidon, Codein und anderen Substituten. Seit dem 26.4.1999 regeln die AVB-Richtlinien (Anerkannte Untersuchungs- oder Behandlungsmethoden) die Voraussetzungen für die Durchführung aller substitutionsgestützten Behandlungen bei manifest opiatabhängigen Menschen. Es ist dies jedoch eine Vereinbarung der ärztlichen Standesorganisationen und nicht Teil des §13 des BtMG.

- Der vierte Abschnitt (§§19-25) bezieht sich überwiegend auf die Schaffung von Institutionen und Behörden, den Arzneimittelverkehr im weitesten Sinne zu überwachen, er regelt besondere Strategien im Verteidigungs- oder Spannungsfall sowie die Mitwirkung anderer Behörden bei der Initiative des „Bundesinstitutes für Arzneimittel und Medizinprodukte". In §24a wird zudem die Anzeige des Anbaus von Hanf für landwirtschaftlich tätige Unternehmen geregelt.

- Im fünften Abschnitt (§§26-28) wird die Geltung des Gesetzes für Bundeswehr, Bundesgrenzschutz, Bereitschaftspolizei und Zivilschutz geregelt. In den §§26 und 27 ist eine Melde- und Auskunftspflicht des BKA gegenüber Institutionen der Bundes- und Länderregierungen über bekannt gewordene Sicherstellungen von BtM sowie die Notwendigkeit der Erstellung von Jahresberichten an Institutionen der Vereinten Nationen, dem Europarat sowie Institutionen des Europarates, denen Koordinierungsfunktionen im Umgang mit BtM und ihrer Konsumenten zugewiesen wurden, niedergelegt.

- Im sechsten Abschnitt (§§29-34) werden Straftaten und Ordnungswidrigkeiten aufgeführt. Ordnungswidrigkeiten werden durch den §32 geregelt. Der Ordnungswidrigkeittatbestand dient der Einhaltung der Sicherheit und Ordnung in streng kontrolliertem legalen BtM-Verkehr; hier werden lediglich Bußgelder bis zur Höhe von ca. 25.000,- EUR verlangt (vgl. Körner 2001, S. 1089).

- Eine detaillierte Diskussion von Straftatbeständen und spezifischen Sanktionsmöglichkeiten erscheint hier nicht angebracht. Zu umfangreich ist der Strafkatalog und die Interpretation und Kommentare zur jeweiligen Relevanz der Anwendung von Sanktionen. So weist z.B. der o.a. Kommentar von Körner (2001) für die in Rede stehenden Paragraphen fast 1000 Seiten Kommentierungen auf, davon allein für die §§29 (Straftaten) und 29a (Straftatbestände) 672 Seiten. Es sollen lediglich einige besondere, auch für die Praxis der Drogenhilfe relevante Sachverhalte angesprochen werden, die in diesem Abschnitt geregelt werden. So hält der §29 in Abschnitt 1 ausdrücklich fest, dass Spritzenabgabe und die öffentlichen Informationen darüber kein Straftatbestand sind. Hieraus darf jedoch nicht geschlossen werden, dass das so genannte Druck-Checking, also systematische Untersuchungen über die auf dem Markt befindlichen Substanzen und die Information darüber im Sinne einer Verbraucherberatung vor Ort erlaubt sei. Wie Körner (2001 S. 654) in seinem BtMG-Kommentar betont, sieht der Gesetzgeber in der Substanzanalyse eine strafbare aktive Konsumförderung „und ein strafbares Verschaffen von Gelegenheit zum unbefugten Verbrauch gem. §29 Abs. 1, S. 1, Nr. 11 BtMG".

So wird Prävention zur Straftat. Der Substanzanalyse bleibt offensichtlich in gleicher Weise wie der Spitzenvergabe und den Betreibern von Konsumräumen nicht die Entwicklung erspart vom Straftatbestand zum Erlaubnisbestand" (Körner 2001, S. 654). Der 6. Abschnitt enthält – geregelt in den §§29, 29a und 31a eine Differenzierung in Hinblick auf den Verkauf und Erwerb von geringen und nicht geringen großen Mengen BtM, die große Auswirkungen auf die Strafzumessung bei BtM-Besitz ausweist. „§§29, Abs. V, 31a BtMG erlauben dem Gericht bzw. der Staatsanwaltschaft das Absehen von Strafe bzw. von Strafverfolgung, wenn eine geringe Menge von BtM zum Eigenverbrauch bestimmt ist" (Albrecht 2000 S. 539). Da Konsumeinheiten und Marktpreise Schwankungen unterliegen, stellt die Rechtssprechung auf Wirkstoffmengen ab. Unterstellt werden 3-5 Konsumeinheiten pro Tag. Die Wirkstoffmenge bei Amphetaminen – wie Ecstasy – ist auf 1g, Heroin auf 0,15g Heroinhydrochlorid, Kokain auf 0,5g Kokainhydrochlorid und Haschisch auf 0,75g THC festgelegt (Albrecht 2000, S. 539). Die Feststellung nicht geringer/großer Mengen bei Einfuhr und Besitz erfüllt nach §29a BtMG den Grundtatbestand des Verbrechens. Der Gesetzgeber begründet diese Vorgehensweise damit, Dealer abzuschrecken, die Verringerung der Anzahl von Erstkonsumenten zu erreichen und – vor allem – einen Schutz der Jugend vor dem illegalen Drogenhandel zu errichten (vgl. Körner 2001, S. 812). „Diese Entscheidungen, (vgl. Albrecht 2000, S. 538f.), sind von erheblicher praktischer Bedeutung. Denn für den Besitz einer nicht geringen Menge oder dem Handel damit eröffnet sich der Verbrechenstatbestand des §29a BtMG und einer Mindestandrohung von einem Jahr Freiheitsstrafe sowie einer Höchststrafe von 15 Jahren." Eine nichtgeringe Menge Heroin umfasst ca. 150 Konsumeinheiten, bei Amphetaminen ca. 10g (vgl. Albrecht S. 538). Körner schreibt in seinem Kommentar zur Einführung der Verbrechenstatbestände, dass das Herstellen, das Abgeben, das Handeltreiben und das Besitzen von nicht geringen Mengen BtM (§29a) strafbewährt sein muss: Es „war die Erkenntnis, dass die unerlaubte Abgabe von BtM an Minderjährige ein besonderes Unrecht beinhaltet, das einer nachdrücklicheren Ahndung als durch die bereits vorhandenen Strafvorschriften bedarf" (Körner, S. 813). Im §31 des 6. Abschnittes des BtMG wird die sog. Kronzeugenregelung angesprochen sowie die verdeckte Ermittlung zur Bekämpfung der Rauschmittelkriminalität. Eine Führungsaufsicht – also eine Maßregel der Besserung und Sicherung kann das Gericht nach §34 BtMG anordnen. Allerdings (Körner 2001, S.

1135) wurde diese Möglichkeit der Führungsaufsicht von der Praxis nicht angenommen. Insoweit handele es sich weitgehend um totes Recht.

- In Abschnitt 7 des BtMG (§§35-38) wird insbesondere der Behandlungsgedanke im Rahmen der strafrechtlichen Kontrolle der BtM-Straftaten aufgenommen. Insbesondere die §§35 und 37 BtMG gehen auf diesen Zusammenhang detailliert ein (er ist in der Öffentlichkeit allgemein unter der Überschrift „Therapie statt Strafe" bekannt). Dieser Teil des BtMG hat mit der Praxis der Drogenhilfe außerordentlich viel zu tun. Deshalb sollen auf Inhalt und Absichten der in Rede stehenden Paragraphen in gebotenem Umfang eingegangen werden. Ausgangspunkt der in den §§35 und 37 geregelten Möglichkeiten des Umgangs mit BtM-Konsumenten ist die Auffassung des Gesetzgebers, dass der von Drogen abhängige Konsument nicht nur gegen geltendes Recht verstößt, sondern auch als krank und deshalb als behandlungsbedürftig gilt. §35 BtMG stellt es in das Ermessen der Vollstreckungsbehörde (Staatsanwaltschaft), bei Zustimmung des Gerichtes und einer verhängten Freiheitsstrafe von nicht mehr als zwei Jahren, die Vollstreckung der Freiheitsstrafe zurückzustellen, wenn der Verurteilte die Tat aufgrund einer Betäubungsmittelabhängigkeit begangen hat und sich entweder bereits in einer Behandlung befindet oder einer solchen Behandlung zusagt (Albrecht 2000, S. 534). Des Weiteren wird im §35 in Verbindung mit §64 StGB die Unterbringung in einer Entziehungsanstalt auch gegen den Willen des Konsumenten festgelegt. Diese Zwangsunterbringung ist – so Körner (2001, S. 1246) – „für solche Täter gedacht, die sich einer Drogenentwöhnungsbehandlung nicht freiwillig unterziehen und einer Unterbringung ablehnend gegenüberstehen. Hauptziel der Maßregel des §64 StGB ist die Heilung der straffällig gewordenen Süchtigen. Sie ermöglicht aber nicht allgemein die Unterbringung behandlungsbedürftiger Straftäter, sondern nur der Personen, bei denen die Wahrscheinlichkeit weiterer erheblicher Straftaten besteht." Die Unterbringungen drogenabhängiger Straftäter ist ebenfalls in §35 BtMG allerdings in Verbindung mit den Tatbestandmerkmalen des §66 StGB möglich. Körner (2001, S. 1267ff.) spricht in der Kommentierung dieser Maßnahme jedoch zunächst nur von mehrfach vorbestraften, drogenabhängigen Drogenhändlern, die auf eine lange Drogenkarriere ohne Rehabilitationsbemühungen zurückblicken. Wesentlich sei auch bei der Inaussichtnahme dieser Maßnahme zu bedenken, ob durch die kriminelle Fähigkeit der Drogenabhängigen Leben und Gesundheit einzelner Konsumenten und Abhängigen geschützt werden müssen. Der §36 BtMG regelt in Verbindung mit den eingegangenen Therapiemaßnahmen deren Anrechnung oder Strafaussetzung zur Bewährung. Hat sich der Verurteilte in einer staatlich anerkannten Einrichtung behandeln lassen, so wird die vom Verurteilten nachgewiesene Behandlungszeit bis zur Höhe von zwei Dritteln der Strafe angerechnet und der Rest der Strafe zur Bewährung ausgesetzt. Körner (2001, S. 1280) führt in diesem Zusammenhang aus, dass die Voraussetzungen zur Therapieanrechnung folgende Bedingungen erfüllen sollten:

1. Die Zurückstellung der Strafvollstreckung nach §35 BtMG,

2. einen Strafrest von 2 Jahren,

3. eine Behandlung und

4. den Nachweis der Therapiezeit in einer staatlich anerkannten Übergangs- oder Therapieeinrichtung.

Der §37 BtMG muss in Verbindung mit §35 BtMG gesehen werden. Das Absehen von der Erhebung einer öffentlichen Klage, das durch diesen Paragraphen vorgesehen ist, betrifft jedoch zunächst nur Beschuldigte, die keine höhere Strafe als bis zu zwei Jahren zu erwarten haben. Auch wenn die Klage bereits erhoben worden ist, kann das Gericht mit Einverständnis der Staatsanwaltschaft diese vorläufig einstellen. Die Staatsanwaltschaft überwacht dabei nicht nur die Therapiezeit, sondern insgesamt die Resozialisierungszeit von 2 Jahren. Sollte in dieser Zeit kein Rückfall nachweisbar sein, wird das Strafverfahren endgültig eingestellt. Ausdrücklich nur Jugendlichen und Heranwachsenden ist der §38 des BtMG zugedacht, wenngleich die §§35 und 36 sinngemäß angewandt werden können. Das BtMG geht hier eine Verbindung mit dem Jugendgerichtsgesetz ein. Dies gilt nicht nur in Bezug auf die Verhängung von Jugendstrafen, sondern auch in Zusammenhang mit den §45 JGG, der erlaubt, bei geringer Schuld ohne Erlaubnis des Gerichtes das Verfahren durch die Staatsanwalt einstellen zu können. In der Fachöffentlichkeit der Drogenhilfe ist nicht nur, aber auch der Abschnitt 7 des BtMG hinsichtlich seiner Intention, auch mit Zwang Rehabilitation und Resozialisation durchführen zu wollen, stark umstritten. Wesentlicher Kritikpunkt ist hier neben der höchst problematischen Ansicht, Therapie zwanghaft durchführen zu wollen, die Auffassung des Gesetzgebers, sich als einzige Möglichkeit der Resozialisation drogenkonsumierender und drogenabhängiger Menschen auf das Konzept Therapie versteift zu haben. Andere, im Drogenhilfealltag praktizierten Resozialisierungsmaßnahmen, die auch aus der Sicht des Gesetzgebers faktisch Gesetzesbrechern gelten und ebenso eine Normalisierung der Lebensführung anstreben, gelten in diesem Verständnis als nicht akzeptabel.

• Im achten Abschnitt (§39 BtMG) werden Übergangsregelungen angesprochen. Diese beziehen sich vor allem auf einen Zusammenhang, der mit der Erlaubnis Drogenkonsumräume einzurichten (§16a BtMG) gesehen werden muss.

Schon vor der Verabschiedung des §10a, der u.a. die Legaldefinition des Begriffes Drogenkonsumräume vorgenommen hatte, gab es in einigen Großstädten Drogenkonsumräume, die ohne rechtliche Grundlagen betrieben wurden. Mit dem §39 ist nun die Möglichkeit gegeben, dass die jeweilig obere Landesbehörde im nachhinein die Tätigkeit dieser Drogenkon-

sumräume legalisieren kann. Jedoch ist die Organisation dieser Räume e-
benso wie die Einrichtung neuer Drogenkonsumräume an Regelungen gebunden, die einen Mindeststandard für die Sicherheit und Kontrolle beim
Verbrauch von Betäubungsmittel im Drogenkonsumraum festlegen (§10a
BtMG). Im §10a Abs. 2 werden 10 Rahmenbedingungen festgelegt, die erfüllt sein müssen, um straffrei einen Konsumraum zu betreiben. Durch die
Verabschiedung der §§10a BtMG, 39 und der §§29 Abs. 1, S. 1, Nr.10 und
11 BtMG „hat der Gesetzgeber eindeutig die Grenzen erlaubter Bereitstellung von Räumlichkeiten an Drogenabhängige formuliert. Nach §29 Abs. 1,
S. 1, Nr. 11 BtMG erweisen sich allerdings nun einige gesundheitspolitisch
erwünschte Verhaltensweisen als strafbar:

(a) Eltern, die ihre(n) drogenabhängige(n) Tochter bzw. Sohn in das saube-
re Badezimmer zum Injizieren schicken;

(b) Vermieter, die einen drogenabhängigen Mieter auffordern, sich nicht im
Treppenhaus, sondern in seinem gemieteten Zimmer die Spritze zu setzen;

(c) Lehrer, die einen einen Cannabisjoint rauchenden Primaner vom Schul-
hof in das Raucherzimmer schicken;

(d) Lehrer, die einen opiatabhängigen Schüler zur Injektion ins Badezimmer
schicken;

(e) Sozialarbeiter, die in einer Beratungsstelle, in einer betreuten Wohngemeinschaft oder in einem Übernachtungsheim Drogenabhängige in ihren
Räumen konsumieren lassen oder zum Konsum, in bestimmte Räume
verweisen" (Körner 2001, S. 670).

Weiterhin macht Körner in seinem BtMG-Kommentar darauf aufmerksam,
dass aktive Unterstützungshandlungen eines Betreuers in einem Konsumraum strafbar ist, da der §10a BtMG aktive Konsumforderung verbiete. Im
Einzelnen führt Körner aus, dass Unterstützungen beim Injektionsvorgang
in einem erlaubten Konsumraum wie z.B. 1. die Venensuche, 2. die Desinfektion der Einstichstelle, 3. das Aufkochen von Heroin, 4. das Aufziehen
einer Spritze, 5. das Zureichen des Heroinlöffels bzw. der Heroinspritze, 6.
das Abbinden des Armes mit einem Gürtel und 7. das Einstecken oder Ein-
spritzen gegen §29 Abs. 1, S. 1, Nr. 11 BtMG „als unerlaubten Verschaffen
von Gelegenheiten zum unbefugten Verbrauch strafbar (ist), obwohl derartige Hilfsakte häufig nicht nur ein Akt menschlicher Barmherzigkeit sind,
sondern auch im Sinne von Harm-Reduktion dringend geboten sind. Eine
ausführliche Safer Use-Beratung der Besucher, jegliche Bereitstellung von
Hygiene, jegliche erste Hilfe im Krisenfall oder Wundversorgung, jegliche
Entsorgung von Spritzen und Nadeln stellen kein Verschaffen von Gelegenheit zum Konsum dar, da sie den Konsum nicht fördern sondern nur begleiten" (Körner 2001, S. 670).

Abb. 12:   Rechtliche Regelung zur Behandlung drogenabhängiger Straftäter
Graphik aus: M. Kurze, Erfahrungen mit strafjustitiell bedingten
Therapieüberleitungen. In: Uchtenhagen/Zieglgänsberger, Suchtme-
dizin a.a.O. S. 387

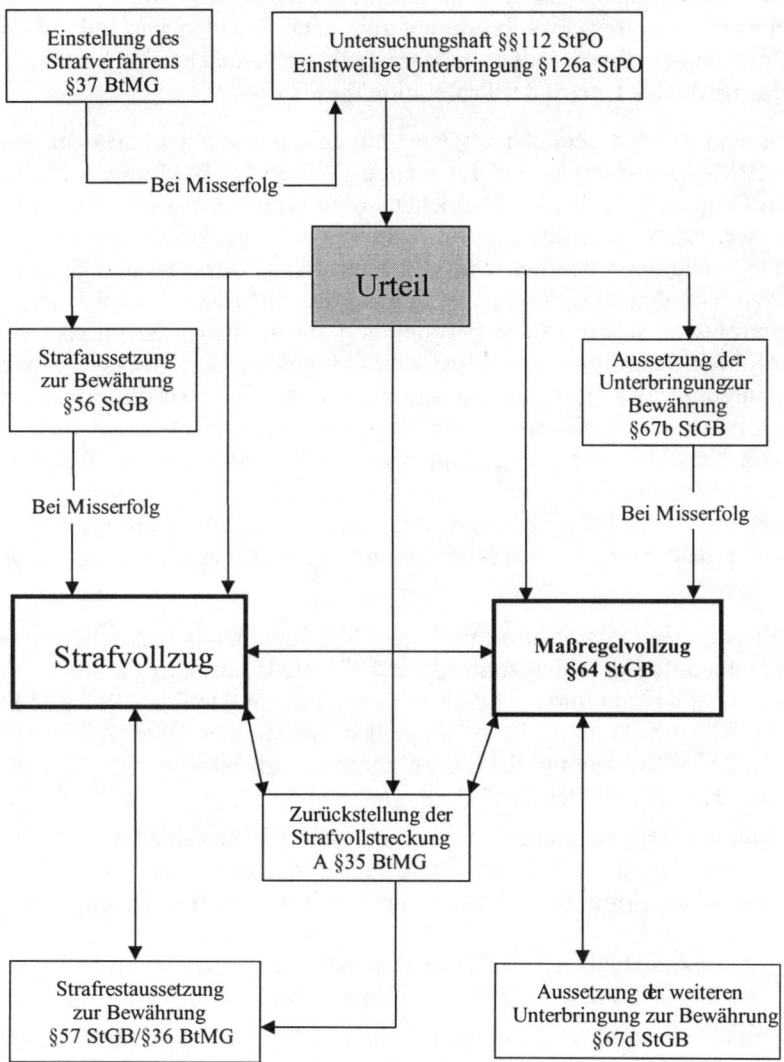

4.5   Zur Legitimation des BtMG – ist Legitimation durch Legalität herstellbar?

In Deutschland werden Drogenmissbrauch und Drogenabhängigkeit in erster Linie als strafrechtlich relevantes soziales Problem gewertet. Diese Wertung lässt jedoch auch eine medizinisch/therapeutische Sichtweise zu, beide regulieren den gesellschaftlichen Umgang mit den BtM-KonsumentInnen. Die Intention des Gesetzgebers, die Gesellschaft vor BtM durch eine Total-prohibition zu schützen, innerhalb derer die Möglichkeit besteht, den Konsumenten strafrechtlich und/oder therapeutisch zu reglementieren, besteht seit mehr als 30 Jahren. Prohibition hat zum Ziel, Schäden von Individuen und Allgemeinheit abzuwenden, insofern stellt sich zunächst die Frage: Erreicht das BtMG als Garant der Prohibition dieses Ziel?

Schaden abzuwenden bedeutet zunächst einmal zu erreichen, dass der Anteil der BtM-Konsumenten und die Menge verfügbarer BtM sich nicht erhöht, im Gegenteil: in beiden Bereichen sollte eine spürbare Reduzierung sichtbar werden. Das BtMG als Teilstrafrecht verfügt dabei über drei Instrumente – wie oben deutlich wurde – Vergeltung, General- und Spezialprävention. Um den strafrechtlichen Umgang mit BtM-Konsumenten zu legitimieren, lassen sich zunächst Erkenntnisse aus amtlichen Kriminalstatistiken anführen. Hierdurch könnte verdeutlicht werden, dass die generalpräventive Intention des BtM, abschreckend auf potenzielle Straftäter zu wirken, sich bewährt hat. Kreuzer (1998) zufolge werden in Deutschland eine Reihe von Kriminalstatistiken erstellt, die jeweils eine besondere Sicht auf die Entwicklung des BtM-Umfang und der Anzahl von BtM-Konsumenten ermöglichen. Es sind Kriminalstatistiken, die in regelmäßigen Abständen Daten über das staatliche Strafverfolgungsgeschehen in Bezug auf BtM-Delikte erstellen

- Das Bundeskriminalamt informiert seit 1975 regelmäßig jedes Jahr über beschlagnahmte Betäubungsmittel. Für 1975 weist die Statistik aus 31 kg Heroin, 1 kg Kokain und ca. 6.628 kg Cannabis; für das Jahr 1982 202 kg Heroin, 32 kg Kokain, 3.190 kg Cannabis; für das Jahr 1996 898 kg Heroin, 1.373 kg Kokain und 9.357 kg Cannabis (vgl. Jahresbericht Rauschgift des BKA, Wiesbaden 1997).

- Die polizeiliche Kriminalstatistik bezieht sich auf tatverdächtige Personen. Tatverdächtig ist man im Sinne dieser Zählung, wenn die Polizei aufgrund eines Anfangsverdachtes ein Ermittlungsverfahren eingeleitet hat.
  Hier weist die Statistik 1975 27.106 Tatverdächtige aus; 1982 60.671 und 1996 146.543 Tatverdächtige (vgl. Kreuzer 1998, S. 40).

- Die polizeilich erfassten Betäubungsmitteldelikte, die nach den gesetzlichen Straftatbeständen geordnet sind. Im BtMG überwiegend durch den §29 und 29a erfasst, sind dies z.B. Handel/Schmuggel, Anbau, Veräußerung etc.
  In Deutschland erfasste die Kriminalpolizei in 1984 (erstmalige Zählung) ca. 60.000 Drogendelikte und 1994 ca. 125.000 Drogendelikte.

- Die vom Bundeskriminalamt angefertigte Statistik über „erstauffällige Konsumenten harter Drogen". Dies sind Personen, die Heroin, Kokain, Amphetamine oder LSD konsumiert haben. Im Jahre 1975 wurden 6.945

Täter registriert, im Jahre 1982 4.506 Konsumenten und im Jahr 1996 17.197 Konsumenten (Kreuzer 1998, S. 45).

• Die polizeiliche Drogen-Todesfallstatistik, die durch das Bundeskriminalamt aufbereitet wird und Daten von Gesundheitsämtern enthält, gesammelt und veröffentlicht durch das Statistische Bundesamt. Im Jahre 1975 wurden 242 Drogentodesfälle registriert, im Jahre 1982 398 und im Jahre 1996 1.712 Todesfälle.

In allen Statistiken ist eine überproportional erhöhte Steigerung der Deliktbzw. Todesfallzahl erkennbar. Die Steigerungsraten wurden auch nicht beeinträchtigt von der Verabschiedung des heute gültigen BtMG im Jahre 1982, das bestimmte Tatbestandsmerkmale mit zusätzlich harten Strafen bewährt hat.

Als erstes Ergebnis kann festgehalten werden, dass die generalpräventive Intention des BtMG ohne erkennbare Wirkung ist.

Die Nützlichkeit des BtMG lässt sich auch mit dem Hinweis auf den spezialpräventiven Charakter des Gesetzes belegen. Hier ist vor allem der Sachverhalt interessant, der in den §§35 und 37 bzw. 38 geregelt ist, eröffnet er doch Personen, die gegen das BtMG verstoßen unter bestimmten Bedingungen die Möglichkeit der Therapie. Spezialprävention berücksichtigt die besondere Situation des Einzelfalles, indem sie die soziale Lage und die individuelle Befindlichkeit des Straftäters bei der Zumessung einer Strafe in Rechnung stellt. Für BtM-Straftäter lassen sich durch die Zurückstellung der Strafvollstreckung, dem Absehen von Verfolgung durch die Staatsanwaltschaft, der vorläufigen Einstellung des Verfahrens und der Unterbringung nach dem StGB therapeutische Maßnahmen als Spezialprävention legitimieren. Kriminalstatistiken und empirische Untersuchungen zur Beantwortung der Frage, ob denn justitielle Zwänge, die Rehabilitation vom BtM-Konsumenten positiv beeinflussen, liegen meines Wissens z. Z. nicht vor. Bühringer (1997) diskutiert lediglich die Frage „inwieweit die vom justitiellen System ausgeübten äußeren Zwänge unter therapeutischen Gesichtspunkten sinnvoll und möglichst optimal genutzt werden" (Bühringer 1997, S. 434).

Nach Auswertung ausgewählter Untersuchungen zur Analyse partieller Zwänge in der Therapie von Drogenabhängigen (vgl. Bühringer 1997, S. 438) gelangt er zu folgender Einschätzung: „Die bisherigen Ergebnisse deuten darauf hin, dass sich die justitiellen Regelungen im Zusammenhang mit den §§35,37 sowie dem Maßregelvollzug bewährt haben Die positive Beurteilung bezieht sich vor allem auf die Beobachtung, dass trotz der in der Regel schwierigen Klientel (im Vergleich zu Drogenabhängigen ohne justitiellen Auflagen) bei der Therapiedurchführung zumindest gleich gute Ergebnisse, teilweise sogar bessere erreicht werden in Hinblick auf Haltequote, Legalbewährung und Drogenfreiheit" (vgl. Bühringer 1997, S. 438ff.).

Von allzu hohen Erwartungen in Hinblick auf mögliche positive Auswirkungen des justitiellen Drucks muss jedoch gewarnt werden. Exakte Hinweise auf die Relevanz der spezialpräventiven Lösung des Drogenproblems können allenfalls Legalbewährungsstudien geben, die nicht nur den Therapieverlauf, sondern auch die Resozialisierung in ein normales gesellschaftliches Umfeld evaluieren. Da diese jedoch fehlen, können nur Vermutungen auf der Basis genereller Daten zu Therapieerfolg und Legalbewährung über die Effizienz spezialpräventiver Lösungen des BtM-Gebrauchproblems angestellt werden.

Uchtenhagen führt an, dass die Abbruchquoten in Deutschland bei stationärer Behandlung ca. 71% betragen (Uchtenhagen 2000, S. 426). Der SEDOS-Bericht von 1995 beziffert eine planmäßige Beendigung der Therapie von Opiatabhängigen in stationärer Langzeittherapie mit 22,8% (vgl. Bühringer 2000, S. 394). Über Abstinenzerfolge nach der Langzeittherapie geben u.a. 12-Jahres-Katamnesen an ehemaligen Patienten aus dem Hammer-Modell Auskunft. Drogenfreiheit wird hier – trotz registrierter Rückfälle – bei 38% der Absolventen dieser Therapie registriert.

Überträgt man diese (sicherlich spärlichen) Daten auf den Bereich der Spezialprävention des BtMG, so ist zumeist deutlich, dass auch mit diesem Instrument eine positive Veränderung des BtM-Problematik nicht erreicht worden ist. Darüber hinaus muss kritisch angemerkt werden, dass die spezifische spezialpräventive Zwecksetzung des BtMG so wie sie in den §§35 und 37 festgehalten wird, nicht zu rechtfertigen ist. Der BtM-Konsument wird wegen seiner Abhängigkeit mit dem Grund bestraft, dass seine Abhängigkeit seine Freiheit beeinträchtige: Die Gewinnung von Freiheit durch Freiheitsentzug als Legitimation für eine Therapie unter justitiellem Druck. Das ist nicht nur zynisch, sondern auch widersprüchlich.

Zusammenfassend zur Legitimation des BtMG durch general- und spezialpräventive Absichten ist einem Resümee von Nestler zuzustimmen „Um die präventive Effizienz, die das BtM-Strafrecht behauptet, ist es schlecht bestellt. Die hohen Strafen, mit denen eine Reduktion des Angebotes erreicht werden soll, sind praktisch nutzlos, weil auf einem wesentlich niedrigem Sanktionsniveau vermutlich dieselben Effekte erreicht werden könnten. Gegenüber den aktuellen und partiellen Konsumenten muss das BtM-Strafrecht versagen, weil ihnen gegenüber die Legitimität des Drogenverbotes nicht wirksam behauptet werden kann. Der Zwang zur Strafe ist illegitim, kann allenfalls im Sinne einer ‚Gefängnisvermeidungsveranstaltung‘ als Kompensation der kontraproduktiven Effekte des BtM-Strafrechtes gerechtfertigt werden". (Nestler 1998, S. 823).

Eine generelle Kosten-Nutzen-Analyse der präventiven Absicht des BtMG fragt – wie nach seiner Zweckrationalität auch nach seiner Legitimität. Ausgangspunkt einer viel weitergehenden Kritik des BtM-Strafrechtes ist der Nachweis, dass das BtMG gemessen an den allgemeinen Prinzipien des

Zweckes des Strafrechtes nicht legitim ist. Der Analyse des BtMG vor dem Hintergrund dieser Problematik nimmt sich C. Nestler an. Er attestiert dem BtM-Strafrecht, dass es ein paternalistisch motiviertes Ausnahmerecht sei, da die Gesellschaft beim Gebrauch von BtM den Bürger die grundsätzliche Autonomie von Verhaltensweisen, die den Bürger selbst betreffen, in allen anderen Fällen, nur nicht im Falle des Konsums von BtM garantiert. Zum Beleg für diese These diskutiert Nestler (vgl. Nestler 1998, S. 697ff.) u.a. die Absicht des BtMG, Rechtsgüter schützen zu wollen, die ansonsten durch den Gebrauch potenzieller Konsumenten verletzt würden und dadurch zu einer Gefährdung des sozialen Zusammenlebens führen könnten.

Nestler führt anhand einer Analyse des BtMG und zahlreicher Kommentare zu relevanten Abschnitten des Gesetzes Interessantes zur Problematik der Rechtsgüterverletzung durch BtM-Konsumenten an. Exemplarisch greife ich aus dieser Argumentation seine Überlegungen zum Rechtsgut der „Volksgesundheit" heraus, die Problematik der Verhinderung der Abhängigkeit von Erwachsenen von BtM und der Schutz von Kindern und Jugendlichen vor BtM durch das BtMG:

- Das Rechtsgut der „Volksgesundheit". Volksgesundheit wird als Gesundheit von vielen verstanden, die es zu schützen gilt. Dabei werden Regelungsbereiche abgesteckt, die durch besondere Vorschriften gesundheitliche Gefährdungen vermeiden helfen sollen, z.B. Vorschriften des Lebensmittelrechts, die von den Auswirkungen der Herstellung und Verbreitung gesundheitsgefährdender Lebensmittel schützen sollen. Generell geht es um den Schutz solcher Gefahren, die der Konsument nicht erkennen kann und um eine möglichst weitgehende Minimierung von Gesundheitsrisiken der Verbraucher. Der Gesetzgeber gibt nun zur Legitimierung des BtMG den Schutz des Rechtsgutes der Volksgesundheit vor. Er verweist dabei auf die Notwendigkeit, den eigenverantwortlichen Konsum ebenso verhindern zu müssen, wie auch Auswirkungen des Konsums auf Dritte und gesellschaftliche Institutionen eindämmen zu wollen. Der eigenverantwortliche Konsum kann deshalb nicht erlaubt werden, weil die Gesundheitsrisiken, die dieser mit sich bringe, von Individuen nicht erkannt werden könnten. Das Individuum müsse geschützt werden vor Gefahren, die es nicht absehen kann. Pate für diesen Gedankenhergang steht der §6 des Geschlechtskrankheitsgesetzes, der dem Sinne nach beinhaltet, dass der Gefahr vorgebeugt werden muss, das viele gegen ihren Willen einer Infektionsgefahr ausgesetzt werden. Darüber hinaus – so der Gesetzesgeber – gehe vom Gebrauch von BtM durch die Gebraucher die „Gefahr der sozialen Destruktion" aus. Auch hier steht Pate die Befürchtung, dass letztendlich sozialepidemische Zustände den Bestand der Gesellschaft gefährden könnten. Nestler führt nun an, dass gerade Drogenkonsumenten „nicht vor den substanzspezifischen Gefährdungen des BtM geschützt werden (wollen; H.J.J.), sondern sie nehmen diese Stoffe gerade deshalb zu sich, weil sie eine Veränderung ihrer Befindlichkeit erreichen wollen, welche durch biochemische Prozesse und deren subjektive Wahrnehmung herbeigeführt werden, die bei vielen BtM ohne ein näher zu bestimmendes Gesundheitsrisiko und bei dauerhaftem Gebrauch auch ohne das Risiko der Abhängigkeit nicht zu haben sind, Risiken, die den Konsumenten im Prinzip – wenn vielleicht auch nicht in ihrem konkreten Ausmaß – bekannt sind" (Nestler 1998, S. 711). Insofern sei auch der nahe liegende Einwand gegen einen Schutz der Volksgesundheit durch die Drogenprohibition nicht verständlich, schließlich könne sich jeder – im Unterschied zu den vielfältigen gesundheitlichen Gefährdungen etwa durch Luftverschmutzung oder Lärm, denen das Volk mehr oder minder schutzlos ausgeliefert sei – selbst vor den potenziellen Gefahren des Drogenkonsums schützen, indem man einfach keine zu sich nehme (vgl. Nestler 1998, S. 708). In der Tat ist der Konsum selbst nicht strafrechtlich sanktioniert. Das BtM-Strafrecht enthält keinen Straftatbestand des Konsums. Eine Sanktionierung des Konsums würde das Prinzip der Straflosigkeit der Selbstschädigung im deutschen Strafrecht verletzen. „So zieht das BtM-Strafrecht zum Schutz von potenziellen Folgen des Konsums einen Ring von Straftatbeständen um eine tatbestandslose Handlung, indem sämtliche der illegalen Betäubungsmittelmärkte konstituierende Verhaltensweisen bis hin zu den notwendig dem Konsum vorausgehenden Tätigkeiten des Konsumenten erfasst werden" (Nestler 1998, S. 720).

- Zur Legitimation dieses „Ringes von Straftatbeständen um eine tatbestandslose Handlung" gehört auch das Ziel des BtMG, die Abhängigkeit von BtM zu verhindern, wie auch der Schutz von Kindern und Jugendlichen durch das BtM-Strafrecht. Im BtMG wird die Verhinderung der Abhängigkeit von BtM als strafrechtlich zu schützendes Gut aufgefasst. Strafrechtlich verantwortlich sind dabei Personen, die durch die Abgabe von BtM Abhängigkeit erhalten oder begründen. Damit wird unterstellt, dass der Konsum von BtM, die Abhängigkeit erzeugen, einen Zustand von Unfreiheit herbeiführt und der Konsument für seinen dann zwanghaften Konsum nicht mehr verantwortlich gemacht werden könnte. Die Bestrafung desjenigen, der BtM abgibt, wäre nach dieser Auffassung durch das BtMG legal und legitim. Nestler führt jedoch aus, indem er ausführlich die wissenschaftliche Literatur zur Pharmakologie von BtM wie auch sozialwissenschaftliche Erkenntnisse zur Zurechnungsfähigkeit und Handlungsfähigkeit von Konsumenten illegaler psychoaktiver Substanzen diskutiert, dass die als abhängig definierten Verhaltensweisen von BtM-Konsumenten keinen Zustand begründen, der die Freiheit der Person in ihrer Lebensweise in einer Weise beeinträchtigt, dass darin ein das Abgabeverbot legitimierender Freiheitsverlust gesehen werden könne (vgl. Nestler 1998, S. 751-786).

- Ein weiteres Problem für das strafbewährte generelle Verbot der Abgabe von BtM unter dem Hinweis, dass der Konsument vor sich selbst geschützt werden müsse, ist das auch verwendete Legitimationsmuster

„Schutz von Kindern und Jugendlichen". Nestler zufolge ist der Schutz des erwachsenen Menschen vor den Gefahren des BtM kein legitimer Zweck des BtMG. Unbestreitbar legitim sei es, die Abgabe von BtM an Kinder und Jugendliche zu verbieten und zu sanktionieren. Dies ist jedoch schon prinzipiell möglich durch das „Gesetz zum Schutze der Jugend in der Öffentlichkeit". In den Vorschriften dieses Gesetzes wird vorrangig versucht, die Gefährdung von Jugendlichen durch strafbewährte Verbote auszuschließen, aber gleichzeitig Erwachsenen nicht untersagt Waren zu erwerben, Plätze aufzusuchen, die für Kinder und Jugendliche verboten sind.

Das Problem dieser Legitimationsmuster besteht in seiner offenkundigen Absicht unter Verweis auf die Gefährdung von Kindern und Jugendlichen, auch Erwachsene die Mündigkeit abzusprechen, sich selbst zu schützen.

„Das BtM-Strafrecht kann somit nicht mit dem Schutz der Konsumenten vor sich selbst legitimiert werden. Generell gilt, dass es im Hinblick auf das Recht auf Selbstgefährdung aus Art 2 Abs. 1 GG kein legitimes Ziel ist, erwachsene Konsumenten vor sich selbst zu schützen. Für Schäden, die diese sich mit dem Konsum von BtM zufügen sind sie selbst verantwortlich. Und auch den Schutz der Jugendlichen kann ebenfalls nicht das generelle strafrechtliche Verbot des Umgangs mit BtM begründen, sondern nur spezifische dem Schutz Jugendlicher dienende Verbote" (Nestler 1998, S. 790).

In einer abschließenden Bewertung kommt Nestler hinsichtlich der Legitimität des BtMG zu folgender Einschätzung:

- das BtM-Strafrecht sei deshalb nicht legitim, weil es nach verfassungsrechtlichen Vorgaben und Prinzipien der strafrechtlichen Verantwortlichkeit für Gefährdungen kein strafrechtliches Unrecht der Verhaltensweisen besprechen kann, insofern das Legitimationsmuster des Schutzes der Konsumenten vor sich selbst illegitim sei.

- Auch der Schutz Dritter, der das BtMG als Legitimationsmuster anführt, sei insofern illegitim, als nach strafrechtlichen Prinzipien, nur derjenige, der BtM einnimmt, für die Folgen seines Tuns selbst verantwortlich sei.

- Auf einen weiteren Problemzusammenhang sei noch kurz hingewiesen. Er betrifft die polizeiliche Tatbeteiligung und Tatprovokation als Ermittlungsprinzip. Die Polizei kann auf dem BtM-Markt – meist über V-Leute geregelt – auch als Käufer und Verkäufer von BtM auftreten. Begründet wird diese Maßnahme dadurch, dass damit der illegale Markt kontrolliert werden könne und gegebenenfalls die Menge der im Umlauf befindlichen BtM reduziert würde, und die Wahrscheinlichkeit verringert würde, dass Konsumenten mehr konsumieren könnten und neue Konsumenten auftreten. Dieses Verhalten der Polizei, das unter nicht ermittlungsbedingten Umständen einen Verstoß gegen die §§30 und 29a darstellt, wird nun legitimiert unter Rückgriff auf den „Erlaubnistatbestand des §4a Abs. 2 BtMG". Ein Verhalten der Polizei, das die Tatbestände des BtMG erfüllt, gilt daher generell als straflos, wenn es als Maßnahme der Strafverfolgung legitimiert ist (Nestler 1998, S. 854). Damit wird jedoch der Zweck des Strafrechtes, die Begehung strafbarer Handlungen zu verhindern in diesem Falle faktisch außer Kraft gesetzt. „Die Provokation von Straftaten zum Zwecke nachfolgender Bestrafung ist unter allen Eingriffen in die Rechte der Bürger durch strafprozessuale Ermittlungstätigkeit der mit Abstand schwierigste. Der Schutz vor staatlichen Eingriffen, die die Unschuldsvermutung leitet, weicht hier dem Verdacht der Schuld. Bei der Tatprovokation entfällt selbst diese Legitimation. An ihre Stelle tritt die Vermutung der Gefährlichkeit der Bürger, der gezielt dazu gebracht werden soll seine Gefährlichkeit zu beweisen" (Nestler 1998, S. 860)

Die von Nestler ins Feld geführten Argumente bezüglich der Illegitimität des BtMG verweisen auf ein generelles Problem, das die Drogenpolitik weltweit strukturiert: die Durchsetzung einer Prohibitionspolitik im Umgang mit BtM mit allen Mitteln des Strafrechtes. International werden strafrechtliche Modelle der Drogenkontrolle präferiert, obwohl es letztendlich nur um Wertprobleme geht, nämlich um die Beurteilung, eine Entscheidung BtM zu konsumieren, als Genuss oder als Krankheit bzw. als Straftat zu begreifen. Aus der Geschichte des Umgangs mit Opium und anderer BtM wissen wir, dass die Motivation über BtM eine Totalprohibition zu verlangen, politische, ökonomische und kolonialpolitische Ursachen hat und nicht gesundheitspolitischen Bedenken folgt. „Der Wunsch BtM zu konsumieren hat heute eher soziale Hintergründe, die in der gesellschaftlichen Entwicklung zu suchen sind. Nach alledem, was über die Wirkungsweise und die Folgen von Strafrecht nunmehr bekannt ist, erfüllt das Strafrecht nur eine recht bescheidene Rolle in der Lösung von sozialen Problemen, insbesondere aber bei solchen Problemen, die gerne als Wertprobleme bezeichnet werden" (Albrecht 1998, S. 695).

4.6   Zum reflexiven Umgang mit BtM-Konsumenten

Im Vorwort zur 5. Auflage seines BtMG-Kommentars erhebt Körner die programmatische Forderung, dass Drogenhilfe nicht strafbar sein darf, die Strafverfolgung wirksam und die Drogenpolitik glaubwürdig sein müsse. Im Rückblick auf die bislang vorgestellten Argumente zur Kritik der Legitimationsmuster und der präventiven Wirksamkeit des BtMG muss gefragt werden, wie denn mit dem Konsumenten von BtM verfahren werden soll, wenn nicht Therapie und/oder Strafe die einzigen Interventionsmöglichkeiten sein sollen, um die restriktive Prohibitionspolitik umzusetzen. Folgt man Nestler, so ist die über das Strafrecht sich realisierende Prohibitionspolitik, was ihren strafpolitischen Teil betrifft, illegitim. Sie verletzt in eklatanter Weise verfassungsrechtliche Vorgaben ebenso wie strafrechtliche

Prinzipien. Auch die general- wie spezialpräventiven Intentionen des BtMG sind eher dürftig, die Menge der verbotenen BtM hat seit der Existenz des BtMG ständig an Umfang zugenommen ebenso, wie sich die Anzahl der Konsumenten erheblich erhöht hat. Aus diesen Überlegungen kann nur zwingend der Schluss gezogen werden, dass der Verzicht auf das Strafrecht zur Durchsetzung der Prohibition notwendig ist. Ein erster Einwand, der in einer so geführten Debatte formuliert wird, betrifft das Verhältnis der internationalen Konvention zur nationalen prohibitiven Drogenpolitik. Verdeutlicht wird dabei, dass die Rolle des Strafrechtes in der Drogenpolitik durch internationale Abkommen zwingend vorgeschrieben sei und zwar in dem Sinne und mit den Inhalten, die die jeweiligen Konventionen von 1961, 1971 und 1988 vorsehen. Hiergegen steht jedoch, dass jede Nation verpflichtet ist, im Sinne ihrer geltenden Rechtsdogmatik die internationalen Konventionen anzuwenden. Das bedeutet – wie ausgeführt – einen von Land zu Land unterschiedlich großen Gestaltungsspielraum in der praktischen Prohibitionspolitik. Wie oben mit Albrecht angeführt wurde, muss insofern von einer „Abschichtung" (Albrecht) möglicher sanktionierender Eingriffe aufgrund der jeweiligen Besonderheiten nationaler Strafrechtssysteme ausgegangen werden. Prohibitionspolitik in Deutschland könnte so z.B. zwischen Strafrecht und Ordnungswidrigkeitsrecht bei seiner Durchsetzung entscheiden. Es muss also von nationalen Vorbehalten bei der Realisierung einer Prohibitionspolitik im Umgang mit BtM gesprochen werden, die der Besonderheit der nationalgültigen Sanktionsmöglichkeiten Rechnung trägt. Das Ordnungswidrigkeitsrecht als Schrittmacher einer Prohibitionspolitik in Deutschland wäre mithin eine Möglichkeit aus der „Strafrechtsfalle" im Umgang mit BtM-Nutzern herauszukommen. BtM-Konsum als Ordnungswidrigkeit anzusehen bedeutet z.B. diesen so zu werten und zu ahnden wie Verstöße gegen das Straßenverkehrsrecht. Eine konkrete Diskussion über die möglichen Auswirkungen dieser Umstellung kann hier nicht geführt werden, sie würde nicht nur den Rahmen dieser Ausführung überfordern, sondern setzt auch meinen Wissensmöglichkeiten Grenzen.

Ein anderes, auch im Rahmen des Prohibitionsvorbehaltes geführtes Diskussionsmodell ließe sich entwickeln, wenn man davon ausgeht, das BtM überwiegend als Genussmittel gebraucht werden würde (vgl. Nestler 1998 S. 809ff.; Schmidt-Semisch 1994, S. 180ff.). Zu diesem Zwecke müsste sich der BtM-Konsum über das Lebensmittel- und Bedarfsgegenständegesetz regeln. Dieses Gesetz regelt auch jetzt schon den Umgang mit Alkohol, Nikotin und Kaffee. Prohibition mit Hilfe dieses Gesetzes kann drei Ziele verfolgen: Begrenzung des Konsumumfanges, Minimierung der gesundheitlichen Gefahren des Konsums und Jugendschutz (vgl. Nestler 1998, S. 810). Ob eine solche genusstheoretische Strukturierung der Prohibition mit den z.Z. verbindlichen internationalen Konventionen in Einklang zu bringen sind, müsste wohl erst geprüft werden. Die Forderung nach der (partiellen) Rücknahme des Strafrechtes aus der Prohibitionspolitik hat zu Strategievorschlägen geführt, die mit den Begriffen der „Entpönalisierung", „Entkriminalisierung" und „Legalisierung" gekennzeichnet worden sind.

Entpönalisierung meint eine fortbestehende Strafbarkeit des Umgangs mit BtM, wobei im Einzelfall jedoch von einer Bestrafung abgesehen werden kann. Das BtM-Recht bietet zurzeit drei Möglichkeiten der Entpönalisierung. Zunächst ist durch §29 Abs. 5 dafür die Voraussetzung gegeben, da er vorsieht, bei geringen Mengen des Besitzers von BtM von Strafe abzusehen. Die Nichtverhängung von Strafe bei solchen Bagatelldelikten bedeutet jedoch nicht, dass von einer Eintragung in das Bundeszentralregister und der Übernahme von Verfahrenskosten abgesehen wird. Letzteres ist allerdings durch die Inanspruchnahme des §31a Abs.1 BtMG durch die Staatsanwaltschaft möglich. Auch hier kann das Verfahren bei Besitz geringer Mengen von BtM eingestellt werden, wobei eine geringe Schuld des Täters und kein öffentliches Interesse an der Strafverfolgung zusätzlich als Grund für Nichtbestrafung angeführt werden kann. Allerdings sind dies Kann-Vorschriften, die bedeuten, dass jede Strafverfolgungsbehörde in Deutschland Ermessensspielraum bei der Strafverfolgung hat. Rechtssicherheit für die Konsumenten ergibt sich jedoch bei der Feststellung geringer Mengen nicht. Einige Bundesländer haben eine so genannte Obergrenze festgelegt, bis zu der von einer geringen Menge ausgegangen werden kann; NRW z.B. 10g BtM, Schleswig-Holstein bis zu 30g, Bayern bis zu 6g. Andere Bundesländer folgen dem Modell der Untergrenze (Berlin 6g, Niedersachsen 6g, Saarland 6g), bei der von einer Verfolgung abgesehen werden muss.

Entpönalisierung ist auch gegeben durch die Einrichtung von Drogenkonsumräumen nach §10a BtMG. Das Gesetz gibt hier u.a. vor, dass von einer Strafverfolgung wegen des Besitzes von BtM abzusehen ist, wenn in einem Drogenkonsumraum, der aufgrund einer behördlichen Erlaubnis betrieben wird, ärztlich nicht verschriebene BtM konsumiert werden.

Entkriminalisierung meint, Drogenumgang bleibt ein Gesetzesverstoß, ist aber keine Straftat mehr. Insofern ist unter Entkriminalisierung die Herausnahme sämtlicher oder bei Teilentkriminalisierung bestimmter Formen des Drogenumgangs aus dem Strafrecht zu verstehen. Allerdings ist hiermit nicht die Prohibition durch das BtM aufgehoben, die kann über verwaltungsrechtliche Regelungen mit entsprechenden Bußgeldbestimmungen vorgenommen werden. Z.Z. sind in Deutschland Entkriminalisierungsregelungen nicht vorhanden.

Legalisierung bedeutet zunächst, dass die Prohibition aufgehoben und der Umgang mit BtM erlaubt wird. Dies muss nun nicht bedeuten, dass Angebot und Nachfrage den Konsum von BtM regeln. Eine Teil-Prohibition kann durchaus sinnvoll sein, d.h. dass die absolute Verfügbarkeit von BtM durch ordnungspolitische Maßnahmen (eigene Abgabestellen oder Verkaufsräume für BtM), durch die Untersagung von Werbung und anderer Vermarktungsstrategien, durch Altersvorbehalte etc. für den Verbraucher eingeschränkt wird. Denkbar wäre auch eine Strategie der Medizinalisierung von BtM insofern, als dass die Abgabe von BtM durch Ärzte und Apotheker im Rahmen ihrer therapeutischen Freiheit geregelt wurde. Diese Regelung sah im Übrigen schon das Opiumgesetz in seiner Fassung von 1923 vor. Körner (2001) stellt in seinem Kommentar zum BtMG weitere „Reaktionsmöglichkeiten des Staates bei Delikten von Drogenabhängigen" vor: so die Herabstufung der Strafvorschrift z.B. durch

- die Einstufung des Umganges mit Cannabis als Ordnungswidrigkeit und die Überführung von BtM-Vorschriften in das Arzneimittelgesetz;
- die Einrichtung von Substitutionsprogrammen;
- die staatlich kontrollierte Vergabe von Opiaten.

Überlegungen zum reflexiven Umgang der Gesellschaft mit BtM-Konsumenten haben zum Ziel, die Verantwortung für den Umgang mit BtM nicht nur dem Staat und seinen Drogenpolitik ausführenden Institutionen zu überlassen. Die Belange der BtM-Konsumenten sind dabei nicht ausschließlich durch Therapiebedürftigkeit und/oder Strafe zu definieren, sondern bedürfen der Korrektur, indem die Interessen der Konsumenten BtM zu konsumieren, berücksichtigt werden. Aus der Sicht von Konsumenten ist es wohl in erster Linie der Genuss, der eine entscheidende Rolle beim Konsum spielt. So wie Menschen Zigaretten, Zigarren und Alkohol überwiegend unter dem Aspekt des Genießens zu sich nehmen, scheint es auch mit BtM zu sein. Insofern ließe sich die Aufgabe des Rechtsstaates in der Schaffung von Institutionen nach umfassender Kosten- und Nutzenabwägung festlegen, die die Qualität und die Reinheit der BtM garantieren, sowie Risiko mindernde Strategien des Gebrauchs vermitteln. Die Entscheidung über den Genuss von BtM hinaus zum zwanghaften Konsum oder zur Abhängigkeit liegt dazu ganz in der Verantwortung der Konsumenten.

Die Legitimität einer solchen drogenpolitischen Einstellung kann der Staat gegenüber seinen Gesellschaftsmitgliedern durch das Argument ausweisen, nicht im Sinne eines modernen Paternalismus mit seinen Burgen umgehen zu wollen.

Abb. 13: „Die sieben drogenpolitischen Wege" nach Körner (2001, S. 1505f.)

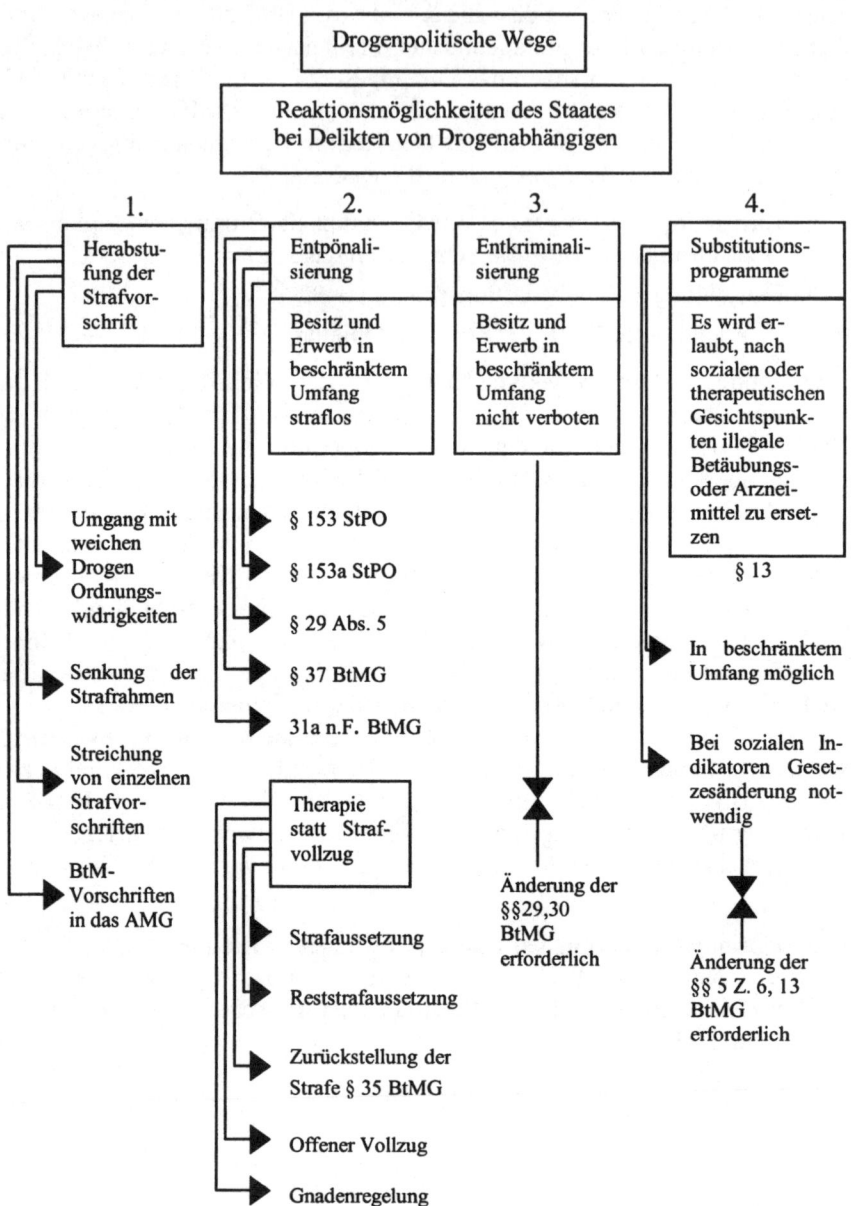

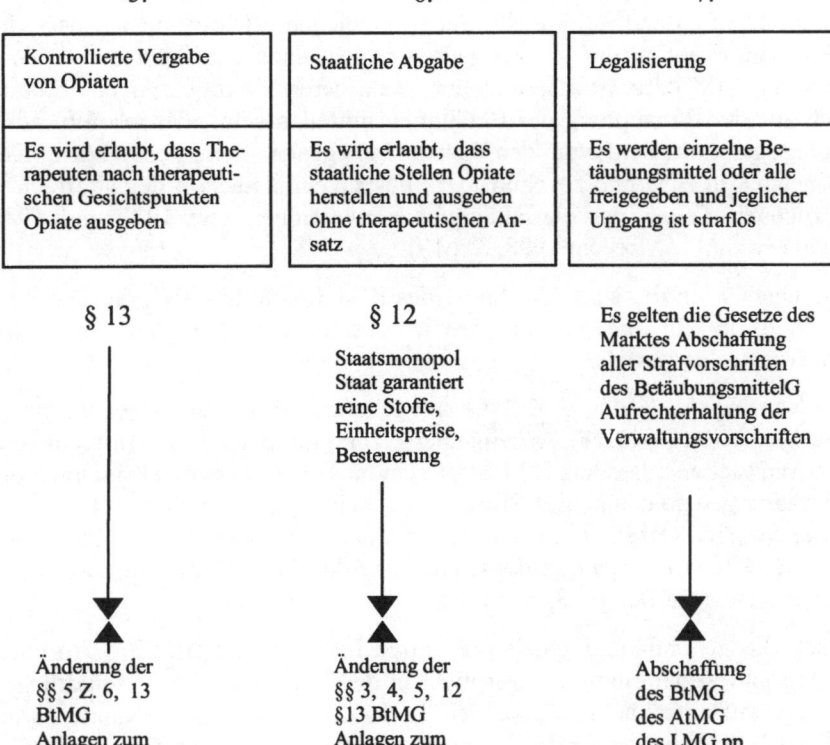

5.	6.	7.
Kontrollierte Vergabe von Opiaten	**Staatliche Abgabe**	**Legalisierung**
Es wird erlaubt, dass Therapeuten nach therapeutischen Gesichtspunkten Opiate ausgeben	Es wird erlaubt, dass staatliche Stellen Opiate herstellen und ausgeben ohne therapeutischen Ansatz	Es werden einzelne Betäubungsmittel oder alle freigegeben und jeglicher Umgang ist straflos

§ 13

§ 12
Staatsmonopol
Staat garantiert
reine Stoffe,
Einheitspreise,
Besteuerung

Es gelten die Gesetze des
Marktes Abschaffung
aller Strafvorschriften
des BetäubungsmittelG
Aufrechterhaltung der
Verwaltungsvorschriften

Änderung der
§§ 5 Z. 6, 13
BtMG
Anlagen zum
BtMG
Internationale Abkommen
VerschrVO

Änderung der
§§ 3, 4, 5, 12
§13 BtMG
Anlagen zum
BtMG
Internationale
Abkommen

Abschaffung
des BtMG
des AtMG
des LMG pp
Internationale
Abkommen

4.7 Zusammenfassung

Die Diskussion des BtMG erfolgte vor allem unter dem Gesichtspunkt der Information und der kritischen Würdigung dieser, für die Drogenhilfe entscheidenden Rahmenbedingung. Um die Besonderheit des BtM-Strafrechts zu verdeutlichenn erschien es notwendig, zunächst einige Essentiale des Strafrechtes darzustellen. Deutlich wurde, dass der Zweck des Strafrechtes im Schutz vor Rechtsgütern der Gesellschaft begründet liegt und auch das BtMG das Rechtsgut der Volksgesundheit zu schützen vorgibt. Allerdings ist dieser strafbewährte Schutz der Volksgesundheit in seiner Intention und Möglichkeit gebunden an die Umsetzung international verbindlicher Konventionen zur Regulierung von BtM. Insofern war es notwendig, den Zusammenhang von UN-Konvention zur Steuerung von BtM-Konsum- und Handel und deutschem BtM Strafrecht zu diskutieren. Deutlich wurde, dass die genannten Konventionen nicht als unmittelbar anzuwendende Straftatbestimmungen in Deutschland zu verstehen sind. Die aus den Konventionen abgeleiteten Verpflichtungen sind immer auf die Verfassung bezogen, und das in Deutschland gültige Strafrecht anzulegen. „Unstreitig ist, dass die Einheitskonvention die Vertragsparteien nicht dazu verpflichtet, den Konsum von BtM unter Strafe zu stellen, denn deren Verpflichtungen erklären sich aus der Behauptung des Betäubungsmittelhandelns, der insofern noch streng getrennt wird von den konsumbezogenen Verhaltensweisen. Der Konsum von BtM und psychotroper Substanzen ist auch in den strafrechtsbezogenen Teilen der einschlägigen Konventionen von 1971 und 1988 nicht erwähnt" (Albrecht 1998, S. 619).

Die Diskussion der acht Abschnitte des BtMG hatte das Ziel, die Systematik und die für die Soziale Arbeit relevanten Paragraphen des BtM-Strafrechtes darzustellen.

Die von Nestler (1998, S. 691ff.) entwickelte und hier in grober Vereinfachung referierte kritische Auseinandersetzung mit dem BtM-Strafrecht sollte herausstellen „dass das BtM-Strafrecht nach den geltenden Prinzipien der Verfassungsregeln und des Strafrechtes weder mit dem Schutz des Menschen vor sich selbst, aber auch nicht mit dem Schutz Dritter und Interessen der Gesellschaft vor den mittelbaren Auswirkungen des Konsums zu rechtfertigen ist" (Nestler 1998, S. 703f.).

Auch die general- und spezialpräventive Intention des BtMG – Abschreckung und Rehabilitation – war nicht in der Realität des gesellschaftlichen Alltags in Deutschland zu erkennen. Im letzten Abschnitt des Kapitels wurde auf Wege aus der strafrechtsbewährten Prohibition von BtM eingegangen. Hier war es wichtig, Perspektiven aufzuzeigen, die sich unmittelbar auf den Konsumenten auswirken können. Diese Perspektiven, so ist zu vermuten, werden in Zukunft die drogenpolitischen Debatten in Deutschland steuern.

Tipps zum Weiterlesen

H. J. Albrecht, Rechtliche Bestimmungen und Rechtssprechungen in Suchtmedizin, Hrsg. Uchtenhagen/Zieglgänsberger, München 2000, S. 519ff.
A. Kreuzer (Hrsg.) Handbuch des Betäubungsmittelstrafrechtes
H.H. Körner, Kommentar zum BtMG, München 2001
S. Scheerer, Die Genese der Betäubungsmittelgesetze in der Bundesrepublik Deutschland und in den Niederlanden, Göttingen 1982

5. Drogengebrauch und Psychopathologie – Zur Kritik der vorherrschenden Sichtweise in der Drogenhilfe

5.1 Einleitung

Die heute gültigen Parameter zum Umgang mit Handel und Konsum von psychoaktiven Substanzen wie Morphium, Opium, Kokain und Cannabis haben ihren Ursprung in strategischen Entscheidungen jener Staaten, die an der Lösung der so genannten „Opiumfrage" im 19. Jh. beteiligt waren. Eine über fast drei Jahrzehnte geführte politische und ökonomische Debatte durch die Unterzeichnerstaaten der vom Völkerbund eingesetzten Opiumkonferenzen haben dabei nicht nur einen Wandel in der gesellschaftlichen Bewertung der oben angeführten Substanzen bewirkt, sondern auch einen Wandel in der Einstellung zu ihren Konsumenten. Friedländer (1913) bescheinigte z.B. dem Morphinisten, dass „er von Haus aus ein psychopathischer, ein willensschwacher, seinem Triebleben leichter unterliegender Mensch ist. Der Boden, auf welchem der Morphinismus aufschießt, ist der einer minderwertigen Veranlagung" (Friedländer 1913 S. 1577ff.).

Damit war ein Anfang geschaffen, die Ursprünge der Abhängigkeit von Morphium, Heroin etc. als einen regelwidrigen Geisteszustand zu betrachten. Insofern fand eine Transformation des Heroin-/Morphinkonsumenten von einem Menschen, der infolge von Kriegsverletzungen an der „Soldatenkrankheit" leidet, zu einem „willensschwachen Psychopathen", der sich aus der Gemeinschaft ausgrenzt, schon im 19. Jh. statt. Ausgangspunkt war eine Auffassung, wie sie unter vielen anderen Psychiatern und Medizinern auch von L. Lewin und W. Goldbaum formuliert wurden. „Der Rauschgiftsüchtige ist unzweifelbar ein Kranker. Nicht nur wirkt eine körpereigene Energie, nämlich das Rauschgift, in ihm und macht ihn körperlich zu einem Menschen minderer Ordnung, sondern jeder Versuch, sich des Mittels zu enthalten schafft akut erscheinende Befindensstörungen, die das Individuum zu einem schwer Leidenden machen bzw. sein Gehirn und seine Nerven. Sie bedürfen des ihnen gewohnten und lieb- und notwendig gewordenen Mittels wie der Magen oder der Gesamtorganismus der Speise. Die oft auch sehr kurzfristige Enthaltung schafft, neben Schmerzen in den verschiedenen Nervenbahnen, die Gefahr des akuten körperlichen und geistigen Zusammenbruchs. Dieser [...] droht, z.B. bei Morphinisten dringlich" (Lewin, Goldbaum 1928, S. 21). In dieser Beschreibung des Drogenkonsums sind die wesentlichen Aussagen enthalten, dass Phänomen der Sucht zu charakterisieren sowie den Süchtigen zu etikettieren, die auch heute noch wirksam sind

- das Krankheitsbild des „Nicht-Mehr-Aufhören-Könnens",
- die Abkopplung des körperlich und geistigen Zustandes vom Willen des Konsumenten,
- die psychisch und physische Abhängigkeit und die Toleranzveränderung,
- die Realitätsverweigerung der Konsumenten.

Nun waren diese Aussagen des Krankheitsbegriffes nicht Resultat gegenstandsspezifischer theoretischer oder empirischer Erkenntnisse, sondern sind gewissermaßen im Analogieschlussverfahren zum Krankheitsbild des Alkoholismus entstanden, oder im klinischen Alltag protokolliert. „Die Ausdehnung des Krankheitsbegriffes auf alle Formen der Drogenabhängigkeit verallgemeinert in unzutreffender Weise Vorstellungen über Regelwidrigkeiten, Kontrollverlust und Behandlungsbedürftigkeit, die in Bezug auf den ‚Modellfall' Alkoholismus ihre Berechtigung besitzen, in Bezug auf die Abhängigkeit von anderen Drogen aber zu Lasten der Betroffenen in die Irre führen" (Scheerer/Vogt 1989, S. 25).

Die heute überwiegend diskutierten Ansätze zur Erklärung des Konsums psychoaktiver Substanzen stehen in der Tradition der oben zitierten Sichtweise von Lewin/Goldbaum. Sie leiten ihre Legitimation weniger aus empirischen Untersuchungen und theoretischen Überlegungen zum Gegenstandsbereich „illegale psychoaktive Substanzen" ab, sondern aus Forschungen zum Alkoholmissbrauch und der Alkohol- und Nikotinabhängigkeit. Hierauf deutet z.B. der Gebrauch des Begriffes Sucht hin, der umstandslos auf legale und illegale Suchtmittel und deren Gebrauch bezogen wird. Darüber hinaus, so T. Thomasius (2000, S. 6), ist dieser „altgediente" Begriff „Sucht" in der Krankenversorgung, Verbandspolitik und Lehre gebräuchlich."

Zu diesem spezifischen Problem (umstandslos unterstellter Pathologieverdacht beim Konsum illegaler psychoaktiver Substanzen und dessen Legitimation durch Erklärungskonzepte aus der Alkoholforschung) kommt ein weiteres Defizit des Konstruktes Sucht, das Künzel/Böhmer u.a. zu dem Schluss kommen lassen, „dass immer noch kein geschlossener theoretischer Ansatz zur Erklärung der Sucht vorliegt. Was vorliegt ist zum einen eine große Anzahl an Theorien, deren Erklärungswert nur eine sehr begrenzte Reichweite hat und/oder die empirisch nicht belegt bzw. auch schwer belegbar ist. Zum anderen existiert eine Fülle von meist deskriptiven Einzelbefunden, die nur schwer zu einem theoretischen Geflecht verknüpft werden können, da sie zum Teil sogar widersprüchliche Aussagen machen" (Künzel/Böhmer J. 1993, S. 13).

In ihrer Expertise systematisieren Künzel/Böhmer u.a. vorliegende Erklärungskonzepte und fassen sie unter Oberbegriffe zusammen:

- *dimensionale Konzepte*, das sind jene, die auf eng geführten Kausalitätsannahmen basieren;

- *Prozess- und Interaktionsmodelle*, das sind solche, die zwar auch den Kausalitätsaspekt in den Vordergrund stellen, jedoch mehrere Faktoren benennen, die dieses begründen;

- *Risikofaktorenmodelle*, das sind jene, die riskante Lebens- und Entwicklungszusammenhänge, Gebrauchsmuster und Substanzen anführen, die für die Erklärung abhängigen Verhaltens herangezogen werden können;

- *Suchtprotektive Modelle*, die formulieren, was erfüllt sein muss, um sicherzustellen, dass junge Menschen nicht drogenabhängig werden.

Eine andere Vorgehensweise versuchen Warnke/Bühringer. Sie fragen nach störungsbezogenen Grundmustern der Abhängigkeit, d.h. nach typischen Störungen, die bei Suchtkranken häufig vorkommen, sei es somatisch, psychisch oder sozial, als vorgegebene Determinante oder Folgen der Abhängigkeit, seien sie kausal, auslösend oder modifizierend (vgl. Bühringer/ Warnke 1991, S. 6).

Allein die offene Fragestellung weist schon auf den eher heuristischen Wert dieser Kategorisierung hin. Darum ist es auch nicht sehr überraschend, wenn der Begriff der Grundströmung nicht systematisch entfaltet wird, sondern lediglich den traditionellen psychologischen und sozialen Konzepten als Argumentationsbasis empfohlen wird. Infolgedessen werden vor allem ätiologische Modelle (Psychoanalyse/Lerntheorie) und psychiatrische Krankheitsmodelle diskutiert und als spezifische Formen zur Beschreibung von Grundstörungen benannt.

In seiner „Psychotherapie der Suchterkrankungen" (R. Thomasius 2000.) entwickelt der Autor einen Orientierungsrahmen, mit deren Hilfe er zwei unterschiedliche Konzepte der Erklärung von süchtigem Verhalten miteinander verhandelt. Während er die klassische psychiatrische Einteilung der Suchttypen (Kokaintyp, Opiattyp, Amphetamintyp) in Verbindung mit den diagnoseleitenden Kriterien der internationalen Klassifikation psychischer Störungen (ICD-10, Dilling u.a. 1993) und diagnostisch-statistisches Manual (DSM-V) als Basis der Entscheidung über die Herausbildung einer Sucht aufführt, werden ätiologische Modelle der Suchterkrankungen (Verhaltenstheorie, Psychoanalyse, Interpersonale Aspekte) als Begründung für therapeutische Interventionen diskutiert. Auch diese Klassifizierungen von Konzepten und Theorien wirft Probleme auf, stellen sie doch eher den Versuch dar, eklektizistisch Probleme der Suchtentwicklung in den theoretisch-klassifikatorischen Zugriff zu bekommen, als eine in ihren Geltungsbedingungen und Geltungsansprüchen überzeugende Theorie der Sucht.

Im Folgenden werden zwei ätiologische Modelle der Suchterkrankung (Psychoanalyse/Verhaltenstheorie) und das Konzept der psychischen Störung vorgestellt und erklärt werden und die sich daraus ergebenen jeweiligen Konsequenzen für die therapeutische Behandlung angedeutet werden.

5.2 Der pathologische Erklärungsansatz in der Drogenhilfe

Die im Folgenden zu diskutierenden Theorien werden in der sozialwissenschaftlichen und in der sozialpädagogischen Literatur zumeist als „Pathologischer Erklärungsansatz" (vgl. Reuband 1994) benannt. „Er ist kein ausgereifter theoretischer Ansatz, der in der Herleitung seiner Annahmen präzise und systematisch ist. Er bleibt in vielen seiner Hypothesen implizit und wird bei den Autoren eher beiläufig in der Art und Weise erkennbar, in der sie Befunde interpretieren. Er wird deutlich in der Weise, in der einzelne Befunde rückwirkend unter eine bestimmte Perspektive subsumiert werden. Er bestimmt die Art der eingebrachten Konzepte und derjenigen, die außerhalb der Betrachtung bleiben. Und er macht sich bemerkbar in der Selektivität, mit der Forschungsbefunde rezipiert und andersartige Deutungen ausgeblendet bleiben. Das Raster der Erklärung bleibt das gleiche und wirkt implizit ein. Es wird nur dort, wo Thematisierungsbedarf besteht, explizit ausgeführt" (Reuband 1994, S. 23).

Ein Beleg für diese von Reuband entwickelte Beschreibung der Wirkungsweise des „Pathologischen Erklärungsansatzes" ist die geführte Methadondebatte in den 90er-Jahren des letzten Jahrhunderts. Wesentliches Kriterium der damaligen Ablehnung der Methadonsubstitution als Heilbehandlung war der Hinweis darauf, dass Methadon „die Sucht verlängere" und eine Abstinenz des Patienten nicht intendiert sei. Ähnliche Argumentationen lassen sich vor der öffentlich diskutierten AIDS-Problematik bei Heroinkonsumenten ausmachen bei der Einführung niedrigschwelliger, suchtbegleitender Unterstützungsprogramme für Heroin-User. Das zentrale Argument der drogenpolitischen Debatte war das „Abstinenzkriterium" und die Akzeptanz des Unterstützungsprogramms musste sich an der Abstinenzorientierung der Programme und Institutionen messen lassen.

5.2.1 Zur Psychodynamik der Sucht – Das psychoanalytische Konzept

In der folgenden Abhandlung zur Erklärung der Abhängigkeit von illegalen psychoaktiven Substanzen aus der Sicht der Psychoanalyse kann es nicht darum gehen, eine komplexe Analyse und Darstellung dieses Konzeptes zu geben; zu differenziert und vielschichtig sind die der Psychoanalyse inhärenten und zugrunde liegenden Annahmen und Aussagen, zu variantenreich und zahlreich die jeweiligen Konzepte zur Erklärung süchtigen Verhaltens.

In einem ersten Abschnitt will ich in groben Zügen wesentliche Annahmen der psychoanalytischen Theorie darstellen. Es wird auf die Triebtheorie, die Instanzenlehre und den Wissenschaftsbegriff der freudianischen Psychoanalyse einzugehen sein, sowie auf einige neuere Entwicklungen in der Psychoanalyse, die sich mit dem Begriff der Objektbeziehungstheorie verbindet. Sodann gehe ich auf sachtheoretische Erkenntnisse ein, die vor allem im Anschluss an Kohut (1973) von Krystal (1988), Burian (1989) und Wormser (2000) formuliert wurden. Zum Schluss weise ich auf einige Zwangsläufigkeiten hin, die aus der Sicht der Psychoanalyse einen spezifischen rehabilitativen Umgang mit Konsumenten illegaler psychoaktiver Substanzen nahe legen.

Die freudianische Psychoanalyse ist der Erforschung der Triebe und des Unbewussten gewidmet. Nach Auffassung von Freud haben seelische Prozesse physische Grundlagen, sie sind insofern in ihrer Genese und Kausalität darstellbar. W. Schulz (1972) attestiert der freudianischen Psychoanalyse einen Wissenschaftsbegriff, der vom „objektivistischen Denkansatz" bestimmt sei. „Von diesem Ansatz her ist die Erforschung des Unbewussten und der Triebe zu verstehen. Als Wissenschaftler, und zwar als medizinisch-empirischer Wissenschaftler, entdeckt Freud Phänomene, die nicht in das bisher anerkannte Schema der Medizin hineinpassen und daher als solche störend sind. Man muss sie also erst in den Griff bringen. Das besagt: man geht vom Phänomen aus und setzt zu dessen Erklärung Hypothesen an. Die praktische Analyse steht im Wechselverhältnis zur wissenschaftlichen Theorie. Sie liefert das Material und ermöglicht solchermaßen die Theorie. Die Theorie gibt aber andererseits die Richtung für das praktische Vorgehen vor" (W. Schulz 1974, S. 675).

Die hier von W. Schulz beschriebene Methodologie der wissenschaftlichen Praxis ist auch heute noch Fokus psychoanalytischer Theoriebildung. Sie garantiert einerseits einen sehr direkten Praxisbezug der Forschung und ermöglicht andererseits, in der Praxis des therapeutischen Handelns aktuelle Erkenntnisse wissenschaftlicher Reflexion einzubringen. Ein wichtiges Teilstück psychoanalytischer Theoriebildung ist die Triebtheorie. Ich skizziere im Folgenden die wesentlichen Annahmen.

Freud hat in „Jenseits des Lustprinzipes" (1920) seine endgültige Fassung der Triebtheorie vorgestellt. Er geht hier von einem Triebdualismus aus, den er mit der Gegenüberstellung von Lebenstrieb und Todestrieb präzisiert. Vom Lebenstrieb her können die Selbstliebe, der Narzissmus und die Selbsterhaltung erklärt werden. Diese Triebart – so Freud – „umfasst nicht nur den eigentlichen, ungehemmten Sexualtrieb und die von ihm abgeleiteten zielgehemmten und sublimierten Triebregungen, sondern auch den Selbsterhaltungstrieb" (Freud 1952, S. 268).

Der Todestrieb kann sowohl nach innen in Form selbstdestruktiver Akte streben, als auch nach außen in Form von Destruktionstendenzen des

Selbst. Aus seiner klinischen Praxis führt Freud hier den Sadismus und die Aggression an und bestimmt beide als Formen der Destruktion.

Todes- und Lebenstrieb sind gekennzeichnet durch einen dynamischen, in einem Drang bestehenden Prozess, der den Organismus auf ein Ziel hinstreben lässt. Ihre Funktion – so W. Schulz – „ist biologisch bedingt und unterliegt dem Lustprinzip, das alle Lebewesen bestimmt. Das heißt, Unlust soll vermieden und Lust gesucht werden. Des genaueren sind am Trieb zu unterscheiden die Quelle, das ist ein somatischer Vorgang, dessen Reize im Seelenleben durch den Trieb repräsentiert ist, sodann der Drang, als Summe von Kraft und Aktivität; ferner das Ziel: es ist allemal die Befriedigung und schließlich das Objekt als dasjenige, an welchem oder durch welches der Trieb sein Ziel erreichen kann" (Schulz a.a.O. S. 676).

Freud unterscheidet „ES" „ICH" und „Über-ICH". Er sieht das „ES" als Reservoir für den Lebenstrieb und den Todestrieb an. Dem „ES" gegenüber steht das „ICH", das sich aus dem „ES" herausdifferenziert hat und ein Produkt der biographischen Entwicklung des Menschen ist. Das „ICH" steht als Prinzip der Sachlichkeit dem „ES" entgegen: es ist vom Realitätsprinzip geleitet. Das „Über-ICH" – so Schulz – „ist eine besondere Instanz, die über dem ES steht, und zwar in der Weise, dass sie auf das ICH und vermittels des ICH auf das ES einwirkt" (Schulz a.a.O. S. 682).

Freud beschreibt das Verhältnis von ES, ICH, und Über-ICH vor allem unter räumlichen und ökonomischen Gesichtspunkten. Aus der Perspektive der räumlichen Zuordnung ordnet Freud das ICH in die Mitte zwischen ES und Über-ICH ein.

Aus einer ökonomischen Perspektive beschreibt Freud das Verhältnis der Instanzen zueinander physikalisch, indem er diesbezüglich Vorgänge als Veränderungen und Verschiebungen von Energiequellen begreift.

Freud führt an, dass das Über-ICH sowie das ICH aus dem ES entstanden sind und zwar durch Triebminderung und Triebentmischung. Das Über-ICH ist für die Moralbildung zuständig. Die Entstehung des Über-ICHs erklärt Freud mit Hilfe des Ödipuskomplexes. Ödipus – eine Gestalt aus der griechischen Mythologie – brachte seinen Vater um, um seine Mutter für sich allein zu besitzen.

Grundlegend für den Ödipuskomplex ist die Auffassung, dass das Kleinkind danach trachtet, die gegengeschlechtlichen Elternteile besitzen zu wollen. Da dies de facto nicht gelingen kann, übernimmt das Kind durch Identifikation mit dem gleichgeschlechtlichen Elternteil symbolisch auch die Position dieses Elternteils. Insofern eignet sich das Kind die jeweiligen Einstellungen und Werte des Vaters/Mutter an. Andererseits hat es Angst, es werde für das Begehren des gegengeschlechtlichen Elternteils bestraft, weil der Andere dieses schon besitzt.

Für den Jungen gilt: „Dies Hin und Her findet seinen Abschluss durch den Vorgang der internalisierenden Identifikation mit dem Vater. Man klammert den äußeren Vater ein und verzichtet auf ihn, weil man ihn sich innerlich ‚einverleibt'. Dieser internalisierte Vater kann und muss nun all die vielfältigen Funktionen übernehmen, die der wirkliche Vater hatte. [...]

Die Internalisierung bedeutet natürlich, dass man darauf verzichtet, den Vater zu ermorden. Das besagt aber: der Wunsch auf äußere Erfüllung wird verdrängt. Gerade dadurch kann er nun in verwandelter Form im Inneren weiterleben. Man wird gegen sich, und nicht gegen den Vater aggressiv. Diese Umwandlung von Fremdaggressionen in Aggression gegen sich selbst kennzeichnet die Entstehung des Gewissens. [...] Das Gewissen ist – das ist der Grundsatz – der Ersatz der väterlichen Autorität. Ich, und nicht mehr der Vater, lege mir Forderungen auf und beurteile mich selbst. Und zwar werde ich eben so streng sein, wie der wirkliche Vater es war" (Schulz a.a.O. S. 684).

Die Instanzenlehre und die Triebtheorie der freudianischen Psychoanalyse und Psychodynamik sind eindeutig von Freuds Biologismus bestimmt. Freud ist der Auffassung, dass trotz aller Gewissensbildung die Triebschicht des Menschen der bestimmende Faktor für sein Verhalten ist. Allerdings ist der Mensch nicht nur ein Natur-, sondern auch ein Kulturwesen. Hier setzt nun eine moderne Form der Psychoanalyse an, die psychoanalytische Theorie der Objektbeziehungen (vgl. Eagle 1994, Kapitel 2).

Sie kritisiert die freudianische Triebtheorie darin, dass ihre Annahme, auch die Bildung zwischenmenschlicher Bindungen ausschließlich im Sinne von Triebbefriedigung erklären zu wollen, falsch ist. Charakter und Ursprung zwischenmenschlicher Beziehungen – oder in diesem Sinne: Objektbeziehungen – müssen als das, was sie sind, begriffen werden: Entwicklungsaspekte des Subjektes als Ausdruck angeborener Neigungen, kognitive und affektive Bindungen zu Objekten in der Welt herzustellen. M. Eagle (1994) belegt diese Hypothese unter Rückgriff auf Untersuchungen von Harlow (1958) (Stein 1980, S. 673ff.) sowie zahlreiche ethnologische Untersuchungen. Er führt aus, dass das ES-ICH-Modell mit dem ES als triebhaft „brodelnder Kessel" und dem ICH als kontrollierende Struktur weder richtig noch nützlich ist.

„Ein Mensch hat zahlreiche verschiedene und oft konfligierende Ziele, Wünsche, Erkenntnisse, Gefühle, Werte usw., die er mit wechselnden Erfolgen miteinander integrieren kann. Insoweit Triebe für das Verhalten eine Rolle spielen, tun sie es nicht als eigenständige Impulse, die sich gegen andere Strukturen der Persönlichkeit richten, noch sind sie vollentwickelte, irgendwie verkörperte Ziele, die nach Abfuhr drängen. Sie sind vielmehr Teil eines Komplexes von Zielen, Verhaltensweisen, Gefühlen und Erkenntnissen" (Eagle a.a.O., S. 161f.).

Die Psychoanalytische Theorie der Objektbestimmung verlagert die Bestimmung der Triebe zu bestimmten Anteilen auf die Entwicklung frühkindlicher Interaktionserfahrungen, in der sie, in Ergänzung zur Organisation der Triebe, in der Person die affektive Beziehung zu anderen Personen als zweite Komponente des Reifungsprozesses berücksichtigt. Da der Sozialisationsprozess maßgeblich von Erfahrungen abhängig ist, die das Kleinkind im affektiven Umgang mit seinen ersten Beziehungspartnern macht, hat sich insofern auch der konzeptuelle Rahmen der Psychoanalyse erweitert um die unabhängigen Dimensionen sozialer Interaktion, innerhalb derer sich das Kind durch die emotionale Beziehung zu anderen Personen als eigenständiges Subjekt zu begreifen lernt.

Aus dieser modernen psychoanalytischen Sicht werden Pathologien (Neurose und Psychose) als ein Abweichen von der Welt der Normalität gesehen, welche sich subjektiv als Leidenszustand artikulieren und den Kranken beunruhigen und bedrängen.

Für die Entwicklung und Entstehung der Drogenabhängigkeit gelten aus der Sicht der Psychoanalyse verschiedene Ursachen, die als Symptomkomplex begriffen werden.

Einerseits wird eine besondere Anfälligkeit für die Sucht der Menschen angenommen, die so genannte „Prämorbidität": Sie ist Resultat gestörter Mutter-Kind-Beziehungen, „nämlich aus der Identifizierung mit einer leeren, unemphatischen Mutter, die auf Signale des Kindes mit Befriedigungen antwortet, nach denen kein Bedürfnis besteht" (Heigl-Evers u.a. 1993, a.a.O. S. 41).

Die Folgen solcher gestörten Mutter-Kind-Beziehungen könne sein – so Heigl-Evers u.a. „Ichschwächung und Ausbildung von Ichfunktionsdefiziten wie u.a. fehlende Binnenwahrnehmung, fehlende Affektdifferenzierung, unzureichende Prüfung auch der äußeren Realität, Abspaltung der Befriedigungserwartung auf Ersatzobjekte. Letzteres bedeutet auch, in der Autonomie behindert, d.h. abhängig von einem anderen zu sein" (Heigl-Evers u.a.1993, a.a.O. S. 42). Es bildet sich ein Trauma heraus, das in der adoleszenten Aktivierung dazu beiträgt, die Adoleszenzkrise nicht bewältigen zu können.

Das „Trauma" kann dabei mit dem nicht zu bewältigenden Konflikt zwischen kindlichem Selbst und der unemphatischen Mutter gleichgesetzt werden. Der Konflikt verlagert sich in das Innere des ICH und wird von diesem verdrängt. Verdrängung führt zur Abspaltung negativ erlebter Emotionen, die dann vom Subjekt nicht mehr steuerbar sind. Insofern gewinnt das ES Einfluss auf das ICH, das dieses nicht kontrollieren kann.

Die Herausbildung einer Abhängigkeit erfolgt in der Adoleszenz. Hier soll die infantile Bindung an die Eltern aufgegeben werden und durch die Sichtweise der Erwachsenenwelt ersetzt werden. Dieser Prozess beinhaltet

Trauerarbeit, die vom Subjekt dann nicht geleistet werden kann, wenn negativ besetzte und verdrängte Triebkonflikte dagegen stehen.

„Der Drogensüchtige hat [...] seine Adoleszenzkrise nicht bewältigt. Die Drogeneinnahmen und die spätere Fixierung auf die Droge stellen das Ergebnis seiner misslungenen Bewältigungsversuche dar. Die Bindung an die kindlichen Selbst- und Objektrepräsentanzen konnten nur unzureichend oder gar nicht aufgehoben werden, dies kann nur im Rahmen eines Trauerprozesses erreicht werden" (Burian 2000, S. 93).

Andererseits lässt sich die Drogenabhängigkeit in ihrer Genese auch aus der Perspektive narzisstischer Krisen verstehen, deren Ursache in der Herausbildung eines rigiden Über-ICHs zu suchen ist. Dabei dienen Drogen – so Leon Wurmser – vor allem einer künstlichen Affektabwehr, bei der versucht wird, die lästige innere Wirklichkeit durch eine radikale Veränderung des Erlebens in der Außenwelt los zu werden. Kompensiert werden sollen schwere Minderwertigkeitsgefühle gegenüber einem Ideal, daher Angst vor Bloßstellung oder die depressive Gewissheit, dass diese schon erfolgt sei, mithin das Gefühl bevorstehender oder geschehener Erniedrigung ... tiefe Gefühle nicht gut zu sein, nicht das getan zu haben, was man hätte ausführen sollen, die Verantwortlichkeit versäumt und andere verwundet zu haben. Schuld!" (Wurmser, a.a.O. 2000, S. 43).

Wurmser führt weiter aus, dass Drogen eine ganz besondere Kraft besitzen, die innerlich gespaltene und bedrohlich wirkende Realität zu verleugnen, und damit einhergehende Unlustgefühle zu unterdrücken. Allerdings sei dieses Ausblenden des „inneren Richters", des Über-ICHs, nur solange möglich, wie die Drogenwirkung anhält. Sodann könnten Gefühle der beschriebenen Art mit noch höherer Intensität das Leben der Adoleszenten beeinträchtigen. Lebensgeschichtlich ist hier – wie bei der oben beschriebenen Prämorbidität auch – die Adoleszenz die Zeitspanne, in der solche Probleme offenkundig werden können (vgl. Wurmser a.a.O. 2000, S. 41ff.).

Generell begreift die Psychoanalyse Drogenabhängigkeit als schwere Neurose. Eine Neurose ist ein symbolischer Ausdruck eines Konfliktes, der seine Wurzeln in der Kindheitsgeschichte des Subjektes hat. In der Regel sind die Symptome einer Neurose – so auch bei der Drogenabhängigkeit – bei Problemen des Subjektes mit einem starken Über-ICH Kompromissbildungen, zwischen dem Wunsch alles können zu müssen und der Abwehr von Versagungsängsten durch Scham oder Verzweifelung in Form von Einnahmen psychoaktiver Stoffe mit Toleranzbildungseffekten (vgl. Wurmser a.a.O. 2000, S. 44ff.).

Die Abhängigkeit von psychoaktiven Substanzen infolge prämorbid bedingter Verhaltensstörungen lässt sich psychoanalytisch als das Scheitern des Subjektes an den Spätfolgen infantiler Traumatisierungen und ihrer adoleszenten Aktivierung erklären (vgl. Burian a.a.O. 2000, S. 93).

Psychoanalytisch inspirierte suchtgenetische Konzepte fokussieren den rehabilitativen Umgang mit Drogenabhängigen oder drogenkonsumierenden Mensch auf Psychotherapie. Die analytische Psychotherapie hat die Deutung unbewusster Konflikte im Individuum zum Ziel. Sie verhilft dem Menschen durch Selbstaufklärung dazu, mit seinen Trieben umzugehen, oder seine Über-ICH Anforderungen zu steuern. Therapeutisches Ziel ist es, den leidenden Menschen durch Einsicht in die Problematik seines Tuns wieder an die Umwelt anzupassen. Anders formuliert: „Die Aufgabe der Heilung ist also, die Einführung in die Gesellschaft herbeizuführen oder genauer: die Hindernisse zu beseitigen, die einer solchen Einführung entgegenstehen" (Schulz a.a.O. 1972, S. 691).

5.2.2 Verhaltenstheoretische Aspekte der Sucht – Das lernpsychologische Konzept

Die Psychoanalyse setzt beim Individuum ein „Innenleben" voraus, das durch ES, ICH und Über-ICH strukturiert ist. Die Verhaltenstheorie dagegen leugnet zwar nicht so genannte „innere Zustände", hält diese aber für eine funktionale Analyse des menschlichen Verhaltens für nicht relevant. Das Erkenntnisinteresse ist auf die Erforschung lernpsychologischer Zusammenhänge gerichtet. „Die Lernpsychologie beschreibt die Bedingungen, unter denen es zu [...] Verhaltensänderungen kommt. Sie untersucht die Faktoren, durch welche die Erinnerung gesteuert wird, analysiert den Verlauf des Vergessens und stellt fest, wie sich die verschiedenen Lernprozesse wechselseitig beeinflussen. Letzten Endes geht es doch dabei immer um die Frage, auf welche Weise sich der Organismus der mannigfachen Anforderung seiner Umwelt anpasst" (Foppa 1970, S. 13).

Die Lernpsychologie hat im Verlaufe ihrer Geschichte eine Reihe von Erkenntnissen formuliert, die ich im Folgenden in gebotener Kürze formulieren will: Sie liegen verhaltenstherapeutischen Interventionen zugrunde und sind zumeist in Tierexperimenten erarbeitet worden. Jedem bekannt ist das von Pawlow herausgestellte Prinzip der Konditionierung oder der bedingten Reflexe, wonach ein bestimmter Reiz eine spezifische Reaktion des Organismus hervorruft, wenn er nur häufig genug wiederholt wird. Damit wird jedoch auch die Vielfalt von Umwelteindrücken für das Individuum differenziert. Das Glockenzeichen in der Pawlowschen Versuchsanordnung hat für den Hund Signalfunktion übernommen. Signale unterscheiden sich von allen neutralen Stimuli dadurch, dass sie den Organismus auf ein Ereignis vorbereiten – ein Ereignis, das eine Bedeutung hat und die Situation für den Organismus gliedert.

Dem Prinzip der Konditionierung eng verbunden ist das Lernprinzip der Generalisierung. Dies bedeutet, dass umso eher eine Reaktion auf zwei unterschiedliche Reize ausgelöst werden, je ähnlicher sich diese Reize sind. Das Gegenstück zur Generalisierung ist das Prinzip der Diskriminierung. Es besagt, dass zwischen wichtigen und unwichtigen Situationen zu unterscheiden gelernt werden muss und diese Unterscheidungskompetenz mitunter für den Organismus lebenswichtig sein kann.

Die bisher geschilderten Lernprinzipien beziehen sich auf verhaltensauslösende und verhaltenssteuernde Wirkungen, die infolge beliebiger äußerer Reize nur aufgrund ihrer zeitlichen und räumlichen Zusammenhänge mit anderen Ereignissen auftreten.

Skinner (1938) weist auf Lernprinzipien hin, nach denen äußere Reize als Konsequenzen früheren Verhaltens die Wahrscheinlichkeit zukünftigen Verhaltens determinieren.

Da ist zunächst das Lernprinzip der Belohnung. Generell gilt, dass jede unmittelbare Belohnung eines Verhaltens die Wahrscheinlichkeit erhöht, dass das Verhalten in ähnlichen Situationen auch später wieder auftritt. Bei diesem Lernprinzip lassen sich Differenzierungen einführen, die von der Qualität der Belohnungsverstärker ebenso abhängen, wie von den erstrebten Zielen. Allgemein gilt jedoch: Wird Belohnung jedes Mal gegeben, wenn sich Ansätze in der gewünschten Richtung zeigen, so beschleunigt das den Lernprozess zwar erheblich, das erlernte Verhalten verschwindet jedoch in dem Maß wieder, wie die Gratifikationen ausbleiben.

Dem entgegen steht das Lernprinzip der Bestrafung: Auf eine unerwünschte Handlung folgt eine sanktionierende Intervention. Bestrafungen so einzusetzen, dass sie einen nachhaltigen und gewünschten Einfluss auf das Verhalten haben, ist schon deswegen problematisch, weil ihre Wirkungen umso schwächer werden, je größer der zeitliche Abstand zu dem Verhalten wird.

Die bisher dargestellten Lernprinzipien sollen die Veränderung elementarer, einfacher Verhaltensdispositionen erklären, wie z.B. mit hoher Wahrscheinlichkeit auf Angst zu reagieren. Zusätzlich diskutiert die Lernpsychologie auch den Erwerb komplexer Verhaltensdispositionen, die mit Modelllernen, Beobachtungslernen, Nachahmungslernen, Imitationslernen oder sozialem Lernen bezeichnet werden.

Insbesondere Bandura weist auf die Möglichkeit hin, Einstellungen und Verhaltensdispositionen erwerben zu können, die von Modellen (Familie, Vater, Mutter, Peer-Group) mit hohem Identifikationswert angeboten werden. Aggressives wie auch drogenkonsumierendes Verhalten kann aus dieser Sicht eine Erklärung finden. Von besonderer Relevanz für das Modelllernen sind auf der Seite des Modells Eigenschaften, beobachtbare Folgen der Handlung sowie seine Ausstrahlung und Macht. Auf der Seite der rezipierenden Person können Verstärkungs- und Motivationsprozesse bedeutsam sein, ein entsprechendes Verhalten zu übernehmen und zu zeigen (vgl. Perrez u.a. 1996, S. 301ff.).

Der Verhaltenstherapie liegen die Prinzipien der Lernpsychologie zugrunde, aber auch sozialpsychologische Erkenntnisse sowie entwicklungspsychologische Theorien werden zum Verständnis und zur Behandlung psychopathologischer Probleme herangezogen.

Anhänger der Verhaltenstherapie betrachten die Drogenabhängigkeit als gelernten Komplex von Verhaltensmustern (vgl.Bühringer/Küffner 1997). Insbesondere wie die soziale Situation innerhalb der Abhängigkeit sich entwickelt hat, und die Lebensweise, die als Abhängiger gelernt wurde, sind von erheblicher Bedeutung für die Manifestierung der Abhängigkeit. Dagegen sind Entwicklungsstörungen, aber auch neurotische Störungen für die Entwicklung der Sucht weniger relevant. Bühringer spricht von „initialem Drogenkonsum" (Bühringer/Küffner 1997) und meint damit folgendes: „Der initiale Drogenkonsum wird vor allem als eine Konsequenz von Neugierde und sozialem Druck in der Bezugsgruppe angenommen. Die Wahrscheinlichkeit eines ersten Konsums wird durch folgende Rahmenbedingungen erhöht: Verfügbarkeit von psychoaktiven Substanzen, starke Bindung an eine soziale Bezugsgruppe Gleichaltriger, positive Bewertung des Drogenkonsums in der Bezugsgruppe, Beeinflussbarkeit des Individuums durch Gruppendruck und Bereitschaft zur Übertretung sozialer (Erwachsenen)-Normen" (Bühringer/Küffner 1997, S. 538). Die Applikationsform wird durch das vorherrschende Gruppenritual bestimmt. Ganz wesentlich für die Aufrechterhaltung der Sucht ist jedoch die pharmakologische Beschaffenheit der Substanz, die eine Person konsumiert. Akzeptanz in der Gruppe, Rausch, Euphorie und Analgesie verstärken den Effekt. Nach einer Anfangszeit, in der vorwiegend positive, soziale und emotionale Folgen den Drogenkonsum aufrechterhalten – einschließlich der Vermeidung negativer Sanktionen –, wird schließlich die Beendigung der Entzugserscheinungen das zentrale Motiv für die Weiterführung des Opiatkonsums.

Wesentlich ist aus der Sicht der Verhaltenstherapie, dass zwanghaftes und ritualisiertes Verhalten mit dem Ziel, die Droge dem Organismus zuzuführen, das zentrale Merkmal der Drogenabhängigkeit darstellt. Liegt es jedoch an dem spezifischen Wechselspiel zwischen Person und Umwelt, das das Verhalten der Person über rituelle Handlungen steuert, so muss es auch möglich sein, durch eine systematische Beeinflussung dieser Wechselspiele das Verhalten zu verändern. Die Verhaltenstherapie mit Drogenabhängigen greift dabei auf Erkenntnisse der Verhaltenspsychologie zurück, und versucht mit Hilfe eines auf den Einzelnen zugeschnittenen Therapieplanes, alternative Verhaltensmöglichkeiten zur Verfügung zu stellen, die den Abhängigen gleichwertige, dem Drogenkonsum ähnelnde positive Folgen ermöglichen. Letztendliches Ziel verhaltenstherapeutischer Bemühungen ist es, eine systematische Beeinflussung der Person mit dem Ziel durchzusetzen, die störenden und ineffizienten Verhaltensmerkmale zu schwächen oder zu beseitigen.

„Alle Maßnahmen sollen eine Immunisierung des Patienten gegen die das Fehlverhalten auslösende Reize bewirken, sie dienen der so genannten „Desensibilisierung". Positiv: die Konditionierung soll ein normales Verhalten herbeiführen, das, aus Beginn der Behandlung nur in Verbindung mit Lohn oder Strafe funktioniert, schließlich davon unabhängig wird und sich als Gewohnheitsverhalten einspielt" (Schulz 1972, S. 694).

5.2.3 Zur Psychopathologie der Abhängigkeit von psychotropen Substanzen – Das Konzept der klinischen Psychologie

Verhaltenstherapeutische und psychoanalytische Konzepte zur Erklärung von Abhängigkeit präferieren einen ätiologischen Zugang zum Verständnis von Sucht. Dies bedeutet, dass sie Ursachen benennen, die entweder in der Entwicklungsgeschichte des Subjektes festgemacht werden können oder aber in der gelernten Verhaltensdispositionen der Person. Beide unterscheiden sich erheblich voneinander. Fragt die Psychoanalyse nach dem Wesen des Menschen, das hinter dem beobachtbaren Verhalten steht, beschränkt sich die Verhaltenspsychologie und -therapie strikt auf das hintergrundlos gewordene Verhalten des Menschen (vgl. Schulz 1972, S. 693ff.).

Gleichsam quer zu diesen Ansätzen liegt das Konzept der psychischen Störung zur Beschreibung von Personen, die psychotrope Substanzen konsumieren (vgl. Wittchen/Lachner 1997).

Es löst das Konzept der psychischen Krankheit ab, in dem es ein Kontinuum von Normalität und psychischer Störung beim Individuum annimmt. Anders formuliert: Trotz offenkundiger Störungen im Zusammenspiel zwischen den Möglichkeiten des Subjektes und der Anforderung des sozialen Umfeldes, hat das Subjekt auch Verhaltensmuster oder Persönlichkeitseigenschaften, die eine komplikationslose Interaktion mit der sozialen Umwelt ermöglichen. Nach dieser Auffassung ist der Konsum von Kokain, bei jungen Menschen etwa, nicht gleichzusetzen mit der völligen Unfähigkeit der Person sich den altersbedingten Verhaltens- und Entwicklungsanforderungen zu stellen. Lediglich spezifische diagnostisch zu bestimmende Funktionen, in diesem Falle Kokainkonsum und die damit verbundenen Lebensumstände, stören in unterschiedlicher Intensität funktional äquivalente Verhaltens- und Erlebnisweisen des Menschen.

Die Umstellung vom Konzept der psychischen Krankheit auf das Konzept der psychischen Störung bedingt u.a. zwei Sichtweisen, die eine neue Einschätzung des Problems zulassen:

• An die Stelle der Gestörtheit oder des Leidens der Gesellschaft unter persönlichkeitsbedingten Verhaltensauffälligkeiten einer Person, tritt das Leiden der betroffenen Person selbst, sowie die sich daraus ergebenen Einschränkungen ihrer sozialen Kompetenz (vgl. Fiedler 1997).

- Statt von sich wiederholenden Normabweichungen einer Person auf innerpsychische Strukturen und Festlegungen als „Charakterstörungen" zu schließen, fordert die neue Sichtweise der psychischen Störung demgegenüber eine Beurteilung, die ausgeht von den besser zugänglichen interpersonellen Verhaltensmerkmalen der Betroffenen (vgl. Fiedler a.a.O.).

Diese Sichtweisen einer mehr oder minder neutralen Störungsdefinition und der Betonung interpersoneller Aspekte zum Verständnis psychischen Störungen, soll dazu beitragen, stigmatisierende Werturteile zu verhindern.

Zur Beurteilung psychischer Störungen sind in den letzten Jahren zwei Klassifikationssysteme entwickelt worden. Ein System wird von der Weltgesundheitsorganisation (WHO) präferiert, die internationale Klassifikation psychischen Störungen (ICD), das andere System von der US-amerikanischen Psychiatervereinigung, mit der deutschen Bezeichnung: Diagnostisches und statistisches Manual psychischer Störungen (DSM-IV).

Beiden Systemen ist gemeinsam, dass sie

- eine zuverlässige Ableitung von Diagnosen,
- eine Verbindung von Diagnosen mit verschiedenen Ebenen der Interventionsentscheidung bis hin zur Ableitung einer spezifischen Therapie,
- die Definition von eindeutigen Kontraindikationen und nicht zuletzt auch
- die Herausarbeitung einer Prognose ermöglichen sollen.

Die „zentrale Funktion von Klassifikationssystemen besteht [...] darin, ein entscheidendes Bindeglied zwischen den vielfältigen kognitiven sozialpsychologischen, psychophysiologischen, epidemiologischen und biologischen Forschungsparadigmen auf der einen und der klinischen Forschung und Praxis auf der anderen Seite zu sein" (Wittchen/Lachner 1997, S. 6).

Das ICD-10 und das DSM-IV sehen in ihren Klassifikationssystemen auch die Kategorie „Psychoaktive Substanzen" vor. So heißt es z.B. in ICD-10 „Psychische und Verhaltensstörungen durch psychotrope Substanzen". Unterschieden wird dabei zwischen „schädlichem Gebrauch" und „Abhängigkeitssyndrom"; wobei jeweils spezifische Kriterien zur Messung dieses Verhaltens entwickelt wurden (schädlicher Gebrauch 3 Kriterien, Abhängigkeitssyndrom 8 Kriterien) und ein gehäuftes Auftreten der jeweiligen Kriterien zu einer Urteilsbildung führen kann. Zusätzlich wird noch nach den unterschiedlichen psychoaktiven Substanzen unterschieden.

Im Beispiel: Sollte bei der Erstellung einer Diagnose für einen Kokain-Gebraucher von den 9 Kriterien zur Bestimmung eines Abhängigkeitssyndrom mindestens 3 Kriterien zutreffen – etwa Toleranz, starker Wunsch Kokain zu konsumieren, eingeengtes Verhaltensmuster im Umgang mit Kokain –, so gilt der Gebraucher als abhängig, sind es weniger Symptome, kann von schädlichem Gebrauch gesprochen werden.

In der klinischen Praxis wird im Zusammenhang mit der Diskussion des Drogenkonsums als psychische Störung auch das Phänomen der Komorbidität diskutiert. Damit wird das Auftreten einer Störung verstanden, welche durch den Gebrauch psychoaktiver Substanzen in Verbindung mit einer anderen psychischen Störung aus der Nomenklatur des ICD-10 oder der DSM-IV entsteht. Hohe Komorbiditätsraten bei BtM-Konsumenten lassen sich (Wittchen/Perkonning 1997, S. 113f.) zur schizophrenen Störung, aber auch zur Angststörung feststellen. Krausz/Thomasius (Stuttgart 2000) betonen die Komorbidität von Kokain und Amphetaminabhängigkeit und spezifischen Persönlichkeitsstörungen, Ladewig (Stuttgart 2000) berichtet von hohen Komorbiditätsraten von Opium und seinen Derivaten und besonderen Persönlichkeitsstörungen. Der Begriff Komorbidität wird jedoch nicht zur Etikettierung von Menschen gebraucht, die unter mehreren Störungen durch psychotrope Substanzen leiden – so z.B. Heroin und Kokain konsumieren.

Vertheim u.a. (Vertheim u.a. 1998, S. 232ff.) haben in einer Verlaufsuntersuchung bei 272 Opiatabhängigen Hinweise auf einen Zusammenhang von psychischen Störungen und Opiatabhängigkeit gefunden. Dies waren ausschließlich Abhängige, die in ambulanter bzw. stationärer Behandlung waren. Etwa 30% der Klienten wiesen eine Mehrfachdiagnose auf. Interessant ist jedoch die generelle Einschätzung der Autoren zur Verbreitung von Komorbidität bei Konsumenten illegaler psychotroper Substanzen. „Bei Angehörigen der offenen Drogenszene dürften psychische Störungen ebenfalls eine nicht unbeträchtliche Rolle spielen. Die Drogenkarriere von sozial integrierten Opiatabhängigen, die sich weder in Behandlung geben noch strafrechtlich auffällig werden, verläuft hingegen weitgehend unauffällig. Über diesen Drogenkonsum ist überhaupt wenig bekannt. Wird die nicht vorhandene (oder nur sporadische) Inanspruchnahme therapeutischer oder betreuender Einrichtungen als Ausdruck einer subjektiven nicht empfundenen Behandlungsbedürftigkeit interpretiert, lässt sich vermuten, dass diese Drogenabhängigen weit weniger von psychischen Störungen/Beeinträchtigungen betroffen sind, als die sichtbar, nach Hilfe und Unterstützung suchenden Klienten" (Vertheim u.a. 1998 S. 243).

Der Begriff der Persönlichkeitsstörung steht heute für die in der Tradition der Psychiatrie verwendeten Bezeichnungen der Psychopathie oder Soziopathie. Mit Persönlichkeitsstörungen werden vor allem fehlangepasste soziale Handlungen und Denkmuster bezeichnet, die meistens im jungen Erwachsenenalter und im Erwachsenenalter selbst auftreten. Sie verlaufen, so Fiedler (1997), wellenförmig, können sich zurückbilden aber auch dauerhaft resistent sein. „Wir sprechen von Persönlichkeitsstörungen nur dann, wenn Persönlichkeitszüge unflexibel und wenig angepasst sind und die Leistungsfähigkeit wesentlich beeinträchtigen oder zu subjektiven Beschwerden führen. Persönlichkeitsstörungen lassen sich meist bereits in der Adoleszenz oder früher erkennen und setzen sich während des größten Teils des Erwachsenenlebens fort, obgleich sie sich in den mittleren Jahren oder im Alter weniger auffällig manifestieren" (Wittchen, u.a. 1989, S. 405).

Die Einteilung von Persönlichkeitsstörungen in drei Gruppen ist, so Goller (1997), nicht unumstritten.

Zur ersten Gruppe zählen die paranoiden, schizoiden und schizotypischen Störungen; zur zweiten Gruppe gehören die histerionischen, narzisstischen, antisozialen und Borderline-Persönlichkeitsstörungen. Die dritte Gruppe setzt sich zusammen aus hypersensitiven, dependenten, zwanghaften und passiv-aggressiven Persönlichkeitsstörungen.

Die Verbindung psychischer Verhaltensstörungen und Verhaltensstörungen durch psychotrope Substanzen zu Persönlichkeitsstörungen lässt sich vor allem in der Komormedität zu antisozialen und Borderline-Störungen belegen, allerdings in eingeschränktem Umfang zu schizoiden und paranoiden Störungen. Das Grundproblem, so Fiedler (1997, S. 800), der Diagnostik von Persönlichkeitsstörungen, dies gilt so auch für die Diagnostik zur Etikettierung des Missbrauches psychoaktiver Substanzen, „hängt eng mit einem typischen Verallgemeinerungsprozess diagnostischer Urteilsbildung zusammen, nämlich von spezifischen abweichenden Verhaltensmuster in Situationen auf relativ zeitstabile und kontextunabhängige Personeneigenschaften oder Persönlichkeitsstörungen zu schließen" (Fiedler 1997 S. 800).

Darüber hinaus ist es wichtig zu sehen, dass die Übergänge zwischen sozial akzeptierten und sozial nicht akzeptierten Abweichungen sehr kontextabhängig und fließend sind. Dies bedeutet bei der Diagnostizierung von Persönlichkeitsstörungen und anderer psychischer Störungen, dass der Professionelle zwangsläufig „in einem Bereich persönlicher und zwischenmenschlicher, wissenschaftlicher und gesellschaftlich-kultureller Streitfragen und Konfliktzonen" (Fiedler 1997, S. 799) gerät.

Das Klassifikationssystem der psychischen Störung ist zunächst neutral gegenüber besonderen Psychotherapien und Behandlungskonzepten. Es dient der Diagnostik der psychischen Erkrankung und bietet dem Diagnostiker eine strukturelle Hilfestellung. Diagnostiziert wird zunächst mit Hilfe eines spezifischen Klassifikationssystems, das für jede psychische Störung als verbindlich angenommen wird. Es sind – wie gezeigt – Checklisten, bei der eine bestimmte Anzahl an Fragestellungen positiv beantwortet werden müssen, um die angenommene Krankheit einzuordnen.

Zusätzlich können strukturierte Interviews, standardisierte Interviews und Selbstbeurteilungsverfahren eingesetzt werden.

Der Diagnostiker formuliert seine spezifische Diagnose auf der Basis der von ihm erhobenen Daten, die dann als Indikationsstellung für eine in der Regel abstinenzorientierte Therapie dient. Es bleibt den Diagnostikern überlassen eine spezifische, auf den Patienten zugeschnittene Therapie zu initiieren. Mittlerweile lassen sich eine Reihe von therapeutischen Methoden benennen, die im Rahmen der Behandlung von Konsumenten psychotropen Substanzen eingesetzt werden. Ich nenne exemplarisch:

- die Substitutionsbehandlung bei Opiatabhängigkeit,
- Verhaltenstherapie, Gestalttherapie, Primärtherapie,
- Systemische Familientherapie,
- Therapie der therapeutischen Gemeinschaft.

Ob den therapeutischen Angeboten jeweils bewährte wissenschaftliche Konzepte zugrunde liegen, ist jedoch eine offene Frage. Immer noch ist die so genannte „Haltequote", d.h. der Anteil der in einer Drogenhilfeeinrichtung aufgenommenen Patienten, die zumindest die Hälfte der Therapiezeit absolvieren, sehr gering. Sie schwankt zwischen 5% und 30%.

Im nächsten Abschnitt geht es darum, die vorgestellten Ansätze der Psychoanalyse, der Verhaltenstherapie sowie der klinischen Psychologie einer kritischen Diskussion zu unterziehen

- einmal im Hinblick auf die Plausibilität ihrer Geltungsbedingungen zur theoretischen Diskussion des Gegenstandsbereiches „Konsum illegaler psychoaktiver Substanzen durch junge Menschen",
- und zum andern im Hinblick auf die Plausibilität ihrer Geltungsansprüche für den Gegenstandsbereich.

5.3 Zur Kritik des pathologischen Erklärungsansatzes in der Drogenhilfe

Der Tenor der zu diskutierenden Ansätze zur Deutung des Drogengebrauches ist der, dass es im Falle des Konsums illegaler psychotroper Substanzen immer um eine Reaktion des Menschen auf individuelle Probleme geht. Vermutet die Psychoanalyse eine Affektregression oder narzisstische Krise (Wurmser) oder aber eine Ichschwächung (Heigl-Evers), in jedem Falle jedoch eine schwere Neurose, so zeigt die Verhaltenstherapie auf, dass es sich hierbei um „initialen Drogenkonsum" (Bühringer/Küffner) oder um eine Fehlanpassung des Individuums handelt. Für die klinische Psychologie ist der Sachverhalt selbst eine psychische Krankheit und wird je nach besonderer pharmakologischer Ausrichtung mit „Opiatabhängigkeit", Kokainabhängigkeit etc. noch besonders eingegrenzt. Die These, nach der persönliche Probleme für den Drogengebrauch verantwortlich sind, erfährt jedoch je nach der besonderen Ausrichtung der Theorietradition eine besondere Begründung, die aus der spezifischen Systematik dieser Theorie abgeleitet wird. Die kritische Reflexion der angeführten Ansätze beginnt insofern zunächst mit Diskussionen ihrer Geltungsbedingungen, um sodann den Anspruch der Plausibilität ihrer Geltungsansprüche zu überprüfen.

Psychoanalyse: Die Psychoanalyse will sowohl Theorie als auch Therapie des menschlichen Verhaltens sein. Zu diesem Zweck hat Freud ihr einen strukturellen Rahmen gegeben, der das menschliche Verhalten in einem Spannungsverhältnis von Triebansprüchen und Ich-Herrschaft begreift. Die Plausibilität und theoretische Logik dieses strukturellen Rahmens sollen hier nicht befragt werden. Diskutiert werden soll vielmehr die Frage, ob sich die Psychoanalyse als Therapie aufgrund ihrer Auffassung, dass die klinisch-psychoanalytische Situation die wesentliche Quelle der Erkenntnis sei, zur Ätiologie psychopathologischer Krankheitsbilder valide Aussagen formulieren kann.

Nicht nur die Besonderheit, sondern auch die Problematik der psychotherapeutischen Theoriebildung zur Ätiologie psychopathologischer Probleme liegt in dem in der Psychoanalyse praktizierten Zirkelverfahren von Theorie und Praxis. Das besagt, dass klinische Daten aus den therapeutischen Settings zur Formulierung von Hypothesen über die Ursachen des Verhaltens verwendet werden, die ihrerseits wiederum zur Verbesserung therapeutischer Strategien genutzt werden sollen. Eagle (1988, S. 199) macht darauf aufmerksam, dass klinische Daten in der Psychoanalyse, soweit sie ätiologische Formulierungen betreffen, von beklagenswerter Unzulänglichkeit seien. Zur Illustration einer solchen Problematik verweist er auf den Erkenntniswert klinischer Daten im Zusammenhang mit Aussagen des Psychoanalytikers Kohut, der die Singularität eines therapeutischen Ereignisses zum Anlass nimmt, eine ätiologische Schlussfolgerung zu den Entstehungsbedingungen des Problems zu formulieren. „Betrachten wir ein konkretes Beispiel aus Kohuts Schriften. Dass der Therapeut die Gelegenheit zu empathischen Spiegeln bietet und dadurch eine Besserung eintritt, berechtigt nicht zur ätiologischen Schlussfolgerung, dass mangelhaftes Spiegeln durch die Eltern mit den gegenwärtigen Schwierigkeiten des Patienten in ursächlichem Zusammenhang steht" (Eagle 1988, S. 198).

Auch die Darstellung früherer Erinnerungen des Patienten als angemessene ätiologische Behauptung oder Formulierung anzusehen, ist problematisch. Die Berichte von Patienten über frühere Erfahrungen sind nichts anderes als gegenwärtig gültige Rekonstruktionen und Interpretationen dessen, was in der Vergangenheit geschah – und das heißt auch, sie unterliegen Verzerrungen, werden nicht im vollen Umfang erinnert oder auch uminterpretiert.

Es sind vor allem diese beiden Problembereiche, die – wenn sie als einzige Erkenntnisquelle zur Herausstellung der Ursache eines Defektes benutzt werden – die psychoanalytische Theoriebildung zur Psychopathologie so schwierig machen. Hinzu kommt (worauf Eagle aufmerksam macht), dass „psychoanalytische Publikationen häufig durch fortgesetzte Verweise auf andere Autoritäten gekennzeichnet (sind), die ähnliche Behauptungen aufgestellt haben wie man selbst – und ebenfalls unbewiesen. Nach einer gewissen Zeit wird die Behauptung dann als erwiesene Tatsache angesehen.

Es ist als würde etwas einfach als bewiesen betrachtet, weil es oft genug wiederholt und behauptet wird" (Eagle 1988, S. 201).

Kommen wir zurück auf die Beantwortung der Frage nach den Geltungsbedingungen psychoanalytischer Theoriebildung zur Ätiologie psychopathologischen Verhaltens, so lassen sich zwei Elemente benennen:

- die klinische Praxis, die die Ereignisse aus der Fallgeschichte zur vermeintlichen Deutung und Bestimmung der Ursache des Problems stilisiert;
- die Verwendung dieser Erkenntnisse als induktiv aufgestellte empirische Verallgemeinerung, die im Kontext der Wissenschaftlergemeinde des Psychoanalytikers dann immer Theoriestatus erhalten.

Beide Voraussetzungen der Theoriebildung müssen erfüllt sein, soll zu einer ätiologischen Theorie der Psychopathologie beigetragen werden. Hier nun liegt die Schwierigkeit der Theoriebildung. Es scheint offensichtlich so zu sein, dass allein die psychoanalytische Gemeinschaft die geeignete Arena ist, um die Gültigkeit theoretischer psychoanalytischer Formulierungen zu überprüfen, und die Situation selbst die einzige Erkenntnisquelle für klinische Daten.

Es ist nicht zu bestreiten, dass psychoanalytische Situationen eine wichtige heuristische Quelle für Hypothesen sein können, und auch die psychoanalytische Gemeinschaft eine Institution sein kann, zur Hypothesenbildung beizutragen. Allerdings sind verlässliche Kriterien zur systematischen Bestimmung der Gültigkeit von Deutungen außerhalb von Empathie und kognitiven Identifizierungen zu finden. Hier bietet sich die empirische Sozialforschung an, die in der Lage ist, mit Hilfe unterschiedlich bewährter Methoden verlässliche Schlüsse und vernünftige Generalisierungen zuzulassen. Das ist – folgt man Eagle (1988, S. 198ff., S. 222ff.) – zurzeit nicht erkennbar.

Diese systematischen Probleme betreffen natürlich auch die Annahmen der Psychoanalyse zur Ätiologie des Drogenmissbrauches. Wie gezeigt wurde, begreift z.B. der amerikanische Psychotherapeut Leon Wurmser die Drogeneinnahme u.a. als Affektregression (Wurmser 2000, S. 41). Wurmser definiert Affektregression unter Rückgriff auf Erkenntnisse von H. Kohut und ordnet dieser Fehlhaltung unterschiedlichen Emotionen zu, die ihrerseits von bestimmten Arten der Psychoaktive bedient werden. So richten sich Narkotika wie Heroin vor allem gegen Wut, Scham, Eifersucht und Angst, Erlebnisse also, die von Neurotikern mit dieser Symptomatik verdrängt werden sollen.

Wurmser führt eine ganze Reihe von Verweisen zum Beleg für seine Theorie auf, die Psychoanalytiker – er nennt hier u.a. Krystal, Kaplan, Gottlieb (Wurmser 2000, S. 44ff.) – in der Behandlung von Konsumenten illegaler psychoaktiver Substanzen selbst erlebt haben. Dazu präsentiert er einen klinischen Fall, der in etwa den Problemzusammenhang dokumentiert und ihm zudem noch die Möglichkeit lässt, verschiedene Einsichten zur Ätiologie des Drogenmissbrauches zu verdeutlichen.

Das, was oben insgesamt in Bezug auf die mangelnde empirische Fundierung ätiologischer Aussagen zu Psychopathologien formuliert wurde, lässt sich auch für die Aussagen zur Ätiologie des Drogenkonsums festhalten: „dass die psychoanalytische Situation, entgegen dem lang gehegten Glauben der psychoanalytischen Gemeinschaft, nicht die geeignete Arena ist, um die Gültigkeit theoretischer psychoanalytischer Formulierungen zu überprüfen" (Eagle 1988, S. 224).

Stattdessen ist es unabdingbar, die psychoanalytisch-ätiologische Forschung mit den Standards der empirischen Sozialforschung zu betreiben. D.h. vor allem, dass die Untersuchungsbasis auf wesentlich umfangreichere Populationen gestellt werden muss, als dies in der klinischen Forschung üblich ist. Zudem sind Kohortenuntersuchungen notwendig, auch breit gefächerte katamnestische Untersuchungen etc. Ein weiteres Problem muss angemeldet werden: Die Psychoanalyse sieht im Konsum illegaler psychoaktiver Substanzen eine schwere Neurose mit unterschiedlichen Ausprägungen. Ihre therapeutische Aufgabe ist es, diese psychische Krankheit zu heilen. Aufgabe der Heilung ist es, das ICH dahin zu bringen, sich intelligent anzupassen und damit Triebzensur auszuüben, allerdings so, dass das ICH diese Funktion ausübt, ohne sie als das zu begreifen, was sie sein könnte: nämlich kritische Selbstreflexion. Dies bedeutet auch, dass die gesellschaftskritische Intention der Psychoanalyse um den Preis der Sozialtechnik vielfach in der Therapie aufgegeben wird.

Verhaltenstherapie: Die Verhaltenstherapie betrachtet – im Gegensatz zur Psychoanalyse, die vor allem das psychische „Innenleben" des Menschen für die Therapie berücksichtigt – lediglich das Verhalten des Menschen und will auf dieser Grundlage Verhaltensänderungen therapeutisch bewirken:

- Sie gründet auf in Experimenten gewonnenes theoretisches Spezialwissen über Lernvorgänge,
- sie beruht auf die korrekte Anwendung präziser Behandlungsverfahren, die aufgrund experimenteller Befunde entwickelt wurden,
- sie ist interessiert an der Ausformulierung theoretischer Sätze, die sich unmittelbar auf Experimentalbefunde über Lernvorgänge zurückführen lassen (vgl. Fürstenau 1972, S. 48ff.), und
- im Gegensatz zur Psychoanalyse diskutiert die traditionelle Verhaltenstherapie (Eysenk 1960) die personengebundene klinische Erfahrung nur bedingt und bezieht sie in kaum erkennbarem Ausmaß mit in die Fortschreibung lerntherapeutischer Strategien ein.

Nun steht die Verhaltenstherapie unter den Voraussetzungen der durch die Lernpsychologie gewonnenen Lerngesetze – dies betont sie explizit. Damit unterstellt sie jedoch zumindest zwei Essentials, die ihrerseits reflektionswürdig sind:

(a) dass sich die in Experimenten mit Tieren und mit seelisch nicht auffällig gestörten Menschen erhobenen Befunde über Lernen auf verhaltensgestörte Menschen und ihre Behandlung übertragen lassen;

(b) dass die der These von der Übertragbarkeit zugrunde liegende Verallgemeinerung von Lerngesetzen empirisch gesichertes Wissen sei.

Des Weiteren muss angemerkt werden, dass der Verhaltenstherapie einige nichtreflektierte Aspekte inhärent sind:

- da die Patienten eine Verhaltensstörung innerhalb eines bestimmten Lebensbereiches erworben haben, ist die Therapie weitgehend auf die Korrektur dieses Verhaltens in diesem Feld gerichtet, mögliche Synergieeffekte, die zu anderen Lebensbereichen auftreten können, sind für die Rehabilitation nicht relevant.

- Verhaltenstherapien finden innerhalb bestimmter Institutionen statt, die sie mitstrukturieren. Es ist nicht erkennbar, ob die von den jeweiligen Institutionen ausgehenden Einflüsse auf die Behandlung Bestandteil therapeutischer Reflexion sind.

Die Verhaltenstherapie hat einen bestimmten Begriff von geistiger Gesundheit. Demnach ist das Ziel der Heilung, die Anpassung an die Gesellschaft herbeizuführen.

„Wir wollen geistige Gesundheit als die Anpassung des Menschen an die Welt und aneinander bei einem Maximum an Effektivität und Glück bezeichnen. Nicht Effektivität allein oder nur Zufriedenheit oder der Beschluss, den Spielregeln freudig zu gehorchen. Es ist alles das zusammen. Es ist die Fähigkeit, ein ausgeglichenes Temperament, rege Intelligenz, sozial gebilligtes Verhalten und eine glückliche Sinnesart beibehalten zu können" (vgl. Redlich 1967, S. 69).

Auch die neueren Konzepte der Verhaltenstherapie zur Therapie von Suchterkrankungen (Vollmer 2000, S. 55f.) operieren mit einem Therapieideal, das zwar als Ziel Autonomie postuliert, jedoch auch Zwang und Fremdkontrolle bei mangelnder Therapiebereitschaft für hilfreich hält.

„Auch wenn Autonomie ein wichtiges Ziel der Therapie ist, kann anfangs für die Motivierung zu einer Behandlung und die Forderung der Krankheitseinsicht Fremdkontrolle (z.B. durch Justiz, Partner, oder Arbeitgeber) hilfreich, wenn nicht sogar notwendig sein" (Vollmer/Krauth 2000, S. 107).

Erklärtes Ziel aller Therapiestrategien ist die Abstinenz. Vollmer/Krauth unterscheiden bei der Therapieplanung zwischen strategischer und taktischer Planung. Im Kern geht es darum, entweder drogenbezogene Kognition oder Stimmungen, die Verlangen nach Drogen auslösen können, zu erkennen und in Therapiesettings durch das Erlernen von Vermeidungsstrategien bekämpfen zu können (strategische Therapieplanung), oder durch das Erlernen von Gesprächsführungsstrategien in die Lage versetzt zu werden, Gespräche mit drogenbezogenen Inhalten in Gespräche umzufunktionieren, die Allerweltsthemen zum Inhalt haben (taktische Therapieplanung).

Wesentlich für die Verhaltenstherapie mit Drogenkonsumenten ist zudem das „Rückfallmanagement". Dabei sollen potentielle Ursachen und Auslöser für einen Rückfall in therapeutische Settings benannt und sodann Bewältigungsstrategien erarbeitet und trainiert werden. Zusätzlich fließt in die Behandlung mit ein Stressbewältigungs- und Kommunikationstraining.

Verhaltensanalyse und Verhaltensplanung sind insofern die entscheidenden Inhalte der Verhaltenstherapie. Dabei geht es einmal darum, gewissermaßen eine kognitive Landkarte zu erinnern, auf der Wege und Pfade eingeprägt sind, die drogenkonsumierendes Verhalten fördern und zum anderen darum, die kognitive Landkarte des Drogenkonsumenten zu überplanen durch die Einprägung von Wegen und Pfaden, die drogenkonsumierendes Verhalten nicht zulassen. Im Grunde geht es in der Verhaltenstherapie um eine Art Dressur, alle Maßnahmen sollen eine Immunisierung der Patienten gegen die das Fehlverhalten auslösende Reize bewirken.

Klinische Psychologie: Der Konsum illegaler psychoaktiver Substanzen ist aus der Sicht der klinischen Psychologie eine psychische Störung. Damit ist nicht gemeint, dass es sich hierbei um eine Störung des Charakters handelt, sondern um eine, die aus dem Zusammenspiel individueller und sozialer Faktoren bei misslungener Sozialintegration resultiert. Dem klinischen Psychologen stehen zur Bestimmung einer psychischen Störung u.a. zwei Klassifikationssysteme zur Verfügung mit unterschiedlich differenzierten Möglichkeiten der Diagnose, das DSM-IV und das ICD-10. Die Ziffern hinter den Buchstaben geben jeweils die aktuell verbindliche Klassifikation an.

Ganz ausdrücklich muss betont werden, dass beide Klassifikationssysteme nichts über eine Ätiologie der jeweiligen Störung aussagen, sondern lediglich eine systematische und nachvollziehbare Einordnung eines „besonderen" sozialen/individuellen Sachverhalts in die Nomenklatur der Klassifikationssysteme ermöglichen. Allerdings steht es dem Praktiker frei, in der Beurteilung der Frage nach den Gründen für das Fehlverhalten die Erklärungskraft ätiologischer Theorien zu bemühen.

Während das Diagnosekonzept der ICD-10 in Zusammenhang mit dem Konsum psychotroper Substanzen von schädlichem Gebrauch und Abhängigkeitssyndrom spricht, beschreibt das DSM-IV diesen Sachverhalt als Substanzmissbrauch. Schädlicher Gebrauch und Missbrauch werden als Oberbegriffe für alle negativen Auswirkungen des Drogenkonsums einschließlich einer Abhängigkeit verstanden. Wie oben gesagt, muss eine bestimmte Anzahl von Items positiv bei der Diagnose erhoben werden, um einen schädlichen Gebrauch oder eine Abhängigkeit festzustellen.

Dieser Vorgang bezieht sich auch auf das Phänomen der Komorbidität, die entweder auf der Achse 1 oder der Achse 2 des jeweiligen Klassifikationsinstrumentes zusätzlich zur Bestimmung des Krankheitszustandes des Patienten hinzugezogen werden kann. Da Komorbidität bei Drogenabhängigen eher die Regel als die Ausnahme ist, sind psychische Störungen und/oder Persönlichkeitsstörungen und die Drogenabhängigkeit Gegenstand der Behandlung.

Die Entwicklung der angeführten Klassifikationssysteme wird vor allem mit dem Hinweis legitimiert, eine verlässliche und rationale psychopathologische Diagnostik und Forschung zu begründen. „Das primäre Ziel [...] diagnostischer Klassifikationssysteme liegt angesichts des immer komplexeren Forschungserkenntnisstandes über psychische Störungen grundsätzlich in einer strukturellen Hilfestellung für den Diagnostiker, nicht aber in einer allgemein neuartigen Formulierung von Grundlagen für das Gesamtgebiet des Denkens und Handelns bei psychischen Störungen, die nur in enger Wechselwirkung entstehen können" (Wittchen/Lachner 1997, S. 52).

Dem Klassifikationssystem zugrunde liegt das System der psychiatrischen Nosologie (Krankheitslehre). „Der Begriff der Nosologie bezieht sich im Zusammenhang mit der Klassifikation von Krankheiten auf den Versuch einer eindeutigen und logischen Unter-, Neben- und Überordnung beschriebener Krankheiten nach einheitlichen Gesichtspunkten. Zugleich sollen die vorgenommenen nosologischen Differenzierungen bzw. Gruppierungen (a) die wesentlichen Unterschiede bzw. Zusammenhänge im Bereich der objektiv gegebenen pathologischen Erscheinungen, (b) der sie bedingenden Faktoren möglichst weit übereinstimmen sowie (c) dabei alle tatsächlich vorkommenden Phänomene und Faktoren berücksichtigen. Das Ziel einer nosologischen Klassifikation ist es, ein ebenso logisches wie natürliches und zugleich vollständiges System der Krankheiten zu schaffen" (Wittchen/Lachner 1997, S. 4).

Der Vorwurf, dem sich die Nosologie zunächst aussetzt ist der, dass sie durch ihre Systematisierungsbestrebungen lediglich soziale Etikettierungen und Stigmatisierungen vornehme und weniger eine Handlungsanleitung für Diagnose und Therapie darstelle. Dieser Vorwurf ist nicht von der Hand zu weisen und gerade im Zusammenhang mit dem Phänomen des Drogenkonsums deutlich zu sehen, insbesondere dann, wenn eine Komorbidität zu Persönlichkeitsstörungen und/oder anderen psychischen Störungen diagnostiziert wird.

Durch das Verfahren der Nosologie werden beobachtbare individuelle Verhaltensmerkmale einem sozialen Phänomen zugeordnet, das als krankhaftes Verhalten definiert wurde. Durch dieses Vorgehen wird implizit eine Entscheidung über krank und gesund, normal oder abweichend vorgenommen, ohne die konstitutiven Bedingungen der Normalitäts-/Anomalitätskonstruktion anzugeben. Tatsächlich orientiert sich ein solches Vorgehen an der in der Psychopathologie üblichen Gepflogenheit, soziales/individuelles Verhalten zu beurteilen vor dem Hintergrund einer „Normalverteilungshypothese" Es ist dies ein normatives Modell zum Etikettieren menschlichen Verhaltens, das das als normal und damit als legitim begreift, was Menschen überwiegend in einer spezifischen Situation (biographisch/ethnographisch/geographisch) als angemessen beurteilen und danach handeln.

In der Anwendung der oben angeführten Klassifikation fällt die klinische Psychologie indirekt eine Normalitätsentscheidung, indem sie drogenkonsumierendes Handeln als krank begreift, wenn und insofern eine bestimmte Anzahl von angeführten Items dem Verhalten des Individuums zugerechnet werden können.

Mit den Worten der klinischen Psychologie: „Idealerweise geht der diagnostische Prozess aus von einer möglichst reliablen Erfassung in Frage kommender Verhaltensmerkmale (sowie daraus ableitbaren Beschwerden, Auffälligkeiten und Befunden des Patienten und ihre Übersetzung in durch die Nosologie vorgegebenen Symptome), über deren Verrechnung zu Syndromen, also der Zuordnung zu überzufälligen häufigen Symptomkonfigurationen [...] hin zu einer diagnostischen Entscheidung, bei der je nach gewähltem Klassifikationssystem theoretisch begründete nosologische Regeln gelten können. Dies gilt vor allem bei den Fällen, die gleichzeitig mehrere psychopathologische Syndrome aufweisen" (Wittchen/Lachner S. 12f.).

Zu dem Problem der Normalitätssetzung durch Wertentscheidungen etc. kommt insofern das Problem oder der Vorwurf der Sozialtechnologie hinzu. Gesellschaftlich unerwünschtes Verhalten soll mit den Methoden der Psychopathologie wieder normalisiert werden.

Die oben angeführten Klassifikationssysteme gehen in ihrem diagnostischen Vorgehen nicht mehr von einem generalisierten Suchtkonzept aus. Stattdessen wird eine Vielzahl spezifischer, nach Substanzen unterschiedener Gebrauchs-, Missbrauchs- und Abhängigkeitsdiagnosen eingeführt. Die Unterteilung nach unterschiedlichen Schweregraden psychiatrisch relevanter Auffälligkeiten mag ein Vorteil für die Diagnose darstellen. Sie wird jedoch letztendlich dann problematisch, wenn man die Substanzklassen der psychoaktiven Substanzen bei der Zumessung einer psychischen Störung ins Kalkül zieht. Cannabinoide, Opioide, Halluzinogene, Kokain und Phencylcidene sind in ihrer Pharmakologie und Pharmakinese ebenso unterschiedlich wie sie es vom Suchtpotenzial sind. Es unterscheiden sich bei diesen Substanzen nicht nur die Gebrauchsmuster, sondern auch die Frage der Gewöhnung und/oder Abhängigkeit kann nicht nur vor dem Hintergrund der infrage kommenden Kriterien bestimmt werden.

Der Konsum von Kokain, Cannabis, aber auch Heroin und Ecstasy lässt sich in vielen Fällen als Genusskonsum und nicht als problematischer Konsum bezeichnen, wenngleich die genannten psychoaktiven Substanzen strafbewehrten Sanktionen unterliegen. Aber genau dieser Sachverhalt kann aus der Sicht der Leitlinien zur Diagnostik genügen, ein Missbrauchverhalten schon anzunehmen. Kommen dazu auffällige soziale Verhaltensweisen, die sich im Zusammenhang mit der Illegalität des Stoffes und der des Vertriebes ergeben, lässt sich problemlos noch eine Persönlichkeitsstörung nachweisen, z.B. die antisoziale Persönlichkeitsstörung. Dies zeigt jedoch, dass die Auffassung, die die klinische Psychologie vertritt, dass psychische Störungen, Resultat eines wie auch immer gestörten Verhältnisses zwischen Individuum und Gesellschaft sei, weniger die besonderen Bedingungen, unter denen individuelle Verhaltensweisen produziert werden in den Blick nehmen, als die Regeln einer Gesellschaft, die mit dieser Verhaltensweise verletzt werden können. Diese Verletzung ist Ausgangspunkt diagnostischer Aktivitäten zur Beweisführung einer psychischen Krankheit. Dies bedeutet, so H. Becker, „das gesellschaftliche Gruppen abweichendes Verhalten (so auch der Konsum illegaler psychoaktiver Substanzen; H.J.J.) dadurch schaffen, dass sie Regeln aufstellen, deren Verletzung abweichendes Verhaltens konstituiert, und dass sie Regeln auf bestimmte Menschen anwenden, die sie zu Außenseiter abstempeln. Von diesem Standpunkt aus ist abweichendes Verhalten keine Qualität der Handlung, die eine Person begeht, sondern vielmehr die Konsequenz der Anwendung von Regeln durch andere und die Sanktionen gegenüber eines ‚Missetäters‘. Der Mensch mit abweichendem Verhalten ist ein Mensch, auf den diese Bezeichnung erfolgreich angewandt worden ist, abweichendes Verhalten ist Verhalten, das Menschen so bezeichnen" (Becker 1973, S. 8).

Den Konsum illegaler psychotroper Substanzen als psychische Störung, als eine schwere Neurose oder als initialen Drogenkonsum zu begreifen, heißt also, einerseits dem Konsumenten dieser Substanzen den Unwillen der Gesellschaft zum Ausdruck zu bringen, ihm jedoch andererseits konkrete Hilfsangebote zur Korrektur des unerwünschten Verhaltens zu machen.

5.4 Zusammenfassung

Das pathologische Erklärungsmodell gewinnt seine sozialpolitische Legitimität – wie auch das BtMG – aus der Auffassung, dass der Schutz der Volksgesundheit und der Schutz der Jugend vor illegalen psychoaktiven Substanzen notwendiges Ziel staatlicher Intervention sein muss.

Eingebunden in diese generellen Aussagen begreift es jedoch den Konsum von Drogen als psychische Krankheit, die ihren Ursprung hat im prämorbiden Verhalten der Subjekte oder durch initialen Drogenkonsum der Konsumenten bedingt. Anders die klinische Psychologie, sie begreift den Konsum illegaler Drogen als Psychopathologie insofern, als dieses Verhalten nicht mit den Normalitätsvorgaben unserer Gesellschaft in Einklang zu bringen ist.

Deutlich wurde, dass es den diskutierten Ansätzen der Psychoanalyse, der Verhaltenstherapie und der klinischen Psychologie an empirischer Evidenz mangelt, Drogenkonsum als Krankheit auszuweisen; wie auch die in Rede stehenden Theorien theorieimmanente Probleme aufweisen, bei ihrer Begründung drogenkonsumierendes Verhalten als Psychopathologie zu begründen.

Durch die Zumessung eines Krankheitsstatus' an drogenkonsumierenden Personen wird zudem die Verantwortung für den „Heilungsprozess" delegiert an die medizinisch-psychologischen Professionals und nicht an die konsumierenden Personen.

Tipps zum Weiterlesen

R. Thomasius, Psychotherapie der Suchterkrankungen, Stuttgart 2000
A. Uchtenhagen/W. Zieglgänsberger, Suchtmedizin, München 2000
G. Bühringer, Schädlicher Gebrauch und Abhängigkeit von illegalen Drogen, Göttingen 1997

6. Drogengebrauch als Lifetime-Phänomen des Jugendalters

6.1 Einleitung

Die Affinität junger Menschen zum Konsum illegaler psychoaktiver Substanzen ist im Gegensatz zu Erwachsenen und alten Menschen besonders hoch. So stellt die Repräsentativerhebung der BzGA für 1997 fest, dass 23% aller 12- bis 25-Jährigen Erfahrungen mit dem Konsum illegaler Drogen haben, im Jahre 2001 waren es 27%. Dagegen gaben für 1997 und 2001 0,8% aller 30- bis 39-Jährigen an, Konsumerfahrungen zu haben. Die Erfahrungen der 40- bis 60-Jährigen sind statistisch nicht relevant, das darf man auch für Menschen ab 60 Jahre annehmen.

Das statistisch gesehene auffällige Verhalten junger Menschen im Umgang mit illegalen Drogen kann gesellschaftlich ganz unterschiedlich bewertet werden: wie wir sahen als psychische Krankheit, als schwere Neurose, als residuale Verhaltensabweichung aus der Sicht der Psychopathologie. Die Justiz bewertet dieses Verhalten als kriminelles Verhalten, die Soziologie als Abweichung oder Devianz. Jeder Typisierung liegen Erkenntnisse, Deutungen, empirische Evidenzen oder Vermutungen zugrunde, die im Lichte der jeweiligen Bezugswissenschaft ihre Plausibilität hinsichtlich der Bewertung dieses Verhalten entfalten.

Dem Sozialpädagogen wird jedoch bei diesen Etikettierungen nicht so recht wohl, setzen diese doch in der Bestimmung des Umgangs mit Jugendlichen bei den vermeintlichen Defiziten der Person an und nicht – wie sozialpädagogisch sinnvoll – an ihren psychosozialen Vermögen und Stärken. Plausibel aus sozialpädagogischer Sicht erscheint eher, drogenkonsumierendes Verhalten von jungen Menschen – wie anderes regelverletzendes Verhalten in der Jugendphase auch – als Risikoverhalten zu verstehen. Risikoverhalten signalisiert einmal, dass sich die Jugendphase von einem Moratorium hin zu einer für junge Menschen riskanten Lebensphase entwickelt hat, und dass Jugendliche in dieser Phase auch riskante Lebensentwürfe verwirklichen können. Insbesondere dann, wenn sozialintegrative und systemintegrative Aufgaben von ihnen nicht immer zur Deckung gebracht werden können.

Risikoverhalten sieht den Jugendlichen nicht in seinen möglichen psychopathologisch bedingten Defiziten, sondern in seiner riskanten Lebenssituation, die von ihm mit Hilfe riskanter Handlungen bewältigt wird.

Dass der Konsum illegaler Drogen ein Lebenszeitproblem ist, das sich ü-
berwiegend auf die Jugendphase erstreckt, soll zunächst mit Hilfe empirischer Daten deutlich gemacht werden. Sodann gehe ich auf die besondere
Situation der Jugend in der modernen Gesellschaft unter soziologischen,
identitätstheoretischen und sozialpädagogischen Gesichtspunkten ein und
schließe mit generellen Überlegungen zum Drogenkonsum junger Menschen als einem „Lifetime Phänomen".

6.2 Drogengebrauch im Jugendalter

In der Drogenhilfe werden empirische Daten im Zusammenhang mit dem
Konsum illegaler Drogen unter dem Gesichtspunkt der Epidemiologie verhandelt (vgl. hierzu Bühringer u.a. 1996; Uchtenhagen u.a. 2000; Görz u.a.
1999 München).

Dies trifft zu u.a. für die im Zwei-Jahresrhythmus zu erstellende „Drogenaffinitätsstudie" (zuletzt München IFT 2000) für den „Reitox-Bericht" (zuletzt Berlin 2001), den die Bundesregierung jährlich der Europäischen Uni-
on zuleitet, um empirische Daten zur Verbreitung und zum Konsum illegaler psychoaktiver Stoffe in Deutschland transparent zu machen. Empirische
Daten zum Konsum, Handel und zur Herstellung illegaler psychoaktiver
Stoffe werden auch durch das Bundeskriminalamt jährlich erhoben. Es bezieht sich dabei vor allem auf die Falldatei Rauschgift (zuletzt Wiesbaden
2001), die die gesammelten Daten unter kriminalstatistischen und strafrechtlichen Gesichtspunkten interpretiert.

6.2.1 Drogenhilfe und Epidemiologie

Die Epidemiologie befasst sich mit dem Auftreten von Krankheiten in der
Bevölkerung. Epidemiologische Daten der Verbreitung und Häufigkeit des
Gebrauches illegaler psychoaktiver Stoffe werden auch in der Drogenforschung ermittelt. Unterschieden wird, so Bühringer 2000, S. 127ff. – zwischen analytischer und deskriptiver Epidemiologie. Während sich die
analytische Epidemiologie für das Bedingungsgefüge von Krankheit und
Gesellschaft interessiert, will die deskriptive Epidemiologie den Umfang
der Krankheit in der Bevölkerung oder in einer ihrer Teilpopulationen
ermitteln.

Das Interesse der analytischen Epidemiologie entspricht in hohem Maße
auch einer u.a. in der Drogenforschung angewandten ätiologischen For-
schungsrichtung, wollen doch beide Motive, Ursachen und Bedingungen
herausstellen, die bei Individuen zum Substanzmissbrauch oder zur Sucht
führen können. Dabei greift die analytische Epidemiologie zurück auf die
theoretische Möglichkeit, Daten unter experimentellen Bedingungen in
Versuchsanordnungen zu ermitteln (vgl. Bühringer, S. 127), während die
Ätiologie in der Drogenforschung die Frage der Sucht oder des Substanz-

missbrauches im Kontext von persönlichkeitspsychologischen Konzepten diskutiert (vgl. hierzu Schenk 1979) oder mit Hilfe psychoanalytischer Konzepte (vgl. hierzu z.B. Bäuerle 1989 o. Wöbke 1981).

Gegenüber der analytischen Epidemiologie verfügt die deskriptive Epidemiologie über gängige Kennwerte zur Beschreibung von Krankheitshäufigkeit und Erscheinungsformen. Es ist einmal die Prävalenzrate, die das Auftreten einer Krankheit in einer Bevölkerungsgruppe zu einem bestimmten Zeitpunkt (Punktprävalenz) oder in einem definierten Zeitraum (Periodenprävalenz) angibt. Gängige Maße sind hier u.a. auch die Lebenszeitprävalenz (Angaben darüber, ob jemals eine spezifische Erkrankung aufgetaucht ist) sowie Jahres-, Monats- oder Tagesprävalenzen, die Angaben erlauben zum Umfang krankheitsbedingter Zustände über den erfragten Zeitraum. Zum weiteren wird die Inzidenzrate erhoben. Sie gibt an, wie viel „neue Fälle" der infrage kommenden Krankheit in einem definierten Zeitabschnitt auftreten. Bezogen auf den Drogengebrauch wollen Inzidenzraten insbesondere Rückschlüsse auf das Einstiegsalter von Drogenkonsumenten ziehen.

Prävalenzraten und Inzidenzraten geben keine Auskunft über Intensität und Häufigkeit anfallender Krankheitsattacken, deshalb benutzt man in der epidemiologischen Forschung zum Substanzmissbrauch auch Intensitäts- und Frequenzanalysen. Sie sollen Auskunft geben über die tatsächliche konsumierte Menge, die Applikationsweise und die jeweilige Wirkung der Substanzen. Insbesondere die Frequenz- und die Intensitätsanalysen stoßen in der aktuellen epidemiologischen Drogenforschungspraxis schnell an die Grenze des Machbaren, da insbesondere Konsumenten illegaler Substanzen wegen möglicher Sanktionen nicht bereit sind, Angaben zu diesen Fragen zu machen.

Die grundsätzliche Problematik von epidemiologischen Studien in der Drogenforschung liegt jedoch in dem umstandslos unterstellten Psychopathologieverdacht bei allen Konsumenten illegaler Drogen – ganz gleich, um welche Substanz es sich handelt und wie intensiv konsumiert wird.

Der Pathologieverdacht bezieht sich auf zwei voneinander zu trennende Sachverhalte: einmal auf die Motive und Einstellungen eines Konsumenten und zum zweiten auf Verhaltensweisen und Auffälligkeiten, die infolge des Konsums illegaler Drogen feststellbar sind.

In der Drogenhilfe wird überdies häufig die registrierte Auffälligkeit dazu benutzt, auch die Motive zum illegalen Drogenkonsum erklären zu wollen. Dabei werden Verhaltensabweichungen als Teile eines Verhaltenssystems des Patienten begriffen, das gewissermaßen „im Inneren" des Patienten lokalisiert werden muss. Nur so ist auch verständlich, wenn die Verhaltensauffälligkeit mit der Persönlichkeit des Betroffenen identisch gesetzt wird.

Es empfiehlt sich daher zunächst einmal zu unterscheiden zwischen den offenkundigen Phänomenen, die aufgrund des Konsums illegaler psychotroper Substanzen die Gesundheit des Konsumenten beeinträchtigen, und den Entscheidungen des Individuums, illegale Substanzen zu nehmen.

Für die klassische deskriptive epidemiologische Forschung sind zunächst nur Phänomene interessant, die Auswirkungen auf die Gesundheit von Menschen haben bzw. als solche einen Krankheitszustand herbeiführen, wo sie gehäuft auftreten und wo sie in welchen Zeitspannen dominant werden.

Insofern würden z.B. der kontrollierte Gebrauch von Cannabis, Kokain oder Heroin nicht in den Focus ihrer Aufmerksamkeit fallen können. Relevant würden nur solche Fälle, die infolge des Konsums illegaler Drogen psychopathologische und/oder somatische Krankheitssymptome zeigen. Dazu geben die bisherigen Daten bislang jedoch keine Anhaltspunkte, da umstandslos der Konsum selbst schon als Krankheit bezeichnet wird; (so z.B. im Kontext nosologischer Diskussionen, die einer psychischen Krankheit das Wort reden).

Daten zur Verbreitung und zur Häufigkeit des Gebrauches illegaler psychoaktiver Substanzen lassen sich auch ermitteln, ohne dass ein Bezug zur Krankheit hergestellt werden muss. Jenseits einer psychopathologischen Bewertung des Drogenproblems lässt sich zeigen, dass sich ein generationsbedingter Wandel der Einstellung zum Gebrauch von Cannabis vollzogen hat, dass der Gebrauch von MDMA, Kokain u. anderen Amphetaminen offensichtlich als Lifetime-Phänomen gewertet werden kann und der Konsum von Heroin und anderer Opiatderivate sich auf eine seit etwa 10 Jahren gleichbleibende Population von Konsumenten bezieht, wobei die jeweils festgehaltene Zuwachsrate an Erstkonsumenten in etwa der aus unterschiedlichsten Profilen sich zusammensetzenden Rate an Aussteigern entspricht (vgl. hierzu Reitox-Bericht 2001 und BKA-Rauschgiftbericht 2001).

Den im Folgenden referierten Daten liegen zu Grunde die Erkenntnisse des Jahresberichtes 2001 der deutschen Referenzstelle an die Europäische Beobachtungsstelle für Drogen und Drogensucht (EBDD) auch Reitox-Bericht genannt und der Rauschgiftjahresbericht des Bundeskriminalamtes (BKA) Berichtsjahr 2001.

6.2.2 Drogenkonsum in der Bevölkerung

Angaben über Erfahrungen im Umgang mit illegalen psychoaktiven Substanzen werden u.a. erfragt für unterschiedliche Altersgruppen (so z.B. für 18- bis 20-Jährige, 21- bis 24-Jährige oder 30-bis 39-Jährige). Es werden Konsumdaten erhoben bezogen auf den bisherigen Lebenszeitraum, die letzten 12 Monate oder die letzten 30 Tage. Für alle Prävalenzdaten gilt, dass schon ein einmaliger Konsum ausreicht, um in die entsprechende Rate aufgenommen zu werden.

Tab. 8: Lebenszeit-Prävalenz illegaler Drogen in Deutschland

Quelle	Altersgruppe	West	Ost	Gesamt	Population pro Altersgruppe[1]		Hochrechnung Gesamt-bevölkerung[2]
DAS '01	12-18	k.A.	k.A.	17%	≈	5 530 000	≈ 940 000
BUND '00	18-20	38,0%	34,5%	37,3%	≈	2 800 000	≈ 1 044 000
BUND '00	21-24	38,3%	29,4%	36,5%	≈	3 615 000	≈ 1 320 000
BUND '00	25-29	32,5%	27,6%	31,7%	≈	5 220 000	≈ 1 655 000
BUND '00	30-39	24,5%	9,3%	21,8%	≈	14 092 000	≈ 3 072 000
BUND '00	40-49	17,5%	3,0%	14,6%	≈	11 875 000	≈ 1 734 000
BUND '00	50-59	7,0%	0,7%	5,8%	≈	10 040 000	≈ 582 000
BUND '00 (Männer)	18-59	25,4%	14,6%	23,4%	≈	24 280 000	≈ 5 682 000
BUND '00 (Frauen)	18-59	18,1%	7,1%	16,0%	≈	23 360 000	≈ 3 738 000
BUND '00	18-39	29,5%	19,0%	27,6%	≈	25 726 000	≈ 7 100 000
BUND '00	18-59	21,8%	11,0%	19,8%	≈	47 640 000	≈ 9 433 000
DAS '01 BUND '00	12-59	k.A.	k.A.	19,5%	≈	53 170 000	≈ 10 373 000

Quelle: DAS Drogenaffinitätsstudie 2001(BZgA 2001b); Repräsentativerhebung 2000 (Kraus & Augustin 2001) = BUND
1.) Statistisches Bundesamt 2001 (Stand 31.12.2000=, (Zahlen wurden zur besseren Übersicht gerundet)
2.) Hochrechnung auf die Gesamtbevölkerung kann nur als grobe Annäherung verstanden werden. Zahlen wurden gewichtet und zur besseren Übersicht gerundet
Quelle: Bericht des Nationalen REITOX Knotenpunkts für Deutschland an die EBDD: Drogensituation 2001

Die aktuelle Ausgabe des Reitox-Berichtes (2001) stellt fest, dass sich die Konsumhäufigkeit von illegalen Drogen deutlich verändert hat. Haben in den neuen Bundesländern im Jahre 2000 etwa 11% der 18- bis 59-Jährigen zumindest einmal im Leben illegale Drogen konsumiert, so waren es bei der letzten Erhebung von 1997 nur 4%. In den alten Bundesländern beträgt der Prozentsatz bezogen auf die gleiche Altersgruppe für das Jahr 1997 14,2% und für das Jahr 2000 21,8%. Erklärend führt der Bericht jedoch an, dass diese enorme Steigerung der Lebenszeitprävalenzrate in erster Linie auf den gestiegenen Konsum von Cannabis zurückzuführen sei. Insgesamt liegt die Lebenszeitprävalenzrate in Deutschland bei den 18- bis 59-Jährigen aktuell bei 19,8%.

In vielen Fällen bedeutet Konsumerfahrung zu haben im Lebenszeitraum nur einen relativ geringen bis einmaligen Konsum. Darüber hinaus werden zu diesem Personenkreis Menschen gezählt, die z.B. vor 20 oder 30 Jahren Konsumerfahrungen hatten. Ein etwas anderes Bild ergibt sich, wenn der Indikator für aktuelle Konsumzahlen die letzten zwölf Monate vor der Befragung sind. Hier zeigt sich, dass z.B. in der Altersspanne 18-59 Jahre ca. 6% der Bevölkerung (2.858.000 Personen) in den letzten zwölf Monaten illegale Drogen in Deutschland konsumiert haben. Ein anders Bild ergibt sich bei den 18- bis 39-Jährigen; hier beträgt die 12-Monatsprävalenz 10,7%, das sind etwa 2.753.000 Personen.

Tab. 9: 12-Monatsprävalenz illegaler Drogen in Deutschland

Quelle		Altersgruppe	West	Ost	Gesamt	Population pro Altersgruppe		Hochrechnung Gesamtbevölkerung
DAS	'01	12-18	k.A.	k.A.	11%	≈	5 530 000	≈	608 000
BUND	'00	18-20	25,6%	25,3%	25,3%	≈	2 800 000	≈	708 000
BUND	'00	21-24	20,4%	13,6%	18,1%	≈	3 615 000	≈	654 000
BUND	'00	25-29	11,7%	14,0%	11,7%	≈	5 220 000	≈	611 000
BUND	'00	30-39	5,8%	3,1%	5,0%	≈	14 092 000	≈	705 000
BUND	'00	40-49	1,5%	0,8%	1,3%	≈	11 875 000	≈	154 000
BUND	'00	50-59	0,4%	--	0,3%	≈	10 040 000	≈	30 000
BUND	'00 (Männer)	18-59	8,2%	6,7%	7,6%	≈	24 280 000	≈	1 845 000
BUND	'00 (Frauen)	18-59	4,7%	3,7%	4,4%	≈	23 360 000	≈	1 028 000
BUND	'00	18-39	11,0%	9,5%	10,7%	≈	25 726 000	≈	2 753 000
BUND	'00	18-59	6,5%	5,2%	6,0%	≈	47 640 000	≈	2 858 000
DAS	'01 BUND '00	12-59	k.A.	k.A.	6,5%	≈	53 170 000	≈	3 467 000

Quelle: DAS Drogenaffinitätsstudie 2001(BZgA 2001b); Repräsentativerhebung 2000 (Kraus & Augustin 2001) = BUND
Quelle: Bericht des Nationalen REITOX Knotenpunkts für Deutschland an die EBDD: Drogensituation 2001

Ein Vergleich der absoluten Zahlen der 12-Monatsprävalenzrate der 18- bis 59-Jährigen mit der der 18- bis 39-Jährigen lässt erkennen, dass der überwiegende Anteil von Konsumenten in der Lebensspanne von 18-39 Jahren festzustellen ist. Dieser Eindruck erhärtet sich, nimmt man die 12-Monatsprävalenzzahlen der Altersgruppen 12-18 Jahre, 18-20 Jahre, 21-24 Jahre, 25-29 Jahre, 30-39 Jahre, 40-49 Jahre und 50-59 Jahre in den Blick. Deutlich wird, dass der Konsum illegaler Drogen im Jugendalter beginnt (11% der 12-Monatsprävalenz), im jungen Erwachsenenalter rasant ansteigt (25% bzw. 18% der 12-Monatsprävalenz) und mit dem 30. Lebensjahr erheblich zurück geht (Altersspanne 30-39 Jahre 5%, Altersspanne 40-49 Jahre 0,3% der 12-Monatsprävalenz).

Die generelle Einschätzung, dass überwiegend im Jugend- und jungen Erwachsenenalter illegale Drogen konsumiert werden, ist zwar so allgemein formuliert durch die Prävalenzzahlen darstellbar. Notwendig ist jedoch auch, die Konsumhäufigkeit bezogen auf die Szene-Drogen Cannabis, Ecstasy, Kokain und Heroin darzustellen. Auch hier hält der Reitox-Bericht verlässliche Prävalenzdaten vor.

Abb. 14: Der Konsum illegaler Drogen bezogen auf Lebenszeit
und 12-Monatsprävalenz

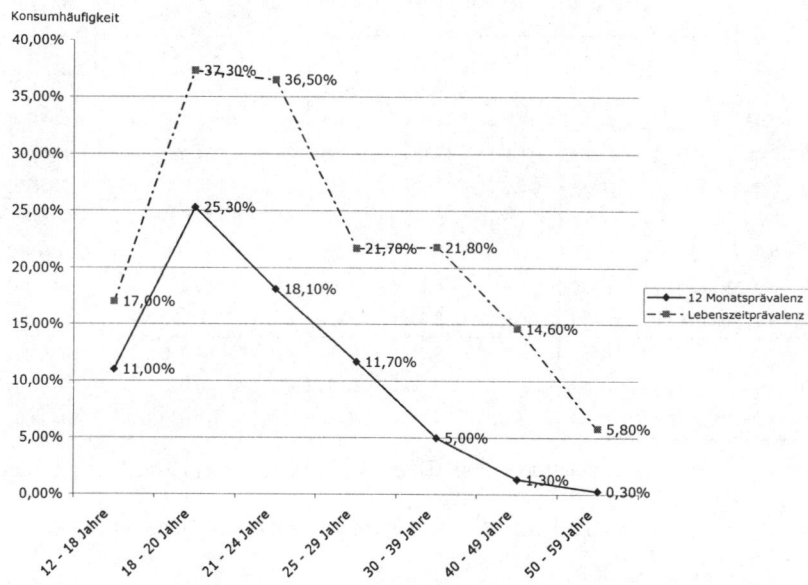

Im Folgenden werden nun die Prävalenzraten zur Verbreitung des Konsums
von Cannabis, Ecstasy, Kokain und Heroin aus der genannten Studie angeführt. Dabei wird sowohl die Lebenszeitprävalenz als auch die 12-Monats-
prävalenz dargestellt (vgl. Tab 10 und 11).

Tab. 10: Lebenszeitprävalenz von Cannabis in Deutschland

Quelle		Altersgruppe	West	Ost	Gesamt	Population pro Altersgruppe		Hochrechnung Gesamt-bevölkerung
DAS	'01	12-18	k.A.	k.A.	16,0%	≈	5 530 000	≈	885 000
BUND	'00	18-20	38,0%	33,7%	37,1%	≈	2 800 000	≈	1 039 000
BUND	'00	21-24	38,1%	27,8%	36,0%	≈	3 615 000	≈	1 301 000
BUND	'00	25-29	31,8%	27,6%	31,0%	≈	5 220 000	≈	1 618 000
BUND	'00	30-39	24,1%	8,8%	21,4%	≈	14 092 000	≈	3 016 000
BUND	'00	40-49	16,9%	2,8%	14,1%	≈	11 875 000	≈	1 674 000
BUND	'00	50-59	6,6%	0,7%	5,5%	≈	10 040 000	≈	552 000
BUND	'00 (Männer)	18-59	24,8%	14,3%	22,8%	≈	24 280 000	≈	5 536 000
BUND	'00 (Frauen)	18-59	17,7%	6,6%	15,7%	≈	23 360 000	≈	3 668 000
BUND	'00	18-39	29,1%	18,4%	27,6%	≈	25 726 000	≈	7 100 000
BUND	'00	18-59	21,4%	10,8%	19,3%	≈	47 640 000	≈	9 195 000
DAS	'01 BUND '00	12-59	k.A.	k.A.	19,0%	≈	53 170 000	≈	10 080 000

Quelle: DAS Drogenaffinitätsstudie 2001(BZgA 2001b); Repräsentativerhebung 2000
(Kraus & Augustin 2001) = BUND
Quelle: Bericht des Nationalen REITOX Knotenpunkts für Deutschland an die EBDD:
Drogensituation 2001

185

Tab. 11: 12-Monatsprävalenz von Cannabis in Deutschland

Quelle		Altersgruppe	West	Ost	Gesamt	Population pro Altersgruppe		Hochrechnung Gesamt- bevölkerung
DAS	'01	12-18	k.A.	k.A.	10%	≈	5 530 000	≈ 553 000
BUND	'00	18-20	25,3%	25,3%	25,3%	≈	2 800 000	≈ 708 000
BUND	'00	21-24	19,7%	11,6%	18,1%	≈	3 615 000	≈ 654 000
BUND	'00	25-29	11,3%	13,4%	11,7%	≈	5 220 000	≈ 611 000
BUND	'00	30-39	5,5%	3,1%	5,0%	≈	14 092 000	≈ 705 000
BUND	'00	40-49	1,5%	0,6%	1,3%	≈	11 875 000	≈ 154 000
BUND	'00	50-59	0,4%	--	0,3%	≈	10 040 000	≈ 30 000
BUND	'00 (Männer)	18-59	7,9%	6,2%	7,6%	≈	24 280 000	≈ 1 845 000
BUND	'00 (Frauen)	18-59	4,5%	3,6%	4,4%	≈	23 360 000	≈ 1 028 000
BUND	'00	18-39	10,6%	9,0%	10,3%	≈	25 726 000	≈ 2 650 000
BUND	'00	18-59	6,2%	4,9%	6,0%	≈	47 640 000	≈ 2 858 000
DAS	'01 BUND '00	12-59	k.A.	k.A.	6,4%	≈	53 170 000	≈ 3 411 000

Quelle: DAS Drogenaffinitätsstudie 2001(BZgA 2001b); Repräsentativerhebung 2000 (Kraus & Augustin 2001) – BUND
Quelle: Bericht des Nationalen REITOX Knotenpunkts für Deutschland an die EBDD: Drogensituation 2001

Die Lebenszeitprävalenz von Cannabis ist bei 12- bis 18-Jährigen 16%, steigt rasant an auf 37,1% bei 18- bis 20-Jährigen, verringert sich unwesentlich bei den 21- bis 24-Jährigen auf 36,0% bzw. auf 31% bei den 25- bis 29-Jährigen. Ab dem 30. Lebensjahr beginnt der Konsum abzunehmen. Er lässt sich jedoch bei den 50- bis 59-Jährigen immer noch bei 5,5% angeben, das sind etwa 552.000 Konsumenten in dieser Altersspanne. Wirft man einen Blick auf die Tabelle der 12-Monatsprävalenz von Cannabis lässt sich eine ähnliche Entwicklung, jedoch auf einem prozentual niedrigeren Niveau feststellen (12-18 Jahre = 10%; 18-20 Jahre = 25,3%; 21-24 Jahre = 18,1%; 25-29 Jahre = 11,7%; 30-39 Jahre = 5%; 40-49 Jahre = 1,3% und 50-59 Jahre = 0,3%).

6.2.2.1 Kokain
Deutlich niedriger ist die Prävalenzrate bei Kokain, sowohl als Lebenszeitprävalenz als auch als 12-Monatsprävalenz. In der Altersgruppe 12-18 Jahre gibt es keine statistisch relevanten Angaben, sie beginnen erst in beiden Prävalenzraten in der Altersgruppe 18-20 Jahre.

In der Lebenszeitprävalenz ist sie bei 18-20 Jahre 2,9%, bei 21- bis 29-Jährigen bei 4,2%, steigert sich in der Altersspanne von 25-29 Jahre auf 5,2% und sinkt ab 40 Jahre auf 1% und darunter.

Die 12-Monatsprävalenz von Kokain lässt in der Tabelle einen ähnlichen Verlauf gleichwohl auf niedrigem Niveau erkennen. 18-20 Jahre = 2,2%; 21-24 Jahre = 2,3%; 25-29 Jahre = 2,0% und ab 40 Jahre 0,2%

Tab. 12: 12-Monatsprävalenz von Kokain in Deutschland

Quelle		Altersgruppe	West	Ost	Gesamt	Population pro Altersgruppe		Hochrechnung Gesamt-bevölkerung
DAS	'01	12-18	k.A.	k.A.	k.A.	≈	5 530 000	≈ k.A.
BUND	'00	18-20	2,0%	3,1%	2,2%	≈	2 800 000	≈ 62 000
BUND	'00	21-24	2,7%	1,0%	2,3%	≈	3 615 000	≈ 83 000
BUND	'00	25-29	1,7%	3,5%	2%	≈	5 220 000	≈ 104 000
BUND	'00	30-39	1,0%	0,4%	0,9%	≈	14 092 000	≈ 127 000
BUND	'00	40-49	0,2%	--	0,2%	≈	11 875 000	≈ 24 000
BUND	'00	50-59	--	--	--	≈	10 040 000	≈ 0
BUND	'00 (Männer)	18-64	1,2%	1,0%	1,1%	≈	24 280 000	≈ 267 000
BUND	'00 (Frauen)	18-64	0,5%	0,5%	0,5%	≈	23 360 000	≈ 117 000
BUND	'00	18-39	1,5%	1,4%	1,5%	≈	25 726 000	≈ 386 000
BUND	'00	18-64	0,9%	0,7%	0,8%	≈	47 640 000	≈ 381 000
DAS	'01 BUND '00	12-64	k.A.	k.A.	k.A.	≈	53 170 000	≈ k.A.

Quelle: DAS Drogenaffinitätsstudie 2001(BZgA 2001b); Repräsentativerhebung 2000 (Kraus & Augustin 2001) = BUND
Quelle: Bericht des Nationalen REITOX Knotenpunkts für Deutschland an die EBDD: Drogensituation 2001

6.2.2.2 Ecstasy

Ecstasy wird im allgemeinen als sogenannte Lifestyle-Droge angesehen für jene Personen, die überwiegend mit der Raverszene verknüpft sind. Der Konsum findet mehrheitlich am Wochenende statt oder in den Ferien bzw. anderen arbeitsfreien Zeiten.

Tab. 13: 12-Monatsprävalenz von Ecstasy in Deutschland

Quelle		Altersgruppe	West	Ost	Gesamt	Population pro Altersgruppe		Hochrechnung Gesamt-bevölkerung
DAS	'01	12-18	k.A.	k.A.	1,0%	≈	5 530 000	≈ 55 000
BUND	'00	18-20	1,8%	3,1%	2,1%	≈	2 800 000	≈ 59 000
BUND	'00	21-24	3,7%	2,6%	3,5%	≈	3 615 000	≈ 127 000
BUND	'00	25-29	0,8%	2,9%	1,1%	≈	5 220 000	≈ 57 000
BUND	'00	30-39	0,5%	0,4%	0,5%	≈	14 092 000	≈ 71 000
BUND	'00	40-49	0,1%	0,0%	0,1%	≈	11 875 000	≈ 12 000
BUND	'00	50-59	--	--	--	≈	10 040 000	≈ 0
BUND	'00 (Männer)	18-59	1,0%	1,1%	1,0%	≈	24 280 000	≈ 243 000
BUND	'00 (Frauen)	18-59	0,3%	0,5%	0,3%	≈	23 360 000	≈ 70 000
BUND	'00	18-39	1,1%	1,5%	1,2%	≈	25 726 000	≈ 309 000
BUND	'00	18-59	0,6%	0,8%	0,7%	≈	47 640 000	≈ 333 000
DAS	'01 BUND '00	12-59	k.A.	k.A.	0,7%	≈	53 170 000	≈ 389 000

Quelle: DAS Drogenaffinitätsstudie 2001(BZgA 2001b); Repräsentativerhebung 2000 (Kraus & Augustin 2001) = BUND
Quelle: Bericht des Nationalen REITOX Knotenpunkts für Deutschland an die EBDD: Drogensituation 2001

Die Lifetime-Prävalenz bei Ecstasy stellt sich laut Tabelle wie folgt dar: 12-18 Jahre = 2,0%; 18-20 Jahre = 4,7%; 21-24 Jahre = 5,5%; 25-29 Jahre 4,3% ab 40 Jahre 0,2%.

Interessant ist die 12-Monatsprävalenz von Ecstasy: Sie zeigt 1,0% bei 12- bis 18-Jährigen; 2,1% bei 18- bis 20-Jährigen; 3,5% bei 21- bis 24-Jährigen um dann auf 1,1% bei 25- bis 29-Jährigen und 0,5% bei 30- bis 39-Jährigen abzufallen. Die in der Drogenhilfe diskutierte Hypthese, derzufolge der Konsum von Ecstasy gehäuft zwischen 18- und 25-Jährigen anzutreffen ist, findet hier seine empirische Bestätigung.

6.2.2.3 Heroin
Der Konsum von Heroin ist in Deutschland hauptsächlich für die Altersgruppe 21-24 Jahre und 25-29 Jahre relevant und dies auch nur in einem sehr begrenzten Umfang. Während die Lebenszeitprävalenz der 25- bis 29-Jährigen 1% beträgt, weist die 12-Monatsprävalenz einen Anteil von 0,4% aus.

Insgesamt haben in der Altersspanne 18-59 Jahre 0,1%, d.h. 48.000 Menschen in den letzten 12 Monaten Heroin konsumiert, während die Lebenszeitprävalenzrate der 18- bis 59-Jährigen 0,4% ausweist, das sind 191.000 Menschen.

Tab. 14:   12-Monatsprävalenz von Heroin in Deutschland

Quelle		Altersgruppe	West	Ost	Gesamt	Population pro Altersgruppe		Hochrechnung Gesamt-bevölkerung
DAS	'01	12-18	k.A.	k.A.	k.A.	≈	5 530 000	≈ 0
BUND	'00	18-20	0,4%	0,9%	0,5%	≈	2 800 000	≈ 14 000
BUND	'00	21-24	0,3%	1,0%	0,4%	≈	3 615 000	≈ 15 000
BUND	'00	25-29	0,5%	--	0,4%	≈	5 220 000	≈ 21 000
BUND	'00	30-39	--	--	--	≈	14 092 000	≈ 0
BUND	'00	40-49	0,1%	--	0,1%	≈	11 875 000	≈ 12 000
BUND	'00	50-59	--	--	--	≈	10 040 000	≈ 0
BUND	'00 (Männer)	18-59	0,2%	0,2%	0,2%	≈	24 280 000	≈ 49 000
BUND	'00 (Frauen)	18-59	--	0,1%	--	≈	23 360 000	≈ 0
BUND	'00	18-39	0,2%	0,3%	0,2%	≈	24 726 000	≈ 52 000
BUND	'00	18-59	0,1%	0,1%	0,1%	≈	47 640 000	≈ 48 000
DAS	'01 BUND '00	12-59	k.A.	k.A.	0,1%	≈	53 170 000	≈ 48 000

Quelle: DAS Drogenaffinitätsstudie 2001(BZgA 2001b); Repräsentativerhebung 2000 (Kraus & Augustin 2001) = BUND
Quelle: Bericht des Nationalen REITOX Knotenpunkts für Deutschland an die EBDD: Drogensituation 2001

Tab. 15: Lebenszeitprävalenz von Heroin in Deutschland

Quelle		Altersgruppe	West	Ost	Gesamt	Population pro Altersgruppe		Hochrechnung Gesamtbevölkerung
DAS	'01	12-18	k.A.	k.A.	k.A.	≈	5 530 000	≈	0
BUND	'00	18-20	0,4	0,9	0,5	≈	2 800 000	≈	14 000
BUND	'00	21-24	0,5	1,0	0,6	≈	3 615 000	≈	22 000
BUND	'00	25-29	0,7	2,3	1	≈	5 220 000	≈	52 000
BUND	'00	30-39	0,5	--	0,4	≈	14 092 000	≈	56 000
BUND	'00	40-49	0,3	--	0,2	≈	11 875 000	≈	24 000
BUND	'00	50-59	--	--		≈	10 040 000	≈	0
BUND	'00 (Männer)	18-59	0,5	0,6	0,5	≈	24 280 000	≈	121 000
BUND	'00 (Frauen)	18-59	2	0,1	0,2	≈	23 360 000	≈	47 000
BUND	'00	18-39	0,5	0,7	0,6	≈	25 726 000	≈	154 000
BUND	'00	18-59	0,4	0,4	0,4	≈	47 640 000	≈	191 000
DAS	'01 BUND '00	12-59	k.A.	k.A.	0,4	≈	53 170 000	≈	191 000

Quelle: DAS Drogenaffinitätsstudie 2001(BZgA 2001b); Repräsentativerhebung 2000 (Kraus & Augustin 2001) = BUND
Quelle: Bericht des Nationalen REITOX Knotenpunkts für Deutschland an die EBDD: Drogensituation 2001

Im Gegensatz zu den bislang angeführten Prävalenzraten der Cannabis-, Ecstasy- und Kokainkonsumenten, weisen die Prävalenzraten der Heroinkonsumenten ein höheres Lebensalter aus. Der Konsum beginnt nach dem 18. Lebensjahr statistisch relevant zu werden, sinkt aber nach dem 40. Lebensjahr – wie die oben angeführten psychoaktiven Stoffe auch – deutlich unter die 0,1%-Rate.

Vergleicht man die jeweiligen Konsumentenpopulationen der 12-Monatsprävalenzen und Lebenszeitprävalenzen miteinander, so fällt auf, dass ein großer Teil der KonsumentInnen, trotz vielfältiger Sanktionen und Stigmatisierungen, illegale Drogen – in Deutschland Marihuana und Haschisch – generationsübergreifend regelmäßig konsumiert. Ecstasy scheint eher eine Droge zu sein, die sich auf die Jugendphase bezieht und zudem noch an einen Lifestyle gebunden ist. Der Konsum von Heroin und Kokain weist über Jahre hinweg gleich bleibende Populationen auf. Aus alledem kann der Schluss gezogen werden, dass illegale psychoaktive Substanzen wie Kokain, Heroin und Ecstasy eher zum Lebensbereich junger Menschen gehören, während Cannabis mittlerweile generationsübergreifend konsumiert wird.

6.2.3 Sozialisation in moderner Gesellschaft

In sozialen Beziehungen, die in einer gemeinsamen Umwelt stattfinden, erfährt sich der Mensch auf dem Umweg über den Mitmenschen. Die jeweilige Sozialstruktur und die gesellschaftlich festgelegten Weltauffassungen strukturieren diese Erfahrungen. Die mittelalterliche Gesellschaft unterschied sich dabei in ganz erheblicher Weise von der heutigen modernen Gesellschaft. Die ständische Gesellschaft des Mittelalters gestattete es ihren Menschen vergleichsweise leicht, über vorhersehbare Rollenerwartungen und -zuschreibungen, gesellschaftliche Positionen lebenslang einzunehmen. Durch Bildungs- und Herkunftsstandards garantierte sie gesellschaftlichen Status und sozialen Aufstieg mit hoher normativer Verbindlichkeit, schränkte jedoch die Wahlmöglichkeiten in der Lebensplanung der Individuen erheblich ein.

Die moderne Gesellschaft hat der Erwartbarkeit und Planbarkeit des Lebenslaufes insofern einen Riegel vorgeschoben, als die Gültigkeit lizenzierter Normalbiographien doch erheblich abgenommen hat. Den Hintergrund für diese Veränderungen bilden u.a. die Vervielfältigung ökonomischer, sozialer und kultureller Möglichkeiten sowie eine strukturell veränderte Variabilität des Sozialisationsverlaufes. H. Keupp (2002) folgend lassen sich zwei grundlegende Transformationsprozesse ausmachen, die zentral für die Variabilität von Sozialisationsprozessen in modernen Gesellschaften verantwortlich zeichnen: Individualisierung und Globalisierung.

Individualisierung meint im Anschluss an Beck (1986) einen sozialen Prozess, der Menschen aus den tradierten Sozialformen (Klasse, Schicht, Familie etc.) zunehmend freisetzt. Beck konstatiert einen Individualisierungsschub für moderne Gesellschaft, der die Menschen auf sich selbst verweise, sie ihrer Sicherheit beraube, aber auch neue Formen sozialer Bindungen ermögliche. Individualisierung ist insofern ein ambivalenter Prozess, der sich auch empirisch belegen lässt, z.B. an der Unterschiedlichkeit von Lebensstilen und an neuen Selbstverwirklichungswerten (Spaßgesellschaft). Die Unsicherheit, die Individualisierung auch bereithält, wird, so Keupp, auch als Zumutung oder sogar als Zwang erfahren, der als Reflex u.U. auch Nationalismus und Fremdenfeindlichkeit hervorrufen kann.

Durch Globalisierung verändern sich zunehmend kollektive Identitäten und individuelle Lebenszusammenhänge. Eine Folge dieser Prozesse kann die Entstehung neuer territorialer Zugehörigkeiten, Subkulturen und Lebensstile sein (Keupp u.a. 2001, S. 160-176). Ein wesentliches Merkmal dieser Globalisierung ist die Organisation entscheidender gesellschaftlicher Funktionen in Netzwerken. Netzwerke, so Castells (2001), konstituieren die neue soziale Struktur unserer Gesellschaft. Auf der Basis der neuen Informations- und Kommunikationstechnologien verdrängen sie, so Castells These, andere Formen der Organisation wie Bürokratie oder Hierarchie und prägen als dominante soziale Form die Gesellschaft. Hierfür reserviert er den Begriff der Netzwerkgesellschaft. Die entscheidenden Unterschiede zur traditionellen modernen Gesellschaft fasst Steinbicker (2001) wie folgt zusammen: „Waren in der industriellen Entwicklungsweise neue Energiequellen und Fortschritte bei deren Dezentralisierung die Hauptquellen der Produktivität, so nehmen im Informationalismus (Netzwerkgesellschaft; H.J.J.) Technologien der Wissensproduktion, der Informationsverarbeitung und der symbolischen Kommunikation diese Rolle ein. Entscheidend sind nicht Wissen und Informationen, sondern der Umstand, dass sie sich auf die Erzeugung und Verarbeitung von Informationen und Wissen selbst beziehen und es zu einer zirkulären Wechselwirkung zwischen der Wissensbasis von Technologien und der Anwendung von Technologie zur Steigerung von Wissensproduktion und Informationsverarbeitung kommt" (Steinbicker 2001, S. 450).

Dass Individualisierung und Globalisierung die Bedingungen der Sozialisation in unserer Gesellschaft erheblich beeinflussen, lässt sich angesichts dieses kurzen Statements ohne weiteres annehmen. Welche Auswirkungen diese Entwicklungen auf die Sozialisationsinstanzen und die Sozialisationsprozesse und damit auch auf die Individuen haben, ist zunächst eine empirische Frage, deren Antwort hier nicht angedeutet werden kann.

Eine theoretisch-systematische Einschätzung zur Qualifizierung der Auswirkungen von Modernisierungsprozessen auf die Sozialisation von Menschen hat R. Dahrendorf in seinem „Konzept der Lebenschancen" (1992) gegeben. Lebenschancen ergeben sich für das Individuum als Funktion zweier grundlegender Elemente: Optionen und Ligaturen. Diese können unabhängig von einander variieren und bestimmen in ihrer jeweiligen Kombination die Entfaltungschancen des Individuums. Mit Ligaturen bezeichnet Dahrendorf vor allem gesellschaftliche Bindungen, sie benennen Sinn- und Ortsbezüge von Personen, gewissermaßen die Ordnung der Dinge, in die sich Menschen einzurichten pflegen. Optionen sind Wahlmöglichkeiten und Handlungsalternativen, über die ein Mensch in seiner jeweiligen gesellschaftlichen Position und Situation verfügt. Dahrendorf argumentiert: Der Prozess der Moderne hat das Individuum aus dem starren Korsett der Ligaturen mit wenig Optionen freigesetzt.

Es hat sich sozusagen eine Pendelbewegung für das Individuum vollzogen von der normativen Kraft der Ligaturen weg und hin zur gestaltenden Kraft der Optionen. Diese Entwicklung bringt für das Individuum den Vorteil der Wahl eigener Gestaltungsspielräume und der Absicherung durch wählbare Ligaturen.

Die zahlreichen Möglichkeiten der individuellen Lebensplanung wiederum bringen „die Notwendigkeit mit sich", so H. Keupp (2001, S. 171) sich für bestimmte Optionen zu entscheiden und für diese soziale Anerkennung zu erlangen. Daraus entstehende Netzwerke können als „posttraditionelle Ligaturen" bezeichnet werden, also soziale Bezüge, die von den Entscheidungen der Subjekte (mit) bestimmt sind".

Sozialisation in modernen Gesellschaften bedeutet für die Individuen insofern eine erhebliche Anstrengung bei der Organisierung ihrer Lebensläufe, die ihnen aufgegeben und nicht mehr nur auferlegt worden sind. Bezieht man diese sehr grobe Darstellung der Moderne auf Deutschland, so ergibt sich – resümierend – etwa folgendes Bild: Wir erleben in Deutschland heute zwei übergreifende und beschleunigte Veränderungsbewegungen – die Veränderung von Produktion und Arbeit einerseits und die Veränderung von Lebensformen und Orientierungsmustern andererseits. Das eine kann man als soziale Modernisierung, das andere als kulturelle Modernisierung bezeichnen. Jugendliche sind tief in beides, in die soziale wie in die kulturelle Modernisierung verwickelt (vgl. hierzu und im Folgenden Ziehe 1991, S. 764ff.).

Zunächst sind Jugendliche vermehrt verwickelt in die Zweiteilung des Arbeitsmarktes. Ein Teil der jungen Menschen wird auch zukünftig in lebenslanger Vollzeitarbeit unterkommen. Aber die anderen – mit wachsender Tendenz – werden mit verschiedenen Formen der Unterbeschäftigung konfrontiert sein. Das Standardmodell der lebenslangen Vollzeitarbeit gerät daher unter unerhörten Druck: Es ist der unterstellte „Standard", aber er ist für immer mehr Jugendliche keineswegs mehr erwartete Normalität.

Damit entsteht eine doppelte Ungleichheit: eine horizontale Ungleichheit der Herkunft zwischen den Sozialschichten und zwischen den Geschlechtern, aber auch eine vertikale Ungleichheit, nämlich eine kohortenspezifische Ungleichheit. Die vertikale Ungleichheit schlägt natürlich in die Bereiche von Bildung und Ausbildung voll hinein. Dadurch bekommt das Bildungssystem eher die Funktion einer Negativauslese. Als Konsequenz wird für Jugendliche u.a. der subjektive Berufsbezug abnehmen. Funktional betrachtet bleibt das Arbeitseinkommen natürlich weiterhin von entscheidender Wichtigkeit; auch die Identitätsdimensionen der Erwerbsarbeit wird nicht einfach verschwinden. Aber die subjektiven Bedeutsamkeiten werden weiter gestreut sein, vieles, was Nichtarbeit ist, wird Bedeutsamkeit gewinnen. Es kann bei jungen Menschen teilweise ein Umschlag dieser sozioökonomischen Chancen-Ungleichheit in psychische Symptome wie Sucht und Depressivität geben oder aber die Lust zu improvisieren und zum Neuanfang initiieren.

Ein zweiter Veränderungsstrang, in den Jugendliche verwickelt sind, wurde bereits genannt: kulturelle Modernisierung. Dieser beschreibt eine Veränderung von Wertorientierungen und Lebensformen. Kulturelle Modernisierung ist Enttraditionalisierung. Das muss keineswegs heißen, Traditionen achtlos fortzuwerfen. Aber es heißt, dass der Hinweis nicht mehr gilt, man habe es „schon immer so gemacht". Enttraditionalisierung in diesem Sinne ist durchaus doppelgesichtig. Sie beinhaltet – das ist die kulturkritische Seite – ein Moment von Vereinzelung, Bodenlosigkeit, Heimatlosigkeit. Aber nicht nur: Enttraditionalisierung heißt auch Erweiterung von Horizonten, Erweiterung von Gestaltungs- und Entwurfsspielräumen.

Für junge Leute bedeutet kulturelle Modernisierung auch, dass Bezüge zu Gleichaltrigen möglicher und wichtiger werden und in eine gewisse Konkurrenz zur Familie treten. Fragen politischer und ökologischer Moralität treten für die einen scharf umrissen in den Vordergrund der Wichtigkeiten; Fragen ästhetischer Qualität, von Selbstgestaltung und von Stilen, für Andere.

Neben all der Beunruhigung durch kollektive und individuelle Gefährdungen lebt fast jeder Jugendliche in einer Gleichzeitigkeit mehrerer ausdifferenzierter Alltage (familiär, schulisch, „subkulturell", halböffentlich, politisch), die nicht immer auf einen Nenner zu bringen sind.

Heute in Deutschland aufzuwachsen heißt daher auch – bei allen Schwierigkeiten – beträchtliche kulturelle Optionserweiterungen zur Verfügung zu haben. Es gibt erheblich mehr zu entscheiden als früher: Das ist eine Last, aber es ist auch eine Chance. Auf diese Ambivalenz verweist auch die 12. Shell-Studie „Jugend 97" (Jugendwerk der deutschen Shell 1997, S. 14ff.). Sie hebt zunächst hervor, „dass von allen Problemen am stärksten die Probleme der Arbeitswelt die Jugend beschäftigen und nicht die klassischen Lehrbuchprobleme der Identitätsfindung, Partnerwahl und Verselbständigung; und lenkt den Blick sodann auf die Probleme junger Menschen beim Übergang in die Erwachsenengesellschaft:" Je schwieriger sich der Abschluss der Jugendphase gestaltet, je unsicherer der Übergang in die Lebenslage Erwachsener wahrgenommen wird [...], desto langsamer möchte man sich offenbar diesem Nadelöhr nähern, desto mehr Zeit will man sich lassen, auch [...] um sich noch besser qualifizieren, ausbilden und vorbereiten zu können. Erwachsen werden wollen, aber Jugendlicher bleiben müssen, scheint gegenwärtig die paradoxe Aufgabe der Bewältigung der Jugendphase zu sein" (ebd. 1997 S. 16).

Interessant sind auch die empirischen Befunde der Studie zum Generationsverhältnis und zur Bedeutung jugendkultureller Stile für die Jugendphase. Zum letztgenannten weist die Studie daraufhin, dass jugendkulturelle Stile zunehmend ihre Bedeutung als subkulturelle Visionen verlieren und infolgedessen auch als gegenkulturelle Möglichkeit zur eindeutigen Abgrenzung von der von Erwachsenen geprägten Alltäglichkeit weniger genutzt werden.

Jugendkulturen sind „ebenso eklektisch, schnelllebig und diffus wie die modernen Gesellschaften selbst „Charakteristisch für die heutige Jugend scheint weniger die Haltung des überzeugten Mitgliedes zu sein, der voll in der jeweiligen Subkultur lebt und aufgeht, sondern vielmehr die Position des Zuschauers und begrenzten Nutzers, also die Haltung des Ausprobierers und Experimentierers" (a.a.O. S. 20).

Auch zum Generationsverhältnis verweist die Studie auf wichtige Ergebnisse. Es sind nicht so sehr die Erziehungskonflikte oder Ablösungskonflikte, die das Verhältnis der Generationen aus der Sicht junger Menschen prägen. „Erlebter Gegensatz der Generationen ist vielmehr eine Dimension der Lebenslage und gesellschaftlichen Position Jugendlicher, die im Widerspruch steht zu der symbolischen Sinnstruktur der Jugend. Letztere appelliert daran, dass der Jugend die Zukunft gehöre, sofern sie sich anstrengt und ihre Chancen ergreift, und dass die Gesellschaft selber nur dann eine Zukunft hat, wenn sie ihrer Jugend Zukunft sichert. Erstere dagegen birgt eine Fülle von Erfahrungen, dass eben diese Chancen und diese Zukunft fragwürdig und ungewiss geworden ist" (a.a.O. S. 18). Alles in allem, so diese Studie, halten sich zur Zeit bei Jugendlichen düstere und zuversichtliche Zukunftsvisionen die Waage.

Die Entwicklungsanforderungen, denen Kinder und Jugendlichen heute in westlichen Industriegesellschaften ausgesetzt sind, sind vielfältig. Diese Anforderungen umfassen die biologischen, physischen Anpassungen, die jugendliche Lebensphasen spezifisch zu erbringen haben. Konkret werden hierzu für die heutige Jugend gezählt:

1. die Entwicklung einer intellektuellen und sozialen Kompetenz. Ziel soll es sein, selbstverantwortlich, schulischen und anschließend beruflichen Qualifikationen nachzukommen, um eine berufliche Erwerbsarbeit aufzunehmen. Hierdurch soll die eigene ökonomische und materielle Basis für die selbständige Existenz gesichert werden;

2. die Entwicklung einer eigenen Geschlechtsrolle und eines sozialen Bindungsverhaltens zu Gleichaltrigen des eigenen und des anderen Geschlechtes sowie der Aufbau einer Partnerbeziehung, soll langfristig die Basis für die Erziehung eigener Kinder bilden;

3. die Entwicklung eines eigenen Werte- und Normensystems und eines ethischen und politischen Bewusstseins. Dieses soll mit dem eigenen Verhalten und Handeln in Übereinstimmung stehen, damit hierdurch langfristig ein verantwortliches Handeln möglich wird;

4. die Entwicklung eigener Handlungsmuster für die Nutzung des Konsumwarenmarktes und des kulturellen Freizeitmarktes (einschließlich Medien und Genussmittel); (vgl. hierzu Hurrelmann 1988, S. 62ff.).

Die Diskussion macht deutlich, dass die Lebensphase Jugend einem Strukturwandel unterliegt. Dies bedeutet, dass sich die Lebensbedingungen junger Menschen verändern und zwar im Kontext großflächig wirkender gesellschaftlicher Veränderungen.

„In ihrer allgemeinsten Form besagt die These vom „Strukturwandel" der Jugend, dass sich gegenwärtig nicht nur einzelne Verhaltensweisen, Orientierungsmuster und Einstellungen der Jugend wandeln, sondern dass innere Qualität, Zuschnitt und Aufgabenstruktur des Jugendalters, das, was Jugend historisch und gesellschaftlich war, sich in unseren Tagen auflöst, an sein Ende gekommen ist, d.h. dass die Kategorie Jugend selbst (nicht nur Verhaltensweisen von Jugendlichen) fragwürdig ist und zur Disposition steht" (Hornstein 1988, S. 71).

- Für den Schulbereich herrscht dabei die Auffassung vor, dass im Vergleich zu früheren Generationen heute wesentlich mehr Jugendliche wesentlich mehr Zeit zum Erwerb von hochwertigen Bildungszertifikaten verwenden. Andererseits lässt sich auch zeigen, dass die damit angestrebten Ziele nicht immer verwirklicht werden. Die Struktur der Schule und die Interessen und psycho-sozialen Kompetenzen von Schülern sind nicht immer deckungsgleich.

- Für den Bereich freier Zeit zwischen Schule und Elternhaus lässt sich zeigen, dass die Verschulung der Lebensphase Jugend zu einem größeren Ausmaß an disponibler Zeit geführt hat. Diese nutzen Jugendliche vor dem Hintergrund ganz unterschiedlicher Interessen und im Kontext – auch in lebenszeitlich parallelen Entwicklungen – von Cliquen mit spezifischen Stilbildungen. Darüber hinaus verfügen Jugendliche heute in vielen Fällen über eine komfortable finanzielle Ausstattung, die es ihnen erlaubt, sich zahlreiche Wünsche im Konsumbereich zu erfüllen.

- Für die Familie können Veränderungen ihrer äußeren Struktur und ihres Binnenbereiches konstatiert werden. Ein wesentliches Problem im Hinblick auf die Entwicklung von Schulfähigkeit ist dabei die Herausbildung von sozialen Kompetenzen. Die strukturelle Vielfältigkeit der Erscheinungsform Familie wird zudem deutlich in den Erziehungsstilen der Eltern von autoritär bis liberal und den gewandelten elterlichen Disziplinierungsmaßnahmen. Die Verfügung über materielle Ressourcen bildet überdies zunehmend die zentrale Möglichkeit Bildung und gesellschaftliche Reputation bzw. Teilhabe zu garantieren.

Sozialisation kann – im Sinne Hurrelmanns – vor diesem Hintergrund begriffen werden als produktive Verarbeitung der äußeren und inneren Realität durch den jungen Menschen. „Sowohl äußere als auch innere Realität in ihrer Interdependenz müssen von einem Menschen aufgenommen, angeeignet und verarbeitet werden, wobei es zu einer subjektiven Repräsentanz der äußeren und der inneren Realität kommt, die in ihren überdauernden und gegliederten Formen die Grundstruktur der Persönlichkeit eines Menschen bildet. Persönlichkeitsentwicklung geschieht demnach in der sozialen Interaktion in einem permanenten Prozess der Wechselwirkung zwischen zwei interdependenten Realitäten" (Engel/Hurrelmann 1993, S. 12).

6.2.4 Identität und Lebenslage

Wenn über Identität gesprochen werden muss, so erscheint es sinnvoll, zwei unterschiedliche, jedoch eng verbundene Phänomene zu unterscheiden. Das eine ist persönliche Identität als eine allgemeine gesellschaftliche Gegebenheit menschlichen Lebens, und das zweite ist persönliche Identität als subjektives Problem, das geschichtlich von je besonderen gesellschaftlichen Strukturen und Lebenslagen abhängig ist (vgl. Luckmann 1979, S. 293ff.).

Hier geht es um den letztgenannten Aspekt, Identität als subjektives Problem. Aus dieser Perspektive soll Identität „einerseits das unverwechselbare Individuelle, aber andererseits auch das soziale Akzeptable darstellbar machen. Insofern stellt sie immer eine Kompromissbildung zwischen „Eigensinn" und „Anpassung" dar (Keupp 2001, S 807).

Offensichtlich ist es jedoch so, dass sich die Alltagserfahrungen der Subjekte in der Gegenwart kaum mehr mit dem Subjektverständnis vereinbaren lassen, das bislang die klassische Identitätsdiskussion geprägt hat. Dieses stammt nämlich aus den 60er-Jahren des gerade vergangenen Jahrhunderts und orientierte sich überwiegend am Identitätsmodell von E. Erikson. Identität begreift Erikson als ein wichtiges und notwendiges Kriterium relativer psychosozialer Gesundheit. Die Polarität zu Identität bildet Identitätsdiffusion als Kriterium relativer Störung. Damit konstituiert Erikson ein Spannungsverhältnis innerhalb dessen sich im Lebensverlauf vielfältige Möglichkeiten der Selbstrepräsentation und des Selbstgefühls herauskristallisieren können. Erikson definiert: „Das Gefühl der Ich-Identität ist ... das angesammelte Vertrauen darauf, dass der Einheitlichkeit und Kontinuität, die man in den Augen anderer hat, eine Fähigkeit entspricht, eine innere Einheit und Kontinuität aufrechtzuerhalten" (Erikson 1971, S. 107).

Erikson konstruiert sein Identitätsmodell jedoch nicht nur in der Spannung zwischen Identitätsdiffusion und Identität, sondern auch prozesshaft als kontinuierlich zu durchlaufendes Stufenmodell, dessen adäquater Durchgang bis zur Adoleszenz eine Identitätsplattform für das weitere Leben sichern soll. Vielen Therapiekonzepten in der Drogenhilfe liegt dieses Modell der Ich-Identität zugrunde, sind doch die Wege und Ziele der Therapien auf das erneute Durchlaufen verschiedener Identitätsstufen ausgerichtet, mit dem Ziel der Entwicklung der Ich-Identität, die die Plattform zur Führung eines dann drogenfreien Lebens geben soll. Der Konsum von illegalen psychotroper Substanzen wird als Identitätsdiffusion begriffen – also ein katastrophales Scheitern des Individuums an den Erfordernissen der Jugendphase. Im Prozess der Therapie sollen diese Erfahrungen rekonstruiert und dann neu bewertet werden.

Das Identitätskonzept von Erikson steht und fällt mit seinem Normalitätsbegriff. Erikson hatte bei der Konzeptualisierung seines Identitätsbegriffes die Realität der USA in den 50er- und 60er-Jahren im Blick, als er Gruppen nordamerikanischer Jugendlicher aus eher gut situierten Verhältnissen, die ihren Platz in der damaligen sozialen Welt suchten und sicherten, als empirische Basis seiner Identitätskonzeption nahm.

Schon sein Schüler Marcia (Marcia 1993, S. 2241ff.) wies darauf hin, dass sich die Gesellschaft weiter entwickelt habe und mit Eriksons Parametern nicht mehr zu erfassen sei. Deutlich wurde dies vor allem bei dem Begriff der Identitätsdiffusion, mit dem z.B. 1984 nicht mehr wie zu Zeiten Eriksons etwa 20% der jungen Menschen konfrontiert war, sondern über 40%.

Der normative Gehalt vieler Begriffe ebenso wie der Lebensalltag selbst hatte sich verändert, dies war der Grund dafür.

Identitätsdiffusion – wie abweichendes Verhalten, Drogenkonsum etc. – wertet Marcia im Gegensatz zu Erikson als Identitätsresultat, das in manchen Schattierungen gar für das Individuum funktional sei (Marcia 1993).

An diese Entwicklung hat nun Keupp (1999) angeknüpft, als er den Begriff der „Alltäglichen Identitätsarbeit" einführte: „Identität ist nicht etwas, was man von Geburt an hat, was die Gene oder der soziale Status vorschreiben, sondern wird vom Subjekt in einem lebenslangen Prozess entwickelt. Identität verstehen wir als einen fortschreitenden Prozess eigener Lebensgestaltung, der sich zudem in jeder alltäglichen Handlung neu konstruiert" (Keupp 1999, S. 189). Keupp fasst Identität auf als Verknüpfungsarbeit von vergangenen mit gegenwärtigen und zukünftigen Erfahrungen sowie eines jeweiligen Passungsprozesses zwischen innerer Erfahrung und äußeren Anforderungen. Mit sich identisch zu sein bedeutet insofern, Koordinationsleistungen ebenso zu erbringen wie selbstreflexiv sich dem Wandel der Ereignisse ständig zu stellen – und dies als lebenslangen Prozess.

Alltägliche Identitätsarbeit, so Keupp, bedeutet eine dreifache Syntheseleitung des Subjektes:

- eine prozessual zu verstehende Kohärenzleistung, bei der unterschiedliche Erfahrungsinhalte immer wieder sinnhaft verknüpft werden;
- die Ambivalenz der Bedürfnisse von Anerkennung und Autonomie in eine Art Balance zu bringen, wobei jedoch nicht selten das eine Bedürfnis auf Kosten des anderen gelebt wird;
- die Ambivalenz und die Veränderungen der Identitätsbiographie gewissermaßen vertikal in eine stimmige Auffassung, in ein akzeptables Spannungsverhältnis zu bringen.

Bausteine dieser alltäglichen Identitätsarbeit sind, so Keupp, Kohärenz, Anerkennung, Authentizität, Handlungsfähigkeit, Ressourcen und Narration (vgl. Keupp a.a.O., S. 243ff.). „Identität ist also ein Produkt, das zum Ziel hat, ein individuell gewünschtes oder notwendiges Gefühl von Identität zu erzeugen. Basale Voraussetzungen für dieses Gefühl sind soziale Anerkennung und Zugehörigkeit. Vor dem Hintergrund von Pluralisierungs-, Individualisierungs- und Entstandarisierungsprozessen ist das Inventar übernehmbarer Identitätsmuster ausgezerrt. Alltägliche Identitätsarbeit hat die Aufgabe, die Passungen, die Verknüpfungen unterschiedlicher Teilidentitäten vorzunehmen. Qualität und Ergebnis dieser Arbeit findet in einem machtbestimmten Raum statt, der schon immer aus dem Potenzial möglicher Identitätsentwürfe spezifisch erschwerte bzw. andere favorisierte, nahe legt oder gar aufzwingt. Qualität und Ergebnis der Identitätsarbeit hängen von den Ressourcen einer Person ab, von individuell-biographisch grundgelegten Kompetenzen, über kommunikativ vermittelte Netzwerkressourcen, bis hin zu gesellschaftlich-institutionell vermittelten Ideologien und Strukturvorgaben" (Keupp a.a.O., S. 296).

6.2.5 Jugendphase und Risikoverhalten

Die bisherigen Ausführungen hatten das Ziel, den gesellschaftliche Stellenwert der Jugendphase herauszustellen, die mit Olk (1985) als entstrukturiert begriffen werden muss. Es entwickeln sich gleichsam mehrere „Jugenden", die sich voneinander so stark unterscheiden, dass sie nicht mehr in einem Modell zusammengeführt werden können" (Münchmeier 2001, S. 818). Dies erfordert aus der Sicht der heranwachsenden Generation wesentlich mehr als in der Tradition eine aktive und konstruktive Auseinandersetzung und Gestaltung der sozialen Umwelt.

Diesem Phänomen trägt die neuere identitätstheoretische Diskussion Rechnung, indem sie von Identitätsarbeit spricht und sie als „Passungsarbeit" (Keupp) begreift, „die zu einer mehr oder weniger gelungenen Einpassung des Subjektes mit all seinen oft widerstreitenden Anteilen in einer ebenfalls ambivalenten dynamischen und komplexen Welt führt, dann ist gelungene Identität, ein temporärer Zustand einer gelungenen Passung" (Keupp 1999, S. 276). Man geht sicher nicht fehl in der Annahme, dass die sog. Gefährdungen des Jugendalters und die riskanten Verhaltensweisen der Jugendlichen weniger der „Unvernunft der Jugend" oder ihren wie auch immer definierten Unzulänglichkeiten geschuldet sind, sondern im Keuppschen Verständnis als Passungsprobleme begriffen werden können, als Verhaltensweisen der Subjekte also, „die auf komplizierter werdende Lebenslagen reagieren und damit auch auf die Erosion biographischer Sicherheiten verweisen" (v. Wolffersdorff 2001, S. 334).

Die Herausforderung der Gesellschaft, eine stabile Persönlichkeit darzustellen, die die Lösung psychischer, physischer und sozialer Entwicklungsaufgeben zum Ziel hat, kann unter den gesellschaftlichen Rahmenbedingungen und Vorgaben der Sozialisationsinstanzen nur dann für alle zufriedenstellend geleistet werden, wenn und insofern junge Menschen nicht nur mit Schulproblemen, Lehrstellenmangel, wachsender Armut in Familien und Originalitätsdruck in deren Peers konfrontiert werden.

Wenn das Scheitern an den Erwartungen der Gesellschaft mit ihren Institutionen einen Wettbewerbsdruck vermittelt, der letztlich nur durch reaktives, psychisch belastendes Verhalten und Handeln kompensiert werden kann, ist erheblicher psycho-sozialer Stress die Folge. Die Bewältigung von Stress kann u.U. dann hoch riskant verlaufen, wenn sie mittels des Konsums illegaler/legaler Drogen eine Entlastung von Alltagsstress um den Preis der Manipulierbarkeit der subjektiven Befindlichkeit junger Menschen herbeiführt.

Franzkowiak (1987) begreift Risikoverhalten junger Menschen allerdings generell als konstitutiven Bestandteil ihrer Lebensentwürfe, dessen Einbettung und Ausprägung in den jeweiligen Entwicklungsphasen vorgegebenen Mustern folgen. Seine Funktionsvielfalt sei überwiegend sozial, kulturell oder gruppenspezifisch abgestützt. „Individuelle Risikokompetenz legitimiert sich aus kollektiven und kulturellen Verhaltenssetzungen. Die präventiven Abweichler sind, was die ihnen bedeutsamen sozialen – nicht medizinischen – Bühnen und Skripten betrifft, eindeutige Konformisten. Das Beharren auf alltagsfernen Schadenswarnungen führt gerade bei Jugendlichen zu paradoxen, kontraproduktiven (Nicht)Effekten. Immer und immer wieder von außen herangetragene Appelle und Ermahnungen schweißen sie in gemeinschaftlicher Abwehr zusammen" (Franzkowiak 1996, S. 216).

Die Überlegungen von Franzkowiak verweisen noch auf einen anderen Gesichtspunkt, der mit Engel/Hurrelmann (1993) als „Originalitätsdruck" bezeichnet werden kann, und gleichermaßen stressreduzierende Verhaltensweisen produzieren kann. „Das Angebot an Identifikationsmustern, Stilen und subkulturellen Lebensformen hat sich extrem ausgedehnt. Doch die Aufforderung, sich aus diesem „Arsenal" zu bedienen und das verfügbare Material zu möglichst originellen Eigenkreationen zusammenzufügen, präsentiert sich jungen Menschen heute weniger als freundlicher Rat, denn als pure Notwendigkeit, ja als Zwang. Folglich besitzt die Freiheit der Optionen, die aus der Überwindung traditioneller Milieubindungen und Rollenklischees resultiert, ihre Kehrseite in einer Erfahrung der Freisetzung, die den Einzelnen auf sich selbst zurückwirft. Je weniger der persönliche Selbstwert aus traditionellen Sozialisationsagenturen wie Familie, Nachbarschaft, Milieu und Schule bezogen werden kann, desto stärker ist der Druck, auf andere Ressourcen der Identitätsfindung auszuweichen" (v. Wolffersdorff 2001, S. 334).

„Originalitätsdruck", d.h. sich als einzigartig präsentieren zu müssen im Durchlauf der Teilhabe an unterschiedlichen Peer-Groups, und die „Erosion biographische Sicherheiten" produzieren ein Dilemma, das Jugendliche heutzutage aushalten und produktiv bewältigen müssen. Es lässt sich in erster Annäherung durch zwei gegensätzlich wirkende Ansprüche verdeutlichen, mit dem junge Menschen konfrontiert sind: auf der einen Seite der Konformitätsauftrag der Gesellschaft, sich in den Wechselfällen des Lebens konsistent verhalten zu müssen, auf der anderen Seite der Individualisierungsdruck der Peers, sich als Besonderheit zu präsentieren.

Es scheint insbesondere der „Originalitätsdruck" zu sein, der Jugendliche in Situationen bringen kann, u.a. auch legale und/oder illegale Drogen zu konsumieren. Hinzu kommen gewissermaßen Sozialisationsfaktoren, die in der Lebensphase Jugend präsent sind und den Umgang mit legalen wie illegalen Drogen nicht ausschließen. Hurrelmann/Freitag weisen auf vier sozialisationsbedingte Phänomene hin:

• Die quasi Zwangsläufigkeit, sich in diesem Alter zum Gegenstand Drogen verhalten zu müssen, stellt eine Entwicklungsaufgabe in der Sozialisation dar, die junge Menschen auch dadurch lösen, dass sie diese probieren oder konsumieren.

- Die im Jugendalter hinzugewonnenen Freiheiten mit Zeit, Musik, Werten etc. experimentieren zu können, können den Aneignungsprozess des „Wissens um die Wirkung von Drogen" begünstigen.
- Der Erwerb eines Konsumverhaltens bei legalen und auch das Ausprobieren des Umgangs mit illegalen Drogen sind noch möglich, weil noch nicht ein hohes Maß von Kontrolle durch Übernahme von gesellschaftlichen Rollen (Familie, Beruf, Partnerschaft) erfolgt ist.
- Das gleichzeitige Auftreten und Lösen von einer Vielzahl von Entwicklungsaufgaben in dieser Altersspanne (Beruf, Sexualität, Ausbildung, Loslösung vom Elternhaus etc.) birgt auch die Gefahr des Scheiterns in sich, die häufig verschiedene körperliche und psychische Beeinflussungen zur Folge haben können. Der Gebrauch von psychoaktiven Substanzen liegt in einer solchen Belastungssituation nahe, da sie aus der Perspektive ihrer Nutzer ein hohes Kompensationspotential haben. (vgl. Freitag/Hurrelmann a.a.O., S. 10).

6.3 Drogenkonsum als Lifetime-Phänomen der Jugendphase

Die Rekonstruktion der Prozesse und Bedingungen, mit der sich das Thema Jugend heute im öffentlichen Raum positioniert, zeigt ein ambivalentes Verhältnis von Jugend und Gesellschaft auf. Zahlreiche Verhaltensweisen junger Menschen erweisen sich hier in ihrer Bewertung als Ausdruck eines Konfliktes zwischen verschiedenen Interessen und Wertvorstellungen der unterschiedlichen Lebenslagen „Jugend" und „Erwachsene". So werden riskante Verhaltensweisen entweder als „individuelle Defizite" der Subjekte betrachtet, die dem Anspruch der modernen Gesellschaft nicht genügen oder als „Bewältigungsverhalten", das auf komplizierter werdende Lebenslagen reagiert und auf die Erosion der biographischen Sicherheit (v. Wolffersdorff 2001) verweist. Münchmeier (a.a.O., S. 818) spricht von einem Zerfall der kollektiven Statuspassage Jugend in plurale Verlaufsformen und Zeitstrukturen. Dies bedeutet u.a., dass die zentrale Aufgabe der Jugendphase, eine Zusammenführung der psychischen, physischen und sozialen Entwicklungsaufgaben zu einer stabilen „Ich-Identität" nur unter problematischen gesellschaftlichen Lebensverhältnissen noch erreicht werden kann.

Das Jugendalter definitorisch zu bestimmen, fällt daher angesichts der Heterogenität unterschiedlicher Entwürfe zur Klassifikation schwer. So bietet sich eher eine Umschreiben des Gegenstandes an. „Jugend – so Meulemann (2002, S. 111) – ist gegen die Kindheit durch die körperliche Reifung, den Beginn der Pubertät abgegrenzt. Aber das Ende der Pubertät ist nicht das Ende der Jugend. Um das Ende der Jugend zu bestimmen, muss man auf

Übergänge im beruflichen und privaten Leben zurückgreifen. Aber die Abgrenzung durch Übergänge bleibt vordergründig; denn auch die, die nicht in einen Beruf eintreten oder keine Familie gründen, werden erwachsen. Berufseintritt und Familiengründung sind also nur Zeichen dafür, dass eine Aufgabe erfüllt wurde, die der Jugend gestellt wurde, nämlich erwachsen zu werden."

Jugend – so Meulemann – in dem zitierten Aufsatz sei durch Identitätssuche bestimmt, das Erwachsenenleben durch Identitätsbewahrung.

„Die Einstellung zur Identität trennt also zwischen Jugendlichen und Erwachsenen. Der Jugendliche will wissen, wer er ist, und handelt, um herauszufinden wer er ist. Der Erwachsene weiß, wer er ist, und kann handeln, weil er weiß wer er ist." (Meulemann a.a.O., S. 117)

Böhnisch/Schefold (1987), Böhnisch (1999) und Münchmeier (2001) sprechen von der Lebenslage Jugend und bieten ein theoretisches Konzept an, mit dessen Hilfe „die beobachtbaren Veränderungen in den äußeren Lebensumständen und dem Verhalten der Jugendlichen auf allgemeine Kontexte sozialer Entwicklungen und sozialen Wandelns in unserer Gesellschaft bezogen werden können." (Münchmeier 2001, S. 826)

Die Lebenslage Jugend – so Münchmeier a.a.O., S. 825ff. – sei gewissermaßen zweigeteilt. Die erste Phase korrelliere hoch mit dem „Schülersein" und sei vor allem durch die Sozialisationsinstanzen Schule und Familie bestimmt. In der zweiten Phase – als „nachschulische Jugendphase" beschrieben – dominiere weitgehend die Lösung eigener Probleme bei nicht vorhandener institutioneller Unterstützung. Such- und Orientierungsprozesse werden aufgebürdet, die die persönlichen, psychosozialen Entwicklungsprozesse mit den erreichbaren Formen und Etappen der beruflich-ökonomischen Entwicklung verbinden sollen; angesichts einer sich ständig neu formierenden gesellschaftlichen Öffentlichkeit, ökonomischer Verhältnisse und verkomplizierter Berufseinmündungen, eine immer wieder neu zu bewältigende Herausforderung für junge Menschen.

Die prinzipielle Ungewissheit ihrer Zukunft verweist junge Menschen auf das gegenwärtige Leben. Gegenwartsorientierung meint – so Münchmeier – „jedoch nicht hedonistisches In-den-Tag-Hineinleben, auch nicht, dass die jungen Menschen nicht perspektivisch leben, sondern nur, dass die Horizonte enger geworden sind und die Gegenwart relativ zur Zukunft wichtiger geworden ist." (vgl. Münchmeier a.a.O., S. 826-827)

In das Netzwerk der Alltagsbewältigung eingewoben sind vielfältige Möglichkeiten der Transzendierung des Alltäglichen. Dazu gehören die Teilhabe an Sportevents ebenso wie jene, die sich auf Musik jedweder Stilrichtung richten, die Beschäftigung mit Esoterik, elektronischen Medien, Lifestyles und vieles andere mehr.

Legale wie illegale Drogen spielen in diesem Zusammenhang eine unterschiedliche Rolle. Die Art der Droge, wie ihre Applikationsformen sind cliquen- und milieuabhängig und an bestimmte Lifestyles gebunden. Auch die Präferenzen auf eine bestimmte psychoaktive Substanz wechselt in der Zeit. In jedem Fall konsumiert der überwiegende Anteil junger Menschen Drogen jeglicher Art eher zu Genusszwecken als zur Kompensierung von Stress und Zukunftsangst.

Folgt man dem Lebenslagenkonzept (Böhnisch u.a. 2001), so lassen sich innerhalb der Lebenslage Jugend zwei besondere Bereiche feststellen, deren erstere von der Schule dominiert ist und deren zweite durch die beruflich-ökonomische Orientierung bestimmt ist.

„Schüler sein" (Böhnisch 2001) – also die Lebenszeitspanne zwischen ca. 14 und ca. 19 Jahre – scheint ein Lebensbereich zu sein, der relativ wenig durch den Konsum von illegalen Drogen bestimmt ist. Die 30 Tage Prävalenzrate illegaler Drogen in Deutschland für diese Altersspanne macht keine Angaben, da sie prozentual gesehen nicht relevant ist (Reitox-Bericht 2001, S. 26).

Die 12-Monatsprävalenzrate verdeutlicht, dass 11% in dieser Altersspanne illegale Drogen konsumieren. Differenziert man nach Drogenart, so konsumierten z.B. im Jahre 2000 ca. 10% Cannabis, sehr wenig Kokain (12-Monatsprävalenzrate von Kokain keine Angabe), 1% Amphetamine (Ecstasy etc.), ebenfalls sehr wenig Heroin (Prävalenzrate von Heroin keine Angabe).

Relevant werden illegale Drogen für Jugendliche im zweiten Abschnitt der Lebenslage Jugend, der dominiert ist durch beruflich-ökonomische Orientierung – die Zeitspanne also zwischen 19 und 29 Jahren. Hier weisen die Prävalenzraten einen erheblich höheren Wert aus:

- 30 Tage-Prägvalenzrate illegaler Drogen 21-24 Jahre = 11,8%; 25-29 Jahre = 5,5%
- 12-Monatsprävalenzrate 21-24 Jahre = 18,1%, 25-29 Jahre = 11,7%.

In diesen Personengruppen wird überwiegend Cannabis konsumiert (12-Monatsprävalenz 18,1% und 11,7%), weniger Kokain (12-Monatsprävalenz 2,3% und 2%), Amphetamine (12-Monatsprävalenz 3,0 und 0,7%), geringe Mengen Heroin (12-Monatsprävalenz 21-24 Jahre 0,4% = 15.000 bei insgesamt 3.650.000 Jugendlichen, 25-29 Jahre 0,4% = 21.000 bei insgesamt 5.220.000 jungen Menschen).

Offensichtlich ist es Cannabis, das als illegale Droge durchgängig in allen Altersgruppen der Lebenslage Jugend konsumiert wird. Insgesamt – so der Reitox-Bericht – haben in Deutschland mehr als 10 Mio. Menschen Erfahrung mit Cannabis – die meisten im Alter bis zu 39 Jahren, etwa 3,4 Mio. Menschen haben Cannabis in den letzten 12 Monaten gebraucht.

Die o.a. Prävalenzraten illegaler Drogen zeigen, dass in der „nachschulischen Jugendphase" (Münchmeier) etwa 1% der Jugendlichen illegale Drogen konsumiert, überwiegend Cannabis. Die traditionelle Interpretation dieses Sachverhaltes besagt nun – verkürzt formuliert –, dass der Anpassungsdruck für junge Menschen in dieser Lebensspanne so groß sei, dass nicht alle Jugendlichen der von der Gesellschaft in sie gesetzten Erwartung gerecht werden können und den damit verbundenen Stress auch durch den Konsum von illegalen Drogen kompensieren.

Drogenkonsum biete daher in dieser Lebensspanne für junge Menschen einen – gesellschaftlich nicht tolerierten – Ausweg, sich der Anforderung und Erwartung, die aus der Erwachsenengeneration an die Jugend herangetragen werden, zu entziehen.

Diese Argumentation wird durch stresstheoretische Überlegungen gestützt, die jedoch eingebunden sind in empirische Untersuchungen zur Problembewältigung und Stressregulierung im Jugendalter (vgl. hierzu u.a. Engel/Hurrelmann 1993; Nordlohne 1992; Mansel/Hurrelmann 1991).

Bemerkenswert an dieser Argumentationslinie ist nicht der erhobene Datenumfang über psychosozialen Stress im Jugendalter, der einer „wettbewerbsorientierten Lebensweise" (vgl. Engel/Hurrelmann 1993) geschuldet sei. Vieles deutet darauf hin, dass den genannten Autoren in der Sache Recht zu geben ist. Problematisch ist lediglich die Interpretation jugendspezifischer Sichtweisen zur Lebensgestaltung, die auch den Konsum von illegalen Drogen beinhalten kann, nur als Reaktion auf Stresssituationen zu deuten.

Damit wird jedoch eine andere Konsumintention bei Jugendlichen, nämlich die des Genusses, als irrelevant erklärt und zur Interpretation nicht zugelassen.

Die Auffassung, dass der Konsum illegaler Drogen auch dazu dienen kann, Wohlbefinden und Lebensstil zu entwickeln, erschließt sich dann, wenn man Jugendliche als Konstrukteure ihrer Identitätsentwicklung begreift.

Mit dieser Fragestellung beschäftigt sich vor allem die Jugendkulturforschung, die Jugend als eigenständige Lebensphase mit soziokulturellem Eigengewicht begreift (vgl. hierzu SpoKK Mannheim 1997).

Hierdurch lässt sich eine andere Sicht des Konsums illegaler psychoaktiver Substanzen begründen, die eher die Funktion illegaler Drogen für den Lebensstil des Jugendlichen betont, weniger aber seine pathologischen Effekte.

Insbesondere bei den Jugendkulturen wie den Ravers, Rappers, Hippies, Reggaes etc. lassen sich Stilelemente feststellen, die auch die Einnahme von Drogen neben der Musik zulassen und darüber hinaus feste Bestandteile des Tages- und Alltagsablaufes von jungen Menschen sein können. Diese Stilelemente und Lebensstilexperimente symbolisieren nicht nur die Zugehörigkeit eines Jugendlichen zu einer Gruppe oder Gemeinschaft, sondern stehen auch für einen bestimmten Habitus und eine bestimmte Lebensform, denen sich diese Gruppen verpflichtet fühlen. Der Konsum von illegalen Drogen als Stilelemente einer bestimmten Jugendkultur ist begleitet von Grenzziehungen. Deren Konsum kann auf persönliche Identitätsstützung und soziale Zugehörigkeit abgestellt sein. Diese Einschätzung der Funktion illegaler Drogen schließt nicht aus die Möglichkeit des Missbrauches, aber auch der Unverträglichkeit von psychoaktiven Substanzen im neuronalen System des Organismus. Wie die Praxis der Drogenhilfe belegt, sind diese Erscheinungsformen ein immer wiederkehrender Anlass für die Einleitung von Hilfemaßnahmen.

Jugendkulturen tragen dazu bei, den Eigensinn Jugendlicher mit Hilfe von Lebensstilen für sie erfahrbar zu machen. Es sind expressive Muster, die sichtbarer Ausdruck einer gewollten Lebensführung sind. Abhängig von materiellen und kulturellen Ressourcen und Werthaltungen artikulieren sie mit Lebensstilen ihre Auffassung von Welt.

„Jugendkulturen sind immer Wege zwischen Anpassung und Abgrenzung. Die jeweiligen Jugendkulturen sowie deren Stil und Szene werden entsprechend den Entwicklungsaufgaben der Adoleszenz bevorzugt und ausgewählt: sich vom Elternhaus innerlich oder äußerlich zu lösen, der Erwachsenenwelt und ihren Konventionen Paroli zu bieten, sowie sich das Recht herauszunehmen, den eigenen Weg zum Erwachsenwerden zu gestalten." (Barthelmes 1999, S. 46)

Dass der Umgang mit illegalen Drogen besonders in Jugendkulturen möglich ist, hängt natürlich auch mit dem Zeitbudget von Jugendlichen zusammen, weil hier in der Regel keine beruflichen oder familiären Bindungen eingegangen werden, die einem intensiveres Ausleben der Jugendkultur entgegenstehen, ja diese Lebensstile, die den Alltag mit Hilfe von Drogen transzendieren, sind in dieser Zeitspanne überhaupt erst möglich.

Zum Ende des dritten Lebensjahrzehntes ist eine vermehrte Übernahme von familialen, beruflichen und sozialen Verpflichtungen festzustellen und damit auch das Herauslösen aus jugendkulturellen Interessen und Ambitionen.

Der in den oben zitierten Prävalenzstudien zum Konsum psychoaktiver Substanzen festzustellende Rückgang der Konsumrate ab einem Alter von 25-30 Jahren findet hier seine Plausibilität.

Sind die Verhältnisse, die dazu führen können, dass junge Menschen illegale psychoaktive Substanzen konsumieren, eher den gesellschaftlichen Individualisierungs- und Pluralisierungsprozessen geschuldet, in deren Gefolge sich Jugendkulturen herausbilden und nicht einer sich wie auch immer zu begründenden Psychopathologie, so lässt sich mit dieser Erkenntnis noch nicht das Verhalten junger Menschen erklären, illegale Drogen konsumieren zu wollen.

In diesem Kontext gewinnen sozialisationstheoretische Erkenntnisse einen Erklärungswert, insbesondere jene, die die Sozialisation junger Menschen im Zusammenhang mit der Bewältigung von Entwicklungsaufgaben thematisieren. Als zentrale Entwicklungsaufgaben werden dabei genannt: die Ablösung vom Elternhaus, die Hinwendung zu Gleichaltrigengruppen, der Aufbau einer Beziehung zu einem Partner, zu einer Partnerin, der Aufbau eines eigenen Wertesystems und Orientierungssystems sowie die Entwicklung einer Schul- und Berufskarriere.

Auch der Umgang mit legalen und illegalen psychoaktiven Substanzen muss erlernt werden und stellt sich als zu bewältigende Entwicklungsaufgabe der Jugendzeit dar. Ebenso wie zu elektronischen Medien muss sich der junge Mensch zu illegalen Drogen verhalten lernen.

Diese Entwicklungsaufgabe wird – wie die Prävalenzzahlen zeigen – von jungen Menschen weitgehend im Sinne der gesellschaftlichen Öffentlichkeit gelöst, auch wenn diese ein anderes – negatives – Bild von der Konsumbereitschaft junger Menschen entwickelt hat.

Gegen den Mythos von der Jugend als „Hort des Rauschgiftkonsums" sprechen überdies die Ergebnisse des Reitox-Berichts aus dem Jahr 2002 zur Probierbereitschaft der 12- bis 25-Jährigen in Deutschland. Ausgenommen bei Cannabis (55%) sagen ca. 90% der befragten Jugendlichen, man solle auf keinen Fall Ecstasy, Kokain, Heroin oder Amphetamine nehmen (Reitox-Bericht 2002, S. 64).

Über die Hintergründe der Entstehung des o.a. Mythos soll hier nicht spekuliert werden. Wesentlich wichtiger ist die Tatsache, dass sich Jugendliche in ihrer Generation zum Thema illegale Drogen so verhalten, dass sich offensichtlich bei der überwiegenden Mehrheit ihrer Altersgenossen keine bleibenden gesundheitlichen Schäden herausbilden, da sie entweder nicht oder nicht dauerhaft konsumieren bzw. auch bei der Wahl der Substanz überwiegend darauf achten, nichttoxische psychoaktive Substanzen zu konsumieren.

Selbstverständlich kann Risikoverhalten, das in der Regel zu kurzfristigen und begrenzten Grenzüberschreitungen führt, ein Einstieg sein in irreversible Selbstschädigung. Dies wird insbesondere deutlich bei einem extensiven Konsum aller psychoaktiver Substanzen so u.a. die klinische Erfahrung mit Konsumenten illegaler Drogen.

In der Regel führt der im Zusammenhang mit Risikoverhalten zu sehende Konsum illegaler psychoaktiver Substanzen jedoch nicht zur Herausbildung einer Selbstgefährdung oder Selbstschädigung mit langwierigen Belastungsproblemen. Eher gehört es, im Rahmen der Bewältigung alterspezifischer Entwicklungsaufgaben (so Engel/Hurrelmann 1993), als „Durchgangsstation" zur normalen Entwicklung zwischen Pubertät, Rollenauseinandersetzungen, Identitätsbildung, Berufseintritt und Partnerbindung.

Das Risikoverhalten muss jedoch in seiner kategorialen Wertung von Gefahrenverhalten unterschieden werden. Das Risiko ist eher ein subjektbedingtes Verhalten, das nicht nur Bedrohung, sondern auch Chance bedeutet, während Gefahren subjektiv unabhängige Bedrohungen sind und in der Regel ein Angriff auf die Persönlichkeit des jungen Menschen bedeuten können (vgl. hierzu Raithel 2002, S. 381).Da Jugendliche in der Regel wissen, worauf sie sich einlassen, sind Gefahren in dem hier angeführten Sinne wenig wahrscheinlich.

Das Risikoverhalten im Umgang mit illegalen Drogen lässt sich insofern zu den alltäglichen Lebensroutinen, der die Heranwachsenden umgebenden kulturellen und sozialen Umwelt zählen. Jugendliche sehen insofern diese Verhaltensweisen zunächst nicht als Risiko, weil sie die unmittelbaren gesundheitlichen Folgen für sie nicht spüren und auch nicht antizipieren (vgl. hierzu Raithel 2002, S. 381-390). Ein Grund für die Ursache riskanter Verhaltensweisen im Jugendalter liegt offenbar in der spezifischen sozialen und gesellschaftlichen Situation der Jugend, die dem Jugendlichen einerseits ein Höchstmaß an Individualität abverlangt um andererseits jenes Maß an Konformität nicht zu verletzen, das zur Sozialintegration notwendig ist.

> „Das Leben kommt dabei oft einer Gratwanderung gleich: Überwiegt das Ausmaß an Individualität, dann besteht die Gefahr, als Außenseiter dazustehen; wird andererseits zu viel Gewicht auf die Seite der Konformität gelegt, um keine Regeln zu verletzen, dann bleibt das Ansehen und die Anerkennung möglicherweise aus, der Einzelne geht in der Masse unter. Es gilt das richtige Gleichgewicht zu finden, um nicht zu eine der beiden Seiten abzustürzen" (Freitag/Hurrelmann 1999, S. 14).

Folgt man der zitierten Argumentation, so lässt sich auch der Konsum illegaler Drogen als eine Möglichkeit begreifen, innerhalb jugendkultureller Selbstverständlichkeiten und Altersroutinen ein spezifisches Maß an Individualität aufscheinen zu lassen.

Dem hier beschriebenen Normalitätsmanagement entspricht aus identitätstheoretischer Perspektive die Auffassung von Keupp (1999) Identität als „alltägliche Identitätsarbeit" zu begreifen. Diese habe die Aufgabe, eine Passung bzw. Verknüpfung unterschiedlicher Teilidentitäten vorzunehmen. Teilidentitäten sind solche der „Verdichtung der Selbstbezogenen situativen Erfahrungen [...] unter der Perspektive einer zentralen Handlungsaufgabe" (Keupp, S. 219).

Eine Teilidentität in diesem Sinne wäre z.B. auch die Typisierung der eigenen Person als Drogenkonsument. Nach H. Keupp ist in diesem Konzept der „alltäglichen Identitätsarbeit" das so genannte Kohärenzgefühl nicht mehr in einem allumfassenden Gefühl des Subjektes, mit sich selbst, seiner Vergangenheit und den Anforderungen des aktuellen Lebensidentität identisch zu sein zu sehen, sondern als Konstruktionsleistung der Subjekte, die konfligierenden Interessen, Gefühle und Intention von Teilidentitäten in ein subjektiv sinnhaftes akzeptiertes und auszuhaltendes Spannungsverhältnis zu bringen. Die Verlaufskurve der Identitätsentwicklung lässt es dann zu, dass sich zu besonderen lebensabschnittsrelevanten Ereignissen Teilidentitäten entwickeln, die vorübergehend eine Schrittmacherfunktion einnehmen, ohne jedoch den „Bestand" der anderen Teilidentitäten zu gefährden.

Das Keuppsche Modell der „alltäglichen Identitätsarbeit" erlaubt uns im Hinblick auf die Einordnung des Risikoverhaltens junger Menschen, dieses nicht mehr als mit der Person insgesamt identisch zu sehen, sondern nur als einen Ausschnitt seines subjektiven Verhaltens, das in der aktuellen Lebenssituation dominiert.

Ergebnisse von Untersuchungen über die Beendigung des Substanzmissbrauches kommen zu dem Schluss, dass diese häufig nicht durch eine abgeschlossene Abstinenztherapie zustande kommen, sondern in vielen Fällen nach einer Zeitspanne von 8-10 Jahren aus einer Motivation mit oder ohne professionelle Unterstützung. Beispiele aus der jüngsten Vergangenheit sind die aktuelle Neueinschätzung der klassischen Vietnam-Veteranenstudie von und durch Robins (1972/1993), die Ergebnisse einer Untersuchung zum Ausstieg aus Kokainlangzeitkarrieren von Waldorf u.a. (1991), eine qualitative Längsschnittstudie von Weber und Schneider (1992), die Frankfurter Amsel-Studie (vgl. Kindermann 1992) sowie Berichte aus Drogenberatungsstellen und therapiekritischen Biographien von Betroffenen und deren Angehörigen.

Wesentlich ist auch hier, dass die Phase des Konsums hoch korreliert mit der Jugendphase und Ausstiegsprozesse dann für die Konsumenten relevant werden, wenn mit dem Übergang in die Erwachsenengesellschaft Kosten-Nutzen-Abwägungsprozesse von dem Konsumenten in den Vordergrund gestellt werden. Dieses bedeutet nun nicht endgültig – wovon die meisten abstinenzorientierten Therapien ausgehen – eine Verteufelung der bisherigen Erfahrungen im Lebensstil des Konsums von Drogen. Die kognitive Bilanzierung der bisherigen Erfahrungen durch den Konsumenten, erscheinen für ihn in einem positiven Licht als eigengelebter Biographieabschnitt.

Sehr viel wichtiger ist – zumindest aus sozialpädagogischer Sicht – drogenkonsumierendes Verhalten als ein für die Jugendphase typisches riskantes Verhalten zu begreifen, das in den meisten Fällen für den jungen Menschen bei Eintritt in die Erwachsenengesellschaft an Attraktivität verliert und als Lebensentwurf abgewählt wird. Damit wird die Normalität dieses Phänomens in den Mittelpunkt der Betrachtung gerückt und das Verhalten junger Menschen im Umgang mit illegalen Drogen als lebensphasentypisches Verhalten interpretiert. Die oben angeführten Statistiken und empirischen Untersuchungen belegen diesen Sachverhalt sehr deutlich.

Im erklärten Gegensatz zum traditionellen „pathologischen Modell" (vgl. Reuband), will ich daher den in Rede stehenden Sachverhalt als „Lifetime"-Phänomen bezeichnen. Damit soll auch signalisiert werden, dass der Konsum illegaler psychoaktiver Substanzen als Teil eines jugendlichen Lebensstils begriffen werden muss, der unter bestimmten Bedingungen riskant sein kann. Die dem Lifetime-Ansatz zugrunde liegende Einstellung gegenüber den jugendlichen Konsumenten ist dabei die Akzeptanz. Akzeptiert wird dabei nicht nur die Entscheidung des jungen Menschen, seinen Lebensstil durch den Konsum illegaler psychoaktiver Substanzen zu bestimmen, sondern auch die Person des Jugendlichen selbst im Kontext seiner bisherigen biographischen Erfahrung. Dies bedeutet, dass ihm die Verantwortung für seine aktuelle Lebenssituation nicht abgenommen wird, indem ihm beispielsweise das Etikett „krank" oder „deviant" angehängt wird.

6.4 Zusammenfassung

In diesem Kapitel ging es um die Begründung einer anderen Sichtweise zur Erklärung des Gebrauches illegaler psychoaktiver Substanzen im Jugendalter.

Nicht die Psychopathologie wird als Hintergrund zur Interpretation des genannten Gebrauches präferiert, sondern eine Auffassung, die Drogengebrauch mit der Bewältigung von Entwicklungsaufgaben im Jugendalter in einen Zusammenhang bringen will.

Bewältigt werden müssen Entwicklungsnormen, die von der älteren Generation an die jüngere herangetragen werden und die den jungen Menschen veranlassen, vor dem Hintergrund dieser Normen, seine Entwicklungsaufgaben zu bestimmen. Zwischen der Formulierung von Entwicklungsaufgaben durch den Jugendlichen und den gesetzten Entwicklungsaufgaben kommt es zwangsläufig zu Passungsproblemen, die mit Risiken einhergehen und von Jugendlichen bewältigt werden müssen. In diesem Zusammenhang gewinnt auch der Konsum von psychoaktiven Substanzen einen Stellenwert im Kontext der Risikobewältigung. Die offene Frage ist jedoch, ob diese Form der Risikobewältigung ein Austesten der Entwicklungsnorm ist, sich zu psychoaktiven Substanzen verhalten zu müssen oder ob psychoaktive Substanzen zur Kompensierung von Problemen bei der Risikobewältigung herangezogen werden.

Ein besonders hohes gesellschaftliches Risiko beinhaltet der Konsum illegaler psychoaktiver Substanzen allemal.

Dass der Konsum illegaler psychoaktiver Substanzen ein überwiegend im Jugendalter zu beobachtendes Phänomen darstellt, zeigt den Blick auf die Epidemiologie, hier insbesondere auf die Prävalenzforschung. Deutlich wird, dass der Konsum im Jugendalter beginnt (12-18 Jahre, 11% der Altersgruppe), im jungen Erwachsenenalter riskant ansteigt (18-20 Jahre, 25,3% der Altersgruppe; 21-24 Jahre, 18,1% der Altersgruppe) und mit dem 30. Lebensjahr erheblich zurückgeht (30-39 Jahre, 5% der Altersgruppe)[4].

Soziologische- und sozialisationstheoretische Erkenntnisse zur Jugendphase geben Auskunft über die gesellschaftlichen Bedingungen des Aufwachsens junger Menschen. Diese hier in gebotener Kürze zu referieren hatte den Sinn, den sozialen Charakter jugendlichen Verhaltens zu unterstreichen und die Risiken des Aufwachsens zu benennen. Deutlich wird, dass junge Menschen, durch die Entwicklung gesellschaftliche Verhältnisse bedingt, immer mehr zum Hauptakteur ihrer sozialen Biographien werden müssen. Dieser soziologische Befund geht einher mit der Reformulierung identitätstheoretischer Aussagen über Identitätsbildung im Anschluss an das Konzept der „Ich-Identität" (Erikson).

Das hier präferierte Modell der „alltäglichen Identitätsarbeit" (Keupp 1999) betont die Leistung des Subjektes, sich durchgängig in seiner Biographie nicht nur der eigenen Erfahrung zu versichern, sondern auch die aktuellen und zukünftigen Aufgabenstellungen unterschiedlicher gesellschaftlicher Kontexte aktiv verarbeiten zu müssen. Die Leistungen des Subjektes – so Keupp (1999) – bestehen nicht mehr darin, sich nach Abschluss der Jugendphase eine Plattform erarbeiten zu müssen, um darauf aufbauend die Aufgaben der Erwachsenengesellschaft zu übernehmen. Vielmehr ist es notwendig, die zum Teil widersprüchlichen Erfahrungen permanent in einen für das Individuum kohärenten Zusammenhang zu stellen und dies als lebenslangen Prozess.

Was von Erwachsenen in der Regel routiniert erledigt wird, erscheint für den Jugendlichen zuweilen als ein nur mühsam zu bewältigender Prozess der Lebensführung. Insofern ist es nur verständlich und im gewissen Sinne auch normal, dass Jugendliche dabei in der Adaption von Entwicklungsaufgaben und Normen Risiken ausgesetzt sind, die sie bewältigen lernen müssen. Zudem kommt auch ein Austesten eigener Möglichkeiten zur Lebensführung, die für das Individuum wie für die Gesellschaft riskant sein können. Insofern korreliert die Jugendphase hoch mit Risikoverhalten, das jedoch auch hoch signifikant jugendspezifisch ist. Dies zu betonen und explizit auszuführen erschien notwendig zur Erbringung des Nachweises, dass der Konsum illegaler Drogen in der Regel kein pathologisches Verhalten generiert oder konstituiert, sondern ein Lebensabschnittsproblem darstellt.

Diesen Zusammenhang pointiert herauszuarbeiten war die Aufgabe im dritten Abschnitt, der den Drogengebrauch als Lifetime-Phänomen des Jugendalters herausstellte. Deutlich wurde, dass in der von Münchmeier (2001) postulierten Zweiphasigkeit des Jugendalters nicht die Phase des „Schüler-

---

4 Alle Angaben beziehen sich auf die 12. Monatsprävalenzrate, vgl. hierzu Reitox-Bericht 2001, S. 24

seins" eine Affinität zu illegalen Drogen entwickelt, sondern die „nachschulische Jugendphase".

Erst hier dominieren jugendtypische Stile, konstituieren sich jugendtypische Milieus, in denen der Konsum illegaler Drogen eingebunden sein kann.

Dass der Konsum illegaler psychoaktiver Substanzen eine riskante und auch problematische Weise ist, mit Entwicklungsaufgaben und Entwicklungsnormen umzugehen, wird hier nicht bezweifelt. Die Praxis der Drogenhilfe zeigt, dass zahlreiche, wenn auch nicht das Gesamt der Drogenkonsumenten offensichtlich die Risiken von psychoaktiven Substanzen nicht einschätzen können. Gleichwohl erscheint es sinnvoll, diese Probleme nicht mit einem Pathologieverdacht gleichsam zuzudecken sondern sie so zu nehmen wie sie auch aus der Sicht der Jugendlichen überwiegend bewertet werden: als riskante Lebensweise, die eingebunden ist in kulturelle Muster und Formen des Verhaltens im Jugendalter.

Tipps zum Weiterlesen

M. Freitag/K. Hurrelmann, Illegale Alltagsdrogen, Weinheim 1999
H. Reinders, Jugendtypen, Opladen 2003
SpoKK (Hrsg.), Kursbuch Jugendkultur, Mannheim 1997
Deutsche Hauptstelle für Suchtfragen, Jahrbuch Sucht 2003, Geesthacht 2003

B. Orientierungswissen

7. Die Drogenszene

7.1 Einleitung

Es gibt wohl nur wenige Begriffe in der Sozialen Arbeit, die ähnlich schillernd sind, wie der Begriff der Drogenszene. Mit ihm verbinden sich ganz unterschiedliche Sinngehalte. Zunächst und vor allem wird er im Kontext der Sozialen Arbeit als Ort einer Handlung aufgefasst, die mit dem Konsum und dem Handel illegaler Drogen verbunden ist.

Der Begriff der Szene ist in seiner eigentlichen Intention eher im Kontext des Theaters angesiedelt und verweist insofern auf ritualisiertes, expressives Handeln. In bildlicher Anwendung kann Szene auch als Schauplatz oder Bühne des Lebens aufgefasst werden. Zusätzlich wird mit Szene häufig auch ein sozialer Kontext bezeichnet, der von einer bestimmten Mode und/oder Lebensform/Lebensstil gekennzeichnet ist. Drogenszene, so lässt sich vorläufig resümieren, bezeichnet daher ein bestimmtes soziales Milieu, dessen Lebensform auch durch illegale/legale Drogen strukturiert ist und von expressiven theatralischen Zügen durchsetzt ist.

Der Begriff der Szene wurde in der 68er-Zeit geprägt, als der Konsum von Drogen noch mit einer antibürgerlichen Einstellung oder gesellschaftlich progressiver Attitüde verbunden war. Die Auffassung gilt heute zumindest in der Öffentlichkeit nicht mehr, wenngleich sich in der Drogenszene dieser Mythos gehalten hat.

In diesem Kapitel soll das Phänomen der Drogenszene im Kontext sozialpädagogischer Theoriebildung diskutiert sowie die strukturellen Besonderheiten der Drogenszene herausgearbeitet werden. Zunächst wird auf das Verhältnis von Subkultur – als soziologisch-kriminologisches Konzept – und Drogenszene eingegangen. Diese Diskussion mündet in dem konzeptionellen Vorschlag, den „Milieuansatz" (vgl. Böhnisch 1995, 1999) als heuristisches Konzept für die empirisch-theoretische Diskussion der Drogenszene zu verwenden. Aus der Perspektive des Milieuansatzes werden sodann strukturelle Besonderheiten der Drogenszene benannt.

7.2 Subkultur und Drogenszene

Die wissenschaftliche Diskussion des Phänomens „Drogenszene" ist zunächst von der Soziologie, später auch von der Kriminologie geführt worden. Hier war der Begriff der Subkultur erkenntnisleitend. Aus der Sicht der

Soziologie (vgl. zusammenfassend Bohle 1984, S. 2ff.) sind Subkulturen sogenannte Teilkulturen, die sich von der Hauptkultur durch Werthaltungen, Verhaltensmuster, Aufenthaltsorte, Habitus und Jargon abheben. Bohle unterscheidet in diesem Zusammenhang die kriminelle Subkultur, die Konfliktsubkultur und die Subkultur des Rückzuges (ebd. S. 3). Während die kriminelle Subkultur und die Konfliktsubkultur Resultat von Lernprozessen von Individuen sein können, die entweder „das Ausüben stabiler krimineller Rollen als alternativen Weg zur Erreichung von Erfolgen" (Bohle ebd. S. 3) zum Ziel haben oder mangels konventioneller/krimineller Gelegenheiten die Produktion gewaltbetonter Verhaltensmuster als Strukturmerkmal auszeichnen, unterliegt die „Subkultur des Rückzuges" anderen konstitutiven Prozessen. Hier sind es vor allem sich herausbildende Handlungsmuster, die aus einer nichtgelingenden Benutzung von legitimen und illegitimen Mitteln zur Erreichung gesellschaftlicher Gratifikationen entstehen, die die Struktur der Subkultur abbilden. Bohle benennt als Repräsentant einer solchen Subkultur vor allem Drogenkulturen (vgl. Bohle ebd., S. 4).

Zur soziologischen Subkulturforschung gibt Bohle folgende resümierende Einschätzung: „Generell können wir festhalten, dass es nach Auffassung der gängigen Subkulturtheorien zwar dominante Werte gibt, die von gesellschaftlich bedeutenden Gruppen geteilt und unterstützt werden, zur dominanten Kultur jedoch unterschiedliche Normen als Verarbeitung unterschiedlicher sozialer Bedingungen entwickelt werden. Das, was von der dominanten Kultur als abweichendes Verhalten typisiert wird, ist teilweise auch Konformität mit den Normensystemen der jeweiligen Subkultur. Das Konzept der Subkultur relativiert die Zuschreibung der Abweichung" (Bohle ebd. S. 5). Aus der Sicht des Individuums bedeutet die Teilhabe an subkulturellen Lebenszusammenhängen, mit kontroversen Wertmaßstäben umgehen zu müssen.

Inwieweit dies heute für jugendliche Subkulturen in besonderer Weise zutrifft, ist zunächst ebenso eine offene Frage wie die nach dem Verhältnis von Drogenszene als Subkultur und dominanter Kultur.

Der Subkulturansatz wird jedoch nicht nur von der Soziologie, sondern auch von der Kriminologie als Rahmen oder heuristisches Konzept zur Beschreibung der Drogenszene benutzt. Aus dieser Perspektive begreift Kreuzer/Thomas (1998, S. 194ff.) die Drogenszene als kriminogene Subkultur. Dabei bezieht er sich einmal in seiner Darstellung auf die offene Drogenszene in den gegebenen Verhältnissen städtischer Lebenslagen und auf die Drogensubkulturen in den Haftanstalten.

Zu der offenen Drogenszene (extramurale Drogenszene) führt Kreuzer aus: „Bei aller Vielfalt des Subkulturverständnisses darf man als gemeinsame und bahnbrechende Erkenntnis dieses Ansatzes erachten, dass sich bestimmte Formen sozialabweichendes Verhaltens – insbesondere bei jungen Menschen – nicht in Vereinzelung, regellos, strukturlos abspielen, vielmehr in Gruppen und Cliquen, in bestimmten Milieus, nach Handlungsmustern regelhaft. Eine Fülle von Anzeichen deutet darauf hin, dass die Drogenszene in dieser Sicht eine Subkultur, ein strukturiertes Milieu darstellt, in dem Einstellungen und Verhaltensmuster erlernt werden können" (Kreuzer 1998, S. 194). Allerdings weist Kreuzer (ebd., S. 195) auch darauf hin, dass das Konzept der Subkultur keinesfalls eine umfassende Erklärung abgibt zur Deutung des Phänomens der Drogenabhängigkeit und der Delinquenz. Bedeutsam zum Verständnis der Drogenszene ist zudem der Hinweis von Kreuzer, dass nur ein Kern Drogenabhängiger die subkulturelle Bindung an den Alltag und die Lebensfähigkeit der Szene dominierend in ihre Auffassung von Lebenslauf integriert hat.

Die Entwicklung und Entstehung von Drogenszenen fasst Kreuzer unter dem Gesichtspunkt einer Sozialepidemie zusammen, insofern als er auf so genannte Keimzellen verweist (Beatles, Groupies, Künstler, Intellektuelle, Hippies etc.), die zur Ausbreitung dieser Szenen und das in ihr stattfindende drogengebundene Verhalten geführt hätten (vgl. Kreuzer ebd. S. 196ff.). Damit fällt Kreuzer hinter das sozialwissenschaftliche Konzept der Subkultur zurück, wie es vor allem von Cohen und Short (1968, S. 574ff.) entwickelt wurde. Diese beziehen sich auf gesellschaftliche Prozesse, genauer: auf anomische Verhaltensmuster in einer Gesellschaft, die in bestimmten Lebenslagen zu subkulturellen Bindungen bei orientierungslos gewordenen Individuen führen können.

Kreuzer diskutiert das Subkulturkonzept vor dem Hintergrund einer ätiologischen Sichtweise der Entstehung von Sucht und sieht die Unterschiede zur Hauptkultur im Verhalten von Individuen, statt – wie in den soziologisch argumentierenden Subkulturtheorien üblich – die Differenz in den kulturellen Mustern und kollektiven Verhaltensritualen zur Hauptkultur zu suchen. „Soziale Gruppierungen, die sich auf den Gebrauch narkotisierter Drogen konzentrieren, zeigen im Gegensatz zu konfliktorientierten oder delinquenten Subkulturen eine deutlich verschiedene Lebensweise. Diese beinhaltet eine Ablehnung der gewalttätigen Formen von Abweichung und präferiert Diebstahl, Betrug und Prostitution als einkommensträchtigere Formen der Ressourcenbeschaffung zur Aufrechterhaltung des Rauschgiftkonsums (vgl. Cohen/Short 1968, S. 379ff.).

Von Trotha (1974) zufolge war es für Cohen und Short nicht möglich, anhand ihrer Untersuchungen relevante Merkmale zu finden, die auf die Existenz einer eigenen Rauschgift/Drogen-Subkultur hinweisen. Damit sei nicht die Existenz von Rauschgiftsubkulturen generell in Zweifel gezogen, ihre mögliche Bedeutung als subkulturelle Organisationsform jedoch stark vermindert. „Rauschgifteinnahme scheint Bestandteil des Verhaltensspektrums der verschiedenen Subkulturen zu sein, sie wird toleriert durch die Bande, kann zur Cliquenbildung führen oder zeitweise von einem größeren Teil der

Bandenmitglieder praktiziert werden, ohne zur Entstehung einer distinkten Rauschgiftsubkultur zu führen" (v. Trotha 1974, S. 42).

Das Subkulturenkonzept zur Beschreibung der Drogenszene verweist jedoch noch auf ein weiteres Problem. Subkulturen sind aus der Sicht soziologischer Theoriebildung (vgl. Cohen/Short ebd.) Teilkulturen mit einer fast autonomen Sozialisationsfähigkeit. Die Trennungslinie zur Hauptkultur ist hier scharf gezogen. Dies ist jedoch in der Drogenszene in Deutschland weniger zu beobachten, da das Netz von Aktivitäten, an dem mehr oder weniger intensiv partizipiert wird, zwar von Konsum, Beschaffung und Ressourcensicherung geprägt ist, jedoch auch noch ein Hin und Her zwischen anderen gesellschaftlichen Gruppen nicht ausschließt.

Ähnlich argumentieren auch Gerdes und v. Wolffersdorff-Ehlert (1974): „Wir halten es daher für notwendig, die normativen Prämissen des herkömmlichen Subkulturbegriffes bei der Beschreibung der Drogenszene zurückzunehmen und durch das Bild eines eher [...] assoziativen Netzwerk-Zusammenhangs zu ersetzen. Wir behaupten damit nicht, in der Szene gebe es keine Normen, keine Hierarchiebildungen oder andere Merkmale sozialer Differenzierung. [...] Wir sind lediglich der Meinung, dass mit der Anwendung stark normorientierter Konzepte aus der Organisationstheorie, der Rollentheorie etc. die Gefahr einer ‚theorie-immanenten Verzerrung' verbunden ist. Schon die Frage etwa, welche Funktion die Rollendifferenzierung in devianten Subkulturen besitzt [...], führt leicht dazu, dass Rollen und dementsprechend [...] Strukturzusammenhänge bereits dort vermutet werden, wo es sich in Wirklichkeit um Differenzierungsprozesse unterhalb der Schwelle normativer Verbindlichkeit handelt" (Gerdes/v. Wolffersdorff-Ehlert 1974, S. 134).

Gegen die Annahme der Tauglichkeit des Subkulturkonzeptes zum Verständnis der Drogenszene lassen sich zudem Argumente von Sykes und Matza anführen. In ihren Ausführungen wenden sich die Autoren gegen die klassische Annahme der Subkulturtheorie, derzufolge die Welt des Delinquenten die auf den Kopf gestellte Welt der Gesetzestreuen sei und jene Normen die gegenläufige Kraft seien, die gegen die Konformität sozialer Ordnung gerichtet seien. „Cohen sieht den Entwicklungsprozess", so Sykes/Matza (1968) weiter, „einer delinquenten Subkultur als das Aufbauen, Behaupten und Verstärken eines Verhaltenskodex, der durch Opposition existiert, der Punkt für Punkt im Widerspruch zu dominanten Werten, insbesondere zu denen der Mittelklasse steht" (Sykes/Matza 1968, S. 362f.).

Nicht nur theoretische Erkenntnisse zur Drogenszene (vgl. Gerdes/v. Wolffersdorff-Ehlert ebd., Scheerer 1989, S. 285ff.), sondern schon partielle Erfahrungen in der Drogenhilfe machen deutlich, was Sykes/Matza generell an Subkulturenkonzept kritisieren: die theorieimmanente Voraussetzung, dass Gruppen mit abweichendem Verhalten wie auf einer Insel ohne kommunikativen Bezug zur Außenwelt miteinander agieren. „Die Tatsache, dass die Welt der Delinquenten in die größere Welt derjenigen, die sich konform verhalten, eingebettet ist, kann nicht übersehen werden, noch kann der Delinquent mit einem Erwachsenen, der völlig in einer anderen alternativen Lebensweise sozialisiert wurden, gleichgesetzt werden" (Sykes/Matza ebd. S. 364).

Sykes/Matzas zentrales Argument gegen das Subkulturkonzept ist demzufolge ein sozialisationstheoretisches. Sie insistieren darauf, dass der junge Mensch im Verlauf seiner Sozialisation sich zunächst und vor allem mit den Werthaltungen und Normen der Gesamtgesellschaft auseinandersetzt. Diese Auseinandersetzung bildet die Basis für soziales Verhalten. Die Tatsache, dass ein junger Mensch gesellschaftlich tradierte Werte und Normen verletzt, verweist lediglich auf den besonderen Umstand der Lebensführung, die diese Haltungen aktuell erforderlich machen, nicht auf einen gelernten Verhaltenskodex, der zu Normverletzungen nötigt. Dies gilt in besonderem Masse natürlich auch für Mitglieder der Drogenszene.

Drogenabhängige als Mitglied einer Drogenszene, die gleichwohl in einer Gesellschaft leben, die illegalen Drogenkonsum hart sanktioniert und moralisch ächtet, müssen – wenn man so will – ihr seelisches Gleichgewicht zu halten versuchen zwischen den Ansprüchen, der durch die Biographie erworbenen Werte und Normen einerseits und jenen anderen, von der Gesellschaft nicht tolerierten, jedoch von der Bezugsgruppe der Heroinabhängigen akzeptierten andererseits. Natürlich weiß der Abhängige, dass seine Handlungen auf Unverständnis und mangelnde Akzeptanz bei der Gesellschaft stoßen. Das destabilisiert seine positive Haltung von sich. Diesem Problem kann er entgehen, wenn es ihm gelingt, die moralische Schuld für sein abweichendes Verhalten abzuwehren, indem er sich beweisen kann, dass gewissermaßen die Absicht fehlte, drogenabhängig zu werden. „Techniken der Neutralisierung" nennen Sykes/Matza diese auch im Alltag vorzufindenden und durch Sozialisation erlernten Strategien. „Soziale Kontrollen, die dazu dienen, abweichende Motivationsstrukturen zu prüfen oder zu verhindern, werden unwirksam gemacht und das Individuum kann ohne ernsthaften Schaden an seinem Selbstbild delinquent werden. In diesem Sinne hat der Delinquente seinen Kuchen und kann ihn auch essen, denn er erkennt weiterhin das herrschende normative System an und qualifiziert seine Imperative doch so, dass Verletzungen „annehmbar", wenn nicht richtig sind. So verkörpert der Delinquente keine radikale Opposition gegen die gesetzestreue Gesellschaft, sondern eher etwas, wie ein sich entschuldigender Versager, gegen den oft mehr gesündigt wird, als er in seinen Augen sündigt. Wir nennen diese Rechtfertigung abweichenden Verhaltens „Techniken der Neutralisierung". Gerade durch das Lernen dieser Techniken wird der Jugendliche delinquent und nicht so sehr durch Lernen moralischer Imperative, Werte oder Attitüden, die im direkten Gegensatz zu denen der herrschenden Gesellschaft stehen (Sykes/Matza 1968, S. 365f.).

Sykes/Matza führen in diesem Zusammenhang an, dass ein umfangreicher Anteil an Delinquenz bei jungen Menschen auf eine Ausdehnung der Verteidigung von Regelverstößen in Form von Rechtfertigungen beruhe. Dies bedeutet jedoch, dass die vom Subkulturenkonzept unterstellte absolute Orientierung der Subkulturmitglieder auf die in diesem Kontext wirkenden Normen und Werte zu Legitimation der Lebensführung so nicht haltbar sein können. Die Öffnung zur Hauptkultur ist nach wie vor dominant. Der besondere Habitus und die Lebensform der Drogenszene prägt in diesem Falle eine von vielen möglichen „Teilidentitäten" des Subjektes und verweist gleichermaßen auf zusätzliche Möglichkeiten sich über andere Stile und Lebensformen in der Gesellschaft zu organisieren.

7.2.1 Der Milieuansatz als Möglichkeit, die Drogenszene zu analysieren

Sicherlich ist es vor allem der Drogenkonsum, der zu einem Tatbestand von struktureller Bedeutung für die Drogenszene geführt hat. Gerdes/v. Wolffersdorff-Ehlert (1974) führen noch andere Merkmale an, die eine Zugehörigkeit zur Drogenszene aus der Binnenperspektive erkennen lassen: eine bestimmte Art der Selbstdarstellung, eine bestimmte Sprache. – In diesem Zusammenhang sprechen Lindessmith/Strauss (1975) vom Argot der Drogenszene; dazu gehört auch ein bestimmter Kommunikationsstil.

Es hat sich in diesem Kontext ein umfassendes System von Zeichen, Symbolen und Verweisungen für soziale Orientierung entwickelt, die den Mitgliedern Verhaltenssicherheiten und Bindekraft geben, ohne sie jedoch gegenüber der sozialen Orientierung in anderen Cliquen und Lebensbereichen zu immunisieren.

So begreift auch Kemmesis die Drogenszene als soziales Netzwerk, zu dem der einzelne Drogenkonsument in einem relativ unverbindlichen Verhältnis steht. Drogenkonsumenten können ihre Teilhabe an diesem Netzwerk mehr oder weniger intensiv gestalten, ohne in jedem Falle die Einbindung in andere gesellschaftliche Netzwerke wie Arbeitsplatz, Familie, Schule, Jugendcliquen aufgeben zu müssen (vgl. Kemmesis 1977).

Diese erste inhaltliche Annäherung an die Struktur der Drogenszene legt die Verwendung eines anderen Begriffes als den der Subkultur nahe, um die Besonderheit des Szenealltags zu erfassen. Auch die oben geführte Diskussion zur Relevanz des Subkulturenbegriffes für die Erfassung delinquenter Gruppen zeigte dessen Grenzen auf. Im Folgenden soll daher der Milieubegriff auf seine Tauglichkeit zur Beschreibung der Drogenszene geprüft werden. Alltagsweltlich wird der Begriff des Milieus häufig noch in Zusammenhang mit abweichendem Verhalten gebracht (Rotlicht-Milieu). Schon bei E. Durkheim finden wir den Begriff des Milieus in seiner doppelten Bedeutung:

- zum einen als gesamtgesellschaftlich wirkendes System, das den Hintergrund und die strukturellen Bedingungen für Raum und stilbezogene Formen der Geselligkeit abgibt;

- zum anderen als örtlich gebundenes, in Raum und Zeit verortetes, aktives Element menschlichen Zusammenlebens, das durch Kommunikation und mitmenschliche Begegnungen strukturiert ist.

Das äußere soziale Milieu wirkt jedoch auf die Grundbedingungen sozialen Lebens in der Vermittlung durch das innere, örtlich gebundene Milieu. Als wissenschaftliche Kategorie gewinnt Milieu in der soziologischen Stadtforschung und in der Sozialstrukturanalyse (vgl. Hradil 1987) zunehmend Profil. Hradil weist dem Milieubegriff eine spezifische Qualität zu, da er sowohl die objektiven Handlungsvoraussetzungen von Individuen in einer gegebenen Situation als auch die subjektive Interpretation dieser bestimmten Gelegenheit abbilde. Herlyn (1998) unterscheidet in Anlehnung an Hradil Makromilieus von Mikromilieus. „Unter Mikromilieus wollen wir Lebensstilgruppierungen verstehen, deren Mitglieder miteinander in unmittelbarem persönlichen Kontakt stehen: Familien, Kollegenkreise, Jugendgruppen etc. Das Konstrukt gesamtgesellschaftlicher Milieuanalyse ist dabei von besonderer Relevanz, weil sich die harten Kerne einer überregional vorhandenen Milieus häufig lokal abbilden. Als These können wir daher formulieren: Makro- und Mikromilieus stehen in einem Verhältnis wechselseitiger Abhängigkeit, jedes Makromilieu muss sich auf der lokalen Ebene finden lassen und konkrete Mikromilieus sind gewissermaßen die Bausteine für die Makromilieus" (Herlyn 1998, S. 154).

Aus dieser Perspektive lassen sich Drogenszenen einmal als gesamtgesellschaftliche Phänomene betrachten, die bestimmte Eigengesetzlichkeiten aufweisen und sich lokal in den je gegebenen Verhältnissen der Städte regional spezifisch ausweisen. Auf den Mikrobereich des Milieukonzeptes bezieht sich vor allem Böhnisch, wenn er formuliert: Unter „Milieu verstehen wir dabei ein sozialwissenschaftliches Konstrukt, in dem die besondere Bedeutung persönlich überschaubarer, sozialräumlicher Gegenseitigkeits- und Bindungsstrukturen – als Rückhalt für soziale Orientierung und sozialen Handelns – auf den Begriff gebracht ist. Milieustrukturen sind durch intersubjektive, biographische und räumliche Erfahrungen charakterisiert und als solche hoch emotional besetzt. Ihr Vorhandensein, ihre psychosoziale Dichte und Geschlossenheit, aber auch die in ihnen vermittelte Spannung zwischen Individualität und Kollektivität entscheiden über die Art und Weise, wie sich Individuen der Gesellschaft gegenüber (ausgesetzt oder zugehörig) fühlen. Milieubeziehungen steuern also die Lebensbewältigung, strukturieren das Bewältigungsverhalten bei psychosozialen Belastungen und in kritischen Lebensereignissen. In Milieubezügen formiert sich aber auch Normalität und soziale Ausgrenzung, entwickeln sich Deutungsmuster über das, was als konform und was als abweichend zu gelten hat" (Böhnisch 1999, S. 54f.).

In Böhnischs Milieukonzepten steckten jedoch nicht nur die Option zur Anleitung der Analyse von Milieustrukturen auf der Mikroebene, sondern auch konflikttheoretische und handlungstheoretische Implikationen, die dabei helfen können, sozialpsychologische Sachverhalte im Kontext von Drogenkonsum und alltäglicher Lebensqualität zu eruieren. Dies bedeutet auch, dass der Einfluss allgemeiner Milieustrukturen auf eine Lebensgeschichte verdeutlicht werden kann, wie auch am Beispiel einer besonderen Lebensgeschichte allgemeine Strukturen des Milieus explizit werden.

Im Folgenden wird der Milieubegriff in deskriptiver Weise verwendet. Die Drogenszene soll in ihrer objektiv feststellbaren Soziallage als überregional vorhandenes Milieu, wie auch als lokales Phänomen beschrieben werden, das aufgrund der räumlichen und sozialen Besonderheiten einer Stadt ein spezifisches Mikro-Milieu herausgebildet hat. Allerdings gilt es auch hier eine Einschränkung zu machen, da auch zu den Verhältnissen der örtlichen Szene (Mikromilieus) lediglich generalisierende Angaben gemacht werden können.

7.3 Strukturen der Drogenszene

Wer sich mit dem Phänomen des Drogenkonsums und der Drogenszene auseinandersetzt, gerät relativ schnell an die Frage, welche Motive denn vor allem junge Menschen damit verbinden, Drogen unter den Bedingungen illegaler sozialer Verhältnisse nehmen zu wollen. Absichten werden unterstellt, Theorien aufgestellt, – kurz: Verhalten und Verhältnisse, die aus der Routine alltäglichen Verhaltens herausfallen, werden unter Hinzuziehung von plausiblen Erklärungsmustern normalisiert. Normalisierungsmuster können sein: eine „Broken-Home"-Situation, Arbeitslosigkeit, psychische Anomalien, Anomiestress, jugendtypisches Verhalten.

Unspektakulärer beantwortet Burrough (1978) diese Frage: „Häufig fragt man: Warum wird ein Mensch rauschgiftsüchtig? Die Antwort? Gewöhnlich beabsichtigt man nicht, süchtig zu werden. Man wacht nicht eines Morgens auf und beschließt es. Es dauert mindestens drei Monate mit zwei Spritzen pro Tag bis man überhaupt süchtig wird. Und wenn es einen nicht mehrmals erwischt hat, hat man keine Ahnung, was es heißt, suchtkrank zu sein. Es dauerte beinahe 6 Monate, bis ich zum ersten Mal soweit war, und dann waren die Entzugssymptome nur schwach ausgeprägt. Ich glaube, nicht zu übertreiben, wenn ich behaupte, dass man erst nach einem Jahr mit mehreren hundert Injektionen wirklich süchtig ist. Man wird süchtig, weil man keine anderen stärkeren Interessen hat. Opiat stößt immer in eine Lücke. Ich versuchte es aus Neugier" (Burrough ebd. S. 9).

Burrough betont zunächst die pharmakologischen Effekte, die zur Entstehung der Heroinabhängigkeit führen. Allerdings deutet er auch an, dass Abhängigkeit nicht nur Resultat pharmakodynamischer Wechselwirkungen zwischen zugeführter Substanz und dem biophysischen System des Körpers ist, sondern auch einer kognitiven Wertung bedarf. Diese kognitive Wertung muss das, was sich im Organismus des Körpers entwickelte, mit Attributen versehen – aus dem Kontext unserer Kultur stehen hier Rausch und/oder Sucht zur Verfügung. Entscheidend ist jedoch der Hinweis von Burrough, dass die Initiative, Heroin zu konsumieren, durch Neugier motiviert war. Diese Aussage lenkt den Blick auf soziale Konstellationen (soziales Lernen, Verfügbarkeit, persönliche Interessen Risiken zu managen etc.) wie sie auch für andere soziale Entwicklungen als normal, zufällig oder wahrscheinlich auftraten.

Ähnlich argumentiert auch Schmerl, wenn sie schreibt: „Relevant für den Endzustand Drogenabhängigkeit sind nicht so sehr die früheren sozialen Merkmale, die bekanntlich von anderen negativen Endzuständen geteilt werden, sondern vielmehr jene spezifischen Ereignisse, die zu einem späteren Zeitpunkt eine Drogenkarriere im engeren Sinne in die Wege leiten. Diese bauen zwar häufig auf Problembiographien auf, entfalten aber auch bei vielen „Normal"-Fällen in gleicher Weise ihre Wirkung. Ganz offensichtlich sind dies – im Vergleich zu den genannten negativen Sozialisationsfaktoren – ganz undramatische Faktoren wie soziale Vorbilder (Gruppensituationen), Verfügbarkeit (Angebotenes wird konsumiert), Neugier (Unbekanntes reizt dazu, ausprobiert zu werden), Hedonismus (Lust auf angenehme Gefühle) wie sie als recht alltägliche Motive und Reaktionen auch mit anderen, weniger spektakulären Neuerungen, Marken und Konsumgüter auftreten" (Schmerl 1984, S. 107f.).

Kognitive Einstellungen und biographische Prozesse verbunden mit den oben beschriebenen sozialen Konstellationen des Einstiegs in den Drogenkonsum sind zwar eine notwendige, aber keineswegs hinreichende Basis für den Drogenkonsumenten aktiv ihren Konsum oder ihre Abhängigkeit organisieren zu können. Hinzu kommen muss die Übernahme jener Routinen, Handlungen, Einstellungen, die den Szene-Alltag, das Milieu konstituieren. Auf diese Prozesse soll im Folgenden eingegangen werden. Dabei bediene ich mich – analog der Diskussion in der Drogenpolitik – eines „topographischen Verfahrens" (vgl. Waldenfels 1997), das vergleichbar der Topographie Formen und Gegenstände eines Geländes beschreiben will. Da dieses „Gelände", die Drogenszene, eine Geschichte hat, die konstitutiv für die Herausbildung des Milieus ist, wird zunächst auf die Geschichte der Drogenszene eingegangen. Die Grenzen der Szene lassen sich aus der Perspektive des Subjekts mit Ein- und Ausstiegsprozessen der Drogenkarriere angeben (darauf wird ebenso eingegangen wie auf allgemeine und spezifische Risiken, die der Konsum von Drogen in illegalen Zusammenhängen mit sich bringt). Letztendlich sollen Rituale und Typisierungen des Drogenalltags aufgenommen werden.

7.3.1 Zur Entwicklung der Drogenszene

Mitte der 60er-Jahre des vergangenen Jahrhunderts konsumierten in fast allen großen Städten der westlichen Welt Jugendliche – vornehmlich aus der Mittelschicht stammend – weiche Drogen als Teil des politischen Protestes, als Rebellion gegen die Eltern oder als Möglichkeit der Bewusstseinserweiterung. Sie fanden sich zusammen in Schüler- und Studentengruppen, als Hippies und als alternative Lebensstile praktizieren wollende Gruppen. Überwiegend wurde mit Cannabis experimentiert, teilweise mit LSD oder Meskalin. Opiatderivate wurden – wenn überhaupt – in Form der „Berliner Tinke" (Morphin-Base unter beliebiger Zugabe von Essigsäure) injiziert. Typische soziale Kennzeichen dieser Gruppierungen war ein dichtes Netz gegenseitiger Freundschaften und besonders intensiver Muster gegenseitiger Besuche – dies allerdings öffentlich organisiert als Szene. Wesentliche Werte der Szene waren vor allem kurzfristiger Hedonismus, Expressivität, Geringschätzung industrieller Arbeit. In diesem Wertekontext nahm der Drogengebrauch keinen zentralen Stellenwert ein; wie viele andere Aktivitäten auch (Tanzen, ästhetische Selbstdarstellung) waren sie ein Mittel zur Realisierung expressiver und hedonistischer Ziele.

Anfänglich bestand die Hippieszene überwiegend aus psychologisch stabilen Individuen, die ihre Pubertätsrituale auslebten. Dies änderte sich zumindest in einigen großen Städten Deutschlands nach der Öffnung geschlossener Fürsorgeheime Ende der 60er-Jahre. Viele entlassene oder „auf Trebe" befindliche Jugendliche, die meist aus unteren sozialen Schichten stammten und wenig sozial integriert waren, wurden Mitglieder der städtischen Szenen.

Zu dieser Zeit gab es kaum fixierte Rollen von Usern und Dealern, da dieselbe Person, die Cannabis konsumierte, es auch zu anderen Zeiten verkaufen konnte. Gegensätze entwickelten sich jedoch zwischen Cannabis-Konsumenten und Heroinkonsumenten, die ersteren entwickelten ziemliche Abneigungen und Geringschätzungen gegenüber Heroin-Usern. Gerdes/v. Wolffersdorff-Ehlert sprechen zu dieser Zeit von einer Szene, in der Ansätze einer Gegenkultur realisiert werden. Grundimpuls dieser Szene als Gegenkultur sei das Ziel der unvermittelten Erfahrung erfüllter Gegenwart im Gegensatz des gesellschaftlich normierten Musters der aufgeschobenen Belohnung (vgl. Gerdes/v. Wolffersdorff-Ehlert ebd. S. 361f.). „Die Entdeckung der Möglichkeit totaler Gegenwärtigkeit war so faszinierend, dass die Szene sich in ihrer Anfangsphase allein durch die Neuartigkeit dieser Entdeckung stabilisieren konnte. Solange die Entdeckung schlechthin neu war, brauchte man sich um die Bedingungen ihrer Möglichkeiten nicht besonders zu kümmern: die totale Offenheit für jeweils gegenwärtige Erfahrungen erschien relativ unproblematisch: die Szene war der soziale Ort, wo man vorbehaltlos miteinander kommunizieren konnte, weil das gemeinsame Bewusstsein der Entdeckung und die gemeinsame Ablehnung der normalen, ständig um Zukunft besorgten Orientierungen einen Raum von Einigkeit schafften, indem alle übrigen Unterschiede zweitrangig wurden" (Gerdes/v. Wolffersdorff-Ehlert ebd. S. 362).

Das Insistieren auf die Erfahrung erfüllter Gegenwart als konstitutive Norm der Szene ließ sich nicht stabilisieren. Und so zerfiel die Szene sehr bald in unterschiedliche Cliquen, so z.B. in Land-Kommunen, politische Bewegungen radikaler Art, aber auch Junkie-Szenen. Die Hippie-Szene zerbrach jedoch nicht nur an der Unmöglichkeit, ihr Lebensprinzip zu realisieren. Sehr viel mehr veränderte sie sich durch gesellschaftliche Reaktionen, d.h. durch einen Prozess, an dem verschiedene Akteure teilgenommen haben: die öffentliche Meinung als Vertreter dessen, was als normal und als anormal gelten kann, die legitimierten Vertreter der öffentlichen Meinung bei der Durchsetzung von einer als gültig anerkannten Normalität wie Polizei, Presse, Wissenschaft und Justiz sowie die offensichtlichen Normverletzer.

Dieser Prozess soll im Folgenden skizziert werden. Dabei stütze ich mich überwiegend auf eine Untersuchung von Young (1973). Ende der 60er-Jahre verflüchtigte sich die anfängliche Toleranz staatlicher Behörden im Umgang mit den Lebensweisen junger Menschen im Kontext der Szene. Polizei und Presseorgane begannen Druck auf Jugendliche auszuüben, indem sie deren Drogenkonsum als Angriff auf das Wertesystem der Gesellschaft interpretierten und als Konsequenz viele Konsumenten durch intensive Verfolgung unter Druck setzten. Insbesondere durch die Verfolgungsstrategien der Polizei veränderte sich die Szene, da die Mitglieder sich in einem Gefühl ungerechter Behandlung und aufgrund einer verzerrten Berichterstattung in den Lokalpresseorganen enger zusammenschlossen.

Der Konflikt mit der Hauptkultur und die Vermehrung von Polizeiaktionen erhöhte für die Drogennehmer die Notwendigkeit, sich von der übrigen Gesellschaft abzuschotten. Es entwickelten sich Umgangsformen und soziale Normen, die aus der Perspektive gesellschaftlicher Kontrollinstanzen (Polizei, Jugendamt, Psychiatrie) als deviant und/oder pathologisch bezeichnet wurden. Dazu gehörte das Selbstversorgersystem der Szene ebenso wie Verhaltensweisen von Szenemitgliedern. Der psychiatrisch inspirierte Begriff des „amotivationalen Syndroms" (Keup) fand hier seinen Ursprung, da das Lebensgefühl von Hippies „high sein – frei sein" so nicht akzeptiert werden konnte.

Je größer die Isolation der Szene-Mitglieder von der übrigen Gesellschaft wurde, umso weniger hatten auch informelle Kräfte sozialer Kontrolle Möglichkeiten, Einfluss auf die soziale Gestaltung der Szene zu nehmen. Damit erhöhte sich jedoch das Potential für weiteres abweichendes Verhalten. Regelmäßiger Drogengebrauch, bizarre Kleidung, lange Haare und ein Zeitgefühl, das nicht dem Arbeitstag entsprach, verhinderten bei vielen Szenemitgliedern den Schulbesuch, erwiesen sich als Hindernis bei der Ausübung eines Berufes oder für die Beendigung einer Lehre. Ab einem bestimmten Punkt im Prozess sozialer Separierung wurde es auch für den reuigen Außenseiter sehr schwer, einen Einstieg zurück in Ausbildung und Beruf zu finden. Die soziale Ausgrenzung vieler Szenemitglieder manifestierte sich. Je mehr sich die Polizei mit dem Drogengebrauch beschäftigte, umso mehr wurde er zur geheimen Tätigkeit. Dies war der Punkt, an dem der Drogengebrauch an sich für die Szene einen größeren Wert als Symbol des Andersseins erhielt als die Ungerechtigkeiten, die von Seiten der Gesellschaft ihnen zugefügt wurden. Drogengebrauch und Drogenhandel wurden so von einer eher peripheren Tätigkeit der Szene, einem bloßen Mittel für die bessere Verwirklichung hedonistischer und expressiver Ziele, zu einer zentralen Tätigkeit von großer symbolischer Bedeutung.

Die Abschottung der Szene und des Konsums von Drogen als geheime Tätigkeit hatte Folgen für den Cannabismarkt. Zunächst stieg der Preis und dies bedeutete auch, dass die Gewinne durch den Cannabisverkauf größer wurden. Professionelle Händler und nicht mehr nur Szenemitglieder übernahmen den Handel. Je stärker die Tätigkeit der Polizei wurde, umso professioneller organisierte sich der Import von Cannabis. Der Handel wurde systematischer und geplanter und die professionellen Händler entwickelten Interesse an regelmäßigen hohen Gewinnen. Andere kriminelle Tätigkeiten, insbesondere der Handel mit Opiaten und seinen Derivaten, überschnitten sich mit dem Cannabisimport. Der Verkäufer auf der Szene wurde zum Dealer, er hatte weniger Anteil an der Kultur der Szene und war mehr an Gewinnen und weniger an Erwägungen interessiert, nur seinen eigenen Lebensunterhalt zu sichern.

Seit den 70er-Jahren wurde vermehrt Heroin – zunächst „Berliner Tinke" – der Szene zugeführt. Die Händler bedienten sich dabei der Handels- und Verarbeitungsorganisationen, die schon den Vertrieb von Cannabis steuerten. Heroin veränderte die Szene in qualitativer wie in quantitativer Hinsicht. Zunächst wurden die Interaktionen zwischen Heroinkonsumenten und Cannabiskonsumenten häufiger. Beide fühlten sich als gemeinsame Opfer polizeilicher Sanktionen. Durch Verknappung von Cannabisprodukten und einem Überangebot an Heroin entdeckten viele Cannabiskonsumenten Heroin als „neue Droge": Manche Haschischkonsumenten gingen über zum Konsum harter Drogen. Viele jedoch stiegen aus der Szene aus und kultivierten neue alternative Lebensstile.

In dem Maße, wie Heroin zur zentralen Droge der Szene wurde, veränderte sich die Struktur und soziale Organisation dieses Milieus. Die voll entwickelte physische Sucht vieler Szenemitglieder bedingte eine tägliche Anwesenheit an bestimmten Plätzen zu bestimmten Zeiten. Sie erforderte eine absolute Fixierung auf das Rauschgift unter Vernachlässigung vieler zusätzlicher Interessen. Da diese Werthaltung im Widerspruch zu Hedonismus, Expressivität und Autonomie als Werte der ursprünglichen Szene stand, bedingte sie eine Neuorientierung verbliebener Szenemitglieder. „Die Transformation erfolgte von der Angebotsseite her. So wird immer wieder berichtet, dass der örtliche Kleinhändler seinen Kunden in dieser Phase gelegentlich erklärte habe, nicht über Haschisch oder LSD, wohl aber über Heroin zu verfügen. Auch denjenigen, die schon mal mit Morphium (Berliner Tinke, H.J.J.), Kontakt hatten, wurde nunmehr Heroin angeboten" (Scheerer/Vogt 1989, S. 288). Der Verknappung von Cannabis und LSD und den Überangeboten erfolgt sehr bald eine erhebliche Verteuerung des Heroins. Wurden zu Beginn der 70er ca. 15 DM pro Portion auf der Szene verlangt, so stieg der Preis Ende der 70er Jahre in manchen Städten bis auf 60 bzw. 80 DM pro Verkaufsposition.

Die Abhängigkeit vieler Szenemitglieder von Heroin forderte ihren Preis, der nicht nur in der zunehmenden Verelendung vieler User zu sehen war, sondern auch in der Entwicklung von Strategien der Beschaffungskriminalität (Prostitution, Einbruchs- und Ladendiebstähle, Verpfändung des Besitzes, Kreditaufnahme bei Geldinstituten oder Eltern und Verwandten, natürlich auch der Kleinhandel). Dadurch änderte sich der Charakter der Szene. Das, was ehemals als Ausdruck jugendlichen Protests und Suche nach anderen Lebensformen den Szenealltag strukturierte, verschwand. Beschaffungskriminalität, Illoyalität gegenüber Mitkonsumenten, Beschaffungskriminalität, Gewalt, soziale Vereinsamung und hohe gesundheitliche Risiken (HIV, Hepatitis etc.) bildeten zunehmend die Lebensweise der Szenemitglieder ab. Zudem kam ein permanentes Hin und Her zwischen Polizeigewahrsam, Gefängnis, Notarztversorgung, Therapieabbrüchen, Rückfall in die Abhängigkeit und neuerlichen Therapieversuchen.

Seit den 90er-Jahren hatte sich die Drogenhilfe den Alltagsproblemen der Drogenabhängigen und Drogenkonsumenten geöffnet, in dem sie Hilfe zur Reduzierung der Risiken des Drogengebrauches entwickelte. Auch diese Hilfen beeinflussten in vielfältiger Weise den Szenealltag. Streetwork, Kontaktladen und Gesundheitsräume wurden so durch ihr sozialpädagogisches Prinzip der „Niedrigschwelligkeit" zu Enklaven der Drogenszene, die zwar szenespezifische Verhaltensweisen tolerierten, jedoch durch ihre Forderungen der Gewaltfreiheit, des Verbotes mit Drogen zu Handeln etc. sicherstellten, dass Repression und Erniedrigungen im Szenealltag teilweise ausgespart blieben und Infektionsrisiken vorgebeugt wurden.

Drogenszene exemplarisch: Wie sich Szenen in Städten heutzutage organisieren zeigt eine Beschreibung von Thabe: „Die Orte, an denen sich die Süchtigen treffen, liegen relativ verstreut in Innenstadtgebieten und können nicht genau festgelegt werden, da für diese Orte keine offizielle Nutzung (zum Beispiel als anerkannte Treffpunkte für Junkies) festgeschrieben ist. Deshalb kommt es (meist nach Polizeieinsätzen, Razzien) immer wieder zu Verschiebungen. Derzeitiger Haupttreffpunkt ist der Bahnhof, sein Umfeld und die angrenzenden U-Bahn-Unterführungen, die in Richtung Innenstadt verlaufen. Hier wird mit Drogen gehandelt und hier werden Drogen konsumiert (vor allem in den öffentlichen Toiletten der U-Bahnanlagen). Der Bahnhofsplatz, der während der Tagesstunden gut besucht ist von Reisenden etc., scheint als relativ anonymer, schwer kontrollierbarer Platz gut geeignet für Drogendeals, auch ist die unmittelbare Nähe zur City für die Abhängigen von Vorteil (Beschaffungskriminalität). Das Petrikirchen-Umfeld direkt in der City am Westenhellweg, und die Brückstraße erfüllen ebenfalls diese Funktionen.

Bei allen drei Orten fällt auf, dass sie während des Tages in ihrer Funktion als Hauptgeschäftsbereiche relativ belebt sind. Während dieser Zeit können diese Räume verhältnismäßig unauffällig als Rauschräume genutzt werden, da diese Art der Nutzung überlagert wird von anderen Nutzungen (Reise, Einkaufen, Bummeln). Nach Ladenschluss ändert sich das Gesicht der Orte, sie sind plötzlich wie leergefegt, bis auf kleine Gruppen von Menschen, die hier verloren stehen, und allein schon durch die sonstige Leere und Stille der Orte auffallen. Die Orte verwandeln sich zu Unorten, ohne Funktion, Leerstellen ab 18.30 Uhr, die erst morgens wieder offiziell belebt werden.

Die Straßen Schwanenwall, Born- und Steinstraße, die direkt in die City führen, sind den ganzen Tag über gut befahren. „Kunden" nutzen diese Straßen, die gleichzeitig der Arbeitsplatz (Beschaffungsprostitution) vieler DrogenkonsumentInnen sind, um sich hier billig „bedienen" zu lassen. Die Konflikte, die sich daraus ergeben, liegen vor allem in den Klagen seitens der AnwohnerInnen, die sich über Lärm und Atmosphäre von Auto- und Straßenstrich beschweren. Dabei wird die Problematik ausschließlich zu Lasten der DrogengebraucherInnen definiert; dass die Freier die Probleme ebenfalls mit verursachen, kam bislang in den (männerdominierten) BürgerInnenanhörungen nicht zur Sprache. Die Bereiche Stadtgarten, Museumspark und Westpark werden von vielen Süchtigen als Ruheraum genutzt, wo sie Drogen konsumieren und danach „abhängen" können. Viele obdachlose Junkies schlafen hier (im Winter) nachts auf den Heißluftschächten der angrenzenden städtischen Gebäude und (im Sommer) in den Grünbereichen, weil diese Orte als relativ störungsfrei (wenig Polizeikontrollen) gelten. Da sich hier bevorzugt auch andere städtische Minderheiten niederlassen, zum Beispiel obdachlose AlkoholikerInnen, kommt es immer wieder zu Rivalitäten zwischen den Gruppen" (Thabe 1997, S. 201ff.).

Drogenszenen lassen sich jedoch nicht nur topographisch, sondern auch unter dem Aspekt der Risikominderung und Suchtbegleitung sozialpädagogisch abbilden.

Szenen im Innenstadtbereich: „Seit etwa einem halben Jahr haben wir unser Angebot im Kontaktladen ‚Coffeeshop extra dry' um die Straßensozialarbeit erweitert (wieder erweitert: Streetwork war schon immer Bestandteil des Angebots, der Kontaktladen ist aus der Straßensozialarbeit entstanden). Meine Kollegin [...] und ich sind einmal in der Woche (donnerstags) auf der Straße (vornehmlicher Bereich ist die Innenstadt) und wir suchen die verschiedenen Aufenthaltsorte der Szenen auf. Die Notwendigkeit ergab sich durch unsere Einschätzung, dass es immer noch eine sehr große Gruppe von DrogenkonsumentInnen gibt, die trotz problematischer Lebenslagen keinen Kontakt zur Drogenhilfe hat und dass ein anderer Teil, trotz unseres Niedrigschwelligen Angebots der offenen Cafés, es nicht bis in die Einrichtungen des Vereins schafft. Durch die Geh-Struktur unserer Arbeit begegnen wir den Menschen auf einer anderen Ebene: dadurch dass wir uns in die Räume der Konsumenten begeben, kann eine Form der hierarchiefreien Kommunikation stattfinden. Ängste brauchen erst gar nicht aufkommen. Durch die Straßensozialarbeit können wir die bereits bestehenden Angebote bekannt machen, Hemmschwellen abbauen, direkt vor Ort konkrete Hilfe leisten, und wir bekommen einen genaueren Einblick in die aktuellen Entwicklungen der Szenen. Allerdings können wir nicht mit genauen Zahlen aufwarten, diese könnten wir höchstens über unsere intensiveren Betreuungen geben, aber diese Zahlen würden nur einen verfälschten Einblick in die tatsächlichen Größenordnungen geben (ebenso geben auch die Polizeistatistiken nur einen sehr verfälschten Eindruck wieder).

Momentan stellt sich für uns folgendes Bild dar: es kann in H. nicht von der Drogenszene gesprochen werden, sondern viele kleinere Gruppen stellen eigene Szenen dar: In der Innenstadt bewegen sich momentan folgende Gruppen:

• die Szene an der Pauluskirche (die je nach Wetterlage auch in den Nordringanlagen zu finden ist). Vorwiegend besteht diese Szene aus älteren Konsumenten, die einen eher guten Kontakt zur Drogenhilfe haben. Vielfach versuchen Mitglieder dieser Gruppe der Illegalität dadurch zu entfliehen, dass sie auf legale Drogen zurückgreifen (Alkohol und Medikamente). Bei vielen liegen politoxikomane Drogengebrauchsmuster vor. Vielfach durch einen kompulsiven Drogengebrauch bedingt, sind die Problemlagen sehr komplex und oft existentiell bedrohlich: beständige Bedrohung durch Obdachlosigkeit, hohe Verschuldungen, Arbeitslosigkeit, Verfolgung durch die Justizbehörden, Vereinsamung, infektiöse Erkrankungen, psychiatrische Erkrankungen (um nur diese zu nennen).

• Die Szene am Westentor: die Personen dieser Szene sind wesentlich jünger als die in der Szene an der Pauluskirche. Kontakte hat diese Gruppe vor allem zu den Streetworkern des Jugendamtes. Ein Großteil dieser Gruppe sind ausländische Jugendliche (vor allem türkische und marokkanische Jugendliche). Hier spielt der Drogenkonsum eine verschiedentlich schwerwiegende Rolle. Bei eher problematischen Gebrauchsmustern kommen auch Kontakte zur Drogenhilfe zustande. War die Drogenszene bisher immer strikt zwischen deutschen und ausländischen Konsumenten getrennt, so ist momentan festzustellen, dass zumindest in unseren Einrichtungen der Ausländeranteil steigt. Unsere Vermutung ist, dass dieses mit der erhöhten Integration der ausländischen Jugendlichen zusammenhängt und nicht zwingend mit einer erhöhten Konsumentenzahl. Dieses ist daraus zu schließen, dass es sich vornehmlich um türkische und marokkanische Jugendliche handelt, deren Eltern schon lange in Deutschland leben.

- Die Gruppe der schwarzafrikanischen Konsumenten: vielfach haben die Mitglieder dieser Gruppe einen noch nicht geklärten oder auch illegalen Aufenthaltsstatus, ein Teil dieser Gruppe kommt auch nicht aus H. (es handelt sich um eine rein männliche Gruppe). Vornehmlich fällt diese Gruppe durch den Konsum und Verkauf von Kokain auf. Bisher hat diese Gruppe zu keiner Hilfeeinrichtung Kontakt und dieser wird auch in Zukunft eher schwer herzustellen sein.

- Die Gruppe der Russen und der Russlanddeutschen: diese Gruppe fällt durch den Konsum und Verkauf von Heroin auf. Auch zu dieser Gruppe hat das Hilfesystem bisher kaum Zugang. Als problematisch erweist sich hier die Verständigung und ein hohes Gewaltpotential.

- Eine Gruppe ausländischer Konsumenten, die nicht mit den Jugendlichen am Westentor zu verwechseln ist. Vielfach handelt es sich um Heroinkonsumenten. Diese Gruppe raucht das Heroin und verhindert so einen extrem schnellen körperlichen Verfall, aber der Drogenverbrauch ist dadurch wesentlich höher. Der Konsum wird meist durch den Verkauf von Drogen finanziert. Auch Personen dieser Gruppe kommen nach und nach in die Einrichtungen der Drogenhilfe.

- Szenen außerhalb der Innenstadt und nicht sichtbarer Drogenkonsum: Verstärkt bekommen wir mit, dass sich kleinere Szenen in den einzelnen Stadtteilen bilden. Vielfach handelt es sich um Jugendcliquen, die sich nach Alter, Nationalität und manchmal nach Straßenzügen zusammensetzen. Vielfach handelt es sich um Heroinkonsumenten. Es scheint sich zumindest in H. nicht nur um eine Droge der Älteren zu handeln und damit nicht um eine Droge abnehmender Wichtigkeit. Eine neue Generation scheint heranzuwachsen. Nur einzelne Personen haben Zugang zum Hilfesystem. Wir hoffen für die Zukunft, dass wir zumindest unser Angebot für diese Gruppierungen bekannter machen können" (Püthe 1999).

Resümierend zu den angeführten Darstellungen ist zu sagen: Die Erlebnis- und Erfahrungswelt des Drogenmilieus schränken die Möglichkeit des Users ein, auch an anderen Sozialisationskontexten wie Schule, Ausbildung, andere Peer-Groups weiterhin teilnehmen zu können:

- zum ersten, weil jungen Menschen durch ihre gesellschaftlich definierte Rolle als „Junkie" Situationen und Gruppen unzugänglich sind, die von anderen Handlungen und Erfahrungen geprägt sind,

- zum zweiten, weil jungen Menschen durch den Kreislauf von Drogengebrauch, Ressourcenbeschaffung, Drogenerwerb und Drogengebrauch, der sich im ungünstigen Falle in einem Zeittakt von 4 Stunden abspielen muss, jene zeitlichen Ressourcen fehlen, die notwendig sind, neue soziale Kontexte aufzutun.

Dies kann soziale Ausschließung bedeuten. Sie vollzieht sich nicht nur gleichsam symbolisch durch die gesellschaftliche Konstruktion eines Verhaltens als deviant, sondern auch subjektiv durch das Individuum selbst, indem es die mit der Rollenzuweisung verbundene Identität eines Außenseiters als seine eigene übernimmt – durch den Zwang der Verhältnisse übernehmen muss. Noller (1989) spricht davon, dass sich Fixer verhalten wie Kolonisierte unter einer Kolonialherrschaft: als kolonisierte seien sie „Neger im eigenen Land", in Gettos eingepfercht und kontrolliert. „Die Welt der Fixer ist eine zweigeteilte. Die Trennungslinie wird für sie scharf und unübersehbar von Polizei, Gefängnissen, Drogeninstitutionen und öffentliche Drogendiskurs markiert. Diese schaffen Form und Inhalt des Respekts vor der etablierten Ordnung: eines geregelten Arbeitstages, Abstinenz und Anpassung. Für die in der Szene lebenden Fixer aber bedeutet diese Perspektive absolute Unterwerfung. Der eigentliche Skandal dabei liegt für den Fixer darin, dass die Herrschaft des normalen Menschen über den Fixer durch die Gewalt als Instanzen hergestellt wird: Der Normalbürger verliert nichts, wenn er sich nicht um das Problem kümmert, aber er gewinnt an gesellschaftlichem Ansehen, wenn er die ‚Pathologie des Suchtkranken' anprangert und bekämpft" (Noller 1989, S. 75).

7.3.2 Ein- und Ausstiege und milieuspezifische Lebensstile

In der Einleitung zitierte ich eine Aussage von Burroughs, der die Frage nach der Motivation, Heroin zu nehmen, mit Neugier beantwortete und darauf verwies, dass man süchtig werden könne, wenn keine anderen starken Interessen vorhanden seien. Seine Aussage war u.a.: „Opiat stößt immer in eine Lücke". Damit umschreibt Burroughs Phänomene, die mit Blick auf den Einstieg in den Konsum illegaler psychoaktiver Substanzen eher auf Stimulierung der Person durch aktuelle wirksame Erfahrungen verweisen, als auf jene, die problematischen biographischen Erfahrungen geschuldet sind. Auch wenn familiale, persönliche und soziale Schwierigkeiten zur Erklärung des Konsums von Drogen in medizinisch/psychiatrischen sowie sozialwissenschaftlichen Diskursen angeführt werden, ist es in erster Linie die subjektive Entscheidung der Jugendlichen, Drogen zu nehmen und/oder sich in die sozialen Zusammenhänge der Drogenszene hineinzubegeben.

Noller (Noller 1989, S. 192ff.) spricht von einer Aneignung des Drogenhabitus, der sich über Initiationsrituale wie Nadelängste, Heroinspritzen, sich anfixen lassen, orgiastische Gefühle zu erleben, als auch schmerzhafte Entzugserscheinungen aushalten zu müssen, vollziehe. Es ist ein langsamer

Schritt, der mit der Übernahme szenebetonter Lebeweisen auch das allmähliche Hinter-sich-lassen der gesellschaftlich verbindlichen Normalitätsmuster verbindet. „Ich war neugierig. Die Leute haben mir imponiert, die haben für sich gelebt [...] da hat er sich einen Schuss gemacht und ich war sehr neugierig, und da habe ich gesagt, komm, mach mir auch einen, da hat er mir einen gemacht, und das war irgendwie ganz dufte gewesen, aber ich habe irgendwie davor Angst gehabt... Die ersten zwei Jahre konnte ich mir selber keinen Druck setzen, habe mir immer einen Druck machen lassen müssen, das hat lange gedauert, bis ich mal den Mut hatte, das echt zu probieren, zu sagen, jetzt nimmst du die Pumpe und haust dir se mal selbst in die Vene" (Noller 1989, S. 85).

Neugier, die Faszination des Szene-Milieus sowie das zögerliche Übernehmen des Fix-Rituals lassen die in vielen Untersuchungen aufscheinende Beschreibung von Drogenkonsum als Rückzugsphänomen als wenig plausibel erscheinen. Für die Analyse des Einstieges in die Szene und in die Abhängigkeit und die damit verbundenen Lebensweisen ist der Begriff der Aneignung weitaus präziser und wirklichkeitsnäher. Mit Aneignung lässt sich jener dynamische Aspekt biographischer Lebensbewältigung bezeichnen, der vor allem im Normalisierungshandeln seinen Ausdruck findet: Aneignung und Gegenwartsbezogenheit. Er beschreibt die Intention des Subjekts, in neu verfügbare soziale Räume zu dringen, Lebensstile auszuprobieren, auch wenn damit Risiken verbunden sind. Aneignung ist auch eine Metapher für eine produktive Auseinandersetzung mit Inhalten von spezifischen Lebenslagen – so wie sie das Szene-Milieu darstellt.

Schmerl (1984) betont unter Rückgriff auf empirische Studien zum Thema, dass sich Drogengebrauch über ein Netz enger sozialer Kontakte herstellt und aus einem Geflecht an sozialem und individuellem Lernen besteht. Eine wesentliche Voraussetzung sei dabei die Verfügbarkeit der Droge, die, in einem den Gebrauch billigenden sozialen Wertesystem eingebettet, auch die Applikation und Handhabungslehre bestimme (vgl. Schmerl 1984, S. 111ff.). Insbesondere die Szenen stellen hier einen erleichterten Zugang zur Droge her. Dazu kommt die durch den jungen Menschen zu entscheidende Frage, ob die ausgeübte Devianz überhaupt einen Gratifikationswert hat. Hierfür sind vor allem die „Art" der Drogenerfahrung und der „Prozess", durch den sich der Konsument von den Kontrollmechanismen der Gesellschaft befreit, wesentlich (vgl. Becker 1963). Die Interpretation der Drogenerfahrung als „rauschhaftes Erlebnis" ist dabei in erster Linie ein kognitiver Prozess, der, wie der Prozess der Affiliation, über den Kontakt mit anderen Rauschmittelkonsumenten verläuft. Beides, das Hineinbegeben der jungen Menschen in den affiliativen Kontext des Drogenmilieus, wie die kognitive Bewertung der Drogenerfahrung als Rausch, ist jedoch nicht eine Entscheidung des alles oder nichts, sondern ein offener Prozess, in dem der junge Mensch seine Drogen zu nehmen immer wieder überprüfen kann, bis – pharmakologisch gesehen – die Angst vor den Entziehungsschmerzen die

Notwendigkeit des Drogenkonsums verdeutlicht und aufrecht erhält (vgl. Sykes/Matza 1973).

Groenemeyer (1990) betont, dass Auswirkungen des Drogengebrauchs auf die Teilhabe an der konventionellen Lebenspraxis des Einzelnen bei anfänglichem Konsum nur minimal einschränkend erlebt wird. Auch die feststellbaren und sichtbar werdenden Verelendungen bei massiv Drogenabhängigen lassen sich nicht ohne weiteres auf alle Drogenbenutzer übertragen. Die Probleme, für die sich der Drogenkonsument auch entscheidet, sind überwiegend auf Folgen zurückzuführen, die in den sozialen Bedingungen der Szene liegen. Dazu gehört auch das Ausmaß des Gebrauchs, die Kriminalisierung und das kriminelle Verhalten sowie die Integration in das Szene-Milieu (vgl. Grönemeyer 1990, S. 53ff.).

Die Teilhabe an den sozialen Prozessen der Drogenszene interpretiert Berger (1982) als Lebensstil. „Konstitutives Element der Fixerrolle ist die Verfügungsgewalt über Drogen. Von daher bestimmt sich seine Einstellung zur Drogenszene bzw. zum Drogenleben und den Grad seiner sozialen Desintegration. Verfügungsgewalt meint hier dreierlei: die Beschaffung der notwendigen Mittel zum Drogenerwerb, die Beschäftigung der Drogen selbst und die Verwendung der Drogen" (Berger 1981, S. 690). Wie jedes andere Milieu auch hält die Drogenszene unterschiedliche Rollen für die Szenemitglieder bereit. Sie können je nach Persönlichkeitstyp, nach Position und Verhalten in der Szene und nach Umgang mit Drogen aufgeschlüsselt werden. Berger (ebd. S 692) führt an den

- Junkie – ihm biete die Drogenszene in erster Linie eine Ausweichmöglichkeit von den Anforderungen von Schule/Beruf, einen Freiraum, der ihm Anstrengung und Ordnung kaum abfordere, in dem er sich treiben lassen könne. Er sei gewöhnlich unfähig zu einem auch nur relativ kontrollierten Umgang mit Drogen und könne von daher keine einträglichen Geschäfte machen, sondern nur mühsam seine eigene Versorgung sichern. Entsprechend niedrig sei sein Status in der Szenenhierarchie;

- Abenteurer – für ihn sei die Drogenszene der soziale Raum, in dem immer etwas los ist, Action stattfindet, und Drogengeschäfte sind Action par excellence, eine Möglichkeit zu Nerven- und Tatkraft und Einsatz. Gegenüber dem Nervenkitzel bedeute ihm finanzieller Gewinn eine gern mitgenommene, aber nicht primär angestrebte Belohnung. Sein Status in der Szene stütze sich vorwiegend auf demonstrative Rücksichtslosigkeit und Risikobereitschaft;

- Manager – für ihn seien Drogengeschäfte größeren Umfangs interessant, bieten sie ihm doch Gelegenheit, sein Leistungsvermögen voll und mit Erfolg einzusetzen. Erfolge seien für ihn finanzieller Gewinn, Stolz auf Organisations- und Planungsgeschick, hoher Status in der Szene. Daraus und aus einer gewissen Vorsicht im Umgang mit Drogen (die sich aber eher im Achtgeben auf sterile Nadeln und Reinheit der Mittel niederschlägt als in niedrigem Konsum) beziehe der Manager sein Selbstgefühl als *King* in der Drogenszene.

Die Drogenszene kann dem jungen Menschen daher durchaus eine ganz differenzierte Lebenswelt mit einer breit gefächerten Palette von Erlebnismöglichkeiten bieten. Insofern muss er nicht nur mit der Desintergretation aus dem bürgerlichen Dasein das Moment der Verweigerung und der Flucht verbinden, sondern auch die Option einer potentiellen Lebensmöglichkeit, die ihm in emotionaler wie sozialer Sicht einen Ersatz für das gesellschaftlich Aufgegebene anbietet. Darüber hinaus ist nicht von der Hand zu weisen, dass es auch finanzielle Gründe gibt, die den User veranlassen, Mitglied der Drogenszene zu werden und zu bleiben. Der Lebensstandard, den sich „erfolgreiche" Heroinabhängige durch Dealen sichern können, lässt sich zumindest bei jungen Menschen durch konventionelle Arbeit in der Regel nicht herstellen.

Ein großer Anteil von Drogenabhängigen benutzt Ausstiegswege aus der Sucht, die von den klassischen Parametern der Therapiebeendigungen nicht erfasst werden. Weber/Schneider (1992) führen an, das sich Ausstiegsmotivationen bei Usern auch ohne Fremdeinwirkungen wie Gefängnis und/oder Therapie entwickeln können:

- aus Angst vor faktisch fortschreitender Verelendung,
- durch die Teilhabe an nicht drogenbezogenen Lebenskontexten,
- Entwicklung von Partnerschaften außerhalb der Drogenszene,
- durch das Interesse an Ausbildung und/oder Beruf,
- durch außerordentliche, existentiell stark beeinflussende Faktoren wie Geburt, Tod des Lebenspartners etc. (vgl. Weber/Schneider 1992, S. 26ff.).

Groenemeyer (1990) führt eine ganze Reihe von empirischen Untersuchungen an, die Auskunft über Ausstiegsprozesse aus der Drogenkarriere ohne fremde Hilfe oder Zwang geben. „Studien zu Prozessen der Selbstheilung haben gezeigt, dass eine individuelle Problembelastung mit dem Drogenkontext sowie existentielle Krisen auch ohne professionelle Intervention bedeutsam sein können für die Reduzierung des Drogengebrauches und für die Entwicklung einer konventionellen Lebenspraxis. In diesem Sinne kann Leidensdruck oder Problembelastung als eigenständiger Entwicklungsmechanismus interpretiert werden. Als [...] Entwicklungsmechanismus sind (in den referierten Studien; H.J.J.). Ausstiegs- und Erfahrungsprozesse über die Zeit thematisiert worden. Dieser Mechanismus steht im Zentrum von Untersuchungen, die sich mit dem Phänomen des „Herauswachsens" aus dem Drogenkontext oder des ‚matouring-out' beschäftigt haben, wobei allerdings noch nicht deutlich geworden ist, was Reifung oder Herauswachsen genau bedeuten kann und wie er angemessen operationalisiert werden kann." (Groenemeyer 1990, S. 69)

Die Veränderung der szenebezogenen Lebenspraxis in Richtung auf konventionelle Lebenspraxen ist umso eher zu erwarten, je mehr Integration und Identifikation in konventionelle soziale Beziehungen und Rollen umstandslos möglich ist. Aus der Perspektive des Subjektes kann – ähnlich wie bei Einstiegsprozessen in die Szene – der Einstieg in eine konventionelle Lebenspraxis dann gelingen, wenn dieser wesentlich größere Bedeutung und Wertigkeit zugeschrieben werden, als der Verbleib in der Szene. Ähnlich argumentiert auch Schmerl (1984). Sie weist darauf hin, dass Drogenkarrieren Entwicklungsprozesse sind, die in Sozialisationsverläufe eingebunden sind und auch bei exzessivem Konsum vielfach ein selbst limitierender Prozess sei. „Wenn Drogenabhängige nicht durch versehentliche Überdosen, Leberinfektionen (und aus heutiger Sicht auch AIDS Erkrankungen; H.J.J.) oder andere sekundäre gesundheitliche Komplikationen sterben, lässt sich meist ein ‚Herauswachsen‘ aus der Sucht nach durchschnittlich 8-9 Jahre beobachten" (Schmerl 1984, S. 136).

7.3.3 Dealer und Dealen

Fast alle Konsumenten illegaler psychoaktiver Substanzen nehmen irgendwann in ihrer Szenezugehörigkeit Dealerfunktionen wahr. In der Regel sind es kleine Geschäfte mit Hilfe derer Konsumenten und/oder Abhängige ihren Konsum ganz oder teilweise finanzieren.

Langjährig Abhängige besorgen sich in der Regel von sog. „Pushern" (d.h. Händler, die mit größeren Mengen Heroin, Kokain, Cannabis etc. handeln) einen begrenzten Vorrat an Drogen, der ihre Selbstversorgung so sicherstellt, dass sie den Gewinn der veräußerten Menge zur Finanzierung ihres Konsums nutzen können.

Diese Form der Dealerei verlangt von Süchtigen ein gewisses Maß an Selbstdisziplin. Er muss seinen Vorrat an illegalen Substanzen schonen, so dass er jederzeit als Verkäufer fungieren kann, ohne andererseits Entzugsprobleme zu bekommen.

„Er muss, jedenfalls zu Beginn seiner Geschäftsfähigkeit auf der Szene, regelmäßig und pünktlich auf der Szene erscheinen, damit sich Kunden auf ihn einstellen können; gerade die „guten" und zahlungskräftigen Kunden wollen oft von der Szene möglichst schnell wieder weg und warten deshalb ungern. Ist der Händler allerdings einmal als korrekt bekannt, kann er sich Verspätungen leisten. Beim Abpacken muss er der Versuchung widerstehen, von den Päckchen allzu viel für den eigenen Verbrauch abzuknapsen – es erleichtert sein Geschäft ungemein, wenn sich die Kunden darauf verlassen können, dass sie ohne Öffnen und Kontrolle der Päckchen auf der Szene mit gleichen Mengen und Konzentrationen rechnen können; beim Verkauf auf Vertrauen wird viel Zeit gespart. Der Umgang mit dem Lieferanten des Händlers verlangt Korrektheit" (Kreuzer 1998, S. 231).

Fast alle illegalen Drogen werden eingeschmuggelt. Der Wechsel von Großhändlern zu Szenedealern ist in diesen Schmuggelprozess eingebunden ebenso wie spätestens an der Schnittstelle zwischen Groß- und Kleinhandel Drogen gestreckt und verschnitten werden. Während das Strecken von Heroin und Kokain sowie das Verschneiden von Cannabis eine halbwegs tolerierte Praxis auf dem Weg zum „Endverbraucher" ist, zieht das Fälschen von Drogen z.B. bei Designerdrogen oder das Verkaufen von Placebos nicht nur Risiken für den User nach sich, sondern auch Racheakte seitens der Konsumenten. Kreuzer (1998, S. 240) führt in einer Systematik u.a. zwei Erscheinungsformen des Umgangs mit Falschdrogen und Streckpraktiken auf:

- den Handel mit Scheindrogen; er setzt nur minimale Kenntnisse im pharmakologischen Bereich voraus, jedoch Kenntnisse über Drogenkonsum und die Drogenszene. Wesentlich ist überdies, dass die Placebos nicht an Geruch, Konsistenz und Geschmack schnell überprüfbar sind. So wurden z.B. als LSD-Trips Diabetiker-Süßstoff-Tabletten gehandelt, als Cannabisimitate gepresste Tee- und Gewürzmischungen, Platten aus Sägemehl, Honig und Tabak, Heroinimitate aus Backpulver, Sand, Katzenstreu und als Kokainimitat Kochsalz;
- das Strecken von Drogen; es dient in erster Linie dazu, größere Umsätze zu erzielen. Haschisch kann mit Mehl, Kakao, Rosmarin oder Kuhmist gestreckt werden, Heroin mit Milchpulver oder Strychnin, Kokain mit Naphthalin, aber auch Kochsalz.

Der Handel mit Falschdrogen oder gestreckten Drogen ist jedoch immer nur da möglich, wo keine festen Kaufbeziehungen bestehen. Insofern kommt die soziale Struktur der Drogenszene dieser Handelsform entgegen. Auf höheren Handelsstufen – der so genannten Pusher-Ebene – werden die geschilderten Praktiken sehr selten angewandt. Sie hätten massive Konflikte zwischen den beteiligten „Handelsgruppen" zur Folge.

Der Kleinhandel auf der Szene findet gewissermaßen seine Entsprechung auf der internationalen Szene. Während der Handel im nationalen Bereich insbesondere in den großen Städten heute von kriminellen Banden unterschiedlicher Ethnien organisiert wird, haben sich weltweit Drogenanbietersyndikate und Drogennachfrageregionen konstituiert. Eine Analyse des internationalen Handels kann und soll hier nicht vorgenommen werden. Um jedoch einen Überblick über Gruppierungen von Drogenanbietern und die weltweite Entwicklung der Drogennachfrage zu illustrieren, übernehme ich zwei Übersichtstabellen von Thamm (1998) aus einem Handbuchbeitrag, der als Lektüre zur Vertiefung dieser Thematik empfohlen werden kann.

Tab. 16:   International agierende Drogenkartelle

	50er-Jahre	60er-Jahre	70er-Jahre	80er-Jahre	90er-Jahre
Nord-amerika	Cosa Nostra & Korsen (French Connection)	Cosa Nostra & Korsen (French Connection) Mexican Connection	Cosa Nostra & Korsen (French Connection) Columbian Connection Mexican Connection	Cosa Nostra & Mafia (Pizza-Connection) Columbian Connection (Kokain-Kartelle) Mexican Connection	Cosa Nostra Chinese Connection. (Triads) Asian Criminal Groups Kolumbian. Kokain-Kartelle Mexican u.a. Latino Connection
Mittel- und Süd-amerika		Latin Con-nection (Mexican Connection)	Columbian Connection Mexican Connection	Columbian Connection (Kokain-Kartelle) Bolivian Connection Mexican Connection	Columbian Connection (Kokain-Kartelle) Latino Con-nections Mexican Connection Brazil Con-nection
West-europa	French Connection	French Connection	Chinese Connection Turkish Connection Sicilian Connection	Chinese Connection Turkish/ Kurdish C. Sicilian/ Italian C. Columbian Connection Lebanon Connection	Chinese C. Turkish/ Kurdish Connection Italian Con-nection Columbian Connection Lebanon Connection Russian & Polish C.
Osteuropa ein-schließ-lich SU bzw. GUS			Bulgarian Connection	Polish Con-nection Russian Connection	Polish Con-nection Russian Connection Middle East Connection Chinese Connection

Naher & Mittlerer Osten			Lebanon Connection	Lebanon Connection Turkish Connection Middle East Connection	Lebanon Connection Turkish Connection Middle East Connection
Nord- & Schwarz- afrika		Maroc Connection	Maroc Connection Lebanon Connection	Maroc Connection Lebanon Connection African Connection	Maroc Connection Lebanon Connection African Connection Asian Criminal Groups
Süd- u. Südost- u. Ostasien ein- schließ- lich Japan	Yakuza	Chinese Connection Yakuza	Chinese Connection Yakuza	Chinese Connection Indian Connection Yakuza	Chinese Connection Indian Connection Columbian Connection Yakuza
Australien				Chinese Connection	Chinese Connection

Tab. 17: Überblick über dominante illegale Drogen in unterschiedlichen Abnahmeregionen und verschiedenen Zeitspannen (Thamm 1997, S. 255 u. 270)

	50er Jahre	60er Jahre	70er Jahre	80er Jahre	90 Jahre
Nord- amerika	Heroin Marihuana	Heroin Marihuana Halluzino- gene	Heroin Marihuana Halluzino- gene Kokain	Heroin Marihuana Halluzino- gene Kokain & Crack Synthetische Drogen	Heroin Marihuana Halluzino- gene Kokain & Crack Synthetische Drogen
Mittel- und Süd- amerika	Marihuana Coca	Marihuana Coca	Marihuana Coca	Marihuana Coca Kokain- Billig- varianten	Marihuana Coca Kokain- Billig- varianten Opiate?

West-europa		Haschisch Halluzino-gene Opiate	Haschisch Halluzino-gene Opia-te/Heroin	Haschisch Halluzino-gene Heroin Kokain Synthetische Drogen	Haschisch Halluzino-gene Heroin Kokain Synthetische Drogen Kokain-Billigvarian-ten?
Ost-europa ein-schließ-lich SU bzw. GUS				Opiate Ampheta-min Cannabis	Opiate Ampheta-min Cannabis Kokain & synthetische Drogen?
Naher & Mittle-rer Osten	Haschisch Rauch & Essopium	Haschisch Rauch & Essopium	Haschisch Rauch & Essopium	Haschisch Opiate/ Heroin	Haschisch Heroin Kokain Synthetische Drogen?
Nord- & Schwarz-afrika	Haschisch	Haschisch	Haschisch	Haschisch/ Marihuana Opiate/ Heroin Synthetische Drogen	Haschisch/ Marihuana Heroin Synthetische Drogen
Süd- u. Südost-u. Ost-asien einschl. Japan	Cannabis Rauch & Essopium Ampheta-min	Cannabis Rauch & Essopium Ampheta-min	Cannabis Opiate/ Heroin Ampheta-min	Cannabis Heroin Synthetische Drogen Ampheta-min	Cannabis Heroin Synthetische Drogen Ampheta-min/ Kokain?
Austra-lien		Cannabis Halluzino-gene	Cannabis Halluzino-gene Opiate/ Heroin	Cannabis Halluzino-gene Heroin Kokain & Synthetische Drogen?	Cannabis Halluzino-gene Heroin Kokain & Synthetische Drogen

7.3.4 Risiken der Szene und Risikoverhalten von Szenemitgliedern

Die Diskussion der Pharmakologie und der Pharmakinese „illegaler Alltagsdrogen" (Hurrelmann) in Kapitel 3 hat gezeigt, dass Opiate und deren Derivate, Kokain, Ecstasy und Cannabis – wenn überhaupt – in sehr geringem Maße toxisch sind, wenn sie organismusverträglich zugeführt werden und frei von gesundheitsbeeinträchtigenden Streckmitteln sind. Organismusverträglich meint hier zweierlei:

• zum einen die Applikationsform der Droge,

• zum anderen den Umfang bzw. die Menge der zugeführten Substanzen.

Die Risikobereitschaft vieler User führt dazu, dass Gefahren, die mit problematischen Applikationsformen oder/und chronischem Konsum auftreten können, von ihnen ignoriert werden. Aus diesem Verhalten heraus entwickeln sich Risiken für den Gebraucher oder Abhängigen, die im Folgenden benannt werden sollen.

Ein weiteres gravierendes Problem ergibt sich für die Konsumenten durch die Kriminalisierung der Szene und die illegalen Konsumbedingungen. Gerade die ständige Angst vor Verfolgung und die damit einhergehende Vernachlässigung der Körperhygiene wirken sich auf die psychosoziale Verfassung vieler Drogenabhängiger in belastender Weise aus. Daher soll des Weiteren auf Problemlagen eingegangen werden, die sich infolge des zu bewältigenden Anomiestresses dem Konsumenten stellen. In diesem Zusammenhang von einer „Soziotoxizität" (vgl. Fuchs 1999, S. 86) zu sprechen, erscheint mir jedoch problematisch. Dieser Begriff lenkt die Aufmerksamkeit der wissenschaftlichen Analyse von den gesellschaftlichen Bedingungen der Entstehung von Drogenszenen ab und postuliert eine ahistorische Situation im Zusammenhang mit individualisierenden Betrachtungsweisen.

7.3.5 Risiken der Lebensführung bei Drogenkonsumenten

Die Lebensbedingungen jener Konsumenten illegaler psychoaktiver Substanzen, die sich im Kontext der Drogenszene aufhalten, lassen sich zunächst unter anomietheoretischen und stresstheoretischen Gesichtspunkt beurteilen:

• Anomische Tendenzen entstehen dann in Gesellschaften, wenn deren soziale Haltekräfte das Individuum sowohl in sozialintegrativer wie auch systemintegrativer Hinsicht nicht mehr an die Gesellschaft binden können. Die Ursache dafür – das wissen wir seit Durkheim – liegt vor allem in ökonomischen Entwicklungsschüben und -brüchen von Gesellschaften begründet. Die tendenzielle Entkopplung von Sozialintegration und Systemintegration bezeichnet dabei das moderne Problem der Anomie. Dies bedeutet, so Böhnisch, „dass die Menschen zwar sozialintegrativ handeln wollen, jedoch in ihrem lebensweltlichen Wollen keine systemische Resonanz (vorfinden H.J.J.) und sich dann egozentrisch und antisozial verhalten, ohne dass sie es so beabsichtigt haben. Diese moderne Form der Anomie verhindert zunehmend die soziale Gestaltung vom Menschen her. Denn Menschen suchen und verlieren ihren Lebenssinn nach anomischen Enttäuschungen nicht mehr im Sozialen, sondern in sich selbst, in der biographischen Selbsterfüllung ohne Rücksicht auf die Belange des Sozialen, aber unter selbstverständlicher Inanspruchnahme der ‚organischen Solidarität' (Böhnisch 1999, S. 35).

- Jenseits psychopathologischer Auffassungen der Entstehung drogenkonsumierenden Verhaltens verweist die modern interpretierte Anomietheorie auf soziokulturelle Bedingungen, die eine Orientierung von jungen Menschen auch an das Milieu der Drogenszene plausibel erscheinen lassen. Die Drogenszene bietet den Jugendlichen Halt, integriert sie in ihr soziales Milieu, jedoch in der Regel um den Preis von Abhängigkeit und drogeninduzierter Manipulierbarkeit ihrer psychosozialen Befindlichkeit.

- Die erfahrbare und erfahrene Sinnhaftigkeit des Lebens auf der Drogenszene durch den jungen Menschen, also die Sicherstellung sozialintegrativer Aspekte schlechthin, verliert sich jedoch im Verlauf der Verfestigung der Sucht. Die zum Teil trostlose Banalität des Lebens von Drogenabhängigen zeigt immer wieder Entzugsprobleme und Beschaffungsdruck. An Tagen totaler Fixierung auf die Droge spielen soziale Kontakte nur dann eine Rolle, wenn sie zur Beschaffung von Drogen und finanziellen Ressourcen zweckdienlich sind. Soziale Beziehungen sind insofern hochambivalent. Einerseits sind sie erwünscht, da körperliche Nähe, Gespräche, gemeinsam abgewickelte Diebstähle, Einbruch etc. ein intensives Zugehörigkeitsgefühl schaffen, das sich andererseits immer wieder bricht an der realen Angst, betrogen und bestohlen zu werden. Um an den Stoff zu kommen, muss Vertrauen da unterstellt werden, wo eigentlich Egoismus pur ausgelebt wird.

- Es ist eine total schizophrene Situation, die nur deswegen ausgehalten werden kann, weil die Realität durch die Droge nur gefiltert wahrgenommen wird. „Die ständige Bedrohung und die Hektik mit der täglich Geld, Drogen und Verbindungen geschafften werden müssen, lenken in hohem Maße von der Selbstwahrnehmung ab und schützen damit vor den Gefühlen der quälenden inneren Leere, der eigenen Wortlosigkeit und der Lebensangst" (Gölz 1999, S. 97).

- Die ursprüngliche Absicht von jungen Menschen, mit Hilfe der sozialen Einbindung in die Drogenszene Sicherheit und Halt zur Gestaltung einer selbstverantwortbaren Zukunft zu erlangen – die erlebten Anomieprobleme subjektiv zu normalisieren –, verkehren sich in ihr Gegenteil und produzieren so soziale Isolation und soziale Deklassierung. Dadurch konstituieren sich „Teilidentitäten" (Keupp), die Selbsterhaltung nicht mehr als Veränderbarkeit leben, sondern als Überleben und/oder Untergang.

- Der Alltag der Drogenszene konstituiert sich zu einem Milieu, das subjektiv von seinen Teilnehmern verarbeitet werden muss. Vor allem in den lebensgeschichtlichen Erzählungen von Fixern (vgl. Noller 1989, Thabe 1997) scheinen soziale Situationen auf, die deutlich machen, dass deren Bewältigung Symptome wie Angst, Aggressivität, Depressivität produzieren, die als Reaktion auf den Stress in der Szene verstanden werden können.

Entscheidend für das Erleben von Stress ist nicht die objektive Situation, sondern wie sich die Situation in der Perspektive der Wahrnehmenden darstellt. Auch kognitiv sind solche Situationen für die Betroffenen von hoher Bedeutung. Wenn Stress auftritt, so kann er – in seiner negativen Wirkung – langfristig belastende Fehlanpassungsleistungen und problematische Formen der Belastungsregulation zeigen.

In der Phase des Konsums illegaler psychoaktiver Substanzen sind zahlreiche stressauslösende Faktoren bei den vielfältigen Risiken der Bewältigung dieser Phase in den unterschiedlichen Handlungsbereichen des Milieus zu verorten.

Sie lassen sich hier nicht alle und auch nicht umfassend darstellen. Einige Handlungsbereiche sollen jedoch genannt werden.

Prostitution: „Dann ging ich am Kudamm auf den Strich. Die meisten Freier waren Ausländer, die alle ohne Kondom wollten. Meist waren sie sehr dreckig und zahlten kaum etwas. Einer nahm mich dann mal mit auf sein Zimmer im Asylantenheim. Er hatte mir ein Gramm Heroin versprochen, wenn ich mitkäme. Dort warteten dann noch drei andere auf mich. Ich war froh, dass ich später heil rauskam" (Gölz 1999, S. 95)

Infektionsangst und Prostitution: „Zusammengenommen dürfte daher die Prostitutionstätigkeit in erster Linie ein Indikator für massive Abhängigkeitsmuster, hohe alltägliche Belastung und starke soziale Deprivation im gesamten biographischen Verlauf der Frauen sein, und weniger ein unmittelbarer Indikator für sexuelles Risikoverhalten. Ein sexuelles Infektionsrisiko für Prostituierte besteht aber offenbar für Infektionen mit Gonorrhoe (Tripper) und Chlamydien (Harnwegsinfekt), die sexuell erheblich leichter als HIV übertragen werden. Drogenprostituierte berichten über dreimal mehr aktuelle Infektionen dieser Art als andere Fixerinnen. Die Belastung durch solche Infektionen könnte zur Erklärung einer erhöhten Vulnerabilität für eine HIV-Infektion herangezogen werden, so dass indirekt doch von einem sexuellen HIV-Risiko aufgrund der Prostitutionstätigkeit gesprochen werden musste" (Kleiber/Pant 1997, S. 517).

Gewalt: Die Szene ist „das Gefährlichste und Härteste überhaupt. Auch so Linkereien. Weil, du musst es ja irgendwo bunkern und machen und tun, beobachten, ob dir jemand zuguckst, wo du es bunkerst. Für die Brüder damals, ich will jetzt die Namen nicht nennen, mit den Dreien 'ne Schlägerei gehabt. Die schlagen mich zusammen, wollten mir das Dope abnehmen, fliege paar Meter weg, ziehe die Karre: Wie viel braucht ihr denn? So ne Dinger sind auf der Szene passiert" (Noller 1989, S. 155).

Stehlen: „Die U-Bahn ist knackevoll, und ich probiere im Gedränge, einer alten Frau das Portemonnaie zu stehlen. Ihre Enkelin bemerkt es, und ich kann gerade noch abhauen. Ich sehe mich in einem Schaufenster, schweißüberströmt, wunde Stellen im Gesicht, außerdem stinke ich nach drei Tagen ohne Waschen" (Gölz 1999, S. 93).

Einbruch: „Geld muss her, Stoff muss her. Du stehst in einer Wohnung, hast schon alles, plötzlich steht ein Nachbar in der Tür. Zum Fenster kannst Du nicht raus, es ist im dritten Stock, du musst einfach durch – entweder der fällt, oder du bist in Moabit. Da war ich oft dran, mir eine Überdosis zu setzen, damit ich endlich Ruhe hatte. Immer nur auf der Suche nach Geld, Stoff, Schlafplatz, Geborgenheit, Liebe" (Gölz 1999, S. 96).

Entzug: „Ich wache auf und friere, ziehe die Knie an meinen Körper und öffne die Augen. Mein Körper ist völlig nass, mein Bett ebenfalls. Es ist 11.00 Uhr. Gestern um 18.00 Uhr habe ich mir den letzten Druck gemacht, und jetzt bin ich auf Entzug. Plötzlich fällt mir ein, dass ich noch 40,00 DM habe, und springe mit einem Satz aus dem Bett. Die Szene ist nur 4 U-Bahnminuten weg. [...] Am Bahnhof Zoo ist der ganze Platz mit Bullen besetzt. Ich fahre zur nächsten Szene, sehe aber dort schon von oben, dass alles von Polizei nur so wimmelt" (Gölz 1999, S. 94).

Die Lebensbedingungen der geschätzten 100.000 bis 120.000 Konsumenten harter Drogen sind in hohem Maße geprägt von den geschilderten stresserzeugenden Folgen der Kriminalisierung und Illegalisierung der Szene. Das Ausmaß fehlender Sozial- und Systemintegration führt zu Selbstwertverlust, der jedoch in Zeiten der Wirkung der Droge nicht so verspürt wird. Gleichwohl führen Situationen wie die geschilderten zu anhaltenden Erschütterungen des Selbstvertrauens und des Selbstwertgefühls. Wenn Stressreaktionen nicht beschränkt bleiben auf eine psycho-soziale Ebene, können sich Wirkungen auf einer physisch-somatischen Ebene einstellen und zu Beschwerden führen. Chronische Erkrankungen, Schwächung des Immunsystems, Beeinträchtigung der Regenerationsfähigkeit des Users können u.a. dann die Folgen nicht bewältigter Anforderungen der Lebenszusammenhänge sein.

7.3.6 Risiken des Drogengebrauchs

Mit dem Drogenkonsum sowie den verschiedenen Konsumformen sind besondere Risiken und Gefahren verbunden. Im Folgenden sollen die wesentlichen Risiken von Szenedrogen angegeben werden. Dabei unterscheide ich applikationsbedingte Risiken und stoffbedingte Risiken. Da auf die pharmakologischen und pharmakinetischen Besonderheiten von Szene-Drogen schon eingegangen wurde, werden sie hier nicht mehr extra erwähnt.

Drogennotfälle und Drogentodesfälle verweisen insbesondere auf Mischkonsum von mehreren psychotropen Substanzen bzw. auf Probleme der exakten Einschätzung der Reinheitsgrade von Heroin sowie auf die kaum zu diagnostizierende pharmakologische Zusammensetzung von Designerdrogen. Das im Straßenverkauf angebotene Heroin weist zudem regional erheblich unterschiedliche Reinheitsgrade auf. Straßenheroin ist ausschließlich gestreckt und/oder verschnitten zu erhalten. Überwiegend wird Strychnin, Chinin oder Talkum verwendet. Beabsichtigt der User auf der Szene über die Vermeidung von Entzugsproblemen hinaus noch psychotrope Wirkungen zu erzielen, wird das Straßenheroin mit Amphetaminen oder Benzodiazipinen verschnitten. Heckmann/Püschel u.a. (1993) weisen in einer Untersuchung zur Drogenmortalität in Bremen, Berlin und Hamburg darauf hin, dass gerade bei Drogennotfällen die Kombination von Straßenheroin und Amphetaminen/Benzodiazepinen ursächlich ist und auch bei Drogentodesfällen kann Misch- oder Beikonsum im Zusammenhang mit Straßenheroin eine der wesentlichen Ursachen sein, sieht man einmal von der Zuführung einer gewollten oder ungewollten Überdosis ab (vgl. Heckmann/Püschel u.a. 1993).

Ein weiteres Problem stellt die Mischinjektion von Kokain und Heroin (Snowball) dar, die je nach (unkontrolliertem) Reinheitsgrad der Substanzen zu übersteigerten Aktivitäten und zu einer hohen Belastung des Kreislaufes führen kann. Heroin wirkt dämpfend auf das Atem- und Kreislaufzentrum. Bei einer versehentlichen Überdosierung entstehen Atemdepressionen, die auch für Todesfälle verantwortlich gemacht werden können. Kokain wird häufig geschnitten mit Tranquilizern, um dem den Kokainkonsumenten bekannten Stimmungseinbruch zu begegnen. Im Falle von Dosissteigerungen und in Verbindung mit Schlafmitteln (genommen als „Gegenmittel" zu einem übersteigerten Bewegungs- und Wachheitsdrang) kann es zu Erscheinungsformen kommen, die von schizophrenen Zuständen kaum unterscheidbar sind. Des Weiteren können sich delivante, verwirrte und paranoid-halluzinatorische Effekte einstellen, die Problematik wird durch den Konsum von Alkohol noch verstärkt.

Die häufigste Konsumform, die die Drogenwirkung sowohl bei Heroin, Morphium und Kokain wie auch Cannabis verstärkt, ist Alkohol. Die oben zitierte Studie von Heckmann/Püschel u.a. (1993) weist u.a. aus, dass etwa 40% der Drogenkonsumenten zum Zeitpunkt ihres Todes stark alkoholisiert waren.

Poelke (1999) führt an, dass vor allem in der Szene der Opiatkonsumenten das Präparat Rohypnol in hohen Dosen konsumiert wurde, zudem der Missbrauch von Phenobarbitol und Dihydrocodein stark verbreitet sei. Beide Mittel werden entweder als vorübergehendes Substitut zu Heroin oder

Morphium genommen oder aber zusätzlich, um deren Wirkung zu verstärken. Insbesondere der Konsum von größeren Mengen Rohypnol produziert beim Heroinuser persönlichkeitsfremde und aggressive Impulse (vgl. Poelke 1999, S. 244ff.). Erhebliche Risiken für den User hält auch der Konsum von Schnüffelstoffen bereit. Nun ist sein Konsum weniger in der traditionellen Drogenszene anzutreffen, sondern eher im Kontext von Straßenkindermilieus. Schnüffeln bedeutet Lösungsmitteldämpfe zwecks Rauscherzeugung zu inhalieren. Der Lösungsmittelrausch ähnelt von der Symptomatik her einer Volltrunkenheit. Äther, Benzol, Lachgas, Verdünner, Klebstoffe, Nagellackentferner u.v.a. werden genommen. Nach längerem Schnüffeln stellen sich häufig Nervenlähmungen, Muskelschwund und Gehirnschäden ein. Bekannt sind schwere Leberschäden, Reizung der Atemwege etc. Offensichtlich entsteht keine physische Abhängigkeit, allerdings ist eine Toleranzbildung bei dauerhaftem Konsum feststellbar (vgl. Schulze/Kovar 2000, S. 117ff.).

Zu den stoffgebundenen Risiken kommen in der Drogenszene die applikationsbedingten Risiken. Hier sind vor allem jene zu nennen, die sich aufgrund des intravenösen Drogengebrauchs einstellen können. In der Literatur wird hierbei unterschieden in Needle-Sharing und Drug-Sharing (vgl. Heudtlass u.a. 1995, S. 113ff.; Schneider/Weber S. 364ff.).

Man spricht von Needle-Sharing dann, wenn Spritzen und/oder Kanülen von zwei oder mehreren Gebrauchern zur Injektion von Heroin, Kokain oder anderem benutzt werden. Beim Needle-Sharing ist das Infektionsrisiko besonders hoch. Über Blut-Eiweißrückstände können Pilze, Bakterien und Viren von einem Gebraucher auf den nächsten übergehen. Neben Infektionen allgemeiner Art sind es vor allem Hepatitis- und HIV-Viren, die auf diese Art übertragen werden können. Die Anzahl der User, die Needle-Sharing praktizieren, ist durch die Möglichkeit des Spritzentauschens, der in fast allen deutschen Großstädten praktiziert wird, zurückgegangen. Heudtlass u.a. (ebd. S. 114) zitieren eine Studie von Kleiber/Pant aus Berlin, die festhält, dass ca. 10% der User Needle-Sharing praktizieren. Darüber hinaus weisen sie auf die besondere Situation von Haftanstalten hin. „Haftaufenthalte müssen nach unseren Daten derzeit als ein wesentlicher Motor der HIV-Verbreitung unter iV-Drogenkonsumenten gelten. Der Tatsache, dass in Haftanstalten intravenöser Drogenkonsum an der Tagesordnung ist, wird unter AIDS-präventiven Gesichtspunkten auf völlig unzureichende Weise Rechnung getragen. Da in Haftanstalten weder eine Vergabe von sterilen Spritzbestecken erfolgt, noch effektive Reinigungsmittel zur Verfügung gestellt werden (Bleichsoda-Vergabe), wird der langfristige epidemiologische Effekt von Gefängnisaufenthalten mit der Rolle von ‚Shootinggaleries‘ in den angelsächsischen Ländern zu vergleichen sein“ (Heudtlass u.a. ebd. S. 115).

Ein anderes Problem mit ähnlicher Brisanz ist das Drug-Sharing. Hier benutzt zwar jeder User sein eigenes Besteck zur Injektion. Jedoch wird die aufbereitete Menge des zu injizierenden Heroins auf zwei Spritzen verteilt. Es lassen sich zwei Varianten mindestens unterscheiden: das „Frontloading" und das „Backloading".

Frontloading heißt: Eine aufbereitete Dosis Heroin wird in einer Spritze aufgezogen und eine Teilmenge davon anschließend in die vordere Öffnung der Kanüle der 2. Spritze gegossen, bevor jeder User mit seiner eigenen Spritze injiziert. Das Infektionsrisiko ist dann erheblich, wenn die zur Teilung benutzte Spritze nicht desinfiziert wurde.

Backloading heißt: dass in einer Spritze die gesamte aufbereitete Dosis vom Löffel und durch Filter aufgezogen wird. Danach wird die zu injizierende mögliche Menge auf weitere Spritzen verteilt und zwar über die hintere Öffnung der Spritze. Diese Variante ist vor allem bei jenen Usern anzutreffen, die lediglich über einteilige Spritzen verfügen.

In erster Linie wird diese Applikationsform dann gewählt, wenn die Notwendigkeit der Aufteilung der Stoffe besteht. Entscheidend für das eingehen eines hohen Risikos ist, dass die gemeinsam benutzten Utensilien (Filter, Wasser, Löffel, Spritze etc.) nicht sterilisiert sind und insofern mit infektiösem Material belastet sind.

Tab. 18: Besondere Gefahrenquellen und Risiken
des szenebezogenen Drogengebrauches

Applikationsbedingte Risiken und stoffbedingte Risiken	Risiken der Lebensführung
Zu schnelles Spritzen	Beschaffungskriminalität
Ungeeignetes Spritzbesteck bzgl. des Volumens und der Kanüle	Polivalenter Missbrauch Beigebrauch
Riskante Applikationsform (spritzen)	Alkohol
Mindere Stoffqualität	Infektionskrankheiten (Hepatitis, HIV, Abszesse)
Mangelnde Hygiene, mangelnde Sterilität	Isolierung beim Konsum
Gemeinsamer Spritzengebrauch	Toleranzrisiko nach dem Entzug
	Psycho-sozialer Stress

Applikationsbedingte Probleme können auch beim Schnupfen von Kokain auftreten. Die Nasenschleimhaut leidet bei einigen Usern sehr stark. Entzündungen, Geschwürbildungen und – mehr als Ausnahme – die Perforation der Nasenscheidewand und damit einhergehend das Einsinken des Nasenrückens lassen sich hier als Probleme benennen.

7.4 Die Techno-Szene

Beschäftigt man sich mit dem Phänomen der Techno-Szene, so lassen sich viele Parallelen zur ehemaligen Cannabis-geprägten Hippie-Szene feststellen: der Hedonismus ihrer Mitglieder, das expressive Verhalten, der besondere Jargon und natürlich die Techno-Musik sowie Ecstasy als „stilbildende Droge" dieses Milieus. In einem ganz entscheidenden Punkt unterscheidet sich jedoch die Drogenszene der 70er-Jahre von der Techno-Szene der 90er-Jahre: Sie ist kein Refugium des Ausstiegs aus der Gesellschaft, der Erprobung neuer Formen des Zusammenlebens und Ausdruck des Protests gegenüber einer „verknöcherten" Gesellschaft. Die Technoszene ist eine Wochenendszene mit besonderen stilbildenden Ritualen und einer Lebensphilosophie, die ausdrücklich den „Szeneaufenthalt" als Freizeitvergnügen definiert und nicht als alternativen Lebensstil.

Techno ist ein Spiegelbild unserer Gesellschaft und der Entwicklung, die sie in diesem Jahrhundert genommen hat. Rasanter technischer Fortschritt, Informationsüberschuss, gestiegener Lebensstandard und vor allen Dingen keine standardisierten Lebensläufe schlagen sich in der Form dieser Jugendkultur nieder und ermöglichen ihr so einen enormen Zulauf. Betrachtet man das Alter der Anhänger dieser jugendkulturellen Gruppierung, so ist eine Konzentration um die 20 Jahre festzustellen Hinsichtlich des Herkunftsmilieus der Technofans können keine Auffälligkeiten konstatiert werden. Das Besondere an der Technokultur ist eher die Tatsache, dass die soziale Herkunft keine Rolle spielt und jeder vorbehaltlos akzeptiert wird. Auffällig ist, dass die Technofans meist nur freizeitbezogen am Wochenende in Sachen Techno unterwegs sind. Am Montag gehen alle wieder ihrem gewöhnlichen Berufs-, Schüler-, oder Studentenalltag nach.

Bei den technospezifischen Parties – den „Raves" – wird das Lebensgefühl der „Raving-Society" deutlich: „Diese Veranstaltungsform zeichnet sich durch die aufwendige Gestaltung der jeweiligen Örtlichkeit mittels Dekoration und Lichtinstallationen sowie den Auftritt mehrerer DJ's, die zum Teil gleichzeitig in verschiedenen Räumlichkeiten ihr musikalisches Programm präsentieren, aus" (Meyer 2000, S. 52).

„Raves" sind Großveranstaltungen mit bis zu 25.000 Teilnehmern, so z.B. der alljährlich stattfindende „Mayday" in der Dortmunder Westfalenhalle, der wohl bekannteste deutsche „Rave". In der Techno-Szene wird hauptsächlich Ecstasy konsumiert, jedoch auch Cannabis und – mit Abstrichen – Kokain. Ecstasy und Cannabis gelten als Freizeitdroge, man konsumiert sie unregelmäßig am Wochenende. Als Einstiegsmotivation lässt sich auch hier Neugier angeben, jedoch auch „Entfliehen aus dem Alltag" sowie der Gruppendruck und der relativ niedrige Preis (1 Ecstasy-Pille, je nach Region, zwischen 10 Euro und 25 Euro).

Das Einstiegsalter bei Erstkonsum von Ecstasy liegt zwischen 16 und 18 Jahren, Mädchen konsumieren früher als Jungen, zudem scheinen junge Frauen eher auf die besonderen Effekte von Ecstasy anzusprechen (vgl. Rakete/Flüsmeier 1998, S. 46ff.). Im Hinblick auf das Beenden der Ecstasy-Einnahme variieren die Ergebnisse verschiedener Studien unterschiedlich stark. Vor allem die Furcht vor Beeinträchtigung der Gesundheit und der Leistungsfähigkeit ist entscheidend. Rakete und Flüsmeier (ebd. S. 56) kommen zu dem Ergebnis, dass die meisten Ecstasy-Konsumenten den Konsum aus Angst vor schädlichen Wirkungen bzw. unangenehmen Nebenwirkungen und aus einer Art befriedigter Neugier aufgaben. Am seltensten wurde der Konsum wegen ausgebliebener Wirkung und aus Angst vor justizieller Ahndung beendet. Die Motive für die Beendigung des Ecstasy-Konsums können in vier Kategorien eingeordnet werden: das Auftreten negativer Erlebnisse, das Nachlassen positiver Erfahrungen, die Inkompatibilität des Drogenkonsums mit dem Lebensentwurf und soziale Motive. Die Wahrscheinlichkeit des Ausstiegs aus dem Drogenkonsum steigt in Abhängigkeit vom Lebensalter (vgl. Tossmann 2001 u.a.). Die meisten UserInnen kommen nicht aus den deprivierten sozialen Schichten. Es kann von einem insgesamt hohen Schulbildungsniveau ausgegangen werden. Auf die Technopartyszene bezogen zeigt Tossmann auf, dass diese vor allem durch sozial integrierte und unauffällige Personen repräsentiert wird. Hurrelmann betont, dass Ecstasy, Speed und Kokain, „also gerade nicht in erster Linie die Substanzen der sozial Randständigen und Desintegrierten, der Leistungs- und Sozialschwachen [sind], sondern die der mittleren Leistungsgeschichten [sic!], die sich ihres Berufs- und Sozialstatus sicher wähnen, gleichwohl aber den hohen Leistungs- und Funktionsdruck spüren, der täglich auf ihnen lastet. Sie nehmen Ecstasy dementsprechend am Wochenende, um ‚ihren Spaß‘ zu haben, und gehen unter Woche einer geregelten Arbeit an einem gesicherten Arbeitsplatz oder ihrer Ausbildung nach, bzw. besuchen die Schule. Davon ausgehend, kann angenommen werden, dass die Konsumenten auch finanziell recht gut ausgestattet sind" (Hurrelmann 1995 S. 8). Ecstasy-Konsumenten fühlen sich nicht als Drogenkonsumenten, für die bei drogenbedingten Problemen eine Drogenberatungsstelle mit ihrem Schwerpunkt auf der Arbeit mit Opiatkonsumenten zuständig wäre. Verelendung und Beschaffungskriminalität spielen bei Ecstasy-Konsumenten keine Rolle: „Wir sind doch keine Junkies, wir nehmen Drogen zum Spaß. Ich habe Spaß mit der Droge, nicht die Droge mit mir" (vgl. Der Spiegel Nr. 27/2000). Die Adressaten sind deshalb im Rahmen traditioneller und hochschwelliger Drogenhilfe nur schwer zu erreichen. Deshalb ist es unter anderem wichtig, die Komm-Struktur der Beratungsstellen aufzugeben zugunsten einer aufsuchenden Arbeit.

Die Untersuchungen von Tossmann (1998) und Rakete/Flüsmeier (1998) zeigen überdies, dass in der Rave-Szene das Verhältnis zu Drogen politoxikoman ist.

Offensichtlich spielt hier Speed eine herausragende Rolle, sodass der Schluss nahe liegt, dass MDMA während der Party vor allem in der Kombination mit Aufputschmitteln attraktiv erscheint. Der Konsum von Speed wird begründet mit einer Initiation des Drogenkonsums, dem gemeinsamen Ziehen einer „line" als Teil des Ausgehrituals und einer zusätzlichen Aktivierung. Interessant in diesem Zusammenhang ist die von Tossmann beschriebene Vernachlässigung des eigenen Anteils an der Wirkung der Pille, d.h. was passiert, wird ausschließlich der Droge zugeschrieben. Zeigt diese nicht die erwünschte Wirkung, bzw. wird der Aufputscheffekt als zu gering angesehen, so muss dieser eben durch den Konsum zusätzlichen Speeds erhöht werden (vgl. Tossmann 1998). Der Konsum von Cannabis dient eher der Beruhigung nach lang andauernden durch Ecstasy stimulierten Aktivitäten.

Drei Sachverhalte sind es, die eine Mitgliedschaft bzw. Teilhabe an der Techno-/Ecstasy-Szene für den User problematisch werden lassen können:

- der in zahlreichen Fällen praktizierte Mischkonsum von Ecstasy mit Amphetaminen, Alkohol, Cannabis oder Kokain. Dadurch wird der Kreislauf des Users extrem belastet. Wirkungen können sich einstellen, die im Zusammenhang mit den suggestiven, synthetischen Musikklängen und der Reizüberflutung durch künstliche Lichtintervalle Angst und Panik erzeugen können.
- Die illegale Produktion von Ecstasy bedingt extreme Risiken durch Verunreinigung und das Verschneiden mit weiteren psychoaktiven Substanzen. Dies bedeutet, dass die Wirkungsweise der Pille im Einzelnen nicht vorhersehbar sein kann. Insbesondere Tabletten, die über zufällige Straßenkontakte erworben werden, bergen diese Art von Risiko.
- Die Einnahme von Ecstasy schaltet das Raum-Zeit-Gefühl aus – was manchmal sehr entstressend wirken kann –, es droht aber auch nach längerem Tanzen eine Überhitzung der Raver, Flüssigkeitsverlust und in dessen Folge ein physischer Zusammenbruch des Organismus.

Allgemein kann man sagen, dass Ecstasygebrauch ebenso wie die Teilhabe an der Techno-Raver-Szene/Party/Risikoszene als jugendkulturelles Phänomen einzuordnen ist. Der passagere Charakter der Szenezugehörigkeit bedingt die Beendigung des Ecstasy-Konsums. Damit einher geht auch die Herauslösung aus dem bestehenden sozialen Netz. Rückwirkend werden der Konsum und die Teilhabe an der Szene als positives Erlebnis aufgefasst, das Identitätsbildung und psychosoziale Entwicklung konstruktiv beeinflusst hat.

7.5 Die Drogenszene im Strafvollzug

Den Gebrauch von illegalen psychotropen Substanzen im Strafvollzug als ein besonderes Phänomen zu behandeln, muss nicht extra legitimiert werden. Der Strafvollzug bildet eine ganz eigene soziale Welt mit Ritualen, Stilen und Verkehrsformen ab, die sich den Außenstehenden nur schwer erschließen. Auch mag es dem mit dem Strafvollzug nicht vertrauten Menschen ungewöhnlich erscheinen, über Drogenkonsum in den Strafanstalten informiert zu werden. Fakt ist jedoch, dass etwa 25% der Insassen von Strafanstalten Erfahrungen im Bereich illegaler Drogen haben. Insofern sind für die Justizvollzugsanstalten der Drogenkonsum im Gefängnis und die damit verbundenen Risiken ein zentrales Problem. In diesem Abschnitt sollen jedoch nicht die Reaktionsweisen der Justiz auf Drogenkonsum in den Strafanstalten thematisiert werden, sondern die Organisation dieses Konsums in den Justizvollzugsanstalten.

Wie der Strafvollzug auf Insassen wirken kann, lässt sich eher aus der Betroffenenperspektive verdeutlichen, als durch noch so präzise Beschreibungen der Lebenslagen:

> „Es kommt keiner an dich ran. Weder die Eltern, noch Bewährungshelfer, noch irgendwelche Ämter. Nicht einmal du selber kommst an dich ran. Na, ja, du denkst nicht über dich nach. Das kommt erst kurz vor der Entlassung. Nummer, Buchnummer, Geschäftszeichen 302 BAS 110 und 84, ja, das bis du, das steht erst mal fest. Du bist kein Mensch, du bist nur noch ne Nummer. Und du darfst auch nicht deine Meinung vertreten, du darfst nichts sagen. Das heißt dann gleich, ja du bis aufrührerisch und kriegst ne Meldung. Also im Knast, wenn du Langstrafe hast, verlernst du das Mensch-zu-sein. Das verlernst du total. Entweder wirste knüppeldicke hart, dass du echt nur noch vor den Kopf haust, auch draußen nachher, dass du dann versuchst, deine Argumente auf körperliche Art durchzusetzen oder auf erpresserische Art, ei, oder du wirst so weich gemacht, dass du echt nicht mehr lebensfähig bist. Das wird aus dir gemacht. Das wird gemacht. Die schaffen das bei fast allen." (Noller 1989, S. 156)

Deutlich wird an dieser Darstellung, dass sich eine „Anstaltskultur" entwickelt hat, die auf sich selbst verwiesen ist und dass das Gegenüber, die Strafvollzugsbeamten, SozialarbeiterInnen, PsychologInnen etc. lediglich als Projektionsfläche für Hass und Aggression dient. Es hat sich eine Zweiteilung konstituiert. Beide Gruppen sind zwar aufeinander verwiesen, jedoch nur im Sinne eines „Herr/Knecht"-Verhältnisses. Auch der Kontakt nach „außen" ist – wenn überhaupt – nur durch besonders lizenzierte Personen herstellbar. Insofern erfüllt die Institution Strafvollzugsanstalt auch alle Merkmale, die Goffmann (1973) für Institutionen anführt, die er mit „totaler Institution" bezeichnet. „Das zentrale Merkmal totaler Institutionen besteht darin", so Goffmann, „dass die Schranken, die normalerweise diese drei Lebensbereiche (Schlafen, Spielen, Arbeiten; H.J.J.) voneinander trennen, aufgehoben sind:

1. Alle Angelegenheiten des Lebens finden an ein und derselben Stelle, unter ein und derselben Autorität statt.

2. Die Mitglieder der Institutionen führen alle Phase ihrer täglichen Arbeit in unmittelbarer Gesellschaft einer großen Gruppe von Schicksalsgenossen aus, wobei allen die gleiche Behandlung zuteil wird und alle die gleiche Fähigkeit gemeinsam verrichten müssen.

3. Alle Phasen des Arbeitstages sind exakt geplant, eine geht zu einem vorher bestimmten Zeitpunkt in die nächste über, und die ganze Folge der Tätigkeiten wird von oben durch ein System expliziter formaler Regeln und durch einen Stab von Funktionären vorgeschrieben.

4. Die verschiedenen erzwungenen Fähigkeiten werden in einem einzigen rationalen Plan vereinigt, der angeblich dazu dient, die offiziellen Ziele der Institution zu erreichen" (Goffmann 1973, S. 17).

Goffmann analysierte unterschiedliche Organisationen und Institutionen. Er führt als solche u.a. Gefängnisse, Klöster, Armenasyle an und beschreibt sie unter den Gesichtspunkten der Insassenkultur und der Welt des Personals. In diesem Abschnitt geht es im Folgenden ausschließlich um die Analyse der Welt der Insassen vor dem Hintergrund der Frage, wie in dieser „Insassenkultur" der Konsum illegaler Drogen organisiert wird und welche Probleme und Risiken dabei für die Konsumenten entstehen. Zunächst gehe ich kurz auf das Verhältnis von Delinquenz und Sucht sowie Drogenkarriere und kriminelle Karriere bei Konsumenten illegaler psychoaktiver Substanzen ein, benenne sodann Merkmale, Rituale, Applikationsformen und Drogengebrauchsmuster des drogenkonsumierenden Verhaltens in Strafanstalten und gehe kurz auf Risiken des Gebrauchs ein.

Zum Verhältnis von Delinquenz und Sucht: Neben dem Drogenhandel ist es die Beschaffungskriminalität, die das Bild der Drogenszene prägt. Jedoch einen genaueren Überblick über den Umfang der Beschaffungskriminalität zu bekommen, erweist sich als schwierig. Während inhaftierte oder zur Hafteinweisung anstehende Drogenkonsumenten sehr intensiv über Art, Umfang und Motivation des Konsum illegaler psychoaktiver Substanzen in Polizeiverhören Auskunft geben, halten sie sich bei Angabe über Beschaffungskriminalitätsaktivitäten aus verständlichen Gründen bedeckt, würden doch Angaben zu diesen Delikten in der Regel Schadensersatzansprüche an den geständigen Konsumenten nach sich ziehen und zudem das Risiko einer umfangreichen Strafzumessung erheblich erhöhen. Das Problem der Beschaffungskriminalität wirft jedoch noch eine andere Fragestellung auf, die insbesondere von der kriminologischen Forschung verfolgt wird (vgl. Rautenberg 1998). In eine Frage formuliert geht es um folgenden Sachverhalt: Ist die sich durch Beschaffungskriminalität ausdrückende Devianzbereitschaft Drogenabhängiger eine Folge der Drogenabhängigkeit oder ist Devianzbereitschaft ein sozialisationsbedingtes Phänomen, das sich durch die Drogenabhängigkeit, aber nicht nur durch sie, seine Bahnen bricht? In der Beantwortung dieser Fragestellung werden im kriminologischen Diskurs drei Hypothesen geprüft, die kurz angedeutet werden sollen:

1. Die Droge ist die entscheidende Ursache der entsprechenden Kriminalität. Da der User gezwungen ist, seinen Drogenkonsum mit Geld zu finanzieren, und er – bedingt durch seine Sucht – ihn nicht mit gesellschaftlich tolerierter Arbeit erwirtschaften kann, bleibt ihm nur die Beschaffungskriminalität.

2. Die Ursache der Beschaffungskriminalität ist eine bereits vor der Drogenabhängigkeit vorhandene Kriminalitätsneigung oder -bereitschaft, die entweder durch Probleme der Sozialisation oder durch Anpassungsdruck von delinquenten Peer-Groups, in die der User eingebunden war, zustande kommen kann.

3. Die Ursache der Beschaffungskriminalität ist nicht personenbezogen festzumachen, sondern gesellschaftlich, sie liegt begründet in der strafrechtlich organisierten Drogenprohibitionspolitik. Diese betrachtet den Umgang mit illegalen psychoaktiven Stoffen selbst schon als Straftat und trägt durch die Illegalisierung zudem dazu bei, dass die Bedarfsdeckung außerordentlich kostspielig ist und mit herkömmlich finanziellen Ressourcen kaum zu finanzieren ist (vgl. Kreuzer 1998, S. 97ff.).

Rautenberg (1998, S. 33f.) bringt die unter (1) und (2) angeführten Hypothesen auf die Formel (1) „kriminell, weil drogenabhängig" bzw. (2) „drogenabhängig, weil kriminell" und führt zu ihrer Plausibilität folgendes an: „Die in den Hypothesen (1) und (2) formulierten Sichtweisen, welche die Beziehungen zwischen Delinquenz und Drogenmissbrauch kausal erklären, sind durch die hier (er bezieht sich auf eine Expertise, die für den Bundesminister für Gesundheit erstellt wurde; H.J.J.) dargestellten neueren Untersuchungen offensichtlich nicht gedeckt. Ob Drogengebrauch von Delinquenz begleitet wird, beides sich wechselseitig bedingt, verstärkt oder zeitgleich einsetzt, oder aber ob Delinquenz zu Drogenmissbrauch führt, scheint von einer ganzen Reihe von Faktoren abhängig zu sein, denen ein höherer Erklärungswert unterstellt werden kann, als dies bisher angenommen" (Rautenberg 1998, S. 84). Rautenberg führt hier ein ganzes Bündel von möglichen Ursachen an, die von Persönlichkeitsfaktoren der Konsumenten über familiale Hintergründe, drogenpolitische Kontrollstrategien bis zur Einbindung in Gleichaltrigengruppen reichen. Seiner Auffassung nach scheint es plausibel und durch empirische Untersuchungen belegt zu sein, keine kausale Verknüpfung zwischen Drogengebrauch und Drogendelinquenz anzunehmen, sondern Formen abweichenden Verhaltens als Resultat von Umweltvariablen anzunehmen. „Die Expertise hat gezeigt, dass Sucht und Delinquenz, Drogenkarriere und kriminelle Karriere nach dem augenblicklichen Stand der Forschung nicht in einem erkennbaren kausalen Zusammenhang stehen. Es scheint vielmehr so zu sein, dass aus einem insgesamt als deviant zu charakterisierenden, von anerkannten sozialen Normen und Verhaltensweisen abweichenden Lebensstil kriminelle Handlungen oder auch Drogenmissbrauch und Sucht erwachsen. Sozioökonomische Variablen und das direkte Umfeld (Familie und Peer-Group) erscheinen dabei als wesentliche Bedingungsfaktoren für beide Formen abweichendes Verhalten" (Rautenberg 1998, S. 92).

Strafanstalt und Drogengebrauch: Delinquenz und Sucht, Drogenmissbrauch und Devianz sind Rahmenbedingungen des Lebens auf der Szene, insofern ist abweichendes Verhalten hier nicht nur alltagsprägend, sondern auch alltagsausfüllend. Für die Szene-Mitglieder bedeutet dies, dass sie sich Einstellungen und Handlungsroutinen aneignen, die diesen Alltag strukturieren helfen. In der Regel legen Drogenkonsumenten diesen Habitus bei Eintritt in den Strafvollzug nicht ab. Mit Heimlichkeiten, Beschaffungsmustern, Riten, Renommieren, Experimentieren und Improvisieren vertraut, gelingt es inhaftierten Drogenkonsumenten in bemerkenswert schneller Weise, unter den Rahmenbedingungen einer Haftanstalt szeneähnliche Bedingungen zu schaffen. Ähnlich argumentiert auch A. Kreuzer, wenn er schreibt: „Zum anderen wird anstaltsinterner Drogenumgang dadurch begünstigt, dass Drogenabhängige sich bereits überwiegend in einer Subkultur ausgekannt haben und die extramutrale Drogenszene unter den Rahmenbedingungen einer Haftanstalt als intramutrale Subkultur fortsetzen" (Kreuzer 1998, S. 199). Die Strafanstalt wird im Verlauf der Drogenkarriere phasenweise zur dominierenden Lebenswelt von Drogenkonsumenten. Kleiber/ Pant betonen, dass die Haftprävalenz bei Drogenabhängigen in Deutschland insgesamt bei ca. 60% liegt, in Berlin bei 70%, in NRW bei 56%. Insgesamt, so Kleiber/Pant, haben iV-Drogenkonsumenten im Mittel ca. ein Fünftel ihrer aktiven Drogenzeit in Haft verbracht (vgl. Kleiber/Pant 1998, S. 507f.). Der hohe Anteil von Drogenkonsumenten in Strafanstalten – bei Frauen mehr als 50%, bei Männern ist der Anteil geringer –, hat erhebliche Auswirkungen auf das Gefängnisleben: Drogen werden zum zentralen und gewinnträchtigen Medium der Gefängnisinsassenkultur, Drogen dienen hier zur Bewältigung der Haftsituation, die in betäubten Zustand besser ertragen werden kann. Der Konsum von Drogen durch Haftinsassen hat aus der Sicht des Gefängnispersonals wesentliche Funktionen bei der Aufrechterhaltung eines friedlichen Zusammenlebens unter den Anstaltsinsassen. Die Zugehörigkeit zur anstaltsinternen Drogenszene ist für den einzelnen Gefangenen von großer Bedeutung, da sie ihm Identität und Rückhalt vermittelt. Kreuzer (1998 S. 203) führt Feststellungen zum Ausmaß des Drogenumgangs in Anstalten an, die im Folgenden zusammengefasst wiedergegeben werden sollen:

• In den geschlossenen Haftanstalten lassen sich unterschiedlich stark verdichtete Szenemilieus feststellen, die illegale Märkte, Schmuggel und den Konsum von illegalen Drogen begünstigen.

- Inhaftierte, Besucher, Gefängnisbedienstete sind an den Kommunikationsstrukturen und der Parallelwirtschaft, die das System des Drogenkonsums und -handels stützen, beteiligt.

- In jeder Haftanstalt sind derzeit illegale Drogen verfügbar, die Forderung einer drogenfreien Haftanstalt ist unrealistisch.

- Vor allem in Jugendstrafanstalten gibt es bedingt durch Isolierung, Passivität, Verbote und Versagungen Tendenzen, Ersatzdrogen zur Flucht aus dem Gefängnisalltag zu konsumieren.

- Die Verfügbarkeit illegaler Drogen in den Strafanstalten ist einem ständigen Wechsel unterlegen, der seine Ursachen sowohl in den Bedingungen des Marktes außerhalb der Anstalten als auch in den Veränderungen des Kontrollsystems in der Anstalt hat.

- Unter den illegalen Drogen ist Cannabis in Strafanstalten am ehesten verfügbar, gestrecktes Heroin, Morphium, morphinhaltige Medikamente, aber auch Kokain und Amphetamine lassen sich ebenfalls finden.

- Problematisch ist die schlechte gesundheitliche Verfassung der User, bedingt durch die gesundheitsschädigenden Lebensbedingungen vor der Haft. Gesundheitsrisiken im Gefängnis bestehen vor allem im fortgesetzten Konsum verschiedener, zum Teil erheblich mit Fremdstoffen gestreckter Substanzen, in häufig selbstorganisierten Entzügen und Überdosierungen.

- In Strafanstalten sind Infektionskrankheiten wie Hepatitis B und C und auch HIV unter den Drogenkonsumenten stark verbreitet. Besondere Ansteckungsgefahren ergeben sich vor allem aus den unhygienischen Umständen der Drogeninjektion. Wegen des verdeckten Drogenkonsums und dem gemeinsamen Gebrauch von Spritzenutensilien bestehen erhebliche Infektionsrisiken bei Gefangenen. Das was oben zu den Problemen des Needle-Sharings und des Drug-Sharings ausgeführt wurde, gilt auch unter den Bedingungen der Drogenszene in Strafanstalten.

Drogenkonsum in Strafanstalten produziert und/oder verlängert nicht nur Abhängigkeit, sondern spannt die Konsumenten von illegalen Drogen in ein Netz sich wechselseitig verstärkender Devianz. „Als Folge davon setzen sich Insassen vielfältigen Belastungen aus, die psychische und physische Schädigungen nach sich ziehen können, und darüber hinaus neben dem Risiko von zusätzlichen Haftstrafen interne Disziplinarmaßnahmen verschiedener Härte zu gegenwärtigen haben. Die repressive Gefängniskultur, verbunden mit dem vorhandenen Drogenangebot, führt außerdem dazu, dass auf bewährte Verhaltensweisen aus der Drogenszene zurückgegriffen wird. Insbesondere kann belastenden inneren und äußeren Realitäten mit Hilfe von Rauschdrogen ausgewichen werden. Die Beschäftigung mit inneren Erkenntnisprozessen, die als unangenehm empfunden werden, und die Beschäftigung mit grundlegenden persönlichen Problemen können so wirksam vermieden werden" (Jacobs/Stöver 1999, S. 176).

7.6 Zusammenfassung

Die Drogenszene in einigen Facetten ihrer Erscheinungsform darzustellen, war Absicht dieses Kapitels. Zunächst wurden einige systematische Überlegungen angestellt zur kategoralen Erfassung der Drogenszene. Präferiert wurde der Milieuansatz als Möglichkeit, die Drogenszene zu analysieren und nicht das Subkulturkonzept. Ausschlaggebend für die Verwendung des Milieuansatzes war die Einsicht, dass Konsumenten illegaler psychoaktiver Substanzen sich in einem lockeren Netzwerk sozialer Teilhabe nicht nur der Drogenszene zugehörig fühlen, sondern auch in anderen sozialen Gruppierungen durchaus Rollen einnehmen können. Das Subkulturkonzept schließt diese Ambivalenz aus.

Die Strukturen der Drogenszene wurden in Bezug auf ihre Entstehung generell und bezogen auf die Stadt Hamm und Dortmund verdeutlicht. Sodann wurden Ein- und Ausstieg aus der Szene, milieuspezifische Lebensstile, Dealer und das Dealen, Risiken der Szene und das Risikoverhalten von Szenemitgliedern als strukturelle Besonderheiten der Szene diskutiert sowie am Beispiel der Technoszene und der Haftanstaltszene Eigenarten besonderer Szenemilieus dargestellt. Dass die örtliche Szene in ihrer Entwicklung und Struktur immer auch abhängig ist von internationalen Entwicklungen des Handelns, des Anbaus und der Kontrolle, sollten die hier gegebenen Hinweise auf ihre Verflechtung mit den international tätigen Drogensyndikaten verdeutlichen.

Tipps zum Weiterlesen

M. Krausz/P. Raschke, Drogen in der Metropole, Freiburg 1999
W. Kindermann u.a., Drogenabhängig, Freiburg 1989
P. Noller: Junkie-Maschinen, Wiesbaden 1989
S. Thabe, Drogen und Stadtstruktur, Opladen 1997
W. Steffan, Streetwork in der Drogenszene, Freiburg 1988
K. Gerdes/Chr. v. Wolffersdorff-Ehlert, Drogenscene, Stuttgart 1974

8. Die Drogenhilfe

8.1 Einleitung

In einem Essay über die Armen stellt Simmel die Funktion der Armenpflege als eine dar, die zwar den Armen als eine Art Endstation in der Unterstützung materieller Bedürfnisse zur Verfügung stehe, jedoch nicht als deren Endzweck bezeichnet werden könne. Dieser liege, so Simmel, ausschließlich im Schutze und der Förderung des Gemeinwesens, um die vom Armen drohende Gefahr und mögliche Abzüge von dem erreichten Gemeinwohl abzuwenden. (vgl. Simmel 1968, S. 345ff.). Simmel geht es hier um eine soziologische Betrachtungsweise eines gesellschaftlichen Sachverhaltes.

Betrachten wir unter dieser Perspektive die Drogenhilfe und den Drogenkonsumenten, so entdecken wir Analogien in der Funktion dieser Hilfeapparatur und seiner Adressaten. Drogenkonsum ist – wie Armut auch – in unserer Gesellschaft nicht als qualitativ festzulegender Zustand zu bestimmen, sondern nur nach der sozialen Reaktion, die auf gewisse Zustände eingeht. Die Hilfe, welche Drogenkonsumenten zuteil wird, ist eine, die über die Regulierung möglicher Bedürftigkeit der Konsumenten hinausgeht, indem sie die zu Unterstützenden aus dem Zusammenhang ihres Alltags herausstellen und damit den anschaulichen Beweis ihrer Unterstützungsbedürftigkeit anzeigt. Von der Gesellschaft her gesehen bedeutet dies, ein sozial- und systemintegratives Problem lösen zu müssen, da sonst u.U. anomische Verhältnisse drohen könnten. Das gesellschaftlich gewählte und akzeptierte Reaktionsmuster ist bekannt: Therapie und Strafe, organisatorisch gefasst in Drogenhilfe und Strafvollzug.

Im Folgenden soll nun die Drogenhilfe als gesellschaftliche Reaktion zur Normalisierung drogenkonsumierenden Verhaltens dargestellt werden. Es werden Organisationsformen der Primärprävention, der Suchtbegleitung und der Behandlungen Drogenabhängiger ebenso dargestellt wie methodische und personenzentrierte Maßnahmen auf den angedeuteten Ebenen. Anfangen will ich mit einem kurzen Abriss der Entwicklung der Drogenhilfe seit den 60er-Jahren des letzten Jahrhunderts. Dies bedeutet nicht, dass sich nicht auch schon vor dieser Zeit Hilfeformen für Süchtige entwickelt haben – ich habe sie im 1. Kapitel erörtert –, sondern lediglich, dass sich Ende der 60er-Jahre in der Bundesrepublik eine neue Sichtweise in der Drogenpolitik entwickelte, die die Rahmenbedingungen auch für die aktuelle Drogenhilfe verantwortet. In der Darstellung und Analyse der Drogenhilfe ist der Fokus auf den Zusammenhang von Sozialer Arbeit und Drogenhilfe gerichtet. Dies ist insofern legitim, als diese Einführung in die Drogenhilfe in erster Linie eine für Sozialpädagogen und Sozialarbeiter ist.

8.2 Zur Geschichte der Sozialen Arbeit in der Drogenhilfe

Wenn man versucht, den geschichtlichen Raum genauer zu bestimmen, in dem sozialpädagogische Arbeit und Drogenhilfe zusammengekommen sind, dann wird deutlich, dass die Anfänge Sozialer Arbeit in der Drogenhilfe eng verwoben sind mit der gesellschaftlichen Konstruktion der Drogenabhängigkeit als abweichendes und kriminelles Verhalten. Diese Sichtweise etablierte sich in den Auseinandersetzungen der Kriegsgeneration mit der nachwachsenden Generation, die Autonomie und Emanzipation als Leitbegriffe formulierte. Drogenabhängigkeit als gesellschaftliches Problem lässt sich insofern verorten im Kontext eines gesellschaftlichen Transformationsprozesses, der in Deutschland die Werte und Normen der Adenauerzeit erfasste und vor allem zwei zentrale Orientierungsmuster in Frage stellte: „Autorität" und „Arbeit". Insbesondere der junge Konsument illegaler Drogen galt als Inkarnation jenes Typus von Mensch, der die bis dahin für selbstverständlich gehaltenen Werte und Normen der Leistungsgesellschaft ohne Scham und Reue verletzte.

Cannabis und Morphinkonsum hatte es bis dahin – Ende der 60er-Jahre – immer schon gegeben, jedoch bei Cannabis begrenzt auf eine kleine Gruppe von Künstlern und Intellektuellen, und bei Opium und seinen Derivaten überwiegend auf Ärzte, Apotheker und andere in Heilberufen Tätige, sieht man einmal davon ab, die in Folge von Kriegsverletzungen in Kontakt mit Morphium gekommenen Menschen zu erfassen. Psychiatrisierung und Kriminalisierung der jugendlichen Drogenkonsumenten waren und sind von Beginn des Drogenproblems an die Muster, mit deren Hilfe die Instanzen sozialer Kontrolle mit diesem Phänomen umgingen. Aus heutiger Sicht mag man dieses als Überreaktion der staatlichen Institution bezeichnen, zumal heute als gesichert zu gelten hat, dass diese Maßnahmen in hohem Maße kontraproduktiv für den Umgang mit Konsumenten illegaler Drogen waren. Um das Verhältnis der Drogenhilfepolitik zur Sozialen Arbeit in dieser Zeit angemessen zu reflektieren, ist auch der Blick in die damalige Diskussion um die gesellschaftliche Funktion der Sozialen Arbeit vonnöten. Ideologiekritisch geführte Debatten attestierten den klassischen Methoden der Sozialen Arbeit Individualisierungs- und Stigmatisierungsfunktionen, neben Hilfefunktionen auch Kontrollfunktionen. Die Zukunft sozialarbeiterischen Handelns habe nur dann Bestand, wenn sie sich emanzipierend und alltagsorientierend ausrichte. Praktisch war die Soziale Arbeit vor allem über die Jugendhilfe und den allgemeinen sozialen Dienst eingebunden in die Lösung sozialer Probleme, die auf der Verhaltensebene den oben angesprochenen gesellschaftlichen Transformationsprozess kennzeichnete: Frontstellung gegen einer „spießigen Sexualmoral", Infragestellung überkommener Erziehungsstile, Abkehr von der Einsicht in die Notwendigkeit eines arbeitsbezogenen Lebensstils und – natürlich auch – Erweiterung des Bewusstseins durch psychotrope Substanzen.

Dass dies nicht nur die Einstellung eines Teils ihres Klientel war, sondern auch den eigenen Lebensstil vieler junger Sozialarbeiter und Sozialpädagogen bis in die Organisation des beruflichen Alltags hinein tangierte, kam der Sozialen Arbeit bei der Bewältigung von Aufgaben in dem sich abzeichnenden Berufsfeld der Drogenhilfe zugute. Junge Sozialpädagogen und Sozialarbeiter versuchten mit drogenkonsumierenden Jugendlichen Lebensperspektiven zu entwickeln, in die der Konsum illegaler Drogen als expressiver Lebensstil verortet werden konnte, ohne mit gesellschaftlichen Sozialisationsaufgaben brechen zu müssen. Diese sozialpädagogische Einstellung zeichnete sich insbesondere dadurch aus, dass sie Werturteilsstreitigkeiten mit der Klientel vermied, und den Blick auf den Alltag der Klientel lenkte. Den Alltag in seiner Komplexität bewältigen zu lernen, wurde als pädagogisches Ziel der Sozialen Arbeit verstanden. Dieser „sozialpädagogische Blick" ließ auch die Entwicklung von Bewältigungsstrategien zu, die im Umgang mit Konsumenten illegaler Drogen eher auf Vermeidung von Repression, Tolerierung gewollter Lebensstile und partielle Anpassung an schulische, soziale und politische Vorgaben ausgerichtet waren.

Die Organisation von Hilfemaßnahmen wie Teestuben, offene Beratungskontexte, Jugendhausarbeit, Szenebesuche und Wohngemeinschaften – die heute als niedrigschwellige Drogenhilfe bezeichnet wird – waren Ergebnisse dieser Ausrichtung. Insgesamt war die Drogenhilfe Anfang der 70er-Jahre gekennzeichnet durch einen hohen Grad an Experimentierbereitschaft, die sich durch vielfältige Formen der Beratung, Hilfe und Therapie ausdrückte. An dieser Drogenhilfe hatte die Soziale Arbeit einen hohen Anteil. Die „mitmenschliche Nähe" zum jungen Menschen, der auch illegale Drogen konsumierte, wurde jedoch professionell gewissermaßen gebrochen. In Ermangelung eigener fachlicher Typisierungen zur Qualifizierung ihrer Tätigkeit und der sozialen Phänomene, die sie beobachtete, übernahm die Soziale Arbeit psychologisch-psychiatrische Typisierungen, wie zum Beispiel „Suchtpersönlichkeit", später die „Persönlichkeitsstörung" etc. Ihre gesellschaftliche Funktion der Sozialintegration brachte es mit sich, dass sie sich einer Drogenpolitik nicht entziehen konnte, die mit ordnungspolitischen, psychiatrischen und strafrechtlichen Maßnahmen eine äußerst repressive Prohibitionspolitik betrieb. Zu diesem Zeitpunkt entstand diese eigentümliche Ambivalenz der Drogenhilfe: Eingebunden zu sein in mehr oder weniger dichte Betreuungstexte für Konsumenten illegaler Drogen einerseits, andererseits Repräsentant einer repressiven Drogenpolitik sein zu müssen. Diese Ambivalenz konnte in der Regel durch die Soziale Arbeit nur mittels besonderer Neutralisierungstechniken normalisiert werden.

Für die Konsumenten illegaler Drogen war und ist dies jedoch ein Vorteil, da zahlreiche Repressionen in dem Netz der Drogenhilfe gleichsam verpuffen. In diesem gesellschaftlichen Muster von Hilfe, Kontrolle und Repression ist die Drogenhilfe bis heute eingebunden, worunter die Nähe der Sozialen Arbeit zu ihrem Klientel gelitten hat. Auf zwei entscheidende Maßnahmen, die eine professionelle Distanz beförderten und einem eigenständigen Profil der Sozialen Arbeit Schaden zufügte, sei kurz eingegangen:

(1) 1976 wurde von den Länderregierungen und der Bundesregierung eine Verordnung erlassen, in der die Bewilligung von Zuschüssen für ambulante Einrichtungen der Drogenhilfe an sogenannte Mindeststandards geknüpft werden sollte. Vorausgegangen war diesem Erlass seit 1973 ein Forschungsvorhaben der „Projektgruppe Rauschmittelabhängigkeit" des Max-Planck-Instituts für Psychiatrie in München mit dem Ziel, jene Einrichtungen zu erfassen, die sich um Konsumenten illegaler Drogen beruflich kümmerten. Unter anderem wurde nach der jeweiligen Profession der dort Beschäftigten gefragt und – zum Beispiel – wie denn die Hilfeprozesse methodisch organisiert und mit welchen Parametern diese evaluiert wurden. Das Ergebnis dieser Untersuchungen war ein Beratungsstellenprofil mit eindeutig psychotherapeutischem Charakter und festen administrativen Strukturen. Indem die Empfehlungen des Max-Planck-Institutes, ambulante Drogenhilfe psychotherapeutisch zu strukturieren, zur Richtschnur für die Anerkennung von förderungswürdigen Einrichtungen durch Bund und Länder wurde, reduzierte sich die Vielfalt möglicher Hilfemaßnahmen auf überschaubare Beratungsstellenprofile. Unter anderem führte diese Bewilligungspolitik zum Untergang der Releasebewegung. Aber auch die Soziale Arbeit musste von da ab ihre Arbeit mit Parametern qualifizieren, die den psychologisch-psychiatrischen Diskursen entnommen wurden (vgl. Bühringer 1978).

(2) Am 20. November 1978 wurde die Empfehlungsvereinbarung „Sucht" der Krankenkassenträger und Rentenversicherungsanstalten verabschiedet (vgl. DHS 2002). Diese regelt u.a. Form und Inhalt der Therapie für Drogenabhängige, bestimmt das Fachpersonal und richtet die Finanzierung der Therapie nach sogenannten Qualitätsstandards aus. Auch hier lag wieder ausdrücklich der Verweis auf Psychotherapie zugrunde, die durch psychotherapeutisch fortgebildete Sozialarbeiter, Sozialpädagogen oder Mediziner/Psychiater geleistet werden musste. Die Empfehlungsvereinbarung entstand unter dem starken Einfluss von Psychiatern und Medizinern, ohne auf die Belange der Sozialen Arbeit in der Hilfe für Drogenkonsumenten sonderlich Rücksicht zu nehmen. Auch dieser Prozess der Psychiatrisierung und Bürokratisierung in der Behandlung Drogenabhängiger führte zu einer weitgehenden Abkopplung sozialpädagogisch orientierter Lebensgemeinschaften von der Förderung durch staatliche Instanzen und die Rentenversicherungen – und damit zu ihrer Auflösung. Diese Entwicklungen führten nicht zur Ausgrenzung der So-

zialen Arbeit in der Drogenhilfe – das Gegenteil war der Fall. Aber sie führten dazu, dass sich die berufliche Tätigkeit der Sozialen Arbeit mehr oder weniger im Lichte der psychiatrisch-psychologischen Parameter – das heißt berufsfremder Typisierungen – bewerten lassen musste und dass Anstrengungen zu einer berufsbezogenen Typisierung dieser Tätigkeiten unterblieben – für die Professionalisierung eines Berufsstandes eine problematische Entwicklung. Insbesondere für die ambulanten Einrichtungen der Drogenhilfe brachte die Erfüllung der Mindestkriterien eine Veränderung der Arbeitssituation der Mitarbeiter. Die Ausrichtung auf Therapiestandards, die notwendige Dokumentation der Arbeit sowie die Ausstattungsanforderungen suggerierten zwar eine Professionalisierung der Drogenhilfe, trugen jedoch letztendlich dazu bei, dass immer weniger Zeit der Klientel und immer mehr Zeit der Bewältigung von administrativen Anforderungen gewidmet werden musste. Die Ausrichtung der ambulanten Drogenhilfe auf ambulante Therapie und/oder Langzeittherapievermittlung führte zudem dazu, dass alltagsnahe Beratungs- und Hilfeformen – wenn man so will, das Typische der Sozialen Arbeit – nicht mehr oder nur noch begrenzt praktiziert werden konnten.

All dies führte zu einem Legitimationsverlust der ambulanten Drogenhilfe gegenüber ihren Adressaten mit der Konsequenz, dass die Kontakte zur Drogenszene sporadischer wurden und der Klientenkontakt in der Beratungsstelle erheblich zurückging. In diese Zeit – 1981 – fiel auch die Verabschiedung des neuen BtMGs (Betäubungsmittelgesetzes), das durch die Paragraphen 35 bis 38 die ambulante Drogenhilfe noch stärker als bislang an die stationäre Langzeittherapie und an die Justiz band – und damit auch an den Abstinenzgedanken. Die Soziale Arbeit in der Drogenhilfe bekam dadurch eine subalterne Funktion zugewiesen, mithin Erfüllungsgehilfe im therapeutischen Setting sein zu müssen. Etwa Mitte der 80er-Jahre und mit der Diskussion um den Einsatz von Methadon in der Drogenhilfe entwickelten sich in der damaligen BRD Ansätze niedrigschwelliger Drogenhilfe, die zunächst unter starkem legitimatorischen Druck standen und überwiegend von Sozialarbeitern und Sozialpädagogen betrieben wurden: Streetwork, Kontaktläden, Sleep-Ins und Unterstützungen bei der Bewältigung des Suchtalltags kennzeichneten diese Drogenhilfearbeit. Sie hat in den letzten Jahren zunehmend an Akzeptanz gewonnen – einmal durch die gesellschaftliche Öffentlichkeit, zum anderen jedoch auch bei den Nutzern des Drogenhilfesystems.

8.2.1 Die Organisation der Drogenhilfe im Überblick

Aktuelle Zahlen über die Anzahl der in ambulanten und stationären Einrichtungen tätigen Sozialarbeiter, Sozialpädagogen und Diplompädagogen zu benennen erweist sich als außerordentlich schwierig. Seit Einführung der Jahresstatistik 2000 für die Suchtkrankenhilfe in Deutschland ist zwar die

Möglichkeit einer systemübergreifenden Dokumentation der Suchtkranken-hilfe gegeben, aber bislang erfasst diese Dokumentation noch längst nicht alle infrage kommenden Hilfe- und Therapieeinrichtungen. Auch fehlt eine Ausdifferenzierung der statistischen Erfassung in z.B. Probleme mit legalen Drogen und Probleme mit illegalen Drogen. Nur etwa 368 ambulante Spe-zialeinrichtungen der ambulanten Sucht- und Drogenhilfe wurden 2001 er-fasst sowie 67 stationäre Einrichtungen mit einem Mittelwert von 25 Plät-zen (vgl. Sucht 12/2002, S. 61).

Insgesamt weist jedoch der Überblick über die Suchtkrankenhilfe in Deutschland (vgl. Jahrbuch Sucht 2003, S. 132ff.) schon für Drogenabhän-gige 360 spezialisierte Beratungsstellen aus (1050 Suchtberatungsstellen insgesamt) und für den stationären Bereich 3931 Plätze (11312 Plätze für Suchtkranke insgesamt).

Trägerstrukturen der Drogenhilfe
Drogenhilfepolitik ist in Deutschland eine Angelegenheit der Bundesregie-rung und der Landesregierungen. Die förderale Struktur der Bundesrepublik Deutschland erlaubt es der Bundesregierung, Modellmaßnahmen im Be-reich der Prävention, der Betreuung und Hilfe für Drogenkonsumenten zu institutionalisieren, die Ausführung und Umsetzung der internationalen Suchtstoffübereinkommen zu übernehmen sowie die internationalen Aktivi-täten im Bereich der Drogenhilfepolitik wahrzunehmen.

Auf nationaler Ebene ist hier exemplarisch für andere zu nennen, dass im Jahre 2002 angelaufene Modellprojekt für die heroingestützte Behandlung Opiatabhängiger zu nennen, im internationalen Bereich die Kooperation mit der europäischen Beobachtungsstelle für Drogen und Drogensucht (EBDD) in Lissabon.

Die Ausführung der durch das BtMG und Regierungsprogramme struktu-rierten Drogenhilfepolitik obliegt überwiegend den Bundesländern. Insbe-sondere Finanzierungsfragen und die Abstimmung mit den Wohlfahrtver-bänden und den Trägern der Kranken- und Rentenversicherung zur Sicher-stellung des Drogenhilfeangebotes ist eine Aufgabe der Bundesländer, e-benso die Abstimmung mit kommunalen Drogenhilfeprogrammen, die ih-rerseits auch zu Finanzierungen von Beratungs- und Betreuungsangeboten in der Kommune beitragen.

Ein sehr großer Teil der Drogenhilfe in den Kommunen wird zudem durch die Wohlfahrtsverbände und durch Selbsthilfegruppen wahrgenommen (87% der Einrichtungen in Ostdeutschland und 81% der Einrichtungen in Westdeutschland (vgl. Sucht, 12/2002, S. 20)).

Ambulante Drogenhilfe
Der ambulante Bereich der Drogenhilfe in Deutschland wird in der Regel pauschal durch die Kommunen/Kreise und das jeweilige Bundesland finan-

ziert. Die Federführung bei der Kommune liegt in der Regel beim Dezernat für Gesundheit und Soziales. Bei den Bundesländern liegt die Federführung bei den je zuständigen Ministerien, in NRW beim Ministerium für Arbeit, Gesundheit und Soziales. Das Land NRW gibt z.B. eine Grundförderung für Drogenberatungsstellen und eine anteilige Festbetragsfinanzierung für einzelne Bereiche in den Beratungsstellen bzw. Kontaktläden. In aller Regel wird von den Kommunen erwartet, dass sie die Landesförderung um den Betrag aufstocken, der notwendig ist, um die vom Land anteilig geförderten Einzelbereiche jeweils mit vollen Personalstellen zu besetzen. Darüber hinaus ist jede Kommune frei, im Rahmen ihrer Finanzmittel und politischen Entscheidungen, weitere Stellen im Drogenhilfebereich zu finanzieren. Dies ist zur Zeit aufgrund anderer Prioritäten innerhalb der Kommune kaum noch der Fall.

In Einzelfällen gibt es zum Beispiel aufgrund von Traditionen noch andere Finanzgeber im Bereich ambulanter Hilfe.

Bei Projekten von bundesweiter Bedeutung ist auch eine Finanzierung im Rahmen einer modellhaften Erprobung durch das Bundesministerium für Gesundheit möglich.

Es besteht die theoretische Möglichkeit der Einzelfallabrechnung im ambulanten Drogenhilfebereich über die „Empfehlungsvereinbarung ambulanter Rehabilitation: Sucht". Diese Möglichkeit wird bisher kaum genutzt.

Stationäre Drogenhilfe. Im stationären Bereich erfolgt in aller Regel eine Finanzierung/Abrechnung, die sich am Klienten/Patienten, der die jeweilige Leistung in Anspruch nimmt, orientiert (Einzelfallabrechnung). Zwar werden (noch) nicht alle einzelnen Leistungen, z.B. im Rahmen stationärer Therapie, auch einzeln abgerechnet, aber die Finanzierung/Abrechnung bezieht sich auf den einzelnen Klienten.

Dafür ist es notwendig zu überprüfen, bei welchem Sozialversicherungsträger der einzelne Klient Ansprüche erworben hat. Mit der Überprüfung wird bei stationären Maßnahmen in der Regel zuerst bei der gesetzlichen Rentenversicherung begonnen. Die Aufgaben der gesetzlichen Rentenversicherung sind im Sozialgesetzbuch (SGB) 6 geregelt. Wenn hier keine Ansprüche bestehen, wird bei der gesetzlichen Krankenversicherung geprüft. Deren Aufgaben sind im Sozialgesetzbuch 5 geregelt.

Bestehen keine Ansprüche an die gesetzliche Rentenversicherung bzw. die gesetzliche Krankenversicherung, tritt zur Finanzierung von stationärer Drogenhilfe im Rahmen des Subsidiaritätsprinzips (nachrangige Zuständigkeit) der jeweils zuständige Sozialhilfeträger ein. Diese Zuständigkeit ist im Bundessozialhilfegesetz (BSHG) geregelt. Es gibt die Möglichkeit der Finanzierung über die §§39 und 40 BSHG (Eingliederungshilfe für Behinderte) und seltener über §72 BSHG (Hilfen für Personen mit besonderen sozialen Schwierigkeiten). Wie in der ambulanten Arbeit ist auch in der stationären Arbeit im Einzelfall eine Modellförderung über ein Landes- bzw. Bundesministerium bei Projekten von besonderer Bedeutung für eine bestimmte Zeit möglich.

Finanzielle Situation und Budgets der Drogenhilfe. Die finanziellen Leistungen der Kommunen zur Sicherstellung kommunaler Drogenhilfeprogramme können zur Zeit nicht ermittelt werden. Zu unterschiedlich sind das Finanzierungsgefüge und die Haushaltsoptionen. Das Bundesministerium für Gesundheit und Soziale Sicherung hat für das Jahr 2001 13,6 Millionen EUR, für das Jahr 2000 13,9 Millionen EUR und für das Jahr 1999 12,3 Millionen EUR zur Finanzierung von Drogen- und Suchtmittelmissbrauch bereitgestellt. Eine besondere Aufstellung der Mittel, die speziell für Hilfen bei Sucht und Drogenmissbrauch zur Verfügung gestellt werden, ist zur Zeit nicht vorgesehen.

Auch die Bundesländer verfahren so. Für das Jahr 2001 wurden 136 Millionen Euro, für 2000 136 Millionen Euro und für 1999 127 Millionen Euro in den Haushalten der Bundesländer zur Finanzierung von Hilfeprogrammen im Sucht- und Drogenbereich bereitgestellt (vgl. Reitox-Bericht 2002, S. 15ff.).

Lediglich der VDR (Verbund deutscher Rentenversicherungsträger) spezifiziert seine Leistungen für Suchtprobleme allgemein und für Drogen- und Mehrfachabhängigkeit im Besonderen. So betragen die Leistungen für stationäre Hilfen im Jahre 2001 100,5 Millionen Euro und für ambulante Leistungen 1,5 Millionen Euro.

Eine genaue Übersicht vermitteln die Tabellen 19 und 20.

Tab. 19: Finanzielle Leistungen der Rentenversicherungen

Leistungen für die Behandlung von psychischen und Verhaltensstörungen durch ...	Anzahl der Leistungen
Opioide	1906
Cannabinoide	299
Sedativa oder Hypnotika	243
Kokain	258
Halluzinogene	13
flüchtige Lösungsmittel	7
multiplen Substanzgebrauch und Konsum anderer psychotroper Substanzen	7041

Datenquelle: VDR-Statistik Rehabilitation 2001/Verband Deutscher Rentenversicherungsträger

Tab. 20: Drogen und Suchtbudgets in Deutschland 2001

Institution	Aufgabenfeld	Suchtmittel (nicht näher spezifiziert)	Drogen- und Mehrfachabhängigkeit
		(in Mio €)	
Bundesministerium für Gesundheit und Soziale Sicherung	Aufklärungsmaßnahmen auf dem Gebiet des Drogen- und Suchtmittelmissbrauchs	6,1	
	Modellmaßnahmen auf dem Gebiet des Drogen- und Suchtmittelmissbrauchs	5,0	
	Zuschüsse zu den Kosten für Forschungs- und Entwicklungsvorhaben auf dem Gebiet des Drogen- und Suchtmittelmissbrauchs	1,0	
	Zuschüsse für zentrale Einrichtungen und Verbände	1,0	
	Förderung der nationalen Informationsknotenstelle im Bereich Sucht	0,5	
Bundesländer	Maßnahmen im Bereich „Drogen und Sucht"	136,0	
Verband deutscher Rentenversicherungsträger (VDR)	Stationäre Leistungen	379,2	100,5
	Ambulante Leistungen	14,5	1,5
	Übergangsgeld	75,9	18,0
	Hilfsmittel	14,3	3,4
	Sonstige ergänzende Leistungen	9,3	2,2

Quelle: Reitox-Bericht 2001 S. 16

Die Behandlungskosten in ambulanten Einrichtungen werden für das Jahr 2001 pro Einrichtung um ca. 280.000 Euro (West) und ca. 165.000 Euro (Ost) beziffert. Gegenüber 1999 betrugen der Budgetzuwachs im Westen 4,9% und im Osten 3,3% (vgl. Jahrbuch Sucht 2003, S. 149). Das Jahrbuch führt weiter aus, dass der Hauptteil des Budgets durch kommunale Mittel (West: 40%, Ost 51%) bestritten wird, die Landesmittel machen im Westen 29% und im Osten 33% aus (vgl. Jahrbuch Sucht 2003).

Beratungs- und Behandlungseinrichtungen für Drogenabhängige: Seit den 60er Jahren des letzten Jahrhunderts hat sich in Deutschland ein differenziertes Hilfesystem für Drogenabhängige entwickelt.

Gemeindenahe Hilfe für Drogenkonsumenten wurden insbesondere in größeren Städten und den Landkreisen überwiegend als ambulant orientierte Hilfen organisiert, zudem werden bundesweit vollstationäre Entwöhnungsplätze für Drogenabhängige vorgehalten.

Für Drogenkonsumenten stehen in Deutschland ca. 360 spezialisierte Beratungsstellen zur Verfügung, an Plätzen für eine qualifizierte Entgiftung für Drogenabhängige stehen z.Z. 1784 Plätze zur Verfügung und 3931 Behandlungsplätze in stationärer Langzeittherapie für Abhängige von illegalen psychoaktiven Stoffen (vgl. Leuner 2003, S. 132ff.).

Die Daten der Tabelle 21 sind einer Übersicht von Leuner (ebd. S. 137f.) entnommen.

Tab. 21: Angebote der Suchthilfe für Drogenabhängige

Art der Einrichtung	Anzahl der Einrichtung	Anzahl der Plätze	Anzahl der Personalstellen
Notschlafstellen	12	479	62
Niedrigschwellige Angebote	354		598
Drogenberatungsstellen	360		1.457
Ambulante Behandlungsstellen für Drogenabhängige	129		
Entzugseinrichtungen für Drogenabhängige	83	1.784	
Vollstationäre Entwicklungsplätze für Drogenabhängige		3.931	
Betreutes Wohnen für Drogenabhängige	79	2.109	
Übergangseinrichtungen für Drogenabhängige	196	7.511	
Maßregelvollzug für Drogenabhängige		1.082	
Tages- und Nachtkliniken für Drogenabhängige		93	
Arbeitsprojekte für Drogenabhängige	75	1.070	
Selbsthilfegruppen für Drogenabhängige	272 Gruppen		

(Quelle: Leuner 2003 S. 137f.)

Stellenzahl und Berufsgruppen in Einrichtungen der ambulanten Sucht- und Drogenhilfe

Die nachstehend referierten Daten zu Berufsgruppen und zur Stellenzahl in der ambulanten Suchthilfe beziehen sich auf Einrichtungen, die in ihrer Mehrheit auf mehrere suchtbezogene Störungsbereiche ausgerichtet sind. Es überwiegen in diesen Einrichtungen jedoch Personen mit Störungen im Umgang mit Alkohol oder Medikamenten (ca. 76% der Einrichtung) vor

Personen mit Problemen im Umgang mit illegalen Drogen (63,5% der Einrichtung) (vgl. Sucht 2003, S. 20ff.).

Tab. 22: Durchschnittliche Anzahl der Mitarbeiter je Berufsgruppe
und Einrichtung (Quelle: Sucht 2003 S. 24)

Berufsgruppe	Stellenanteil	Prozentsatz %
Arzt	0,14	2,3
Diplom-Psychologe	0,67	11,1
Diplom-Pädagoge	0,39	6,4
Sozialarbeiter/ Sozialpädagogen	3,22	53,0
Erzieher	0,05	0,8

Stellenzahl und Berufsgruppen in stationären Rehabilitations- und Nachsorgeeinrichtungen: Die nachfolgend referierten statistischen Daten beziehen sich generell auf Einrichtungen der stationären Suchtkrankenhilfe. Bei etwa 74% der Patienten stehen alkoholbezogene Störungen im Vordergrund der Behandlung. Insofern sind die referierten Daten für die stationäre Drogenhilfe nur von begrenzter Aussagekraft.

22,7% der Rehabilitationseinrichtungen und 16,7% der Nachsorgeeinrichtungen befinden sich in öffentlicher Trägerschaft; 65,9% bzw. 58,3% in Trägerschaft von Wohlfahrtsverbänden.

In den Rehabilitationsreinrichtungen werden etwa 57,5% der Behandelten aufgrund von Störungen im Bereich illegaler Drogen therapiert; die Statistik weist im Bereich der Nachsorgeeinrichtungen keine Patienten für den Adressatenkreis Drogenkonsumenten aus.

In den Rehabilitationseinrichtungen schlüsselt sich die personelle Besetzung nach Berufsgruppen wie folgt in Prozentzahlen auf:

Ärzte 7,4%, Psychologen 12,3%, Pädagogen 4,3%, Sozialarbeiter/Sozialpädagogen 14,9%, Erzieher 0,7%. Hervorzuheben ist hier im Vergleich zu den ambulanten Einrichtungen der Anteil an Arbeitstherapeuten (12,6%) an Krankenschwestern/Pflegern (11,7%) und Sporttherapeuten (2,7%).

Für die Nachsorgeeinrichtungen, die in der Regel ja auch von Patienten belegt werden, die illegale Drogen konsumiert haben, stellt sich die personelle Besetzung wie folgt dar:

Ärzte (0,2%), Psychologen (1,1%), Pädagogen (6,3%), Sozialarbeiter/Sozialpädagogen (13,1%), Erzieher (12,5%), Ergotherapeuten (12,7%), Krankenschwestern und Pfleger (7,7%) und Sportpädagogen (0,5%) (vgl. Sucht 2002, S. 61f.).

Eine detaillierte Übersicht über die Beschäftigungspopulation in Einrichtungen, die ausschließlich Klienten betreuen mit Abhängigkeitsproblemen im Bereich illegaler Drogen ist meines Wissens zur Zeit noch nicht verfügbar. Dies gilt sowohl für die ambulante wie auch für die stationäre Drogenhilfe.

Die referierten Zahlen und Prozentsätze sind daher lediglich als Hinweise zu betrachten, nicht als aktuelle Widerspiegelung der tatsächlichen Beschäftigungsverhältnisse der genannten Berufsgruppen in den Drogenhilfeeinrichtungen.

8.3 Organisation und Interaktion in der Drogenhilfe

Ausgehend von den Überlegungen zur Drogenszene sollen nun Formen und Inhalte der Drogenhilfe dargestellt werden. Dabei bediene ich mich einer Systematik, die die Interventionen der Drogenhilfe auf der Ebene der Suchtprävention, der Beratung und Hilfe bei belastendem Drogenkonsum und der Beratung, Hilfe und Therapie zur Ermöglichung einer abstinenten und/oder drogenkontrollierenden Lebensführung beschreibt. Damit übernehme ich nicht die mittlerweile häufig verwendete, von Caplan international eingeführte Systematik der Primär-, Sekundär- und Tertiärprävention (vgl. Caplan 1964).

Caplans Einteilung richtet sich nach einer Zeitachse der Intervention im Entwicklungs- und Entstehungsprozess sozialer Abweichungen insbesondere im Kontext der Beurteilung von Verlaufsformen psychischer Krankheiten. Die Übernahme dieser Einteilung für die Charakterisierung und Analyse von Interventionen der Drogenhilfe ist schon deshalb problematisch, weil sie nicht trennscharf ist und in der deutschen Diskussion die Bestimmung von sekundär und Tertiärprävention völlig uneinheitlich ist. So bezeichnet Bürgin als Sekundärprävention „die Früherfassung von Störungen und auch die Reduktion negativer Konsequenzen" (Bürgin 1994, S. 136), während Schmidt Sekundärprävention nur auf gefährdete Jugendliche bezieht, aber Maßnahmen der Risikominderung mit dieser Kategorie nicht erfassen will (vgl. Schmidt 1998). Mit Tertiärprävention wird der Rehabilitations- bzw. Resozialisationsprozess bezeichnet, der entweder ambulant und/oder stationär als Therapie organisiert wird. Dazu gehört die Behandlung der Abhängigkeit, die Nachsorge, aber auch – in diesem institutionellen Zusammenhang – die mögliche berufliche Wiedereingliederung.

Der Schwerpunkt der nachfolgenden Darstellung liegt in der Analyse und Beschreibung der mit Suchtprävention, Beratung und Hilfen bei belastendem Drogenkonsum und Beratung, Hilfen und Therapien zur Wiederherstellung abstinenter und/oder drogenkonsumierender Lebensführung bezeichneten Interventionsformen. Dazu folgt zunächst eine schematische Übersicht, die auch die Gliederungspunkte der dann folgenden Diskussion aufnimmt.

Tab. 23: Übersicht über den Abschnitt „Organisation und Interaktion in der Drogenhilfe" im Kapitel „Die Drogenhilfe".

Zur Systematik der Drogenhilfe	
Prävention des illegalen Drogenkonsums	
Personenzentrierte Maßnahmen • Mädchenbezogene Prävention • Jungenbezogene Prävention • Prävention des Risikoverhaltens	Strukturorientierte Maßnahmen • Elementarbereich • Schule • Jugendhilfe • Betrieb • Aufklärung über Toxizität der Drogen
Voraussetzungen einer zeitgemäßen Suchtprävention	
Ambulante Beratung und Hilfen bei belastendem Drogenkonsum	
Organisation (Harm-Reduction) • Streetwork • Kontaktläden • Gesundheitsräume • Peer-Support • Notunterkünfte	Interaktion (Safer-Use) • Techniken der Qualitätskontrolle • Vermittlung von Applikationstechniken • Infektionsschutz • Substitutionsformen • Originalstoffabgabe
Ambulante Beratung und Hilfen zur Wiederherstellung abstinenter Lebensführung	
Organisation • Prävention und Information • Ambulante Betreuungen • Therapievermittlung • Psychosoziale Unterstützung für Substituierte • Soforthilfe für Drogenabhängige • Zeugnisverweigerungsrecht • Finanzierung der ambulanten Drogenhilfe	Interaktion • Methodik der rekonstruktiven Sozialpädagogik • Sozialpädagogische Beratung
Wege zu einer lebensweltorientierten Drogenberatung	
Stationäre Langzeittherapie zur Wiederherstellung einer abstinenten Lebensführung	
Organisation • Stationäre Entzugsbehandlung • Stationäre Entwöhnungsbehandlung • Stationäre Nachsorge • Finanzierung der stationäre Drogentherapie	Interaktion • Einzeltherapie • Gruppentherapie
Wege zu einer lebensweltorientierten Drogentherapie	

8.3.1 Prävention

Mit Prävention ist in diesem Zusammenhang Vorbeugung gemeint. Vorgebeugt werden soll insbesondere bei Kindern und Jugendlichen dem Konsum legaler und illegaler Drogen. Über Prävention im Zusammenhang mit illegalen Drogen ist in den letzten 30 Jahren in unterschiedlicher Art und Weise geredet worden. Franzkowiak (1996) spricht von drei sich überlappenden Phasen, die er mit Drogenprävention, Suchtprävention/Suchtprophylaxe und Entwicklungs- und Gesundheitsförderung benennt. Einen Überblick über diese Phasen gibt das folgende Schema.

Abb. 15: Die drei Phasen der Drogenprävention (Franzkowiak 1996 S. 410)

(1) Drogenprävention
Stoffkunde
Vor vorrangig illegalen Drogen und deren Konsum abschrecken
Drogenkonsumenten sanktionieren
(2) Suchtprävention/Suchtprophylaxe
Risikoverhalten und Suchtgefährdung verstehen
Missbrauch von legalen und illegalen Drogen sanktionieren
Alternativen zum Risikoverhalten fördern/anbieten
(3) Entwicklungs- und Gesundheitsförderung
frühzeitig gegen Kontakt mit allen Drogen immunisieren
Lebens- und Standfestigkeitskompetenzen fördern
Soziale Unterstützung aktivieren

(1) In der Phase der „Drogenprävention" sprach man im Zusammenhang mit dem Konsum von illegalen Drogen in zweierlei Weise:

- Zum einen aus der Sicht der öffentlichen Gesundheitsschützer und der Strafrechtspflege als von riskanten individuellen Handlungen junger Menschen, die zu sanktionieren sind. Abschreckung, gesundheitspolitische Verordnungen und die Androhung von freiheitsentziehenden Maßnahmen im Konsumfalle bezeichneten hier die Bandbreite staatlich präventiver Handlungen.

- Zum anderen aus der Sicht der Subjekte, als von sozialisatorisch fehlgeleiteten, verinnerlichten Einstellungen der Individuen zum Umgang mit illegalen Drogen, die im vorhinein zu vermeiden sind. Die Einsicht in die Notwendigkeit des Verzichtes auf den Konsum von illegalen Drogen sollte hier durch identitätsstabilisierende Sozialisationsmaßnahmen und „informationslastige Angstmacherstrategien" (Franz-kowiak) erreicht werden.

Der gemeinsame Nenner beider Strategien besteht darin, dass sie den Konsum illegaler Drogen als Gefährdungspotential für das Aufwachsen junger Menschen ansahen.

(2) In der Phase der Suchtprävention/Suchtprophylaxe formulierte sich der Anspruch, „die hinter Drogenkonsum und Drogenabhängigkeit vermuteten Haltungen, Einstellungen, Entwicklungserfahrungen und -belastungen von Kindern und Jugendlichen zu erkennen und da, wo Brüche und Überforderungen drohen oder deren Scheitern vorgezeichnet scheint, vorbeugend einzugreifen" (Franzkowiak 1996, S. 411). Legitimiert wurde diese Vorgehensweise dadurch, dass die Funktion des Risikoverhaltens für junge Menschen herauszustellen als Erkenntnisinteresse sozialwissenschaftlicher Forschung und Theoriebildung formuliert wurde.

Die zielgerichteten präventiven Strategien zur Vermeidung riskanten drogenkonsumierenden Verhaltens gingen – und gehen auch heute noch – dahin, funktionale Alternativen zu nicht-tolerierten riskanten Verhaltensweisen zu entwickeln und umzusetzen. Eine solche Zielrichtung der Prävention richtete sich auch gegen das sog. Risikofaktorenkonzept. Auf eine einfache Formel gebracht bedeutet es, dass Drogenkonsum dann vermieden werden kann, wenn Risikofaktoren identifiziert werden können und Individuen oder Gruppen durch spezifische Programme dagegen immunisiert werden. Hier gerät Prävention leicht zur Verhaltenskontrolle und Sozialdisziplinierung insofern, als einseitig vorgegebene Normalitätsauffassungen zum Gradmesser von Wohlverhalten gemacht werden.

In den 90er-Jahren des letzten Jahrhunderts – so Franzkowiak (1996) – wandelte sich die wissenschaftliche Auffassung zur Notwendigkeit von Suchtprävention noch einmal. Den Hintergrund dieses Wandlungsprozesses bildeten zahlreiche neue Erkenntnisse in der Entwicklungs- und Risikoforschung, in der Sozialisationstheorie sowie identitätstheoretische und sozialpädagogische Auffassungen über Drogenkonsum als u-biquitäre und passagere Phänomene. Sozialpädagogisch fokussiert wurden diese Erkenntnisse im Konzept des Bewältigungshandelns. Vor dem Hintergrund, dass Drogenkonsum von jungen Menschen in erster Linie eine „Lifetime"-Phänomen ist und sich mögliche Psychopathologien erst infolge der Ausgrenzung junger Menschen und der damit verbundenen Stigmatisierungsprozesse entwickeln, wird Prävention heute anders akzentuiert.

8.3.1.1 Prävention des illegalen Drogenkonsums
Die Prävention des illegalen Drogenkonsums kann sich nur als Teil einer allgemeinen Präventionsstrategie begreifen, die sowohl Abschied nehmen muss von der Vorstellung, dass es eine spezifische Suchtpersönlichkeit gibt,

als auch von der Auffassung, dass Repression und Verbot den Konsum von illegalen psychoaktiven Substanzen verhindere. Franzkowiak formuliert vor dem Hintergrund zahlreicher Ergebnisse der Jugendrisikoforschung in Anlehnung an Engel/Hurrelmann (1993) zwei Leitfragen, die der Prävention des illegalen Drogenkonsums eine neue Entwicklungsrichtung anzeigen:

- „Wie kann das Risikoverhalten im Jugendalter, das offensichtlich zu einer normalen Erscheinungsform im Entwicklungsprozess dieser Lebensphase gehört, auf ein Mindestmaß zurückgedrängt werden,
- wie kann das Risikoverhalten zumindest in die Rolle eines vorübergehenden Verhaltens gebracht werden, so dass keine Langzeitwirkungen für die persönliche Integrität und Stabilität und für die soziale und gesundheitliche Anpassung von Jugendlichen entstehen?" (Franzkowiak 1996, S. 416).

Die Beantwortung der ersten Fragen versuche ich im Folgenden aus einer Perspektive von strukturorientierten Maßnahmen ansatzweise anzudeuten; die der zweiten Frage lässt sich mit Blick auf personenzentrierte Maßnahmen vorläufig umschreiben.

Strukturorientierte Maßnahmen: In der Fragestellung der ersten Frage wird hinsichtlich primärpräventiver Aktivitäten nicht mehr ausschließlich die Abstinenz von legalen und illegalen Drogen als Ziel präferiert, sondern die Möglichkeit von Probierverhalten und rituellem Konsum bei jungen Menschen respektiert. Insofern sind unter den Bedingungen strukturorientierter Maßnahmen Voraussetzungen für ein „suchtprotektives Gebrauchsverhalten" im Umgang mit psychoaktiven Substanzen zu entwickeln. Zunächst und vor allem ist hier die Drogenpolitik gefragt, weil sie die illegalen Bedingungen des gesellschaftlichen Umgangs mit Konsumenten illegaler psychoaktiver Substanzen verantwortet.

In der Analyse der Drogenpolitik und des strafrechtlichen Umgangs mit Drogenkonsum konnte in den Kapiteln 2 und 3 gezeigt werden, dass diese nicht mehr zeitgemäß ist und dass sie – gemessen an den Zielen einer Strafrechtspolitik – höchst fragwürdig ist. Da in dieser geführten Diskussion auch auf Alternativen zum Bestehenden eingegangen wurde, soll hier auf eine weitergehende Darstellung verzichtet werden. Strukturorientierte Maßnahmen der Primärprävention lassen sich sinnvoller Weise auf der Ebene von Städten und Gemeinden organisieren. Eingebunden werden können Jugendhilfeeinrichtungen, die Schulen, Gesundheitsdienste, regionale Medien und nicht zuletzt die Jugendlichen selbst. Ziel muss es sein, durch die Bereitstellung und Entwicklung von Ressourcen die Entwicklung von Lebenskompetenz nachhaltig zu fordern.

Strukturorientierend sollten auch Informationsveranstaltungen zur Toxizität und Suchtbildungspotentiale von illegalen psychoaktiven Substanzen organisiert werden. Probleme mit reinen Informationsveranstaltungen haben vor allem Jugendliche dann, wenn sie belehrend und mit erhobenem Zeigefinger durchgeführt werden. Dazu kommt, dass viele Kinder/Jugendliche, durch Medien und Gespräche mit Gleichaltrigen informiert, über ausreichende Informationen zur Drogenproblematik verfügen. Insofern müssen sich Informationsveranstaltungen auf jenes Wissen beschränken, das Auskunft gibt über abhängigkeitserzeugende Substanzen, deren Toxizität und Klassifikationen sowie auf Informationen über bio-physiologische Prozesse der Wirkung psychotroper Substanzen im menschlichen Organismus. Sie müssen den aktuellen Erkenntnisstand von Pharmakologie und Pharmakinese widerspiegeln, hinzu muss eine kritische Reflexion der staatlichen Drogenpolitik kommen.

Personenzentrierte Maßnahmen: In der oben zitierten Übersicht über Möglichkeiten strukturorientierter Prävention im Kontext von Sozial-, Jugend- und Schulpolitik sind schon Hinweise zu entdecken, die auf personenzentrierte primärpräventive Maßnahmen im Umgang mit Kindern und Jugendlichen verweisen. Im Wesentlichen geht es hier um die Förderung und Stärkung personaler Ressourcen. Dazu gehört in erster Linie soziales Kompetenztraining, die Stabilisierung von Selbstwertgefühlen sowie Fähigkeiten, in Stresssituationen nicht den Überblick zu verlieren. Personenzentrierte Maßnahmen der Prävention, so die BzGA-Studie (1998, S. 32ff.), sind geschlechtsspezifisch auszurichten. Für Mädchen lassen sich beispielhaft vier Arbeitsschwerpunkte nennen:

- Selbstbewusstsein/Selbstwertgefühl/Identität: Da die Jugendphase für viele Mädchen mit einem Verlust an Selbstbewusstsein und Selbstvertrauen verbunden ist, geht es in diesem Arbeitsschwerpunkt darum, weibliche Eigenschaften aufzuwerten, Stärken und Interessen von Mädchen zu fördern und Mädchen die Möglichkeit zu geben, ihre Selbstwirksamkeit zu erleben.

- Körperbild/Sexualität: Notwendig erscheint eine kritische Reflexion des gesellschaftlichen Schönheits- und Frauenideals sowie die Erarbeitung anderer Sichtweisen. Ziel kann es sein, Mädchen eine Vielfalt von Weiblichkeitskonzepten erfahren zu lassen. Dazu kommt, zu lernen, auf Signale des Körpers sensibel zu reagieren, Gefühle zu differenzieren; das heißt auch die Projektion negativer Gefühle wie Wut, Angst, Schmerz, Scham und Schuldgefühle auf den eigenen Körper zu verhindern. Die Entwicklung eines positiven Körpergefühls ist daher ein hoher protektiver Faktor im Zusammenhang mit Suchtprävention.

- Durchsetzungsvermögen/Autonomie/Selbstbestimmung: Hierzu gehört zu lernen, Vertrauen zu eigenen Wahrnehmungen zu haben, eigene Bedürfnisse und Interessen zu erkennen, Grenzlinien ziehen zu können, zwischen den Ansprüchen anderer und den eigenen Wünschen und Interessen. Zu lernen Verantwortung für die eigene Person zu übernehmen, ist ein weiteres wichtiges Element der Entwicklung protektiver Faktoren.

- Konfliktbewältigungsstrategien: Verantwortung für sich zu übernehmen bedeutet auch, sich in der Gruppe mit vermeintlich eigener Schwächen offensiv auseinander zu setzen. Dabei können Verhaltens- und Einstellungsmuster aufgedeckt werden, die oft – unbewusst wirkend – verhindern, dass Konflikte offen ausgetragen werden.

Die hier genannten Arbeitsschwerpunkte sind methodisch zu erschließen; dabei kann eine interdisziplinäre Bandbreite methodischer Ansätze zum Tragen kommen:

- aus der Medienpädagogik u.a. die Erarbeitung und Aufführung von Tanzstücken, Videogruppen, Musik- und Artistik-Workshops;
- aus der Erlebnispädagogik u.a. mädchenbezogene Sportangebote wie Klettern, Fußball, Handball, naturerkundende Projekte, Segeln;
- Workshops zur Selbstbehauptung und Selbstverteidigung, die jedoch reflexiv strukturiert sein sollen;
- Gruppenarbeit mit unterschiedlichen Zielen und Ergebnissen, (Rollenspiele, Körperübungen, technisch-handwerkliche Angebote (vgl. BzgA Bd. 2, ebd. S. 64f.).

Jungenbezogene Präventionsarbeitsansätze sind im Gegensatz zu mädchenspezifischen Ansätzen in der Praxis nur vereinzelt anzutreffen. Generell zur pädagogischen Jungenarbeit konstatiert W. Thole konzeptionelle Schwächen, so z.B. im emanzipatorischen Ansatz, da hier jungenspezifische Eigenanteile bei der Herstellung der Geschlechtsidentität gegenüber den omnipotenten gesellschaftlichen Sozialisationsinstanzen in den Hintergrund treten würden (vgl. Thole 2000, S. 246f.). Offensichtlich orientieren sich primärpräventive Konzepte der Jungenarbeit an mädchenspezifischen Ansätzen, indem sie Identitätsthemen, Selbstwertthemen oder generations- und geschlechtsbezogene Themen präferieren. Der Hintergrund solcher Themenempfehlungen ist die Auffassung, dass in der Sozialisation von Jungen besondere strukturelle Defizite angelegt sind, die vor allem die Entwicklung sozialer und emotionaler Kompetenzen betreffen. Dies bedeutet unter anderem Fähigkeiten, Gefühle sowohl wahrzunehmen wie auch auszudrücken, männliche Rollenerwartungen reflexiv anzunehmen, aber auch die Kompetenz der Erwartungen anderer mit in die Gestaltung von Handlungsperspektiven aufzunehmen. Zur Gestaltung von Jungenarbeit im primärpräventiven Bereich werden u.a. vorgeschlagen:

- die Stärkung des Selbstwertgefühls, der positive Bezug zum eigenen Körper und die Erfahrung der Gestaltbarkeit von Zukunft, aber auch die Entwicklung adäquater Konfliktstrategien;
- die Auseinandersetzung mit den Themen Männlichkeit, Mannwerden und Männerrolle sowie der männlichen Sexualität (vgl. BzgA 1998, S. 28f.).

Ähnlich wie bei den Mädchengruppen lassen sich auch methodische Arrangements zur Bearbeitung dieser Themen finden; sowohl klassische gruppendynamische Methoden, als auch erlebnispädagogische und kulturpädagogische Konzepte. Die geschilderten Inhalte und Methoden personenzentrierter Prävention sind institutionell vor allem in Schulen und offener Jugendarbeit verortet. Beide Institutionen bieten ausreichenden Raum und den legitimatorischen Hintergrund, primärpräventiv zu agieren. Insbesondere die Schule ist traditionell ein wichtiger Ort für primäre Suchtprävention. Sie kann einen hohen Einfluss auf die Ausbildung sozialer Fähigkeiten und Kompetenzen nehmen und so die Ausformung gesundheitsschädigender Verhaltensformen vermeiden helfen. Der Vorteil von präventiven Maßnahmen an Schulen ist die Möglichkeit, fast alle Kinder im Alter zwischen 6 und 16/18 Jahren erreichen zu können. Allerdings ist die Wirksamkeit schulischer Präventionsprogramme z.Zt. noch als relativ gering einzuschätzen. Das hängt mit der Leistungsorientierung der Schule zusammen, die auch als Belastungsfaktor für Schüler anzusehen ist, aber auch mit der nicht immer sichergestellten Freiwilligkeit und der mangelnden Kompetenz vieler Lehrer, Präventionsprogramme zu begleiten (vgl. Leppin 2000 S. 923).

Bühringer kommt in einer Analyse über die Wirksamkeit von primärpräventiven Strategien in Hinblick auf eine sogenannte „Nachfragereduktion" zu folgenden Schlussfolgerungen:

• In der Gegenüberstellung des Konzeptes der protektiven Faktoren und dem Risikofaktorenkonzept präferiert er das erstgenannte Konzept, da es aus methodischen und pädagogischen Gründen besser geeignet sei, Drogenmissbrauch zu verhindern.

• Der Auffassung, dass Informationsvermittlung über psychoaktive Substanzen für die Vermeidung von Substanzmissbrauch bei jungen Menschen hilfreich sei, tritt er entgegen mit dem Argument, dass diese – aus welchen Gründen auch immer – schädlich sei, weil sie eher als moralisierende Attitüde der Erwachsenengeneration verstanden würde.

• Für hilfreich, präventiv den Konsum illegaler psychoaktiver Substanzen bei jungen Menschen zu unterbinden, hält er das Konzept der Förderung der Lebenskompetenz, so wie oben auch geschlechtsspezifisch und personen- und strukturorientiert in Grundzügen dargestellt. Es würde gewissermaßen dabei helfen, die „Standfestigkeit" der Kinder und Jugendlichen gegenüber dem möglichen Konsum von Drogen zu stabilisieren (vgl. Bühringer 1998, S. 465).

Die in diesem Zusammenhang aufscheinende Einstellung gibt sehr überzeugend die Intention und Motivation fast aller Primärpräventionskonzepte wieder: Es gilt zu verhindern, dass Drogen überhaupt genommen werden, erzogen werden soll zu einer abstinenten Lebensführung als Garant einer erfolgreichen Lebenspraxis. Diese Einstellung der Prävention geht jedoch an der Lebensphase der jungen Menschen vorbei. Risikoverhaltensweisen – wie auch der Konsum illegaler Drogen – sind in den alltäglichen Lebensweisen von Jugendlichen fest verankert. Noch mehr als illegale Drogen, so wurde oben gezeigt (vgl. Kap. 5), konsumieren Jugendliche legale Drogen und Medikamente (vgl. hierzu auch Engel/Hurrelmann 1993). Und so macht es wenig Sinn, da von Abstinenz zu reden, wo der Konsum legaler und illegaler Alltagsdrogen eine riskante Lebensweise von Jugendlichen darstellt.

8.3.1.2 Prävention des Risikoverhaltens

Es ist Franzkowiak zuzustimmen, der argumentiert: „Prävention sollte nicht nur auf eine Strategie der maximalen Risikovermeidung setzen, sondern zusätzlich den Umgang mit Risiken bewusst in die Arbeit integrieren „im primärpräventiven Feld wäre daher sinnvoll – analog zu der der Sicherheitspräventionen der Aidsprävention – Regelkataloge zum alltäglichen Umgang mit (Rauschmittel-)Risiken ohne moralische Bewertung aufzustellen, zielgruppennah zu verbreiten und zu überprüfen. Auf dieser Grundlage sollte ein neues präventives Feld der Risikobegleitung mit dem Ziel maximaler Risikokompetenz eröffnet werden" (Franzkowiak 1996, S. 419). Franzkowiak nennt diese Kompetenz Risikokompetenz und verortet sie in einem übergreifendem Rahmen, den er mit „Risikomanagement" bezeichnet. In Abbildung 16 skizziert er dieses Konzept von Risikomanagement.

Abb. 16: Risikomanagement-Konzept (Franzkowiak 1996, S. 409ff.)

SAFER USE
„Regeln zum Überleben"
Tertiäre Suchtprävention/Drogenhilfe
Gefahrenminimierung/Schadensbegrenzung
Peer education/Peer involvement
akzeptierende Drogenhilfe
⇑
⇓
FÖRDERUNG VON RISIKOKOMPETENZ
⇑
⇓
Gefahrenminimierung/Risikobegleitung
Peer education/Peer involvement
Immunisierung und Lebenskompetenzförderung
Primäre Suchtprävention/Gesundheitsförderung
„Riten des Genießens, Regeln für Räusche"
SENSIBLE RISK-TAKING

Mit diesem Konzept gelingt es Franzkowiak, die lebenspraktisch noch nie sinnvolle Teilung zwischen Primärprävention einerseits und „Sekundärprävention" andererseits aufzuheben, ohne dass einerseits die auch notwendigen Inhalte und Ziele der Gefahrenabwehr und Abstinenzvorsorge und andererseits die wichtigen Ziele der Gefahrenminderung und Schadensbegrenzung im Konzept der Prävention gegeneinander ausgespielt werden. Praktisch lässt sich diese Strategie des Risikomanagements in der Präventionsarbeit im Umgang mit Ecstasy-Konsumenten feststellen.

Deren Präventionsmaßnahmen zeichnen sich durch einen Ansatz aus, der bei der „Harm-Reduction", also Schadensbegrenzung, angesiedelt ist. Dennoch wird der Konsum nicht propagiert, sondern versucht, den Konsumenten ein Verhalten zu vermitteln, das ihrem Schutz dient. Dazu gehört ein moderates Konsumverhalten sowie einige „Safer-Use-Regeln", die den Konsum weniger gefährlich machen sollen:

• Es gibt keine Droge, die dich gut drauf bringt, wenn du schlecht drauf bist;
• Weniger ist mehr;
• Mischkonsum ist Mist;
• Wenn du keine Lust aufs Runterkommen hast, push dich nicht hoch;
• Nimm nichts, wovon du nichts weißt und wovor du Angst hast.

Ein wichtiger Bestandteil der „Harm-Reduction" ist auch das Drug-Checking. Drug-Checking umfasst die Entgegennahme und Analyse der auf dem illegalisierten Markt kursierenden Drogen. Das Testergebnis wird anschließend dem Konsumenten übermittelt. Das bedeutet z.B. bei Ecstasy, dass Tabletten auf ihren MDMA-Gehalt geprüft werden. Dieses Drug-Checking befindet sich rechtlich allerdings auf sehr wackeligem Boden, da der Besitz von Ecstasy illegal ist, die Institutionen, die Drug-Checking anbieten, sich streng genommen durch den Besitz von Rauschmitteln nach dem BtMG strafbar machen. Die Testverfahren reichen von aufwendigen Labortests bis hin zu Schnelltests, die auf Parties in größerem Rahmen zum Einsatz kommen. Hier wird eine kleine Menge von der Pille abgeschabt, die dann auf verschiedene Substanzen getestet wird. Allerdings kann bei diesen Schnelltests nur festgestellt werden, ob eine oder mehrere bestimmte Substanzen vorhanden sind, einen genauen Aufschluss über die enthaltenen Stoffe kann ein Ecstasy-Schnelltest nicht geben. Mittlerweile ist es möglich, sich über das Internet selbst einen dieser Schnelltests zu bestellen. Das Drug-Checking hat deutlichen Einfluss auf die Qualität der angebotenen Tabletten, beeinflusst aber auch offensichtlich das Kaufverhalten der Konsumenten. Sie sind dann auch eher bereit, sich risikominimierendes Verhalten anzueignen. Drug-Checking ist ein geeignetes Instrument zur präzisen Wissensvermittlung und zur Anregung einer vertieften Reflexion des eigenen Drogenkonsums.

8.3.1.3 Voraussetzungen einer zeitgemäßen Suchtprävention

Im Wesentlichen geht es modernen Präventionsstrategien heute darum, einerseits eine personengebundene, situationsorientierte Resistenz gegen fortlaufenden Drogenkonsum mit Hilfe von Individual- und Gruppentrainings aufzubauen (diese orientieren sich vielfach an Verhaltenmodifikationsstrategien der Lerntheorie). Andererseits – und im Zusammenhang mit der erstgenannten Absicht – sind es die Förderung allgemeiner Lebenskompetenz zur Bewältigung von Entwicklungsaufgaben sowie strukturelle Verbesserungen der Lebensqualität junger Menschen, die Präventionskonzepte prägen. Petermann u.a. (1997, S. 37) bezeichnen diese Strategien mit personenzentrierten und strukturorientierten Maßnahmen und stellen sie in den Kontext einer salutogenetischen Perspektive (Antonowsky). Hier ist die erkenntnisleitende Frage im Gegensatz zur traditionellen pathogenetisch-kurativen Betrachtungsweise von Krankheit, die nach den Bedingungen von Gesundheit und jenen Faktoren, die Gesundheit schützen.

Bezogen auf das Problem der Sucht allgemein und den Konsum illegaler psychoaktiver Substanzen im Besonderen lässt sich als Ausgangspunkt formulieren: Was sind die Schutzfaktoren, die einer Suchtgefährdung entgegenwirken? Dabei ist von einer geschlechtsspezifischen Anwendung und Entwicklung von Präventionskonzepten auszugehen. Jungen und Mädchen werden mit unterschiedlichen Entwicklungsanforderungen konfrontiert, ihre Lebensweisen sind nicht nur im Prozess des Heranwachsens verschieden, auch sind die Inhalte dessen, was Jungen und Mädchen in den Sozialisationsinstanzen Familie, Schule und Peer-group lernen, unterschiedlich (vgl. BzgA 1998, S. 24ff.). Die Autoren der BzgA-Expertise „Geschlechtsbezogene Suchtprävention" (P. Franzkowiak, C. Helfferich, E. Weise) weisen in ihren Ausführungen (S. 35) als Folgerungen für die Suchtprävention beider Geschlechter aus:

- Lebenskompetenzförderung; dies bedeutet insbesondere die Aneignung gesundheitsförderlichen Verhaltens sowie die Aneignung von Kompetenz, Widerstandsfähigkeit gegen den sozialen Druck zum Konsum zu entwickeln;
- Die Schaffung von Netzwerken, nach den je unterschiedlichen Bedürfnissen von Jungen und Mädchen;
- Die Förderung eines Sozialklimas, das Gefühle zulässt, Persönlichkeiten sich entwickeln lässt und Körperwahrnehmungen vorurteilsfrei ermöglicht.

Gleichwohl lassen sich diese Essentials zur Suchtprävention mit Hilfe von Schlüsselkategorien geschlechtsspezifisch ausdifferenzieren:

- Bei den Entwicklungsaufgaben gilt es deutlich zu machen, dass Ablösungsmodi, die Berufs- und Familienorientierung, das Verhältnis zum eigenen Körper und der Aufbau sozialer Beziehungen in ihrer Forderung für Mädchen und Jungen unterschiedlich ausfallen müssen.

- Bei den persönlichen Kompetenzen, die gefördert werden sollen, ist es notwendig, zu berücksichtigen, dass Mädchen eher kommunikative Kompetenzen wie Gespräche oder Tagebuchaufzeichnungen zur Bewältigung von Entwicklungsaufgaben und Probleme einsetzen, während Jungen eher räumliche Aneignungsstrategien und aggressive Verhaltensstile einsetzen;
- Bei der Kompensierung von Belastungen innerhalb der Lebensspanne Jugend ist zu berücksichtigen, dass Mädchen durch Veränderungen in der Pubertät und den Leistungsdruck in Schule wie Peer-group anderen Anforderungen ausgesetzt sind als Jungen;
- Bei Netzwerken und sozialen Beziehungen unterscheiden sich Mädchen und Jungen durch die Art der Nutzung dieser Strukturen, aber auch durch ihre Gestaltung und Strukturierung. Beispielsweise sind Netzwerke für Mädchen eine Form, sich zu verständigen und Probleme zu lösen; diese Problemlösungsmöglichkeiten bieten sie jedoch auch Jungen an während Jungen in Netzwerken oder Cliquen Mädchen ganz spezifische Positionen zuweisen (vgl. BfGA ebd. S. 36f.).

8.3.2 Beratung und Hilfe bei belastendem Drogenkonsum

Neuorientierungen in der beruflichen Praxis der Drogenhilfe legen nahe, nicht nur über Theorien und empirische Erkenntnisse im Zusammenhang mit Lebensführungskonzepten, Einstiegs- und Ausstiegsszenarien von Konsumenten illegaler Drogen zu diskutieren, sondern auch empirische Kenntnisse und praktische Alltagstheorien über riskanten Konsum, Gewohnheiten und die Reduzierung dieser Risiken zu informieren. In der Praxis der Drogenhilfe – sei sie mit den Attributen niedrigschwellig oder akzeptanzorientiert versehen – haben sich in den letzten Jahren Konzepte empfohlen, die mit Harm-Reduction und Safer-Use bezeichnet werden. Es sind dies Hilfe- und Beratungskonzepte, die vor allem die gesundheitlichen Bedürfnisse von intravenös spritzenden Drogenkonsumenten zum Gegenstand drogenhelferischen Handelns machen.

Ich diskutiere beide Hilfestrategien im Folgenden unter dem Gesichtspunkt von Organisation und Interaktion. Damit übernehme ich eine u.a. von K. Mollenhauer vorgeschlagene „Sichtweise", sozialpädagogische Bereiche so zu analysieren, dass hierbei sowohl die Verhältnisse (Organisation) als auch das Verhalten (Interaktion) in diesem sozialpädagogischen Arbeitsfeld deutlich werden. Während Mollenhauer seinen Vorschlag jedoch auch in ideologiekritischer Absicht formuliert hat, ist die hier verwendete Zugangsweise rein deskriptiv (vgl. hierzu Mollenhauer 1977 S. 39ff.). Der Begriff der Organisation wird hier benutzt um „auf Dauer gestellte Instrumentierungen" (Mollenhauer 1977, S. 55) der niedrigschwelligen Drogenhilfe zu beschreiben (Harm-Reduction), während der Begriff Interaktion auf die Beschreibung jenes Handelns gerichtet ist, das der Information und der Einübung in risikomindernde Verfahren des Drogenkonsums dient (Safer-Use). Gleichwohl sind Organisationen immer auch räumlich lokalisierbare Gebilde, in denen Interaktionen stattfinden, während Interaktionen immer im Kontext organisatorischer Verhältnisse sich ausformen. Es ist insofern Mollenhauer zuzustimmen, wenn er darauf insistiert, „dass Organisation und Interaktion nicht als zwei mehr oder weniger kovariierende Variablen bestimmt werden, sondern als verschiedene Aspekte desselben Gegenstandes, den ich interpersonales Handeln nenne" (Mollenhauer 1977, S. 41).

8.3.2.1 Zur Organisation schadensminimierender Strategien in der Drogenhilfe

Harm-Reduction bezeichnet Organisationsformen in der Drogenhilfe, die akute Überlebenshilfen und Schadensminderungen durch Bereitstellen von äußeren Bedingungen sichern, die aus einer infektionsprophylaktischen Sicht zusätzliche Schäden des intravenösen Konsums reduzieren helfen. In einer Synapse zentraler Kategorien der Harm-Reduction und den Abstinenzorientierungen listen Schneider/Weber (1992, S. 55) Fakten auf (vgl. Tabelle 25).

Tab. 25: Harm-Reduction Abstinenzorientierung

	Harm-Reduction	*Abstinenzorientierung*
• Normative Grundlage	Menschenwürde gilt uneingeschränkt auch für Drogengebrauch	Drogengebrauch als soziales und individuell schädliches Verhalten muss beendet werden
• Zentral wahrgenommene Probleme	Drogengebrauch begleitende Schäden	Drogengebrauch per se
• Wahrnehmung zum Drogengebrauch	mehrdimensional, integrierbar im Lebenslauf	eindimensional, die Person beherrschend
• Einstellung zur Substitution	Zustimmung	indifferent bis ablehnend
• Zeitlicher Horizont der Intervention	indifferent, bezogen auf tatsächliche Dauer des Drogenkonsums	Bezogen auf Therapie
• Klienten werden wahrgenommen als	selbstverantwortlich und handlungskompetent	Defizitpersönlichkeit
• Erwartung an Klienten	Gesetzeskonformes Verhalten	Grundlegende Verhaltensänderung
• Bevorzugte Intervention	Unmittelbar unterstützende Angebote	Therapie
• Ziele	Schadensbegrenzung beim Drogengebrauch und (Re)Integration in alltägliche und soziale Bezüge	Abstinenz

„Seit etwa einem halben Jahr haben wir unser Angebot im Kontaktladen um die Straßensozialarbeit erweitert. Meine Kollegin und ich sind einmal in der Woche (donnerstags) auf der Straße (vornehmlicher Bereich ist die Innenstadt), und wir suchen die verschiedenen Aufenthaltsorte der Szenen auf. Die Notwendigkeit ergab sich durch unsere Einschätzung, dass es immer noch eine sehr große Gruppe von DrogenkonsumentInnen gibt, die trotz problematischer Lebenslagen keinen Kontakt zur Drogenhilfe hat und dass ein anderer Teil, trotz unseres niedrigschwelligen Angebots der offenen Cafés, es nicht bis in die Einrichtungen des Vereins schafft. Durch die Geh-Struktur unserer Arbeit begegnen wir den Menschen auf einer anderen Ebene: dadurch, dass wir uns in die Räume der Konsumenten begeben, kann eine Form der hierarchiefreien Kommunikation stattfinden, Ängste brauchen erst gar nicht aufkommen. Durch die Straßensozialarbeit können wir die bereits bestehenden Angebote bekannt machen, Hemmschwellen abbauen, direkt vor Ort konkrete Hilfe leisten, und wir bekommen einen genaueren Einblick in die aktuellen Entwicklungen der Szenen. Allerdings können wir nicht mit genauen Zahlen aufwarten, diese könnten wir höchstens über unsere intensiveren Betreuungen geben, aber diese Zahlen würden nur einen verfälschten Einblick in die tatsächlichen Größenordnungen geben. Noch keinen Zugang haben wir zu den Ecstasy-Konsumenten, welches eine relativ junge und heterogene Gruppe ist. Von reinen Ecstasy-Konsumenten kann man eigentlich auch nicht reden, da die Jugendlichen meist nicht wissen (können), um welche Drogen es sich handelt, vielfach werden von den Personen dieser Gruppierung auch Halluzinogene, Alkohol, Medikamente und die diversen Cannabisprodukte eingenommen. Bisher hatten wir es nur mit einzelnen Fällen von problematischerem Mischkonsum zu tun. Auch in dieser Gruppierung scheint Heroin in Einzelfällen eine Rolle zu spielen: Die Jugendlichen holen sich mit Hilfe von Heroin (oder auch mit Hilfe von starken Beruhigungsmedikamenten) von ihrem Trip herunter. Durch die Fachstelle für Suchtvorbeugung wissen wir, dass die Drogenproblematik in allen Einrichtungen für Jugendliche eine Rolle spielt, dass es sich meist um einen sehr unkritischen Suchtmittelumgang handelt und dass hier noch ein hoher Aufklärungsbedarf zu sein scheint." (Erfahrungsbericht AkfJ. 1996, Verfasserin U. Püthe)

Dieser Einführungsbericht einer Streetworkerin gibt sehr anschaulich Form und Inhalt aufsuchender sozialer Arbeit in der Drogenhilfe wieder.

Im Anschluss an Galuske (2001) lassen sich sechs Prinzipien und Merkmale von Streetwork in der Drogenszene bestimmen:

• Streetwork wendet sich nur einer bestimmten Gruppe von Menschen zu, die ihren Kommunikations- und Lebensraum über die Straße definieren, öffentliche Plätze oder/und Diskotheken und Gastwirtschaften als Treffpunkte nutzen.

- Intention des Streetworks in der Drogenszene ist es, vor allem Kontakte zu schaffen und aufrechtzuerhalten, Informationen über Aktivitäten in der Szene und der Benutzung von Drogen zu sammeln, Beratung und kurze Informationen zu geben, Präventionsangebote durch Information über riskante Konsumtechniken und Substanzen zu vermitteln.

- Der Streetworker ist darauf verwiesen, die gewachsenen Szene- und Gruppenstrukturen zu beachten. Er ist Gast in einer fremden Umgebung. Die Kontaktaufnahme ist dabei der schwierigste Teil der Arbeit. Die Inhalte der Gespräche wie auch die Zeitspanne ergeben sich aus der konkreten Situation heraus, sind zunächst eher zufällig und müssen für den User einen Gratifikationswert haben. Der kann darin bestehen, dass Kondome und/oder Spritzen, Informationen zu gesundheitsbezogenen Problemen etc. zur Verfügung gestellt werden.

- Streetwork bedeutet ganzheitlich zu arbeiten, den Zeitpunkt der Tätigkeiten auf die Zeitstruktur der Szene auszurichten, Vertrauensverhältnisse immer wieder neu begründen und einen Informationswert für die Szenemitglieder besitzen zu müssen.

- Streetworker sind darauf angewiesen zu wissen, was in der Szene vor sich geht: Welche Drogen werden konsumiert, wie werden sie eingenommen? Wie und wo wohnen Konsumenten, und wie beschaffen sie sich Geld? Wo spritzen sie Drogen, und mit wem spritzen sie sie? Welche Beziehungen bestehen untereinander und gibt es eine Hierarchie in der Szene? Welche Normen und Werte gelten für riskante Verhaltensweisen? Das Wissen über die Szene erleichtert die Profilierung des Angebotes und ermöglicht zielgenaue Hilfen.

- Streetwork bedeutet nicht nur Hilfe und Beratung in schwierigen, riskanten Lebenslagen, sondern auch Interessenvertretung. Interessen können vielfältig vertreten werden: Veröffentlichung von Bedürfnissen von Scenemitgliedern, Gespräche mit Kommunalpolitikern, Medieninteresse zu wecken und gezielt zu mobilisieren etc. (vgl. Galuske 2001, S. 213f.).

Streetwork ist eine Form der Drogenhilfe, die den Drogenhelfern nicht nur ein fundiertes Wissen über die Bedingungen des Lebens in der Drogenszene abverlangt, sondern auch ein hohes Maß an Psychohygiene fordert. Streetworker sind in ihrer Arbeit eingebunden in einen Interessenkonflikt, der sich durch Wünsche und Interessen der User und die ordnungspolitischen Vorstellungen der Anstellungsträger konstituiert. Vor diesem Hintergrund weist Galuske (2001, S. 276) auf zwei Probleme grundsätzlicher Art hin, die Streetwork betreffen:

- Die Interessenlage des Anstellungsträgers sowie der sie tragenden Geldgeber ist in der Regel nicht nur darauf ausgerichtet, Hilfen für in Not geratene Menschen zu entwickeln und durchzuführen, sondern auf eine Art „Sozialfeuerwehr" (Galuske), die Belastungen und Probleme an öffentlichen Plätzen der Innenstädte, Einkaufsstraßen etc. beseitigen soll. Die Implementierung von Streetworkprojekten in der Drogenszene hat insofern immer auch einen ordnungspolitischen Grund, der dem des Gesundheitsschutzes und der Hilfe für Drogenkonsumenten vorgeschaltet ist.

- Die psychosoziale Befindlichkeit des Drogenhelfers ist einem starken Druck ausgesetzt, der nicht selten zu Burn-out-Syndromen führen kann. Manchmal normalisieren dies Streetworker so, dass in Konfliktfällen, d.h. bei widerstreitenden Interessen von Ordnungspolitik und Drogenszene, sie sich mit der Drogenszene und ihren Angehörigen solidarisieren. So wichtig eine Parteinahme für Betroffene im Einzelfall auch sein mag, dürfte sie doch die strukturell bedingte Spannung nicht beseitigen, „denn spätestens dort, wo Sozialarbeiter zu Szenesprechern werden, ohne den Kontroll- und Ordnungsinteressen der öffentlichen Geldgeber zu entsprechen, steht ein baldiges Ende der Projekte zu befürchten" (Galuske 2001, S. 277).

Kontaktläden: Kontaktläden können den strukturell bedingten Mangel des Streetworks kompensieren helfen. Diese liegen vor allem darin, dass es nicht über geschützte Räume für Kontakt- und Beratungsgespräche verfügt sowie keine notwendigen, über den Augenblick des Kontaktes hinausgehenden Versorgungsangebote leisten kann. Michels/Stöver beschreiben Kontaktläden als „Einrichtungen, die einen niedrigschwelligen und unverbindlichen Zugang für hauptsächlich auf der Szene lebende und meist schon langjährig Drogenabhängige zu praktischen und suchtbegleitenden Lebenshilfen anbieten" (Michels/Stöver 1999, S. 39f.). Als Kontaktläden verstehen sich in diesem Sinne auch Szenecafés, Szeneläden etc. Drogenhilfe im Kontaktladen bedeutet vor allem dreierlei:

- Hilfen zur Bewältigung des Drogenalltags vorzuhalten, z.B. die Möglichkeit zur Körperhygiene, Wäsche waschen zu können, die Abgabe von Präservativen und der Umtausch von Nadeln und Einwegspritzen, die Ausgabe von warmen Mahlzeiten und nichtalkoholischen Getränken;
- Unterstützung und Beratung bei der Gestaltung des Lebenslaufes, z.B. Unterstützung und Beratung im Umgang mit Jugend-, Gesundheits-, Sozial- und Arbeitsämtern, Krisenmanagement, Entzugs-, Therapie-, Substitutionsberatung, Beratung bei der Lösung aktueller Alltagsprobleme;
- Geschlechtsspezifische Beratung und Hilfe für junge Frauen und Mütter; hier geht es um Versorgungs- und Rückzugsbedürfnisse weiblicher Drogenabhängiger, denen damit Rechnung getragen wird. Vor allem Gewalterfahrungen, Prostitutionserfahrungen und spezielle Kommunikationsbedürfnisse von Frauen sind Inhalte von Beratung und Hilfesettings.

In der Regel befinden sich Kontaktläden in der Nähe oder im Einzugsgebiet von Drogenszenen. Die Öffnungszeiten sind der Zeitstruktur der User angepasst, und die Arbeit selbst erfolgt nicht nach festgelegten Inhalten oder thematisch organisiert in einen Tagesplan. Die Arbeitsinhalte variieren von Tag zu Tag und werden im Prinzip von den Kontaktladenbenutzern vorgegeben. Der nachfolgend aufgeführte Auszug aus einem Tagebuch eines Kontaktladens soll die besondere Struktur dieser Arbeit verdeutlichen:

Doch noch pünktlich in Hamm am Laden angekommen. Die ersten BesucherInnen warten bereits darauf, dass wir aufmachen. „So gut möchte ich es auch mal haben, um viertel vor drei zur Arbeit kommen und um acht Uhr schon wieder gehen!" Was sollen wir dazu sagen? Wir nehmen sie mit rein, weil es immer noch kalt ist. Laden aufschließen, Rolladen hochziehen, Kaffee aufsetzen, Musik anmachen, Tageszeitungen rausgeben, eingegangene Post lesen, Spritzenautomaten auffüllen. Mütze, Schal, Jacke ausziehen, denn langsam wird es warm. Und zwischendurch immer wieder und im Moment zum achten Mal die Frage: „Was gibt's denn heute zu essen?" Und zum achten Mal der Hinweis auf unseren Speiseplan im Café, den wir dort seit ca. einem Monat regelmäßig aufhängen und auf den neuesten Stand bringen.

Luise steht seit einiger Zeit verzweifelt vor der Tür und erinnert die Kollegin mindestens alle fünf Minuten daran, dass sie unbedingt bis 17.00 Uhr ihre Anwältin in Münster wegen der Verhandlung am Montag erreichen muss (wenn die überhaupt heute so lange da ist, ist ja schließlich Freitag). Zwischendurch kommt immer irgendeiner rein, der die Musik zu laut, zu leise, zu punkig, zu soft, zu doof oder grundsätzlich „banane" findet. Während der gesamten Zeit und immer noch in ein und demselben Büro eingehende Telefonate: „Ist der und der oder die und die da, kann ich den/die mal eben sprechen?" Alles in einem Raum von vielleicht 16 qm und zeitgleich. Früher hatten wir mal gedacht, dass Krisenintervention was anderes bedeutet, oder zumindest haben wir nicht damit gerechnet, dass wir durch die Bedingungen, unter denen das stattfindet, irgendwann mal selbst in 'ne Krise kommen. Aber irgendwie kriegen wir den heutigen Tag schon noch über die Bühne. Katharina kommt völlig verzweifelt ins Büro. Sie war in Dortmund und hatte sich ein paar Mark für Drogen verdient. Dann kam zuerst so'n Blödmann von Loddel und hat ihr einen Teil der Kohle abgenommen und ihr gleichzeitig angekündigt, dass sie jetzt regelmäßig an ihn zu zahlen hätte, ansonsten gäbe es „was auf die Augen". Und dann hat sie noch so'n Typ beim Shore kaufen abgezogen. Jetzt steht sie völlig auf dem Schlauch: keine Kohle, keine Drogen und auf'm Affen. Die Kollegin versucht sie in einem Krankenhaus in Hamm unterzubringen, wo sie langsam mit Medikamenten runterdosiert wird. Pünktlich wie selten ist alles abgeschlossen, die Alarmanlage scharfgeschaltet und ich kann mir überlegen, ob ich heute Abend noch irgendwo was trinken gehen will. Im Nachhinein war es ja noch ein relativ ruhiger Tag. Wir hatten zwar 45 BesucherInnen (darunter drei Kinder); aber

- wir brauchten nicht den Notarzt anzurufen, weil irgend jemand auf der Toilette zusammengebrochen ist,
- wir brauchten niemanden wiederzubeleben (obwohl wir ja noch vor einigen Tagen mal wieder einen Auffrischungskurs in Reanimation und Erster Hilfe bei Überdosierungen gemacht hatten),
- und wir konnten denen, die etwas von uns wollten, Hilfestellung geben – mehr oder weniger.

Der Kontaktladen integriert neben eigenen Diensten zusätzliche Angebote anderer sozialer Dienste, so z.B. Schuldnerberatung, Gesundheitsberatung, Rechtsberatung. Für die Besucher bedeutet dies ebenfalls einen unkomplizierten Kontakt zwischen sich und den Vertretern sozialer Dienste. Durch den Aufenthalt im Kontaktladen haben die Besucher auch die Möglichkeit, erste unverbindliche Kontakte zur Drogenhilfe aufzunehmen. Allerdings ist der Kontaktladen kein Lockmittel für eine weitergehende, auf Abstinenz ausgerichtete Drogenhilfe. Dies drückt sich unmissverständlich in der hohen Toleranz gegenüber den Besuchern aus.

Gesundheitsräume: „Gesundheitsraum" ist der rechtlich wie politisch korrekte Begriff für Einrichtungen mit den Namen „Fixerstübli", „Fixercafé", „Druckräume", „Injektionsräume", „legale Konsummöglichkeiten", „tolerierter intravenöser Drogengebrauch", „Konsumräume" usw. Sie alle beschreiben räumliche Angebote, in denen Räumen Heroinabhängige Opiate und Opiatderivate legal konsumieren können. Seit dem 01.04.2000 gilt der §10a BtMG über die Erlaubnis für den Betrieb von Drogenkonsum- bzw. Gesundheitsräumen. Es ist eine Erlaubnisregelung, die beinhaltet, dass die Bundesländer die Möglichkeit haben, Verordnungen zu erlassen, um Kommunen die Einrichtung von Konsumräumen zu ermöglichen, wobei diese sich allerdings an aufgeführte Mindestvoraussetzungen halten müssen.

Diese Mindestvoraussetzungen sind:

1. „Zweckdienliche sachliche Ausstattung der Räumlichkeiten, die als Drogenkonsumraum dienen sollen;
2. Gewährleistung einer sofort einsatzfähigen medizinischen Notfallversorgung;
3. Medizinische Beratung und Hilfe zum Zwecke der Risikominderung beim Verbrauch der von Abhängigen mitgeführten Betäubungsmittel;
4. Vermittlung von weiterführenden und ausstiegsorientierten Angeboten der Beratung und Therapie;
5. Maßnahmen zur Verhinderung von Straftaten nach diesem Gesetz in Drogenkonsumräumen, abgesehen vom Besitz von Betäubungsmitteln nach §29 Abs.1 Satz 1 Nr. 3 zum Eigenverbrauch in geringer Menge;
6. Erforderliche Formen der Zusammenarbeit mit den für die öffentliche Sicherheit und Ordnung zuständigen örtlichen Behörden, um Straftaten

im unmittelbaren Umfeld der Drogenkonsumräume so weit wie möglich zu verhindern;

7. Genaue Festlegung des Kreises der berechtigten Benutzer von Drogen-konsumräumen, insbesondere im Hinblick auf deren Alter, die Art der mitgeführten Betäubungsmittel sowie die erlaubten Konsummuster; of-fenkundige Erst- oder Gelegenheitskonsumenten sind von der Benut-zung auszuschließen;

8. Eine Dokumentation und Evaluation der Arbeit in den Drogenkonsum-räumen;

9. Ständige Anwesenheit von persönlich zuverlässigem Personal in ausrei-chender Zahl, das für die Erfüllung der in den Nummern 1 bis 7 genann-ten Anforderungen fachlich ausgebildet ist;

10. Benennung einer sachkundigen Person, die für die Einhaltung der in den Nummern 1 bis 9 genannten Anforderungen, der Auflagen der Erlaub-nisbehörde sowie der Anordnungen der Überwachungsbehörde verant-wortlich ist (Verantwortlicher) und die ihm obliegenden Verpflichtun-gen ständig erfüllen kann" (vgl. §10a, Abs. 2 BtMG).

Des Weiteren gibt das Gesetz der Staatsanwaltschaft als Sollregelung vor, dass von der Strafverfolgung wegen des Besitzes von Betäubungsmitteln in geringer Menge abzusehen ist, wenn in einem Drogenkonsumraum, der aufgrund einer behördlichen Erlaubnis betrieben wird, ärztlich nicht ver-schriebene Betäubungsmittel konsumiert werden.

Gesundheitsräume folgen zentralen Zielsetzungen. Diese lassen sich wie folgt benennen: Erstes Ziel ist die Gesundheitsfürsorge. Das vorrangigste Ziel von Gesundheitsräumen ist also, die gesundheitlichen Risiken des Drogenkonsums, speziell des intravenösen Konsums, so gering wie möglich zu halten. Das bedeutet, dass existentielle Schäden und lebensbedrohliche Situationen abgewendet werden können. Dies geschieht durch vorbeugende Maßnahmen, um Infektionen und Notfälle zu verhindern, von der ambulan-ten Wundversorgung bis zur Reanimation. Weiterhin werden Gesundheits-strategien vermittelt. Innerhalb dieser Räume ist es möglich, sowohl Ange-bote zur Körperpflege zu schaffen wie auch einzuräumen, eine warme Mahlzeit zu sich zu nehmen. Zudem wird die Erreichbarkeit der User er-höht. In Gesundheitsräumen können Rituale und Regeln (z.B. Safer-Use), die einen regulierenden/kontrollierenden Einfluss auf das Konsumverhalten ausüben, erlernt und weitertransportiert werden. In Gesundheitsräumen kommunizieren Drogengebraucher und Berater über für sie wichtige Le-bensweltfragen, die oftmals konsumbezogen sind

Erfahrungsaustausch über Applikationsformen und Strategien der Infekti-onsvermeidung;

• Weitergabe von Techniken eines risikoarmen Gebrauchs

- Informationen über guten und preiswerten Stoff von zuverlässigen Verkäufern

- Solidarität, gegenseitige Unterstützung

Dass Konsumräume nicht nur unter dem Gesichtspunkt der Hilfe und Unterstützung, sondern auch aus ordnungspolitischen Überlegungen geschaffen wurden, zeigen vor allem Erfahrungen aus der Schweiz. Hier ist die Einrichtung von Konsumräumen, so z.B. in Zürich, als Argument für repressive Maßnahmen gegen den Bestand von Drogenszenen benutzt worden. Die vor der Änderung des BtMG gestarteten Versuche der Ermöglichung von Heroinkonsum in Räumen der Drogenhilfe vor allem in Bremen und Frankfurt, liegen z.T. als Erfahrungsberichte vor. Sie geben wichtige Hinweise für die Organisation von Konsumräumen und der Sicherstellung risikoarmen Konsums (vgl. Stöver 1991).

Nach dem aktuellen Kenntnisstand haben bereits Hamburg, Frankfurt, Saarbrücken, Hannover, Köln und Münster einen Konsumraum eingerichtet. Die Ausgestaltung der Räume ist sehr unterschiedlich. Der Konsumraum in Münster z.B. ist zu ebener Erde eingerichtet worden, im 1. Stock des Hauses befindet sich ein Kontaktladen mit einer Beratungsstelle. Das Haus liegt in unmittelbarer Nähe zur Drogenszene am Bahnhofsvorplatz. Der Konsument erhält bei Betreten des Konsumraumes einen Behälter, indem das Spritzbesteck, Desinfektionsmaterial etc. enthalten ist. Wenn er will, wird er medizinisch versorgt und/oder informiert über andere Konsumtechniken und Safer-Use-Methoden. Der Konsumraum ist bis zur Decke gefliest, an der einen Seite befinden sich 4 Konsumplätze mit Behältern zur Entsorgung gebrauchter Spritzen. Dem Konsumraum für intravenös spritzende Konsumenten ist ein Raum angegliedert, in dem Heroin inhaliert werden kann. Während der Konsumzeiten ist ständig eine Aufsicht anwesend, die Blickkontakt zu den Konsumenten hat. Die Aufsichtsperson ist medizinisch geschult und ausgebildet in Notfallmedizin und Reanimationstechniken. Ein Handel mit Drogen oder eine Abgabe von Drogenrationen ist verboten.

Der Betreiber dieses Konsumraumes ist „Indro e.V.", eine private Einrichtung der Drogenhilfe, die aus uneigennützigen Motiven den Gesundheitsraum wie auch Kontaktladen und Beratungseinrichtung unterhält. In einem ersten Fazit zur Drogenkonsumarbeit teilt „Indro" folgendes mit: „Insgesamt kann für die ersten fünf Monate der Drogenkonsumraumöffnung festgestellt werden, dass die von der Konzeption anvisierte Zielgruppe der Konsumenten aus der öffentlich sichtbaren Drogenszene erreicht wurde. Die Erfahrungen zeigen, dass die Leistungen, die in den Zielbestimmungen genannt worden sind, deutlich erfüllt worden sind: Neben der Ermöglichung einer hygienisch-kontrollierten Applikation konnten durch die vorgehaltenen Leistungsangebote Infektionsrisiken beim intravenösen Gebrauch reduziert, sofortige Hilfe bei Überdosierungen und anderen Drogennotfallsituationen gewährleistet (fünf mögliche Todesfälle wurden verhindert, somit das Überleben gesichert), Safer-Use-Techniken vermittelt, medizinische Hilfen bei Wundinfektionen und Abszessen durchgeführt, allgemeine gesundheitspräventive Maßnahmen eingeleitet, intermittierende Hilfen (Beratung, Vermittlung, Versorgung) angeboten und in weiterführende suchttherapeutische Hilfen vermittelt, somit ein Einstieg in den möglichen Ausstieg aus der Sucht eingeleitet und eine Reduzierung der Belastung der Öffentlichkeit durch konsumbezogene Verhaltensweisen (achtloses Wegwerfen gebrauchter Spritzen und anderer Gebrauchsutensilien, öffentliches Konsumgeschehen, Szenekonzentration) bewirkt werden. Insgesamt konnten in den ersten sieben Monaten 7.133 Konsumvorgänge (6.257 Männer, 876 Frauen) gezählt werden (Stand: Ende November 01). Das sind ca. 50 Konsumvorgänge am Tag, die *nicht* im öffentlichen Raum erfolgten. Das Verhältnis Männer:Frauen beträgt ca. 7:1. Dominant ist hier der intravenöse Gebrauch von überwiegend Heroin (5.521 intravenöse Konsumvorgänge, 1.510 inhalative Gebrauchsformen und 102 nasale Anwendungen). Die Altersgruppen lassen sich folgendermaßen benennen: 2.915 Menschen der Altersgruppe der 18-25-Jährigen, 2.809 Menschen der Altersgruppe der 26-35-Jährigen und 1.167 Menschen der Altersgruppe der über 35-Jährigen. 124 Personen mussten laut Rechtsverordnung des Landes NRW als „erkannte" Substituierte abgewiesen werden (weiterhin: 3 Gelegenheitskonsumenten, 17 offensichtlich intoxikierte Konsumenten). Minderjährige verlangten bisher keinen Zugang zum Drogenkonsumraum. Medizinische Hilfen (Wundversorgung, kleinere Verletzungen etc.) wurden in 658 Fällen in Anspruch genommen, 117 psychosoziale Beratungen ausschließlich *im* Konsumraum durchgeführt und 11 direkte Weitervermittlungen in entsprechende andere Versorgungssysteme eingeleitet. In nur einem Fall musste ein Hausverbot aufgrund eines versuchten Drogenhandels ausgesprochen werden. In 26 Fällen wurde ein Hausverbot aufgrund des nicht erlaubten „Drogen-Teilens" erteilt.

Insgesamt 50 Drogennotfallsituationen, davon fünf lebensbedrohliche Überdosierungen/Mischintoxikationen mussten bewältigt werden. Durch sofortige Einleitung von fachkundigen Reanimationsmaßnahmen durch unser Personal und die sofortige Benachrichtigung des Notarztes/Rettungsdienstes (in allen Fällen in ca. 5 Minuten vor Ort) konnten diese Personen gerettet werden. Fünf mögliche Todesfälle konnten also verhindert werden. Der von uns ausgearbeitete Drogennotfallplan mit klaren Verantwortlichkeitszuordnungen hat sich bestens bewährt. Bei den restlichen Drogennotfallsituationen handelte es sich meist um leichtere Kreislaufprobleme, die vor Ort behoben werden konnten. Die oftmals befürchteten Auswirkungen wie Szenebildung vor dem Eingangsbereich, Störung und Belastung der Öffentlichkeit im unmittelbaren Umfeld der Einrichtung, Drogenhandel im Konsumraum, Sogwirkung auf andere, nicht ortsansässige Drogenkonsumenten sind bisher auch aufgrund der fachlichen Arbeit und Kontrolldichte nicht eingetreten bzw. festgestellt worden." (W. Schneider 2001, S. 35ff.).

Notunterkünfte: Ähnlich den Kontaktläden, die aus der Überwindung struktureller Probleme des Streetworks ihre Legitimation erhielten, verhält es sich auch mit Notunterkünften für Drogenabhängige. Sie kompensieren Mängel der ambulanten niedrigschwelligen Drogenhilfe insofern, als sie wohnungslosen Konsumenten vorübergehend ein Obdach, medizinische Versorgung und Verpflegung gewähren. Auch wenn Übernachtungsstätten bei ihren Kunden Drogenbesitz, Drogenhandel und Drogenkonsum in ihren Einrichtungen nicht dulden, so sind Spritzentausch, Information zu Safer-Use und Safer-Sex, die Abgabe von Desinfektionsmittel schon vorgesehen.

Die Klientel von Notunterkünften setzt sich zusammen aus Therapieabbrüchen, sozial desintegrierten und verelendeten Drogenabhängigen, strafentlassenen Drogenkonsumenten etc. Der Anteil der HIV-Positiven ist in diesen Einrichtungen sehr hoch. Notunterkünfte verfügen in der Regel nicht über Belegungspläne, die einen zeitlich effizienten Einsatz von Drogenhelfern ermöglichen konnten. Angemeldete Personen erscheinen häufig nicht, dafür unangemeldete um so mehr. An manchen Tagen sind diese Einrichtungen nicht voll belegt, an anderen Tagen müssen Drogenkonsumenten abgewiesen werden.

Zur Illustration des Arbeitsalltag einer Notunterkunft folgender Auszug aus dem Tagebuch einer Institution: Es klingelt. Die Übernachterin von gestern steht „triefend nass" vor der Tür, kommt direkt aus Dortmund, weiß nicht wohin bis 20.00, friert, hat gerade noch die 2,- DM für die Übernachtung.

Obwohl ich weiß, dass ich wenig Zeit habe, da ich gerade das Gespräch mit X führe, lasse ich sie herein. Unterbreche das Gespräch („Du musst verstehen, die Frau ist total nass...").

Also hoch in's sleep-in, Aufnahmeprozedur, filzen, noch mal die Regeln erklären – da sie ziemlich wirr ist –, während sie sich in eine Decke hüllt, kommt ihre nasse Kleidung in die Waschmaschine, ich gehe runter in die WG und borge für sie Socken aus, da sie an Kleidung nur das hat, was sie am Körper trägt – und das ist jetzt in der Waschmaschine. Mehr oder minder „Rauf und runter" (Sleep-In/WG. Es klingelt. Der, den wir letztens rausgeschmissen haben, holt einen Teil seiner Sachen ab. Der zweite Sleep-in-Gast kommt. Aufnahmeprozedur (kann relativ kurz ablaufen, da er schon einige Tage hier übernachtet hat, z.Zt. klar ist, sich bis jetzt vernünftig verhalten hat). Kurzes Gespräch über Bewerbung an Therapieeinrichtung („Wie macht man eigentlich einen Lebenslauf? Tabellarisch oder wie 'nen Aufsatz?")

Endlich kommt die Honorarkraft. X hat heute seinen 1. Dienst, gleichzeitig kommt der 3. Sleep-in-Gast (Neuaufnahme). X hat tausend Fragen und ich keine Zeit, sage ihm, er soll bei der Aufnahme einfach zuschauen. Aufnahmeprozedur: Vertrag, Regeln erklären, Fragen beantworten („nee, waschen geht jetzt nicht, die Maschine läuft"), zeigen, wo die Lebensmittel, Tee/Kaffee stehen.

Der neue ist nicht sonderlich ‚breit', also kurzes Zurückziehen mit X, die dringendsten Fragen beantworten (im Sinne von: „ja, du darfst auch ans Telefon gehen, KESH u. deinen Namen sagen. Habe gleich mehr Zeit für Dich). X soll in der WG bleiben, ich gehe ins Sleep-In zur „Beobachtung" – zur Vorsicht. – Wenn was ist, soll mich X über „Babyphon" anpiepen. Im Weggehen erkläre ich noch wie das Gerät funktioniert, damit wir das ausprobieren können. In der letzten Nacht funktionierte es nicht einwandfrei.

Während der ‚Beobachtungsphase' rede ich mit ... über den Lebenslauf, Drogenkarriere und wie es ihm geht. Da ruft mich X, es hatte geklingelt. Ein ehemaliger Übernachter ist da und fragt, ob wir „'n paar Pumpen für ihn haben?" Ich denke toll, dass er so vorsichtig mit seiner Gesundheit umgeht, aber jetzt stört das wirklich. Trotzdem sage ich o.k. und sage X, wo die Spritzen sind, so weiß er das auch sofort. Danach – Beobachtungsphase ist beendet – keiner macht einen besorgniserregenden Eindruck, also schließe ich die Schlafräume auf und gehe runter in die WG.

Ich führe das unterbrochene Gespräch von vor 20.00 Uhr weiter – und weiß sogar noch, wo wir stehen geblieben waren, da fragt X über Babyphon, wie die Waschmaschine funktioniert, der 2. Übernachter will waschen und außerdem wären keine sauberen Handtücher oben. Soll einen Moment warten. Beendigung des Gesprächs,

Waschmaschine erklären, Handtücher verteilen, Teambuch und Bericht schreiben, Weckwünsche der WG-Leute aufnehmen, Kollegin ist da – Dienstübergabe (ich höre mich sagen – „war ruhig heute!"), Fragen von X zu zweit beantworten."

Finanziert können Notunterkünfte für Drogenkonsumenten nach §39/40 BSHG werden, wenn sie Standards erfüllen, die durch die Betriebsgenehmigung vorausgesetzt werden. Auch Notunterkünfte haben nicht nur Unterstützungsfunktion für Drogenkonsumenten bei der Bewältigung ihres Alltags, sondern auch ordnungspolitische Funktionen. Sie können als „Sozialräume" innerhalb einer städtisch organisierten Drogenkonsumentenkultur partielle sozialintegrative Aufgaben übernehmen. Damit tragen sie dazu bei, Drogenprobleme bzw. Probleme von Anwohnern und/oder Passanten der innerstädtischen Bereiche im Umgang mit Nichtsesshaftigkeit von Drogenkonsumenten zu kompensieren. Die Arbeit in Notunterkünften, wie im Übrigen auch in Kontaktläden und Konsumräumen, führt zu erheblichen Belastungen des Drogenhelfers.

Diese können bedingt sein durch ein hohes normatives Anspruchsniveau des Drogenhelfers, durch Belastungen in Familie und Partnerschaft, sie können auch über eine vernünftige Stressregulierung, durch Supervision und Freizeitregelungen nur unzureichend kompensiert werden.

Peer-support: Peer-support-Modelle der Drogenhilfe sind Selbsthilfekonzeptionen, die zuerst in den Niederlanden sich etablierten. Ursprünglich aus der Aidshilfe kommend, stellen sie eine Möglichkeit dar, dass User für User tätig sein können. Peer-support ist, ebenso wie die oben diskutierten Organisationsformen der Drogenhilfe, dem Konzept der Schadensminimierung verpflichtet. Der Peer-support-Gedanke knüpft an Überlegungen an, die in der Jugendsoziologie seit langem bekannt sind: Ein Peer fungiert als sozialer Referenzpunkt, dies bedeutet, dass Gleichaltrige in ihren Gruppen nicht nur eine wichtige Rolle bei der Vermittlung von jugendrelevanten Tatsachenwissen spielen, sondern auch als Identifikationsfigur in ihrer Gruppe für Normen und Werte, für Verhalten und Haltungen stehen können.

Wenn es im Drogenhilfealltag um das Wissen über Drogen, Applikationsmöglichkeiten, Safer-Use und Safer-Sex geht, haben Drogenhelfer gegenüber ihrer Klientel in der Regel ein erhebliches Legitimationsdefizit. Peers genießen bei der Vermittlung aus den oben genannten Gründen per se einen Vertrauensvorschuss. Dieser lässt sich einsetzen bei der Vermittlung von Safer-Use und Safer-Sex-Praktiken ebenso wie bei der Implementierung von Harm-Reduction-Programmen in der Drogenszene.

Trautmann (1995, S. 221ff.) hat im Anschluss an Evaluierungen von Peer-Support-Projekten in den Niederlanden wesentliche Erkenntnisse zur Legitimation und Organisation dieser Harm-Reduction-Strategie zusammengefasst:

- *„Aufgaben der Peer-supporter:* Beratung und Überweisung bei persönlichem, sozialem oder materiellem Problem; Gespräche mit Usern im Rahmen der Aidsprävention; Information über aktuelle Entwicklungen, Probleme etc. unter Usern. Wesentlich ist jedoch für die Bewältigung solcher Aufgaben, dass Peer-supporter nicht die Aufgaben von Drogenhelfern übernehmen;
- *Selektionskriterien für Peer-supporter:* Affinität zur Zielgruppe, Kontakte mit der Szene, das Vertrauen anderer User, Peer-Leader-Status in der Szene;
- *Mitnahmeeffekte für Peer-support:* Initiierung von Interessenvertretungen für User und/oder Substituierte, Multiplikationseffekte, Initiierung von besonderen Safer-Use Praktiken (Spritzentausch, Substanzkontrolle etc.);
- *Legitimationsmuster für Peer-support:* Nutzen des Sachverstandes von Usern für die Drogenhilfearbeit, professionelle Unterstützung von User-

Initiativen, Kontinuität sichergestellt durch Anbindung an die professionelle Drogenhilfe.

Die Erfahrungen in den Niederlanden (auch in Deutschland; H.J.J.) zeigen, dass nicht nur inhaltliche und methodische, sondern auch organisatorische Aspekte bei der Entwicklung von Peer-support-Projekten von Bedeutung sind. Peer-support kann auf unterschiedliche Weise gestaltet werden. Es gibt keine klaren Richtlinien. Je nach gegebenen Voraussetzungen muss zwischen verschiedenen Möglichkeiten unterschieden werden" (Trautmann 1995, S. 228).

Die Einbindung drogenabhängiger Menschen in den Hilfe- und Betreuungskontext der angeführten Organisationsformen kann auf unterschiedlichen Stufen der Abhängigkeit, Hilfe, Beratung und soziales Lernen ermöglichen. Vorgaben der Institutionen: keine körperliche Gewalt, keinen Drogenhandel, und – wenn Druckräume nicht vorhanden sind – keinen Drogenkonsum, eröffnen zusätzliche Möglichkeiten, szenetypisches Verhalten zu reflektieren. Suchtbegleitende Einrichtungen wollen drogenabhängigen, jungen Menschen alternative Lebensweisen zum Drogenkonsum auf der Szene aufzeigen, ohne gleich den Konsum von Drogen und die szenetypischen Verhaltensmuster und Einstellungen moralisch zu missbilligen. Die Notwendigkeit einer möglichen Verhaltensänderung ergibt sich aus den jeweiligen Anforderungen der Institution unmittelbar und ist den Drogenabhängigen auch in der Regel so verständlich. Die Gespräche, die geführt werden, haben insofern überwiegend nur die Regelung unmittelbarer Bedürfnisse von Drogenabhängigen zum Gegenstand. Einrichtungen suchtbegleitender Drogenhilfe sind dem Typus „identitätsorientierte Einrichtungen" der Sozialen Arbeit zuzuordnen (vgl. Raschke 1989). Sie erreichen ein breites Spektrum von Drogenkonsumenten und sind von ihrer Arbeitsweise her eher drogenunspezifisch orientiert; d.h. sie sind nicht fixiert auf eine so diagnostizierte Drogenproblematik, sondern auf allgemeine Lebensprobleme ihrer Klienten, dazu gehören auch Probleme mit Drogen. Als basisnahe Organisationen versuchen sie soweit wie möglich, die Komplexität alltäglicher Lebensprobleme ihrer Klientel nicht zu reduzieren. Dadurch entwickeln sie ein hohes Maß an Übereinstimmung zwischen Ansprüchen und Bedürfnissen von Drogenabhängigen und -konsumenten und den eigenen Möglichkeiten an Hilfe, Beratung und Unterstützung.

8.3.2.2 Zur Interaktion zwischen Drogenhelfern und Usern – die Methodik des Safer-Use

Während also Harm-Reduction den Konzeptrahmen abgibt, ist Safer-Use gewissermaßen die methodisch strukturierte Umsetzung bezogen auf Einzelne und Gruppen. „Safer-Use beinhaltet", so Heudlass u.a. (1995, S. 70f.)

- „die Prüfung und gegebenenfalls Einübung von effektiven Alternativen zum intravenösen Drogenkonsum, und – entscheidet man sich trotz aller Nachteile für den i.V. Konsum –
- die kluge Auswahl schonender ‚Werkzeuge' und geeigneten Zubehörs sowie deren Benutzung unter möglichst hygienischen Bedingungen in stressfreiem Milieu,
- alle sinnvollen Formen der Qualitätskontrollen bei der Wahl des Stoffes werden genutzt,
- prophylaktische Maßnahmen zum Schutz von Infektionen werden angemessen ausgeschöpft,
- die Venen möglichst pfleglich behandelt,
- Reststoffe verantwortlich entsorgt".

Safer-Use-Informationen lassen sich gewissermaßen als „Verbraucherberatung" für drogenkonsumierende Personen bezeichnen.

Die Diskussion des Safer-Use als eine Möglichkeit der Gestaltung von Interaktionen zwischen Konsumenten und Drogenhelfern, erstreckt sich hier auf einige zunächst benennbare Methoden: Techniken der Qualitätskontrolle, Techniken der Applikation, Techniken des Infektionsschutzes, Substitution und Originalstoffabgabe. Die Originalstoffabgabe bildet in dem hier verwendeten Sinne keine Technik, die von Usern zur Minderung des Konsumrisikos eingesetzt werden kann, ebenso wenig die Substitution. Aber sie liegen in der „Zielhierarchie" (Michels) der Hilfen im Kontext einer vernunftgeleiteten Drogenhilfe: „Überlebenshilfen, Hilfen zur Reduzierung von Substanz, Konsumfrequenzen und -exzessen, Hilfen zur Reorganisierung von psychosozialer und gesundheitlicher Stabilisierung, Hilfen bei Ausstiegsprozessen aus Suchtstrukturen, Hilfen bei Abstinenzbewältigung inklusive zufriedener Lebensgestaltung" (Michels 1999, S. 131).

Pharmakounterstützende Hilfen wie Substitution und Originalstoffabgabe leisten insofern einen wichtigen Beitrag zur Strukturierung von Interaktionen zwischen Drogenhilfe und Konsumenten, wenn es um Risikomanagement geht.

Techniken der Qualitätskontrolle: Der Erwerb illegaler Drogen stellt für den User eine Vertrauenssache dar. Aufgrund der Illegalität von Produktion, Vertrieb und Konsum wird ein Großteil der Energien der beteiligten Produzenten, Händler und Konsumenten auf Abschottung vor dem Zugriff von Ordnungsbehörden verwandt, da bleiben für Qualitätskontrolle kaum Zeit, Geld und Raum.

Qualitätskontrollen sind vor allem auf der oberen Ebene des Drogenvertriebes Normalität. Hier werden vor allem Heroin und Kokain vor dem Kauf chemisch auf Qualität und Reinheit geprüft. Schon der Großverteiler bietet seinen Kunden Streckmittel parallel zum ungestreckten Produkt an. Diese

Streckmittel sind in der Regel vom Endverbraucher nicht vom Originalprodukt zu unterscheiden. In den letzten Jahrzehnten hat sich zudem eine Industrialisierung von Produktionsweisen der Kokain- und Heroinherstellung vollzogen. Bei der Heroin- und Kokainherstellung wird dadurch die regionalbedingte Sortenvielfalt der Ausgangsstoffe durch chemische Aufbereitung standardisiert. Anders bei Cannabisprodukten: Haschisch und Marihuana bleiben in der Regel naturbelassen, der Zusatz von Chemikalien erfolgt nicht. Eine gleich bleibende Qualität der Substanzen ist damit praktisch ausgeschlossen. Während dieses Problem bei Cannabiskonsumenten gesundheitlich kaum ins Gewicht fällt, sind Qualitätsschwankungen bei Heroin- und Kokainkonsumenten von erheblicher Relevanz für konsumbedingte Risiken. Die Notwendigkeit der Anwendung von Testverfahren erklärt sich aus dieser Tatsache. Es empfiehlt sich, Testverfahren zunächst nach den Formen zu unterscheiden, sodann auf die Möglichkeit einzugehen, diese Formen auch einzusetzen.

Zunächst die Form der Informationsbeschaffung:

- *Szeneinformation:* Sie sind die Informationsquelle für User schlechthin. Jedoch ist die Informationsqualität abhängig von den Erfahrungen des Users und der Intention des Informanten.

- *Sinntest:* Dies ist ein Test, der ausschließlich an die Vorerfahrungen der User im Umgang mit Cannabis, Heroin, Kokain und Ecstasy anknüpft. Für Heroin und Kokain ist er kaum aussagefähig. Moderne Streckmittel zeigen gleiche Verhaltensweisen wie die Originalsubstanzen. Cannabisprodukte lassen sich jedoch mit entsprechender Vorerfahrung qualifizieren.

- *Blechtest:* Er wird überwiegend zur Einschätzung der Qualität von Heroin benutzt. Das Pulver wird auf eine Aluminiumfolie durch Erhitzen zum Schmelzen gebracht. Die Zeitdifferenz zwischen Schmelz- und Verdampfungspunkt gibt dem erfahrenen Gebraucher Auskunft über Reinheit und Qualität. Gleichmäßiger Lauf des geschmolzenen Heroins ohne Brodeln und Spritzen verspricht eine gute Qualität. Rückstände geben Auskunft über Beimengungen. Zusätzlich kann der entstehende Rauch dem Tester Auskunft über die Qualität des Stoffes geben.

- *Aufkochen:* In einem Löffel wird Heroin und Ascorbinsäure mit Wasser über einer Flamme zum Kochen gebracht. Hochprozentige Heroinaufbereitung senkt die Oberflächenspannung des Wassers im Löffel, eine zusätzlich goldgelbe Färbung der Flüssigkeit gilt als Garant für hohen Heroingehalt. Allerdings ist dieser Test durch moderne Streckmittel im Heroin nicht immer präzise in seiner Qualitätsbestimmung.

- *Probegebrauch:* Bei Heroin kann entweder durch das Inhalieren des verdampfenden Heroinrauches oder durch das Injizieren der aufbereiteten Flüssigkeit eine Qualitätseinschätzung vorgenommen werden. Beim Injizieren werden nur geringe Mengen dem Körper zugeführt. Eine kurze und schnell aufbauende Rauschdauer spricht für einen geringen Anteil an Heroin in der Substanz (nach 15-20 Min. reduziert sich das Rauschgefühl um etwa 1/3). Bei Kokain kann entweder durch das Schnupfen von Kokain oder auch durch das Injizieren Auskunft über die Qualität der Substanz gewonnen werden. Während sich beim Schnupfen die Wirkung der Substanz langsam aufbaut, ist sie nach einer Injektion sofort spürbar. In allen Fällen spricht für eine gute Qualität, dass sich ein typischer Kokaingeschmack noch vor dem Einsetzen des Rausches bemerkbar macht.

Bei Cannabisprodukten wird der entstehende Rauch beim Abbrennen des Teiljoints inhaliert. Gute Qualitäten zeichnen sich durch eine anhaltende differenziert spürbare Rauchentwicklung aus.

- *Screening-Test:* Es gibt eine ganze Reihe von Testmöglichkeiten, z.B. Röhrchen mit chemoaktiven Flüssigkeiten oder batteriebetriebene Miniofen mit digitaler Temperaturanzeige. Je nach Substanz und der verfügbaren chemoaktiven Flüssigkeit lassen sich mit Hilfe von Einfärbungen die Qualität der Substanz bei Heroin und Kokain bestimmen. Genaue Einschätzungsparameter weisen die beigefügten Betriebsanleitungen aus. Diese Tests sind relativ objektiv, da sie ausschließlich mit digital angezeigten Prozentsätzen oder Einfärbungen der Testflüssigkeit Qualitätsbestimmungen vorgeben.

- *Wassertest:* Für Heroin gilt: löst sich die Substanz auf dem Löffel ohne weitere Zusätze unproblematisch auf, ist von einem ungewöhnlich hohen Reinheitsgehalt auszugehen. Bei Kokain empfiehlt es sich, die Substanz in einen Löffel mit klarem Wasser aufzulösen. Wenn die Kristalle nicht sofort mit dem Wasser eine Verbindung eingehen, ist davon auszugehen, dass Verunreinigungen oder Streckmittel vorhanden sind.

Nicht alle hier aufgeführten Tests sind immer und an jedem Ort verwendbar. In der offenen und teiloffenen Szene sind aus naheliegenden Gründen der Sinntest und die Szeneinformationen überwiegend die Basis für Qualitätseinschätzungen. Erst in der privaten/geschlossenen Szene lassen sich auch die aufwendigen Testverfahren durchführen. Die Schwierigkeiten für den User ergeben sich in der Regel bei der Anwendung von Testverfahren durch den Suchtdruck (Craving) oder sich anbahnende Entzugserscheinungen bei Heroinkonsumenten. Andererseits ist bei kontrolliertem Konsum und der Anwendung von Testverfahren das Risiko geringer einzuschätzen für eine Überdosis[1].

Applikationstechniken: Weniger als 1% der Bevölkerung in Deutschland im Alter zwischen 18 und 49 Jahren hat im Laufe seines Lebens Erfahrungen mit Heroin gehabt. Bühringer zufolge konsumieren in Deutschland etwa 300.000 Menschen regelmäßig Heroin, davon sind etwa 100.000-120.000

---

1 (Die Informationen zu den Testverfahren sind einem Seminarpapier entnommen, das U. Schildheuer im Sommersemester 1998 an der Uni Dortmund erstellt hat).

süchtig (vgl. Bühringer u.a.2000, S. 127ff.)[2]. Mehr als 80% konsumieren Heroin regelmäßig intravenös. Auch Kokain wird intravenös konsumiert. Diese Applikationsform ist die riskanteste unter allen Applikationsmöglichkeiten. Risiken ergeben sich, wenn die Injektionstechnik nicht beherrscht wird, stumpfe oder nicht geeignete Nadeln verwendet werden bei der Auflösung des Heroin Fehler gemacht werden, sterilisiertes Spritzbesteck nicht benutzt wird oder bei der Notfalldesinfektion unsauber gearbeitet wird. Eine wesentliche Reduzierung von Risiken besteht in dem Wechsel zu einer anderen Applikationsform. Es bieten sich bei Konsum von Heroin und Kokain folgende Möglichkeiten:

- Sneefen: Heroinpulver bzw. Kokainpulver wird über die Nase aufgenommen. Allerdings ist auch diese Form langfristig riskant, weil die Nasenscheidewand geschädigt werden kann.

- Rauchen: das Heroinpulver wird erhitzt und geht in einen morphinhaltigen Rauch über, der über ein Röhrchen inhaliert wird (chinesen).

- Rektale Applikation: das möglichst hygienisch aufbereitete Heroin wird in eine Spritze ohne Nadel aufgezogen und in das Rektum geschoben und dem Organismus zugeführt.

Sieht man einmal von der Suchtbildung im Falle von Heroin ab, ist das Rauchen die Applikationsform, die kaum Risiken in sich birgt. Allerdings benötigt der User hier ungleich mehr Heroin, als bei der Anwendung der anderen Applikationsformen (vgl. Heudlass 1999, S. 162ff.).

Infektionsschutz: Das Risiko für intravenös konsumierende Drogengebraucher, sich zu infizieren, ist vor allem auf unsachgemäße Anwendung von Spritzbestecken, gemeinsamer Gebrauch von Spritzbesteck und riskante Sexualpraktiken (ungeschützter Geschlechtsverkehr) zurückzuführen. Infektionskrankheiten können bei drogenassoziierenden Infektionen u.a. sein: Haut- und Weichteilinfektionen (Abszesse, lokale Ischämie, Nekrose), Infektionen der Knochen und Gelenke, Hepatiden (vor allem Hepatitis B und C) sowie HIV-Infektionen. Bezogen auf eine HIV-Infektion führen Kleiber/ Pant an: „Die aktuell verfügbaren Daten (Erhebungsjahre 1992 und 1993) aus verschiedenen, unabhängigen Untersuchungen ermitteln HIV-Prävalenzen von unter 10% bei IVD in Therapieeinrichtungen und von 15% bis 20% auf der aktiv injizierenden Drogenszene" (Kleiber/Pant 1998, S. 494). Auch wenn die referierten Daten mittlerweile schon 10 Jahre alt sind, dürfte sich an dieser Population wenig geändert haben.

---

2 Der nationale Bericht zur Drogensituation in Deutschland für das Jahr 2000 gibt ganz unterschiedliche Übersichten über die Anzahl intravenös konsumierender heroinabhängiger Menschen in Deutschland an. In der Regel sind es Schätzungen, die auf der Basis von Hochrechnungen erfolgt sind. So z.B. auf der Basis von Schätzungen aus den Behandlungszahlen von Heroinabhängigen zwischen ca. 153.000 und 198.000 Personen, auf der Basis von HIV-Infektionen zwischen 90.000 und 160.000 (vgl. Reitox-Bericht 2001, S. 44f.).

Für Hepatitiserkrankungen liegen zurzeit noch keine der HIV-Epidemiologie vergleichbaren Daten vor. Zahlen aus Therapieeinrichtungen, aber auch Stichproben der städt. Gesundheitsämter bei substituierten Drogenkonsumenten sprechen von einer Infektionsrate von 80% bei Hepatitis B und ca. 90% bei Hepatitis C. Zu den angeführten Infektionen und Krankheiten kommen hinzu noch Parasitenbefall, katastrophale Mundhygiene und Tuberkulose. Infektionsbedingte Krankheiten infolge des Konsums intravenös zugeführter Drogen lassen sich verhindern, wenn genügender Infektionsschutz praktiziert werden kann. Will man das Infektionsrisiko minimalisieren, empfiehlt es sich, die Applikationsform zu ändern (von der Injektion zum Rauchen oder Sneefen von Heroin/Kokain).

Infektionsrisiken lassen sich vermeiden, wenn nach jedem Druck die gebrauchte Spritze gegen eine neue Spritze eingetauscht wird. Hinzu muss eine vorherige Desinfektion der Einstichstelle, die Hygiene des Zubehörs und die Vermeidung von Risiken durch besondere Injektionsarten kommen. Wenn auch in Deutschland der Spritzentausch legalisiert ist und in vielen Städten möglich ist, so treten immer noch Situationen auf, bei denen die sogenannte Notfalldesinfektion greifen muss. Die Notfalldesinfektion bezieht sich auf Konsumfälle, bei der ein neues steriles Spritzbesteck nicht verfügbar ist und das bislang benutzte wieder verwendet werden soll. Im Prinzip geht es dabei um die Desinfektion von Spritze und Nadel bei der auf verschiedene Möglichkeiten zurückgegriffen werden kann: Thermische Desinfektion („boiling"), Desinfektion mit „Bleach", Desinfektion mit Jod-Lösung (vgl. Heudlass 1995, S. 98ff.). Weiterhin empfehlen sich Hepatitis- und Tetanusschutzimpfungen. Infektionen entstehen auch durch ungeschützte und/oder riskante Praktiken des Geschlechtsverkehrs. Hier ist es vor allem das Kondom bzw. Femidom, das Infektionen und Ansteckungen verhindert.

Substitution: Von Substitution in der Drogenhilfe wird dann gesprochen, wenn der Konsum von Heroin/Morphium durch die Einnahme anderer opiathaltiger Präparate (Substitut) ersetzt werden soll. Substitution bedeutet insofern nicht das Beenden der Sucht, sondern nur deren Verlagerung durch die Einnahme eines anderen Opiatderivates wie z.B. Methadon, Polamidon oder Codein. Diese Präparate werden jedoch dem Konsumenten nicht einfach überlassen, sondern in einem legalen (nach §13 Abs. 3, Ziff.2 BtMG geregelt), therapeutisch strukturierten Rahmen aufgrund besonderer Indikationsstellungen. Substitutionsmittel können eingesetzt werden

• zur Linderung bzw. Ausschaltung entzugsbedingter Schmerzen;

• zur medizinisch verantwortbaren Therapie für Heroinkonsumenten;

• zur Verhinderung des Rückfalls von ehemals abhängigen Heroinkonsumenten (Antagonisten-Therapie).

In der Regel erhält der substituierende User sein Substitut entweder bei einem niedergelassenen Arzt oder einer Methadonambulanz einer Klinik. Täglich zu einem fixierten Zeitpunkt wird das Substitut in flüssiger Form dem Konsumenten verabreicht und darf nur oral konsumiert werden. Eingebunden in diese Form der Substitution ist psychosoziale Beratung. Allerdings kann der betreuende Facharzt auch sog. Take-home-Dosen dann verschreiben, wenn er der Auffassung ist, dass sein Patient selbstverantwortlich damit umgehen kann. Take-home-Dosierungen können zur Überbrückung des Wochenendes bestimmt sein oder eine Zeitspanne von bis zu 6 Tagen umfassen. Mittlerweile zählt die Substitution zur medizinischen Rehabilitation und kann insofern auch – wenn die Voraussetzungen für eine medizinische Rehabilitation vorliegen – von den Rentenversicherungsträgern finanziert werden.

Von der Bundesregierung ist die Einrichtung eines zentralen Methadonregisters vorgenommen worden (1.7.2002). Das Zentralinstitut der kassenärztlichen Versorgung gab 1998 etwa 21.000 substituierte Personen im Einzugsgebiet Deutschlands an (ausführlich dazu und zu den Besonderheiten der Substitution. Körner Betäubungsmittelgesetzkommentar 2001, BtMG §13, S. 126ff.). Mittlerweile hat die anfangs umstrittene Substitutionsbehandlung einen breiten Konsens gefunden. Es zeigt sich, so Bühringer, „dass eine gute therapeutische Struktur, gut ausgebildete Mitarbeiter, intensiv auf den Einzelfall abgestimmte soziale und psychotherapeutische Maßnahmen, sowie eine regelgerechte Durchführung bei einer Substitution die durchschnittlich zu erwartenden Ergebnisse deutlich verbessern können" (Bühringer 1998, S. 433).

Substitution als Safer-Use Methode zu betrachten, liegt in verschiedenen Umständen begründet: Substitutionsmittel „blockieren" in der Regel den Heroinhunger und ermöglichen den Usern darüber hinaus die legale Befriedigung ihrer Sucht. Damit werden jedoch Voraussetzungen geschaffen, um die Beschaffungskriminalität sowie den Gebrauch illegaler Drogen einzustellen.

Dies bedeutet eine erhebliche Reduzierung der Konsumrisiken und der Risiken illegaler Lebensführung. Nach den vorliegenden Ergebnissen von Evaluationsstudien (resümierend hierzu Raschke 1994; und Bühringer 1998, S. 411ff.) verbessert sich durch die Substitution der gesundheitliche Zustand der User, die soziale Situation vieler Substituierten normalisiert sich, die Suizidgefährdung nimmt spürbar ab und durch eine längerfristige psychosoziale Betreuung erhöhen sich die Resozialisierungschancen. Je nach örtlich gestellter Indikation kann die Substitution unbefristet, bis zu 12 Monaten oder bis zu 6 Monaten durchgeführt werden. Als Substitut stehen zurzeit unter anderen folgende Substanzen zur Verfügung: Methadon/Levomethadon, Dihydrorocodein, Bupremorphin, L-Polamidon und LAAM.

L-Polamidon und Levomethadon bewirken je nach Dosis, dass nur einmal in 24 Stunden konsumiert werden muss, um Entzugserscheinungen vorzubeugen. Bupremorphin kann den Opiathunger 2-3 Tage bei entsprechender Dosierung stillen, LAAM wirkt etwa 72 Stunden. Bei Dihycdrocodein beträgt die Wirkungsdauer der Einzeldosis 5-6 Stunden. Nur der Arzt kann eine Substitutionstherapie verordnen und dies ausschließlich nach vertragsärztlichen Rahmenbedingungen. Die Indikation zur Therapie ist gebunden an besondere Kriterien, die in den NVB-Richtlinien festgelegt sind. Das sind Richtlinien, die durch die kassenärztliche Vereinigung erstellt wurden. Die Substitution ist eine genehmigungspflichtige Leistung.

Originalstoffabgabe: Nüchtern betrachtet ist die Originalstoffabgabe an Heroinabhängige durch Instanzen der Drogenhilfe eine von vielen möglichen Pharmakotherapieansätzen. Ihre Legitimation als Safer-Use-Methode erhält sie aus der Tatsache, dass durch die Abgabe von Heroin an Heroinkonsumenten sowohl die Applikationsrisiken als auch die Risiken der Beschaffungskriminalität erheblich reduziert werden. Darüber hinaus hat sich in der Drogenhilfepraxis die Erkenntnis durchgesetzt, dass auch die Substitutionsbehandlung bestimmte Patientengruppen nicht erreicht (z.B. Allergieprobleme, Ablehnung der Substitution durch Langzeitabhängige etc.). In Kenntnis der Grenzen der Wirksamkeit der Substitutionsbehandlung und unter dem Eindruck von Schadensfolgen der HIV- und Hepatitis-Epidemien bei intravenös konsumierendem Drogengebrauch hat in der Schweiz 1994 ein Versuch zur ärztlich kontrollierten Verschreibung von Betäubungsmitteln stattgefunden, der 1996 beendet wurde (vgl. zur Auswertung Uchtenhagen 1997).

Wesentliche Erkenntnisse, die heute für eine flächendeckende Versorgung von Usern mit Heroin unter besonderen Auflagen in der Schweiz verantwortlich zeichnen, waren folgende:

• das Schweizer Modell hat bewiesen, dass Heroinverschreibung kontrolliert, sicher, klinisch verantwortbar und von einer von der Bevölkerung akzeptierten Weise durchführbar ist;

• die heroingestützte Behandlung wies durch ihre Evaluation aus, dass die Zusammenarbeit zwischen Patienten und Ärzten (Behandlungscompliance) sehr hoch war (10% -90%), zu einer substantiellen Verbesserung der physischen wie psychischen Gesundheit geführt hat und die psychosoziale Lage der User entscheidend verbessert hat. Zudem reduzierte sich die Beschaffungskriminalität um etwa 50%, die Szenekontakte nahmen entscheidend ab und das allgemeine Risikoverhalten der User veränderte sich.

Gegenwärtig (März 2003) läuft auch in Deutschland eine von der Bundesregierung in Auftrag gegebene klinische Studie an. Es handelt sich dabei um die Durchführung einer multizentrischen klinischen Studie zur ambulanten heroingestützten Behandlung Opiatabhängiger, die langfristig abhängig sind, mehrere erfolglose Versuche mit abstinenzorientierter Therapie unternommen haben und auch nicht in der Substitution stabilisiert werden können. Die Studie soll eine klinische Prüfung heroinhaltiger Arzneimittel nach dem Arzneimittelgesetz beinhalten sowie einen zusätzlichen Erkenntnisgewinn zu den Fragen erbringen, ob, wie und in welchem Umfang Opiatabhängige, die durch die bisherigen Angebote der Drogenhilfe nur unzureichend oder gar nicht erfolgversprechend therapiert waren, durch eine heroingestützte Behandlung:

- gesundheitlich und sozial stabilisiert,
- verbindlich ins Hilfesystem integriert,
- im Hilfesystem gehalten und
- zur Aufnahme einer weiterführenden Therapie motiviert werden können.

Mit der Studie soll auch untersucht werden,

- ob und wie die heroingestützte Behandlung in das Therapieangebot zur Versorgung opiatabhängiger Patienten implementiert und
- das sicherheitsrelevante Risiko begrenzt werden kann.

Mit der Studie sollen ferner die Entwicklung des Konsumverhaltens bei den opiatabhängigen Patienten, die Therapiemotivation, die psychosozialen, die ordnungs- und strafrechtlichen Auswirkungen der heroingestützten Behandlung untersucht werden (Bundesdrogenbeauftragte, Sucht und Drogenbericht 2000 Berlin 2001, S. 83ff.). Die substanzbezogene und handlungsbezogene Prüfung der Heroinvergabe erfolgt in Deutschland u.a. in Hamburg, Frankfurt, Berlin, München, Dortmund und Bonn. In Bonn ist am 4.3.02 mit der Behandlung von 50 Usern durch Heroin (Diamorphin) begonnen worden. Es soll erreicht werden, dass sich der körperliche und psychische Gesundheitszustand der User verbessert, die Beschaffungskriminalität sich reduziert, die Herstellung von sozialen Bezügen außerhalb der Drogenszene ermöglicht wird. Bis zu dreimal am Tage konsumieren die User streng kontrolliert Diamorphin in der Heroinambulanz. Diese ist zwar gut erreichbar, jedoch nicht szenenahe gelegen. Sie besteht aus einem Warte- und Eingangsbereich mit integrierter Theke. Diese grenzt an einen gut einsehbaren Konsumraum, der 6 Konsumplätze für den intravenösen Konsum vorsieht. Der Konsumraum ist zudem, getrennt durch eine Glasscheibe, mit dem Lager- und Verarbeitungsraum verbunden. Im Gegensatz zu den üblichen Konsumräumen wird hier die zu injizierende Substanz durch Mitarbeiter der Drogenambulanz aufbereitet und dem User mit dem Spritzbesteck zum Konsum verabreicht. Konsumraum und Lagerraum sind durch eine Schiebemulde miteinander verbunden. Zusätzlich sind in der Heroinambulanz für Konsumenten Duschräume vorhanden, Beratungszimmer und eine Notfallambulanz.

Die hier diskutierte Organisation und Methodik schadensminimierender Strategien beim Konsum illegaler Drogen richtet ihre Aufmerksamkeit auf

Möglichkeiten, den dem Konsum innewohnenden gesundheitlichen oder anderen Risiken und Gefährdungen so zu begegnen, dass Modifikationen der Konsequenzen des Verhaltens erreicht werden können. Dabei verzichten die hier diskutierten Konzepte auf Konfrontation und Bevormundung und auf Sanktionen und versuchen stattdessen Eigeninteressen und Eigenverantwortungen der User zu stärken.

8.3.3 Beratung und Hilfen zur Wiederherstellung einer abstinenten Lebensführung

Die Praxis des Harm-Reduction-Ansatzes endet nicht mit dem Entschluss des Users zu relativ verbindlichen Drogenhilfesettings übergehen zu wollen, wie sie Beratung und Therapie nun einmal nahe legen. Sekundarprävention und Tertiärprävention verstehen sich als Prozess „intermediärer Zielsetzungen", die „den Klienten auf dem Weg von hochrisikoreichen Verhalten zu weniger riskantem Verhalten begleitet und ihn in diesem Prozess ermutigt, stützt und anleitet. Im Falle eines Klienten, der einen hochfrequentierten, unhygienischen, intravenösen Konsum von Straßenheroin und anderen Substanzen betreibt, läge ein erstes Ziel in der Reduktion der Zahl der konsumierenden Stoffe, ein weiteres in niederfrequentiertem Konsum. Anschließen könnte sich der Versuch, ihn an hygienische Applikationsweisen heranzuführen. Ein weiterer Fortschritt läge im Übergang von parenteralem zum nicht-parenteralem (etwa inhalativen) Drogengebrauch. Folgen könnte das Angebot eines oralen Substitutionsmittels. Dessen Verordnung könnte als Erhaltungstherapie begonnen werden und schließlich in eine Detoxifikation einmünden mit dem Ziel und letztlich vielleicht auch dem Erfolg der Abstinenz" (de Ridder 1999, S. 180).

De Ridders Beschreibung ist nicht als Vorschlag zur Neuauflage der therapeutischen Kette unter Einbeziehung von Maßnahmen zur Risikominderung beim Drogengebrauch zu verstehen. Angedeutet wird hier lediglich ein Spektrum unterschiedlicher Hilfeformen, die von Usern fallweise genutzt werden können. So ist auch die folgende Diskussion der Organisation und Interaktion in der Drogenhilfe zur Wiederherstellung abstinenter Lebensführung zu verstehen. Oberstes Ziel all dieser Maßnahmen muss es sein, dem Individuum dabei zu helfen, im Rahmen des gesellschaftlichen Akzeptierten und Möglichen, eine eigenverantwortbare Lebensführung wiedergewinnen zu lassen. Dabei kann die Abstinenz hilfreich sein, sie muss es jedoch nicht.

In der beruflichen Praxis der Drogenhilfe haben sich zur Realisierung dieser Ziele besondere Organisationsformen herausgebildet. Es sind dies ambulant arbeitende Beratungsstellen und Drogenhilfezentren, teilstationär und stationär arbeitende Drogenentzugseinrichtungen, Methadonambulanzen, Therapieeinrichtungen zur stationären Entwöhnung und Adaptionseinrichtungen. Alle arbeiten zielgruppenorientiert, ausgerichtet auf das Behandlungs-Beratungsprofil des Klienten.

Während Therapieeinrichtungen zur stationären Behandlung (medizinische Rehabilitation) ihren Einzugsbereich überwiegend regional und/oder überregional festgelegt haben, arbeiten vor allem ambulant orientierte Einrichtungen kommunal und/oder stadtteilbezogen. Stationäre und ambulante Einrichtungen der Drogenhilfe im Kontext von Beratung und Behandlung sind weniger vom Prinzip der Fürsorge geprägt, wie dies bei Einrichtungen der Harm-Reduction der Fall ist. Stattdessen präferieren sie eher Prinzipien der Problemlösungen, sei es mit Hilfe professioneller Beratung und/oder therapeutischer Strategien. Gleichwohl sind die in Rede stehenden Institutionen in ihrer Arbeit nicht nur ihrem Klientel und ihrem professionellen Anspruch verpflichtet, sondern üben als sozialintegrativ tätige Einrichtungen auch soziale Kontrolle aus.

Die nun folgende Beschreibung der Tätigkeiten von tertiärpräventiv orientierten Drogenhilfeeinrichtungen erhebt nicht den Anspruch, eine differenzierte Bestandsaufnahme dieser Institutionen abzubilden; zu heterogen sind die Organisationen in ihren Strukturen und zu verschieden die Beratungs- und Therapiekonzepte, die die Arbeit der Drogenhelfer leiten. Andererseits gibt es auch Überschneidungen in den Inhalten, vor allem dort, wo medizinische Rehabilitation nach den Vorgaben überregionaler Kostenträger (Landes- und Bundesversicherungsanstalt) organisiert werden muss. Insofern bildet die hier dargestellte Übersicht nur einen Ausschnitt aus der Drogenhilfearbeit ab, die daher auch nicht repräsentativ sein kann.

8.3.3.1 Zur Organisation von Drogenberatungseinrichtungen

Die wesentlichen Tätigkeiten von Drogenhelfern (Sozialarbeiter/Sozialpädagogen/Diplom-Pädagogen) in den traditionellen Beratungsreinrichtungen der Drogenhilfe erstreckten sich in der Regel darauf, zusammen mit ihrem Klientel eine Entscheidung über anzustrebende Ziele und Wege zu erreichen, die aus der Drogenabhängigkeit herausführen oder den Drogengebrauch beenden können, sowie darauf, den mit dieser Entscheidung eingeleiteten Prozess zu begleiten. Die Grundsätze der Drogenberatung sind dabei die Vertraulichkeit der Gesprächsinhalte, sowie, auf Wunsch, Anonymität für Klienten und deren Angehörige und Freiwilligkeit. Des Weiteren ist Voraussetzung für die Arbeit in der Drogenberatungsstelle eine akzeptierende Haltung gegenüber der Person und der sozialen Situation der Klienten.

Beratungsstellen beanspruchen in ihren Tätigkeiten, dass der zu Beratende kooperationsfähig und -willig ist und Kontinuität in der Beratungsarbeit sichergestellt wird. Die Problemdeutungen geben jedoch die Lebensverhältnisse des Abhängigen vor, die unter dem Druck gesellschaftlicher Ächtung und strafrechtlicher Sanktionierung sich konstituieren und insoweit stark stigmatisierende und isolierende Wirkungen haben. Das Abarbeiten von

Problemdeutungen, also der Beratungsprozess schlechthin, ist ein interpretativer Prozess, der mehr Interpretationsleistungen auf Seiten des Beraters erforderlich macht, als durch „kommunikative Finten" erzeugtes Nachdenken über Verhaltensänderung auf Seiten des Abhängigen.

Die Beratungstätigkeit des Drogenhilfeberaters hat sich im Verlauf der letzten Jahre insofern aufgefächert, als sich für Konsumenten illegaler psychoaktiver Substanzen ganz unterschiedliche Problembereiche ergaben, die eine mehr oder weniger starke Spezialisierung der Drogenhelfer erforderlich machten. Es waren dies im Einzelnen: Prävention/Information; Ambulante Betreuung; Therapievermittlung; Psychosoziale Betreuung Substituierter; Aufsuchende Arbeit in Justizvollzugseinrichtungen; Soforthilfe für Abhängige etc.

Prävention und Information: Bezugsgruppen sind hier insbesondere Jugendhilfeeinrichtungen, Schulen, Betriebe, aber auch junge Menschen, die um Rat in noch nicht durch Drogenkonsum belasteten Situationen des Alltags nachfragen. Darüber hinaus geht es hier um Sensibilisierung der Öffentlichkeit für suchtfördernde Bedingungen, Strukturen und Mechanismen. In manchen Drogenberatungsstellen wird im Schwerpunkt Information und Prävention auch mit einem Netz von Multiplikatoren gearbeitet, die – ausgebildet durch Maßnahmen der Beratungsstelle – primärpräventive Aktivitäten in Einrichtungen der Jugendhilfe und der Schule leisten.

Ambulante Betreuung: Dies bedeutet die Nähe zum sozialen Milieu der Ratsuchenden und die Möglichkeit, mit jenen Klienten Kontakt aufzunehmen, die eine stationäre Behandlung ablehnen. Ziele der ambulanten Betreuung im Kontext der Drogenberatung können sein:

- Dauerhafte Abstinenz von Suchtmitteln;
- Vorbeugung gegen Rückfallgefahr und Verbesserung der Fähigkeit zur Bewältigung von psychischen Krisen;
- Wiederherstellung oder wesentliche Besserung der Berufs-/Erwerbsfähigkeit
- Soziale und familiäre Wiedereingliederung;
- Aufarbeitung von Partnerschaftsproblemen und Eltern-Kind-Konflikten.

Therapievermittlung: Dies meint in erster Linie, mit den Drogenabhängigen zusammen einen „subjektiven Standort im Sinne einer motivationalen und intentionalen Ausgangslage" zur Therapieaufnahme zu erarbeiten. Dieser subjektive Standort entscheidet mit darüber, ob sich eine spezielle Therapie für jemand als kompatibel erweist, ob ihm die Alltagswelt, die er in diesem Therapiesetting vorfindet, eine adäquate Antwort auf seine Problemlage gibt und Möglichkeiten einer effektiven Bewältigung innerhalb des Therapieprozesses anbietet (Reinl/Stumpp 2001, S. 303). Therapievorbereitung und Therapievermittlung ist die traditionell älteste Tätigkeit im Bereich der

Beratungsstelle. Zur Therapievermittlung gehören überdies Verhandlungen mit Kostenträgern, Erstellung einer psychosozialen Diagnose und perspektivische Planung zur Situation nach der Therapie.

Psychosoziale Unterstützung für Substituierte: Dies bedeutet vor allem, dass infolge der Substitution eintretende Probleme der Zeitstrukturierung mit dem Klienten zu lösen, Fragen zu beruflicher und/oder schulischer Integration und zum Lebenssinn über regelmäßige Beratungskontakte zu klären sind. Eine Substitutionsbehandlung ist mittlerweile ein Standardangebot im Hilfesystem für Dogenabhängige geworden. Längst lassen sich Substituierte nicht mehr als in sich geschlossene Zielgruppe definieren. Deutlich wird dies an den sehr unterschiedlichen Bedürfnissen im Rahmen der Beratung und Betreuung.

Neben den Drogenabhängigen, die sich in einer „klassischen Langzeitsubstitution" befinden, finden sich immer mehr KlientInnen, die die Substitution als eine Möglichkeit zur Überbrückung bis zum Antritt einer Entgiftung und/oder Therapie betrachten. Klienten nutzen diese Behandlungsmöglichkeit aber auch, um die Basis für cine ambulante Intensivbetreuung oder Therapie zu schaffen. Als notwendig hat sich zudem die Zusammenarbeit mit dem behandelnden Arzt, der die Substitution vornimmt, herausgestellt.

Aufsuchende Arbeit in Gefängnissen: Nach wie vor liegen die Handlungsschwerpunkte dieses Arbeitsfeldes in der

- aktuellen Krisenintervention,
- Motivationsentwicklung und -stärkung für Veränderungsprozesse,
- Beratung bezüglich Maßnahmen des Drogenhilfesystems,
- Therapievorbereitung auf individueller biographischer Grundlage,
- Unterstützung bei formaljuristischen Angelegenheiten im Rahmen der „Therapieregelung" des Betäubungsmittelgesetzes,
- Vermittlung in stationäre Therapiemaßnahmen sowie
- Begleitung bei Therapie- und Informationsfahrten.

Bei der Analyse der Zusammensetzung der Klientel in den Justizvollzugsanstalten wird deutlich, dass es aufsuchende Arbeit in Gefängnissen wohl grundsätzlich mit zwei Gruppen drogenabhängigen Inhaftierten zu tun haben. Die erste Gruppe ist die, die sich aufgrund von Verstößen gegen das Betäubungsmittelgesetz und Beschaffungskriminalität strafbar gemacht hat, während bei der zweiten Gruppe der Konsum illegaler Substanzen „nur" ein weiterer Schritt in ihrer „Delinquenz-Karriere" darstellt. Allerdings sind im praktischen Alltag der Drogenhilfe diese Gruppen nicht immer und eindeutig voneinander zu unterscheiden, da die Grenzen hier fließend sind und sich mit zunehmender Dauer des Konsums illegaler Drogen immer weiter verwischen.

Soforthilfe für Drogenabhängige: Diese ist für kurzentschlossene, veränderungswillige Abhängige von illegalen Drogen gedacht. Zielgruppen des Angebotes sind Drogengebrauchende bzw. Drogenabhängige, die derzeit keinen Kontakt zum Hilfesystem haben bzw. deren Kontakt abgerissen oder nur sporadisch ist. Neue Zielgruppen, hier insbesondere junge, drogenkonsumierende bzw. -abhängige Menschen oder Migranten, insbesondere aus der ehemaligen Sowjetunion, sollen erschlossen werden. Zentrales Anliegen der Soforthilfe ist die Vermittlung in verschiedene Formen aktuell erforderlicher Hilfestellung im Bereich der ambulanten und stationären Hilfesysteme der Drogenhilfe selbst sowie der angrenzenden psychosozialen Dienste. Schnelle Zugänge zu folgenden Hilfeformen werden bereitgestellt:

• Vermittlung in das regionale Drogenhilfesystem, wie z.B. Intensivberatung, ambulante Therapie,

• Vermittlung in Substitutionsbehandlungen,

• Vermittlung in qualifizierte Entzugsmöglichkeiten,

• Vermittlung in eine Entwöhnungsbehandlung,

• Hilfen im Bereich betreuter Wohnformen für junge Erwachsene.

Drogenberatungsstellen vermitteln zudem Alltagshilfen – so z.B. Unterstützung bei der Stellung von Anträgen beim Sozialamt oder Jugendamt etc. Die Beratungskompetenz und die Beratungskapazität sind daher auf schwerwiegende Problemlagen von Abhängigen konzentriert, aber auch – im primärpräventiven Bereich – auf Problemlagen von suchtgefährdeten Jugendlichen.

Zeugnisverweigerungsrecht für Drogenhelfer: Drogenhelfer arbeiten insbesondere im niedrigschwelligen Bereich der Drogenhilfe in einer „Grauzone des Rechts". Einerseits wissen sie in vielen Fällen von kriminellen und illegalen Aktivitäten ihrer Klientel (Dealen, Drogenbesitz, Beschaffungskriminalität) und sind als Bürger verpflichtet, diese Kenntnisse den Strafverfolgungsbehörden zur Anzeige zu bringen. Andererseits ist für Drogenhelfer nur dann die Kontinuität im Hilfe- und Beratungsgeschäft möglich, wenn absolute Vertraulichkeit gegenüber der Klientel gewährleistet ist. Für Rechtsanwälte und Ärzte gilt in einer solchen schwierigen Situation das Zeugnisverweigerungsrecht, wenn und insofern die Strafverfolgungsbehörde Auskunft über die besonderen Lebensumstände ihrer Klientel verlangt. Diese uneingeschränkte Möglichkeit, vertrauliche Informationen der Klientel gegenüber der Strafjustiz nicht preisgeben zu müssen, gilt für den Drogenhelfer in Drogenberatungseinrichtungen nicht.

Lediglich als „Berater für Fragen der Betäubungsmittelabhängigkeit in einer Beratungsstelle, die eine Behörde oder eine Körperschaft, Anstalt oder Stiftung des öffentlichen Rechts anerkannt oder bei sich eingerichtet hat, über das, was ihnen in dieser Eigenschaft anvertraut worden oder bekannt geworden ist" (Kreuzer 1998, S. 1395) ist er gegenüber möglichen Übergriffen seitens der Strafjustiz geschützt. Dies gilt im Übrigen auch für Angehörige, Freunde oder Lehrer, wenn sie ihr Wissen über Probleme mit dem Drogenkonsum ihrer Schutzbefohlenen an den Berater weitergeben (vgl. Kreuzer ebd. S. 1995). Kreuzer führt weiter aus, dass Gerichts- und Jugendgerichts- sowie Bewährungshelfer, die in Sucht- bzw. Betäubungsmittelfragen beraten, das Zeugnisverweigerungsrecht ebenso wenig zusteht wie Mitarbeitern allgemeiner Beratungsdienste des Jugend- und Gesundheitsamtes, eigenen Drogenberatern der Strafvollzugsverwaltungen oder Sozialarbeitern/Sozialpädagogen schlechthin.

Das Zeugnisverweigerungsrecht für Berater in Fragen der BtM-Abhängigkeit ist festgelegt in §53 StPO, Art. 1, Nr. 3a und gilt zurzeit – so Körner (2001, S. 1228) – bundesweit für ca. 2.000 Drogenberater in 800 anerkannten Beratungsstellen.

8.3.3.2 Interaktion in der Drogenberatung

Während es im vorherigen Abschnitt um die organisatorischen Rahmenbedingungen von Beratung und Therapie für Drogenkonsumenten ging, liegt der Schwerpunkt in diesem Abschnitt auf der Beschreibung von Wegen, die im Rahmen der aufgeführten Institutionen begangen werden können, um abstinent oder konsumkontrolliert in Zukunft leben zu können. Methoden als „Wegbahnungen" zu beschreiben, liegt in der Tradition der Pädagogik, die damit der Instrumentalisierung von Methoden einen Riegel vorschieben will. M. Galuske führt aus: Methoden in der Sozialen Arbeit sind jene, „die auf eine planvolle, nachvollziehbare und damit kontrollierbare Gestaltung von Hilfeprozessen abzielen und die dahingehend zu reflektieren und zu überprüfen sind, inwieweit sie den Gegenstand, den gesellschaftlichen Rahmenbedingungen, den Interventionszielen, den Erfordernissen des Arbeitsfeldes, den Institutionen, der Situation sowie den beteiligten Personen gerecht werden" (Galuske 2001, S. 28).

Dieses Verständnis von Methode liegt auch den folgenden Ausführungen zugrunde.

Im Abschnitt 3.2.2. zur Methodik des „Safer-Use" ging es darum, in gegenstandsangemessener Weise und im Rahmen von „Harm-Reduction" Institutionen, Wegbahnungen zu beschreiben, die in erster Linie der Vermittlung von Kenntnissen zur Risikominderung bei Drogengebrauch dienen. Hier nun geht es um die Diskussion von „kommunikativen Techniken", die Gespräche in dem Verbund Patient/Therapeut, Berater/Klient und im Gruppenverband strukturieren helfen. Zunächst wird jedoch kurz eingegangen auf das Konzept der Schuldnerberatung. Es liegt als Methode gewissermaßen quer zu den diskutierten Drogenhilfeinstitutionen und kann sowohl im therapeutischen Kontext der Entwöhnungsphase eingesetzt werden als auch in Kontexten der Drogenberatung.

Schuldnerberatung: Als ganzheitliches Beratungsangebot für verschuldete Familien und Einzelpersonen ist die Schuldnerberatung gedacht. R. Proksch betont ausdrücklich die Soziale Arbeit als zuständig für die Regulierung von Schulden. „Schuldnerberatung als besonderes Tätigkeitsfeld in der Sozialen Arbeit gründet sich auf die Erkenntnis, dass psycho-soziale Notlagen von Ratsuchenden, die vor allem materiell bzw. finanziell, wirtschaftlich geprägt sind oder dadurch verschärft sind, allein durch die (herkömmlichen) klassischen Instrumente der Sozialarbeit/Sozialpädagogik nicht (mehr) lösbar sind. Neue Hilfsformen aus den Bereichen des Vertragsrechtes, Kreditwesens, der Zwangsvollstreckung und – seit dem 1.1.99 – des Insolvenzrechtes (Verbraucherkonkurs) sowie der Haushaltsführung, des Konsum- und Finanzverhaltens müssen mit dem Ziel eingezogen werden, die materiell-wirtschaftliche, finanzielle und psychosoziale Situation der Ratsuchenden derart zu gestalten bzw. so auf sie einzuwirken, dass eine (dauerhafte) Entlastung eintritt" (Proksch 2001, S. 1527).

In der Drogenhilfe wird der Drogenhelfer in der Beratungssituation oder im therapeutischen Alltag mit Problemen der Überschuldung der Klientel konfrontiert. Oft handelt es sich beim Erstkontakt um sogenannte Existenzschulden, oder es geht um eine akute Situation: Die Miete konnte nicht bezahlt werden, und die Kündigung droht; die Stromrechnung konnte nicht beglichen werden, und der Strom wurde abgestellt; das Fahrgeld für den Öffentlichen Nahverkehr konnte nicht aufgebracht werden, und nun droht möglicherweise Inhaftierung: das Gericht droht mit polizeilicher Vorführung zur Eidesstattlichen Versicherung. Der Gerichtsvollzieher hat sich angekündigt; der Lohn oder das Konto soll gepfändet werden usw. In diesen Situationen bedarf es sofortiger Auskunft und Hilfe.

Leider sind die Schuldnerberatungsstellen aufgrund immens hoher Nachfragen vollkommen überlaufen, so dass längere Wartezeiten entstehen. Für Menschen mit einer Suchtproblematik ist eine Wartezeit und das Wahrnehmen regelmäßiger Termine oft nicht leistbar, da sie dringlichere Probleme haben. In diesen Fällen bietet sich das Konzept einer integrierten Schuldnerberatung in der niedrigschwelligen Drogenhilfe an, denn die Ratsuchenden haben häufig bereits den Kontakt und das Vertrauen zu den MitarbeiterInnen, um über ihre Geldangelegenheiten zu sprechen. Die Suchtproblematik ist hier bereits bekannt, und so kann unbürokratisch und schnell Hilfe gewährt und größerer Schaden gemindert werden.

Gestiegen ist weiterhin die Nachfrage nach längerfristigen Entschuldungshilfen. Viele Schuldner suchen eine kontinuierliche Hilfe bei ihren Schwierigkeiten, damit sie z.B. Ratenzahlungen über größere Zeiträume einhalten oder ihren regelmäßigen Zahlungsverpflichtungen nachkommen können. Diese Beratungsprozesse entwickeln sich oft sehr positiv und dynamisch. Die Ratsuchenden erleben es als motivierend, wenn sich ihre Situation so unmittelbar verändert: Stress wird gemindert, Ängste werden abgebaut,

Geld steht wieder zu ihrer eigenen Verfügung etc. So entwickeln sich vollständige Entschuldungsstrategien, die in der Dauer von ein bis fünf Jahren realisiert werden.

Fallbeispiel einer Schuldnerberatung im Kontaktladen

Frau P. kam erstmals Mitte 1999 in unsere Einrichtung. Durch ihren Drogenkonsum traten Probleme mit ihrem Lebenspartner auf. Sie musste die Wohnung verlassen. Trotz der Drogenprobleme fand Frau P. relativ schnell eine neue eigene Wohnung. Allerdings konnte sie die Miete nicht bezahlen. In dieser Situation kam sie zu uns. Mit Hilfe der Fachstelle zur Vermeidung von Obdachlosigkeit der Stadt H. konnte durch einen Darlehensvertrag die Wohnung gerettet werden. Frau P. ließ in einem weiteren Schritt ihr Einkommen über das Kontaktladen-Konto verwalten. So konnte mit einem kurzfristigen Ratenvertrag die Stromzufuhr gesichert und die noch fehlende Kautionszahlung in Raten abgezahlt werden.

Jeweils am Monatsanfang besprechen wir gemeinsam, welche Überweisungen zu tätigen sind. Mittlerweile sind die Schulden teilweise abgebaut und die Restschulden in geregelte Ratenzahlungen überführt worden. Durch den regelmäßigen Kontakt zur Drogenberatung besprach Frau P. auch Drogenprobleme mit uns. Schnell wurde ein Entgiftungsplatz in einer Westfälischen Klinik für Psychiatrie gefunden. Nach erfolgreicher Entzugsbehandlung wurde Frau P. auf Nemexin (Naltrexon HCI) eingestellt, um die Rückfallgefahr zu senken. Naltrexon ist ein Opiatantagonist ohne eigenes Abhängigkeitspotential, der die Wirkung von Heroin und anderen Opiaten blockieren kann, nicht aber die Wirkung anderer Drogen, wie z.B. Kokain, LSD u.Ä. Zur weiteren Unterstützung suchte sich Frau P. einen niedergelassenen Psychotherapeuten in H. Sie lebt nun seit einem halben Jahr drogenfrei und der familiäre Kontakt konnte wieder aufgebaut werden. Frau P. steht augenblicklich kurz vor der Arbeitsaufnahme.

(Das Fallbeispiel ist entnommen dem Jahresbericht des Kontaktladens des AKJ. e.V. in Hamm von 1999.)

Beratung in den oben angeführten Institutionen setzt vor allem auf Aufklärung, Informationsvermittlung, Konfliktregelung, Problemlösung im Umgang mit jenen Fragestellungen der Individuen, die der Problematik des illegalen Drogenkonsums geschuldet sind. So wie sich in stationärtherapeutischen Institutionen eine fast unüberschaubare Anzahl von Methoden etabliert hat, trifft dies in gleicher Weise auch für ambulante Einrichtungen zu. Zudem kommt in den ambulanten Einrichtungen der Drogenhilfe hinzu, dass hier auch therapeutisch mit der Klientel umgegangen wird, wenn und insofern Therapeuten und therapiewillige Klienten vorhanden sind.

Therapien in der ambulanten Drogenhilfe sind überwiegend der Lernpsychologie und der Humanistischen Psychologie (Non-direktive Methodik,

Psychoanalyse) zuzuordnen. Aber auch Familientherapien wie z.B. die systemische Familientherapie bestellen hier das Feld. Darauf soll hier jedoch nicht eingegangen werden. Ich beziehe mich in der folgenden Diskussion lediglich auf die Darstellung zweier Methoden, die in der Drogenhilfe häufig eingesetzt werden: die sozialpädagogische Beratung und Varianten der rekonstruktiven Sozialpädagogik.

Die Methodik der rekonstruktiven Sozialpädagogik: Diese Methodik konzentriert sich vornehmlich auf die Struktur bzw. Logik des sozialpädagogischen Umgangs mit Hilfesuchenden. Zurzeit lassen sich mindestens zwei unterschiedliche Formen dieses Zugangs ausmachen:

- das Konzept der „Lebensthemen" (vgl. Uhlendorf 1997). Im Mittelpunkt steht hier, ein pädagogisches Verständnis von Diagnose herauszuarbeiten. Auf der Basis narrativer Interviews sollen faktbezogene Lebensthemen und Tätigkeiten herausgearbeitet werden. Lebensthemen können dabei wie eine Art „biographischer Roter Faden" verstanden werden. Sie manifestieren sich in Gesprächsäußerungen, aber auch in Tätigkeiten, über die berichtet wird. Diese sind auch – rückgekoppelt – Ansatzpunkte für pädagogische Interventionen.

- Das Konzept der „Verlaufskurven" (vgl. Schütze/Glaser/Strauß 1986). Der biographische Prozess der Verlaufskurve ist durch Erfahrungen immer ausweglosen Leidens gekennzeichnet. Die Betroffenen vermögen nicht mehr aktiv zu handeln. Sie sind dadurch zu rein reaktiven Verhaltensweisen gezwungen. Im Lauf der Ereignisse werden sich die Akteure untereinander und sich selbst gegenüber fremd. Die Betroffenen reagieren aufgrund dieser negativen Erfahrungen von Mal zu Mal unangemessener. Die Aktivitätsbeiträge der Betroffenen verschärfen noch die problematische Situation, machen die Lebensorientierungen und die Lebensaktivitäten passiver. Erhebungsmethode ist hier das narrative Interview, das hilft diese Verlaufskurve abzubilden. Die Ergebnisse des narrativen Interviews sind Textskripte, die es gezielt auszuwerten gilt, mit der Intention einer möglichst plausiblen Verdichtung und Deutung der lebensgeschichtlichen Erziehung. In aktiven Auseinandersetzungen mit den Betroffenen werden diese Deutungen evaluiert und konfrontieren ihn so mit Erfahrungen und Ereignissen, die es zu verändern gilt.

Exemplarisch sind hier zwei Verfahrenswege genannt worden. Diese Methode setzt eine intensive Schulung der Methodik in der Ausbildung und angemessene Zeit im beruflichen Alltag voraus. Eine Definition geben Wensierski/Jakob: „Der Begriff der rekonstruktiven Sozialpädagogik zielt auf den Zusammenhang all jener methodischen Bemühungen im Bereich der Sozialen Arbeit, denen es um das Verstehen und die Interpretation der Wirklichkeit als eines von handelnden Subjekten sinnhaft konstruierten und intersubjektiv vermittelten Wirklichkeit geht" (Wensierski/Jakob zitiert nach Galuske 2001, S. 211). Damit ist zunächst nur Verstehen und Bewusstmachung gemeint, mithin keine einseitige Einflussnahme des Beraters auf das Denken, Fühlen und Handeln von Ratsuchenden, wie dies die klassische einzelfallorientierte Methodik der Sozialen Arbeit nahe legt. Im Beratungsprozess der Drogenhilfe lassen sich rekonstruktive, die Lebensgeschichte von Drogenkonsumenten betreffende Elemente herausarbeiten, um beispielsweise die Funktionalität des Drogenkonsums für die Abhängigen zu reflektieren. Ebenso werden Sinn- und Orientierungskrisen der Hilfesuchenden durch Rückgriff auf Lebenszusammenhänge in ihrem Entstehungszusammenhang für diese plausibel.

Sozialpädagogische Beratung: Sozialpädagogische Beratung will parteinehmende Praxis sein. Dabei geht es um Problembearbeitung im Feld der Problementstehung. Thiersch (1977), der dieses Beratungskonzept entwickelt und vor allem als pädagogische Möglichkeit, Beratungsprozesse zu strukturieren, begreift – gewissermaßen als Praxisalternative zu therapeutischen Methoden –, charakterisiert sozialpädagogische Beratung als parteinehmende Praxis, die „gestützt auf Persönlichkeits- und Gesellschaftstheorien, durch reflektierte Beziehungen und Erschließen von Hilfsquellen verschiedener Art das Unterworfensein von Menschen unter belastenden Situationen verändern will. Sie hat die Offenheit von menschlichen Situationen zur Voraussetzung und arbeitet mit den zugleich methodischen wie inhaltlichen Mitteln der Akzeptierung, Sachkompetenz und Solidarisierung. Eine solche Zieldefinition zeigt, dass Beratung zwar mit Interaktion zwischen Personen beginnt, aber nicht dort verbleibt, sondern menschliche Lebensumstände mit ihrer mehrdimensionalen, insbesondere auch sozioökonomischen Bedingtheit angehen will" (Thiersch 1977, S. 129). Sozialpädagogische Beratung bedeutet für die Drogenhilfe, die Komplexität des Drogenalltags nicht auf für Experten überschaubare Zusammenhänge zu reduzieren. Im Gegenteil: Diese alltagsweltlich vorgegebene Komplexität, bei der u.a. Probleme der Sinnfindung mit Schwierigkeiten der Ressourcensicherung sowie der Drogenbeschaffung Hand in Hand gehen, sind das strukturierende Moment der Beratung.

Sozialpädagogische Beratung lässt sich nicht ausweisen durch ein Spektrum an Interventionstechniken, Handlungsanweisungen und Interaktionsritualen. Der Beratungsprozess – darin liegt die Eigenart dieser Methode – ist organisiert durch die Kommunikationsbereitschaft von Beratern und Ratsuchenden. Wesentlich ist hier, Geduld und Betroffenheit erkennbar zu verdeutlichen, so dass Kontakte auch dort nicht abbrechen, wo die Verstrickung in die pharmakologisch bedingte Abhängigkeit so stark ist, dass ein reflektierender Prozess der Problemlösung nicht möglich ist.

Galuske formuliert in Anlehnung an Thiersch fünf Konsequenzen, die für die Gestaltung der sozialpädagogischen Beratung richtungsweisend sein können:

1. „Diagnose in der sozialpädagogischen Beratung ist immer ‚teilnehmende Diagnose‘, verstanden als gemeinsames Handeln, da sich die Einschätzung von Personen, Problemen und Bearbeitungsressourcen nur in konkreten Situationen gemeinsamen Handelns angemessen eruieren lassen.

2. Hilfe konkretisiert sich (auch) durch ‚Umstrukturierung der Situation‘, also durch Erschließung materieller Ressourcen, Neudefinitionen sozialer Beziehungen, Schaffung neuer sozialer Räumlichkeiten (Freundschaften, Schulwechsel, Arbeitsplatzwechsel usw.).

3. Wenn Alltag auch durch Selbsttäuschung, Borniertheit usw. gekennzeichnet ist, so muss es Aufgabe sozialpädagogischer Beratung sein, durch Konfrontation usw. hinter die Fassade ‚öffentlicher Problemartikulation‘ zu schauen.

4. Da nicht davon ausgegangen werden kann, dass allein sprachlich vermittelte Erkenntnis zur (gewünschten) Veränderung führt, gehört auch Training zum Handlungsspektrum sozialpädagogischer Beratung.

Wenn Beratung sich auf Alltag bezieht, so muss sie auch alltägliche Kontexte (Gruppen, Gemeinschaften etc.) berücksichtigen und sich in ihnen realisieren" (Galuske 2001, S. 172f.).

8.3.3.3 Wege zu einer lebensweltorientierten Drogenberatung

Lebensweltorientierung ist eine Chiffre für die Bezeichnung sozialpädagogischer Aktivitäten, Alltagsprobleme ihrer Klientel unverkürzt, gleichwohl mit professionellem geschultem Anspruch kooperativ lösen zu wollen. Eingeführt in die sozialpädagogische Diskussion wurde dieser Begriff durch den 8. Jugendbericht (vgl. BJFFG 1990) und hier vor allem durch systematische Überlegungen von Thiersch (vgl. Thiersch 1992). Er postuliert sinngemäß: Die alltägliche Lebenswelt des Ratsuchenden ist jener Wirklichkeitsbereich, den Klienten unmittelbar erleben, sei es in fortlaufenden Prozessen unmittelbarer Kommunikation oder/und sozialer Rahmenbedingungen, die diese Kommunikation steuert oder prägen. Hieran muss der Berater anknüpfen, will er – aus der Sicht einer Klientel – angemessene Inhalte und Formen für die gemeinsame Beratung entwickeln.

„Wer Beratung nachsucht", so Nestmann/Sickendiek, „tritt in Bezug auf sein oder ihr jeweiliges Problem und dem damit verbundene ‚Lebensweltausschnitt‘ einen Schritt aus der Alltäglichkeit heraus, da bisher routinemäßig Erlebtes fragwürdig geworden ist. Dieser Schritt aus der Lebenswelt heraus betrifft jedoch zumeist nur Teilbereiche der Lebenswelt, die insgesamt als ‚Hintergrund‘ erhalten bleibt. U.a. hieraus und aus der am Ende der Beratung erforderliche Rückbindung von Problemlösungsperspektiven ergibt sich die Relevanz der Lebensweltsensibilität der Beraterinnen" (Nestmann/Sickendiek 2001, S. 148).

Die hier angeführten Bedingungen lebensweltorientierter Beratung betreffen eine Vielzahl unterschiedlicher Beratungsformen in der Sozialen Arbeit.

Nachfolgend soll der Weg einer traditionell arbeitenden Drogenberatungs-stelle zu einer lebensweltorientierten Beratung für Konsumenten illegaler psychoaktiver Substanzen nachgezeichnet werden[3].

Die Drogenberatungsstelle des Arbeitskreises für Jugendhilfe e.V. in Hamm wurde 1971 gegründet. Sie entwickelte sich bis Ende der 90er-Jahre zu einer Einrichtung, die eine Vielzahl von Drogenhilfeaufgaben im kommunalen Verbund der Stadt Hamm wahrnahm. Im Kontext einer ra-santen Zunahme von Schwerstabhängigen und der damit einhergehenden Verelendungstendenzen musste die Drogenhilfe eine Verlagerung ihrer Arbeitsschwerpunkte vornehmen. Jugendberatung bzw. aufsuchende Ar-beit Jugendlicher in deren originären Lebens- und Sozialräumen wurde verdrängt durch suchtbegleitende Betreuung oder aber Vermittlung in ein weiterführendes Angebot der Drogenhilfe.

Aus der Sicht der anvisierten Klientel bedeutete diese Entwicklung zu-nächst einmal die Option auf Auswahl und Nutzung vorhandenen Exper-tenwissens. Die zunehmende strukturelle und inhaltliche Ausdifferenzie-rung beinhaltet für den Einzelnen jedoch die Gefahr, sich im System der abgetrennten Beratungs- und Vermittlungssegmente zu verirren. Die bis-weilen fehlende Abstimmung der vorhandenen Anbieter verhindert so-wohl eine ganzheitliche Sichtweise als auch eine optimale Verwendung vorhandener Ressourcen und mindert somit die Chance auf optimale Wirksamkeit der Hilfe.

Darüber hinaus hat die Entwicklung der Jugend- und Drogenberatungs-stellen zu „Drogenberatungen" in der Außenwirkung die Konsequenz, dass Jugendliche diese Einrichtungen nicht länger als attraktives Angebot für individuelle Hilfestellung ansehen. Die Kommstruktur der Beratungs-stellenarbeit stellt für viele Jugendliche eine zu hohe Schwelle dar. Zusätz-liche Brisanz erhält diese Entwicklung durch eine zumindest partielle Ausgrenzung drogenexperimentierender bzw. -gebrauchender Jugendli-cher in Einrichtungen der Jugendhilfe auf Grund großer Unsicherheiten der Mitarbeiter im Hinblick auf adäquate Reaktionsmuster.

Diese Analyse des Aufgabenbereiches der Drogenberatung bildete den Hintergrund für die Analyse der Lebensbedingungen von drogenkonsu-mierenden Menschen in Hamm. Im Ergebnis gelangte man zu folgender Einschätzung: In der zentralen Innenstadtszene verschärft sich seit Jahren schleichend die Problemsituation der Klientel. Die Menschen werden äl-ter; die „Überlebensleistungen" der Drogenhilfe können in vielen Fällen aber eine schleichende Verschlechterung der gesundheitlichen Situation nur bremsen. Die Klienten sind nicht mehr in GebraucherInnen „legaler" und „illegaler" Stoffe zu differenzieren. Die größere Problembelastung

---

3 Ich danke R. Buschkamp und R. Bathen vom Arbeitskreis für Jugendhilfe e.V. in Hamm für die Überlassung der nachstehend verwendeten Materialien.

schlägt auf die psychosozialen Einrichtungen und ihre Mitarbeiter durch. Hohe Anforderungen werden an die Kompetenz der Mitarbeiter gestellt; das Arbeitsaufkommen pro „Fall" ist gestiegen.

Die hohen Erwartungshaltungen und Versorgungsbedürfnisse dieser zentralen Innenstadtszene haben in den vergangenen Jahren zu einer Arbeitskonzentration auf diese Szene geführt. Nachwachsende Jugendszenen in den Stadtteilen blieben unversorgt, Angehörige und Bezugspersonen wurden meist nur im Zusammenhang mit der Betreuung der Drogengebraucher gesehen, aber nicht als eigenständige Klientengruppe definiert. Ambulante Nachsorge zur Sicherung von bereits erfolgten Behandlungserfolgen ist ein Stiefkind von Förderprogrammen und daher nicht genügend installiert. Geschlechtsspezifische Hilfesysteme erhalten keinen eigenen Stellenwert und sind ausbaufähig. Aus Mangel an multikulturellem Personal bleiben ausländer- oder migrantenspezifische Arbeitsansätze im Ansatz stecken. Diese spezifischen Subsysteme bedürfen der Anerkennung als eigenständige Arbeitsfelder in der Drogenhilfe.

Abb. 17: Zielgruppenportfolio einer lebensweltorientierten Drogenberatung

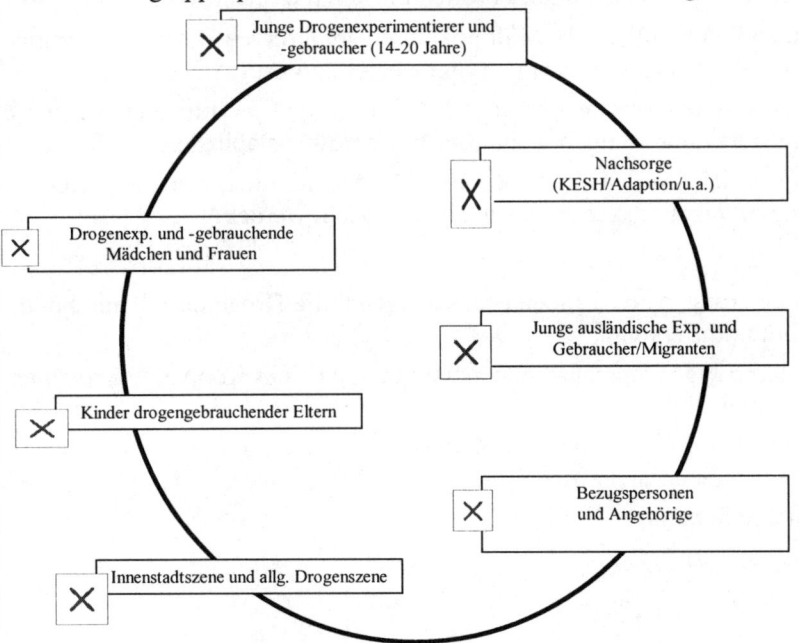

Vor dem Hintergrund dieser Analysen entschieden sich Vorstand und Geschäftsführung des Vereins zu einer Gesamtrevision des ambulanten Bereiches, die über eine Organisationsanalyse und Marktanalyse erreicht werden sollte. Dies bedeutete – unter dem Gesichtspunkt von Qualitätsmanagement – alle vom Prozess möglicher Veränderungen tangierten Gruppierungen mit in das geplante Verfahren einzubeziehen. Eine zentrale Säule von Qualitätsmanagement in der Sozialen Arbeit ist die kontinuierliche Beurteilung

311

bzw. Beteiligung von potentiellen Kunden am Prozess der Organisationsentwicklung. Auf dieser Leitidee aufbauend wurde im Rahmen des Prozesses sowohl eine umfangreiche Klientenbefragung durchgeführt als auch im Rahmen einer Experten-Werkstatt VertreterInnen aus Politik, Verwaltung und psychosozialen Diensten zu ihren Erwartungshaltungen im Hinblick auf die Ausgestaltung der Angebotsstruktur der Drogenhilfe in Hamm befragt.

Die Auswertung aller Ergebnisse – Kundenbefragung, Mitarbeitervorschläge, Expertenanregungen etc. – führte zur Entwicklung eines Zielgruppen-Portfolio, das folgende Schwerpunkte in der zukünftigen ambulanten Drogenhilfe vorsieht (vgl. Abb. 17).

Im Folgenden werden für die hier aufgeführten Zielgruppen Angebote und Beratungsziele aufgeführt.

Zielgruppe „Junge Drogenexperimentierer und -gebraucher (ca. 14-20 Jahre)"

Ziele:

- Jugendliche Szenestrukturen sollen in Hamm erreicht werden;
- Jugendliche sollen als Multiplikatoren in ihrer eigenen Altersgruppe glaubhaft wirksam werden im Sinne eines „no-drugs"-Modells;
- Jugendliche Experimentierer sollen frühzeitig in der Jugendphase durch Jugendberatungsangebote in ihrer Entwicklung stabilisiert werden;
- Jugendliche sollen über den Einsatz von Medien, die ihrer eigenen Kommunikationskultur entsprechen, erreicht werden.

Angebote:

- Etablierung eines Tandemteams (Jugendhilfe/Drogenhilfe) mit Streetwork und Beratung;
- Externe Jugendsprechstunde in den Räumen eines Kooperationspartners der Jugendhilfe;
- Frühinterventionsprojekt in Kooperation mit Bezirkssozialarbeit/Familienhilfe/Staatsanwaltschaft;
- Internetberatung.

Zielgruppe „Nachsorge"

Ziele:

- Klienten sollen zur Sicherung von Behandlungserfolgen nach einer bereits erfolgten Behandlungsphase in ihrem Alltagsleben weiter stabilisiert werden;
- Klienten sollen bereits in der Behandlungsphase Perspektiven für eine Betreuung nach der Behandlung entwickeln;
- Durch vorbeugende Maßnahmen sollen Rückfälle, die durch Überlastung durch Alltagsfragen bedingt sind, vermieden werden.

Angebote:

- Aufbau eines beruflichen Netzwerkes;
- Einzelberatung zur beruflichen (Re-)Integration;
- Flexible Beratung, Betreuung, ambulante Therapie und Alltagsbegleitung (z.T. in Wohnungen);
- Themenzentrierte Gruppenarbeit;
- Angebotsdarstellung und Übergänge in stationären Hilfen;
- Unterstützung der Selbsthilfegruppen.

Zielgruppe „Drogenexperimentierende und -gebrauchende Mädchen, Frauen und deren Kinder"

Ziele:

- Geschlechtsspezifische Belange sollen in der Angebotsstruktur berücksichtigt werden;
- Der Anteil an Frauen im Beratungs- und Behandlungsprozess soll erhöht werden;
- Frauen sollen an ihren Aufenthaltsorten mit einem Hilfeangebot angesprochen werden;
- Kinder von abhängigen Eltern mit Entwicklungsstörungen sollen frühzeitig in einer gesunden Entwicklung unterstützt werden;
- Der Anteil an repressiven Eingriffen in Eltern-Kind-Systeme soll reduziert werden.

Angebote:

- Aufbau eines Familienhilfe-Netzwerkes (mit Erziehungsberatung, Spieltherapie, Soz.Päd. Familienhilfe, usw.);
- Frauen-Sprechstunde;
- Ambulante Therapie mit Frauen;
- Frauen-Gruppe (14-tägig);
- Frauen-Café;
- Prostituierten-Sprechstunde „Sucht";
- Streetwork „Strich/Babystrich"/allg. Frauenbereich;
- Mobile Betreuung in Wohnungen;
- Mädchenspezifische Angebote.

Zielgruppe „Junge ausländische GebraucherInnen und MigrantInnen"

Ziele:

- Der Anteil der Beratung von jungen ausländischen Gebrauchern und Migranten soll im Jahr der Umsetzung der veränderten Beratungsstruktur auf mindestens 35% steigen.

Angebote:

- Außensprechstunde;
- Streetwork.

Zielgruppe „Bezugspersonen und Angehörige"

Ziele:

- Angehörige sollen von Leistungsträgern und MitarbeiterInnen des AFJ e.V. als eigenständige Zielgruppe verstanden und berücksichtigt werden;
- Familien sollen ihre Bedeutung und die ihrer Mitglieder bei der Suchtentstehung verstehen und beeinflussen lernen;
- Eltern aus Elternkreisen sollen sich unter kontinuierlicher Begleitung aktiv an verschiedenen Tätigkeiten im ambulanten Bereich beteiligen (z.B. Mitarbeit im offenen Bereich).

Angebote:

- Elternkreisbetreuung.

Zielgruppe „Allgemeine Szene und Innenstadtszene"

Ziele:

- Drogengebraucher sollen niedrigschwellig erreicht werden;
- In akuten Krisen bzw. auf aktuelle Behandlungsmotivation soll sofort reagiert werden (max. innerhalb 72 Stunden);
- Gesundheitsgefahren sollen ebenso minimiert werden wie zusätzliche juristische Belastungen (Safer-Use);
- Gestufte Hilfen nach aktuellem Bedarf sollen individualisiert möglich sein.

Angebote:

- Soforthilfe;
- Psychosoziale Betreuung und Behandlung Substituierter;
- Kontaktladen, Café, Duschen, Waschen, gesundes Essen, usw.;
- Krisenintervention – offene Sprechstunde – Café;
- Verbindliche Beratungstermine (inkl. Vermittlungstätigkeiten);
- Streetwork und weitere Straßenangebote.

Das vorläufige Ergebnis des Prozesses stellt einen tief gehenden Einschnitt in die bisherige Arbeit im ambulanten Bereich dar. Die Rückbesinnung auf das originäre Selbstverständnis als Institution der Jugend- und Drogenhilfe, die Orientierung an den Lebenswelten Jugendlicher, im Einklang mit einer stärkeren Einbeziehung ihrer Belange über das Prinzip des Dialogs, bietet die Chance für die Drogenhilfe, sich als attraktiver Gesprächspartner ins Spiel zu bringen, wenn es darum geht, den Anforderungen der Lebensphase Jugend gerecht zu werden.

8.3.4 Stationäre Langzeittherapie zur Wiederherstellung einer abstinenten Lebensführung

Klienten der Drogenhilfe weichen ab von der „offiziellen Wirklichkeitsbestimmung" (vgl. Berger/Luckmann 1970) unserer Gesellschaft, die u.a. besagt, dass Rausch und Verweigerung der Erwerbstätigkeit nicht mit der Wirklichkeit einer modernen, arbeitszentrierten und der Rationalität verpflichteten Gesellschaft kompatibel sein kann. Daher hat die traditionelle Drogenhilfe zuvörderst die Aufgabe, die bedrohte Wirklichkeitskonzeption der Moderne zu stützen, indem sie die Behandlungs- und Therapiebedürftigkeit ihrer Klientel herausstellt. Insofern gilt auch hier, was Berger/Luckmann generell zur Funktion von Therapien allgemein definieren: „Therapie bedient sich einer theoretischen Konzeption, um zu sichern, dass wirkliche oder potentielle Abweichler bei der institutionalisierten Wirklichkeitsbestimmung bleiben. Sie soll mit anderen Worten verhindern, dass ‚Einwohner' einer bestehenden Sinnwelt auswandern. Zu diesem Zwecke wendet sie den Legitimationsapparat auf individuelle ‚Fälle' an. Da jede Gesellschaft mit der Gefahr individueller Abweichung rechnen muss, ist Therapie in dieser oder jener Form wahrscheinlich ein globales, gesellschaftliches Phänomen. Ihre besonderen institutionellen Methoden, von der Teufelsaustreibung bis zur Psychoanalyse, von der Seelsorge bis etwa zur Ehe- und Berufsberatung, gehören in die Kategorie sozialer Kontrolle" (Berger/Luckmann 1970, S. 121).

8.3.4.1 Die Organisation der stationären Drogentherapie

Die stationäre Behandlung von Konsumenten illegaler psychoaktiver Substanzen richtet sich in den allermeisten Fällen an Heroin-User, Kokain-User und User von anderen Opiatderivaten, die in der Regel auch politoxikoman konsumieren. Die Voraussetzungen für stationäre Behandlungen sind für die meisten Drogenkonsumenten hinsichtlich der Freiwilligkeit der Inanspruchnahme der Therapie äußerst problematisch. In der Regel sind Drogenabhängige nur mit Hilfe eines justitiellen Drucks (§35 BtMG „Therapie statt Strafe") und/oder aufgrund länger währender Motivationsarbeit durch Angehörige, Freunde, Lebenspartner oder Drogenhelfer bereit, in eine Therapie einzuwilligen. Dies bedeutet, dass die klassische Auffassung, derzufolge Psychotherapie nur dann sinnvoll erscheint, wenn der Betroffene eine Einsicht in die Notwendigkeit dieser Behandlung hat, hier überwiegend nicht der Fall ist. Hohe Abbruchquoten im ersten Drittel des Therapieverlaufes und schwierige Ausgangslagen für die Herausbildung einer Compliance sind u.a. die Folge.

Im Folgenden wird die Organisation einer klinischen Entzugstherapie, einer psychodynamisch abstinenzorientierten stationären Entwöhnungsbehandlung und einer substitutions- und abstinenzorientierten sozialtherapeutischen Einrichtung dargestellt. Abschließend werden Überlegungen zu einer „lebensweltorientierten Drogentherapie" (vgl. Reinl/Stumpp 2001) vorgestellt.

Die stationäre Entzugsbehandlung: Der Entzug von suchtbedingenden Substanzen ist Voraussetzung für eine Aufnahme in eine stationäre Entwicklungsbehandlung. Lange Zeit bezog der Entzug seine Legitimation nur aus diesem Sachverhalt. Mittlerweile hat sich dieser Zustand geändert. Uchterhagen unterscheidet u.a. fünf Motive, die einen Anlass zu einem auch von der durchführenden Institution akzeptierten Entzug geben können:

- Die Vorbereitung auf eine stationäre Entwöhnungsbehandlung; für die meisten aufnehmenden Institutionen der Entwöhnungsbehandlung ist es zwingend erforderlich, dass unmittelbar vor der Aufnahme eine körperliche Entgiftung erfolgt ist.
- Die körperliche und/psychische Erholung vom Drogenalltag; hierbei geht es vor allem darum, den allgemeinen Gesundheitszustand des Users zu verbessern, ohne dass Abstinenz intendiert ist.
- Die Unterbrechung des Konsums von Heroin/Kokain als Moratorium; dies bedeutet, jenseits der psychosozialen Belastungen auf der Drogenszene, ein Refugium zur Entscheidung für eine zukünftige Lebensplanung aufzusuchen.
- Trotz des Scheiterns einer Entzugsbehandlung, die Erfahrung gemacht zu haben, dass zumindest zeitweise der Wille zur nichtsubstanzbestimmenden Lebensführung vorhanden ist.
- Das Absetzen des Beigebrauches von Alkohol, Barbituraten etc. bei dominierendem Heroinkonsum zu Zwecken einer Substitutionsbehandlung.

Der Aufenthalt in einer Institution des Drogenentzuges dauert im Regelfall etwa drei Wochen. Je nach Intensität des Konsums und seiner Dauer klingen die organisch bedingten Entzugserscheinungen nach 3-10 Tagen wieder ab. Julien (1997, S. 265f.) führt aus, dass Heroinentzug u.a. zu einer erheblichen Verminderung der Dopaminausschüttung führt. So ist zu erklären, dass der Entgiftungsprozess in vielen Fällen mit Depressionen einhergehen kann, die auch nach der Entgiftung noch anhalten können. Des Weiteren wird beobachtet Unruhe, Schwitzen, Fieber, Kälteschauer, Krämpfe, Schlafstörungen, Durchfall aber auch intensive Schmerzen. Der Heroinentzug ist nicht lebensbedrohend, er gleicht in vielen Fällen einer sehr starken Grippe, die jedoch manchmal aus der Sicht der User als unerträglich empfunden wird. In den meisten Fällen tritt jedoch ein reiner Heroinentzug nicht auf, da viele User stark Alkohol und/oder auch Benzodiazepine konsumieren, der Konsum von Kokain ist jedoch weniger stark ausgeprägt. Bei Abhängigkeit von den oben genannten Substanzen kommt es im Falle von Benzodiazepinentzug, der in der Regel zeitlich versetzt zum Heroinentzug auftreten kann, zu Halluzinationen, Psychosen und Krampfanfällen (Julien 1997, S. 89). Auch der Entzug von Alkohol, der in der Regel mit dem des Heroins überlappt, kann Krämpfe, Erbrechen und zeitweise Halluzinationen bedingen.

Bei Heroin und anderen Opioiden besteht die Möglichkeit eines medikamentfreien Entzuges (kalter Entzug) oder eines medikamentbegleiteten Entzuges (warmer Entzug). Der „kalte Entzug" wird zumeist von physiotherapeutischen Maßnahmen begleitet, als da sind: warme Bäder, Massage, Bewegungstherapie, Akupunktur etc.; diese können durch diätische Mahlzeiten ergänzt werden. Der „warme Entzug" wird mit Hilfe von Methadon/Polamidon in absteigender Dosierung vorgenommen. Bei Benzodiazepinen und Alkohol werden entsprechende Medikamente gegeben, die das „ausschleichen" der Substanz bewirken. Dies gilt in der Intention natürlich auch für den Heroinentzug. Zu den Einschätzungen der Entzugsbehandlung aus Patientensicht gibt eine Studie von Görgen u.a. (1996) Auskunft. Von zentraler Bedeutung für die Qualität der Entzugsbehandlung ist, laut Auskunft der Studie, für die Patienten die individuelle, medizinisch-pflegerische und psychosoziale Betreuung. Dabei wird die Beziehung zwischen dem Drogenhelfer, den Ärzten bzw. Pflegern und des Klienten als fördernd und stützend für die Entzugsbehandlung eingeschätzt. Auch Informations- und Beratungsangebote zur Behandlung und Genese von Suchterkrankungen erhalten aus der Sicht der Patienten hohe Bedeutung. Zu den Faktoren, die ein günstiges therapeutisches Milieu konstituieren, zählen auch Sport- und Freizeitangebote sowie physikalische Maßnahmen (Massage, Bäder, Sauna). Letztendlich ist die voraussetzungslose Aufnahme in die Entzugsklinik ein weiteres Kriterium der Klienten, für die positive Bewertung von Entzugstherapien.

Stationäre Entwöhnungsbehandlung: Die stationäre Behandlung von Konsumenten illegaler suchtbildender psychoaktiver Substanzen dauert in der Regel sechs bis zwölf Monate, in Ausnahmefällen auch achtzehn Monate. Es lassen sich drei zentrale Konzepte unterscheiden:

• Die therapeutische Gemeinschaft, als Selbsthilfeansatz ehemaliger Drogenabhängiger mit einer teilweise lebenslangen Orientierung an der Gemeinschaft (so z.B. Synanon/Berlin). Therapeutische Gemeinschaften zeichnen sich in der Regel dadurch aus, dass sie die strikte Trennung zwischen Therapeuten und Patienten aufgehoben haben.

• Professionell geführte stationäre Einrichtungen, deren Organisationsstruktur und Therapieinhalte aus einer theoretisch verantwortbaren Konzeption abgeleitet sind, sich einer spezifischen psychodynamischen Lehrmeinung zugehörig fühlen (Verhaltenstherapie; Psychoanalyse, Sozialisationstheorie etc.) und im Prinzip zwei Wirkfaktoren für die Behandlung von Drogenabhängigen annehmen: Isolierung von Lebenssituationen, die die psychosoziale Gesundheit von Patienten beeinflussen können, Regulierung der Tageszeit durch die verpflichtende Teilnahme der Patienten an Psychotherapie (Individuell und/oder gruppenbezogen), Arbeitstherapie, Versorgung, Sporttherapie etc.

• Professionell geleitete, stationäre Einrichtungen, mit einem zeitlich be-
fristeten, therapeutischen Programm auf der Grundlage psychotherapeutischer Settings, die jedoch auch Elemente der therapeutischen Gemeinschaft
zur Strukturierung der Therapie verwenden.

Zahlreiche Therapieorganisationen haben das Prinzip der therapeutischen
Gemeinschaft in modifizierter Form zur Strukturierung des Therapiealltags
übernommen, jedoch gewissermaßen in diese Strukturierung eingewoben
psychodynamische Verfahren als spezielle Wirkmechanismen zur Erreichung von Abstinenz sowie Regeln des Umgangs mit therapiebereiten U-
sern, die den Konzepten von Selbsthilfegruppen entnommen wurden. Generell sind Einrichtungen, die in dieser Tradition stehen (Day-top, Tübinger
Drogenhilfe, Phoenix-house), durch drei zentrale Organisationsmerkmale
geprägt:

a. Übernahme von Tätigkeiten, die der Bewältigung des Therapiealltags
   dienen (Kochen, Reinigen, Instandhalten, versorgen etc.);

b. Diskussionen, Klärung aller Probleme, die mit der Verteilung von Aufgaben an die Hausbewohner verbunden sind, entweder durch Konsens-
   bildung oder Mehrheitsentscheidung;

c. Die Einbeziehung von Mitbewohnern als Co-Therapeuten; sie sollen
   nicht nur Vorbildfunktionen für neue Mitglieder der therapeutischen
   Gemeinschaft sein, sondern auch bei der Bewältigung von Aufgaben im
   Therapiealltag helfen.

Zu den Organisationsmerkmalen kommen hinzu besondere Rituale und
Verhaltensanweisungen, die das Leben in der Einrichtung entscheidend
mitgestalten, z.B. konfrontative Aufnahmegespräche, bei Verletzung der
Hausordnung (z.B. keine Gewalt, keine Drogen, sexuelle Enthaltsamkeit)
Sanktionen, Einbindung in eine Hierarchie von Rechten und Pflichten etc.

Im Folgenden gehe ich zunächst etwas näher auf die letztere Variante der
Langzeitbehandlung ein. Dazu ist zunächst ein Verständnis zur Genese der
Abhängigkeit notwendig, die die in Rede stehenden Therapieorganisationen
annehmen. Knapp zusammengefasst gehen sie von folgender Zustandsbe-
schreibung aus: Drogenabhängigkeit ist Resultat konflikthaft verlaufender
Entwicklung in früher und frühester Kindheit, die eine instabile, identitäts-
diffuse, mit geringen Frustrationstoleranzen ausgestattete Persönlichkeit
zeitigt, welche Schrittmacherfunktionen bei der Gewöhnung und Bindung
an Drogen in besonderen, belastenden Situationen im Jugendalter leistet.
Der sich hier herausbildende Typus des Drogenabhängigen ist eine Ich-
schwache Persönlichkeit, geleitet von dem Verlangen, Drogen nehmen zu
müssen, Konflikten aus dem Weg gehend, und die Erfüllung des Lebens im
Hier und Jetzt des Drogenrausches suchend.

Die Organisation stationärer Therapieprogramme ist – ihrem eigenen Verständnis nach – darauf angelegt, „die Einübung in die selbständige Struktu-

rierung des Alltags und der Freizeit durch Vorgabe von Tages- und Wochenplänen und das Organisieren der praktischen Lebensverhältnisse durch Zusammenleben in Gruppen zu ermöglichen" (Therapie und Rehabilitation bei Drogenkonsumenten, MAGSS, NRW 1985, S. 87). Dazu kommt eine psychologische Behandlung, die unterschiedlich ausfällt, je nachdem, ob sie eher dem verhaltenstherapeutischen oder dem psychoanalytischen Spektrum zuzuordnen ist.

Am Beispiel der Day-Top-Einrichtungen sei dargestellt, wie therapeutisch verfahren wird. Voraussetzung zur Aufnahme bei Day-Top ist der Nachweis einer erfolgreich beendeten Entzugstherapie. Der therapeutische Prozess ist in Phasen aufgegliedert, die einen kontinuierlichen Entwicklungsprozess des Drogenabhängigen ermöglichen sollen. Die Phasen sind:

1. Eingangsphase,

2. Stammphase (Protestphase),

3. Verantwortungsphase,

4. Testphase und Kontaktphase.

In der Regel muss ein Süchtiger, der Mitglied bei Day-Top werden will, in der untersten Phase beginnen, um dann, bei Erfüllung der hier wahrzunehmenden Aufgaben, die nächste Stufe zu erreichen. Die moralische Läuterung des Süchtigen deckt sich mit dem Aufstieg in der Aufgabenhierarchie und wird streng an der institutionalisierten Normung gemessen sowie an der Bewältigung von Prüfungen, in deren Verlauf die Betroffenen häufig aufgefordert werden, das nicht-konforme Verhalten der anderen Mitglieder zu beobachten und zu kritisieren.

Wenn ein Betroffener gegen die institutionellen Regeln verstößt, kann er entlassen oder aber in der Hierarchie zurückgestellt werden. Bisweilen wird er dann verurteilt, das Zeichen der „Schande" zu tragen. Umgekehrt wird Konformismus belohnt und der allerhöchste Aufstieg besteht darin, selbst dem Betreuungspersonal anzugehören. Dieser Lernprozess von Disziplin und Gehorsam ist begleitet von psychodynamischen Verfahren. Als spezielle therapeutische Maßnahme sind hier die Encountergruppensitzungen zu nennen. An einer Gruppensitzung nehmen 10-20 Bewohner teil. Sie wird von einem ausgebildeten Therapeuten geleitet. Mit Hilfe der Encountergruppen sollen die Gefühlsdefizite der Drogenabhängigen aufgearbeitet werden. Der Therapeut gebraucht dabei eine Vielfalt von Techniken, Methoden, Übungen und Ritualen, die in der Regel der humanistisch orientierten Psychologie zuzuordnen sind.

Ziel der Encountergruppe ist es, Gefühle der Aggression, Abwehr und Depression akzeptieren zu lernen, und vorsichtig mit ihnen umzugehen. Um diese Gefühle zu intensivieren und ausagieren zu können, werden Techniken wie Bioenergetik oder Psychodrama angewandt, auch mit Hilfe von Gestalttherapie oder der analytischen Methode werden diese Gefühle aufgearbeitet.

Die Encountergruppen finden einmal wöchentlich statt und sind für jeden verpflichtend. Sie dauern in der Regel zwei Stunden, in größeren Abständen werden auch Marathonencountergruppen abgehalten. Die, für die psychoanalytische, allgemein festzustellende Besonderheit, die in der Dominanz der Beziehungsstrukturen liegt, ist auch in Day-Top festzustellen. Jedoch ist diese Beziehungsstruktur nicht auf zwei Personen (Analysant-Analysator) festgeschrieben, sondern sie beinhaltet sozusagen alle stattfindenden Interaktionen in der Gemeinschaft.

Hier liegt auch der Grund für die parallel zur psychoanalytisch-inspirierten Beziehung verlaufende Hierarchiebildung unter den Rehabilitanden. Diese Struktur dient sozusagen dazu, Macht bzw. Unterwerfung erfahrbar zu machen, um sie dann im psychoanalytischen Setting aufzuarbeiten. Dadurch wird der Rehabilitand in ein subtil wirkendes Netz von Kontrolle und freundschaftlicher Geborgenheit verstrickt, die ihn gewissermaßen von strukturellen Besonderheiten der Drogenszene, die Bestandteil seiner Identität geworden sind, entfremden soll. Ziel ist die „Zerschlagung" der alten „Junkieidentität" und der Aufbau einer neuen, nicht drogenfixierten Identität.

Professionell strukturierte Therapieeinrichtungen ohne Einbeziehung von Elementen der therapeutischen Gemeinschaft zur Strukturierung ihres Therapiealltags sollen exemplarisch am Beispiel einer sozialisationstheoretisch fundierten Einrichtungsart erläutert werden. Allerdings bezieht sich der exemplarische Charakter dieser Darstellung nur auf die Organisation und Interaktion entsprechender Einrichtungen, nicht auf deren theoretische Legitimation. Knapp zusammengefasst lässt sich für sozialisationstheoretisch legitimierte Einrichtungen folgende Auffassung zur Entstehung und Entwicklung von Drogenabhängigkeit annehmen: Drogenkonsum ist das Ergebnis sozialer Prozesse, die sich aus der Bewältigung der Lebensphase Jugend ergeben können und sich im Kontext von Freunden und/oder Bekanntenkreisen der jungen Menschen als eine Form „biographischer Lebensbewältigung" zeigen. Als Akt der „Konformität" mit Gleichaltrigen ist die Bindung an die Droge im Sinne der Herstellung von Abhängigkeitsverhältnissen erst zu einem – zeitlich versetzten – Zeitpunkt durch den Konsumenten erfahrbar.

Diese Betrachtungsweise schließt mit ein, dass auch psychische Probleme zu Drogenkonsum führen, sie verortet deren Entstehung jedoch nicht ausschließlich in dem Kontext frühkindlicher Entwicklungsstörungen, sondern als Reflex auf einen nicht zu bewältigenden Entwicklungsstress in der Jugendphase, sowie aus nicht zu bewältigenden problematischen Erfahrungen in der Illegalität des Drogenkonsumalltags.

Am Beispiel der Einrichtung „Release" sei dargestellt, wie therapeutisch in sozialisationstheoretisch fundierten Drogentherapieeinrichtungen verfahren wird. Release war die erste Einrichtung in Deutschland, die in einem therapeutischen Konzept sowohl stationäre Substitution – wie auch stationäre Abstinenztherapie vereinigte. Insofern sind die Eingangsvoraussetzungen

für die Therapie entweder der Nachweis einer erfolgreichen Entzugsbehandlung oder der Nachweis einer beigebrauchsfreien Einstellung auf ein
Substitutionsmittel (Maximaldosierung 60mg Methadon/30mg Polamidon).
Die Therapie umfasst in beiden Fällen eine Zeitspanne von sechs bis neun
Monaten. Der aufgenommene Patient wird in ein therapeutisches Milieu
einbezogen, das Anregungen und Hilfe bei der Gestaltung eines zukünftigen Lebens geben soll, das entweder unter den Vorzeichen von Abstinenz
oder dem der Substitution von ihm organisiert werden kann. Der therapeutische Alltag wird durch unterschiedliche, gleichwohl ineinandergreifende
Lern-, Arbeits- und Versorgungsbereiche strukturiert, die im Folgenden benannt werden:

- *Medizinische Versorgung*: Der stark in Mitleidenschaft gezogene körperliche Allgemeinzustand wird ebenso wie die Behandlung von Infektionen
  und der Sanierung des Zahnbestandes hohe Priorität eingeräumt. Eine
  ganzheitliche Gesundheitsberatung auch zu den Fragen der Harm-Reduction und des Safer-Use ist Bestandteil der medizinischen Versorgung.

- *Psychotherapie*: Im Zentrum der therapeutischen Prozesse steht die Erweiterung des Blickwinkels der Klienten auf längst vorhandene Lösungs-
  potentiale zur Bewältigung des gesellschaftlichen Alltags. Hierbei wird
  an die Stärken, Ressourcen und Fähigkeiten der Klienten und der von ihnen selbst erarbeiteten Ziele angeknüpft. Die therapeutischen Interventionen – seien sie individuell oder gruppenbezogen – sind als komplementä-
  res, gleichwohl verpflichtendes Angebot zu den weiteren Angeboten der
  Einrichtung zu sehen.

- *Soziale Gruppenarbeit:* Die verbindliche Teilnahme an den arbeits- und
  sportpädagogischen Programmen, den therapeutischen Aktivitäten und
  medizinischen Maßnahmen verlangen von den Klienten die Änderung ihrer Zeitstrukturierung, verweisen sie auf die Kooperation mit anderen
  Menschen und bedingen notwendigerweise die Zurückstellung von parti-
  kularen Interessen. All dies ist jedoch Gegenstand sozialer Lernprozesse,
  und diese bringen es notwendigerweise mit sich, dass Konflikte entstehen. Soziale Gruppenarbeit hat in dieser Einrichtung primär die Funktion,
  Interessen auszugleichen, Probleme anzusprechen und Konflikte zu lösen.
  Insbesondere Störungen im zwischenmenschlichen Bereich sollen auf einer Beziehungsebene angesprochen und einer Lösung zugeführt werden.
  Die Organisation des Tagesablaufes und des Zusammenlebens in der Einrichtung ist ebenfalls Gegenstand der sozialen Gruppenarbeit.

- *Werktherapie:* Viele Drogenabhängige können durch ihren langjährigen
  Aufenthalt in der Drogenszene geregelten Zeitabläufen zunächst nicht
  nachkommen. Ihre Zeitstrukturierung konzentrierte sich ausschließlich auf
  die Beschaffung von Drogen. Werktherapeutische Angebote dienen nicht
  nur dem Heranführen an geregelte, zeitlich gegliederte Arbeitsabläufe. Sie
  sollen auch dabei helfen, Erfahrungen, Belastungen über einen längeren
  Zeitraum ertragen zu können, Arbeitsabläufe kooperativ organisieren zu

können und daraus Anerkennung zu ziehen, sowie Arbeit als zentrales Medium der Sinnstiftung für das eigene Leben erfahren zu können.

- *Sport:* Das sportpädagogische Angebot wird hier nicht isoliert, sondern als ein integrativer Teil einer gesunden Lebensführung mit den Grundelementen Bewegung, Entspannung, Ernährung und Körperpflege verstanden. Das sportpädagogische Angebot beinhaltet viele Möglichkeiten der Zusammenarbeit mit dem medizinischen Bereich (gesunde Lebensführung), dem psychotherapeutischen Bereich (Förderung des Selbstwertgefühls), der sozialen Gruppenarbeit (Beziehungs- und Konfliktfähigkeit) und der psychosozialen Betreuung (Anregung zur Freizeitgestaltung).

In den Einrichtungen der professionell geführten stationären Entwöhnungsbehandlungen ist die sporadisch/systematisch durchgeführte Urinkontrolle zum Nachweis illegaler Drogen therapeutischer Standard. In einigen Einrichtungen – so auch Release – werden zudem Kontrollen auf Alkoholkonsum durchgeführt. Rückfälle in den Konsum illegaler Drogen ist auch in stationären Entwöhnungsbehandlungen eine stetig wiederkehrende Problematik. Insofern haben sich die in Rede stehenden Einrichtungen auf eine besondere Form von Rückfallprävention eingestellt, die – so Bühringer – spezifische Zielbereiche und Therapieverfahren beinhalten kann:

- Identifikation kritischer Rückfallsituationen; hierbei wird davon ausgegangen, dass dem Patienten bewusst werden muss, dass immer wieder Erlebnisinhalte aus seiner Vergangenheit im Umgang mit Drogen starkes Suchtverlangen (craving) auslösen kann;
- Vermeidung kritischer Situationen;
- Modifizierung der Auslöserqualität;
- Neutralisierung kritischer Situationen, die im Therapiealltag Suchtverlangen auslösen können;
- Lernen, kritische Situationen zu bewältigen, Stärkung der kognitiven und emotionalen Voraussetzungen;
- Lösungsmuster für das Verhalten nach einem Rückfall inner- oder außerhalb der Einrichtung (vgl. Bühringer 1998, S. 404ff.).

In der Fachöffentlichkeit wurden hinsichtlich des Zusammenlebens von substituierten und abstinenten Patienten in einer Therapieeinrichtung starke Befürchtungen geäußert, dass nicht-substituierte Patienten ihren Anspruch auf Abstinenz aufgeben würden. Dieser angeblich negative Effekt für Abstinenzwillige führte zu einer Ablehnung eines integralen Therapiekonzeptes für Substituierte und Abstinente.

Nach mittlerweile 6-jähriger Erfahrung mit dem oben beschriebenen, integrierten Therapiekonzept hält eine interne Evaluation der Einrichtung Release folgendes fest: „Substituierte und nicht-substituierte PatientInnen akzeptieren sich gegenseitig in aller Regel problemlos. Eine Rückfallgefährdung der abstinenten PatientInnen durch die Substitution im Haus konnten wir nicht feststellen. Auffällig war eher der umgekehrte Effekt. Die Substituierten betrachteten die abstinenten oder abdosierten PatientInnen als Ansporn und Vorbild. Dies führte in Einzelfällen so weit, dass Substituierte gebremst werden mussten, weil sie manchmal zu schnell und in zu großen Schritten abdosieren sollten. Es finden keine gegenseitigen Abwertungen statt, die allein durch die Substitution begründet sind. Auseinandersetzungen entstehen durch unterschiedliche Lebensgewohnheiten, persönliche Abneigungen usw., wie in allen anderen Drogenfachkliniken auch. Es gab bis Anfang 1999 Aussagen von abstinenten PatientInnen, die darauf hinwiesen, dass sie bei den Substituierten Grenzen der emotionalen Mitschwingungsfähigkeit spürten und dadurch in ihren gewünschten Ausdrucksmöglichkeiten innerhalb der psychotherapeutischen Gruppen Einschränkungen erfuhren. Seit der Reduzierung der Eingangsdosis von 100 auf 60 mg Methadon ist dies in unserer Einrichtung nicht mehr festzustellen".[8]

Stationäre Nachsorge (Adaption): Die stationäre Nachsorge – auch Adaption genannt – zählt zur teilstationären Behandlung von ehemals Drogenabhängigen, die im Anschluss an eine stationäre Entwöhnungsbehandlung erfolgen kann. Adaptionseinrichtungen sind sozusagen als Scharnier zwischen der therapeutischen Versorgung und der alltäglichen natürlichen Umwelt zu betrachten, um Arbeit und Ausbildung zu erleichtern. In vielen Einrichtungen wird der Ex-User nach dem Modell der Nachtklinik betreut. Dies bedeutet, dass Klienten dieser Einrichtungen einerseits noch in ein therapeutisches Setting eingebunden sind, andererseits jedoch schon außerhalb der Einrichtungen arbeiten, ausgebildet werden oder zur Schule gehen. Zusätzlich ist es die Aufgabe der Adaption – sie dauert in der Regel 3 Monate –, anfällige, weiterführende therapeutische Behandlungen (medizinische Behandlung, Psychotherapie, Substitutionsbehandlung) bereitzustellen und sich über deren Durchführung zu vergewissern. Des Weiteren fällt dieser Einrichtung auch die Funktion eines Krisenmanagements zu, z.B. bei Rückfällen, Problemen in Ausbildungseinrichtungen oder Schulen. Während des Aufenthaltes in Adaptionseinrichtungen sind Urin-Kontrollen üblich. Sie sollen der Einrichtung die Gewissheit geben, dass der Patient weiterhin drogenfrei ist.

Adaptionen müssen für die Strukturierung ihres teilstationären Therapiealltags ein Behandlungskonzept ausweisen: In einer Eingangsuntersuchung werden durch den betreuenden Arzt unter Rückgriff auf Rehabilitationsbe-

---

8 Ein unveröffentlichter Vortrag, gehalten auf der Fachtagung von BINAD in Almer/NL am 6.3.2002 mit dem Thema „Erfahrungen und Ergebnisse der medizinischen Rehabilitation nicht-substituierter und übergangsweise substituierter Drogenabhängiger im stationären Setting am Beispiel der Fachklinik Release des Arbeitskreises für Jugendhilfe e.V. in Hamm", Referenten K. Weber/R. Buschkamp.

richte der vermittelnden Therapieeinrichtung medizinische und/oder psychotherapeutische sowie – wenn nötig – substitutionsbezogene Maßnahmen verordnet. Strukturierendes Element des Adaptionsalltags sind vor allem die therapeutischen Gruppensitzungen sowie die Einzeltherapie; hinzu kommen einzel- oder gruppenbezogene Gespräche zur Regulierung und/oder Vorbereitung auf die berufliche Integration. In der Regel organisieren die Klienten der Einrichtung mit Hilfe betreuender Drogenhelfer ihre Versorgung wie auch ihren Freizeitbereich selbst.

Die Tabellen 26 bis 28 geben einen Überblick über den Aufnahmegrund von Patienten in der Stationären Drogentherapie und die Nachsorge (Adaption), über Rückfälle von Klienten in diesen Einrichtungen und über das Verhältnis von Konsumart und Therapiebeendigung.

Tab. 26:   Aufnahmegrund von Patienten in Drogenfachkliniken und Nachsorge
(vgl. Bühringer 1998, S. 391)

Aufnahmegrund	Fachklinik Drogen		Nachsorge (Adaption)	
	Männer %	Frauen %	Männer %	Frauen %
Freiwillig	47,5	62,4	94,2	96,4
Zurückstellung der Strafvollstreckung	46.2	30,8	3,7	3,6
Absehen von Verfolgung durch Staatsanwaltschaft	1,0	2,1	0	0
Vorläufige Einstellung des Verfahrens	0,9	1,3	0,8	0
Unterbringung nach StGB	0,5	0,8	1,2	0
Sonstiges	3,7	2,5	0	0

Tab. 27:   Rückfall von Patienten in stationären Einrichtungen
(vgl. Bühringer 1998, S. 393)

Substanz	Kein Rückfall %	Rückfall %
Opiate	71,6	12,8
Sedativa/Hypnotika	81,6	2,6
Kokain	86,7	6,0

Tab. 28: Konsumart und Art der Beendigung der Therapie von Patienten
stationärer Einrichtungen (vgl. Bühringer 1998, S. 394)

Art der Beendigung	Konsumart		
	Sedativa/ Hypnotika %	Kokain %	Opiate %
Planmäßig	55,3	37,8	22,8
Durch Patient	25,0	19,5	23,3
Disziplinarisch	7,9	6,1	15,0
Verlegung	2,6		2,5
Vorzeitig, therapeutische Veranlassung	5,3	6,1	4,0
Vorzeitig, therapeutisches Einverständnis		2,4	4,5
Vorzeitig, ohne Einverständnis	3,9	26,8	27,7
Verstorben			0,1
Sonstiges		1,2	0,2

8.3.4.2 Zur Interaktion in der stationären Drogentherapie
Es kommt auf den Standpunkt an, Therapie als Möglichkeit zu begreifen,
innere Verformungen der Persönlichkeit zu beseitigen oder – wie Gilde-
meister/Robert (2001) – als ein auf Heilung gerichtetes gezieltes kommuni-
katives Handeln zu verstehen bzw. als besondere Form der sozialen Kontrolle anzunehmen, wie Berger/Luckmann (1973).

In jedem Falle bezieht sich therapeutisches Handeln auf die Wiederherstellung und/oder Sicherstellung eines gesellschaftlich legitimierten Normalitäts-
verständnisses; in diesem Falle der Normalität einer rationalen Lebensführung, in der der Rausch allenfalls eine exklusive Stellung zugesprochen bekommt. Therapeutische Prozesse sind zentriert auf die Persönlichkeit der
Drogenkonsumenten, auch wenn ihre besonderen Lebensumstände, seien sie
biographisch oder situativ angesprochen, mit in diesen Prozess der Problemlösung oder Heilung eingebunden werden. Therapeutische Prozesse in der
Entwöhnungstherapie sind mit viel Widerstand und Ambivalenz beladen. Die
Klienten schwanken hin und her zwischen positiven und negativen Einstellungen, Mitteilungen und Schweigen, Vertrauen und Misstrauen, Offenheit,
Täuschungsmanövern und Vermeidungsverhalten. Das Arsenal an therapeutischen Methoden ist fast unüberschaubar. Insofern sind die im Folgenden dargestellten Methoden nicht einmal als exemplarische Auswahl zu betrachten,
allenfalls als Hinweis, wie und womit therapeutisch in Institutionen der Entwöhnungstherapie gearbeitet wird. Diskutiert wird im Folgenden das Konzept
der Gruppentherapie und das der „dynamischen Psychologie" (Dührsen).

Gruppentherapie: Zur Behandlung von Drogenabhängigen in stationären Einrichtungen Gruppentherapie einzusetzen, liegt schon in der Eigenart dieser therapeutischen Methoden und der Form des Zusammenlebens der Insassen der Einrichtung begründet: Zehn bis fünfundzwanzig Personen leben mehr oder weniger unter Ausschluss der Öffentlichkeit über eine Zeitspanne von mehr als einem halben Jahr mit fast identischen Problemkonstellationen unter einem Dach. „Die intensiven zwischenmenschlichen Beziehungserfahrungen in der Gruppe, die Aufarbeitung von Übertragungen und Projektionen etc., der therapeutisch unterstützende Aufbau neuer Beziehungen und die Forderung von Identitätsprozessen sind der Kleinbereich der Gruppentherapie mit Drogenabhängigen. Da nur beziehungsorientierte Psychotherapiemethoden bei Drogenabhängigen langfristig greifen, ist die Gruppentherapie das geeignete Handlungs- und Lernfeld, in dem sowohl verhaltensklärend als auch antizipierend ‚Leben gelernt' werden kann" (Petzold u.a. 2000, S. 329).

Die Realisierung des gruppentherapeutischen Verfahrens wird in starkem Maße von der Persönlichkeit der Therapeuten beeinflusst. Um die Gruppe zu nutzen als Kristallisationspunkt menschlicher Erfahrung, werden durch den Therapeuten vielfältige Therapieelemente in das Verfahren eingebracht, so z.B. körperorientierte Therapieelemente (Entspannungstechniken, atem- und bewegungsorientierte Übungen), aber auch psychodramatische und rollenspielbezogene Strategien, jedoch immer wieder eingebettet in die über Gespräche laufende, differenzierte Klärung der Erfahrungen miteinander.

Verabredet wird eine Schweigepflicht hinsichtlich der Mitteilungen anderer Patienten. Die überwiegende Zahl aller Interpretationen des Therapeuten, alle Interventionen der Patienten zueinander betreffen bevorzugt die Gegenwart, die aktuellen Beziehungen, das Mächteverhalten. Es wird weniger auf die früheren Lebensgeschichten eines einzelnen Patienten Bezug genommen, wie dies zum Beispiel in der Psychoanalyse der Falle ist. Es bilden sich in der Gruppe eine Vielzahl von Beziehungskonstellationen heraus, die therapeutisch genutzt werden können: Übertragungsbeziehungen, Elemente der sozialen Rangstrukturen, die Herausbildung von Untergruppen mit Wir-Gefühl und damit verbundenen Kämpfen um Anerkennung. Für jeden einzelnen Patienten in der Gruppe spielt sich insofern eine Menge an Konflikten ab, die seine Person stark in den gruppendynamischen Prozess involvieren.

Einzeltherapie: Dominieren in stationären Langzeittherapieeinrichtungen auch gruppentherapeutische oder gruppendynamische Verfahrensweisen, so ist in fast allen Institutionen der Entwöhnungsbehandlung auch Einzeltherapie vorgesehen. Im stationären Setting gelangen – je nach therapeutischer Ausrichtung der Einrichtung – lerntherapeutische oder psychodynamisch/psychoanalytische Methoden der Einzeltherapie zur Anwendung. Die hier angedeutete „dynamische Psychotherapie" (Dührsen) ist daher eine von vielen Möglichkeiten. Im Gegensatz zum psychoanalytischen Standardverfahren, das eine von den Therapeuten abgewandte Ruhelage bedingt, ist die in Rede stehende Therapie auf Gespräche in der Face-to-Face-Situation begründet. Auch erhält der Patient keine festen Instruktionen darüber, wie er seine Mitteilungen an den Therapeuten zu gestalten habe. Aufgabe des Therapeuten ist es, für den Patienten eine Konstellation zu schaffen, die es diesem ermöglicht, allmählich auch von den verdrängten und verborgenen Trieben und Wünschen zu sprechen. In der dynamischen Psychoanalyse interveniert der Therapeut im Verlauf der Behandlung häufiger als im Verlauf einer Standardanalyse. Er tut dies auch, um psychodynamisch wichtige Themen anzusprechen. Dabei kann er konfliktzentriert vorgehen, der Therapie einen stützenden Charakter geben, er kann aber auch eine notwendige Umstrukturierung der Persönlichkeit seines Patienten herbeiführen. Durch das Wechselgespräch mit seinen Patienten hat der Therapeut zudem die Möglichkeit, dessen Ich-Reaktionen kennen zu lernen und insofern auch Erlebnisanstöße zu geben.

Die Zielrichtung aller Therapieformen in den Settings der stationären Langzeittherapie ist es, einen vollständigen Bruch mit der bisherigen drogenbezogenen Verhaltensweise zu erreichen. Ob damit auch eine komplette Neuorientierung der gesamten Persönlichkeit erreicht werden muss, ist mehr als zweifelhaft. Vernünftig erscheint es, die bisherigen Lebenserfahrungen im Umgang mit drogenkonsumierenden Verhältnissen und Verhalten als eine besondere, wenn auch für die Persönlichkeitsentwicklung nicht immer förderliche Episode im Lebenslauf bewerten zu lernen.

Therapeutische Intention und therapeutische Realität
Justiz, Psychopathologie sowie die gesellschaftliche Öffentlichkeit sind sich seit Jahren in der Einschätzung des Drogenproblems weitgehend einig: Konsumenten illegaler psychoaktiver Substanzen sind kriminell und krank. Auch die hier vorgetragene Ideologiekritik an den Legitimationsmustern des Drogenhilfediskurses wird daran in absehbarer Zeit wenig ändern. Inhalt und Umfang der Krankheit werden – wie gezeigt wurde – bestimmt über psychopathologische und persönlichkeitspsychologische Parameter und das BTMG stellt den rechtsstaatlichen Rahmen zur Sanktionierung drogenkonsumierenden Verhaltens dar.

Wenn auch strafrechtliche Sanktionen in den allermeisten Fällen nicht zu einer Verhaltenskorrektur bei Drogenkonsumenten führen, so ist die Öffentlichkeit, Medizin und Justiz allerdings bereit anzunehmen, dass die therapeutische Intervention durchaus eine geeignete Form bereitstellt, Konsumverzicht bei Drogenkonsumenten lernend zu ermöglichen.

Skepsis ist jedoch hier angebracht. Wirft man einen Blick auf die Entwicklung von Zahlen ermittelter Abhängiger, Erstkonsumenten und durch Rehabilitationsmaßnahmen wieder drogenfrei gewordener Menschen, so lässt sich Erstaunliches zu Tage fördern.

In der Zeitspanne von 1992 bis 2002 hat sich die Anzahl der statistisch festgestellten Abhängigen von illegalen psychoaktiven Substanzen nicht wesentlich verändert – etwa 100.000 bis 120.000 Abhängige sind jeweils in den Jahresstatistiken unterschiedlicher Institutionen genannt (Institut für Therapieforschung München, der Reitox-Bericht der Bundesregierung und der Rauschgiftbericht des Bundeskriminalamtes).

Allerdings wurde in dieser Zeitspanne der Anteil der „erstauffälligen Konsumenten harter Drogen" jedes Jahr um ca. 2% von dem Jahr 1992 (ca. 13.000) auf ca. 20.000 im Jahr 2002 festgestellt.

Nur etwa 5% der genannten Zahlen von Abhängigen sind aber nur einer stationären Therapie pro Jahr zuführbar und von diesen 5% brechen ca. 70% eine stationäre Langzeittherapie nach kurzer Zeit wieder ab (vgl. hierzu Uchtenhagen/Zieglgänsberger 2001, S. 432ff.).

Katamnestische Untersuchungen – wie z.B. die 12 Jahre Katamnese an Patienten des Hammer Modells – zeigen einen mit Abstinenz gemessenen Therapieerfolg von 38% an, wenn auch bei vielen Therapieabsolventen zunächst Rückfälle zu verzeichnen waren (vgl. Uchtenhagen/Zieglgänsberger a.a.O., S. 428) und sich dieser Erfolg vielfach erst auch nach 10 Jahren eingestellt hat.

Hinzu kommt die Mortalitätsrate bei Abhängigen illegaler Drogen, die im Jahresdurchschnitt in den letzten 10 Jahren bei ca. 1.600 Personen lag.

Stellt man die hier genannten Zahlenpopulationen in einen Zusammenhang von Zugängen und Ausstiegen, so wird schnell deutlich, dass eine verhältnismäßig große Zahl von abhängigen Konsumenten sowohl mit den Parametern „abstinent" oder „rückfällig" nicht erfasst werden können.

Zur Plausibilisierung der offensichtlichen Deckungslücke zwischen den Zugängen und den Ausstiegen sind folgende Szenarien vorstellbar:

- sehr wenige der registrierten erstauffälligen Konsumenten harter Drogen werden tatsächlich abhängig;
- ein großer Teil abhängiger Konsumenten wird durch ambulante Maßnahmen der Drogenhilfe resozialisiert;
- ein großer Teil der abhängigen Konsumenten wird substituiert;
- ein großer Teil abhängiger Konsumenten ist ohne professionelle Hilfe abstinent geworden;
- sehr viele Konsumenten harter Drogen kontrollieren ihren Konsum so, dass sie nicht auffällig werden;
- sehr viele Konsumenten harter illegaler Drogen sind auf legale Drogen umgestiegen.

Deutlich wird vor dem Hintergrund der angesprochenen Szenarien, dass nicht jeder Konsument abhängig wird oder bleibt, ein großer Teil von Konsumenten ohne professionelle Hilfe abstinent wird oder kontrolliert seinen Drogenkonsum steuern kann. Auch die Substitution mit legalen Opiaten kann ein Muster sein, das erklärt, warum eine große Anzahl von Konsumenten nicht durch das abstinenzorientierte Hilfesystem erfasst wird.

8.3.4.3 Überlegungen zur lebensweltorientierten Drogentherapie

Das Leben ohne den Konsum von illegalen Drogen bewältigen zu lernen ist Ziel und Inhalt stationärer Drogentherapie. Die therapeutischen Möglichkeiten hierzu sind – je nach Ausrichtung des Therapieverständnisses der Einrichtungen – unterschiedlich. Gemeinsam ist jedoch den meisten Einrichtungen, dass sie die therapeutische Institution als einen Wirkmechanismus begreifen, der in korrigierender Absicht auf den Lebenslauf der Klienten Einfluss nehmen will. Unterstellt wird dabei „ein einseitiger, linearer Wirkungsmechanismus des Settings auf die Drogenabhängigen" (Reinl/ Stumpp 2001, S. 303). Lebensweltorientierte Drogentherapie nimmt genau dieses Problem zum Anlass, einen anderen Wirkmechanismus der Drogentherapie zu begründen. Ihr geht es darum, einen Kommunikationskontext zu konstituieren, der als aktive Partner KlientInnen und therapeutische Settings in dieses Spannungsverhältnis einbindet.

Lebensweltorientiert ist dabei ein Handeln, das die Eigensinnigkeit der Problemsicht der AdressatInnen ebenso berücksichtigt wie die methodische-strukturale Interessenlage des therapeutischen Settings.

Aus der Sicht der Nutzer solcher lebensweltorientierten Therapie ist „der Erweiterungshorizont und die eigene Zieldefinition der Hilfesuchenden" zu beachten. Diese – so Reinl/Stumpp – „orientiere sich mehrheitlich zunächst an jenen Faktoren und Folgen des Drogengebrauchs, die zu Beginn der Therapie subjektiv in der bisherigen Lebenswelt als bedeutsam im Sinne einer Veränderung bewertet werden" (ebd. S. 305).

Die Autorinnen führen zur Illustration beispielhaft an, Drogenkonsum als Funktion einer inneren Leere auszufüllen, Konflikte zu lösen etc. Diese Schlüsselerlebnisse oder Lebensthemen müssen eingebunden werden in das Therapiesetting, und der Klient muss gewissermaßen eine Entsprechung jener Funktion erfahren, die die Droge bislang erfüllte.

„Der Therapieprozess", so Reinl/Stumpp, „gestaltet sich umso effektiver, je mehr die Anregungen durch einzelne Elemente den ‚Kern' des individuellen Kontextes von Drogengebrauch und Lebensbewältigung treffen. Das heißt, dass das Compliance KlientIn-Setting dann am effektivsten ist, wenn einzelne Elemente einen gezielten Effekt in Richtung des erwünschten oder erwarteten Veränderungsprozesses bewirken" (Reinl/Stumpp, ebd. S. 307).

Reinl/Stumpp führen insgesamt 10 Effekte an, die einzeln oder im Zusammenwirken mehrerer Elemente die Essentials lebensweltorientierter Therapieeinrichtungen verdeutlichen können. Ich führe drei an und verweise ansonsten auf den dieser Darstellung zugrunde liegenden Handbuchartikel.

„1) Einrichtungen, deren Strukturen prinzipiell von Offenheit und Anforderungen an die Eigenverantwortung geprägt sind, erweisen sich für die Mehrheit von Klienten als effektiv, da sie die Kontrolle über den Drogengebrauch teilweise an die Klienten selbst delegieren.

...

5) Die vorgegebene Zeitstruktur in einer Einrichtung erweist sich vor allem für diejenigen als hilfreicher Faktor, die sich nach jahrelangem Szeneaufenthalt oder während der Haft wieder an eine sinnvolle Zeiteinteilung ihrer Alltagsgewohnheiten gewöhnen müssen.

...

10) Spezifische Frauengruppen werden je nach ihrer Verankerung im Gesamtkonzept der Einrichtung bewertet. Ist die Frauengruppe integrierter Bestandteil des Settings, dann bietet sie Frauen die Möglichkeit, sich mit frauenspezifischen Problemen und Fragen auseinanderzusetzen" (Reinl/Stumpp 2001, S. 307ff.).

8.4 Ausblick

Die Drogenhilfe hat sich von ihrer Abstinenzgebundenheit gelöst. Ihr Spektrum erstreckt sich heute von suchtbegleitenden Hilfen über verbindliche Formen der Beratungsarbeit bis hin zu abstinenz- und substitutionsorientierten Therapien stationärer und ambulanter Art. Die Vielfalt der Hilfe-, Beratungs- und Therapiemöglichkeiten aufzuzeigen, war Intention dieses Kapitels. Zunächst wurde ein erster Zugang zum Arbeitsfeld der Drogenhilfe über die Geschichte der Sozialen Arbeit in der Drogenhilfe gewählt, der deutlich macht, dass die Alltagsbezogenheit der Drogenhilfe von Anfang an ihr bestimmendes Merkmal war, auch wenn sie sich zeitweise – im Zuge einer mit fachfremden Mitteln erfolgenden Profilbildung – von ihrer Klientel entfremdete.

Es war die berufliche Praxis der Drogenhelfer, die nicht nur einer Therapeutisierung der Hilfeprozesse das Wort redete, sondern auch niedrigschwellige Formen alltagsbezogener Hilfen entwickelte und in den 80er-Jahren für eine Transformation der Drogenhilfepraxis sorgte. Ihr wurde dadurch eine Struktur gegeben, die mit den Kategorien der Prävention, der Beratung und Hilfe bei belastendem Drogenkonsum und der Beratung und Hilfe zur Wiederherstellung einer abstinenten Lebensführung sowie stationärer Langzeittherapie zur Wiederherstellung einer abstinenten Lebensführung bezeichnet werden kann.

In alle vier Kategorien gehen Erfahrungen einer sich verändernden Drogenhilfe ein, die unter dem Gesichtspunkt des Qualitätsmanagements und der Klientenorientierung sich heute als Arbeitsfeld für die Soziale Arbeit präsentiert. In diesem so sich präsentierenden Arbeits- und Berufsfeld kooperieren Sozialpädagogen mit Medizinern und Psychologen/Psychotherapeuten und treffen Arbeitsabsprachen mit der Justiz. Die Berufsgruppen verhalten sich dabei zueinander wie drei sich schneidende Kreise. Sie arbeiten da miteinander, wo sie sich in ihren beruflichen Interessen überschneiden und entwickeln dort ihre Eigenständigkeit, wo ihre Besonderheit gefragt ist.

Die Besonderheit der Sozialen Arbeit in der Drogenhilfe in ihren Arbeitsbezügen und Methoden darzustellen, war zudem Intention dieses Kapitels. Diese Besonderheit liegt darin, Hilfe, Beratung und Suchtbegleitung bei drogengebenden Lebensweisen für Menschen alltagsbezogen zu leisten und bei der Prävention des Drogenmissbrauchs mitzuwirken.

Tipps zum Weiterlesen

L. Böllinger/H. Stöver/L. Fietzek, Drogenpraxis Drogenrecht Drogenpolitik, Frankfurt 1995
J.H. Heudtlass/H. Stöver/P. Winkler (Hrsg.), Risiko mindern beim Drogengebrauch, Frankfurt 1995
J. Gölz, Der drogenabhängige Patient, München 1999
A. Uchtenhagen/W. Zieglgänsberger, Suchtmedizin, München 2000

9. Drogenhilfe als sozialpädagogische Aufgabe

9.1 Einleitung

Drogenhilfe – so sahen wir – erhält ihre fachliche Legitimation dadurch, dass sie junge Menschen, die Probleme im Umgang mit psychoaktiven illegalen Substanzen bekommen haben, an Lebenslagen heranführt, in denen sie wieder selbstbestimmend und selbstversorgend handeln können. Allerdings besteht die Intention der modernen Drogenhilfe nicht nur darin, über abstinenzorientierte Maßnahmen junge Menschen wieder an Arbeit, Schule und Ausbildung heranzuführen, sondern auch mit Hilfe suchtbegleitender, risikomindernder Maßnahmen Lebensbewältigung zu ermöglichen.

In dieser doppelten Funktion – Suchtbegleitung/Risikominderung und Abstinenzorientierung – gewinnt die Drogenhilfe Anschluss an die moderne Sozialpädagogik. Diese unterstützt Menschen in der Bewältigung schwieriger Lebenssituationen und sozialer Risiken als generelle Aufgabe gesellschaftlicher Integration infolge des Wandels unseres Gesellschaftssystems „Aufgrund des Wandels des Gesellschaftssystem in der Moderne und der damit verbundenen Normalstellung der Sozialpädagogik hat sich ihre (die Sozialpädagogik; H.J.J.) Funktion erweitert und aufgesprengt. Sozialpädagogik umfasst erstens die Aufgabe der gesellschaftlichen Integration, sie bearbeitet Probleme und Risiken, die in der Gesellschaft selbst produziert werden, zweitens hat sie eine eher präventive gestaltungsbezogene Funktion, indem sie zur Herstellung einer sozialen Infrastruktur beiträgt" (Füssenhauer/Thiersch 2001, S. 1887).

Die „Normalstellung der Sozialpädagogik" lässt sich vor allem, so Füssenhauer/Thiersch (2001, S. 1887), in Bezug auf die Akzeptanz der Etablierung und Differenzierung von Arbeitsfeldern als wichtiges Moment moderner sozialer Infrastruktur feststellen. Hier hat sich zudem ein Professionswissen etabliert, das die zahlreichen Handlungszusammenhänge der Sozialpädagogik legitimiert und ihre Fachlichkeit unterstreicht.

Die Diskussion der Drogenhilfe macht deutlich, dass sozialpädagogische Fachlichkeit auch in den Arbeitsbereichen der Prävention, der Suchtbegleitung und der Risikominderung ausgewiesen ist, wie auch ihr Professionswissen in der Theoriebildung und der Umsetzung der Drogenpolitik erkennbar ist.

Die sozialpädagogisch inspirierte Analyse der Drogenhilfe stellt zudem den Einfluss der drogenpolitischen wie strafrechtlichen Rahmenbedingung auf Hilfeformen heraus.

Dass die Drogenhilfe sich wandelt, kann man mit Blick auf die Drogenpolitik, das BtMG und die Etablierung neuer risikomindernder Strategien (Konsumräume/Originalstoffabgabe) mit Fug und Recht behaupten. Einen ganz wesentlichen Anteil daran hat u.a. die Rückbesinnung der Medizin auf die Behandlung drogenkonsumierender und drogenabhängiger Patienten im Rahmen ihrer medizinischen Standards. Dies bedeutet vor allem Kenntnisse der Notfallmedizin und der pharmakogestützten Behandlung für die Belange der Drogenkonsumenten zu nutzen bzw. nutzen zu wollen. Aber auch die Schaffung regional/kommunalbezogener Netze zur Versorgung und Unterstützung von Drogenabhängigen und Konsumenten ohne absoluten Abstinenzanspruch, sind ein weiteres Indiz für den Wandel der Drogenhilfe.

Der wachsende Einsatz risikopräventiver Mittel in der Drogenhilfe (substitutiv, medizinische Notfallversorgung, Spritzentausch etc.) wird langfristig zu einem Legitimationsproblem der – im weitesten Sinne – psychotherapeutischen Behandlung in diesem Arbeitsbereich führen, wenn nicht nur die Heilungschancen durch diese Maßnahme verbessert, sondern auch die „Deutungshoheit" der Psychologie, Drogenkonsum als Psychopathologie anzusehen, auf Zukunft sichergestellt werden kann. In einer realistischen Einschätzung der Sachlage ist davon auszugehen, dass diese Ziele nicht erreicht werden können. Geht man in dieser Einschätzung der Sachlage konform, so lassen sich Defizite in der psychosozialen und rehabilitativen Versorgung von Drogenkonsumenten und Drogenabhängigen prognostizieren, die nicht nur die zur Abstinenz genötigten Drogenkonsumenten, sondern auch die Substituierten betreffen können.

In eine ähnliche Richtung, wenn auch vor dem Hintergrund einer gänzlich anderen Motivationslage, gehen die Überlegungen von J. Gölz (1999), wenn er bezüglich der aktuellen Substitutionsbehandlungsmöglichkeiten in Deutschland feststellt: „Die Substitutionsbehandlung gerät so in eine zweifelhafte Lage. Unter den aktuellen Bedingungen kann sie nur eines ihrer beiden Hauptziele erreichen. Überlebenshilfe bzw. Schadensminderung. Der Weg zur Abstinenz, dem zweiten wesentlichen Ziel, bleibt dem überwiegenden Teil der Substitution versperrt. Ohne Training für einen normalen Arbeitstag, ohne die Möglichkeit, Schule und Ausbildung abzuschließen, gibt es auch keine Lebenssituation, in der die Substitution mit Aussicht auf Erfolg beendet werden könnte. Nicht die Methode der Substitution, sondern dieser fundamentale Strukturmangel im therapeutischen Konzept ist dafür verantwortlich, dass sich die Prognosen der Substitutionsgegner erfüllen: Aus der Substitution führt kaum ein Weg in eine dauerhafte Abstinenz. Die Entwicklung dieser Rehabilitationsmaßnahme muss eine der wichtigsten Aufgaben für die Zukunft werden, damit die Substitutionsbehandlung nicht zu einem Instrument verkommt, mit dem soziale Missstände nur verschleiert werden" (Gölz 1999, S. V).

Nun wissen wir aus sozialwissenschaftlichen Untersuchungen, dass auch ein substituierter Drogenkonsument in der Lage ist, sofern seine sozialen Verhältnisse den üblichen Standards der Lebensführung angeglichen sind oder bleiben, zu arbeiten, zu lernen, sich ausbilden zu lassen. Insofern muss auch bei der Substitutionsbehandlung Abstinenz nicht das vordringliche Ziel dieser Methode sein. Diese liegt zunächst und vor allem in der Stabilisierung der sozialen Verhältnisse, die die Integration in einen berufs- oder ausbildungsbezogenen Alltag ermöglichen soll. Die Instrumentalisierung der Substitutionsbehandlung für gesundheitspolitische Zwecke befürchtet auch W. Schneider, der von einer Medizinalisierung des Drogenhilfesystems spricht, jedoch eher in ideologiekritischer Absicht. „Durch die zur Zeit zunehmende Medizinalisierung des Drogenhilfesystems wird der Drogengebraucher vermehrt pathologisiert und zum Behandlungsobjekt. Eine Vielzahl meist medizinisch-psychiatrischer Experten stehen bereit, ihn zu therapieren. Diese wohlgemerkt – generelle – Medizinalisierung führt dazu, Drogengebrauch als rein neurophysiologische und psychiatrische Krankheit zu interpretieren" (Schneider 1998, S. 163). Nun ist die von Schneider befürchtete komplette Medizinalisierung des Drogenhilfesystems nicht von der Hand zu weisen, auch nicht die Pathologisierung des Drogengebrauches in medizinisch/psychiatrischen Kontexten. Gleichwohl lässt sich auf die Zukunft bezogen auch eine andere Entwicklung prognostizieren, die unter dem Gesichtspunkt der Gesundheitsförderung sowohl Prävention, Substitution, Notfallmedizin, Lebensbewältigung und Resozialisation in sich vereinigt und damit der Drogenhilfe ein neues Profil gibt.

Da die Sozialpädagogik ihr Handlungsprofil auf die Befähigung zur individuellen und/oder kollektiven Lebensbewältigung ausgerichtet hat und durch ihren Alltagsbezug in der Lage ist, zur Stärkung entsprechender Handlungskompetenzen ihres Klientels beizutragen, erwächst ihr aller Voraussicht nach kein Legitimationsproblem bei der Verdeutlichung ihrer Professionalität in diesem Arbeitsfeld.

Die folgenden Überlegungen sollen hierfür eine mögliche Richtung andeuten: Zunächst gehe ich auf den Zusammenhang von Drogenhilfe und sozialpädagogischem Handeln ein, in dem ich unter der Chiffre „Sozialpädagogischer Blick" (Rauschenbach u.a. 2000) einen Systematisierungsversuch zur Bestimmung sozialpädagogischer Professionalität in der Drogenhilfe zur Diskussion stelle. Sodann diskutiere ich einen Vorschlag, der die Voraussetzungen zu einer Methodik drogenhelferischen Handelns am Beispiel des Zugangs zur Drogenszene thematisiert. Zum Schluss soll der Versuch unternommen werden, einen Zusammenhang zwischen sozialpädagogischem Handeln in der Drogenhilfe und Strategien der Gesundheitsförderung zu verdeutlichen.

9.2 Der „sozialpädagogische Blick" auf Konsumenten illegaler psychoaktiver Substanzen

Der „sozialpädagogische Blick" (Rauschenbach u.a. 2000), also die besondere Professionalität sozialpädagogischen Handelns, konzentriert sich hier auf die sozialen Verhältnisse drogenkonsumierender Personen und – darin eingebunden – auf ihr Handeln und Verhalten. „Der sozialpädagogische Blick versteht sich in diesem Sinne als eine Chiffre für ein im Detail noch nicht ausbuchstabiertes Wissens- und Handlungssystem, das zumindest darin seine ‚eigene' Logik hat, dass es sich von anderen Wissens- und Handlungstypen – etwa der der Psychologie, des Rechtes oder der Medizin – in vielerlei Hinsicht unterscheiden lässt" (Rauschenbach u.a. 2000, S. 8). Einen „sozialpädagogischen Blick" auf die Lebensverhältnisse und das Verhalten von Drogenkonsumenten zu lenken, bedeutet zunächst einmal, die Komplexität von Verhältnissen und Verhalten nicht schon durch den einengenden Blick psychopathologischer Erklärungsmuster zu strukturieren. Nicht praktikabel für die Soziale Arbeit ist die sich in diesem Kontext artikulierende Auffassung, dass allein schon die Tatsache des Konsums illegaler psychoaktiver Substanzen pathologisches Verhalten sei. Eine weitere, ähnlich problematische Variante, drogenkonsumierendes Verhalten zu begreifen, stellt das Modell der „Drogenkarriere" (vgl. Täschner 1983) dar. „Ausgangspunkt des Denkens im Kontext des Karrieremodells ist die Annahme eines Musters sich stetig erweiternden Gebrauchs von Drogen. Dabei wird gewissermaßen eine Naturgesetzlichkeit des Ablaufes sich sequentiell verstärkender Drogengebrauchsmuster mit allumfassender Wirkung auf alle anderen Bereiche der Lebenspraxis angenommen. In den Karrierekonzepten entsteht aus der Möglichkeit zur Entwicklung eine Toleranz gegenüber Drogenwirkungen und aus der Einstellung einer physiologischen Abhängigkeit eine Allumfassenheit und Determination der Drogenabhängigkeit für die gesamte Lebenspraxis" (Groenemeier 1990, S. 41). Die Zwangsläufigkeit des Ablaufs von Drogenkarriere suggeriert hier eine Tendenz psychosozialer Verelendung, die sich im finalen Stadium für den Konsumenten nur noch in der Alternative Tod oder Abstinenztherapie stellt (vgl. Kuhn 1985, S. 57f.). Modelle der Drogenkarriere stellen jedoch nicht nur eindimensionale Betrachtungsweisen zum Verständnis des Drogenkonsums dar, sondern auch eine breite Legitimationsbasis für abstinenzorientierte Therapien als alternativloses Behandlungsmuster für Drogenkonsumenten.

9.2.1 Strukturen des sozialpädagogischen Blicks in der Drogenhilfe

Das Karrieremodell (vgl. u.a. Kreuzer/Wille 1988) und der „pathologische Erklärungsansatz" (vgl. Reuband 1994) fokussieren sozialpädagogische Intervention in der Drogenhilfe fast ausschließlich auf therapeutische Aktionen mit dem Ziel der Abstinenz. Dass Abstinenz ein wichtiges Ziel in der

Hilfeplanung der Drogenhilfe sein kann, wird hier nicht bestritten. Jedoch stellen sich für die Sozialpädagogik in der Drogenhilfe umfassendere Aufgaben.

Um dies zu verdeutlichen, zwei Beispiele aus dem Drogenhilfealltag.

Alltag im Kontaktladen: Es ist zwar noch nicht 10.00 Uhr, aber vor der Tür halten sich schon einige Besucher auf. Zwischen 10.00 und 13.00 Uhr gibt es hier Frühstück. Um 11.00 Uhr ist der Kontaktladen übervoll. Das liegt nicht nur am Frühstücksangebot; gleichzeitig will jemand wissen, welches Waschpulver für das Waschen von Hemden verwendet werden soll. Das Telefon klingelt: ein Therapieabbrecher meldet sich, er will zu Besuch kommen. Zu 10.45 ist ein Besucher bestellt um ein Entschuldungsprogramm zu besprechen. Gespräche über Gott und die Welt beim Frühstück. Die Besprechung für eine Substitution ist geplatzt. Der Besucher hat es sich anders überlegt. Konsumiert werden darf nicht im Kontaktladen, allerdings muss immer mal wieder die Toilette inspiziert werden. Nachmittags ist ein Gespräch mit einem Ehepaar über eine stationäre Langzeittherapie zu führen. Die Sozialhilfe eines Besuchers ist gekündigt worden – er bittet den Sachbearbeiter im Sozialamt anzurufen – und so weiter und so weiter...

Alltag in einer Wohngemeinschaft für betreutes Wohnen: Ute wurde durch eine Entgiftungsstation angemeldet. Da sie noch über keine Kostenzusage verfügt, sollte sie vorerst das Notbett belegen. Nachmittags während der Gruppen stand sie vor der Tür, um aufgenommen zu werden. Sie stellt ihre Tasche ab, um vor der offiziellen Aufnahme noch Tabak zu besorgen. Von diesem Einkauf kam sie zunächst nicht zurück. Später stellte sich heraus, dass sie zusammengebrochen war und per Notarzt ins Krankenhaus gebracht wurde. Am anderen Morgen kam ein Anruf aus dem Krankenhaus und der Hinweis, dass sie auf dem Weg zu uns sei. Auch diesen Weg schaffte sie zunächst nicht, da sie überdosiert am Bahnhof zusammengebrochen war und wieder ins Krankenhaus eingeliefert wurde. Abends stand Ute wieder hier vor der Tür; der Kollege vom Spätdienst wollte nur die Aufnahmeformalitäten mit ihr regeln. Während des Lesens des Aufnahmevertrages schlief Ute immer wieder ein und war letztendlich nicht mehr ansprechbar. Daraufhin wurde ein Krankenwagen bestellt. Als dieser hier ankam, war Ute plötzlich wieder ansprechbar und weigerte sich mit ins Krankenhaus zu fahren. Da der Kollege hier die Verantwortung für sie nicht übernehmen wollte, legte er ihr nahe, entweder ins Krankenhaus zu gehen oder sich ansonsten nicht mehr in der Einrichtung aufhalten zu dürfen. Nach längerem Hin und Her verließ sie die Einrichtung, kam aber nur bis gegenüber und brach dort wieder zusammen. Als der Kollege nach unten lief, hatten Passanten schon die Polizei und den Notarztwagen bestellt, die gerade eintrafen. Der Kollege erzählte der Polizei, was vorgefallen war, die Krankenwagenbesatzung gab an, Ute wieder ins Hospital zu bringen. Gleichzeitig äußerten sie aber schon die Befürchtung, dass Ute dort nicht aufgenommen würde. Falls dieser Fall eintreffen würde, wollten sie sie ins Landeskrankenhaus bringen. Am darauffolgenden Abend stand Ute plötzlich während der Dienstübergabezeit gegen 19.00 Uhr wieder vor der Tür. Sie gab an, bis jetzt in einem Krankenhaus gewesen zu sein, dessen Namen sie nicht wusste. Sie war in einem klaren Zustand. Nachdem ihr erklärt wurde, dass sie auf längere Zeit hier nicht bleiben könne und wir uns bemühen, eine andere Möglichkeit zu finden, wurde sie aufgenommen.

Die zwei hier vorgestellten Arbeitsbereiche haben sicherlich keinen hohen Informationswert; zusätzliche Informationen aus Streetwork, der ambulanten oder stationären Therapie, den Adaptionseinrichtungen etc., würden jedoch ein ähnliches Bild sozialarbeiterischer, sozialpädagogischer Tätigkeit vermitteln: Hilfe und Beratung im Zusammenhang mit Lebensumständen, die dem Konsum illegaler psychotroper Substanzen geschuldet sind.

Weit entfernt davon, auf der so diagnostizierten Basis eine Persönlichkeitsstörung, Psychose oder Neurose anzunehmen, entwickeln Drogenhelfer Umgangsformen, die der Linderung der aktuellen Not ihres Klientels dienen, der Einübung in Safer-Use-Techniken für Drogenkonsumenten, der Vermittlung von alltagspraktischen Informationen und vieles andere mehr. Drogenhilfearbeit aus der Perspektive eines „sozialpädagogischen Blickes" bedeutet daher, Menschen in kritischen Lebensbereichen so zu unterstützen, dass ihr Klientel in den gegebenen Verhältnissen psychosoziale Handlungsfähigkeit wieder erreichen kann, um sich u.U. neu orientieren zu können, weniger belastende soziale Bezüge einzugehen.

Der „sozialpädagogische Blick" soll nun hier mit Hilfe des Konzeptes der „biographischen Lebensbewältigung" systematisch entfaltet werden insofern, als die in diesem Konzept angedeuteten Perspektiven die sozialen Handlungen von Drogenhelfern auf der Adressatenebene theoretisch legitimieren und praktisch strukturieren helfen können.

Böhnisch (1997) vereinigt in seinem Konzept der biographischen Lebensbewältigung sowohl die biographische Unterstützung als sozialpädagogische Aufgabe, als auch die sozialstrukturelle Einflussnahme als sozialpolitische Intention. Er begreift biographische Lebensbewältigung als das Zurechtkommen, insbesondere das Streben nach subjektiver Handlungsfähigkeit in kritischen Lebenssituationen, in denen das psychosoziale Gleichgewicht – Selbstwert und Anerkennung – bedroht ist. Das Streben nach Handlungsfähigkeit steht im Bezug zur sozialen Einbindung des Individuums. Der darauf abzielende Begriff der Integration hat eine systemische und soziale Komponente, die wiederum normativ und interaktiv gefasst ist.

Sozialintegration, so Böhnisch, strukturiert sich über Lebenssinn, die Bindung an Normen und die Teilhabe an zwischenmenschlicher Lebensgestaltung. Systemintegration vermittelt sich vor allem über den Lebenslauf durch die Sozialisationsinstanzen Erziehung, Bildung und Ausbildung in der Kindheit und Jugend, der Erwerbstätigkeit im Erwachsenenalter und der Entberuflichung im Alter. Sozialintegration und Systemintegration sind jedoch nicht mehr ausschließlich institutionell vermittelt, sondern – so die Forderung der Moderne – über das Subjekt. Insofern spricht Böhnisch von der „Biographisierung des Lebenslaufes" und meint damit jenen Prozess der Lebensführung, der für moderne Gesellschaften typisch ist: Sozialisationsinstanz der eigenen Sozialisation zu sein. Insofern jedoch der Prozess der Biographisierung normativ über Systemintegration und interpretativ über Sozialintegration gefasst ist, kann das Individuum in kritischen biographischen Situationen, in Problemen der Normbindung in die Spannung zwischen Konformitätsdruck und abweichendem Verhalten geraten. Dabei können sozialer Rückhalt und Anschluss an Lebensperspektiven gefährdet werden. Böhnischs Annahme ist es, „in jeder Konstellation der Bedrohung von biographischer Handlungsfähigkeit und sozialer Integration" (Böhnisch 1999, S. 36) Grundsegmente unterscheiden zu können, die zur Behebung biographischer Krisen aktiviert werden können. Böhnisch unterscheidet vier Grunddimensionen des Spannungsverhältnisses von biographischer Handlungsfähigkeit und Sozialintegration. Sie sind in der sozialen Wirklichkeit eng miteinander verwoben und werden von ihm nur zum Zwecke der sozialpädagogischen Analyse auseinander gehalten:

(1) Die Erfahrung des Selbstverlustes und die Suche nach Wiedergewinnung des Selbstwertes. Hier sind die Begriffe der Anerkennung und der Emotionen erkenntnisleitend. Diese Tiefenstruktur des Bewältigungshandelns, so Böhnisch, betrifft die psychosoziale Befindlichkeit des Selbst und artikuliert sich im Zustand des emotionalen Betroffenseins, hier vor allem in der Balance von Trieb und Sozialem. Selbstwert und Anerkennung als soziale Muster im Bewältigungshandeln entfalten ihre Qualität für das Individuum vor dem Hintergrund des Verlaufes frühkindlicher Primärbeziehungen, im Spannungsverhältnis von Bindung und Verlust. In der frühkindlichen Phase werden hier erste Entscheidungen getroffen, wie ein Mensch mit Verlust und den damit einhergehenden Gefühlen der Hilflosigkeit zurechtkommt. „Das Eingehen auf die Bedürfnisse, die ein Kind von sich aus entwickelt – vor allem aus seinem naturgebundenen Zustand heraus – wird zum zentralen, sozialisatorischen Problem. Denn, je mehr gelernt wird, dass im Grunde nichts in einem selbst ist und nichts aus einem selbst herauskommt, desto eher beginnt man dieses innere Gefühl zu unterdrücken und zu fürchten. Es entsteht die Angst vor der Lebendigkeit der eigenen Bedürfnisse, die als bedrohliche Feinde erlebt werden. Wer zur Erfahrung gezwungen wird, dass nichts aus ihm selbst geschieht, wird in die emotionale Leere ge-

trieben" (Böhnisch 1999, S. 45). Böhnisch gibt hier Erkenntnisse des Psychoanalytikers Gruen wieder. Gruens Autonomiethese, die eine Übereinstimmung des Menschen mit seinen Gefühlen und Bedürfnissen als notwendig für die Gestaltung seiner Biographie annimmt, gründet unter anderem in der Einsicht, dass soziale Anerkennung auch durch die Erfahrung des eigenen Selbstwertes vermittelt wird und beides sich wechselseitig beeinflusst. Gelingt dies nicht – und die Voraussetzungen entwickeln sich dazu in der frühen Kindheit – so bilden sich Anomalien.

(2) Die Erfahrung der sozialen Orientierungslosigkeit, des „sich-nicht-mehr-zurecht-finden-Könnens" und die entsprechende Suche nach unbedingter Orientierung. Hier ist das Konzept der Anomie erkenntnisleitend. Biographische Orientierung über Selbstwert und Anerkennung, „das einer Lage gewachsen sein" (Böhnisch) also, ist notwendig verwiesen auf soziale Teilhabe. Dabei geht es vor allem darum, so Böhnisch, sich „Im Sozialen zurechtzufinden". Entscheidend ist hierbei die „Bindungskraft" sozialer Institutionen und ihrer Fähigkeit „sozialintegrativen Gestaltungssinn" (Böhnisch) von Individuen aufnehmen zu können. Generell ist diese Thematik schon von Durkheim (1973) Ende des 19. Jahrhunderts diskutiert worden, unter dem Gesichtspunkt der Anomie. Anomieprobleme treten überall da auf, wo Menschen in gesellschaftlichen Umbrüchen keinen sozialen Halt mehr erfahren und in ihrer Existenz bedroht sind. Dabei kann man zwischen manifesten Anomieproblemen – Probleme, die Menschen in ihrer aktuellen Orientierung erfahren – und strukturellen Anomieproblemen – Probleme, die durch die gesellschaftlichen und ökonomischen Veränderungen langfristig Teilhabechancen minimieren – unterscheiden.

(3) Die Erfahrung des fehlenden sozialen Rückhaltes angesichts einer personal nicht mehr überschaubaren biographischen Risikosituation und die Suche nach Halt. Hier ist das Konzept der Milieubindung erkenntnisleitend. Böhnisch gebraucht den Milieubegriff hier im Sinne einer „sozialräumlich-lokalen Bindung" (Böhnisch) und grenzt ihn damit von jenen Phänomenen ab, die über die soziale Nähe hinaus so genannte „Lebensstile" kreieren. Lebensstile lassen sich zwar auch in Milieus feststellen, gleichwohl ist Lebensstil eine Raum und Zeit übergreifende soziale Institution. „Unter Milieu", so Böhnisch (1997), „verstehen wir dabei ein sozialwissenschaftliches Konstrukt, in dem die besondere Bedeutung persönlich überschaubarer, sozial räumlicher gegenseitiger Bindungsstrukturen – als Rückhalt für soziale Orientierung und soziales Handeln – auf den Begriff gebracht ist. Milieustrukturen sind durch intersubjektive, biographisch und räumliche Erfahrungen charakterisiert und als solche hochemotional besetzt. [...] Milieubeziehungen steuern also die Lebensbewältigung, strukturieren das Bewältigungsverhalten bei psychosozialen Belastungen und in kritischen Lebensereignissen. In Milieubezügen formieren sich aber auch Normalität und soziale Ausgren-

zung, entwickeln sich Deutungsmuster über das, was als konform und was als abweichend zu gelten hat. Milieus steuern also auch die alltägliche Stereotypenbildung und die Bilder über fremdes und anormales" (Böhnisch 1999, S. 50f.).

(4) Die Sehnsucht nach Normalisierung, nach der Möglichkeit also, aus dem Stress der Handlungsfähigkeit und Desintegration herauszukommen. Hier ist das Konzept der Normalisierung erkenntnisleitend. Anomische Situationen verlangen aus der Perspektive des Individuums, wie auch der Gesellschaft nach Normalisierungen. Während letztere durch Prozesse der Exklusion oder Inklusion verbunden mit mehr oder minder repressivem Aufwand Normalität sichert oder wieder herstellt, ist das Ziel des Individuums zunächst, unter allen Umständen handlungsfähig zu bleiben. Es will gewissermaßen, mit seinen vorhandenen Ressourcen Aktivitäten entwickeln, die ihm dabei helfen, anfallende Anforderungen zu bewältigen.

Probleme entstehen dabei dann, „wenn die sozial-integrative Absicht der Handelnden und die sozial-integrativen Normen der Gesellschaft auseinanderklaffen. [...] Das Normalisierungshandeln selbst [...] hat [...] eine typische Raum/Zeitstruktur. Dem Ausnahmezustand der inneren und äußeren Krisensituation entsprechend ist es meist gegenwartsbezogen. Ähnlich, wie es sich zuvörderst an der subjektiven Handlungsfähigkeit und erst in zweiter Linie an der sozialen Norm orientiert, kalkuliert es nicht zuerst die späten sozialen Folgen des Handelns, sondern ist an der situativen Wiederherstellung der Handlungsfähigkeit aus der aktuellen, biographischen Befindlichkeit heraus orientiert" (Böhnisch 1999, S. 58f.).

Zentraler Aspekt in der Diskussion des Modells biographischer Lebensbewältigung ist das Zusammenspiel von biographisch formulierten Ansprüchen, gesellschaftlich gestellten Forderungen und der Bewältigung dieser Aufgaben durch das handelnde Subjekt.

Mithilfe zweier Perspektiven, die aufeinander bezogen sind, nimmt das Individuum diese Forderung auf. Die eine ist biographisch strukturiert und wird als biographische Handlungsfähigkeit bezeichnet. Sie aktiviert sich vor allem über die Komponente Selbstwert/Anerkennung und die des sozialen Rückhaltes im jeweiligen Milieu. Die andere ist sozialstrukturiert und wird als Sozialintegration bezeichnet und durch die Komponente Soziale Orientierung/Anomie und Normalisierung gekennzeichnet. Dieses Modell ist auf der Ebene der Handlungstheorie systematisch von Böhnisch verortet worden. Darüber hinaus wird mit diesem Modell der Versuch initiiert, die Voraussetzungen der Bedingungen sozialpädagogischen Handelns auf der Adressatenebene als Konstruktion von sozialen Handlungen zu beschreiben.

• Dem Problem mangelnder Integrität und gestörter psychosozialer Befindlichkeit setzt er als Handlungsprinzip eine „besondere Kunst des Wahrnehmens und des Vorlebens" entgegen. Ob eine gestörte psychosoziale Befindlichkeit registriert werden kann, hängt von der Lebenssituation des Konsumenten ab. Gelegentlicher Gebrauch harter wie weicher Drogen ist in der Regel problemlos von den Konsumenten in ihren alltäglichen Lebensbereichen zu integrieren (vgl. Groenemeyer S. 50ff.). Probleme der Lebensführung entstehen bei exzessivem Gebrauch von Cannabis, Amphetaminen, Kokain und natürlich auch bei Opiaten. In der Regel sind Konsumenten dann nicht mehr fähig, den Anforderungen einer altersspezifischen Lebensführung gerecht zu werden. Schulbesuch und/oder Ausbildung werden vernachlässigt. Insbesondere bei Opiat/Heroinkonsum stellt sich eine Abhängigkeit ein, die nicht nur mit gesundheitlichen Risiken verbunden ist, sondern auch mit Ausgrenzung, Stigmatisierung und dem endgültigen Einstieg in eine kriminelle Karriere. Dieses Verhalten, eingebunden in dissoziale Verhältnisse, führt zu Beschädigungen der persönlichen Integrität und zu Störungen der psychosozialen Befindlichkeit.

Notwendig sind hier positive Angebote zur „Überlebenshilfe", das Angebot von sozialen, tragfähigen Beziehungen ohne moralisierende Attitüden und Therapie/Abstinenzdruck. Professionelle Hilfe kann sich auch verdeutlichen in der Unterstützung der Wahrnehmung von medizinischen Hilfeangeboten und Substitutionsprogrammen. Die Gespräche, die geführt werden können in niedrigschwelligen Institutionen der Drogenhilfe oder im Kontext von Streetwork, sollen überwiegend die Regelung unmittelbarer Bedürfnisse zum Gegenstand haben.

• Orientierungslosigkeit in psychosozialen Bewältigungskonstellationen lassen sich durch situativ wirksame und personenbezogene Strukturierungsangebote kompensieren. Die feststellbaren und eher sichtbar werdenden psychosozialen Belastungen bei massiv Drogenabhängigen, soziale Verelendigungen und beschaffungskriminelle Handlungen können nicht ohne weiteres auf alle Benutzer illegaler psychoaktiver Substanzen übertragen werden. Des Weiteren ist die Lebenspraxis vieler Drogenbenutzer, trotz des mit dem illegalen Drogengebrauches verbundenen Zwanges, die Drogenszene zu kontaktieren, auch geprägt durch konventionelle Aspekte. Allerdings stehen die Erfahrungen und Entwicklungen im Zusammenhang mit dem Drogenkonsum zu anderen Bereichen der Lebenspraxis in einem interdependenten Verhältnis. Wenn daher der Konsum illegaler psychoaktiver Substanzen sich negativ auswirkt auf soziale Beziehungen, berufliche und schulische Integration sowie auf die Kriminalitätsbelastung, so wirken sich diese Erfahrungen längerfristig negativ auf Drogenkonsum und Lebensqualität in der Abhängigkeit aus. Diese Interdependenz verschiedener Lebensbereiche ist die Legitimationsplattform für situativ wirksame und personengebundene Strukturangebote für Drogenbenutzer. Strukturangebote lassen sich sowohl in der und für die Drogenszene, als auch in den konventionellen Bereichen der Lebenspraxis von jungen Menschen organisieren, in der Schule, in der Ausbildung oder als offene Jugendhilfemaßnahme in Jugendtreffs und Jugendszenen.

Personengebundene und situativ wirksame Strukturmaßnahmen lassen sich als Drogenhilfen eher niedrigschwellig organisieren. Dies bedeutet: Hilfen nicht an Abstinenz und/oder Therapiebereitschaft zu binden, Hilfen in den alltäglichen Lebensbezügen von Drogenabhängigen durch das Bereitstellen eines vernetzten Hilfeangebotes zu organisieren sowie Hilfen psychosozialer, medizinischer, pädagogischer und materieller Art so zu platzieren, dass sie der Verelendung von Drogenkonsumenten entgegenarbeiten.

Solche Hilfen lassen sich organisieren bzw. werden organisiert in Kontaktläden und Teestuben, durch Streetwork und durch Sleep-Ins, durch Gesundheitsräume und medizinische Ambulanzen. In diesen Einrichtungen können angeboten werden Safer-Use- und peer-support-Programme, aber auch Substitution und die Bereitstellung von Räumen, die hygienischen Konsum garantieren. Mit Hilfe niedrigschwelliger organisierter Hilfen in festen Settings der Drogenhilfe lässt sich das Bindungsverhalten der Konsumenten so beeinflussen, dass eine gewisse Kontinuität der – wenn auch hochriskanten – Lebensführung ermöglicht wird.

• Sozialer Rückhalt und soziale Bindung zu schaffen ist nicht nur auf der Ebene der Sozialintegration in den offenen Angeboten von Drogenhilfe und anderen Jugendhilfesettings anzustreben. Auch auf der Ebene der Systemintegration – wenn man so will die sozialstrukturell bezogene Intervention – lassen sich milieubildende und soziale Räume öffnende Strategien implementieren. Es sind dies vor allem rehabilitative und resozialisierende Institutionen, die im Kontext der Drogenhilfe systemintegrierend wirken. Dazu zählen ambulante Therapien ebenso wie stationäre Langzeittherapien, wenn und insofern sie als selbstgewählte Möglichkeit in Anspruch genommen werden. Solche Institutionen können abstinenzorientierend und/oder substituierend angelegt sein, die therapeutischen Settings auch mit medizinischer Versorgung verbunden sein oder lediglich als „Auszeit" zum Szenealltag angelegt sein.

• Von der Gesellschaft her lassen sich Institutionen zur medizinischen Rehabilitation von Drogenabhängigen als Einrichtungen begreifen, die dem Einzelnen die Möglichkeit der Resozialisation bieten und – langfristig – die Teilhabe an Arbeit, Ausbildung und nicht-szene-gebundenen Alltag initiieren. Für die Integration in konventionellen Lebenspraxen sind sozialer Rückhalt und soziale Bindung in rehabilitativen Institutionen der Drogenhilfe aufgrund zweier grundlegender sozialer Entwicklungen von Bedeutung: „Erstens werden über die Interpretation in sozialem Kontext Orientierungen, Kompetenzen und Perspektiven gelernt. Die sozialen Beziehungen dienen in diesem Sinne als Vorbild für die Konstruktion handlungsleitender Aspekte der Identität. Zum zweiten dienen die sozialen Kontexte als Spiegel, in dem die eigenen Handlungen und Perspektiven bewertet werden. In dieser Bedeutung haben Erfahrungen in sozialen Kontexten Einfluss auf die Bedeutung und individuelle Wertschätzung der verschiedenen sozialen Identitäten und bestimmen darüber mit, welche Aspekte für die Konstruktion handlungsleitender Orientierungen von Bedeutung werden und welche eher an Bedeutung verlieren" (Groenemeyer a.a.O., S. 314). Beide Elemente, so Groenemeyer, stabilisieren dann soziale Integration in drogenfreie Lebenskontexte, wenn die Möglichkeit zur Entwicklung konventioneller Identitätsbezüge in rehabilitativen Institutionen der Drogenhilfe gegeben war.

- Dem krisenfixierten Normalisierungshandeln soll mit Netzwerkbildung und Empowerment-Strategien begegnet werden. Krisenfixiertes Normalisierungshandeln kann in Bezug auf den Konsum illegaler psychoaktiver Substanzen zumindest zweierlei bedeuten:
- Rückfall in ein drogenkonsumfixiertes Lebensmuster aufgrund mangelnder Kompetenzen, die anfallenden Entwicklungs- und/oder Lebensaufgaben gesellschaftlich adäquat zu meistern.
- Exzessiver Drogenkonsum aufgrund mangelnder individueller Ressourcen, den kulturellen Bildungs- oder Arbeitsanforderungen der Gesellschaft nachzukommen.

Im ersten Falle ist eine stationäre oder ambulante Therapie gescheitert oder eine eigenständig angestrebte Veränderung der Lebenspraxis aus der Abhängigkeit heraus nicht geglückt. Im zweiten Falle können besondere, individuell dramatisch erlebte Ereignisse einen katastrophalen Absturz in drogenfixierte Lebensumstände bewirkt haben. In beiden Fällen lassen sich Ressourcen entwickeln und aktivieren, die Krisen auffangen helfen können. Es sind das Ansätze zur Schadensbegrenzung, die sowohl die Bereitstellung von Möglichkeiten des kontrollierten Gebrauchs umfassen als auch den Versuch der Abstinenz beinhalten. Medizinische und psychosoziale Behandlungsmuster sowie Tipps zu weniger riskantem Drogengebrauch werden als sinnvolle Maßnahmen bereitgestellt.

Interventionen dieser Art sind sozialstaatlich geboten, die sowohl unverschuldet als auch eigenverantwortlich in Not geratenen Menschen Anspruch auf Hilfe garantieren, ohne diese an Voraussetzungen zu knüpfen.

Der sozialpädagogische Blick konzentriert sich auf drogenkonsumierende Verhältnisse von überwiegend jungen Menschen und auf das sich in diesen ausformende und artikulierende Verhalten von Drogenkonsumenten. Seine „Logik" weist ihn aus als pädagogische Aufgabe einerseits und als soziale Gestaltungsaufgabe andererseits.

In seiner pädagogischen Aufgabe ist er orientiert zunächst an den psychosozialen Befindlichkeiten der Drogenkonsumenten. Dabei insistiert er jedoch auf der Notwendigkeit, nicht nur die Probleme von Selbstwert und Anerkennung in Diagnose und Intervention zu berücksichtigen, sondern auch jene Probleme und Chancen, die sich aus der sozialen Bindung der Konsumenten in ihren unterschiedlichen Lebenszusammenhängen ergeben können. In seiner sozialen Gestaltungsaufgabe ist er orientiert an der Entwicklung von Organisationen und Institutionen, die soziale Orientierung ermöglichen; dies aus dem Verständnis heraus, dass anomische Verhaltensweisen in der Drogenszene und das daraus resultierende riskante Normalisierungsverhalten von Drogenkonsumenten, soziale Handlungsfähigkeit jenseits riskanter Konsummuster und Lebensverhältnisse ermöglichen sollen.

9.3 Sozialpädagogisches Handeln im Kontext der Drogenszene

Der Konsum von illegalen psychoaktiven Substanzen, ihr Verkauf und Erwerb sind Themen, die die Kommunikation der Szene strukturieren. Hinzu kommen Themen zur Beschaffungskriminalität (Diebstahl, Autoeinbruch, Prostitution etc.), zu Drogenhilfeinstitutionen, zu Kontrollinstitutionen und vieles andere mehr. Sozialpädagogen, die sich anschicken, in der Drogenszene professionell tätig zu werden, erscheint dieses Milieu fremd. Es erweist sich als Milieu besonderer Art, da es sich zunächst nicht in ein Vorstellungsnetz verorten lässt, das durch eigene biographische Erfahrungen geknüpft worden ist. Auch wenn es nicht eine radikale Fremdheit beinhaltet, ist der Vertrauenshorizont, den Drogenhelfer (Streetworker) benötigen, um handeln zu können, erst langsam herstellbar. Sie verfügen – topographisch gesprochen – noch nicht über Landkarten, die ihnen Wege, Grenzlinien, Verbindungen und Kreuzungsstellen aufzeigen, die ihnen helfen, sich im schwierigen Gelände der Drogenszene zu bewegen. In diesem Abschnitt wird darüber nachgedacht, wie denn das Handeln von Drogenhelfern in Drogenszenen legitimiert werden kann, ohne auf die typische Sozialarbeitsrhetorik zurückgreifen zu müssen, die da von in Not geratenen Menschen redet, denen geholfen werden müsse, wo häufig selbstverantwortliche Entschlüsse zu einer riskanten Lebensweise geführt haben. Mit den folgenden Überlegungen kann das grundsätzliche Dilemma sozialpädagogischen Handelns nicht aus der Welt geschaffen werden, das darin liegt, in der Hilfe immer auch gesellschaftlich induzierte Kontrollaufgaben verwirklichen zu müssen. Es soll lediglich Formen niedrigschwelliger Drogenhilfe ihre sozialphilosophische und methodologische Legitimation geben.

Eine Möglichkeit des Einstieges in diese Problematik bietet die „Figur" des Fremden, so wie sie in der sozialwissenschaftlichen Literatur insbesondere von Simmel (1908) und Schütz (1972) diskutiert wurde. Simmel versteht den Fremden als jemanden, der heute kommt und morgen bleibt. Als ein potenzieller Wanderer bilde der Fremde zwar ein Element der Gruppe, aber ein Element der besonderen Art, das ein Außerhalb und Gegenüber einschließe (vgl. Simmel 1968, S. 509ff.). Die Position des Fremden ist nun nicht einfach die einer „Gleichstellung in der Gruppe" (vgl. Simmel 1908), sondern sie markiert auch einen Abstand zur Gruppe und dieser verschafft ihm dadurch die Möglichkeit, das Gruppengefüge mitsamt der ihm innewohnenden Fremdheit zu erfassen.

Wie kann ein Fremder eine ihn bis dato relativ unbekannte Gruppe in ihren Lebensbezügen und Deutungsmustern erfassen? Einen Hinweis gibt die Ethnologie. Der Ethnologe analysiert Wertesysteme ihm fremder Ethnien. Er tut dies in der Hoffnung, möglichst vorurteilsfrei und rational primitive Lebensweisen und Kulturen darzustellen. Er konzentriert sich u.a. auf den Symbolismus von Glaubensvorstellungen, auf die Typologie symbolischer Klassifikationen; auf Überlegungen, auf denen spezifische Glaubensvorstellungen aufbauen; auf Gründe, die bestimmte Riten als kausal wirksam ansehen; in der Absicht zu verstehen und einen Zusammenhang zwischen diesem Wertesystem herzustellen.

Damit ist der Ethnologe als Fremder jemand, der deutet, erklärt, beschreibt, kurz: in wissenschaftlich akzeptierter Weise seiner „scientific community" die Welt der fremden Ethnie zu verstehen versucht.

Nun ist die Drogenszene in den westlichen Industriestaaten nicht eine fremde Ethnie in der Art, wie sie sich für Carlos Castaneda (Castaneda 1972) auftat, als er die Lehre des indianischen Zauberers Don Juan kennen lernen wollte. Der Kontakt Castanedas mit dem indianischen Zauberer Don Juan führte dazu, dass sich ihm ein bis dato unbekannter Bereich der menschlichen Existenz und des Wissens erschloss und er zeitweise mit Hilfe von Peyotel (Halluzinogen) und Don Juan auch „eine andere Wirklichkeit" erfuhr.

Die Drogenszene dagegen erschließt sich den Drogenhelfern in einer Perspektive der relativen Fremdheit insofern, als sie nicht mit einer „Wirklichkeit eigener Art" konfrontiert werden, sondern viele kulturell verbindliche Verständigungsmuster wiederfinden. Das, was anders ist, ist die Deutung der Wirklichkeit unter den Vorzeichen des Rausches und der Subsumierung aller Tätigkeiten unter das erklärte Ziel der Beibehaltung und/oder Wiederherstellung des Rausches. Die Rationalität der Lebensführung von Szenemitgliedern erschöpft sich überwiegend – wenn man so will – in der Sicherstellung einer rauschbestimmten Lebensführung.

Fremd sind jedoch nicht nur dem Sozialpädagogen die Mitglieder der Drogenszene; gleichermaßen erlebt der Drogenkonsument den Drogenhelfer insofern als Fremder, als er ihm nur gewisse allgemeine Qualitäten zuspricht, während sich das Verhältnis der Szenemitglieder untereinander auf der Ebene von Verbundenheit und Gleichheit sowie gemeinsam geteilter Zeithorizonte vollzieht. Aus der Sicht von Mitgliedern der Drogenszene sieht man den Drogenhelfer eher als Merkmalsträger institutionalisierter Sprachspiele, wie sie z.B. durch die Amtsprache vorgeben werden, statt als das konkretes Individuum, als das er sich selbst erlebt.

Konstitutiv für das Verhältnis von Szenemitgliedern und dem Drogenhelfer ist daher die „Beunruhigung durch das Fremde" (vgl. Waldenfels 1900).

Zeigt die Anthropologie Wege auf, mit Hilfe derer diese „Beunruhigung" normalisiert werden kann? Sie will ein Verständnis für fremde Ethnien vermitteln, indem sie deren prinzipiell fremde Wertesysteme, Wissensbestände und Handlungsroutinen transparent macht. Transparenz und Verstehen relativiert Beunruhigendes. Dabei sieht sich die Anthropologie immer auch dem Vorwurf des Ethnozentrismus ausgesetzt, wenn und insofern das angeeignete Fremde in seiner Interpretation auf Bilder, Wertesysteme und Wissensbestände der eigenen Kultur zurückgeführt wird. Darüber hinaus besteht die Gefahr des Egozentrismus – eine in der Sozialen Arbeit häufig vorkommende Einstellung –, wenn das individuelle Eigene zum Gradmesser der Verarbeitung und Beurteilung von kulturell Fremdem gemacht wird. Einen Ausweg aus diesem Dilemma der Fremderfahrung könnte u.a. darin liegen, so Waldenfels (1997, S. 50ff.) „das Fremde als etwas anzusehen, worauf wir zu antworten haben, die Beunruhigung durch das Fremde als Ausgangspunkt für Fragen nach seiner Bedeutung anzugehen und nicht das Fremde zu fragen, was es sei und wozu es gut sei. Jede Form der Aneignung, die darauf ausgerichtet ist, Fremdes auf Eigenes zurückzuführen oder die Kluft zwischen Eigenem und Fremden mit Mitteln einer kommunikativen Vernunft zu schließen, muss als Barriere im Umgang mit den Fremden aufgefasst werden. Im Umgang mit den Fremden meldet sich also eine Form der Responsivität zu Wort, die über jede Intentionalität und Regularität des Verhaltens hinausgeht in Form einer eigentümlichen Antwortlogik, die dem Fremden seine Ferne belässt. Aufforderung und Anruf besagen mehr als Sinnintention und Sinnregelung" (Waldenfels 1997, S. 52).

Transformieren wir diese sozialphilosophischen Erkenntnisse auf die Ebene methodologischer Perspektiven, so lässt sich als Leitthema zunächst folgendes postulieren:

Von der Gesellschaft her gesehen besteht die sozialpädagogische Aufgabe in der Drogenhilfe nicht nur darin, mit Menschen in sozialdesintegrativen Situationen und unter den Bedingungen sozialer Exklusion Integrationshilfen zu entwickeln und gemeinsam umzusetzen. Sie soll, so Thiersch, auf „Verhandlung ... als gemeinsames, im wechselseitigen Respekt begründetes Aushandeln von Möglichkeiten und Perspektiven" setzen (Thiersch 1995, S. 234).

Die Professionalität des sozialpädagogischen Handelns erweist sich dabei in der Anwendung von sozialpädagogischen Methoden. Sozialpädagogische Methoden sollen, so Galuske, „Hilfestellungen geben bei der Aushandlung von Hilfeprozessen, der Sozialpädagogik ein hohes Maß an biografischer Sensibilität und situativer Intelligenz ermöglichen, sowie dabei helfen, Klienten und ihre Lebenspläne, Vorstellungen, Ideen und Ziele in den Mittelpunkt des Hilfeprozesses zu stellen" (vgl. Galuske 2001, S. 64f.).

Galuske unterscheidet:

- Klientenbezogene Konzepte und Methoden, die auf die Strukturierung der Interaktion zwischen Klient und Sozialpädagogik Einfluss nehmen und Verhaltensänderungen des Klienten beabsichtigen;
- Indirekt interventionsbezogene Konzepte und Methoden, die sich vor allem in Supervisions- und Selbstevaluationsperspektiven darstellen,
- Struktur- und organisationsbezogene Konzepte und Methoden, die die direkte Beeinflussung des Klienten vermeiden und bei der Lösung von Problemen stattdessen auf die Mobilisierung vorhandener Netzwerke, die der Mobilisierung eigener Problemlösungskompetenzen sowie die Entwicklung und Nutzung sozialräumlich-orientierter Partizipationsmodelle setzen (vgl. Galuske 2001, S. 161ff.).

Methoden Sozialer Arbeit müssen sich zunächst daraufhin befragen lassen, ob ihre Leitbilder der defizitären Sozialisation noch angemessen die Zielbestimmung sozialpädagogischen Handelns bestimmen kann. Bei der zuständigkeitsbezogenen Frage nach den Defiziten des Klienten greifen viele Methodenkonzepte auf ein besonderes Normalitätsverständnis zurück, das stark verwurzelt ist in einem von E. Erikson entwickelten Konstrukt der „Ich-Identität". Wie schon gezeigt (Kapitel 5), bedeutet Identität zu haben für Erikson, Kontinuität und Kohärenz in allen Phasen des Lebens zu entwickeln und damit das subjektive Vertrauen in die Welt herzustellen. Der Prozess der Identitätsentwicklung endet für Erikson in der Adoleszenz, die eine Identitätsplattform bereithalten soll, das Erwachsenenleben zu meistern. Dass dieser Identitätsbegriff nicht mehr zeitgemäß ist, habe ich oben unter Rückgriff auf identitätstheoretischen Untersuchungen von H. Keupp gezeigt. Dieser spricht von „alltäglicher Identitätsarbeit", die einem modernen Normalitätsverständnis geschuldet sei.

Wenn die moderne Form der Identität sich nicht mehr über tradierte Beziehungen und Werte definieren kann, sondern in tagtäglichen Lebenszusammenhängen immer wieder neu konstruiert werden muss, dann ist auch die Soziale Arbeit angewiesen, ihre Auffassungen über Normalität ebenfalls zu normalisieren. „Wenn Normalität mehr und mehr zu einem nur noch aktiv herzustellenden Produkt subjektiver Lebensführung und Lebensplanung wird, mag zwar das Festhalten an etablierten Leit- und Orientierungsmustern konservative Gemüter beruhigen und befriedigen, stellt jedoch ohne weiteres keine adäquate Folie für zukunftsorientierte Interventionen mehr dar. Aushandlung von Perspektiven, nicht nur verstanden als konfliktfreie Verdoppelung der „Ideen" der KlientInnen, sondern als respektvoller, gleichwohl durchaus diskursiver Prozess von Konfrontationen und Verhandlung, tritt an die Stelle der „selbstbewussten Haltung eines Sozialpädagogen" (Galuske/Thole 1999, S. 197).

Der Normalitätsbegriff, den die traditionelle Drogenhilfe bei der sozialen Diagnose zugrunde legt, ist in der Regel einem ganzheitlichen Weltbild mit zahlreichen moralischen Attitüden geschuldet, welches streng an einem bürgerlichen Weltbild ausgerichtet ist. Dieser Normalitätsbegriff passt – darin kann Keupp, aber auch Galuske/Thole gefolgt werden – nicht mehr in unsere heutige Welt. Das bedeutet in seiner Konsequenz für drogenhelferisches, methodisches Handeln nicht „anything goes", sondern nur prinzipielle Reflexion des eigenen Weltbildes und Zulassung bzw. Tolerierung anderer sozialverträglicher Lebensentwürfe.

Thiersch (1993) hat die Ambivalenzen der Methodisierung sozialpädagogischen Handelns, die sich vor dem Hintergrund eines gewandelten Identitätsbildes und in Kenntnis möglicher Unterschiedlichkeiten bei der Auffassung von Normalität herausgestellt haben, aufgenommen in dem Begriff der „strukturierten Offenheit". Dieser Begriff steht gewissermaßen zur Kennzeichnung methodischen Handelns in der Drogenszene unter dem Gesichtspunkt Fremdheit zu relationierender Responsivität.

Methoden, so Thiersch, müssen demnach einerseits dadurch gekennzeichnet sein, dass sie der Situation und dem Handeln der Sozialpädagogen Struktur geben, dass sie aber andererseits immer offen und variabel sind und verhandelt werden können. Hier ist die Frage nach dem „Defizitären" nicht der Ausgangspunkt interventionsbezogenen methodischen Handelns, sondern ein Ergebnis konsensueller Interaktionsarbeit, die in der Zielformulierung zwischen den Polen Abstinenz und kontrollierendem Konsum angesiedelt sein kann.

Methodisch lassen sich eine Vielzahl von Zugangsweisen diskutieren. Exemplarisch verweise ich auf zwei Ansätze, die als Steuerungskonzepte in dem oben formuliertem Kontext sozialpolitisch verortet werden können:

- Case-Management,
- Empowerment.

Case-Management: Case-Management bedeutet in der Drogenhilfe ein auf den Einzelfall abgestimmtes Unterstützungsprogramm für den Klienten und unter Einbeziehung seiner Kompetenz zu entwickeln. Es soll unter den komplexen Bedingungen im Alltag von Drogenkonsumenten den Hilfebedarf und die Möglichkeiten der Hilfe für den Klienten bestimmen. Dabei sind die im Gemeinwesen vorhandenen Dienste wie das Jugendamt, das Sozialamt und das Gesundheitsamt fallweise zur Unterstützung heranzuziehen.

Im Falle einer Substitution gehören Arzt und Gesundheitshilfe mit zum professionellen Rahmen des Hilfekonzeptes.

Im Zentrum aller Bemühungen steht der Drogenkonsument. Zugespitzt formuliert bedeutet Case-Management in der Drogenhilfe: Der Drogenhelfer konzentriert seine Tätigkeit nicht mehr auf die Verhaltensänderung des Klienten mittels psychosozialer Interventionstechniken; er findet, im Gegenteil, seine Aufgabe in der Entwicklung und Evaluation eines problemadäquaten Unterstützungsnetzes. Dazu gehören die informellen sozialräumlichen Ressourcen (Familie, Nachbarn, Freunde), Angebote des Safer-Use, unter Umständen die Substitution des Heroin durch Methadon sowie die formellen Angebote von Kontaktläden, Gesundheitsräumen, aber auch Entzugseinrichtungen und sozialtherapeutischen Einrichtungen.

Die Methodik des Empowerment: Mit dem Begriff Empowerment wird die Idee beschrieben, einen Prozess in Gang zu bringen zur Stärkung der hilfebedürftigen Menschen und der Förderung von Selbstorganisationen. Empowerment, so Keupp (1996), meint einen Prozess, „innerhalb dessen Menschen sich ermutigt fühlen, ihre eigenen Angelegenheiten in die Hand zu nehmen, ihre eigenen Kräfte und Kompetenzen zu entdecken und ernst zu nehmen und den Wert selbsterarbeiteter Lösungen schätzen zu lernen. Empowerment bezieht sich auf einen Prozess, in dem die Kooperation von gleichen oder ähnlichen Problemen betroffener Personen durch ihre Zusammenarbeit zu synergetischen Effekten führt. Aus der Sicht professioneller und institutioneller Hilfen bedeutet die Empowermentperspektive die aktive Förderung solcher solidarischen Formen der Selbstorganisationen" (vgl. Keupp 1996, S. 164).

Empowerment kann durch drei Perspektivenwechsel gekennzeichnet werden:

(a) von der Defizitorientierung zur Förderung von Stärken,

(b) von der Einzelförderung zur Stärkung von Individuen in Gruppen und politischen Kontexten

(c) von der Beziehungsarbeit zur Netzwerkförderung.

Empowermentprozesse vollziehen sich immer auf drei Ebenen:

(d) auf der inividuellen Ebene,

(e) der Gruppenebene sowie der strukturell organisatorischen Ebene Auf der individuellen Ebene geht es um Beförderung von Prozessen, die die Betroffenen im Bewusstsein stärken, ihre Situation prinzipiell beeinflussen zu können. Für die Drogenhilfe ist das Konzept des Empowerment für solche Menschen handlungsrelevant, die den Weg aus der Abhängigkeit gefunden haben und wieder einen Platz im öffentlichen Leben suchen, sei es über Bildungseinrichtungen wie Schulen oder Hochschule, bzw. Ausbildung und/oder Arbeit. Traditionell haben Empowermentstrategien dort ihren Platz, wo es um Nachsorge und Begleitung von ehemals abhängigen Drogenkonsumenten geht, während sich Case-Managementstrategien eher auf Ressourcenaktivierung und -sicherung für Konsumenten illegaler Drogen richtet.

9.4 Drogenhilfe und Gesundheitsförderung

Die Gesundheitsförderung als Programm zielt aus ihrem traditionellen Verständnis heraus auf die Verbesserung individueller und sozialer Bedingungen der Lebensführung, um körperliches, geistiges und soziales Wohlbefinden des Menschen zu ermöglichen. Die Legitimationsbasis dieser Gesundheitsförderung ist die „Ottawa Charta" zur Gesundheitsförderung der Weltgesundheitsorganisation (WHO). Sie formuliert in ihrer „Charta" von 1986 u.a.: „Gesundheit steht für ein positives Konzept, das in gleicher Weise die Bedeutung sozialer und individueller Ressourcen für die Gesundheit betont wie die körperlichen Fähigkeiten. Die Verantwortung für die Gesundheitsförderung liegt deshalb nicht nur bei dem Gesundheitssektor, sondern in allen Politikbereichen und zielt über die Entwicklung gesunder Lebensweisen hinaus auf die Förderung von umfassendem Wohlbefinden hin" (Gutzwillen, Wydler, Stähle 2000, S. 236).

Deutlich wird hier, dass nicht nur rein kurativ medizinische Aspekte zur Förderung der Gesundheit in den Mittelpunkt politischer Initiativen gerückt werden, sondern auch sozialpolitische Belange der Förderung von Maßnahmen zur Lebensbewältigung. Es ist vor allem Antonowsky, der schon in den 80er-Jahren diesen umfassenden Begriff der Gesundheitsförderung mit seinem Konzept der Salutogenese theoretisch verhandelbar gemacht hat (vgl. Antonowsky 1997).

Der Begriff der Solutogenese verweist zunächst auf das theoretische Konzept der klassischen, kurativen Medizin, die Pathogenese. In diesem Konzept wird Krankheit als Abweichung von der als Norm festgelegten Gesundheit betrachtet. Was auf die Mehrzahl einer Population von Menschen bezüglich Lebensführung und Teilhabe an gesellschaftlichen Aktivitäten zutrifft wird als gesund definiert. Dies bedeutet, dass für die Einordnung einer Person als krank oder gesund Bezugspopulationen und festgelegte Grenzwerte relevant sind. Defekte, die durch krankmachende Einflüsse entstanden sind, gilt es zu bestimmen und mit Hilfe besonderer Therapien zu beheben. Für jede Krankheit gibt es besondere krankmachende Bedingungen (Viren, Bakterien, Risikofaktoren etc.), deren Beseitigung darin besteht, diese zu erkennen und zu bekämpfen.

Die Salutogenese, so Antonowski, fragt nicht – um es plakativ zu benennen – was den Menschen krank macht, sondern, was den Menschen trotz widriger körperlicher Befindlichkeiten und den Lebenslauf beeinträchtigender sozialer Gegebenheiten gesund hält. Er formuliert: „Gesundheit ist kein normaler, passiver Gleichgewichtszustand, sondern ein labiles, defektives und sich dynamisch regulierendes Geschehen. Das Grundprinzip menschlicher Existenz ist nicht Gleichgewicht und Gesundheit, sondern Ungleichgewicht, Krankheit und Leiden. Unordnung und die Tendenz zu mehr Entropie sind allgegenwärtig. Der menschliche Organismus ist ein System und wie alle Systeme der Kraft der Entropie ausgeliefert" (Antonowsky 1997 S. 7).

Für das Konzept der Solutogenese zentral ist eine Auffassung von der psychisch-sozialen Eingebundenheit des Menschen in Biographie und soziale Settings, die Antonowsky mit Kohärenzgefühl benennt. Dieses „Kohärenzgefühl" stabilisiert den Menschen psychisch/leiblich und sozial und sichert sein Wohlbefinden. Kohärenz bedeutet Zusammenhang, Stimmigkeit. Je ausgeprägter das Kohärenzgefühl einer Person ist, desto gesünder sollte sie sein, desto schneller sollte sie gesund werden und bleiben (vgl. BzGA 1998, S. 24-38).

Gesundheitsförderung aus der Perspektive der Ottawa-Charta der WHO bedeutet daher in erster Linie die Benennung und Unterstützung protektiver Faktoren der menschlichen Lebensführung, also ressourcenorientiert, kompetenzsteigernd und ganzheitlich zu agieren.

An diese Entwicklung knüpft Böllert (1995) an, indem sie Soziale Arbeit als „aktive Gestaltung von Lebensweisen" im Kontext sozial- und gesundheitspolitischer Maßnahmen begreift: „Für die Soziale Arbeit folgt hieraus, dass sie auf der einen Seite ihre strukturellen Grenzen der Beeinflussungen von Lebensbedingungen wahrnehmen muss, auf der anderen Seite dabei aber ihre strukturbildenden Momente nicht verkennen darf. In dem Soziale Arbeit als institutionalisierte Produktionsform der Bedürfnisbefriedigung in die aktuelle Situation individueller Lebenslagen eingreift, übt sie eine gestaltende Wirkung aus, wobei grundsätzlich über institutionell gebundenes Handeln außerhalb der unmittelbaren Interaktionssituation strukturelle Bedingungen transportiert werden" (Böllert 1995, S. 149).

Die Legitimation, aktiv Lebensweisen zu gestalten als Professionsaufgabe, zieht die Sozialpädagogik aus einer Neubestimmung von Sozial- und Wohlfahrtsstaatlichkeit, die vor allem eine autonome Lebensführung des Individuums auch dann gewährleisten will, wenn sozialstrukturelle und individuelle Ressourcen dazu nicht oder nicht mehr hinreichen. Damit einher geht die Aufgabe der traditionellen Sichtweise der Sozialpädagogik, auf Abweichungen von den Normalitätsstandards der Industriegesellschaft pädagogisch disziplinierend zu reagieren. K. Böllert (1995, S. 186ff.) betont, dass gerade die Gewährleistung der Herstellung pluraler Lebensentwürfe sowohl materiell, als auch legitimatorisch gegenüber der gesellschaftlichen Öffentlichkeit und durch die Sicherung individueller Kompetenzen, das professionelle Handeln der Sozialpädagogik definieren.

Bezogen auf die Methodik sozialpädagogischen Handelns zielt diese Funktionsbestimmung nach sich, die Defizitorientierung klassischer Methoden aufzugeben und statt dessen personenbezogene Hilfen und strukturbezogene Unterstützungen unter dem Gesichtspunkt der Förderung individueller Stärken und lebenslang bezogenen Ressourcen anzugehen. „In dem Maße, wie die von den Betroffenen entwickelten Problemsichten zur Voraussetzung sozialstaatlicher Regulierungsbedarfe werden, ergeben sich für die Soziale Arbeit potentielle Chancen, ihre Beziehung zu weiteren strukturellen Teilbereichen wohlfahrtsstaatlicher Sicherungssysteme neu auszubalancieren. Wenn Soziale Arbeit zukünftig verstärkt Problemdefinition institutionalisieren will, die von ihren AdressatInnen artikuliert, statt von ihr vorgelagerten Instanzen durchgesetzt worden sind, dann heißt das, dass Soziale Arbeit ihre herkömmliche Normalisierungsfunktion nicht nur gegenüber ihrer Klientel, sondern auch in ihrem eigenen professionellen Selbstverständnis aufgeben muss" (K. Böllert 1995, S. 188).

Gesundheitsförderung als „aktive Gestaltung von Lebensweisen" gibt damit dem sozialpädagogischen Handeln der Drogenhilfe eine theoretische Legitimation, wenn und insofern sie als alltagsorientierte, suchtbegleitende und niedrigschwellige Hilfe angelegt ist. Jenseits der Defizitorientierung der pathologischen Erklärungsmodelle kann sie ihre Professionalität in der aktiven Gestaltung von Lebensweisen drogenkonsumierender Menschen begreifen und auf dieser Ebene mit der Gesundheitsförderung als Ziel medizinischer Professionalität kooperieren, ohne Gefahr zu laufen, subalterne Funktionen erfüllen zu müssen.

Auf diesen Zusammenhang weist auch Franzkowiak hin, wenn er Gesundheitsförderung und Sozialer Arbeit eine gemeinsame Schnittstelle in der Bewältigung jener Problemlagen attestiert, die Personen in belastenden Situationen und die Lebensbewältigung unter erschwerten Bedingungen betreffen (vgl. Franzkowiak 1998, S. 173ff.).

Drogenhilfe in dem hier präferierten Sinne bedeutet daher, nicht mehr die Beseitigung eines unerwünschten Lebensstils mit Hilfe psychopathologischer und justitieller Mittel, sondern lediglich die Bereitstellung von Hilfen zur Minimierung von Risiken eines selbstgewählten Lebensstils und/oder von Hilfen zur Entwicklung einer anderen, nicht drogengebundenen Lebensweise.

Tipps zum Weiterlesen

W. Burroughs, Junkie, Frankfurt a.M. 1980
L. Böhnisch, Sozialpädagogik der Lebensalter, Weinheim 1997
K. Böllert, Zwischen Intervention und Prävention, Neuwied 1995
M. Freitag/K. Hurrelmann (Hrsg.), Illegale Alltagsdrogen, Weinheim 1999
C. Castaneda, Die andere Realität. Die Lehren des Don Juan, Frankfurt a.M. 1972

Glossar

Abhängigkeit	Zustand, in dem der Gebrauch einer Substanz für das körperliche oder psychische Wohlbefinden notwendig ist. Siehe auch körperliche Abhängigkeit, psychische Abhängigkeit, Sucht.
affektive Störung	Psychische Störung, die durch wiederkehrende manische und/oder depressive Episoden gekennzeichnet ist.
Agonist	Substanz, die sich an einen Rezeptor bindet und dadurch Wirkungen hervorruft, die denen des jeweiligen endogenen (also körpereigenen) Liganden (beispielsweise eines Neurotransmitters) gleichen, ähneln oder sie verstärken. Siehe auch Antagonist.
Amphetamin	Ein Psychostimulans
Anandamid	Körpereigenes Arachidonsäurederivat, das sich spezifisch an Cannabinoidrezeptoren im ZNS – offenbar als deren natürlicher Ligand – sowie an bestimmte Komponenten des lymphatischen Systems bindet.
Antagonist	Substanz, die sich an einen Rezeptor bindet und die Wirkung des endogenen Liganden oder eines anderen Agonisten blockiert.
Antidepressiva	Wirkstoffe, die bei entsprechenden Patienten zur Behandlung der Depression geeignet sind, bei normalen Personen jedoch keine stimulierenden Wirkungen besitzen.
Antiepileptika	Wirkstoffe, die epileptische Anfälle hemmen oder verhindern. Viele Antiepileptika (zum Beispiel Carbamazepin, Valproinsäure) werden auch zur Behandlung bestimmter nichtepileptischer psychischer Störungen eingesetzt.
Antipsychotika	Wirkstoffe, die psychotische Zustände mildern und psychotische Patienten umgänglicher machen; auch als Neuroleptika bezeichnet.
autonomes Nervensystem	Teil des peripheren Nervensystems, das die vegetativen beziehungsweise autonomen Körperfunktionen (wie Herzfrequenz und Blutdruck) kontrolliert oder reguliert; auch als vegetatives Nervensystem bezeichnet.
Barbiturate	Klasse chemisch verwandter sedativ-hypnotischer Wirkstoffe, denen ein charakteristisches Ringsystem aus vier Kohlenstoff- und zwei Stickstoffatomen gemeinsam ist.
Basalganglien	(Stammganglien) Eine Gruppe von Nuclei (darunter der Nucleus caudatus und das Putamen) unterhalb der Großhirnhemisphären mit sehr hoher Anzahl dopaminerger Synapsen. Bildet Teil des extrapyramidalen Systems. Dopaminmangel in dieser Struktur führt zur Parkinson-Krankheit.

Benzodiazepine	Klasse chemisch verwandter sedativ-hypnotischer Wirkstoffe, darunter Chlordiazepoxid (zum Beispiel Librium®) und Diazepam (zum Beispiel Valium®).
Cannabis	Hanf. Quelle von Haschisch und Marihuana.
Codein	Sedierendes und schmerzlinderndes Morphinderivat, das im Opium vorkommt (zu etwa 0,5 Prozent) und eine geringere Potenz als Morphin besitzt.
Coffein	Psychisch und allgemein stimulierende Substanz, die in Kaffee, Tee, Colagetränken und Schokolade enthalten ist.
Comorbidät	Das Nebeneinanderbestehen zweier oder mehrerer (psychischer) Störungen (zum Beispiel Polytoxikomanie, also Mehrfachabhängigkeit, und endogene Depression).
Crack	Jargonbezeichnung für eine rasch wirkende rauchbare Cocainform (freie Cocainbase).
Differential-diagnose	Aufführung aller möglichen Ursachen, die eine gegebene Symptomkombination erklären könnten.
Dopamin-transporter	Protein in der präsynaptischen Membran, welches im synaptischen Spalt befindliches Dopamin bindet und diesen Neurotransmitter zurück in die präsynaptische Nervenendigung transportiert.
Droge	Im Sinne dieses Buches eine Substanz – gleichgültig, ob legal oder illegal -, die zu Genusszwecken angewendet oder die missbraucht wird.
Endorphine	Opioidpeptide; körpereigene Peptide mit morphinähnlicher Wirkung.
Enkephaline	Opioidpeptide; körpereigene morphinähnlich wirkende Peptide aus fünf Aminosäuren.
Entzugs-syndrom	Symptome und Verhaltensänderungen, die nach dem Absetzen einer Substanz auftreten. Auch als Abstinenzsyndrom bezeichnet.
Enzym	Proteinmolekül, das eine spezifische biochemische Reaktion im Körper vermittelt.
Halluzinogene	Psychedelische Substanzen, die eine tiefgreifende Verzerrung der Wahrnehmung verursachen..
Haschisch	Harz der weiblichen Blütensprosse des Hanfes (Cannabis sativa). Haschisch enthält eine höhere Konzentration an THC als Marihuana.
Heroin	Halbsynthetisches Opiat, das durch chemische Modifikation des Morphins hergestellt wird.
Hypophyse	Hirnanhangdrüse. Sezerniert bestimmte Hormone, zum Beispiel das follikelstimulierende Hormon (FSH), das die Follikelreifung im Eierstock steuert und den Eierstock zur Produktion von Östrogenen anregt.

Hypothalamus	Teil des Zwischenhirns, der oberhalb der Hypophyse lokalisiert ist und unter anderem deren Hormonproduktion reguliert.
körperliche Abhängigkeit	Zustand, bei dem der Gebrauch einer Substanz für die „normale" Funktionsfähigkeit des Organismus erforderlich ist. Dieser Zustand äußert sich dadurch, dass bei abruptem Absetzen der Substanz ein Entzugssyndrom auftritt. Charakteristischerweise verschwinden die Entzugssymptome nach erneuter Verabreichung der Substanz.
Kreuztoleranz	Zustand, bei dem die Toleranz gegenüber einer Substanz zu einer verminderten Wirkung einer anderen Substanz führt.
Ligand	Molekül, das sich spezifisch an einen Rezeptor bindet und dadurch dessen physiologische Funktion in Gang setzt (beispielsweise die Öffnung eines Ionenkanals oder die Aktivierung eines G-Proteins). Der Begriff ist in etwa gleichbedeutend mit Agonist, wird jedoch vorwiegend für körpereigene Stoffe verwendet (zum Beispiel ein Hormon oder ein Neurotransmitter), während sich Agonist eher auf exogene pharmakologische Wirkstoffe bezieht.
limbisches System	Gruppe von Hirnstrukturen, die an emotionalen Reaktionen, dem Gefühlsausdruck und dem Gedächtnis beteiligt sind.
LSD	(Lysergsäurediethylamid) Halbsynthetische psychedelische Substanz.
Marihuana	Mischung aus getrockneten, zerkleinerten Blättern, Blüten und kleinen Zweigen der weiblichen Hanfpflanze (Cannabis sativa).
MDMA	Methylendioxymethylamphetamin (Ecstasy). Psychedelisch wirkendes synthetisches Amphetaminderivat.
Mescalin	Psychedelische Substanz, die aus dem Peyotl-Kaktus (Lophophora williamsii) gewonnen wird.
Methadon	(Polamidon®) Synthetisches Opiat, wird zur Substitution bei der Behandlung Opiatabhängiger angewendet.
Morphin	Wichtige sedierende und schmerzlindernde Substanz, die im Opium vorkommt (zu etwa zehn Prozent).
Naloxon	(zum Beispiel Narcanti®) Reiner Opioid-Antagonist.
Naltrexon	(Nemexin®) Langwirksamer Opioid-Antagonist.
Neutransmission	Signalübertragung zwischen Nervenzellen.
Neurotransmitter	Endogene Substanz, die von einem Neuron freigesetzt wird und die elektrische Aktivität eines nachgeschalteten Neurons verändert.
Nucleus	(Kern) Ansammlung von Nervenzellkörpern im Gehirn. Siehe auch Ganglion.

Opiate	Natürliche oder synthetische Derivate des Morphins.
Opioide	Natürliche oder synthetische Substanzen mit morphinähnlicher Wirkung. Dazu gehören die Opiate und die körpereigenen Opioidpeptide (Endorphine, Enkephaline).
Opium	Eingetrockneter Saft des Schlafmohns (Papaver somniferum).
partieller Agonist/ Antagonist	Substanz, die sich an einen Rezeptor bindet und dadurch schwache agonistische Effekte hervorruft, jedoch wirksamere Agonisten verdrängt. Bei Opiatabhängigen führen schwache Opioid-Agonisten mit solchen partiell antagonistischen Eigenschaften zu Entzugssymptomen.
Peptid	Chemische Verbindung aus linear verknüpften Aminosäuren.
Peyotl	Mescalin enthaltender Kaktus (Lophophora williamsii).
Pharmakodynamik	Teilgebiet der Pharmakologie, das sich mit den Einflüssen von Wirkstoffen auf den Körper befasst, insbesondere mit den Mechanismen, durch welche die Wirkungen von Substanzen im Körper entstehen. Ein wichtiges Untersuchungsgebiet der Pharmakodynamik sind die Wechselwirkungen zwischen Wirkstoffen und körpereigenen Rezeptoren.
Pharmakologie	Wissenschaftszweig, der die Wechselwirkungen zwischen Wirkstoffen und dem Organismus untersucht.
psychedelische Substanz	Substanz, die die Sinneswahrnehmung verändern kann.
psychische Abhängigkeit	Zwang, eine Substanz wegen der damit verbundenen angenehmen Wirkungen zu konsumieren.
Psychopharmakotherapie	Behandlung psychischer Störungen mit Arzneimitteln.
Psychotherapie	Nichtpharmakologische Behandlung psychischer Störungen, bei der unterschiedliche Verfahren – angefangen von einfacher Aufklärung und unterstützender Beratung bis zu einsichtsorientierten und dynamisch ausgerichteten Therapieformen – zur Anwendung kommen können.
psychotrope Substanz	Substanz, die das Verhalten oder den Stimmungszustand durch Veränderungen der Hirnfunktionen beeinflusst; auch als psychoaktive Substanz bezeichnet.
Resorption	Vorgang, durch den eine Substanz von der Haut, aus der Lunge, dem Magen, dem Darm oder einem Muskel in den Blutkreislauf gelangt.
Rezeptor	Spezifische molekulare Struktur im Körper, an die sich ein körpereigener Ligand oder ein pharmakologischer Wirkstoff bindet, wodurch eine bestimmte Wirkung entsteht (beispielsweise die Öffnung eines Ionenkanals oder die Aktivierung eines G-Proteins).

serotoninspezifische Rückaufnahmehemmer	(serotonin-specific reuptake inhibitors, SSRI) Antidepressiva der zweiten Generation, die den Rücktransport von Serotonin aus dem synaptischen Spalt in die präsynaptische Nervenendigung unterdrücken.
Substanzfehlgebrauch	(drug misuse) Gebrauch einer (legalen oder illegalen) Substanz aus medizinischen oder anderen Gründen, wenn andere Möglichkeiten verfügbar, praktizierbar oder gerechtfertigt sind, um den angestrebten Zweck des Gebrauchs zu erreichen, oder wenn der Substanzgebrauch den Gebraucher oder seine Mitmenschen gefährdet.
Substanzwechselwirkung	Veränderung der Wirkung einer Substanz durch gleichzeitige oder vorherige Verabreichung einer anderen.
Testosteron	Steroidhormon, das von den Hoden sezerniert wird und für die Ausbildung der männlichen Geschlechtsmerkmale verantwortlich ist.
THC	(Δ9-Tetrahydrocannabinol) Wichtigster psychoaktiver Wirkstoff von Marihuana, Haschisch und anderen aus der Hanfpflanze (Cannabis sativa) gewonnenen Zubereitungen.
Toleranz	Rückgang der Ansprechbarkeit des Körpers auf einen Wirkstoff, das heißt, die Wirkung wird mit fortlaufender Verabreichung schwächer.
toxische Wirkung	Substanzinduzierter, vorübergehend oder dauerhaft schädlicher Effekt auf ein Organ oder Organsystem eines Tieres oder Menschen. Zur Substanztoxizität gehören sowohl die relativ leichten Nebenwirkungen, die unweigerlich mit der Substanzverabreichung einhergehen, als auch die schwereren und unerwarteten Symptome, die bei einem kleinen Anteil der mit der betreffenden Substanz behandelten Patienten auftreten.
Tranquilizer	Sedativ-hypnotische Substanzen, die auch zur Therapie von Angststörungen angewendet werden, zum Beispiel die Benzodiazepine.
Transmitter	Siehe Neurotransmitter.
Verabreichung	Vorgang, durch den ein Wirkstoff dem Körper zugeführt wird (zum Beispiel orale Einnahme von Tabletten oder Flüssigkeiten oder Aufbringen von Salben oder wirkstofffreisetzenden Pflastern auf die Haut).
Zentralnervensystem	(ZNS) Gehirn und Rückenmark.

Literatur

Adams, M. u.a.: Drogenpolitik, Freiburg i.B. 1989

Akzept e.V. (Hrsg.) (Indro e.V.): Drogen ohne Grenzen – Entwicklungen und Probleme akzeptierender Drogenpolitik und Drogenhilfe in Europa am Beispiel Deutschland/Niederlande, Berlin 1995

Albrecht, H.J.: Internationales Betäubungsmittelrecht und Internationale Betäubungsmittelkontrolle in: Kreuzer 1998, S. 651ff.

Albrecht, H.J.: Rechtliche Bestimmungen und Rechtsprechung in: Uchtenhagen, A. Zieglgänsberger, W. (Hrsg.): Suchtmedizin. Konzepte, Strategien und therapeutisches Management. München, S. 519ff.

Amendt, G.; Stiehler, U.: Sucht – Profit – Sucht, Frankfurt/M. 1972

American Psychiatric Association (Hrsg.): The Diagnostic and Statistical Manual of Mental Disorders – Fourth Edition (DSM-IV). Washington 1994

ARCHIDO Bremen, FH Frankfurt/M.: Einrichtungen der Drogenhilfe, Frankfurt/M. 1995

Arnold, H.; Schille, H.J. (Hrsg.): Praxishandbuch Drogen und Drogenprävention, Weinheim, München 2002

Arnold, W.; Poser, W.E.; Möller, M.R. (Hrsg.): Suchtkrankheiten, Berlin, Heidelberg 1988

Bader, Th.: Stellenwert der Abstinenztherapie in der Drogenbehandlung, in: Sucht 43 (4) 1997, S. 270-276

Barthelmes, J.: Raver, Rapper, Punk, Skinheads u.a., in: Zeitschrift für Pädagogik, 39.Beiheft, Weinheim 1999, S. 39ff.

Beck, K.; Subjektive Sinnstrukturen in selbstdestruktiven Handlungen, Dortmund 1993

Becker, H.: Außenseiter, Stuttgart 1973

Benjamin, W.: Über Haschisch, Frankfurt/M. 1972

Berger, P.; Luckmann, Th.: Die gesellschaftliche Konstruktion der Wirklichkeit, Frankfurt 1970

Berger, H.; Reuband, K.H.; Widlitzek, U.: Wege in die Heroinabhängigkeit, München 1980

Bericht des nationalen REITOX Knotenpunkts für Deutschland an die EBDD: Drogensituation 2001, Berlin 2002

Beutel, M.: DIN EN ISO 9000ff. Ein Modell zur Qualitätssicherung in der Suchtkrankenhilfe? in: Sucht 42(1) 1996, S. 55-61

Beutel, M. u.a.: Qualitätssicherung in der stationären Suchtkrankenhilfe, in: Sucht 2/1995, S. 141-149

Beyme, K. von: Der Gesetzgeber – Der Bundestag als Entscheidungszentrum, Opladen 1997

Böhnisch, L.: Sozialpädagogik der Lebensalter, Weinheim und München 1997, (3., überarb. u. erw. Auflage 2001)

Böllert, K.: Zwischen Intervention und Prävention, Neuwied 1995

Böllinger, L.; Stöver, H.; Fietzek, L.: Drogenpraxis Drogenrecht Drogenpolitik, Frankfurt/M. 1995

Bossing, H.;Gölz, J.; Stöver, H. (Hrsg.): Leitfaden Drogentherapie, Frankfurt/M./New York 1997

Brack, J.; Rößler, W.: Problem Kokainabhängigkeit, in: Suchttherapie 2002/3, S. 26-28

Brakhoff, J. (Hrsg.): Drogenarbeit im Justizvollzug, Freiburg i. B. 1988

Bühringer, G.: Psychosoziales Anschlußprogramm – Beschreibung des Modells und erste Ergebnisse. Forschungsbericht der Projektgruppe Rauschmittelabhängigkeit, Bd. 25. München 1978

Bühringer, G. u.a.: Epidemiologie. In: Uchtenhagen, A. Zieglgänsberger, W. (Hrsg.): Suchtmedizin. Konzepte, Strategien und therapeutisches Management. München 2000, S. 127-145

Bühringer, G./Küfner, H.: Drogen und Medikamentenabhängigkeit. In: Birbaumer, N.. u.a. (Hrsg.): Enzyklopädie der Psychologie, Bd. 2, Klinische Neuropsychologie. Göttingen 1997, S. 525-529

Bühringer, G./Küfner, H.: Drogen und Medikamentenabhängigkeit, in: Psychische Störungen und ihre Behandlungen (Hrsg.) Hahlweg, K./Ehlers, A., Göttingen 1997, S. 513ff.

Bühringer, G.: Prävention in: Kreuzer a.a.O., S. 447ff.

Bühringer, G.; Küfner, K.: Drogen und Medikamentenabhängigkeit in: Psychische Störungen und ihre Behandlungen, Hrsg. K. Hahlweg A. Ehlers, Enzyklopädie der Psychologie, 1997, S. 513-588

Bühringer, G.; Künzel, J.; Spies, G.: Methadon-Expertise, Bonn 1995

Bundesarbeitsgemeinschaft für Rehabilitation: Arbeitshilfe für die Rehabilitation von Suchtkranken Alkohol – Drogen – Medikamente, Frankfurt 1996

Bundesministerium für Gesundheit (Hrsg.): Hilfen anbieten – Schäden begrenzen, Bonn 1998

Bundeszentrale für gesundheitliche Aufklärung (Hrsg.): Gemeinsam gegen Sucht, Köln 1999

Bundeszentrale für gesundheitliche Aufklärung (Hrsg.): Geschlechtsbezogene Suchtprävention, Köln 1998

Bundeszentrale für gesundheitliche Aufklärung (Hrsg.): Was erhält Menschen gesund?, Köln 1998

Bundeszentrale für gesundheitliche Aufklärung: Gesundheit für Kinder und Jugendliche, Köln, 1998

Bundeszentrale für gesundheitliche Aufklärung (Hrsg.): Gesundheit von Kindern, Köln 1998

Bundeszentrale für gesundheitliche Aufklärung (Hrsg.): Prävention des Ecstasykonsums, Köln 1998

Burian, W.: Psychodynamische Psychotherapie bei Suchterkrankungen, in: Thomasius, W.: Psychotherapie bei Suchterkrankungen, Stuttgart 2000, S. 90ff.

Burroughs, W.S.: Junkie, Frankfurt/M., Berlin, Wien, 1980

Castaneda, C.: Eine andere Wirklichkeit, Frankfurt/M. 1975

Cattacin, S.; Lucas, B.; Vetter, S.: Drogenpolitische Modelle, Zürich 1996

Christie, N.; Bruun, K.: Der nützliche Feind, Bielefeld 1991

Daunn, G.: Deutsches Recht, Stuttgart 1963

De Ridder, M.: Heroin, Frankfurt/M. 2000

Deutsche Hauptstelle gegen die Suchtgefahren (Hrsg.): Jahrbuch Sucht '93, Gesthacht 1992

Deutsche Hauptstelle gegen die Suchtgefahren e.V. (Hrsg.): „Suchtstoffpolitik ist mehr als Drogenpolitik und ein Gesamtkonzept der Suchtkrankenhilfe ist mehr als die Summe von Einzelaktivitäten", 10 Punkte-Katalog der Deutschen Hauptstelle gegen die Suchtgefahren, 1999

Deutsche Hauptstelle gegen die Suchtgefahren e.V. (Hrsg.): Drogenhilfe und Drogenpolitik, DHS Mai 1990

Deutsche Hauptstelle gegen die Suchtgefahren (Hrsg.): Sucht, Hamm 1999

Deutsche Hauptstelle gegen die Suchtgefahren (Hrsg.): Suchtkrankenhilfe in Deutschland, Freiburg i.b. 1997

Deutsche Hauptstelle gegen die Suchtgefahren (Hrsg.): Suchtvereinbarung vom 20.11.1978. http://www.dhs.de/reihe/suchtver.htm am 25.2.2002

Die Drogenbeauftragte der Bundesregierung: Sucht- und Drogenbericht 2000, vorgelegt am 26. April 2001 in Berlin

Dilling, H. u.a. : Internationale Klassifikation psychischer Störungen: ICD-10. Bern 1991

Dobler-Mikola, A. u.a.: Vergleich Methadon- und Heroinverschreibung in der Schweiz, in: Suchttherapie 2000/1, S. 63-66

Dührssen, A.: Tiefenpsychologisch fundierte, psychoanalytische und neopsychoanalytische Therapieformen, in: Die Psychologie des 20. Jahrh. X, Ergebnisse für die Medizin (2), Zürich 1980, S. 953-965

Eagle, M.: Neuere Entwicklungen in der Psychoanalyse, Stuttgart 1988

Eckert, D.; Bathen, R. (Hrsg.): Jugendhilfe und akzeptierende Drogenarbeit, Freiburg i.B. 1995

Egg, R.; Rautenberg, M.: Drogenmissbrauch und Kriminalität – Ergebnisse vergleichender Literaturanalyse, in: Sucht 44 (6) 1998, S. 399-405

Ehlers, A.; Hahlweg, K.: Grundlagen der Klinischen Psychologie, in Enzyklopädie der Psychologie, 1997, S. 465-503

Ehlers, A.; Hahlweg, K.: Grundlagen der Klinischen Psychologie, in: Enzyklopädie der Psychologie, 1997, S. 3-67

Engel, U.; Hurrelmann, K.: Was Jugendliche wagen, Weinheim und München 1993 (3. Auflage 1998)

Engel, U.; Hurrelmann, K.: Psychosoziale Belastung im Jugendalter, Berlin/New York 1989

Erikson, E.: Identität und Lebenszyklus. Frankfurt a. M. 1971

Erlei, M. (Hrsg.): Mit dem Markt gegen die Drogen!? – Lösungsansätze für das Drogenproblem aus ökonomischer Sicht, Stuttgart 1995 (ZB Med WN 270 95/12)

Fatke,R.; Hornstein, W.; Lüders, Chr.; Winkler, M.: Erziehung und sozialer Wandel, Weinheim, Basel 1999

Feuerlein, W.; Bühringer, G.; Wille, R. (Hrsg.): Therapieverläufe bei Drogenabhängigen, Berlin, Heidelberg 1989

Fiedler, P.: Persönlichkeitsstörungen, in: Grundlagen der Klinischen Psychologie Bd.II, (Hrsg.) Ehlers, A./Hahlweg, K., Göttingen 1997, S. 799ff.

Foppa, K.: Lernen, Gedächtnis, Verhalten, Köln 1970

Franzkowiak, P.: Risikoverhalten als Entwicklungsaufgabe. Zur „subjektiven Vernunft" von Zigarettenrauchen und Alkoholkonsum in der Adoleszenz, in: Laaser, U. et al. (Hrsg.), Prävention und Gesundheitserziehung, Berlin/Heidelberg 1987, S. 63-84

Franzkowiak, P.: Risikokompetenz – eine neue Leitlinie für die primäre Sucht-prävention, Neue Praxis 5/1996, S. 409ff.

Freitag, M.: Wie verbreitet sind illegale psychoaktive Substanzen? In: Freitag, M./Hurrelmann, K. (Hrsg.): Illegale Alltagsdrogen, Weinheim und München 1999, S. 45-65

Freitag, M.; Hurrelmann K.: Illegale psychoaktive Substanzen – Die neue Alltagsdroge des Jugendalters? In: Freitag, M.; Hurrelmann, K.: Illegale Alltagsdrogen, Weinheim 1999, S. 14ff.

Freitag, M./Hurrelmann, H. (Hrsg.): Illegale Alltagsdrogen, Weinheim 1999.

Freyberger, H.J. u.a.: Diagnostik von Suchterkrankungen, in: Suchttherapie 2001/2, S. 1

Freyberger, H.J.; Stieglitz, R.D.: Klassifikatorische Diagnostik von Störungen durch psychotrope Substanzen, in: Suchttherapie 2001/2, S. 2-8

Friedländer, A: Über Morphinismus und Kokainismus, in: Medizinische Klinik, Nr. 39, 1913, S. 1572ff.

Gelpke, R.: Vom Rausch im Orient und Okzident, Stuttgart 1966

Gemeinde Amsterdam, Die Amsterdamer Drogenpolitik, Amsterdam 1992

Gemeinde Amsterdam, Die Amsterdamer Prostitutionspolitik, Amsterdam 1993

Gemeinde Amsterdam, Entscheidungen in der niederländischen AIDS-Politik, Amsterdam 1992

Gerdes, K.; v. Wolffersdorff-Ehlert, Chr.: Drogenscene: Suche nach Gegenwart, Stuttgart 1974

Gerritsen, J.W.: De politieke economie van de roes, Amsterdam 1993 Dissertation (Haus der Niederlanden)

Geschwinde, Th.: Rauschdrogen, Berlin, Heidelberg, New York 1998

Gölz, J.: Der drogenabhängige Patient, München 1999

Gölz, J.; Partecke, G.: Katamnestische Entwicklung opiatabhängiger nach Naltrexoninduziertem Entzug unter Narkose, naltrexongestützter Rückfallprophylase und ambulanter psychosozialer Nachsorge, in: Suchttherapie 2000/1, S. 166-172

Görgen, W. u.a.: Einschätzungen und Ergebnisse einer qualifizierten Entzugsbehandlung für Drogenabhängige aus Patientensicht, in: Sucht 42 (2), S. 82-97

Görgen, W. u.a.: Überlegungen zur einer stationären Kurzzeittherapie von Drogenabhängigen, in: Sucht 1/1994, S. 44-49

Groenemeyer, A.; Drogenkarriere und Sozialpolitik, Pfaffenweiler 1990

Gross, H.: Tabakmonopol und freie Tabakwirtschaft – Ein Vergleich der österreichischen Tabakregie und der deutschen Tabakwirtschaft, Jena 1930

Gschwend, P. u.a.: Konsum von Kokain vor, in und nach der heroingestützten Behandlung in der Schweiz, in: Suchttherapie 2002/3, S. 8-12

Gsellhofer, B.; Fahrner, E.M.: Ein AIDS Präventionsprogramm für Drogenabhängige: Empirische Ergebnisse zum AIPP, München 1994

Günthner, A. u.a.: Komorbidität bei Drogenabhängigen, in: Suchttherapie 2000/1, S. 16-20

Haasen, Chr. u.a.: Körperliche und psychische Folgen des Kokain- und Crackkonsums, in: Suchttherapie 2002/3, S. 2-7

Habermas, J.: Legitimationsprobleme im Spätkapitalismus, Frankfurt 1973

Häußermann, H. (Hrsg.): Großstadt, Opladen 1998

Heigl-Evers, A. u.a.: Grundstörungen der Sucht, in: Warnke, K. u. Bühringer, G.: Grundstörungen der Sucht, Berlin 1991, S. 37ff.

Henkel, D. (Hrsg.): Sucht und Armut, Opladen 1998

Heudtlass, J.H.; Stöver, H.; Winkler, P.: Risiko mindern beim Drogengebrauch, Frankfurt/M. 1995

Höfer, R.: Jugend, Gesundheit und der Sense of Coherence, in: Zeitschrift für Gesundheitswesen (4) 1998, S. 341-357

Homann, B. u.a.: Drogenkonsum und Gesundheitsraumbedarf in der Hamburger „offenen Drogenszene", in: Sucht 46 (2) 2000, S. 129-136

Homfeldt/Hünersdorf (Hrsg.): Soziale Arbeit und Gesundheit, Neuwied 1997

Hornstein, W.: Kindheit und Jugend im Prozess gesellschaftlicher Modernisierung, in: Arbeitsgemeinschaft für Jugendhilfe (Hrsg.): Demographische Entwicklung – Konsequenzen und Herausforderung für die Jugendhilfe, Bonn 1988, S. 41-60

Hurrelmann, K.: Legale und illegale Drogen – wie kann ihr Missbrauch verhindert werden?, in: Sucht 46 (6) 2000, S. 452-456

Hurrelmann, K.: Sozialisation und Gesundheit. Somatische, psychische und soziale Risikofaktoren im Lebenslauf, Weinheim/München 1988

Joachimski, J.: Betäubungsmittelgesetz – BtMG, Boorberg Taschenkommentare 5. Auflage, Stuttgart, München u.a. 1994 (ZB Med 3M 2974)

Joite, E.: Fixen, Opium fürs Volk, Berlin 1972

Jugendwerk der Deutschen Shell: Jugend 97, Opladen 1997

Julien, R.M.: Drogen und Psychopharmaka, Heidelberg, Berlin, Oxford 1997

Jungblut, H.J.: Drogenpolitik in: Otto, H.U.; Thiersch, H.: Handbuch Sozialarbeit Sozialpädagogik, Neuwied 2001, S.330ff

Jungblut, H.J.: Niedrigschwelligkeit. Kontextgebundene Verfahren methodischen Handelns am Beispiel akzeptierender Drogenarbeit, in: Rauschenbach, Th. u.a.: Der sozialpädagogische Blick, Weinheim 1993, S. 93

Junkers, R.: Studenten, Drogen und Prävention, Dortmund 1995

Kampfe, H. u.a.: Über das Drogenverlangen bei Drogenabhängigen, in: Sucht 42 (5), 1996, S. 331-350

Kandel D.B.: Entwicklungsstadien beim Drogengebrauch Jugendlicher, in: D. Lettieri/ R. Welz, Drogenabhängigkeit, Ursachen und Verlaufsformen, Weinheim/Basel 1983, S. 131-142

Kaufmann, B. u.a.: Die Bedeutung von Selbstkonzept und Coping für die längerfristige Rehabilitation Heroinabhängiger, in: Sucht 4/1993, S. 244-254

Kemmesies, U.E. u.a.: Umgang mit illegalen Drogen im „bürgerlichen" Milieu: Zum Steuerungseinfluss formeller und informeller Sozialkontrolle – Erste Ergebnisse einer Pilotstudie, in: Sucht 46 (2) 2000, S. 90-100

Keup, W.: Drogen und Rauschmittelmißbrauch, Hamm 1972

Keupp, H.: Alltägliche Identitätskonstruktionen. Hamburg 1999

Keupp, H. u.a.: Soziale Landschaften in der reflexiven Moderne – Individualisierung und posttraditionale Lebensstile, in: U.Beck/W.Bonsz: Die Modernisierung der Moderne, Frankfurt/M. 2001, S. 160-176

Keupp, H. u.a.: Identitätskonstruktionen, Reinbek/Hamburg 1999

Kevenhörster, Ciro (Hrsg.): Koka – Kokain. Reportagen, Analysen und Dokumente aus den Andenländern, München 1991

Kielholz, P.; Ladewig, D.: Die Drogenabhängigkeit des modernen Menschen, München 1972

Kindermann W.; Sickinger, R.; Hedrich, D.; Kindermann, S.: Drogenabhängig, Freiburg i.B., 1989

Kindermann, W.: Drogenabhängig Lebenswelten zwischen Szene, Justiz, Therapie und Drogenfreiheit. Freiburg i. Br., 2. Auflage 1992

Kleiber, D.; Soellner, R.: Cannabiskonsum, Weinheim und München 1998

Klein, L.: Heroinsucht: Ursachenforschung und Therapie, Frankfurt/New York 1997

Köhler, T.: Rauschdrogen und andere psychotrope Substanzen, Stuttgart, Berlin, Köln 2000

Korf, D.J. u.a.: Trendstudie Drogen, in: Sucht 44 (4) 1998, S. 280-284

Körner, H.H.: Betäubungsmittelgesetz, München 2001

Körner, H.H.: Die Entpoenalisierung und die Entkriminalisierung von Cannabiskonsumenten mit geringen Cannabismengen zum Eigenkonsum, in: DVJJ-Journal 3/1996 (Nr. 153), S. 232-241

Kraus, L.; Bauernfeind, R.: Konsumtrends illegaler Drogen in Deutschland: Daten aus Bevölkerungssurveys 1990-1995, in: Sucht 44 (3) 1998, S. 169-182

Krausz, M. u.a.: Medizinisch indizierte Heroinverschreibung in der Behandlung Drogenabhängiger, in: Sucht 45 (3), S. 171-186

Krausz, M. u.a.: Psychiatrische Komorbidität und Suchtbehandlung, in: Suchttherapie 2000/1, S. 3-7

Krausz, M.: Farnbacher, G.: Psychoedukation als psychosoziale Intervention in der Drogentherapie, in: Suchttherapie 2000/1, S. 83-88

Krausz, M.; Raschke, P.; (Hrsg.): Drogen in der Metropole, Freiburg i.B., 1999

Kreutel, M.: Die Opiumsucht, Stuttgart 1988

Kreuzer, A. (Hrsg.): Handbuch des Betäubungsmittelstrafrechts, München 1998

Kreuzer, A.: Therapie und Strafe, in: Neue Juristische Wochenschrift Heft 24, 42. Jahrg., S. 1505-1512

Küfner, H. u.a.: Prädiktion des Drogenkonsums und der Suchtentwicklung durch Faktoren in der Kindheit: Grundlagen und Ergebnisse einer empirischen Studie, in: Sucht 46 (1) 2000, S. 32-53

Kuntze, M.F. u.a.: Art und Häufigkeit der Komorbidität bei methadonsubstituierten Opiatabhängigen in der ambulanten Versorgung, in: Sucht 44 (2) 1998, S. 96-103

Kunz, D.; Kampe, H.: Zum Problem des Therapieabbruches von Heroinabhängigen, in: Suchtgefahren 31, 1985, S. 146-154

Künzel-Böhmer, J.; Bühringer, G.; Janik-Konecny, Th.: Expertise zur Primärprävention des Substanzmissbrauchs, Baden-Baden 1993

Kupfer, A.: Die Künstlichen Paradiese. Rausch und Realität in der Romantik, Stuttgart/Weimar 1996

Kurze, M.: Erfahrungen mit strafjustitiell bedingten Therapieüberleitungen in: Uchtenhagen/Zieglgänsberger (Hrsg.) a.a.O., S. 386ff.

Kurz-Lund, G.; Stöver, H. (Hrsg.): Wohnprojekte für DrogengebraucherInnen in Bremen, Bremen 1995

Ladewig, D.; Weidmann,M.: Drogenabhängigkeit von Jugendlichen und Heranwachsenden, in: Die Psychologie des 20. Jahrh. X, Ergebnisse für die Medizin (2), Zürich 1980, S. 869-883

Landesarbeitsgemeinschaft Suchtvorbeugung NRW (Hrsg.): Cannabis, Mülheim a.d. Ruhr, 1999

Leonhardt, R.W.: Haschisch-Report, München 1970

Lettieri, D.J.; Welz, R. (Hrsg.): Drogenabhängigkeit, Weinheim, Basel 1983

Lewin, L./Goldbaum, W.: Opiumgesetz, nebst internationaler Opiumabkommen und Ausführungsbestimmungen, Berlin 1928

Lewin, L.: Fantastika. Die betäubenden und erregenden Genussmittel, Berlin 1924

Lieb, H.: Persönlichkeitsstörungen. Tübingen 1998

Lieb, R. u.a.: Epidemiologie des Konsums, Missbrauchs und der Abhängigkeit von legalen und illegalen Drogen bei Jugendlichen und jungen Erwachsenen: Die prospektiv-longitudinale Verlaufsstudie EDSP, in: Sucht 46 (1) 2000, S. 18-31

Liggenstorfer, R. (Hrsg.): Neue Wege in der Drogenpolitik, Zürich 1991

Lindesmith, A.R.; Strauss, A.L.: Symbolische Bedingungen der Sozialisation 2, Düsseldorf 1975

Lindlahr, P.: Das geplante bundesdeutsche Erprobungsvorhaben zur heroingestützten Behandlung aus Sicht der teilnehmenden Städte, in: Suchttherapie 2000/1, S. 67-70

Loviscach, P.: Sucht- und Drogenhilfe, in: K.A. Chassé, H.J. v. Wensierski (Hrsg.): Praxisfelder der sozialen Arbeit – Eine Einführung. Weinheim und München 1999, S. 375-388

Luckmann, Th.: Persönliche Identität, soziale Rolle und Rollendistanz, in: Poetik und Hermeneutik VIII, München 1979, S. 291-313

Ludwig, R.; Neumeyer, J. (Hrsg.): Die narkotisierte Gesellschaft? Neue Wege in der Drogenpolitik und akzeptierende Drogenarbeit, Marburg 1991

Mader, R.; Strotzka, H. (Hrsg.): Drogenpolitik zwischen Therapie und Strafe, Wien 1980

Mansel, J.; Hurrelmann, K.: Alltagsstress bei Jugendlichen, Weinheim und München 1991

Marcia, J. E. (1993).: The Status of the statuses: Research review. In: Marcia, J. E. u.a. (Hrsg.): Ego identity. A handbook for psychosocial research, New York, S. 2241ff.

Mercer. D.E.; Woody, G.: Psychotherapie bei Kokainabhängigkeit, in: Suchttherapie 2002/3, S. 13-17

Meulemann, H.: Vom Jugendlichen zum Erwachsenen. Identitätsbildung und Identitätswahrung, in: Merkens, H./Zinnecker, J. (Hrsg.) Jahrbuch Jugendforschung, Opladen 2002, S. 109ff.

Millar, J.: Die Rolle der Sachverständigen in der politischen Willensbildung und im Entscheidungsprozess, Hamburg 1970

Ministerium für Arbeit, Gesundheit und Soziales des Landes Nordrhein-Westfalen (Hrsg.): Medikamentengestützte Rehabilitation bei i.v. Opiatabhängigen, Duisburg 1993

Ministerium für Arbeit, Gesundheit und Soziales des Landes NRW (Hrsg.): Prävention zwischen Genuss und Sucht, Herten 1991

Ministerium für Arbeit, Gesundheit und Soziales NRW: Von der Drogen- zur Suchtprävention, Herford 1990

Ministerium für Arbeit, Gesundheit und Soziales NRW (Hrsg.): 2. Landesdrogenkonferenz Düsseldorf 1990; Lengerich 1991

Müller, H.R.: Sozialpädagogik und Therapie, Weinheim u. München 1990

Münchmeier, R.: Jugend, in: Otto, H.U./Thiersch, H.: Handbuch Sozialarbeit/ Sozialpädagogik, Neuwied 2001, S. 816ff.

Nerepka, A.: Die ärztliche Berufstätigkeit im Hinblick auf das Opiumgesetz und seine Ausführungsbestimmungen nebst Reformvorschlägen unter Berücksichtigung der Maßnahmen anderer Länder, Erlangen 1929 Dissertation

Nestler, C.: Grundlagen und Kritik des Betäubungsmittelstrafrechtes, in: A. Kreuzer, (Hrsg.) Handbuch des Betäubungsmittelstrafrechtes, München 1998, S. 702ff.

Neuenschwander, M.P.; Böni, E.: Schule, Selbstkonzept, Experimentierverhalten und Devianz, in: ZSE, 21. Jg. 2002, H2, S.116-131

Neumeyer, J.; Schaich-Walch; G.; (Hrsg.): Zwischen Legalisierung und Normalisierung – Ausstiegsszenarien aus der repressiven Drogenpolitik, Marburg 1992

Nimsch, M. (Hrsg.): Heroin auf Krankenschein, Stroemfeld/Nexus 1993

Noller, P.: Junkie-Maschinen, Wiesbaden 1989

Nordlohne, E. u.a.: Drogengebrauch in Ost und West: Zur Situation des Drogengebrauchs bei Jugendlichen in den alten und neuen Ländern der Bundesrepublik, in: Sucht 39. Jg., S. 18-34

Nordlohne, E.: Die Kosten jugendlicher Problembewältigung, Weinheim und München 1992

Pallenbach, E.; Ditzel, P.: Drogen und Sucht, Stuttgart 2003

Petermann, H.; Müller, H.; Kersch, B.; Röhr, M.: Erwachsen werden ohne Drogen, Weinheim und München 1997

Peters, B.: Rationalität, Recht und Gesellschaft, Frankfurt/M. 1991

Petzold, H. (Hrsg.): Drogentherapie, Paderborn 1974

Pieper, W.: Die Geschichte des O., Löhrbach 1998

Piest, B.: Ambulanter Entzug von Opiaten, Eine Praxisstudie mit Katamnese, in: Sucht 45 (4) 1999, S. 263-268

Ploeger, A.: Milieutherapie und therapeutische Gemeinschaft, in: Die Psychologie des 20. Jahrh. X, Ergebnisse für die Medizin (2), Zürich 1980, S. 1011-1025

Posma, Rob: Der Entzugsprozess, Nijmegen 1998

Post, U.: Psychosoziale Integration unter mehrjähriger Methadonsubstitution, in: Sucht 43 (1) 1997, S. 56-61

Prinzleve, M.: Problembelastung und Hilfebedarf von obdachlosen Drogenabhängigen, in: Sucht 46 (5) 2000, S. 318-326

Quensel, St.: Drogenelend, Frankfurt/M., New York 1982

Raithel, J.: Risikoverhaltensweisen im Jugendalter, Neue Praxis Nr. 4/2002, S. 381ff.

Raschke, P.: Substitutionstherapie, Freiburg i.B. 1994

Rausch, Chr.: Ecstasy und Jugendkultur, in: DVJJ-Journal 3-4/1995 (Nr. 150), S. 327-333

Rauschenbach, Th.; Ortmann, F.; Karsten, M.E. (Hrsg.): Der sozialpädagogische Blick. Weinheim und München 1993 (2. Auflage 2000)

Rautenberg, M.: Zusammenhänge zwischen Devianzbereitschaft, kriminellem Verhalten und Drogenmissbrauch, Bonn 1998

Rehm, J.; Fischer, B .: Heroingestützte Therapie für Opiatabhängige – weder Allheilmittel noch Teufelswerk, in: Suchttherapie 2000/1, S. 57-62

Reinl, H.; Stumpp, G.: Lebensweltorientierte Drogentherapie in: Otto, H.U.; Thiersch, H.: Handbuch Sozialarbeit Sozialpädagogik, Neuwied 2001, S. 305ff.

Reuband, K.H.: Rauschmittelkonsum, Wiesbaden 1976

Reuband, K.H.: Soziale Determinanten des Drogengebrauches, Opladen 1994

Robins, L. N.: The Vietnam Drug User Returns. Washington 1973

Römer, R.: Lebenswelten von drogenabhängigen jungen Menschen, in: DVJJ-Journal 2/1993 (Nr. 142), S. 119-124

Sannwald, R.: Die Neuordnung der Gesetzgebungskompetenzen und des Gesetzgebungsverfahrens im Bundesstaat. Einführung, Erläuterungen, Materialien, Köln 1995

Scheerer, S.: Die Genese der Betäubungsmittelgesetze in der Bundesrepublik Deutschland und in den Niederlanden, Göttingen 1982

Scheerer, S.; Vogt, I.; Hess, H. (Hrsg.): Drogen und Drogenpolitik, Frankfurt/New York 1989

Scherbaum, N.; Bender, S.: Der Stellenwert der Psychotherapie im Rahmen der Substitutionsbehandlung mit Methadon, in: Sucht 1/1995, S. 18-24

Schiffer, E.: Warum Huckleberry Finn nicht süchtig wurde, Weinheim, Basel 1999

Schippers, G.M.; Cramer, E.: Kontrollierter Gebrauch von Heroin und Kokain, in: Suchttherapie 2002/3, S. 71-80

Schivelbusch, W.: Das Paradies, der Geschmack und die Vernunft. Eine Geschichte der Genussmittel, Frankfurt/M.; Berlin 1988

Schmerl, Chr.: Drogenabhängigkeit. Opladen 1984

Schmidt, B.: Suchtprävention bei konsumierenden Jugendlichen, Weinheim und München 1998

Schmidt-Semisch, H.: Drogen als Genussmittel, München 1992

Schneider, W.; Buschkamp, R.; Follmann, A. (Hrsg.): Cannabis – eine Pflanze mit vielen Facetten, Berlin 2000

Schulz, W.: Philosophie in der veränderten Welt, Pfullingen 1972

Schwilk, M.; Drogenpolitik in der Krise – Modelle und Reformansätze, Konstanz 1996

Seefelder, M.: Opium – eine Kulturgeschichte, Frankfurt/M. 1987

Siegert, M.T.: Adoleszenzkrise und Familienumwelt, Frankfurt/M. 1979

Simon, R./Palazetti, M.: Jahresstatistik 1998 der ambulanten Beratungs- und Behandlungsstellen für Suchtkranke in der Bundesrepublik Deutschland, EBIS-Bericht für den Zeitraum 1.1.-31.12.1998. Sonderheft der Zeitschrift Sucht. Geesthacht 1999

Simon, R.; Tauscher, M.; Gessler, A.: Suchtbericht Deutschland 1997, Hohengehren 1997

Sonntag, I.: Substitutionsbehandlung Drogenabhängiger, in: Gesundheitswesen 57, (1995), S. 36-38

SpoKK (Hrsg.) Kursbuch Jugendkultur, Mannheim 1997

Steffan, W.: Streetwork in der Drogenszene, Freiburg i.B. 1988

Steinbicker, J.: Soziale Ungleichheiten in der Informations- und Wissensgesellschaft, Berliner Journal Soziologie 2001, Heft 4, S.450

Storz, W.: Suchtpolitik – eine Untersuchung zum Verhältnis von Staat und Wohlfahrtsverbänden in Baden-Württemberg, Bielefeld 1987

Stöver, H.: Der tolerierte intravenöse Drogengebrauch in den Angeboten der Drogen- und Aidshilfe, Berlin 1991

Täuscher, K.L.; Richtberg, W.: Kokain-Report, Wiesbaden 1982

Thabe, S.: Drogen und Stadtstruktur, Opladen 1997

Thamm, B.G.: Drogenfreigabe – Kapitulation oder Ausweg?, Hilden/Rhld. 1989

Theysohn, F; Spazier, D.: Nowhere, Therapeutische Expedition in die Unwegsamkeit der Drogenszene, Frankfurt/M. 1981

Thomasius, R. (Hrsg.): Psychotherapie der Suchterkrankungen, Stuttgart, New York 2000

Tossmann, P.; Pilgrim, C.: Drogenkonsum und Risikoeinschätzung in längsschnittlicher Perspektive, in: Suchttherapie 2001/2, S. 98-108

Trautmann, F.; Kuipers, H.: Sozialarbeit in der Drogenhilfe, in: K.H. Hesser (Hrsg.), Sozialwesen und Sozialarbeit in den Niederlanden, Luzern 2000, Verlag für Soziales und Kulturelles, S. 149-169

Tretter, F. u.a.: Katamnese nach antagonisten-induziertem narkosegestütztem Opiatentzug in: Sucht 47 (3) 2001, S. 189-200

Uchtenhagen, A.; Zieglgänsberger, W. (Hrsg.): Suchtmedizin, Auswertung und Resultate therapeutischer Interventionen, München 2000

Van den Brink, W. u.a.: Ärztliche Verschreibung von Heroin an chronische, therapieresistente Methadonpatienten in den Niederlanden, in: Suchttherapie 2000/1, S. 71-82

Vertheim, U. u.a.: Die Substitutionsbehandlung Opiatabhängiger mit Codein, Dihydrocodein und Methadon – ein Kontrollgruppenvergleich, in: Sucht 42 (2) 1996, S. 108-116

Vertheim, U. u.a.: Komorbidität von Opiatabhängigkeit und psychischen Störungen – Ergebnisse einer Verlaufsuntersuchung, in: Sucht 44 (4) 1998, S. 232-246

Vogelsang, M.: Substanzabhängigkeit und abhängige Persönlichkeitsstörung – Eine vergleichende Gegenüberstellung –, in: Sucht 45 (2) 1999, S. 108-116

Völger, G. (Hrsg.): Rausch und Realität Drogen im Kulturvergleich/1: Köln 1981

Völger, G. (Hrsg.): Rausch und Realität Drogen im Kulturvergleich/2: Köln 1981

Waldorf, D./Reinarman, C./Murphy, S. (1991): Cocaine changes. The experience of using and quitting. Philadelphia.

Wanke, K.; Bühringer, G. (Hrsg.): Grundstörungen der Sucht, Berlin, Heidelberg, New York, 1991

Weber. G.; Schneider, W.: Herauswachsen aus der Sucht illegaler Drogen, Münster 1992

Westermann, B.; Bellmann G.U.; Jellinek, Chr. (Hrsg.): Heroinverschreibung, Weinheim 1999

Wierling, M.: Fixerstuben Druckräume Konsumräume, Münster 2002

Wittchen, H.U.; Perkonigg, A.: Epidemiologie psychischer Störungen, in: Grundlagen der Klinischen Psychologie, S. 69-115

Wittchen, H.U.; Lachner, G.: Klassifikation, in: Ehlers, A./Hahlweg, K. (Hrsg.): Grundlagen der Klinischen Psychologie. Göttingen 1997, S. 3ff.

Wolffersdorff, Chr. von: Drogen und Sucht, in: H.U. Otto; H. Thiersch: Handbuch Sozialarbeit Sozialpädagogik, Neuwied 2001, S.334ff.

World Drug Report, Oxford University 1997

Wurmser, L.: Psychodynamische Aspekte der Suchterkrankungen, in: Thomasius, R.: Psychotherapie der Suchterkrankungen, Stuttgart 2000, S. 40ff.

Ziehe, Th.: Jugend in: Handbuch der Jugendarbeit, Neuwied 1991, S. 764f.

Zimmer-Höfler, D. u.a.: Stellenwert stationärer Langzeittherapie für HIV-positive Drogenabhängige im Vergleich zu HIV-negativen, in: Sucht 42(2) 1996, S.118-129

Zimmer-Höfler, D. u.a.: Stellenwert stationärer Langzeittherapie für HIV-positive Drogenabhängige im Vergleich zu HIV-negativen, in: Sucht 42 (2) 1996, S. 118-129